手动、环电葫芦

手拉葫芦：0.5~50t

手扳葫芦：0.75~9t

HHXG型：0.5~3t

SHH型：0.25~10t

钢丝绳电动葫芦

SHA XD型：1.6~12.5t

SH型：1~20t

双梁小车型：3.2~20t

中国平安 PING AN

中国平安财产保险承保
产品责任险5000万元

中国机械工业年鉴系列

中国重型机械工业年鉴

2018

中国机械工业年鉴编辑委员会
中国重型机械工业协会 编

《中国重型机械工业年鉴》2018年版设置综述、大事记、行业篇、市场篇、企业篇、统计资料、标准与质量和附录8个栏目，集中反映了2017年重型机械行业的发展情况，详细记录了18个分行业的生产发展、产品产量、市场销售、科技成果及新产品、标准与质量、基本建设及技术改造等情况，公布重型机械行业权威统计数据。特设“企业大事记”专栏梳理了行业重点企业2018年的重大事件，记录了企业的发展历程。

《中国重型机械工业年鉴》主要发行对象为政府决策机构、机械工业相关企业决策者，从事市场分析、企业规划的中高层管理人员以及国内外投资机构、贸易公司、银行、证券、咨询服务部门和科研单位的机电项目管理人员等。

图书在版编目（CIP）数据

中国重型机械工业年鉴. 2018 / 中国机械工业年鉴编辑委员会，中国重型机械工业协会编. —北京：机械工业出版社，2019.4

（中国机械工业年鉴系列）

ISBN 978-7-111-62352-6

Ⅰ. ①中… Ⅱ. ①中… ②中… Ⅲ. ①重工业—机械工业—中国—2018—年鉴 Ⅳ. ①F426.42-54

中国版本图书馆CIP数据核字（2019）第055281号

机械工业出版社（北京市西城区百万庄大街22号　邮政编码 100037）

责任编辑：赵　敏　张珂玲

责任校对：李　伟　封面设计：刘　青

责任印制：北京宝昌彩色印刷有限公司印制

2019年3月第1版第1次印刷

210mm×285mm · 19印张 · 30插页 · 713千字

定价：380.00元

凡购买此书，如有缺页、倒页、脱页，由本社发行部调换

服务咨询热线：（010）88361066

读者购书热线：（010）68326643、88379812、68326294

网络服务

机工官网：www.cmpbook.com

年鉴网：www.cmiy.com

中国机械工业年鉴系列

作为『工业发展报告』
记录企业成长的每一阶段

中国机械工业年鉴

编辑委员会

中国重型机械工业年鉴

鉴证行业发展足迹

振兴重型装备工业

中国重型机械工业年鉴
执行编辑委员会

中国重型机械工业年鉴

鉴证行业发展足迹

振兴重型装备工业

中国重型机械工业年鉴编辑出版工作人员

总 编 辑	石 勇
主 编	李卫玲
副 主 编	刘世博 曹 军
责任编辑	赵 敏 张珂玲
编 辑	江道芝 万鲁信
地 址	北京市西城区百万庄大街22号（邮编100037）
编 辑 部	电话（010）88379812 传真（010）68997968
发 行 部	电话（010）68326643 传真（010）88379825

E-mail:cmiy@vip.163.com

http://www.cmiy.com

中国重型机械工业年鉴

鉴证行业发展足迹

振兴重型装备工业

中国重型机械工业年鉴
特约顾问单位特约顾问

特约顾问单位	特约顾问
卫华集团有限公司	龙宏欣
中国重型机械研究院股份公司	张江安
北京起重运输机械设计研究院有限公司	唐 超
华电重工股份有限公司	赵胜国
株洲天桥起重机股份有限公司有限公司	肖建平
山起重型机械股份公司	徐新民
浙江双鸟机械有限公司	张文忠
南昌矿山机械有限公司	龚友良
淮北矿山机器制造有限公司	胡善宏
八达机电有限公司	何国胜
江西华伍制动器股份有限公司	谢徐洲
浙江双金机械集团股份有限公司	胡祖尧
北京伍强科技有限公司	尹军琪
浙江浙矿重工股份有限公司	陈利华
广东永通起重机械股份有限公司	叶宏洪
常州市常欣电子衡器有限公司	袁黎萍
武汉雄驰机电设备有限公司	周尤利
山东省德州市金宇机械有限公司	金树森
中信机电制造公司	张俊国
钟祥新宇机电制造股份有限公司	游学峰

中国重型机械工业年鉴

鉴证行业发展足迹
振兴重型装备工业

中国重型机械工业年鉴
特约顾问单位特约编辑

特约顾问单位	特约编辑
卫华集团有限公司	王壮平
中国重型机械研究院股份公司	屈薛勇
北京起重运输机械设计研究院有限公司	聂索夫
华电重工股份有限公司	王旭锋
株洲天桥起重机股份有限公司	李　峰
山起重型机械股份公司	刘永庆
浙江双鸟机械有限公司	韩　剑
南昌矿山机械有限公司	吴　勇
淮北矿山机器制造有限公司	彭爱民
八达机电有限公司	杜左海
江西华伍制动器股份有限公司	陈胜根
浙江双金机械集团股份有限公司	周　玲
北京伍强科技有限公司	刘　崇
浙江浙矿重工股份有限公司	林为民
广东永通起重机械股份有限公司	罗永杰
常州市常欣电子衡器有限公司	包鸿霞
武汉雄驰机电设备有限公司	汤胜华
山东省德州市金宇机械有限公司	张建刚
中信机电制造公司	韩跃文
钟祥新宇机电制造股份有限公司	黄长明

前　　言

重型机械行业（包括冶金机械、矿山机械、起重运输机械、重型锻压机械和大型铸锻件）是我国装备制造业的重要组成部分，也是关系到国民经济命脉和国家安全的重要产业，主要服务于钢铁、有色、矿山、煤炭、建材、电力、水利、交通、石化、物料搬运和国防建设等国民经济领域，部分产品进入了民众生活服务领域（城市停车、物流与仓储设备等）。

2018 年是全面贯彻落实党的十九大精神的开局之年，是改革开放 40 周年，也是实施“十三五”规划承上启下的关键一年。国家增强制造业核心竞争力三年行动计划的发布，为行业企业紧紧抓住深化供给侧结构性改革的主线，找准短板，创新发展，持续提升企业的核心竞争力，明确了方向和目标。重型机械行业正处于新一轮发展周期的上升阶段，市场形势见好。需求方新动能转换正在加快，产能置换活跃，冶金行业升级改造需求凸显，矿山智能开采、资源综合利用、绿色发展的潜在市场逐渐浮出，起重运输中物流仓储机械形势喜人。2018 年全年重型机械行业运行保持稳中有升，全行业共实现主营业务收入约 8 900 亿元（2018 年由于企业结构的调整，统计口径和范围有所变化，纳入统计的企业数量比上年约减少 3%），按同口径计算同比增长 11% 以上；行业利润总额约 416 亿元，同比增长 4.8%；进出口总额超过 200 亿美元，进出口贸易整体平稳、略有增长，但进口增长快于出口增长。

《中国重型机械工业年鉴》已连续出版 14 年。作为行业的宣传窗口，《中国重型机械工业年鉴 2018》展示了 2017 年重型机械行业、企业在创新发展、提升企业核心竞争力中取得的经验和成绩，并与广大用户和关心重型机械行业发展的读者一起，共同见证了中国重型机械行业、企业改革成长的历程。

2019 年是新中国成立 70 周年，是全面建成小康社会的关键之年。中央经济工作会议明确了 2019 年重点工作任务，首要任务就是推动制造业高质量发展，推动先进制造业和现代服务业深度融合，坚定不移地建设制造强国。当前重要的经济任务是要深入推进供给侧结构性改革，促进企业升级改造，稳步推进企业向高质量发展，培育领军型优势企业技术创新能力，加大对中小企业技术创新的引导，建设高水平的行业创新平台和基地；要通过“一带一路”的合作和国际化实践，不断提高企业国际市场的核心竞争力，实现稳定持续的良性发展。

推动制造业高质量发展对重型机械行业是机会也是挑战。重型机械行业将按照党中央、国务院的总体部署，以高质量发展为目标，继续围绕“创新、协调、绿色、开放、共享”五大发展理念，紧跟新时代发展，保持重型机械行业持续健康发展。

在《中国重型机械工业年鉴》的编纂过程中，得到了各有关企业和用户的大力支持，也得到了许多行业领域专家的指导，在此表示诚挚的感谢。中国重型机械工业协会希望通过《中国重型机械工业年鉴》展示行业的整体面貌，加强与各界同仁的交流与沟通，共同努力推动我国重型机械行业在新时代的创新发展。中国重型机械工业协会将一如既往地为行业企业提完善周到的服务。

中国重型机械工业协会常务副理事长　李镜

2019 年 2 月

广告索引

广告索引

专栏索引

1978年，党的十一届三中全会做出了把全党工作重点转移到经济建设，对内改革、对外开放的重大历史性决策，由此拉开了我国波澜壮阔的改革开放大幕。

2018年，是我国改革开放40周年，40年来，我国重型机械企业立足国情，在经济转型和市场化改革进程中，坚持以创新驱动为引领，积极推进产业结构调整和产品技术升级，产业规模不断扩大，产业技术进步显著，与国际先进水平的差距逐渐缩小，成为我国装备制造业的重要组成部分。

超大吨位（19500t）自由锻造油压机

厉害了，中国重型院

成立于1956年的中国重型机械研究院股份公司（原西安重型机械研究所，简称中国重型院），62年来，始终秉承"开发创新，装备中国，走向世界"的时代使命，在冶金高端技术装备研发、设计方面不断取得新突破。中国重型院研制的智能化、大型化、成套化、高效化、精细化、差异化、绿色化各类高端技术装备，为钢铁行业科技进步、高新产品研发、低碳、绿色、环保、节能、行业产品升级和优化转型提供了国产化装备技术的有力助推，成为钢铁行业转型升级、科技进步、网络信息化、智能化发展不可或缺的得力伙伴。

中国重型院转制以来，完成科研项目450项，其中，重大项目150项；获国家授权专利827件，其中，发明专利361件；获得科技奖励190项，2006年先期获得全国"创新型企业"荣誉称号，2008年获得国家设立的企业技术创新工程国家科技进步奖二等奖， 2012年建成全国早期依托企业建设的国家重点实验室，2015年获得"国家知识产权优势企业"称号，2018年获得 "中国重型机械行业自主创新领军企业"称号。

中国重型院拥有中国工程院院士1名，研究员及各类专家近百人，先后搭建起国家、行业、区域高端专业化产学研合作、自主创新平台12个，填补220余项"国内空白"，获得全国"五一"劳动奖状等多项重大荣誉。近几年，中国重型院在钢铁行业合同额增长速度一直保持在行业前列。

物料输送工程

钢结构工程

海洋风电工程

空冷工程

热能二程

股票简称:华电重工 股票代码:601226

地址:北京市丰台区汽车博物馆东路6号华电产业园B座 信箱:hhi@hhi.com.cn

传真:010-63919191 总机:010-63918999 邮编:100070

河南卫华重型机械股份有限公司

卫华　让世界轻松起来

河南卫华重型机械股份有限公司（简称卫华股份）始建于1988年。自成立以来，公司以起重机制造为基础，现已发展成为集起重机械、电动葫芦、减速机等产品的研发、设计、制造、销售、安装、服务、进出口业务的大型装备制造企业。公司注册资本5.6亿元，总资产36亿元，员工3700余人，占地面积47万m^2。

卫华股份是全国国家技术创新示范企业，先后荣获“全国制造业单项冠军示范企业”“国家火炬计划重点高新技术企业”“全国守合同重信用企业”“全国质量标杆”“全国机械工业质量奖”“全国工业品牌培育示范企业”等500多项荣誉称号。公司拥有国家认定的企业技术中心、国家地方联合工程研究中心、国家认可技术检验测试中心、河南省制造业创新中心、河南省产业技术基础公共服务平台、河南省起重物流装备重点实验、博士后科研工作站、院士工作站等17个国家（省）研发平台。

卫华股份拥有以中国科学院院士杨叔子、中国工程院院士张铁岗为带头人的600人科研团队，先后承接一项国家“863计划”、四项“国家科技支撑计划”、两项“国家火炬计划”项目，拥有授权专利683项，其中发明专利78项，参与国际、国家、行业、地方标准96项，先后获得省部、市级科技进步奖60项；获政府鉴定科技成果74项，其中国际领先1项、国际先进5项、创造世界纪录1项。

卫华股份主要产品有桥、门式起重机、新型轻量化起重机、港口机械等九大系列200多个品种，主导产品广泛应用于机械、冶金、矿山、电力、铁路、航天、港口、石油、化工等行业，服务于西气东输、南水北调、航空航天、奥运工程、杭州湾跨海大桥等国家重点工程和中国核电、中国中煤、中国神华、中国石化、中国石油、上海宝钢、北京首钢等数千家大型企业，助力神舟系列飞船、长征系列火箭、天宫系列探测器成功飞天，并远销美国、英国、法国、俄罗斯、澳大利亚、东南亚、中亚、中东、非洲等129个国家和地区。

250t大吨位防爆起重机

创卫华国际品牌、兴中华民族工业。卫华股份将以提供产品全生命周期服务和智能、绿色的系统解决方案为根本出发点，为社会承担责任、为客户创造价值、为员工谋求幸福，让世界因卫华而轻松起来。

河南卫华重型机械股份有限公司
Henan Weihua Heavy Machinery Co.,Ltd.

地址：河南省长垣县卫华大道西段6号
邮编：453400
电话：4000058886 0373-8887666
传真：0373-8887665
http://www.craneweihua.com

2018.05.24 第四届长垣国际起重装备博览会

660t桅杆吊京沪重工GQ660t

出口乌克兰安赛乐米塔尔钢铁集团250t冶金铸造起重机

重庆港区乌杨公用码头堆取料机

泰国港轨道式集装箱门式起重机

全自动冶金换辊起重机

济南伊莱特YD250t锻造起重机

多机同步运行门式起重机

重庆三丰全自动垃圾吊

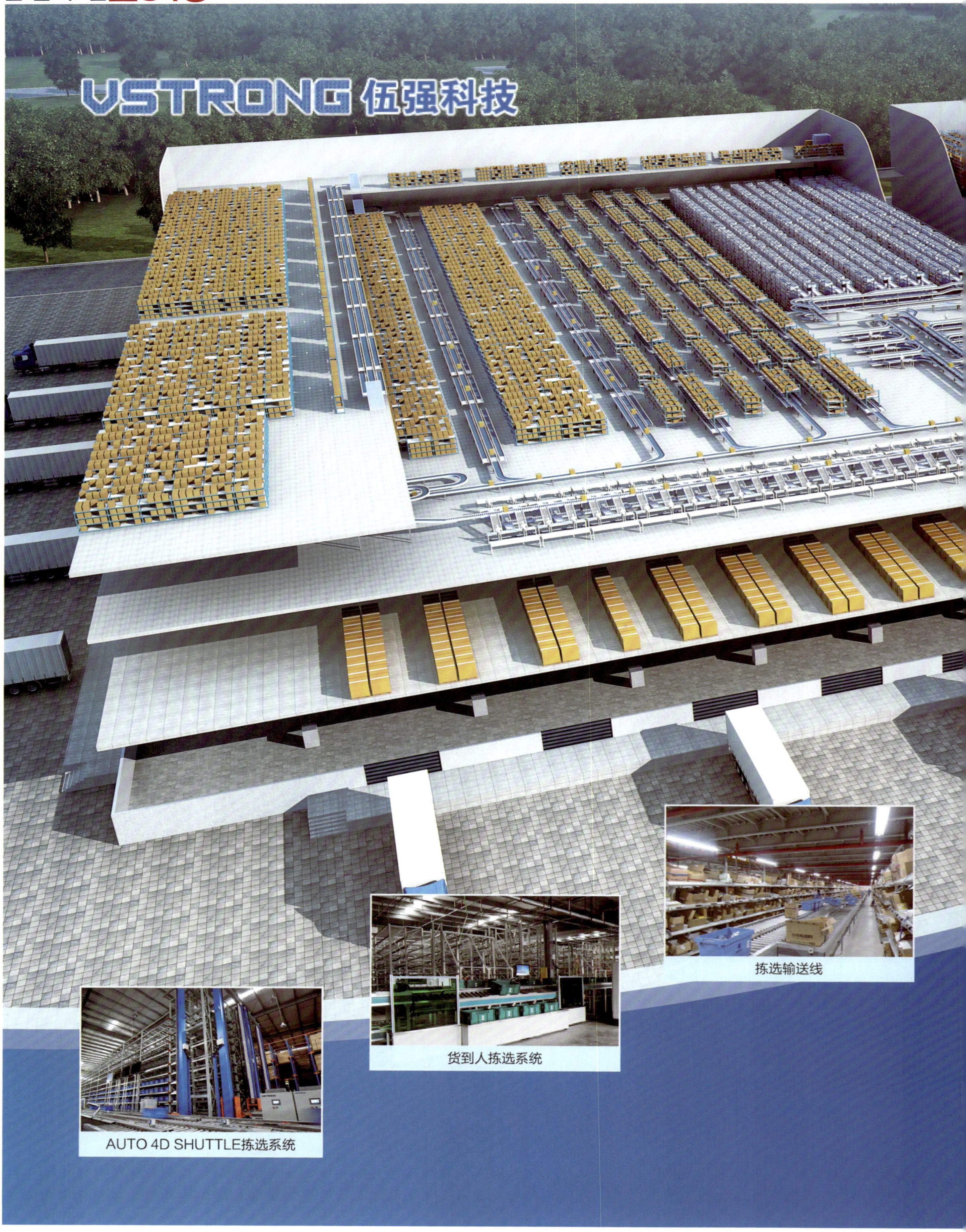

拣选输送线

货到人拣选系统

AUTO 4D SHUTTLE拣选系统

改革开放40周年

智能物流系统集成商

自动分拣系统

往复式RGV

四向穿梭车

北京伍强科技有限公司（VSTRONG）是中国领先的物流系统集成商，长期致力于为客户提供智能化物流系统整体解决方案，是北京市高科技企业和软件企业。公司在苏州、保定、贵阳、西安等多个地方设有分支机构。公司是中国物流与采购联合会常务理事单位，中国重型机械工业协会物流与仓储机械分会副理事长单位，全国单元化物流协会创始成员单位，中国交通运输协会托盘与单元化物流分会副主任单位，还担任全国物流标准化技术委员会仓储技术与管理分技术委员会副主任。公司用户遍布全国26个省、自治区和直辖市，已完成400余个自动化物流系统，覆盖医药、电子商务、服装、工业4.0、零售连锁、冷链、图书、金融、大专院校和烟草等众多领域。

伍强科技

热线电话：4000103808　　邮箱：sales@vstrong.com

传真：010-82782140　　网址：www.vstrong.com

浙江双金机械集团股份有限公司
Zhejiang Shuangjin Machinery Holdings Co., Ltd.

浙江双金机械集团股份有限公司创建于1987年，是一家集矿山机械成套设备的研发、生产、销售及工程项目施工为一体的国家高新技术企业。

公司下设6家控股公司，现有专利220项。公司自主研发了SJ系列圆锥破碎机，SK系列单缸液压圆锥破碎机，SJ—PE、SJ—HP系列颚式破碎机，SJ—ZS系列圆锥式制砂机，ZS系列水平式直线振动筛，SJ—3YA2160圆振动筛，SJ—TD型带式输送机等大型矿山设备，完成了从原先的整机生产企业到装备制造业的成功转型。同时公司成套设备已进入国家核电工程项目，先后承接了山东石岛湾、湖南桃花江、海南核电石料厂项目，是当前国内发展较迅速的矿山机械成套设备及解决方案供应商之一。

公司始终遵循“诚信创新、百年双金”的经营宗旨，始终坚持以“金牌的技术、金牌的服务”为理念，致力于为广大客户提供质量可靠、技术先进的产品和服务。

地址：浙江省杭州市余杭区瓶窑镇南山村
销售电话：400 006 1987　　传真：0571-88537368
E-mail：sales@hzsjjx.com.cn
http://www.hzsjjx.com.cn

冶金矿山机械
优秀企业篇

展冶金矿山机械企业之风采，树优秀企业之品牌

广告
南昌矿山机械有限公司
NMS INDUSTRIES
NMS
Since 1970
高端品质
满足高端需求
GC系列旋回破碎机
CC系列圆锥破碎机
MC系列圆锥破碎机
JC系列颚式破碎机
VS系列立轴冲击式破碎机
HS系列反击式破碎机
YKR/ZKR系列筛分机
地址：江西省南昌市湾里区红湾大道300号
邮编：330004
电话：+86 791 83782888，83782900
传真：+86 791 83761006
邮箱：sales@nmsystems.cn
网址：www.nmsystems.cn

广告

NZT-53中心传动浓缩机

公司产品内蒙古使用现场

公司产品内蒙古使用现场

云南产品使用现场

赞比亚现场

国内大型深锥江锂现场

云铜大红山铜矿NTD-60S浓缩机使用现场

淮北矿山机器制造有限公司

淮北矿山机器制造有限公司成立于2004年，注册资金1700万元，为淮北矿山机器厂改制的股份制企业。原机械工业部门在华东地区生产洗选设备的定点厂，中国重型机械工业协会洗选专业委员会副理事长单位、全国矿山机械标准化委员会委员单位、国家高新技术企业；安徽省高科技民营企业、安徽省经信委“专、精、特、新”企业、安徽省装备制造业重点企业；淮北市50强企业、淮北市科技创新10强企业。拥有安徽省高效浓缩机重点实验室、淮北市洗选设备暨高效浓缩机工程技术研发中心。

公司设有铸造、铆焊、金工、装配、机电等生产车间，拥有大型立式数控车床等各类机械加工设备300余台。主要生产选矿、选煤和环保设备，产品主要有浓缩机、浮选机、带式压滤机、跳汰机、振动筛、真空过滤机、矿浆准备器、斗提机、皮带机等，可为2000万t以下选矿厂设计和生产全套设备。

公司产品通过国家矿山机械检测中心和安徽省检测中心检测。先后获得濉溪县县长质量奖、安徽省质量奖、安徽省卓越绩效奖、安徽省著名商标和安徽省名牌产品等荣誉。

董事长：胡善宏13965876158　**副总经理：**李从军13909618508
销售总经理：杨勇13965898976
公司地址：安徽省淮北市濉溪经济开发区白杨路15号

起重运输机械
优秀企业篇
展起重运输机械企业品牌价值，引导他们为行业发展做出贡献

中国·八达机电有限公司

BADA MECHANICAL & ELECTRICAL CO.,LTD. · CHINA

公司创建于1993年，是一家集研发、生产、销售为一体的国家高新技术、国家无区域性企业，主要生产“BADA”牌微型电动葫芦、电动绞盘等系列产品。公司资产总额超亿元，员工380余名，技术管理人员100人，厂区建筑面积4.9万㎡，2008年出口交货值2 500万美元。公司系瑞安市50强企业、瑞安市活力和谐企业、温州市大集团培育企业和温州市“五个一批”重点企业、浙江省清洁生产企业；浙江省纳税AAA级信誉企业、经营AAA级诚信企业、银行资信AAA级企业、安全生产标准化企业；全国创名牌重点企业。

公司是全球大型的“单相电动葫芦”制造商，属国家钢丝绳电动葫芦行业标准起草单位之一，设有“浙江省单相电动葫芦技术研发中心”“浙江省企业技术中心”和“国家教育相关部门计算机辅助产品创新设计工程中心八达产业基地”。公司生产的“BADA”牌单相微型电动葫芦PA系列产品，填补了国家微型起重设备的空白，获得13项国家专利，同时被列入“国家重点新产品”和“国家星火计划项目”。产品分别通过了欧盟“CE”“EMC”，德国“GS”“PAHS”，美国“UL”，加拿大“CUL”认证，欧盟“WEEE”“RoHS”绿色双指令认证，多款产品通过TüV的FFU测试。公司通过了ISO9001:2000、ISO14001和GB/T18000认证。产品远销欧美50多个国家和地区，国内外市场占有率均在60%以上，并在欧美16个国家和地区以及中国香港、中国台湾注册了“BADA”牌商标。先后获得“温州名牌产品”“温州知名商标”“浙江名牌产品”“浙江知名商号”和“浙江著名商标”等荣誉。

务实的团队精神、优秀的员工队伍、扎实的管理基础、灵活的经营机制、先进的企业理念、一流的工艺装备、过硬的产品质量、良好的售后服务有效保证了企业的稳定和可持续发展。

北京起重运输机械设计研究院有限公司，成立于1958年，由原国家起重运输机械行业技术归口研究所发展成为集科研、设计、生产制造、安装调试、工程承包、检验检测、咨询监理服务为一体的国有科技型企业，隶属于世界500强企业中国机械工业集团有限公司下属中国中元国际工程有限公司。

公司现有职工500余人。具有起重运输机械、索道、矿用机械三个特种设备检验检测资质证书，具有ISO9001、14001、18001体系认证证书，具有索道前期咨询、项目管理咨询证书和国内索道工程甲级设计资质证书。

公司设有客运索道、自动化物流仓储、起重机械、散料运输等四大工程业务板块，承包建设的各类工程近2000项，获得300余项国家及省部级科技成果奖。还提供液力液压技术产品和设备监理监造服务，综合技术实力在我国起重运输机械行业名列前茅。

公司承担国际标准化组织起重机技术委员会（ISO/TC96）主席工作，拥有博士后科研工作站、机械工业物料搬运工程（ISO/TC96）主席工作，拥有博士后科研工作站、机械工业物料搬运工程技术研究中心、北京市自动化物流装备工程技术研究中心、机械工业起重机械轻量化重点实验室等国家及省部级研发平台。设有国家起重运输机械质量监督检验中心、国家客运架空索道安全监督检验中心、国家安全生产北京矿用起重运输设备检测检验中心等三个国家检验中心，主办《起重运输机械》行业核心学术期刊。

全国起重机械、连续搬运机械、物流仓储设备、工业车辆等四个标准化技术委员会秘书处，中国索道协会，中国机械工程学会物流工程分会，中国工程机械工业协会工业车辆分会，中国重型机械工业协会物流与仓储机械分会和桥式起重机专业委员会五个国家行业协会（学会）的秘书处设在我公司，为我国物料搬运机械行业的技术进步发挥着重要作用。

在新的发展时期，我院将继续坚持核心技术的创新与研发，大力开展相关业务，与客户一同实现“搬动世界，传递真情”的北起梦。

地址：北京市东城区雍和宫大街52号（100007）
Tel：0086 10 64031206
Http ：//www.bmhri.com

高端智能装备系统解决方案供应商

株洲天桥起重机股份有限公司（股票代码：002523）成立于1999年，于2010年在深交所中小企业挂牌上市，发展至今已有7家子公司。

铝电解阳极焙烧多功能机组

宿迁螺旋卸船机

煤泥离心脱水机

机械人剥片机组

立体停车库

主营业务

专业物料搬运装备（港口装卸设备、有色冶炼专用装备、钢铁与电力行业专用桥式起重机等）、有色冶炼装备、立体停车装备、造雪机械、智能制造系统集成及配件等集设计、生产和销售一体的企业。

创新平台

公司拥有省级工程技术中心、省级企业技术中心、桂卫华院士工作站，海智计划平台。

旗下子公司

杭州华新机电工程有限公司
株洲优瑞科有色装备有限公司
湖南天桥嘉成智能科技有限公司
株洲天桥奥悦冰雪科技有限公司
湖南天桥利亨停车装备有限公司
株洲天桥起重配件制造有限公司
株洲天桥舜臣选煤机械有限责任公司

地址：湖南省株洲市石峰区田心北门新民路226号
电话：0731-22337000-8010/8026　传真：0731-22337000-8009

山起重型机械股份公司前身是山东起重机厂有限公司，始建于1968年，2002年1月8日设立有限公司，2009年12月31日改制成立股份有限公司。是山东省重点企业、省机械行业五十强和高新技术企业，于2008年取得省级企业技术中心资格，先后荣获“山东名牌”“山东省著名商标”等荣誉称号。

公司主要业务是起重机及其零部件的设计、生产、安装和销售，主导产品是桥式起重机和门式起重机。现已发展成为华东地区大型的桥式、门式起重设备制造商，是中国重型机械工业协会常务理事单位，桥式起重机专业委员会副理事长单位。公司先后被山东省企业信誉评价委员会授予“特级信誉企业”；被中国技术监督情报协会评定为“3.15质量无投诉、服务无投诉诚信企业”；被山东省工商行政管理部门、山东省企业信用协会授予省级守合同重信用企业；被消费日报社和中国企业信用协会评为中国起重机质量放心用户满意十佳诚信企业。

公司2010年成立立体车库事业部，充分利用公司原有大型起重机械设计、制作经验，自主研发了升降横移式、垂直升降式、巷道堆垛式、平面移动式、垂直循环式、水平循环式、简易升降式、停车转盘等十几类二十多个品种的停车设备，目前已具备年产3000个车位的生产能力。海洋能作为传统能源的补充，其市场广阔，前景被看好，已经越来越被国家和社会重视。2012年公司开发了潮流能发电、海油装备、临港机械项目。目前潮流发电样机已试制完成，海油装备、临港机械等国家鼓励类项目正在起动。公司和知名高校如中国海洋大学等开展的校企合作，成为对该项目有力的技术支持。

公司秉承“品质领先，发展致胜，打造一流，产业报国”的经营理念，不断提高产品的技术含量、制造水平和制造能力，以打造世界一流起重机械企业为目标，加快建设资源节约型、环境友好型企业，努力使公司发展成为技术先进、效益突出、管理一流的国际性机械制造企业。

1 地址：山东省青州市昭德北路2198号 电话：0536-3203038 传真：0536-3203037 网址：www.sdqz.com 邮箱：sqgf@sdqz.com

广告
智联天下 绿绘未来
BICES 2019
第十五届中国（北京）国际
工程机械、建材机械及矿山机械
展览与技术交流会
主题展区
建国七十周年成果展区
大国重器展区
强基工程与高端配套展区
绿色发展展区
智能化与互联互通展区
高空作业展区
冰雪与应急装备展区
筑养路装备展区
物流装备展区
千人用户大会
万家采购商观展
行业百余场专业活动
中国国际展览中心新馆
2019年9月4-7日
www.e-bices.org
BICES 2019
同期会展活动
同期展览及赛事、评选
第五届中国国际商用车博览会
第五届中国国际应急抢险救援装备展览会
第二届中国国际停车设备设施展览会
铁建重工杯--BICES中国第五届
国际工程机械及专用车辆创意设计大赛
BICES中国国际工程机械创新产品、推荐产品评选
权威会议活动
“一带一路”工程机械合作论坛
中非工程机械合作论坛
中国停车设施建设投资与管理大会
2019全球工程机械产业大会暨施工企业千人大会
2019全球挖掘机峰会暨中国土石方施工百强大会
2019全球起重机峰会暨中国吊装百强大会
2019中国基础施工百强大会
营销及后市场
2019全球高空作业设备峰会暨中国租赁商百强大会
中国工程机械市场营销沙龙
工程机械电商沙龙
技术革新
工程机械四阶段排放标准与节能减排技术发展论坛
第六届全国工程机械标准化工作会议
创新设计大赛获奖者“创意设计的创新之道”论坛
微信扫一扫
获取展会报名信息

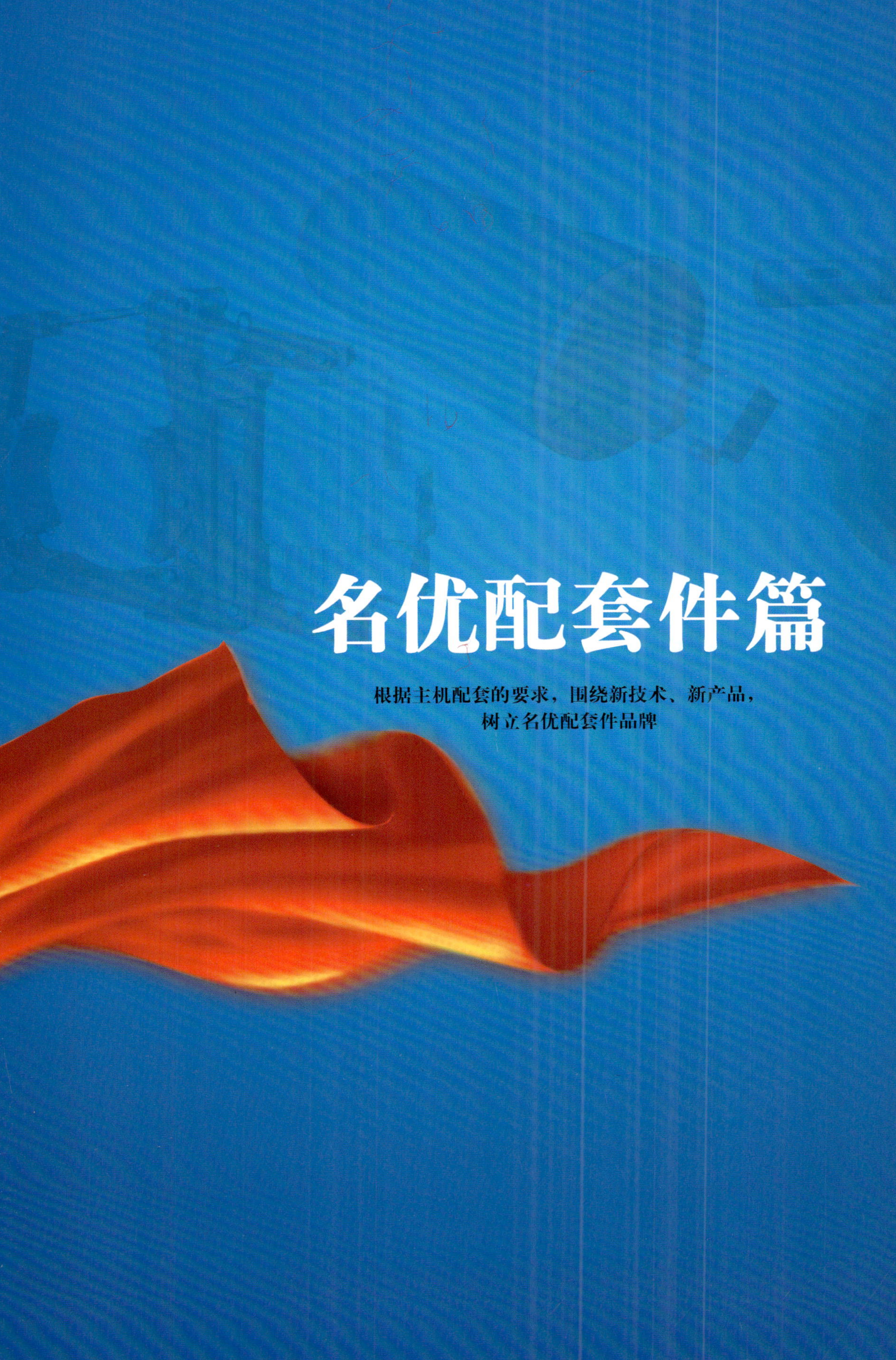

名优配套件篇

根据主机配套的要求，围绕新技术、新产品，
树立名优配套件品牌

中信机电制造公司

中信机电制造公司（国营五四一总厂）是中国中信集团有限公司的全资子公司，始建于1970年，为国家123家特大型工业企业之一。总占地面积791万余平方米，拥有各类设备10000余台，其中金切设备2000余台，大精尖端关键设备约330余台。

下属科研设计院具有复杂机电液产品的设计能力，在结构设计、传动系统设计、车辆改装等方面具有较强的技术实力。拥有工作终端50个，装有AutoCAD二维平面设计软件、Prp/E三维造型软件、三维分析软件，可实现三维装配及运动仿真、有限元分析、疲劳分析、动力学分析等。并有电气、电控、液压试验室2000余平方米，可进行液压、电气、电控系统检测试验、抗压仿真试验、环境适应性试验及应力筛选试验。

中信机电制造公司总部下属机构的主营业务及主要市场

下属机构	主营业务	主要市场
总装厂	特种车整机	部队、矿山、高铁、航天等行业
冶金铸造厂	中、大型铸钢件	出口到荷兰BV、美国CSP公司、美国PH、卡特彼勒公司、瑞典山特维克公司，自销北方重汽、太重等
锻造厂	汽车锻件	包头奔驰、汉德车桥、安凯车桥、徐州美驰、江淮汽车、方盛车桥、北京众力等
	煤机锻件	张家口煤机厂、三一重工等
	阀体锻件	出口到英国伟尔阀门控制有限公司、美国伍德公司，自销承德富泉等
机加厂	重型汽车车桥	北汽福田、江淮、陕汽等
	离合器	宇通、玉柴、金龙、徐重等
	扭杆	北汽福田、丹东黄海、长丰猎豹等
冲压厂	产品	内部配套、外部配套
	冲压焊接件	瑞风商务、太重、长安重汽等
铁运部	铁路货物运输	机电公司各生产厂、山西绛县明迈特有限公司及其他用户的货物运输
科研院	整机研发	设计完成后在公司内组织试制、生产
技校	中、高级技工教育	公司内部，社会生源

主要铸件产品展示

138 A合金钢履带

5.5 合金钢链条

高铁制动盘

主要锻件产品展示

石油阀体

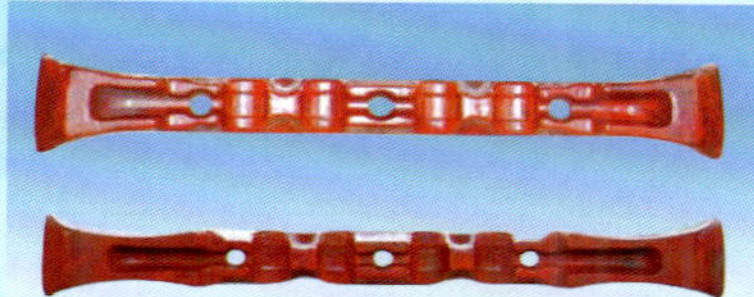
煤机刮板

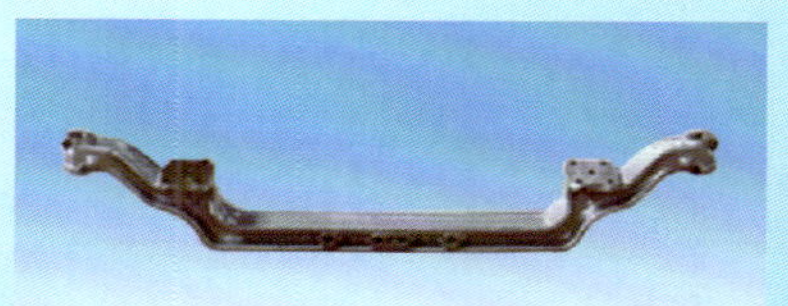
汽车前轴

主要汽车零部件产品展示

重桥

离合器

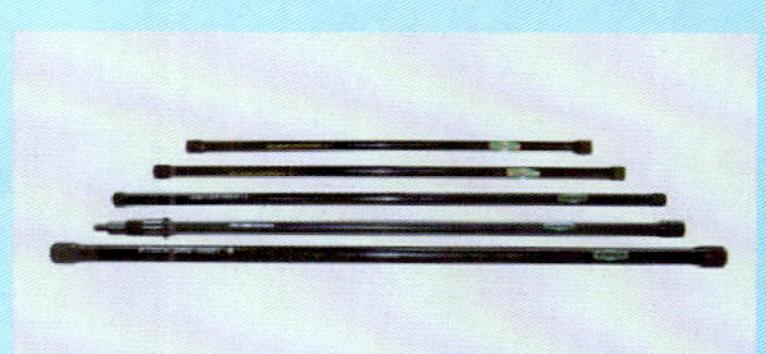
扭杆弹簧

五四一高级技工学校

1977年，五四一高级技工学校由原国家第五机械工业部批准成立，是以给国家重点建设项目——“五四一工程”培养机械加工专业技术型工人为主的中等职业学校。2006年、2008年先后被批准为国家重点技工学校、高级技工学校，目前在校生达3600人，在校生连年稳居全市公立技校前茅，毕业生对口就业率达95%。

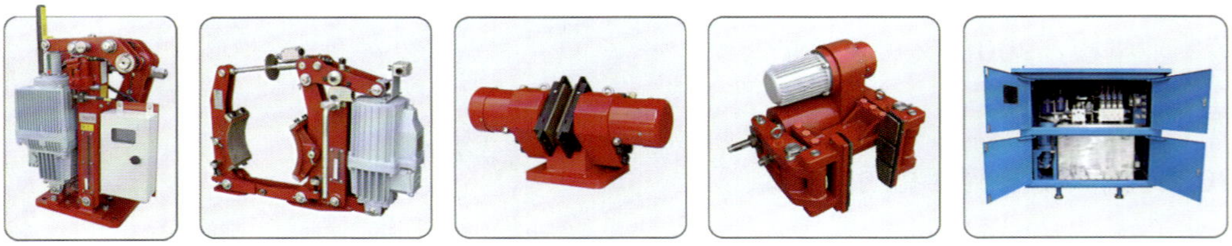

企业大事记

记载企业成长的每一个阶段，解读年度重大活动

河南卫华重型机械股份有限公司 2018年大事记

1月 ● 设计制造的阳极炭块堆垛起重机顺利通过验收交付山西中铝。

● 公司主办的“智能制造•起重未来”起重机智能化发展研讨会”在海南三亚盛大召开。

2月 ● “卫华梦•新征程•新跨越” 2017年度工作总结暨表彰大会隆重召开。

3月 ● 公司被评为2017年度河南省安全工作先进单位，是河南省获奖唯一民营企业。

4月 ● 设计制造的冶金全自动换辊起重机顺利交付。该产品是卫华基于自身专利技术研发，拥有完全自主知识产权，产品性能达到国际先进水平，打破国外技术垄断局面。

● 党委书记韩宪保受邀赴荷兰鹿特丹参加第二届中荷企业家投资贸易论坛。

5月 ● 公司实施“战略引领下的三创并举管理”实践经验被评为2018年河南省质量标杆。

● 卫华承制的乌克兰安赛乐米塔尔钢铁集团14台起重机交付使用。其中两台250t冶金铸造起重机刷新了出口冶金铸造起重机起重量最大记录。

● 公司承办的第四届中国•长垣国际起重装备博览交易会隆重开幕。

6月 ● “砥砺三十载•昂首新时代”2018年卫华集团成立三十周年庆典大会隆重举行。

● 公司承办并参与“长垣县2018起重机械制造业专项技能竞赛”。其中，焊工组、门机操作组、钳工组第一名均为卫华员工。

7月 ● “YD250/80t-33m锻造起重机”被认定为河南省首台（套）重大技术装备。

9月 ● 陕西陕煤曹家滩井下2-2大巷带式输送机项目成功验收。该项目是目前卫华生产的最长距离带式输送机，总长为2.9km。

● 主持制定的河南省地方标准《通用桥式和门式起重机箱型桥架制造技术要求》经由河南省质量技术监督局批准发布。

10月 ● 出口马来西亚的QE（250+250）t桥式起重机完成载荷试验，通过CCS验船师验证并取得认证书。该船用起重机是卫华首台大吨位用于海工船作业的起重机。

● 为周口港设计制造的GJM A6 40.5t轨道式集装箱门式起重机顺利完成交付使用。

● “基于伺服控制的超高精定位数控起重机”项目荣获中国机械工业科学技术奖三等奖。

● 荣获“全国质量标杆”荣誉称号。

● 成功举办“韵动中国•卫华杯”2018长垣国际马拉松赛。

11月 ● 为河钢集团设计制造的QE III A7 100t三梁四轨双小车加料专用起重机安装完毕，顺利通过验收。

● 在全国第十一届设备管理先进单位表彰大会上，公司喜获“全国设备管理优秀单位”。

● 公司设计制作的250t大吨位防爆起重机安装调试完成，该起重机主要用于现场有爆炸型气体环境的吊装施工。

12月 ● 公司主办的“一带一路•共建繁荣——2019年中国起重机械国际合作战略发展高峰论坛”在云南省丽江市盛大举行。

● 公司荣获2018年度河南省质量诚信AAA级企业。

● “660t固定式港口桅杆起重机”被认定为河南省首台（套）重大技术装备。

中国重型机械研究院股份公司 2018年大事记

1月

- “镀锡板高速精整机组关键工艺及装备研发与应用”项目荣获2017年度中国机械工业集团质量项目奖。
- “LG-730-HLS伺服控制两辊冷轧管机”获中国机械工业集团科学技术奖一等奖。
- 15个项目获准进入《首台(套)重大技术装备推广应用指导目录》(2017年版)。

3月

- 院锻压装备技术及工艺创新创效团队荣获2017年度陕西科技系统青年创新创效活动先进集体

4月

- 院省级技术转移示范机构获得陕西省科技厅考评优秀等级。

5月

- 金属挤压与锻造装备技术国家重点实验室通过国家科技部评估，获良好等级。

6月

- 院承担的“高速特种电工钢剪切设备的研发与应用”“高性价比位置闭环液压控制技术及成套装置的研究”等15项陕西省科技厅科技计划项目顺利通过验收。
- 河北敬业6#板坯连铸机项目和上海鼎信投资印尼苏拉威西矿业不锈钢连铸坯建设项目成功投产。

7月

- 院申报的2018年陕西省科技计划项目“液胀成型双金属复合管关键技术及设备”“伊朗穆巴拉克5#板坯连铸机项目设备工艺工程”等8个项目获陕西省科技厅立项。
- 福建青拓不锈钢板坯连铸机项目成功投产。

8月

- 我院作为钒钛战略联盟成员单位参加钒钛联盟第二届第三次理事会暨专家委员会工作会议。
- “河北敬业钢铁连铸机铸坯辊道热送项目”和“福建青拓八机八流方坯连铸机”项目成功投产。
- 与唐山天茂签订河北鑫达100t转炉干法除尘项目合同。

9月

- 广东广青金属科技有限公司200mm×1600mm板坯连铸机项目成功投产。
- 与中新钢铁集团有限公司签订中新钢铁干法除尘项目合同

10月

- “3000/7500kN•m超大型锻造操作机研制”和“镀锡板高速精整机组关键工艺及装备研发与应用”项目荣获2018年中国机械工业科学技术奖一等奖，“超薄镀锡原板平整及二次冷轧高效精密工艺与装备”和“连铸机结晶器恶劣服役工况下的振动液压缸研制及应用”项目荣获2018年中国机械工业科学技术奖二等奖。
- 与福建吴航和天津忠旺分别签订板坯连铸机、2350mm拉矫清洗线合同。
- 中国宝武钢铁集团有限公司党委书记、董事长陈德荣一行莅临我院访问交流。

11月

- “高效节能耐腐蚀双金属复合管液胀成型关键技术装备研发及绿色制造产业化应用”项目荣获绿色制造技术创新奖二等奖。
- 我院申报的2018年国家“高档数控机床与基础制造装备”科技重大专项“高强轻质合金钣金成形关键装备研制与应用”课题获得工信部立项。
- 与山东钢铁集团日照有限公司签订重卷（拉矫）检查机组项目合同。

12月

- 我院荣获“钢铁行业改革开放40周年功勋企业”称号。
- 院“金属挤压与锻造装备技术研发和推广应用项目”荣获“中国工业大奖”表彰奖
- 获得“2018年国家技术创新示范企业”称号。

北京起重运输机械设计研究院有限公司

2018年大事记

1月 ● “高速大运量脱挂索道”成果荣获2017年度“国机质量奖”产品类项目奖。

2月 ● 二届五次职代会暨工代会胜利召开。

3月 ● 2018年工作会顺利召开。
● 标准工作部成立。

4月 ● 公司荣获 “中国重型机械行业自主创新领军企业”荣誉称号。
● 公司团委举办了共青团北京起重运输机械设计研究院有限公司第一次代表大会。

5月 ● 举办2018年度五四表彰大会暨青年项目经理经验交流会。

6月 ● 与柳州十一冶机械制造有限责任公司举行战略合作签约仪式。
● 多个先进党组织和优秀共产党员、优秀党务工作者荣获中国机械工业集团有限公司党委和中国中元国际工程有限公司党委表彰。

7月 ● 召开2018年年中工作会。
● 党委组织开展了“不忘初心 牢记使命 喜迎七一 与时俱进”主题党日活动。

8月 ● 中国机械工业集团有限公司党委常委、纪委书记雷光华在到公司进行调研并座谈。

9月 ● 隆重举办第五届职工运动会。

10月 ● 喜获中国标准创新贡献奖组织奖。
● 举行庆祝北起院成立60周年的主题日系列活动。

11月 ● 参加上海CeMAT ASIA2018物流展。

12月 ● 申报的“大跨径柔性吊装技术”荣获2018年度“好设计”金奖。
● 由公司承办的全国起重机械标准化技术委员会成立20周年纪念活动在北京市成功举办。

华电重工股份有限公司

2018年大事记

1月 ● 公司2×660MW长距离管带机工程项目喜获业主河南鹤壁鹤淇发电有限责任公司“安全、文明管理先进集体”荣誉。

2月 ● 公司召开一届五次职工代表大会暨2018年工作会。

● 公司上海研发中心自主研发的“新一代四卷筒抓斗卸船机研发及应用”项目由北京市丰台区科委推荐报送，获得北京市科学技术奖三等奖。

3月 ● 公司申报的《提高两轮台车架自制合格率》课题研究荣获2018年度电力建设优秀质量管理QC成果二等奖；《提高圆形料场清水砼质量》《选择一种新型管状带式输送机立柱》《提高对接板RT一次报检合格率》课题研究荣获2018年度电力建设优秀质量管理QC成果三等奖。

● 公司成功中标赵庄矿井选煤厂储煤场全封闭工程EPC总承包项目，合同金额17 368万元，这是公司首次中标煤炭行业煤场封闭项目，是公司在煤场封闭领域中的又一次重要突破。

4月 ● 公司被批准为第八批北京市专利示范单位。

5月 ● 随着39#风机最后一片叶片的顺利起吊并顺利吊装完成，由公司总承包建设的国家电投滨海北H2#400MW海上风电工程100台风机全部吊装完成。

● 曹妃甸重工生产的“HHI”牌桥式抓斗卸船机荣获2017年“河北省知名品牌”称号。

7月 ● 公司承建的华电句容储运项目按期完成4.52万t煤炭的首船“水水直取”作业，标志着华电句容港开启了崭新篇章。

8月 ● 公司正式入选国资委国企改革“双百行动”名单，标志着公司改革发展即将迎来新的历史机遇。

11月 ● 公司与锅炉钢结构协会其他会员单位联合申报的“1000MW超超临界锅炉钢结构技术”获中国钢结构协会科学技术奖一等奖。

12月 ● 公司承建的天津国投津能发电有限公司东线部分皮带机工程已经重载调试完成。工程重载调试标志着工程正式转入生产阶段。

● 由公司承建的江苏华电句容二期（2×1000MW）扩建工程#3机组顺利通过168h试运行，机组运行稳定，输煤系统累计上煤15万t，各项指标已通过性能考核。

● 公司总承包建设的中电投大丰H3#300MW海上风电项目实现了全容量并网发电，实现了年内完成建设、年内全容量并网投产的工期目标。

株洲天桥起重股份有限公司 2018年大事记

2月 召开公司2017年度总结表彰大会，总结和回顾过去一年的工作，规划和展望新一年的发展，表彰年度具有突出贡献部门、优秀员工和质量标兵。

3月 公司旗下湖南泰尔汀起重科技有限公司在湖南省商务厅的组织与带领下参加了中国—东盟博览会。此次展会对公司产品打开柬埔寨市场具有深远的影响。

4月 公司联合北京奥悦冰雪旅游投资集团有限公司、株洲科聚创业投资企业共同成立株洲天桥奥悦冰雪科技有限公司，

并获得了I.D.E公司真空制冰（VIM）技术在中华地区的独占许可权，宣示着公司正式进入高端冰雪装备产业。

5月 株洲市委秘书长毛朝晖率队到公司调研考察，了解公司生产经营情况，充分肯定了公司转型升级取得的成绩，勉励公司要坚持以创新发展引领转型实践，必须有信心、有耐心将企业做大做强。

6月 公司旗下子公司天桥嘉成与河南豫光签订国内首套精矿仓及配料天车全自动加料系统项目订单；与赤峰云铜签订国内首套渣包缓冷场全自动洒水天车系统项目订单。

7月 公司党委隆重召开庆祝建党97周年表彰大会。会议组织党员深入贯彻学习党的十九大精神，激励党员坚定理想信念，鼓励党员学习身边的模范。会议还对优秀党员进行了表彰，组织预备党员进行入党宣誓。

8月 由公司承担的“面向有色金属浇铸过程的机器人作业系统”项目申报起动会议顺利召开。该项目为《中国制造2025》中国家公布的7个重点专项“智能机器人”下的子项目。公司将以此为契机，与科研单位和参与企业充分合作，打造有特色的“智能机器人”示范项目。

9月 获批成立市级“海智计划”工作站，“海智计划”平台建设拓展了公司引进海外高端人才的渠道，推进高层次产学研协同创新，有利于公司进行技术改进创新。

10月 公司全资子公司华新机电向马来西亚Tanjung Bin电厂供应的2400tph抓斗卸船机顺利滚装上岸。

由华新机电总包的设计生产率为750t/h的螺旋卸船机总装调试完成，该设备用于国家能源集团宿迁发电有限公司二期扩建2×660MW超超临界二次再热机组工程，可接卸1000～3000t散货船。该台螺旋卸船机是公司第一代螺旋卸船机，投产使用后即成为电力系统首台国产螺旋卸船机。

11月 公司旗下子公司株洲优瑞科有色装备有限公司，成功研制出国内首套集清洗、分离、打包堆垛为一体的第二代铜电解机器人自动化生产线，攻克了机器人高效作业路径研究及自动化控制程序开发、远程监控及故障诊断系统等关键技术，标志着我国在铜冶炼领域多项重大关键技术达到国际领先水平。

12月 中车株洲电力机车研究所副总经理王卫安一行莅临公司进行实地调研和座谈交流。此次交流取得了较好的效果，双方希望后续能有更多的专项交流，推动业务合作，拓展合作深度与广度，为双方未来发展创造更多的空间。

综合索引

中国重型机械工业年鉴二维码

鉴证行业发展足迹

振兴重型装备工业

中国机械工业年鉴系列

《中国机械工业年鉴》

《中国电器工业年鉴》

《中国工程机械工业年鉴》

《中国机床工具工业年鉴》

《中国通用机械工业年鉴》

《中国机械通用零部件工业年鉴》

《中国模具工业年鉴》

《中国液压气动密封工业年鉴》

《中国重型机械工业年鉴》

《中国农业机械工业年鉴》

《中国石油石化设备工业年鉴》

《中国塑料机械工业年鉴》

《中国热处理行业年鉴》

《中国齿轮工业年鉴》

《中国磨料磨具工业年鉴》

《中国机电产品市场年鉴》

《中国机械工业集团年鉴》

《中国电池工业年鉴》

中国工业年鉴出版基地

编辑说明

一、《中国机械工业年鉴》是由中国机械工业联合会主管、机械工业信息研究院主办的大型资料性、工具性年刊，创刊于1984年。

二、根据行业需要，1998年中国机械工业年鉴编辑委员会开始出版分行业年鉴，逐步形成了中国机械工业年鉴系列。该系列现已出版了《中国电器工业年鉴》《中国工程机械工业年鉴》《中国机床工具工业年鉴》《中国通用机械工业年鉴》《中国机械通用零部件工业年鉴》《中国模具工业年鉴》《中国液压气动密封工业年鉴》《中国重型机械工业年鉴》《中国农业机械工业年鉴》《中国石油石化设备工业年鉴》《中国塑料机械工业年鉴》《中国热处理行业年鉴》《中国齿轮工业年鉴》《中国磨料磨具工业年鉴》《中国机械工业集团年鉴》《中国电池工业年鉴》和《中国机电产品市场年鉴》。

三、《中国重型机械工业年鉴》作为该年鉴系列之一，于2005年创办，每年连续出版，2018年为第14版。该年鉴集中反映了重型机械行业的发展情况，全面系统地提供了重型机械行业及其企业的主要经济技术指标。

四、《中国重型机械工业年鉴》2018年版内容由综述、大事记、行业篇、市场篇、企业篇、统计资料、标准与质量和附录8部分构成，统计资料中的数据为快报数据，由中国重型机械工业协会提供，数据截至2017年12月31日。

五、本年鉴在编纂过程中得到了中国重型机械工业协会及所属分会、研究院所和企业的大力支持和帮助，在此深表谢意。

七、由于水平有限，难免出现错误及疏漏，敬请批评指正。

中国机械工业年鉴编辑部

2019年2月

目　　录

综　　述

大　事　记

行　业　篇

市　场　篇

企　业　篇

统 计 资 料

标准与质量

附　　录

Contents

Summary

Chronicle of Events

About Products

About Market

About Companies

Statistics

Standards and Quality

Appendix

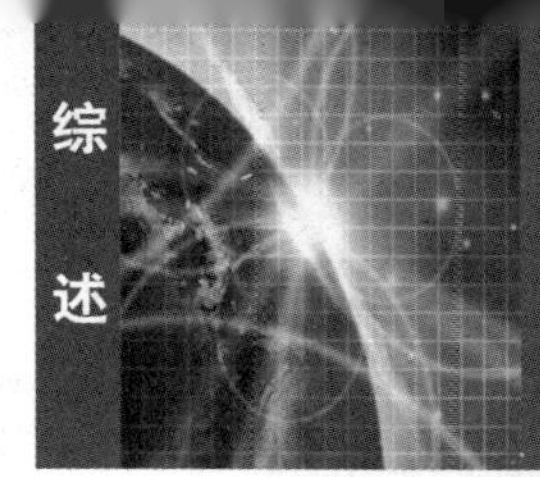

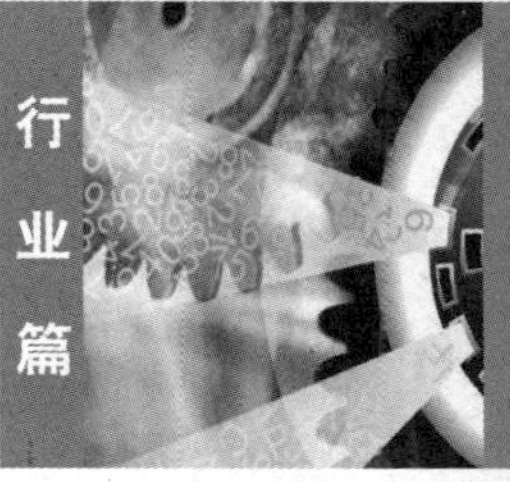

综述

回顾 2017 年重型机械行业发展状况，指出当前行业发展中存在的问题，并提出措施建议。公布 2017 年中国重型机械行业获得中国机械工业科学技术奖项目情况。

Look back on the development of the heavy machinery industry in 2017, point out problems existing in its current development, and propose measures and suggestions. Publicize projects from the heavy machinery industry which won the Science and Technology Awards of Chinese Mechanical Engineering Society in 2017.

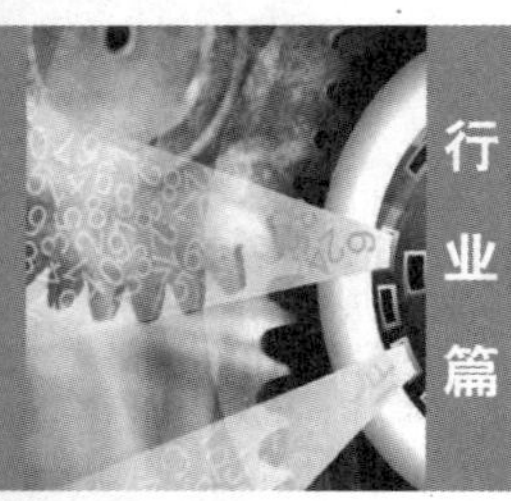

综述

2017 年重型机械行业发展报告

重型机械行业是机械工业中冶金机械制造业、重型锻压机械制造业、矿山机械制造业和物料搬运机械制造业以及大型铸锻件制造业的合称。

按照《国民经济行业分类》GB/T 4754—2011 新标准的规定，重型机械行业归口的行业小类已由原冶金设备、采矿采石（矿山）设备和起重运输设备 3 个行业小类，变更为冶金设备、矿山机械、轻小型起重设备、起重机、生产专用车辆、连续搬运设备、电梯自动扶梯及升降机、其他物料搬运设备 8 个行业小类，并从 2012 年开始执行。

为反映行业实际情况，本文根据行业特点，按冶金机械、矿山机械和物料搬运机械（含轻小型起重设备、起重机、生产专用车辆、连续搬运设备、电梯自动扶梯及升降机、其他物料搬运设备）三个分行业来分述。

一、基本运行情况

2017 年，全国工业行业积极推动供给侧结构性改革，扩大有效供给，实现效益改善，行业经济运行稳中向好。截至 12 月末全国工业增加值比上年增长 6.6%，与重型机械行业密切相关的固定资产投资（7.2%）、钢铁（0.8%）、水泥（-0.2%）、发电（5.7%）等重点领域的总量增速均好于上年同期。重型机械行业全年主营业务收入增速为 8.25%，好于年初预期。

2017 年是重机行业市场逐渐复苏的一年。在稳增长、调结构和“三去一降一补”的大环境下，行业企业发展进入新一轮上升周期，总体稳中有进，创新成果转化为商品的优势开始显现。全行业 2017 年呈现止跌回升增长态势，各月主营业务收入增速均在 10% 的区域波动。全年有 4 个月增幅在 10% 以上，7 个月增幅在 7% ～ 10% 之间。其中：5 月份的 11.92% 为全年最高点，9 月份的 7.10% 为全年最低点，至 12 月份全年主营业务收入增速为 8.25%。

2017 年重型机械行业主要经济指标完成情况见表 1，2016 年、2017 年 1—12 月全国重型机械行业主营业务收入增速同期对比见图 1。

表 1　2017 年重型机械行业主要经济指标完成情况

名称	主营业务收入（亿元）	同比增长（%）	主营业务成本（亿元）	同比增长（%）	利润总额（亿元）	同比增长（%）	利润率（%）	上年同期（%）
重型机械行业合计	11 883.61	8.16	10 039.62	8.73	645.12	19.00	5.41	4.92
1. 冶金机械行业	1 214.98	11.97	1 057.32	7.86	46.69	270.40	3.84	-2.53
2. 矿山机械行业	3 982.84	7.25	3 403.79	7.68	181.88	48.61	4.57	3.30
3. 物料搬运机械行业	6 685.79	8.04	5 578.51	9.56	416.55	-6.73	6.68	7.22

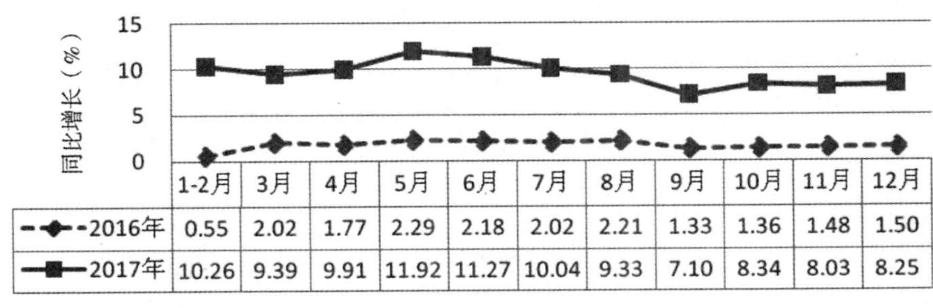

a）

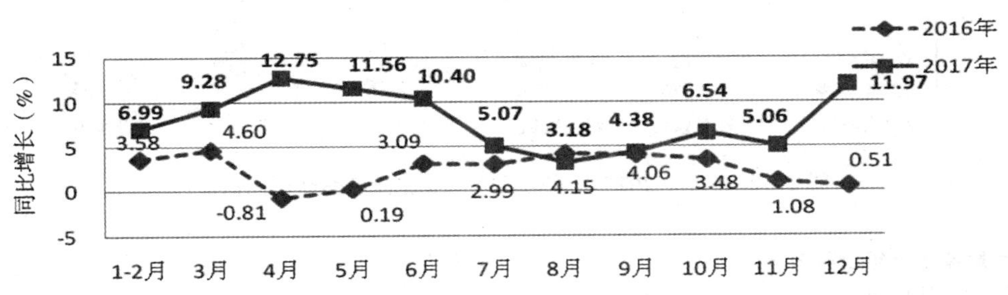

b）

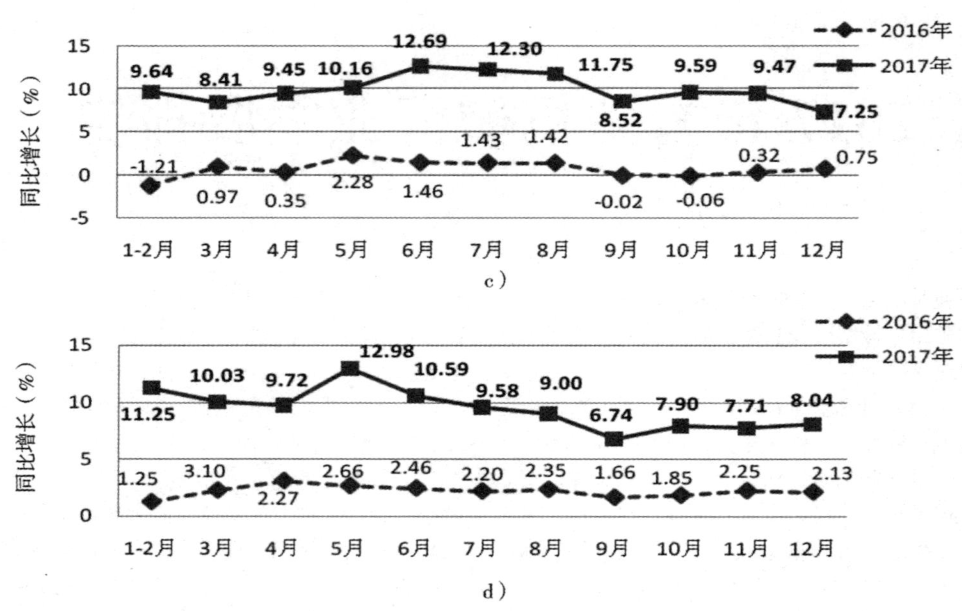

图 1　2016 年、2017 年 1—12 月全国重型机械行业主营业务收入增速同期对比

a）总体情况　b）冶金机械　c）矿山机械　d）物料搬运机械

二、行业主要产品情况

从全年行业主要产品的完成情况看，冶金机械行业、矿山机械行业、物料搬运机械行业的主要产品均处于增长状态，2016 年处于负增长状态的产品，除铸钢件外，金属冶炼设备、起重机、输送机械、减速机等均恢复了正增长。2016 年、2017 年重型机械行业主要产品产量见表 2。2016 年、2017 年重型机械行业主要产品产量同期对比见图 2。

表 2　2016 年、2017 年重型机械行业主要产品产量

产品名称	单位	2017 年产量	2016 年产量	同比增长（%）	产品名称	单位	2017 年产量	2016 年产量	同比增长（%）
一、冶金机械行业					2. 输送机械（输送机和提升机）	万 t	261.50	244.19	7.09
1. 金属冶炼设备	万 t	56.39	52.34	7.72	3. 电动叉车	万台	21.75	17.67	23.08
2. 金属轧制设备	万 t	62.17	52.90	17.51	4. 内燃叉车	万台	29.86	24.29	22.91
二、矿山机械行业	万 t	812.66	757.09	7.34	**四、其他**				
水泥设备	万 t	101.26	90.63	11.74	1. 减速机	万台	671.22	602.82	11.35
三、物料搬运机械行业					2 . 锻件	万 t	1 203.04	1 100.30	9.34
1. 起重机	万 t	1 133.92	977.50	16.00	3. 铸钢件	万 t	1 168.79	1 261.34	-7.34

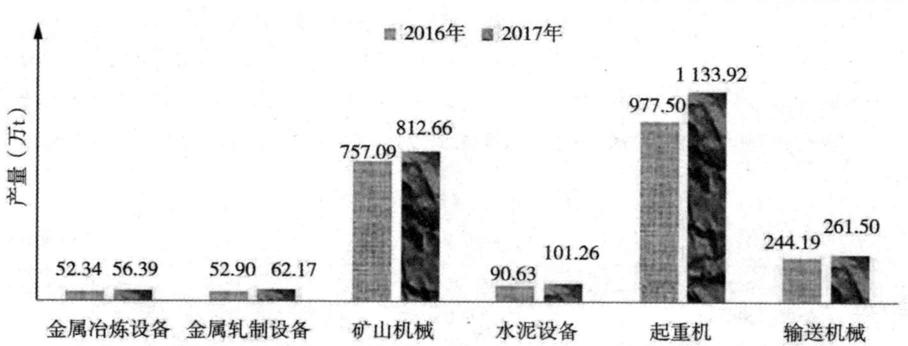

图 2　2016 年、2017 年重型机械行业主要产品产量同期对比

主要产品产量增速三年走势情况：

冶金机械行业产品增速：冶炼设备 2015 年为 -11.62%、2016 年为 -16.75%、2017 年为 7.72%，近三年来呈现由低向高走的态势，但是否止跌企稳尚待观察；轧制设备 2015

年为 -17.24%、2016 年为 1.23%、2017 年为 17.51%，近三年来振幅较大，后期走势难以确定。

矿山机械行业产品增速：2015 年为 -8.27%、2016 年为 3.37%、2017 年为 7.34%，近三年来增速逐年走高，运行基本平稳。

物料搬运机械行业产品增速：起重机 2015 年为 11.32%、2016 年为 -1.76%、2017 年为 16%，走势有波动但总体平稳；输送机械产品 2015 年为 0.16%、2016 年为 -4.57%、2017 年为 7.09%，有小幅波动，后期走势尚待观察。

三、经济指标情况

重型机械行业全年主营业务收入为 12 100.74 亿元，同比增长 8.25%，冶金、矿山、物料搬运等所属行业均表现出良好的上升趋势；全年利润总额为 654.01 亿元，同比增长 19%，其中冶金机械行业实现了扭亏为盈。截至 12 月末，重型机械行业应收账款 2 715 亿元，同比下降 1.42%；存货 2 172 亿元，同比增长 10.52%。

1．资产情况

截至 2017 年年底，重型机械行业资产总额为 13 239.57 亿元，同比增长 4.36%。其中：冶金机械行业为 1 896.94 亿元，同比增长 4.91%；矿山机械行业为 4 025.36 亿元，同比增长 3.86%；物料搬运机械行业为 7 194 亿元，同比增长 4.59%，2016 年、2017 年物料搬运机械部分所属行业资产总额对比见图 3。

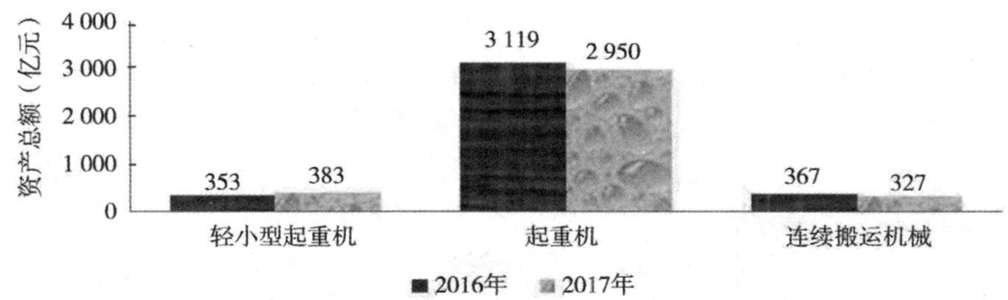

图 3　2016 年、2017 年物料搬运机械部分所属行业资产总额对比

2．负债情况

截至 2017 年年底，重型机械行业负债总额为 7 661.6 亿元，同比增长 5.21%。其中：冶金机械行业为 1 302.84 亿元，同比增长 7.63%；矿山机械行业为 2 301.76 亿元，同比增长 3.25%；物料搬运机械行业为 4 057 亿元，同比增长 5.58%。2016 年、2017 年物料搬运机械部分所属行业负债总额对比见图 4。

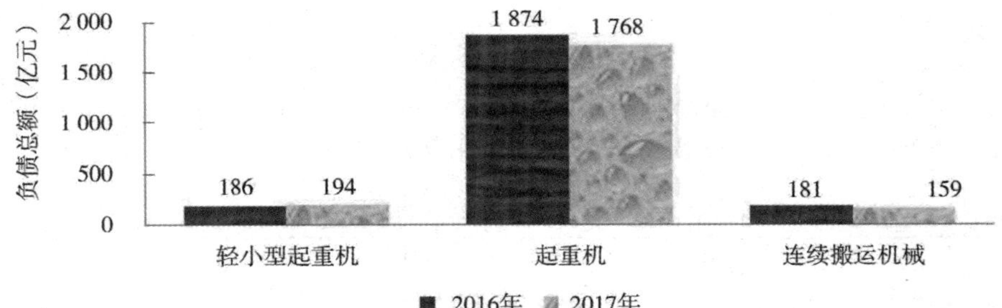

图 4　2016 年、2017 年物料搬运机械部分所属行业负债总额对比

3. 资产负债率情况

重型机械行业资产负债率截至 12 月末为 58.36%，同比上升 0.49 个百分点，其中：冶金机械行业为 68.68%，同比上升 1.74 个百分点；矿山机械行业为 57.18%，同比下降 0.34 个百分点； 物料搬运机械行业为 56.39%，同比上升 0.53 个百分点。2016 年、2017 年物料搬运机械部分所属行业资产负债率对比见图 5。

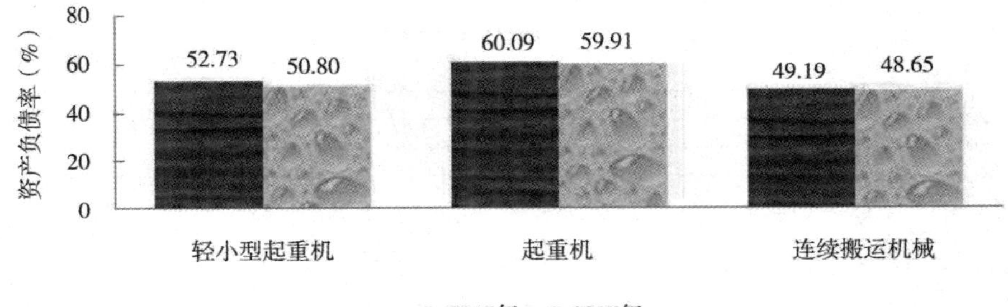

图 5　2016 年、2017 年物料搬运机械部分所属行业资产负债率对比

4. 利润总额情况

重型机械行业全年利润总额为654.01亿元，同比增长19%，其中：冶金机械行业为46.69亿元，同比增长270.42%；矿山机械行业为181.88亿元，同比增长48.61%；物料搬运机械行业为416.55亿元，同比下降6.73%。2016年、2017年物料搬运机械部分所属行业利润总额同期对比见图6。

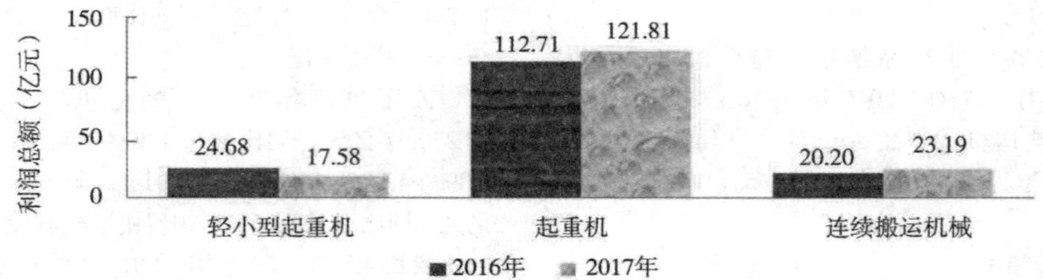

图6　2016年、2017年物料搬运机械部分所属行业利润总额同期对比

5. 利润率情况

重型机械行业全年利润率为5.41%，同比上升0.48个百分点。其中：冶金机械行业为3.84%，同比上升6.37个百分点；矿山机械行业4.57%，同比上升1.27个百分点；物料搬运机械行业6.68%，同比下降0.54个百分点。物料搬运机械所属行业利润率同期对比见图7。

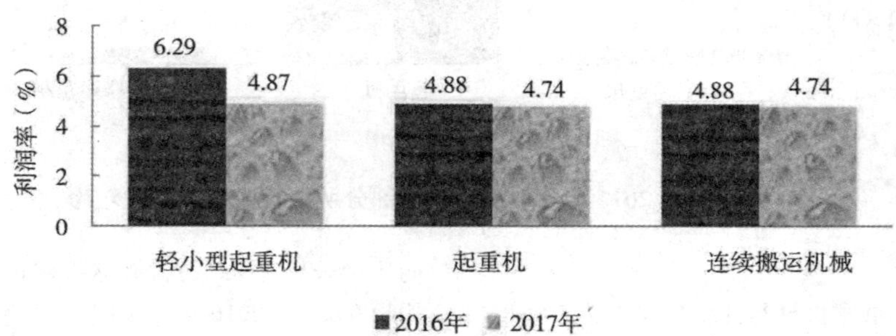

图7　物料搬运机械所属行业利润率同期对比

四、进出口情况

据国家海关总署统计，1—12月全国重型机械行业产品进出口总额为218.58亿美元，同比增长6.06%。其中：出口额为174.35亿美元，同比增长5.64%；进口额为44.24亿美元，同比增长7.71%；进出口顺差为130.11亿美元，同比增长4.96%。2017年重型机械行业进出口情况见表3。2015—2017年重型机械行业进出口同比增长率走势见图8。

表3　2017重型机械行业进出口情况

名称	出口总额（亿美元）	同比增长（%）	进口总额（亿美元）	同比增长（%）	进出口总额（亿美元）	同比增长（%）	进出口顺差（亿美元）	同比增长（%）
重型机械行业合计	174.35	5.64	44.24	7.71	218.58	6.06	130.11	4.96
1. 冶金机械行业	13.54	13.32	3.68	-20.71	17.22	3.79	9.85	34.98
2. 矿山机械行业	14.38	13.45	2.12	-5.23	16.51	10.65	12.26	17.46
3. 物料搬运机械行业	146.43	4.29	38.43	12.42	184.86	5.88	107.99	1.67

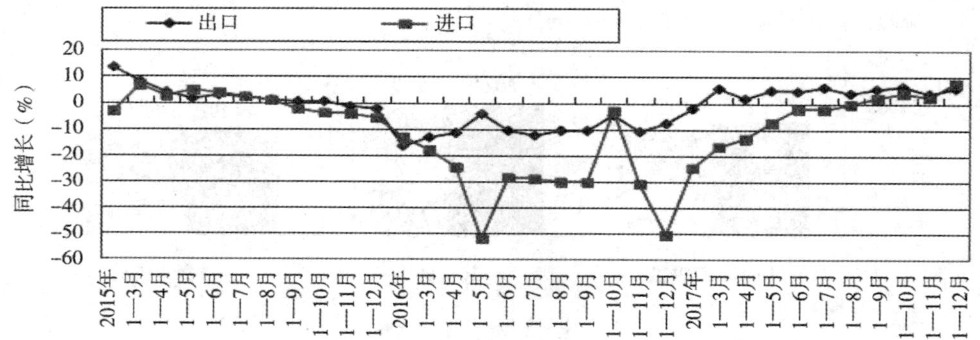

图8　2015—2017年重型机械行业进出口同比增长率走势

1. 冶金机械产品

2017 年全年冶金机械行业进出口总额为 17.22 亿美元。其中：出口国家或地区 176 个，出口金额为 13.54 亿美元；进口国家或地区 49 个，进口金额为 3.68 亿美元。

出口分类：冶炼设备为 0.57 亿美元，占比 4.21%；连续铸钢设备为 0.36 亿美元，占比 2.66%；轧制设备为 3.68 亿美元，占比 27.18%；冶金备件为 8.93 亿美元，占比 65.95%。2017 年冶金机械产品进出口额居前 3 位的国家（地区）见表 4。2017 年冶金机械产品进出口额居前 3 位的省（市、自治区）见表 5。

表 4　2017 年冶金机械产品进出口额居前 3 位的国家（地区）

序号	国家（地区）	出口额（万美元）	序号	国家（地区）	进口额（万美元）
1	印度	17 293	1	德国	11 350
2	印度尼西亚	13 080	2	日本	9 368
3	日本	9 389	3	美国	4 149

表 5　2017 年冶金机械产品进出口额居前 3 位的省（市、自治区）

序号	省（市、自治区）	出口额（万美元）	序号	省（市、自治区）	进口额（万美元）
1	江苏	41 698	1	江苏	6 854
2	河北	18 273	2	山东	5 583
3	上海	9 153	3	上海	4 704

2. 矿山机械产品

2017 年全年矿山机械行业进出口总额为 16.51 亿美元。其中：出口国家或地区 189 个，出口金额为 14.38 亿美元；进口国家或地区 37 个，进口金额为 2.12 亿美元。

出口分类：采掘设备为 4.27 亿美元，占比 29.69%；破碎设备为 6.45 亿美元，占比 44.85%；洗选设备为 3.03 亿美元，占比 21.07%；提升设备为 0.06 亿美元，占比 0.42%；其他为 0.57 亿美元，占比 3.96%。2017 年矿山机械产品进出口额居前 3 位的国家（地区）见表 6，2017 年矿山机械产品进出口额居前 3 位的省（市、自治区）见表 7。

表 6　2017 年矿山机械产品进出口额居前 3 位的国家（地区）

序号	国家（地区）	出口额（万美元）	序号	国家（地区）	进口额（万美元）
1	俄罗斯	12 768	1	德国	6 904
2	印度	10 780	2	英国	1 965
3	伊朗	10 632	3	美国	1 804

表 7　2017 年矿山机械产品进出口额居前 3 位的省（市、自治区）

序号	省（市、自治区）	出口额（万美元）	序号	省（市、自治区）	进口额（万美元）
1	河南	23 997	1	上海	3 720
2	上海	20 943	2	河北	2 139
3	广东	16 938	3	安徽	1 935

3. 物料搬运机械产品进出口

2017 年全年物料搬运机械行业进出口总额为 184.86 亿美元。其中：出口国家或地区 218 个，出口金额为 146.43 亿美元；进口国家或地区 79 个，进口金额为 38.43 亿美元。

出口分类：轻小型起重设备为 21.38 亿美元，占比 14.60%；起重机为 36.24 亿美元，占比 24.75%；工业车辆为 30.44 亿美元，占比 20.79%；连续搬运设备为 15.49 亿美元，占比 10.58%；其他物料搬运设备为 13.62 亿美元，占比 9.30%，其中机械式停车设备为 0.38 亿元，占比 0.26%；电梯自动梯为 29.26 亿美元，占比 19.98%。2017 年物料搬运机械产品进出口额居前 3 位的国家（地区）见表 8，2017 年物料搬运机械产品进出口额居前 3 位的省（市、自治区）见表 9。

表 8　2017 年物料搬运机械产品进出口额居前 3 位的国家（地区）

序号	国家（地区）	出口额（万美元）	序号	国家（地区）	进口额（万美元）
1	美国	191 765	1	德国	90 633
2	印度	61 300	2	日本	79 741
3	越南	55 192	3	韩国	45 636

表 9　2017 年物料搬运机械产品进出口额居前 3 位的省（市、地区）

序号	省（市、自治区）	出口额（万美元）	序号	省（市、自治区）	进口额（万美元）
1	江苏	397 956	1	上海	94 136
2	上海	267 615	2	江苏	64 364
3	浙江	245 657	3	广东	52 514

〔撰稿人：中国重型机械工业协会严祥文　审稿人：中国重型机械工业协会李镜〕

跟上新时代的步伐
实现重型机械行业持续发展

一、2017年行业运行情况

2017年在稳增长、调结构和“三降一去一补”的大环境下，重型机械市场延续2016年下半年逐渐复苏的形势，呈现出继续增长的态势。全年实现主营业务收入1.2万亿元，增速达8.2%；实现利润率5.41%，同比增长0.48个百分点；全行业进出口总额218.58亿美元，同比增长6.1%。自2012年以来，行业主营业务收入增速逐渐由高速回归中低速，2015年行业增速降至0.6%的最低点，2016年回升至1.5%，2017年继续增长，行业进入了新一轮的上升发展期。虽然总体呈现稳中有进、稳中向好的态势，但是行业洗牌仍在继续，行业内企业的生产与停产、复产与转产、兼并与分解交织在一起，应收账款略有下降但仍居高位。

2017年重机行业积极推进供给侧结构性改革，自主创新的成果丰硕，部分产品填补了本领域的空白。如上海振华重工自主研发制造的世界一流水平的洋山港全自动化集装箱装卸设备，保证了洋山四期自动化码头的成功开港；中国一重承制的全球首台“华龙一号”（福清5号机组）核反应堆压力容器成功交付用户，标志着中国核电已具有国际三代核电技术的先进水平；中国二重和大连华锐重工研制的乌东德水电项目的首套862MW混流式水轮机的上冠通过检验，标志着世界最大的水轮机上冠试制成功；豫飞重工集团自主研发制造的国内首台埋刮板式粮食连续卸船机，改变了该类港口机械一直以来依靠进口的局面；太重集团研制的首台海上5MW风电机组，已经在福清兴化湾海上风电场成功并网发电，使我国海上的风电功率提高到新的等级，太重产品结构从黑色向蓝色调整；“919”大飞机、复兴号高速列车和“中国天眼”等，具有国际水平代表国家实力的结点产品相继问世，这些产品都刻有“重机造”的痕迹。2017年，部分企业依托自身优势，借助创新发展的机遇，积极向自动化、智能制造、绿色制造发展，向制造服务业转型。桥门式起重机行业加快产品的轻量化、紧凑型提升小车等机构的更新换代，并在制造工艺创新、装备专业化方面迈出了坚实的一步；胶带运输机行业积极推广管带机等绿色产品；破磨设备行业力求适应市场变化，在服务老用户的基础上，开发出适应砂石加工的产品；仓储物流装备、城市立体停车设备等行业相继进入快速发展阶段，并创新了搬运和存储方式，融合自动化、信息化、新能源车辆驱动技术，派生出新类别的搬运设备；部分企业利用产品优势，研制出高铁动车等轨道交通车辆传动装置中的轮轴、变速器、制动器等多种零部件；大型铸锻件产品生产企业在新材料和生产工艺上持续开展科技攻关，争取在新的领域中有新的突破；从老产品中派生、衍生出新领域的新产品工作在扎实开展。2017年6月22日，中共中央总书记、国家主席、中央军委主席习近平再次到太重视察，指出：太重要用好我国交通发展和推进“一带一路”建设的历史性机遇，在技术创新和品牌建设上创出更大的天地。这是对整个重机行业的期望，重机行业在新时代应该有更大的担当和作为，为装备制造强国做出更大贡献。

2018年，重型机械行业仍处在新一轮发展周期的上升阶段，市场形势见好。需求新动能转换在加快，产能置换活跃，冶金行业升级改造需求凸显，矿山智能开采、资源综合利用、绿色发展的潜在市场需求逐渐浮出，起重运输中的物流仓储机械发展形势喜人，有利于2018年下半年企业订单的累积增加。但是港口、火电、建材等行业的散料输送产品订单相对不多，全年是否处于回升态势目前尚需继续观察。因部分配套件、协作件企业停产、环保不达标等原因，供应链修补还要一段时间，使主机如期装配出厂受到很大制约，半成品会出现新的积压，流动资金占压比重上升；原材料中钢材价格还存在波动，但是不会出现大的飞涨。全年行业稳中有升，态势喜人。

二、跟上新时代发展，保证重型机械行业持续健康发展

党的十九大宣布我国进入了新时代，我国社会的主要矛盾是人民日益增长的美好生活需求和不平衡不充分发展之间的矛盾。我国经济和社会发展由高速度转向更加注重高质量。我国将以“创新、协调、绿色、开放、共享”的发展理念和“全面建成小康社会、全面深化改革、全面依法治国、全面从严治党”的战略布局来治国理政，达到全面实现小康社会和建成社会主义现代化强国的两大奋斗目标。重型机械如何抓住机遇，创新发展，跟上时代的步伐，在新时代继续为建设中国特色社会主义强国贡献力量，是重型机械行业贯彻执行“十九大”精神时需要充分认识的问题。我国重型机械行业的新常态特征明显：一是市场需求从主要依靠增量转向以存量为主、增量为辅。重型机械行业在营销策略上，不仅注重增量市场，更要注重向存量市场转变，适应存量市场丰富多彩的需求。如何由制造型企业向制造服务型企业转型，是重型机械行业企业转型发展的短板之一。二是增长方式从追求高速度、上规模转向高质量，行业对高质量的认识目前还只局限于产品本身质

量上，而质量本身则是企业文化的反映。三是由满足市场需求转向供给侧结构性改革，通过供给侧结构性改革，实现产品和服务在创新、绿色、节能降耗、两化融合方面的升级换代，引导用户的技术进步。这些在满足人民美好生活需求中由于行业发展不平衡、准备不充分而出现的问题，需要重型机械行业审时度势，冷静应对，跟上建设中国特色社会主义强国的时代步伐。

（一）及时调整经营策略，适应国内外市场需求的变化

近几年，中国重型机械工业协会在各届理事会上认真分析了重机行业面临的市场变化。国内冶金、矿山、煤炭、电力、建材、港口等行业生产能力已经过剩，新增能力建设需求不足，重型机械行业面临着产能过剩的局面，许多大型专用设备能力开工不足或闲置，固定成本比例加大。以低于成本价格争得订单，造成企业后劲不足，人才流失，无法长足发展。开展供给侧结构性改革，主要是依照国家产业政策，结合企业的发展战略，以主导产品为基础，贴近用户的升级改造需求，满足用户在提质增效方面，在自动化、智能化、绿色环保、节能降耗等技术升级方面的需求，开展技术创新、产品创新，细分市场产品，培育个性化、衍生和延伸产品；开展管理创新、销售模式创新，补上应对存量市场营销的短板，实现重型机械行业新旧动力的转换。

（二）重型机械行业高质量的发展主要包括三个方面

在保证产品质量方面，《重型机械行业“十三五”规划纲要》中提出，产品安装调试完成后首次开动率在98%，在提高产品和成套设备的可靠性上积累数据。今后，不仅注重产品的合格率，还要在提高产品可靠性、舒适性方面下些功夫，要把使用者过美好日子的愿望体现到我们的产品上。在生产制造方面，组织厂内的技术力量和创客，开展产品标准化、模块化设计，力求零件批量化生产，通过研发工装、工具、专用装备和增加机器人的投入，建造机械化生产线，实现产品质量一致性。在此基础上，逐步实现生产的数字化、信息化、自动化、智能化。在企业管理方面同样需要高质量、高效率。效益高是衡量企业高质量运行的尺度之一。通过对一重等企业的调研，得到行业企业可以借鉴的两个指标：一是人均主营业务收入，另一个是人均净利润。目前，重型机械行业人均主营业务收入在50万～120万元之间，人均净利润差别极大。根据对部分企业情况的分析，提出近期制造企业的人均主营业务收入设在100万元以上，人均净利润在5万元以上，两个指标缺一不可。通过先进可行的科学管理和信息化技术在企业战略发展、经营策略、生产运转、风险管理的应用，在这两个指标的相互作用下，保证企业运行高效、可控，为创新发展积累资金，以保持企业的持续发展，缓解行业持续洗牌的局面。

（三）努力解决行业发展不平衡不充分的问题

用户企业希望采用技术一流、制造质量一流、经济效益一流的装备产品，而重型机械行业的产品目前很少能达到一流水平，这些需求侧与供给侧间的不平衡，只能靠我们在自主创新上下功夫，在产品升级换代上动脑筋，在信息化、智能化、绿色制造和服务（含集成服务）方面深耕细作。不充分表现在数据的积累和分析、科学实验验证和设计算法、制造工艺和纪律执行、产品的性能、质量和可靠性、细分市场个性化服务方面。在自主创新的背景下，需要我们持之以恒，夯实基础，踏实做事，补上不足和短板。

“十九大”确立的习近平建设中国特色社会主义思想和实现强国的目标，为重型机械行业在新时代重新定位提出了方向，行业企业需冷静分析形势，结合发展规划，趋势而动，努力在解决不平衡不充分的问题方面实现新旧动能的转化，实现新的增长，跟上新时代的发展，保证重型机械行业持续健康发展。

〔撰稿人：中国重型机械工业协会李镜　审稿人：中国重型机械工业协会张艳君〕

2017年中国重型机械行业荣获中国机械工业科学技术奖项目

2017年11月14日，中国机械工业科学技术奖2017年度颁奖大会在济南隆重举行。经中国机械工业科学技术奖评审委员会和中国机械工业科学技术奖管理委员会批准，决定表彰2017年度中国机械工业科学技术奖奖励项目共398项。中国重型机械工业协会推荐的27项重型机械行业科技成果全部榜上有名。其中：一等奖7项，二等奖9项，三等奖11项。这些项目是重型机械行业近几年完成的科研成果，代表了行业近期科技创新的水平。2017年中国重型机械行业荣获中国机械工业科学技术奖项目见表1。

表1　2017年中国重型机械行业荣获中国机械工业科学技术奖项目

项目名称	获奖等级	主要完成单位
大型工程运输车辆机电液创新设计及工程应用	一等奖	燕山大学、秦皇岛天业通联重工科技有限公司、连云港天明装备有限公司、江苏海鹏特种车辆有限公司、秦皇岛燕大一华机电工程技术研究院有限公司
500m口径球面射电望远镜用柔性六索并联系统	一等奖	大连华锐重工集团股份有限公司、中国科学院国家天文台
30MN多点数控成形油压机	一等奖	中国第一重型机械股份公司、吉林大学、长春瑞光科技有限公司、大连船舶重工集团舵轴有限公司
年产千万吨大采高智能采煤机关键技术研究与应用	一等奖	太重煤机有限公司、中国矿业大学、西山煤电（集团）有限责任公司、山西西山晋兴能源有限责任公司、太原科技大学
高速板带轧机稳定运行动力学模型体系搭建及其工业应用	一等奖	燕山大学
宽厚板定制化轧制生产工艺及成套设备自主研发与应用	一等奖	太原科技大学、太原重工股份有限公司、江苏江海机床集团有限公司、浙江滨海金属制品有限公司
125 MN工业铝材挤压在线精整设备关键技术与应用	一等奖	中国重型机械研究院股份公司、辽宁忠旺集团有限公司、西北工业大学、山东兖矿轻合金有限公司
大型桥式双料耙刮板取料机开发及应用	二等奖	华电重工股份有限公司
大产能多功能铸锭连续铸造机组关键技术的研发及产业化	二等奖	云南冶金昆明重工有限公司
火电设备用关键大型铸锻件系列标准研究和提升	二等奖	二重集团（德阳）重型装备股份有限公司、中国第一重型机械股份公司、上海电气电站设备有限公司上海汽轮机厂、东方电气集团东方电机有限公司、哈尔滨汽轮机厂有限责任公司
5～100t绿色智能轻量化桥式起重机关键技术研发及产业化应用	二等奖	卫华集团有限公司
φ5m敞开式硬岩掘进机	二等奖	中信重工机械股份有限公司、洛阳矿山机械工程设计研究院有限责任公司、中煤科工集团上海有限公司
300t高效RH真空炉外精炼装备开发与应用	二等奖	中国重型机械研究院股份公司
千万吨综采工作面智能型输送系统开发与示范应用	二等奖	山西煤矿机械制造股份有限公司、太原理工大学、西山煤电（集团）有限责任公司、深圳市库马克新技术股份有限公司、山西西山晋兴能源有限责任公司
核电用大型锻件关键制造技术及应用	二等奖	河南科技大学、中信重工机械股份有限公司
3E级超大型岸桥关键技术研究及应用	二等奖	上海振华重工（集团）股份有限公司
煤矿巷道下向成孔装备的研制与应用	三等奖	河南铁福来装备制造股份有限公司
城市高架快速路专用架桥机关键技术及产业化	三等奖	郑州新大方重工科技有限公司、华北水利水电大学
ZLY400多功能轮胎式抓料机	三等奖	哈尔滨工程机械制造有限责任公司
绿色建筑用PC预制板存储养护系统	三等奖	纽科伦（新乡）起重机有限公司
起重机智能吊具关键技术研究及应用	三等奖	北京起重运输机械设计研究院、恩倍力（昆山）机械有限公司
数字化超大型塔式起重机安全节能关键技术及产业化	三等奖	广西建工集团建筑机械制造有限责任公司、中国特种设备检测研究院、南宁科拓自动化设备有限公司、中冶建筑研究总院有限公司
环保型多工位高速全自动冷镦机的研发及产业化	三等奖	宁波思进机械股份有限公司、上海大学
φ323mm深海管线200MPa高压水压试验装备研发及应用	三等奖	中国重型机械研究院股份公司、天津钢管集团股份有限公司
PBC-200型铁水包运输车研制与应用	三等奖	中冶宝钢技术服务有限公司
综采工作面扇形区自移式回撤特种液压支架的研究及应用	三等奖	神华宁夏煤业集团有限责任公司矿山机械制造维修分公司
深井突出煤层深孔无尘钻进成套技术及设备	三等奖	河南理工大学、平顶山天安煤业股份有限公司十三矿

〔撰稿人：中国重型机械工业协会肖立群　审稿人：中国重型机械工业协会张维新〕

中国重型机械工业年鉴 2018

大事记

记载 2017 年重型机械行业发生的重大事件

Record major events of the heavy machinery industry in 2017

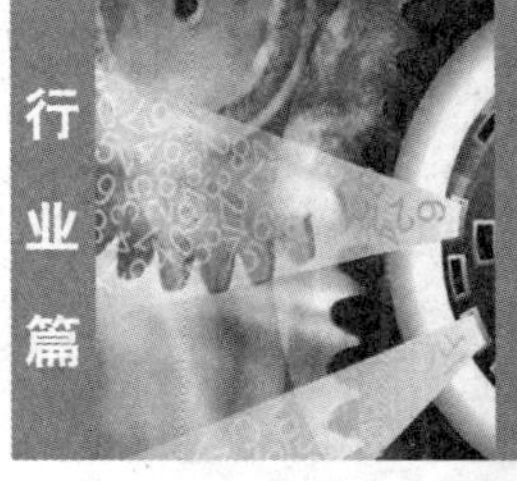

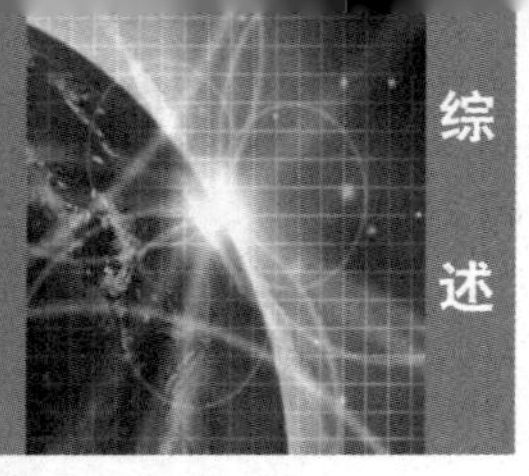

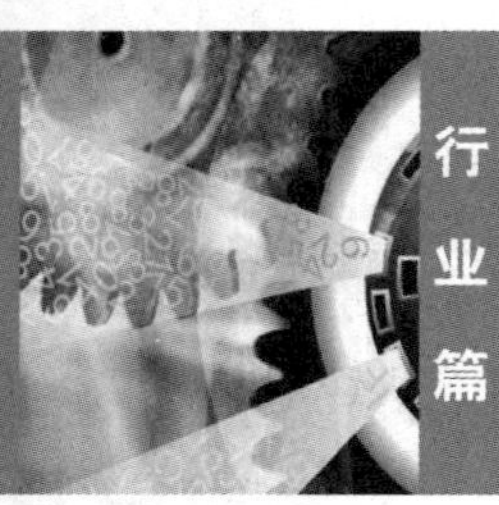

大事记

2017 年重型机械行业十大新闻

1.6 月 22 日，中共中央总书记、国家主席、中央军委主席习近平再次到太原重型机械集团有限公司视察时指出，太重要用好我国交通发展和推进“一带一路”建设的历史性机遇，在技术创新和品牌建设上创出更大的天地。

2. 中信重工机械股份有限公司参与完成的“北京正负电子对撞机重大改造工程”“重型装备大型铸锻件制造技术开发及应用”两个项目分别获得 2016 年度国家科技进步奖一等奖和二等奖。

3.11 月 27 日，中国工程院院士增选结果正式公布，中国重型机械工业协会常务理事，主要从事冶金装备设计理论和方法研究的太原理工大学校长黄庆学教授当选中国工程院院士。

4. 从 2014 年年底开工到 2017 年年底开港，只有短短三年时间，一个世界一流水平的洋山港全自动化集装箱装卸码头出现在世人眼前。该项目所用的岸桥、轨道吊和 AGV，均由振华重工自主研发制造。以洋山港项目为标志，上海振华重工（集团）股份有限公司逐步从卖硬件转向卖软件、从卖设备转向卖系统。

5. 中国第一重型机械集团公司承制的“华龙一号”福清 5 号核反应堆压力容器成功交付用户，标志着中国核电已具备国际三代核电技术的先进水平。中国第二重型机械集团有限公司研制的乌东德水电项目上冠通过业主检验，标志着世界首套 862MW 混流式水电机组上冠试制成功。

6.2017 年中国重型机械工业协会团体标准通过全国团体标准信息平台注册，团体标准工作正式展开，首批 7 项团体标准已经立项。

7. 豫飞重工集团有限公司自主研发制造的埋刮板机械式粮食连续卸船机，打破了该类港口机械一直以来依靠进口的格局，填补了国内空白。

8.2017 年度中国重型机械行业申报的 56 个科技进步项目，推荐出特等奖 1 项，一等奖 6 项，二等奖 9 项，三等奖 11 项。9 月 26 日，重型机械行业 19 家企业的 20 个产品系列，其中：桥式起重机 9 个、停车设备 9 个、立体化仓库 2 个产品，被中国机械工业联合会授予“中国机械工业名牌产品”称号。

9. 中国第一重型机械集团公司设计制造的 1 780mm 热连轧机在印度尼西亚生产现场热负荷试车成功。这套热连轧机的制造成功，极大地提升了我国冶金装备产品在世界制造业市场上的竞争力。

10. 太原重型机械集团有限公司首台海上 5MW 风电机组在三峡福清兴化湾样机试验风场成功并网发电，成为试验风场 14 台风机中，第一台吊装完成、第一台并网发电的样机。这标志着我国海上风电领域实现重要突破，在新能源高端装备制造领域迈出了关键一步。

2017 年重型机械行业大事记

1—2 月

1 月 9 日，2016 年度国家科学技术奖励大会在北京人民大会堂隆重举行。中信重工机械股份有限公司参与完成的“北京正负电子对撞机重大改造工程”“重型装备大型铸锻件制造技术开发及应用”两个项目分别获得国家科技进步奖一、二等奖。

1 月 9 日，中国重型机械有限公司与柬埔寨国家电力公司签订了“设立中国重机奖学金”备忘录。设立奖学金的目的是为了进一步培养柬埔寨高级人才。

1 月 9 日，上海振华重工（集团）股份有限公司中标了高明货柜码头公司 3 台岸桥和 1 台旧岸桥维修合同。3 台岸桥均为双起升规格。

1 月 10 日，上海振华重工（集团）股份有限公司与中交二航局举行“1 000t 举力半潜驳建造合同”签约仪式。该船为具有辅助推进功能的非自航半潜甲板驳，主要用于预制、装运和沉浮水工建筑工程的大型混凝土沉箱，也可装运其他大型钢结构和设备。

1 月 11 日，国家国防科技工业局发布“2017 年度国防科技工业十大创新人物（团队）”，中国第二重型机械集团公司万航大型航空模锻件研制团队当选。

1 月 12 日，中信重工机械股份有限公司与湖北省黄石大冶市政府举行了合作共建“创新驱动转型示范市”签约仪式，中信重工正式在湖北大冶市建立特种机器人生产基地。

1 月 17 日，由中国重型机械研究院股份公司成套供货给江苏亚太轻合金科技股份有限公司的 60MN 油压双动反向铝挤压机一次热负荷试车成功。此次热试挤压成形的 ϕ40mm×2.5mm 精密无缝铝管，挤压比达 391，挤压精度高。

1 月 22 日，全球首台无过渡段嵌岩单桩在龙源福建莆田南日岛海上风电项目上采用打桩 - 钻孔 - 打桩顺利完成了施工。上海振华重工（集团）股份有限公司再次引领全球海上风电场无过渡段单桩施工技术，将无过渡段单桩从沙土、黏土推广应用到花岗岩地质。该施工技术达到了国际先进水平。

1 月 25 日，中信重工机械股份有限公司与河南龙成集团签订了陕西龙成煤清洁高效利用有限公司的两套 ϕ7.2m×136.5m 回转窑合同。根据合同，中信重工将承担两该设备的制造、运输、安装调试等。

1 月，中信重工机械股份有限公司开年相继签订一批重大项目合同，合同总额超过 5.5 亿元。1 月 12 日，中标信发集团有限公司氧化铝项目设备批量采购合同，包括山西信发化工有限公司 4 台 ϕ6.0m×9.5m 溢流型球磨机、2 台 GM200-130 高压辊磨机；广西信发铝电有限公司 2 台 ϕ3.6m×8.5m 溢流型球磨机、2 台 ϕ3.2m×4.5m 棒磨机。与南非 ELB 工程服务公司签订 ϕ8.5m×5.5m 半自磨机和 1 台 ϕ6.2m×10.4m 球磨机。1 月 20 日，与巴基斯坦 Askari 水泥公司签订日产 3 000t 水泥生产线改造 EPC 总包项目。1 月 17 日，与巴基斯坦飞翔水泥公司签订日产 7 000t 熟料生产线及与之配套的 12MW 余热发电 EP 成套项目。1 月 21 日，中标紫金矿业集团股份有限公司一台 ϕ11m×5.4m 半自磨机、两台 ϕ7.9m×13.6m 球磨机、两台 PXZ62-75 液压旋回破碎机。

1 月，卫华集团有限公司与郑州大学合作申报的“起重机械大型钢结构自动化焊接工艺及装备研发”项目获得 2016 年度河南省产学研优秀示范项目，并获得河南省政府配套的专项资金支持。

2 月 16 日，中国重型机械有限公司与柬埔寨国家电力公司签署了柬埔寨国家电网 230kV 输变电二期项目 EPC 合同，合同内容包括新建磅通省、金边市（东部）、干拉省、暹粒省和西哈努克省 5 个变电站，扩建上丁省、桔井省、马德望省、磅湛省和国公省等 8 个变电站，建设从达岱到二号桥全长 85km 的 230kV 输电线路以及从瑞穆到詹卡隆全长 72km 的 115kV 输电线路。

2 月 21 日，安徽盛运重工机械有限责任公司成功获得“江西省彭泽县矿山物料运输专用线建设”项目。该项目所用带式输送机单机长为 14km，以及单机长为 10km、转弯半径 45m 的管状带式输送机，这种长距离、多点、多品种运输需求前所未有。

2 月 22 日，上海振华重工（集团）股份有限公司获得“上海航道局中港疏浚 2 艘 6 500m^3 吸式挖泥船建造合同”。该船为双机双可调桨、单泥泵单耙臂、单甲板艏楼型、钢制焊接带球鼻艏的自航耙吸挖泥船。

2 月 22 日，北方重工集团有限公司作为中方装备制造业合作示范企业代表，受邀参加了法国总理贝尔纳 • 卡则纳夫的“面对面”交流午宴。

2 月 27 日，港珠澳大桥岛隧工程沉管隧道最终接头发运仪式在上海振华重工（集团）股份有限公司南通基地举行。最终接头位于港珠澳大桥海底沉管隧道 E29 和 E30 沉管之间，是港珠澳大桥沉管隧道贯通的工程枢纽。

2 月，河南省矿山起重机有限公司为兰州铁路局承制的集装箱门式起重机装车发运。该工程是响应国家“一带一路”倡议的重点工程，是甘肃省兰州市的一号工程，也是中国铁路总公司在建的全国特大的一流综合货场。

3—4 月

3 月 8 日，上海振华重工（集团）股份有限公司与荷兰 Sas Van Vreeswijk 联合体签署了“荷兰 Beatrix 闸门建造合同”。荷兰 Beatrix 闸门项目靠近鹿特丹港，钢结构总量约 1 600t。

3 月 16 日，中国重型机械工业协会停车设备工作委员会举办的“2016 年度机械式停车设备行业年会暨中国城市停车大会”在海南博鳌镇举行。国家发改委、公安部、住建部等政府领导以及各地停车协会、城市规划建设部门、投融资机构、新闻媒体和全国各地的会员企业代表等 800 余人出席了大会。

3 月 17 日，国内首台 2 500t/h 双向连续卸船机在大连重工 • 起重集团有限公司泉水基地码头成功滚装上船，将运往上海宝钢。这台设备额定生产能力为 2 500t/h，轨道间距为 30m，臂架回转半径达 46m。

3 月 17 日，上海大世界吉尼斯总部审核确认，华电重工股份有限公司豫北管带机项目 PC-2 管带机以 15km 的长度打破了中国“运程最长的圆管形带式输送机”记录。该管带机全长 15km，管径 400mm，带速 4.5m/s。

3 月 17 日，出口印度的最后 1 台 2MW 风电齿轮箱经过了 7h 的载荷试验，各项数据经测试后均达到规定要求，顺利通过了验收。至此，大连重工 • 起重集团有限公司制造的第 10 000 台风电齿轮箱成功下线。

3 月 21 日，北京起重运输机械设计研究院有限公司承担的“十二五”国家科技支撑计划“桥式起重机轻量化共性技术研究”课题顺利通过了中国机械工业联合会组织的中期检查。专家组认为课题按计划完成了各项研究任务，已取得一批阶段性成果。

3 月 22 日，由中国第二重型机械集团公司、清华大学联合研发的国内首台大吨位橡皮囊液压成形装备——770MN 橡皮囊液压成形机在中国二重生产一线成功完成负荷试车。

3 月 22 日，上海振华重工（集团）股份有限公司的“超大型单塔自锚钢桥关键制造技术研究及应用”项目荣获上海市科技进步奖一等奖，“海上风电设备安装平台关键技术研究与应用”项目荣获上海市科技进步奖三等奖。

3 月 24 日，大连华锐重工集团有限公司自主研发的国内首台“华龙一号”三代核环吊暨巴基斯坦卡拉奇核电站 K-2 项目核吊环按期交付。

3 月 25 日，豫飞重工集团有限公司自主研发制造的中国首台粮食连续卸船机——埋刮板机械式连续卸船机，打破了该类港口机械一直以来依赖进口的格局。

3 月 30 日，卫华集团有限公司承担的“十二五”国家科技支撑计划“面向工程机械大型结构件的机器人焊接生产线关键技术研究与应用示范工程”“轻量化桥式起重机推广应用技术研究”两项课题通过了中期评审。

3 月 31 日，由中国重型机械工业协会主办的“第二届重型机械智能化技术创新论坛”在浙江省嘉兴市召开。来自行业协会、制造企业、科研院所的领导及机械、电气、电子、IT 等不同行业的代表围绕重型机械工业智能制造与数字化工厂建设等展开了交流和讨论。

3 月，北京起重运输机械设计研究院有限公司成功签约埃塞俄比亚 20 000t 精糖筒仓项目，合同总额 3 880 万元。该项目为目前国内最大的精糖筒仓项目。

4 月 1 日，华电重工股份有限公司总承包（EPC）的“山西锦兴能源有限公司肖家洼煤矿装车站项目”重载试车一次成功，并且直接进入重载运行阶段。近期运量每年 680 万 t，远期运量每年 890 万 t。

4 月 6 日，大连重工 · 起重集团有限公司与汕头港务局签订了 6 台起重量 65t、轨道前伸距 65m 的巴拿马岸桥合同。此项合同是大连重工近几年来签订的合同额最大、规格最大、批量最大的岸桥合同。

4 月 8 日，卫华集团有限公司为泰国林查班港集装箱码头设计制造的 2 台轨道式集装箱门机和 1 台轮胎式集装箱门机在张家港口岸装船出海驶向目的地泰国。

4 月 8 日，中国一重集团有限公司大连加氢反应器制造有限公司完成了全球首台“华龙一号”的福清 5 号核反应堆压力容器水压测试。在近 3h 的增压试验中，压力逐渐达到 24.6MPa，并成功保压 30min。此次水压试验成功。

4 月 15 日，中信重工机械股份有限公司为厄瓜多尔“总统工程”项目——米拉多铜矿 2 000 万 t/a 采矿项目研制的 ϕ10.97m×5.4m 半自磨机、ϕ7.9 m×3.6m 球磨机一次试车成功，交付使用。该项目得到厄瓜多尔总统科雷亚的高度关注与支持。

4 月 19 日，北方重工集团有限公司承建的埃塞俄比亚哈巴莎水泥项目竣工投产。埃塞俄比亚总理海尔马里亚姆出席了竣工仪式。该项目的工作范围涵盖 3 000t/d 水泥生产厂的设计、生产、采购、供应、交货、土建、安装、培训、测试、试运、性能试验、移交等全部环节。

5—6 月

5 月 4 日，中国重型机械工业协会在北京召开了“第七届二次会员代表大会暨三次理事会”，来自协会理事、会员单位的代表，分支机构理事长、秘书长和特邀代表等共 189 个单位的 220 名代表参加了会议。

5 月 5 日，国产大型客机 C919 在上海浦东机场成功起飞。该机的起落架锻造件是由中国第二重型机械集团的德阳万航模锻有限责任公司生产的。起落架在整个起飞和降落过程中承载的冲击力最大。除了起落架外，中国二重为 C919 的机身、中央翼、垂尾等 6 大重要部段提供了 60 余项、400 余件的大型钛合金模锻件。

5 月 11 日，北京起重运输机械设计研究院有限公司与新疆丝绸之路国际度假区滑雪 6 号脱挂索道签约仪式在北京举行。

5 月 15 日，华电重工股份有限公司承建的国家电投滨海北 H2#400MW 海上升压站成功吊装就位。该升压站容量属亚洲最大，上部组块重量达 3 200t，其基础施工及海上吊装难度巨大。

5 月 16 日，原机械工业部副部长孙祖梅，以及唐仲文、赵明生、孙昌基前往中国第二重型机械集团公司检查指导工作。

5 月 17 日，中国重型机械工业协会常务理事长李镜、秘书长王继生视察南通通润汽车零部件有限公司。

5 月 17 日，“中国重型机械工业协会带式输送机分会 2017 年会员代表大会”在江苏省张家港市召开，共有 116 家单位（其中会员单位 105 家）的 165 位代表参加了会议。

5 月 25 日，上海振华重工（集团）股份有限公司研制的用于港珠澳大桥的沉管接头最终焊接合龙。合龙焊接施工风险高、焊接难度大、空间封闭狭小、湿度大、环境极为恶劣。

5 月 31 日，由河南省矿山起重机有限公司参与承建的肯尼亚盟内铁路正式通车。

5 月，由太原重型机械集团有限公司轨道交通设备公司生产的 1 万件 ϕ918mm 客车轮，在山西中鼎物流园搭乘铁路集装箱专列，启程发往印度。这也是太重车轮产品首次采用“集装箱专列”的形式进行出口发运。

5 月，重型机械行业企业 5 人参加了中国共产党第十九次全国代表大会。这 5 人分别是：刘明忠，中国第一重型机械集团公司董事长、党委书记；白树华，中国第二重型机械集团公司核容事业部核电容器厂铆焊工段电气焊工；王创民，太原重型机械集团有限公司董事长、党委书记；刘新安，中信重工机械股份有限公司重型装备厂数控一车间镗铣床大班长，“刘新安劳模工作室”负责人；耿家盛，云南冶金昆明重工有限公司车工高级技师，国家人社部授牌“耿家盛技能大师工作室”带头人。

6 月 15 日，卫华集团有限公司被中国机械工业联合会、中国汽车工业协会评为“2016 年中国机械工业百强企业”，列第 42 位。

6 月 16 日，由中信重工机械股份有限公司、中国铁建重工集团有限公司、洛阳市轨道交通有限责任公司合资建立的中信铁建重工掘进装备有限公司正式揭牌成立，标志着洛阳市隧道掘进装备产业的发展将迈向新的阶段。

6 月 18 日，中国重型机械工业协会桥式起重机专业委员会八届五次暨九届一次会员大会在北京召开，共有 125 家单位的 148 名代表出席了会议。

6 月 21 日，中信重工机械股份有限公司研制的 50 台消防机器人一次性交付徐州市消防支队。

6 月 21 日，中国重型机械工业协会 2017 年统计信息工作会议和财务工作会议在福建省福州市召开。

6 月 22 日，太原重型机械集团有限公司首台具有完全自主知识产权的海上 5MW 风电机组——TZ5000/153 在太重滨海临港基地码头正式装船发运。

6 月 22 日，中共中央总书记、国家主席、中央军委主席习近平再次到太原重型机械集团有限公司视察，指出：太重要用好我国交通发展和推进“一带一路”建设的历史性机遇，在技术创新和品牌建设上创出更大的天地。

6 月 26 日，中国第二重型机械集团公司向社会发布了《中国二重 2016 年企业社会责任报告》。《报告》显示，2016 年，中国二重实现营业收入 82.9 亿元，利润总额 5.3 亿元，夺取了改革脱困的全面胜利。

6 月 28 日，由国家质检总局、河南省质监局、长垣县人民政府、长垣县产业集聚区管委会联合开展的“河南长垣起重机械产业质量提升活动”启动仪式在河南省长垣县政府举行。

6 月，北京起重运输机械设计研究院有限公司与厄瓜多尔合作伙伴公司签订战略合作谅解备忘录。

7—8 月

7 月 7 日，大连重工 · 起重集团有限公司与韩国 STX 重工成功签订了曼恩系列 7G80 型曲轴出口合同。7G80 型曲轴拥有全冲程最长和单支重量最大两项世界之最，是船用曲轴制造领域的高端产品。

7 月 12 日，上海振华重工（集团）股份有限公司发布公告，宣布与中远海运港口签订阿布扎比哈里发港的二期自动化码头项目合同。该项目合同金额约 1.7 亿美元，项目包括多台岸桥、自动化轨道起重机、空箱吊以及固定起重机。

7 月 19 日，中国重型机械研究院股份公司被陕西省工业和信息化厅批准为首批“陕西省智能制造试点示范企业”。

7 月 20 日，中国重型机械工业协会决定组建中国重型机械工业协会团体标准技术委员会，主要职责是制（修）订重型机械团体标准发展规划，重型机械团体标准的立项确认、最终技术审查等事宜。团体标准技术委员会设主任委员、副主任委员、委员和秘书职位，共 44 人组成。

7 月 27 日，由中国重型机械工业协会和北方重工集团有限公司等企业共同主办的“第二届中国矿山机械科技发展高峰论坛”在呼和浩特市成功召开。

7 月，北方重工集团有限公司与莫桑比克签订年产 25 万 t 水泥粉磨站工程。

1—7 月，北方重工集团有限公司陆续与土耳其科林集团签订了价值 2 980 万美元的 6 台土压平衡盾构机销售合同。

8 月 1 日，济南重工股份有限公司为济南轨道交通 R3 线生产的“志远一号”盾构机最后部件 —— 重达 63t 的刀盘顺利下井安装。

8 月 3 日，云南冶金昆明重工有限公司为文山铝业设计制造的回转窑和冷却机全部完工，陆续发往文山。

8 月 13 日，山东山矿机械有限公司研制的 PL1200 制砂机通过了现场论证和鉴定验收。

8 月 23 日，中国一重集团有限公司的锅炉“煤改气”，即燃气锅炉替代燃煤锅炉成为示范项目。

8 月 28 日，第十九届海峡两岸机械工程技术交流会在河南省洛阳市召开。中国重型机械工业协会秘书长王继生在大会上作了“智能化是装备制造业升级发展的必由之路”的主题报告。

8 月 29 日，大连重工 · 起重集团有限公司在泉水基地码头举行了为克罗地亚普罗切港制造的 2 000t/h 的桥式抓斗卸船机、堆料能力为 4 000t/h 的斗轮堆取料机的发运仪式。这两台设备将通过海路运往克罗地亚。

8 月 31 日，由中国一重集团有限公司承制的全球首台“华龙一号”的福清 5 号主泵泵壳在大连核电石化公司完成制造。主泵泵壳是核电大型关键部件中的复杂不规则锻件。

8 月，卫华集团有限公司申报的“‘双创’示范基地平台 + 模式变革建设项目”荣获 2017 年国家级制造业“双创”平台试点示范项目。

9—10 月

9 月 5 日，“中国重型机械工业协会油膜轴承分会六届二次理事会暨第十三届轧机油膜轴承技术培训班”在山西省太原市召开，共有 50 余家来自钢铁企业、科研院校的 120 多位代表参加了此次会议。

9 月 5 日，中国重型机械工业协会矿山机械分会 2017

年会员大会暨六届四次理事会在河南省开封市召开，56 家单位的 76 名代表参加了本次大会。

9 月 6 日，大连重工·起重集团有限公司与中冶南方工程技术有限公司举行了和发榕桔钢铁炼钢总承包工程 10 台 225t/63t 铸造起重机设备供货合同签订仪式。

9 月 8 日，中华人民共和国第十三届运动会在天津市落下帷幕。浙江双鸟机械股份有限公司 280 台“双鸟”牌智能控制舞台葫芦全程保障全运会闭幕式顺利举行。

9 月 13 日，中国重型机械工业协会散料装卸机械与搬运车辆分会第八届理事会暨会员大会在贵州省贵阳市召开。24 家单位的 37 名代表参加了会议。

9 月 15 日，中国重型机械工业协会停车设备工作委员会在四川省西昌市召开了 2017 年度机械式停车设备技术研讨会暨专家委员会工作会议，共有 103 个单位的 175 名代表参加了会议。

9 月 18 日，目前世界上技术难度最高、规模最大的升船机三峡升船机正式进入试通航阶段。中国第二重型机械集团公司为三峡工程升船机提供了升船机的核心部件——齿条、螺母柱。

9 月 26 日，由中国第二重型机械集团公司承制的沙钢 3 500mm 精轧机改造项目一次性热负荷试车成功。设备动态协调、平稳，运行可靠，热负荷试车过程中表现良好。

9 月 26 日，2017 年度中国重型机械行业申报的 56 个机械工业科学技术进步奖项目，推荐出特等奖 1 项、一等奖 6 项、二等奖 9 项、三等奖 11 项。重型机械行业 19 家企业的 20 个产品系列被中国机械工业联合会授予“中国机械工业名牌产品”称号，其中：桥式起重机项目 9 个，停车设备项目 9 个，立体化仓库项目 2 个。

9 月 26 日，卫华集团有限公司的桥式起重机和门式起重机荣获由中国机械工业联合会授予的“中国机械工业名牌产品”称号。

9 月 29 日，太原重型机械集团有限公司的首台海上 5MW 风电机组在三峡福清兴化湾样机试验风场成功并网发电。该风电机组风轮直径为 153m，每小时可输出电量 5 000kW·h。

当地时间 9 月 30 日，由中信重工机械股份有限公司总包的目前柬埔寨单线规模最大、现代化程度最高的 CMIC 日产 5 000t 水泥生产线完成负荷试车，正式点火进入试生产。

9 月，北京起重运输机械设计研究院有限公司的自动化立体仓库、桥式起重机两类产品荣获“中国机械工业名牌产品”称号。

9 月，河南省矿山起重机有限公司研发生产的中国首台洁净防爆全自动型起重机交付使用，成为国内唯一拿到洁净防爆全自动型起重机生产资质的企业。

10 月 5 日，由川润股份有限公司承接的国内首台最大壁厚汽包成功发货。该汽包是安德里茨芬兰公司承建的中国山东寿光纸浆项目 6 700 tds/d 碱回收锅炉核心部件。汽包实际壁厚 167mm。

10 月 11 日，由全国起重机械标准化技术委员会主办，法兰泰克重工股份有限公司协办的“桥式和门式起重机、轻小型起重设备检查与维护规程国家标准宣贯会”在同里召开。来自全国的 80 余人参加了此次宣贯会。

10 月 18 日，“中国机械工程学会物流工程分会第十届二次理事扩大会议暨中国重型机械工业协会物流与仓储机械分会 2017 年度会员大会”在浙江省湖州市召开，来自物流工程界的 120 多位代表参加了此次会议。

10 月 18 日，新松机器人自动化股份有限公司位于沈阳市浑南区的新松智慧产业园正式启用。该产业园是目前我国规模最大的机器人产业基地，年生产机器人及智能制造装备达到 1 万台（套）。

10 月 23 日，“第 23 届亚太质量组织会议暨全球卓越绩效奖颁奖典礼”在菲律宾马尼拉市举办，大会发布了 2017 年“全球卓越绩效奖”名单，上海振华重工（集团）股份有限公司荣获“2017 年度全球卓越绩效奖”。

10 月 25 日，中国重型机械工业协会在太原市组织召开了全国重机行业科技管理交流座谈会。行业中从事科研和产品生产、管理的负责同志共 46 人参加了会议。会议主要探讨交流企业在技术研发、技术中心建设、人才培训等方面的科技管理工作做法和经验。

10 月 27 日，济南重工股份有限公司与德国海瑞克股份公司在济南签署战略合作协议。协议主要内容是在盾构机等隧道建设装备、济南轨道交通装备方面进行合作。

10 月 27 日，有关隧道掘进机的 5 项标准《全断面隧道掘进机　术语和商业规格》《全断面隧道掘进机　土压平衡盾构机》《全断面隧道掘进机 盾构机安全要求》《全断面隧道掘进机　敞开式岩石隧道掘进机》《全断面隧道掘进机　单护盾岩石隧道掘进机》正式成为国家标准。

10 月 28 日，上海振华重工（集团）股份有限公司研制的全球最大海上风电自升式施工平台——“龙源振华三号”2 000t 风电施工平台下水仪式在南通举行。该平台起重量达 2 000t，起升高度达 120m。

10 月 29 日，中国重型机械工业协会桥式起重机专业委员会九届二次理事会及扩大会议在江苏省靖江市召开。共有 69 家单位的 92 名代表出席了会议。

10 月 31 日，由中国重型机械工业协会和汉诺威米兰展览（上海）有限公司共同主办的“2017 中国（上海）国际重型机械装备展览会”在上海新国际展览中心举行。该展览会是重型机械行业每年一届的行业展会。

10 月 31 日，由中国重型机械工业协会停车设备工作委员会主办、中国城市公共交通协会协办、上海万耀企龙展览有限公司承办的“2017 国际（上海）城市停车博览会”在上海国家会展中心举行。

11—12 月

11 月 2 日，大连重工·起重集团有限公司与安徽华塑股份有限公司就二期工程 21 万 t/a 电石装置举行了总承包合同签字仪式。大连重工将为该盐化工企业提供电石炉设备。

11 月 2 日，中国重型机械工业协会常务副理事长李镜、秘书长王继生一行调研考察安徽盛运重工集团有限公司。

11 月 12 日，中国一重集团有限公司与中科钢研节能科技有限公司签约轮胎再生利用合作项目。中国一重将为轮胎再生利用项目提供装备。

11 月 23 日，国家认监委公布了“质量管理体系认证升级版”试点项目获证企业名单，太原重型机械集团有限公司成为全国首批获得试点项目质量管理体系认证证书的企业。

11 月 23 日，中国重型机械工业协会起重葫芦分会三届一次会员大会在江苏省南京市召开，127 家会员单位的 169 名代表参加了会议。

11 月 25 日，中国重型机械工业协会破碎粉磨设备专业委员会 2017 年会员代表大会在山东省烟台市召开。

11 月 25 日，国机集团组织专家对中国重型机械研究院股份公司承担的集团科技发展基金项目“高品质特殊钢特超厚板连铸技术及创新平台”进行了科技成果鉴定。鉴定委员会认为：该项目属国内首次创建，达到了国际先进水平。

11 月 27 日，中国工程院院士增选结果公布，中国重型机械工业协会常务理事、主要从事冶金装备设计理论和方法研究的太原理工大学校长黄庆学教授当选为中国工程院院士。

11 月 29 日，中信重工机械股份有限公司为紫金矿业黑龙江多宝山铜矿二期项目设计制造的世界齿轮传动功率最大（18 000kW）的 ϕ11m×6.4m 半自磨机和 ϕ7.9m×13.6m 溢流型球磨机顺利完成了工厂试车并成功交付使用。

12 月 6 日，大连重工·起重集团有限公司与澳大利亚罗伊山铁矿有限公司举行了长期技术服务合同签约仪式，合同期为 5 年。服务范围包括大连重工为罗伊山铁矿有限公司制造的 9 台世界顶级散料装卸设备提供定期联检、维修服务及备件等。

12 月 12 日，由中国第二重型机械集团公司制造的国内首台 CPR1000 铸造泵壳通过了评审专家组鉴定。评审专家一致认为：铸造主泵泵壳的制造、检验、质量符合民用核安全设备制造的质保要求。

12 月 18 日，北京起重运输机械设计研究院有限公司与江西省进贤县人民政府举行战略合作协议签字仪式及与江西雄宇集团有限公司举行了客运索道生产合作协议签字仪式。

12 月 20 日，中信重工机械股份有限公司的“大升程水力驱动式垂直升船机核心装备研制与工程应用”“大型磨机关键加工工艺研究与制造”两项科技成果通过了中国机械工程学会组织的鉴定。鉴定结果为：水力式升船机属于世界首创；大型磨机加工工艺技术水平居国内领先水平，达到了国外先进水平。

12 月 22 日，卫华集团有限公司入选首批“河南品牌计划”名单，被授予“2017 年度河南制造十大品牌”。

12 月 26 日，上海振华重工（集团）股份有限公司举行了虎门二桥钢箱梁总拼装完工仪式。该项目于 2017 年 2 月在广东中山基地正式开始拼装，桥梁为主跨（658+1688）m 的双塔双跨钢箱梁悬索桥，由 66 段钢箱梁拼装而成。

12 月 27 日，安徽盛运重工机械有限责任公司被安徽省经信委、省发改委、省科技厅等 6 部门认定为“省级企业技术中心”。

12 月 30 日，中国第二重型机械集团公司为中国核动力研究院设计制造的福清 6 号机组 ACP1000 稳压器波动管全套产品完成了采购方预验收。验收组认为中国二重制造的首套“华龙一号”的 ACP1000 稳压器波动管各项性能指标达标，产品质量优秀，满足了采购标准要求。

12 月，卫华集团有限公司荣获由工业和信息化部组织评审鉴定的“2017 年全国制造业单项冠军示范企业”。

12 月，山东省质量强省及名牌战略推进工作小组发布 2017 年度山东 343 个产品为 2017 年山东名牌产品。其中，山东山矿机械有限公司生产的带式输送机第五次荣获此项荣誉。

12 月，卫华集团有限公司申报的“河南省起重物流装备重点实验室”通过河南省科技厅批复，正式获批组建。

年内

●纽科伦（新乡）起重机有限公司研发生产的新型智能立体停车库正式投入使用。该产品采用了创新型车辆交接搬运技术，存取车方便。

●纽科伦（新乡）起重机有限公司研制的船用甲板起重机完成实验，成功通过了中国船级社的验收。

●中国第二重型机械集团公司研制成功 CAP1400 主管道，该主管道是目前世界上尺寸最大的超低奥氏体不锈钢核岛主管道。

●大连重工·起重集团有限公司开发的智能化焦炉车辆远程监控管理系统在河北省的旭阳、华丰焦炉项目上成功应用。

●大连重工·起重集团有限公司开发的堆取料机全自

动无人化技术，实现了远程设定作业指令使设备进行自动作业。

●大连重工·起重集团有限公司开发的起重机远程监控平台，实现了在线运行状态诊断。

●“华龙一号”巴基斯坦K-3项目两件40°弯头在中国第二重型机械集团公司完成制造并在巴基斯坦代表的见证下一次交检合格，通过了联检并包装发运。

●上海振华重工（集团）股份有限公司为中交天航局建造的铰刀功率为6 600kW的重型自航绞吸挖泥船“天鲲号”成功入选“2017年世界名船”。自1939年开始，国际知名船舶杂志每年发布一份“年度世界名船”榜单，展示全球当年最有代表性的船舶。

●华电重工股份有限公司承建的内蒙古荣信华工有限公司年产180万t煤制甲醇及转化烯烃一期60万t甲醇项目荣获“2016—2017年度国家优质工程奖”。

●华电重工股份有限公司荣获中国机电产品进出口商会颁发的“2016年度推荐出口品牌”证书。

●在北京人民大会堂举行的“中国好设计”颁奖仪式上，大连重工·起重集团有限公司的“500m口径球面射电望远镜柔性并联索驱动系统技术及装备”获“中国好设计”金奖。太原重工股份有限公司的“大型矿用机械正铲式挖掘机系列”获“中国好设计”银奖。该奖项的评审，由国家制造强国建设战略咨询委员会主任路甬祥院士领衔指导，全国政协常委、中国工程院原常务副院长潘云鹤院士主持评审，是国内外创新设计领域顶级盛会。

●在英国伦敦召开的2016年度HIS疏浚和港口建设创新颁奖典礼上，由上海振华重工（集团）股份有限公司建造交付的多用途船“NDEAVOR”号和“NDURANCE”号荣获疏浚船舶类创新大奖。“NDURANCE”号多用途船还可以装配自动挖沟设备，使其能在海床上挖掘深度达3m的沟槽，以便进行铺缆作业。“NDEAVOR”号上新置的“喷射挖沟机”可以将已铺设的线缆埋至更大的深度。

●由中国重型机械研究院股份公司总承包的河北鑫达钢铁有限公司120t转炉煤气干法除尘及回收系统工程热试成功并顺利投入生产。

●由中国重型机械研究院股份公司成套供货的上海蓝滨石化设备有限责任公司的大型铝型材扁管27MN单动挤压生产线一次热试成功并挤出了合格的大型铝型材扁管产品。该生产线已投入试生产。

●卫华集团有限公司承制的80m弧形拱桁架顺利完成汇装。该桁架是河南投资集团豫北煤物流储备基地项目的组成部分，该项目一期工程的管带输送系统均为目前亚洲同管径最长距离的管带机。

●由北京起重运输机械设计研究院有限公司设计并承担设备供货和安装调试的张家口万龙滑雪场脱钩5索和7索，通过了超载试验和国家索道检测中心验收，于12月25日正式投入使用。两条索道均为厢式高速缆车索道。

●中国重型机械有限公司承建的金边—巴威115kV输电线路于2月2日上午10点顺利合闸，一次性完成全线路及沿途两个新建变电站的带电试运行。截至2月5日上午10点，实现了72h无故障不间断运行。

●卫华集团有限公司与华为、思科等总市值超过6万亿元的36家中外龙头企业同碧桂园集体签约森林城市项目，共建国际产能合作新城。马来西亚总理纳吉布表示，森林城市不仅可以提升当地的产业链价值和国际化程度，还可以创造22万个就业机会。

●卫华集团有限公司与重庆港某码头签订超过1亿元的成套合同。卫华集团有限公司将为业主提供抓斗浮式起重机、吊钩浮式起重机、弧形摆动式装船机、桥式起重机等成套设备。

●中信重工机械股份有限公司参与完成的“北京正负电子对撞机重大改造工程”“重型装备大型铸锻件制造技术开发及应用”两个项目分别获得“国家2016年度科技进步奖”一等奖和二等奖。

●太原重工股份有限公司为芬兰科尼集团制造的3台60t-46m岸边集装型桥式起重机从太重滨海码头离港，运往印度尼西亚用户的码头。

●太原重型机械集团有限公司矿山分公司日前与俄罗斯极地黄金公司一次性签订了5台（2台20m^{3}和3台35m^3）大型矿用挖掘机的供货合同。其中，20m^{3}的挖掘机是首次进入俄罗斯市场。

●江苏通润机电集团有限公司 的QJY245DX龙门双柱举升机获得ALI认证。在美国TORN公司的工程师和举升机技术部门设计师的共同合作下，对QJY245DX龙门双柱举升机进行了设计分析、结构分析以及受力分析，所有图样均送北美权威机构进行全面审核，最终获得ALI认证。

●中信重工机械股份有限公司的“ϕ6.2m×11.50m球磨机”“ϕ4.5m×6.0m棒磨机”“RP180-140水泥磨辊压机”三项产品荣获河南省工信委“2016年第二批河南省首台（套）重大技术装备认定产品”。

●华电重工股份有限公司自主研发的“燃气电厂立式余热锅炉低频噪声源头控制技术”获得了工信部颁发的科技成果鉴定证书。该项目已经在上海奉贤燃机发电有限公司的4台立式余热锅炉上成功应用，低频降噪效果明显。

●由中国第二重型机械集团公司牵头编写的国家标准GB/T 33084—2016《大型合金结构钢锻件　技术条件》2017年5月起实施。同批发布的还有GB/T 33083—2016《大型碳素结构钢锻件　技术条件》。

●中国第二重型机械集团公司检验中心通过了中国合格评定国家认可委员会（CNAS）的复评审，表明中国二重检测中心实验室管理系统符合国际标准ISO 17025《检测和校准实验室能力的通用要求》，管理水平和技术能力得到了认可，检测报告获得国际互认资格。

●华电重工股份有限公司获得中国电力建设企业协会颁发的 2017 年度电力建设科学技术进步奖和电力建设优秀质量管理 QC 成果奖共 16 项获奖证书。

●中信重工机械股份有限公司被中国质量检验协会授予“全国质量信用先进企业”和“全国矿山机械行业质量领军企业”荣誉称号。中信重工机械股份有限公司连续六年蝉联这两项荣誉。

●中国造船工程学会对在船舶与海洋工程科学技术中做出突出贡献的单位进行表彰。其中，上海振华重工（集团）股份有限公司的“威力”轮项目获得中国造船工程学会科学技术奖二等奖。“威力”轮是上海振华为上海打捞局制造的 3 000t 自航式起重船。

●中信重工机械股份有限公司被河南省知识产权局确定为省知识产权领军企业。

●中央人才工作协调小组办公室公示了第二批国家“万人计划”领军人才名单，山东华特磁电科技股份有限公司董事长王兆连榜上有名。

●巴基斯坦 FPCL 自备电厂开幕仪式在卡拉奇举行，巴基斯坦总统马姆努恩·侯赛因亲临现场为电厂揭幕。北方重工集团有限公司荣获“最佳供应商 & 最佳合作企业”奖项，并由巴基斯坦总统颁发该奖项。

●大连重工·起重集团有限公司成功签下宁夏某公司集装箱翻卸系统总承包项目合同。该项目将采用国内乃至国际首创、高效、环保的铁路运输散料标准集装箱技术，颠覆传统散料的运输卸料方法，破解目前集装箱卸料过程中的种种难题，实现散料装卸领域又一重大突破。

●由中国重型机械有限公司承包建设的孟加拉阿曼水泥厂一号线立磨生产线进行了系统负荷试车。

●中国第二重型机械集团公司的重点产品，全球个头最大、工作压力最高的“深海超高压模拟试验装置”的首件关键部件辅框架上下半圆梁通过联检，80 余项尺寸数据均合格，准备发往用户。“深海超高压模拟试验装置”是我国自主研发的最大工作深度 11 000m 深海载人潜水器关键技术的相关项目之一，装置的容积与工作压力组合技术难度达到了国际最高级别。

●中国第二重型机械集团公司与上海电气在中国二重举行了“华龙一号”主泵泵壳设备合同签字仪式。合同内容是中国二重为漳州 1 号、2 号核电机组供货 6 台主泵泵壳设备。

●中国第二重型机械集团公司与广州启帆签订了首批 1 200 台（套）工业机器人本体齿轮箱合同。此 1 200 台（套）齿轮箱将运用于广州启帆基于 ST Sail Preceffic Gearbox 技术研发的末端负载为 6 ～ 800kg 的四六轴工业机器人上。

●由中国重型机械研究院股份公司承建的宝钢特钢韶关有限公司新建 130t VD 炉一次性热负荷试车成功。该 VD 炉采用三级全干式机械真空泵，能耗低、操作灵活、真空脱气能力强、精炼钢种多。

●太原重型机械集团有限公司矿山分公司在印度 NCL 公司设立了挖掘机售后服务中心，并举行了剪彩启动仪式。

●中国第一重型机械集团公司自主承制的重大专项 CAP1400 示范工程 1 号机组反应堆压力容器水压试验一次成功。本次水压试验分为压力容器本体水压试验和内外 O 形环泄漏试验两个阶段，整体水压试验压力为 21.5MPa，保压时间为 10min，压力降至 17.2MPa 时进行内、外 O 形环泄漏试验。水压试验期间各项指标均符合设计要求，全程无渗漏、渗出等现象。

●中信重工机械股份有限公司的重大技改项目 5 000t 自由锻造油压机与配套的 200t/m 操作机同步联动作业首锻成功。

●中国黄金集团西藏华泰龙矿业甲玛二期项目正式投产。中信重工机械股份有限公司为该项目研制的核心装备 ϕ10.37m×5.19m 半自磨机、ϕ7.32m×12.5m 球磨机在雪域高原“世界屋脊”正式投用。

●中国第二重型机械集团公司和江西江锻重工有限公司签订了新型 EMY40MN 热模锻压力机合同。此新型 EMY40MN 热模锻压力机的研制是对原热模锻压力机的一次重大升级。

●中国重型机械研究院股份公司中标石钢京诚装备技术有限公司的 ϕ80 ～ 350mm 棒材精整线。该套棒材精整线是目前国内规格最大、范围跨度最大、自动化程度最高的棒材精整线。

●由中国一重设计制造的 1 780mm 热连轧机热负荷试车成功。

●由中信重工机械股份有限公司与中铁工程装备集团联合制造的国内最大、总重逾 4 000 t、直径为 15.03m 的气垫式泥水平衡盾构机进入机械部分盾体装配阶段。该盾构机将应用到世界级超级工程广东汕头海湾隧道交通工程的盾构施工中。

●中国重型机械研究院股份公司与中国第二重型机械集团公司签约出售中国重型院研制的 3 000kN/7 500kN·m 超大型锻造操作机。该“庞然大物”长为 25m、宽为 10.9m、高为 8.6m、重约 1 160t。

●河南省矿山起重机有限公司为兰州国际港务区设计制造的两台 CMJ 40.5t-35m A8 轨道式集装箱门式起重机正式投入使用。

●大型纪录片《超级装备》采编之旅的第一站是中国一重，焦点目标是中国一重的 AP1000 核电常规岛汽轮机低压转子。这是由中国自主研制、迄今为止世界上钢锭最大、锻件最重、截面尺寸最大、技术难度最高的核电转子，是百万千瓦级核电站心脏里的核心部件。

●由华电重工股份有限公司总承包建设的“中电投

滨海北区 H1#100MW 海上风电项目”及承建的“上海华电奉贤南桥新城能源中心噪声综合防治工程”被评为 2017 年度“中国电力优质工程”，其中“中电投滨海北区 H1#100MW 海上风电项目”首次荣获行业优质工程奖。两项工程同时被推荐申报 2017 年度“国家优质工程”。

●河南省人民政府发布首批河南省双创基地名单，卫华集团有限公司被列为首批企业双创基地。

●浙江双鸟机械有限公司被全国工商联五金机电商会授予 2016 年度“诚信制造商”。

●大连华锐铁建重工有限公司揭牌暨哈尔滨地铁 2 号线 07 标盾构机完工仪式在大连重工泉水制造基地举行。大连华锐铁建重工有限公司是大连重工·起重集团有限公司与中国铁建重工为合力开拓国内外盾构机市场共同组建的合资公司。

●江西工埠机械有限公司研发的永磁直驱起重机（GBM），在山东钢铁集团日照精品钢生产基地全面推广应用。日照精品钢生产基地的 2030 冷轧生产线的 200 余台起重机全部采用 GBM 起重机。

●由大连重工·起重集团有限公司华锐曲轴公司承制的国内首支特大对接型曲轴 12S90ME-C 成功下线，并正常使用。大连重工成为继韩国斗山重工、现代重工后，世界第三家成功生产此类曲轴的企业。

●太原重型机械集团有限公司制造的我国首台 45 m^3 大型矿用挖掘机屹立在太重的装配车间现场。这台挖掘机高为 17.4m，相当于 6 层楼的高度，重为 1 380t，拆卸后需要 28 节火车皮才能运走。它是太重为西藏巨龙铜业有限公司生产的产品。

●卫华集团有限公司的“YZ320/80t-24m 铸造起重机”“船艇搬运起重机”“WTZ5240TZW 型高空制瓦车”三项新产品通过了 2017 年河南省首批重大技术装备首台（套）认定。

●中国一重集团有限公司天津重工有限公司生产的盾构机通过了中铁十六局的检测验收，并在天津重工高端装备制造厂举行了盾构机发运仪式。该盾构机掘进时的最小回转半径为 250m，最大掘进速度为 600m/ 月，带式输送机最大输送量为 $800m^3/h$，盾构机激光导向误差不超过 50mm。

●华电重工股份有限公司与业主方上海电力大丰海上风电有限公司、发包人国家电投集团江苏海上风力发电有限公司签署了“中电投大丰 H3#300MW 海上风电项目单桩与海上升压站基础施工、塔架制造、风电机组设备安装、海缆敷设及海上升压站建造与安装合同”，合同金额为 13.68 亿元，设计装机容量为 302.4MW。

●大连重工·起重集团有限公司成功签订某煤焦化公司 2 套 6.78m 捣固焦炉机械设备合同。此项目采用 6.78m 焦炉 SCP 机设备，是迄今为止世界最大、自动化程度最高、环保水平最高的 SCP 一体机。

●中国第二重型机械集团公司在 2017 年晶粒度 NADCAP 能力比对项目上的数据准确、可靠，已达国际水平。2017 年晶粒度 NADCAP 能力比对项目是由空客、赛峰、通用电气等航空相关单位组织，由 EXOVA 法国实验室提供试样，根据 ISO 13528:2015 分析评价各材料实验室的晶粒度检测能力。

●上海振华重工（集团）股份有限公司推出了新一代模块化轮胎起重机混合动力系统，可大幅降低燃油消耗 40% ～ 50%，减少发动机噪声污染和废气排放。该系统电池组使用寿命为 8 ～ 10 年，相比目前市场上的混合动力系统，成本减少约 30%。

●江苏泰隆减速机有限公司牵头承接的“桥式起重机轻量化减速器关键技术研究与应用”项目，通过了由中国机械工业联合会组织的综合检测与中期检查评审。该项目取得了多项技术突破。

●由江西华伍制动器股份有限公司研制的制动系统成功应用于中车青岛四方机车车辆股份有限公司生产的悬挂式单轨列车上。该列车最高运行时速为 70km，是国内速度等级最高的悬挂列车。

●上海振华重工（集团）股份有限公司成功中标三峡大丰海上风电场升压站建造及安装工程。振华重工承接升压站上部平台的陆上整体建造、海上运输、吊装施工及海上风电场的联动。

●中国第二重型机械集团公司为河北敬业 1780 轧机生产线设计制造的液压剪在用户的见证下试车圆满成功。液压剪是轧机成套设备中的关键部件。

●豫飞重工集团有限公司为贵州金沙县聚力能源有限公司设计制造的固定式、超长输送臂架 1 200t/h 装船机圆满完成了阶段性水上安装，现场整机钢结构已安装完成。

●北京起重运输机械设计研究院有限公司与成都来也旅游发展股份有限公司签订四川王岗坪国际旅游度假区一期索道总承包合同。索道全长 3 432m，落差 1 190m，沿线支架 22 个，是单线循环脱挂式抱索器 8 人吊厢式索道，最高运行速度 6m/s。

●四川自贡运输机械股份有限公司出口印度尼西亚塔里雅布岛三林公司的铁矿项目试车成功。该项目中的 PC2 输送机为无中间驱动的管状带式输送机，单机长度为 8 231m，为世界上最长。

●华电重工股份有限公司主编的《封闭煤场技术规程》《榫卯连接网络结构技术规程》两项行业标准获批为中国工程建设标准化协会颁布的“2017 年第二批工程建设协会标准制订、修改计划”的两项标准。

●世界一流水平的洋山港全自动化集装箱装卸码头于 2014 年年底开工，2017 年年底开港。该项目所用的岸桥、轨道起重机和 AGV，均由上海振华重工（集团）股份有限公司自主研发制造。以洋山港项目为标志，振华重工逐步从卖硬件转向卖软件，从卖设备转向卖系统。此项目获得国家主席习近平在 2018 年新年致辞中的赞扬。

●北京起重运输机械设计研究院有限公司及株式会社大福组成的联合体成功中标上海汽车国际商贸有限公司上汽国际分拨中心建设项目立体自动化仓库系统。

●中国第二重型机械集团公司研制的乌东德水电站混流式水电机组的上冠通过了业主验收，标志着世界首套 862MW 混流式水电机组上冠试制成功。

●北京起重运输机械设计研究院有限公司与福建省上杭县签订步云脱挂索道工程建设总承包合同。该索道长 4 900m，含有带转角中间站，中间站除了有传统的过渡和衔接功能外，还增加了让双段索道实现独立运行的功能。

● 2017 年，中国重型机械工业协会团体标准通过了全国团体标准信息平台注册，团体标准工作正式展开，首批 7 项团体标准已经立项。

●由北京起重运输机械设计研究院有限公司承建的宜家分拨（上海）有限公司奉贤配送中心扩建项目顺利进入验收测试（试运行阶段）。该项目是目前我国规模最大、功能最先进的自动化立体仓库。

〔撰稿人：中国重型机械工业协会梁锐　审稿人：中国重型机械工业协会李镜〕

行业篇

从生产发展情况、市场及销售、产品进出口、科技成果及新产品等方面阐述重型机械各分行业2017年的发展情况

Elaborate on development in 2017 of various sectors in the heavy machinery industry regarding aspects such as development of production, market and sales, product import and export, technological achievements, and new products

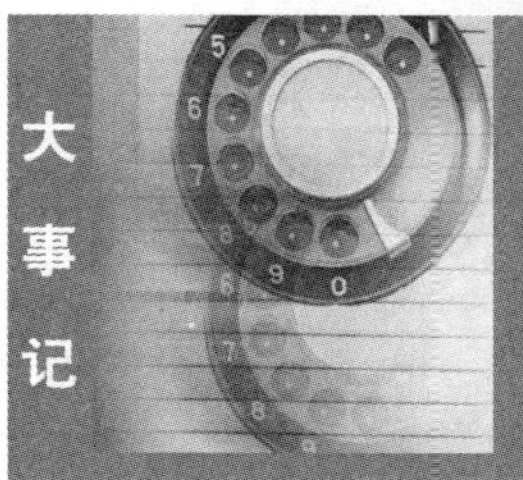

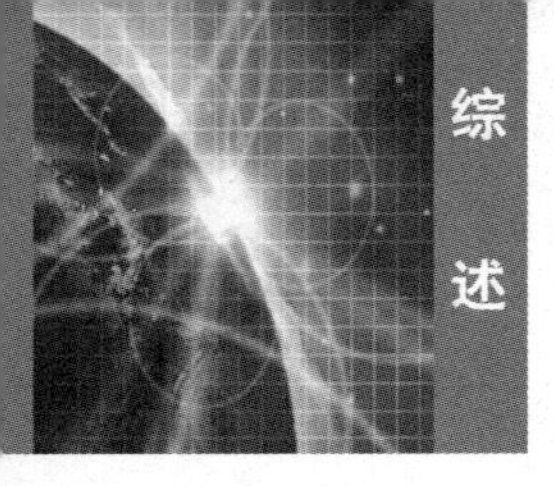

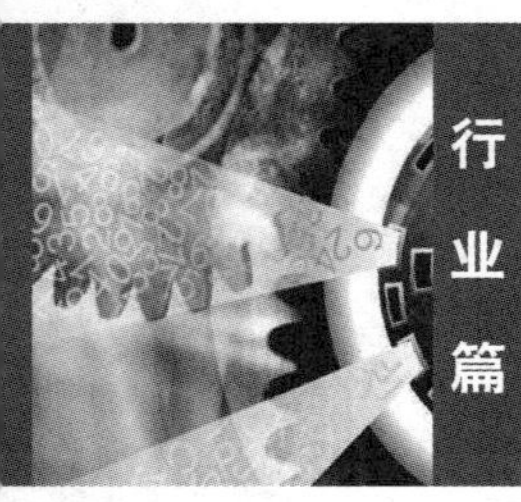

行业篇

冶金矿山机械

行业简况　冶金矿山机械行业是以提供炼焦、烧结、冶炼、轧制、矿山开采、矿井提升、破碎粉磨、煤矿采掘、筛分洗选、竖井及隧道挖掘、水泥、重型锻压等大型成套设备及相关产品，并为能源、原材料、化工、造船、军工、机械等部门提供所需大型铸锻件为主导产品的机械制造行业。该行业的主要产品多为重大基本建设项目所需的核心设备，因此该行业不仅在国民经济建设中占有十分重要的地位，而且是国家制造实力的重要体现。2013—2017 年冶金矿山机械行业主要经济指标占重型机械行业比重情况见表 1，2013—2017 年冶金矿山机械行业企业规模发展情况见图 1，2013—2017 年冶金矿山机械行业主营业务收入与利润总额变化情况见图 2。

表 1　2013—2017 年冶金矿山机械行业主要经济指标占重型机械行业比重情况

年份	行业名称	企业数（家）	占比（%）	资产总值（亿元）	占比（%）	主营业务收入（亿元）	占比（%）	利润总额（亿元）	占比（%）
2013	重型机械行业	4 220	100.00	11 031	100.00	11 299	100.00	703.00	100.00
	冶金矿山机械	2 231	52.87	5 203	47.17	4 970	44.00	232.00	33.04
2014	重型机械行业	4 657	100.00	12 029	100.00	12 331	100.00	697.67	100.00
	冶金矿山机械	2 414	51.84	5 767	48.00	5 425	44.00	166.37	23.85
2015	重型机械行业	4 669	100.00	12 184	100.00	12 226	100.00	764.60	100.00
	冶金矿山机械	2 449	52.45	5 527	45.36	5 370	43.92	226..72	29.65
2016	重型机械行业	4 556	100.00	12 981	100.00	12 326	100.00	645.85	100.00
	冶金矿山机械	2 340	51.36	5 852	45.08	5 360	43.49	132.36	20.49
2017	重型机械行业	4 547	100.00	13 239	100.00	12 100	100.00	654.01	100.00
	冶金矿山机械	2 198	48.34	5 979	45.16	5 198	42.96	228.57	34.95

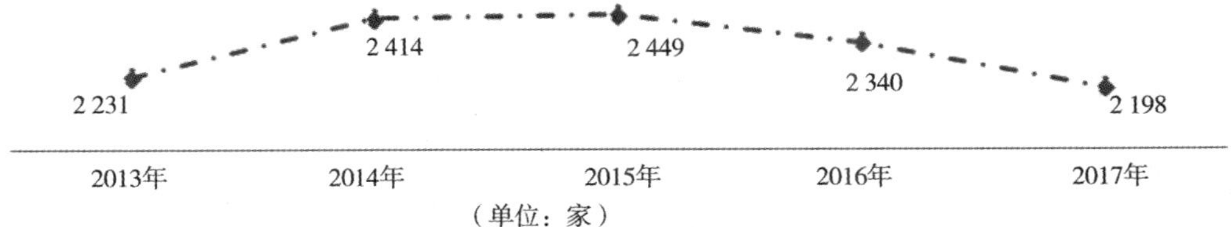

图 1　2013—2017 年冶金矿山机械行业企业规模发展情况

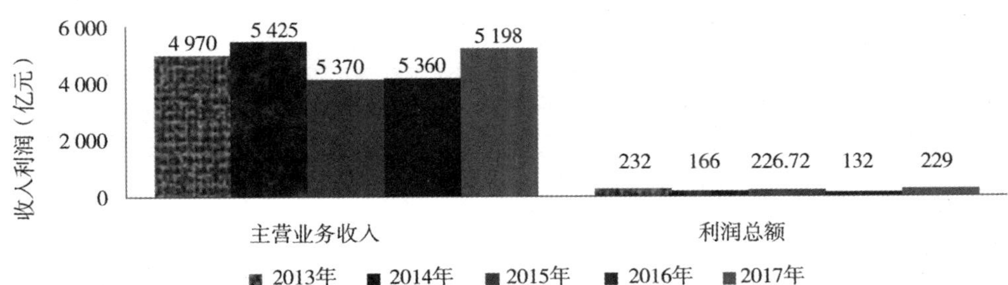

图 2　2013—2017 年冶金矿山机械行业主营业务收入与利润总额变化情况

2017 年行业经济运行情况

1. 行业主要经济指标完成情况

2017 年冶金矿山机械行业主要经济指标完成情况见表 2。

表2 2017年冶金矿山机械行业主要经济指标完成情况

指标名称	企业数（家）	主营业务收入（亿元）			主营业务成本（亿元）		
		2017年	2016年	同比增长（%）	2017年	2016年	同比增长（%）
冶金矿山机械行业	2 198	5 197.82	4 799	8.31	4 461.11	4 141 .38	7.75
矿山机械制造	1 733	3 982.84	3 713.50	7.25	3 403.79	3 161.10	7.68
冶金专用设备制造	465	1 214.98	1 085.09	11.97	1 057.32	980.28	7.86

指标名称	企业数（家）	流动资产合计（亿元）			应收账款（亿元）		
		2017年	2016年	同比增长（%）	2017年	2016年	同比增长（%）
冶金矿山机械行业	2 198	3 579 .29	3 447 .05	3.83	1 134.58	1 244 .23	-8.76
矿山机械制造	1 733	2 326.26	2 275.91	2.21	776.32	830.05	-6.47
冶金专用设备制造	465	1 253.03	1 171.14	6.99	358.26	414.18	-13.50

指标名称	企业数（家）	存货（亿元）			产成品（亿元）		
		2017年	2016年	同比增长（%）	2017年	2016年	同比增长（%）
冶金矿山机械行业	2 198	986 .46	905.33	8.95	3076.98	290 .40	5.86
矿山机械制造	1 733	692.07	642.09	7.78	220.80	209.29	5.50
冶金专用设备制造	465	294.39	263.24	11.83	86.18	81.11	6.25

指标名称	企业数（家）	资产总计（亿元）			负债总计（亿元）		
		2017年	2016年	同比增长（%）	2017年	2016年	同比增长（%）
冶金矿山机械行业	2 198	5 922.30	5 683.95	4.20	3 604.60	3 439.73	4.80
矿山机械制造	1 733	4 025.36	3 875.81	3.86	2 301.76	2 229.29	3.25
冶金专用设备制造	465	1 896.94	1 808.14	4.91	1 302.84	1 210.44	7.63

指标名称	企业数（家）	销售费用（亿元）			管理费用（亿元）		
		2017年	2016年	同比增长（%）	2017年	2016年	同比增长（%）
冶金矿山机械行业	2 198	137 .41	129.19	6.20	263 .28	251.71	4.37
矿山机械制造	1 733	111.50	104.08	7.13	195.41	191.04	2.29
冶金专用设备制造	465	25.91	25.11	3.19	67.87	60.67	11.87

指标名称	企业数（家）	利润总额（亿元）			亏损额（亿元）		
		2017年	2016年	同比增长（%）	2017年	2016年	同比增长（%）
冶金矿山机械行业	2 198	228.57	94.99	140.99	39.06	148.03	-73.65
矿山机械制造	1 733	181.88	122.39	48.61	23.51	71.95	-67.32
冶金专用设备制造	465	46.69	-27.40	270.40	15.55	76.08	-79.55

指标名称	企业数（家）	亏损企业数（家）		亏损面（%）		利润率（%）	
		2017年	2016年	同比增长（%）	2017年	2017年	同比增长（%）
冶金矿山机械行业	2 198	251	306	26	33.71	4.41	1.98
矿山机械制造	1 733	176	204	10.16	11.77	4.57	3.30
冶金专用设备制造	465	75	102	16.13	21.94	3.84	-2.53

指标名称	企业数（家）	资产负债率（%）		流动资产周转率（次）		成本费用利润率（%）	
		2017年	2016年	2017年	2016年	2017年	2016年
冶金矿山机械行业	2 198	60.29	59.93	1.45	1.08	4.62	2.06
矿山机械制造	1 733	57.18	57.52	1.71	1.63	4.81	3.48
冶金专用设备制造	465	68.68	66.94	0.97	0.93	3.99	-2.52

2. 行业主要产品产量完成情况

从 2017 年行业出产情况看，冶金矿山机械行业主要产品均恢复了增长，其中：冶金机械产品产量 118.56 万 t，同比增长 12.66%；矿山机械产品产量 812.66 万 t，同比增长 7.34%。

2017 年冶金矿山机械行业重点产品产量完成情况见表 3，2017 年冶金矿山机械行业主要产品产量同期对比见图 3。

表 3 2017 年冶金矿山机械行业重点产品产量完成情况

产品名称	2017 年产量（万 t）	2016 年同期产量（万 t）	同比增长（%）
一、冶金机械合计	118.56	105.24	12.66
金属冶炼设备	56.39	52.34	7.72
金属轧制设备	62.17	52.90	17.51
二、矿山机械	812.66	757.09	7.34
其中：水泥设备	101.26	90.63	11.74

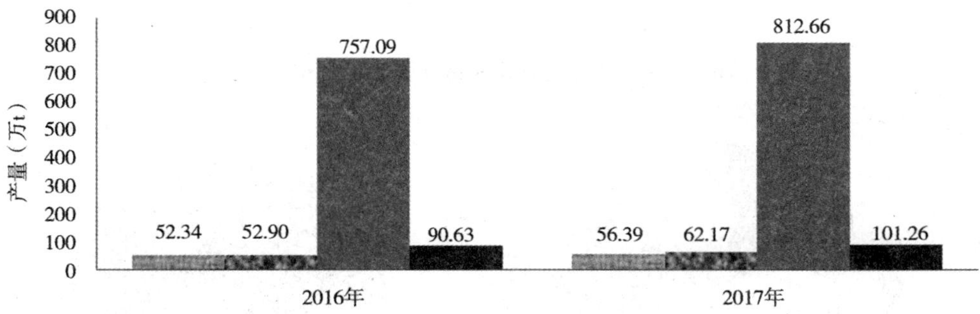

图 3 2017 年冶金矿山机械行业主要产品产量同期对比

3. 行业主要产品进出口情况

2017 年，冶金矿山机械行业进出口总额为 33.72 亿美元。其中：出口国家和地区 184 个，金额为 27.92 亿美元；进口国家和地区 45 个，金额为 5.80 亿美元。冶金机械进出口总额为 17.22 亿美元，其中：出口国家和地区 168 个，金额为 13.54 亿美元；进口 45 个国家和地区，金额为 3.68 亿美元。矿山机械进出口总额为 16.51 亿美元，其中：出口国家和地区 184 个，金额为 14.38 亿美元；进口国家和地区 35 个，金额为 2.12 亿美元。

2017 年冶金矿山机械行业主要产品进出口情况见表 4，2013—2017 年冶金矿山机械行业产品进出口变化趋势见图 4，2017 年冶金矿山机械行业进出口主要企业类型占比情况见图 5。2017 年冶金矿山机械行业进出口主营贸易方式占比情况见图 6。

表 4 2017 年冶金矿山机械行业主要产品进出口情况

海关货物名称	出口额（亿美元）	同比增长（%）	进口金额（亿美元）	同比增长（%）	进出口总额（亿美元）	同比增长（%）	进出口顺差（亿美元）	上年同期（亿美元）
冶金矿山机械合计	27.92	13.39	5.80	-15.68	33.72	7.04	22.12	24.67
冶金机械小计	13.54	13.32	3.68	-20.71	17.22	3.79	9.86	34.98
金属冶炼设备	0.57	107.11	0.10	9.63	0.67	83.23	0.47	153.95
连铸设备	0.36	206.62	0.02	590.18	0.38	216.00	0.34	196.77
金属轧制设备	3.68	20.77	1.29	-8.09	4.97	11.66	2.39	45.43
冶金设备零件	8.93	4.96	2.28	-27.77	11.21	-3.89	6.65	24.20
矿山机械小计	14.38	13.45	2.12	-5.23	16.50	10.65	12.26	17.46
采掘设备及钻机	4.27	14.67	0.48	-21.06	4.75	9.68	3.79	21.59
破碎粉磨设备	6.45	3.42	0.89	-3.48	7.34	2.52	5.56	4.62
筛分洗选设备	3.03	31.02	0.72	13.23	3.75	27.20	2.31	37.71
矿山卷扬设备	0.06	-30.98	0.01	-40.24	0.07	-32.67	0.05	-28.32
矿山机械零件	0.57	80.92	0.02	-60.39	0.59	59.85	0.55	110.94

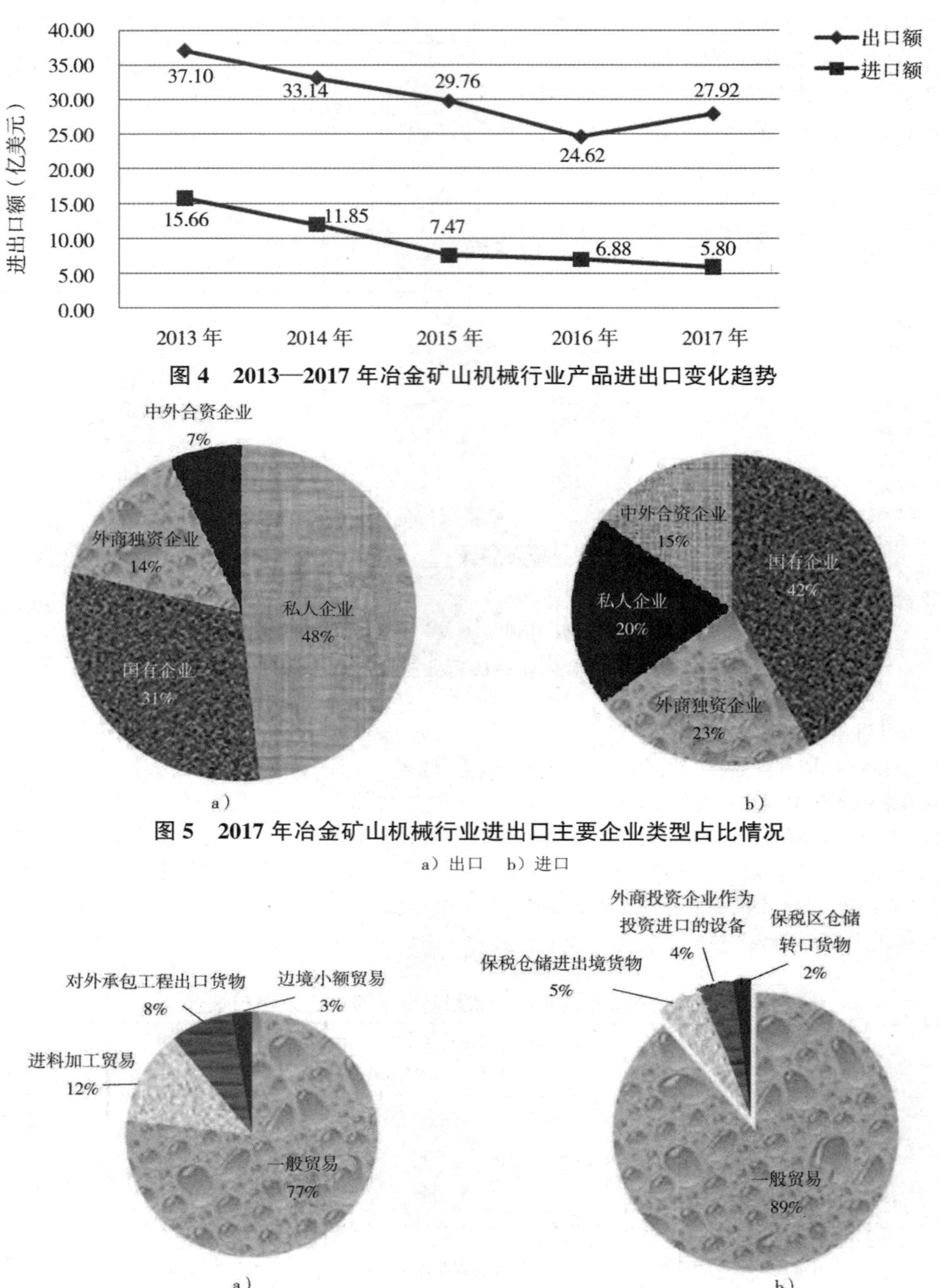

图 4　2013—2017 年冶金矿山机械行业产品进出口变化趋势

图 5　2017 年冶金矿山机械行业进出口主要企业类型占比情况

a）出口　b）进口

图 6　2017 年冶金矿山机械行业进出口主要贸易方式占比情况

a）出口　b）进口

4.2017 年冶金矿山机械行业经济运行的基本特点

（1）冶金矿山机械行业全年运行出现明显拐点，主营业务收入增速为 8.31%，与同期相比提高了 7.61 个百分点，比重型机械行业的 8.25% 高出了 0.06 个百分点。从分行业的情况看，冶金机械行业为 11.97%，矿山机械行业为 7.25%。从企业类型看，大型企业、小型企业，国有企业、私营企业均处于上升趋势。

（2）行业经济效益明显改善，特别是大型骨干企业均摆脱了亏损。全年行业实现利润总额 228.92 亿元，同比增长 140.99%，其中冶金机械行业实现利润 46.69 亿元，同比增长 270.40%；矿山机械行业实现利润 181.88 亿元，同比增长 48.61%。

（3）行业主要产品进出口额同比增长 7.04%，相对于 2014 年的 -10.67%，2015 年的 -17.24%，2016 年的 -17.27%，2017 年重返上升区间。其中：冶金机械产品同比增长 3.79%，矿山机械产品同比增长 10.65%。相对于出口额，进口额负增长的趋势没有出现明显变化，进出口额依旧保持顺差。

〔撰稿人：中国重型机械工业协会严祥文　审稿人：中国重型机械工业协会王继生〕

冶金设备

生产发展情况 冶金设备行业是为冶金工业提供重大成套技术装备的行业。冶金设备是指用于金属冶炼、铸造、轧制和深加工等生产流程中的专用成套工艺设备，也被称作工作母机，是冶金工业发展所需的重要基础装备。大型冶金成套设备是集连续、高效和自动化、智能化控制技术于一身的技术密集型工艺设备集合，多属于高精尖的重型成套设备，已呈系列化分布并具有传统经典特征。主要包括金属冶炼（高炉、烧结机、炼焦炉、电炉、转炉、炉外精炼、矿渣钢渣处理），金属铸造设备（方、圆坯连铸机，板坯连铸机，铸造机），金属轧制设备（板带热、冷轧机，轧管机，型钢轧机，线材轧机，有色金属轧机），金属精整及后处理设备（酸洗机组，热镀锌机组，热镀锡机组，热镀铝机组，冷、热平整机组，连续退火机组）等。

冶金设备制造业与冶金工业关系密切，互为市场。冶金设备制造业通过技术创新和提升服务来不断满足钢铁和有色金属等原材料工业“创生”的新需求。当前，国内外钢铁和有色金属冶金市场已呈产能过剩、供大于求的状况，已由增量需求减速下滑转为存量需求，淘汰落后生产工艺及设备，加快节能降耗、自动化、信息化、智能化技术改造升级已成为企业发展的主动力。与此同时，冶金设备制造业已步入由冶金设备制造向冶金设备制造和技术改造服务双管齐下的转型期，企业只有通过结构调整和技术创新，适时推出新技术、新产品，才能使中高端国产冶金成套设备在国内市场的占有率不断提高。

作为冶金成套设备核心供应商的中国第一重型机械集团股份公司（中国一重）、中国机械工业集团有限公司（中国二重、西重所）、上海电气上重碾磨特装设备有限公司（上重）和太原重型机械集团有限公司（太重集团）等，在重大冶金成套设备自动化和智能化高端技术研发方面取得了新成果。

（1）大型热、冷带钢连轧机工艺设备及自动化、智能化技术。大型热、冷带钢连轧机工艺设备及控制已基本达到了二、三级自动化、智能化控制水平，自主设计、集成、制造的成套设备已达到系列化程度，能满足我国钢铁冶金行业的需要。中国一重开发的大型冷连轧机的工艺设备和自动化、智能化技术产品有：900mm、1 250mm、1 320mm、1 420mm、1 450mm、1 550mm、1 780mm 及 2 130mm 五机架（酸洗）冷连轧机组，已广泛应用于鞍钢、宝钢、梅钢、武钢、安钢、新钢、柳钢、河北中金、诚钢、马钢及沙钢等公司。特别是梅钢 1 420mm 冷连轧机组的技术升级，山力和远大 1 420mm 酸洗冷连轧机组工程总承包项目的开发应用及推广，突破了冷连轧工艺设备成套及生产自动化、智能化控制两大核心技术，实现了国产冷连轧机工艺设备及自动化、智能化技术的总集成，实现了我国冷连轧机组的更新换代。其中，自主开发的大型工作辊和中间辊可移动的六辊轧机具有卓越的板形控制能力，提高了带钢的平直度，减少了边部减薄和裂边发生，提高了成材率。自主开发的转盘式双筒卷取机实现了高效卷取，自主开发的十八辊、二十辊冷轧机可实现超薄高强度钢的高效轧制，标志着我国自主设计制造冷轧成套装备的水平已达到了国际中高端水平。中国一重设计开发的大型热连轧成套工艺设备及自动化、智能化技术产品有：1 000mm、1 250mm、1 380mm、1 450mm、1 580mm、1 680mm、1 780mm、2 150mm 及 2 250mm 热带钢连轧机，已成功应用于鞍钢、武钢、首钢、新钢、安钢、日钢、马钢、涟钢、诚钢及鼎信等钢铁公司。特别是开发的北海“1+8”1 680mm 不锈钢热连轧工艺设备和自动化、智能化技术在鼎信 1 780mm 不锈钢热连轧项目的应用，实现了国产热不锈钢连轧机工艺设备及自动化、智能化技术的总集成，实现了不锈钢热连轧生产线的更新换代。自主设计的世界最宽的 2 550mm 不锈钢热连轧机正在制造中，该生产线在节能降耗、产品规格及各项技术指标方面均处于世界领先水平。在热轧装备中不断升级新一代技术，其中，新一代的串辊技术提高了产品精度和生产效率，减少了设备故障率；高压水除鳞技术保证了产品的表面质量；立辊轧机具有宽度自动控制和短行程自动控制功能；粗轧机采用电动加液压后，保证了位置速度和精度；定宽压力机实现了大压力下减宽和成材率的改善；热卷取箱实现了多钢种节能轧制并缩短了轧线长度；超强转鼓式飞剪进一步提高了剪切能力和头尾剪切优化功能；高刚度四辊全液压精轧机的液压自动厚度和板形控制技术，保证了产品板形及尺寸精度；控冷控制技术保证了中高牌号带钢的性能要求；全液压三助卷辊式地下卷取机采用了自动踏步控制技术，保证了钢卷的卷形质量等。

近年来，国产大型冷、热连轧机成套设备出口的项目有：尼日利亚 900mm 酸洗冷连轧机；尼日利亚 1 450mm 单机架冷轧机；印度尼西亚“1+7”1 780mm 不锈钢热连轧机；印度 1 800mm 和波兰 2 250mm 热连轧机成套设备各 1 套（合作制造）；伊朗 1 725mm 炉卷轧机 1 套（合作制造）；意大利阿维迪 1 700mm 短流程 ESP 热轧生产线（合作制造）等。这些项目标志着我国冶金板带轧制工艺装备技术已步入世界先进行列。

（2）大型多辊冷轧机工艺设备及自动化技术。我国大型多辊高强超薄带轧制成套设备已实现了自主设计：北海诚德的不锈钢双机架 1 320mm 和 1 450mm 十八辊不锈钢冷轧机组，1 450mm 二十辊不锈钢冷轧机组；山东远大的不锈钢 1 250mm 二十辊等大型多辊冷连轧机组已投入使用，标志着国产大型多辊冷轧机工艺设备及自动化技术向国际先进行列迈出了一步。

（3）短流程节能轧制及绿色节能工艺设备。近年来，我国在冶金设备领域的节能减排工艺设备开发应用取得了长足的进步。中国一重继鞍山钢铁集团公司"1+6"2 150mm短流程热连轧机研制成功后，又与意大利阿维迪公司合作研发了1套1 700mm连铸连轧短流程试验生产线，其后，相继承担了4套西门子日照1 700mm短流程热轧生产线设备的合作制造；自主设计制造了唐山全丰1 500mm薄板无头轧制生产线，福建吴航2 250mm不锈钢多功能板卷热轧机，山东泰钢1 780mm炉卷轧机+3机架热连轧机生产线，云南师宗1 780mm不锈钢炉卷轧机。自主开发研制的3 700mm"自由锻造+筒节成形轧制"大型筒件锻轧工艺设备已成功应用并获得了黑龙江省科技进步奖一等奖。

（4）宽厚板轧机工艺设备及自动化技术。国内自主设计制造的宽厚板轧机成套设备集成已实现了二级自动化控制，基本满足了国内用户需求。呈现出合作制造与自主设计制造兼容的局面。合作制造的宽厚板轧机有：鞍钢的5 500mm和5 000mm、宝钢的5 000mm、湘钢的5 000mm、包钢的4 100mm。自主设计制造的宽厚板轧机有：建龙的4 300mm、济钢的4 300mm、沙钢的3 500mm、汉冶的4 300mm和3 800mm。中国一重自主设计制造的3 300mm宽厚板轧机出口到越南、泰国各1套；合作制造并出口的宽厚板轧机有：浦项的5 500mm、现代的5 000mm、泰国钢铁公司的5 000mm。

（5）大型成套有色板带轧机工艺设备。国内有色金属行业对大型铝板带轧机生产线成套设备的需求有所上升，中国一重、中国二重等冶金设备企业都承担了一批大型铝板带轧制成套设备的合作制造项目，并已形成自主设计、制造能力。中国一重承担的项目有：东北轻合金3 950mm和2 100mm（1+1）铝板热轧机组、赣州铝业2 300mm（1+1）铝板热轧机组、青海鲁丰2 350mm双机架冷轧机组、天津中旺2 650mm（1+5）和3 350mm（1+1+3）铝板带热连轧机组、南山铝业4 100mm和3 000mm铝板带热连轧机组、同仁铝业4 500mm和3 300mm铝板热轧机组、山东魏桥2 350mm（1+4）铝板热连轧机组、南南铝业4 100mm和3 100mm铝板热轧机组、泰国古河2 500mm（1+4）铝板热连轧机组；2017年又与德国SMS合作制造了营口忠旺2 400mm（1+1+5）铝板热连轧机和4套2 300mm单机架冷轧机、南山铝业4 500mm热轧机。中国二重承担的项目有：巨科锦宁和浙江永杰1 850mm（1+4）铝板带热连轧机组、柳州银海3 300mm和2 850mm（1+4）铝板热连轧机组。

（6）大型连铸机成套工艺设备。我国大型连铸机成套设备已经全面实现了自主化设计、制造和技术集成，基本能满足冶金行业用户的需求。目前，以中国重型机械研究院为代表的冶金设备企业仍在进行工艺设备技术提升方面的研发，近年来投产的重大成套设备有：舞阳钢铁公司的2 500mm大型板坯连铸成套设备，诚德钢铁公司的1 600mm大型板坯连铸成套设备，敬业钢铁公司的1 100mm板坯连铸机，攀枝花钢铁公司的五流360mm×450mm，邢台钢铁公司的六流380mm×450mm两个大型方坯连铸成套设备、700mm特厚板连铸机和垂直铸造机等。

（7）大型平整机成套设备及精整设备。我国大型先进的冷、热平整工艺设备已经实现了自主设计、集成的国产化，中国一重、中国重型院等企业自主设计、集成的大型平整机成套设备已被广泛应用。冷轧板平整机成套设备有：宝钢的2 030mm、1 850mm平整机组，柳钢的1 450mm、1 250mm单机架平整机组，邯郸日鑫、东海网格的1 450mm，鞍钢的1 780mm、1 450mm平整机组，衡水钢厂的1 250mm双机架多功能平整机组，邯郸日鑫板材的1 450mm六辊平整机组，京唐钢铁的1 380mm双机架平整兼二次冷轧机组。其中，衡水钢厂的1 250mm双机架平整机组具有干、湿平整和轧制等多种功能，是深受钢铁用户青睐的一种机型，2017年又为邯郸卓立提供了一套升级版机型。热轧板平整机成套设备有：鞍钢的1 780mm，北台的1 780mm，承钢的1 780mm，京唐的1 580mm，河北纵横的1 780mm，河钢乐亭的2 050mm平整机组。

（8）大型冶金环保设备开发应用。钢铁冶金行业用户加大了对绿色生产、节能减排的技改投入，促进了我国冶金环保技术和工艺装备开发和应用的提速。一些国内冶金设备企业已设立了环保板块并完成了资源整合，并适时开展环保工艺技术和设备研制。继热轧生产线烟尘抑制技术应用和连铸生产线排气排烟工艺技术应用后，正在全面开展冶炼焦化环节的脱硫、脱硝、除二噁英等工艺技术和设备的研发和应用，烟尘和余热处理与利用技术装备的进步，促进了冶金企业的绿色发展。中信重工机械股份有限公司的5 700mm和4 000mm立磨已在兴澄特钢、新冶金和安徽贵航特钢矿渣和钢渣粉磨中应用。中国一重集团公司为新宝泰公司研制的3 800mm卧式辊磨已应用于钢渣、水渣微粉处理生产线，这必将打开环保和微粉利用市场的新局面。一些企业继续推进新研发的垃圾处理技术和工艺设备的市场应用。

目前，我国自主设计、集成制造并投产运行的中高端大型冷热连轧成套设备已突破160套。在改善产品性能质量、降低能耗、改善环境及先进工艺、高速、自动化、智能化方面的技术稳步提升后，以近终形连铸连轧为基本特征的直接轧制与无头轧制、冷轧无头轧制、酸轧联合高速轧制为标志的短流程和绿色轧制工艺技术正成为未来发展的主流；不锈钢、高强度钢轧制和有色金属板带轧制工艺装备的自主研发能力也在持续提升。

2017年冶金设备行业主要经济指标完成情况见表1。

表1 2017年冶金设备行业主要经济指标完成情况

指标名称	完成情况（亿元）	同比增长（%）
主营业务收入	1 214.98	11.97
利润总额	46.69	270.40

市场与销售 虽然国家为适当扩大内需采取了积极的财政政策，冶金、化工、能源等行业接受国家贴息贷款，在一定程度上维持了技术升级改造的规模。但连年来，受国内

外经济新常态的影响，冶金设备行业市场的低价无序竞争激烈，冶金设备订单严重不足，冶金设备企业主营业务收入和销售利润下降明显，形势严峻迷离，冶金设备市场将长期处在小幅波动下行状态，市场前景令人关注与期待。

2017 年冶金设备行业主要产品产量见表 2。2017 年冶金设备行业产品进出口额见表 3。

表 2 2017 年冶金设备行业主要产品产量

产品名称	产量（万 t）	同比增长（%）
冶炼设备	56.39	7.72
金属轧制设备	62.17	17.51

表 3 2017 年冶金设备行业产品进出口额

产品名称	出口额（亿美元）	进口额（亿美元）	进出口差额（亿美元）
冶金设备	13.54	3.69	9.85
其中：金属冶炼设备	0.57	0.10	0.43
连续铸钢设备	0.36	0.02	0.34
金属轧制设备	3.68	1.29	2.39
冶金设备零件	8.93	2.28	6.65

2017 年冶金压延设备主要生产企业有：中国第一重型机械集团股份公司、中国机械工业集团有限公司、上海电气上重碾磨特装设备有限公司和太原重型机械集团有限公司、河北邢台机械轧辊（集团）有限公司、衡阳有色冶金机械总厂、中信重工机械股份有限公司、宝钢常州冶金机械厂、陕西压延设备厂等。

科技成果、新产品与标准 冶金设备行业主要生产企业在引进、消化、吸收世界先进国家同类产品先进技术的基础上，围绕冶金市场新需求持续进行开拓创新，自主设计开发出了多项具有自主知识产权的重大装备新产品，使我国冶金装备的多项新产品和工艺技术水平不断接近或达到国际先进水平，许多项目获得了科学技术奖。

2017 年冶金设备行业科技成果获中国机械工业科学技术奖的情况见表 4。

表 4 2017 年冶金设备行业科技成果获中国机械工业科学技术奖的情况

项目名称	完成单位	获奖等级
3 300mm+2 850mm“1+4”铝板带热连轧机工程成套设备研制	中国第二重型机械集团公司、北京科技大学工程技术研究院、广西柳州银海铝业股份有限公司	二等奖

冶金行业标准在冶金设备行业企业的产品经营生产活动中越来越被重视，国内一些主要冶金设备企业积极踊跃地参加行业标准的编制和宣传贯彻工作，现行冶金机械的国家与行业标准有 86 项。标准工作由机械工业冶金设备标准化技术委员会归口管理、组织编制和实施。另外，联合企业标准，已由中国重型机械工业协会批准发布和执行。

冶金机械最新版的《重型机械标准》共四卷。该标准已经四次修订，其中产品标准 85% 以上等效采用了国外先进标准（主要是德国西马克公司标准）。中国重型机械工业协会已将《重型机械标准》全面发行。

中国重型机械研究院正在组织大型冶金设备制造骨干企业继续开展新一轮冶金设备行业标准的编制工作，已完成了多项新行业标准的编制评审工作，几十项新增重型冶金机械设备标准正在编制中。

〔撰稿人：中国重型机械工业协会冶金压延机械分会孟文华　审稿人：中国重型机械工业协会王继生〕

矿山机械

矿山机械行业是为固体原料的开采、材料和燃料的加工提供装备的重要基础行业，也是国家建立独立工业体系的基础行业。矿山机械行业除服务于黑色和有色冶金、煤炭、建材、化工、核工业等重要基础工业部门外，其产品也被广泛应用于交通、铁道、建筑、水利水电等的基本建设中。矿山机械行业一直是我国国民经济的重要支柱产业，对我国社会经济的发展起着极其重要的作用。

矿山机械装备的先进与否决定着矿山资源科学开发和综合利用的水平，也是衡量一个国家工业实力的重要标志。本文所述的矿山机械包括采掘、凿岩设备及钻机、破碎、粉磨设备、筛分设备、洗选设备、矿山提升设备和矿山机械关键零部件等。

近年来，随着国内冶金、矿山、煤炭及建材等传统行业市场趋于饱和，新增能力建设需求严重不足，我国矿山机械行业运行下行压力在逐年加大。继 2016 年之后，2017 年，国家深入推进“去产能、去库存、去杠杆、降成本、补短板”工作，供给侧结构性改革取得重要进展。其中，在去产能方面，政府工作报告提出的钢铁去产能 5 000 万 t 左右、煤炭去产能 1.5 亿 t 以上、煤电去产能 5 000 万 kW 等任务，矿山机械行业已全面完成。

面对煤炭、矿山、建材等传统服务领域市场的饱和以及持续去产能的严峻态势，各矿山机械制造企业积极挖掘市场商机，主动进行结构调整，努力克服发展中的困难，在注重传统产品转型升级的基础上，相继研发出盾构机、高效掘进机、永磁内装式矿井提升机、移动式建筑垃圾破碎站等新产品，推动企业实现了稳步发展。

生产发展情况 根据中国重型机械工业协会统计，2017 年我国矿山机械行业主营业务收入达 3 982.84 亿元，比上年增长 7.25 %，占当年重型机械行业主营业务收入的 33.51%，占当年冶金矿山机械行业主营业务收入的 76.63%；实现利润 181.88 亿元，比上年增长 48.61%；利润率为 4.57%，上年同期为 3.30%。行业利润总额及利润率经过 2015 年、2016 年连续两年下滑后，2017 年呈现回升态势。2017 年矿山机械行业主要经济指标完成情况见表 1。2014—2017 年矿山机械行业利润总额和利润率情况见表 2。

表 1 2017 年矿山机械行业主要经济指标完成情况

名 称	主营业务		利润		利润率（%）
	收入（亿元）	比上年增长（%）	总额（亿元）	比上年增长（%）	
重型机械行业	11 883.61	8.16	645.12	19.00	5.41
矿山机械行业	3 982.84	7.25	181.88	48.61	4.57

注：数据来源于中国重型机械工业协会统计简报 2017.12 期。

表 2 2014—2017 年矿山机械行业利润总额和利润率情况

年份	利润总额（亿元）	利润率（%）
2014	215.75	5.30
2015	202.48	4.85
2016	150.05	3.30
2017	181.88	4.57

注：数据来源于《中国重型机械工业年鉴》（2017）和中国重型机械工业协会统计简报 2017.12 期。

2017 年，全国主要矿山机械生产企业完成产品产量 812.66 万 t，比上年增长 7.34%。全国主要水泥设备生产企业完成产品产量 101.26 万 t，比上年增长 11.74%。2014—2017 年矿山机械和水泥设备主要生产企业产品产量见表 3。

表 3 2014—2017 年矿山机械和水泥设备主要生产企业产品产量

年份	矿山机械产量（万 t）	水泥设备产量（万 t）
2014	786.13	94.60
2015	768.93	80.07
2016	757.09	90.63
2017	812.66	101.26

注：数据来源于《中国重型机械工业年鉴》（2017）和中国重型机械工业协会统计简报 2017.12 期。

市场与销售

（1）国内市场及销售情况。根据中国外汇交易中心数据，截至 2017 年 12 月 12 日人民币对美元的平均汇率为 6.61。按此计算，2017 年矿山机械国内市场总容量（即，主营业务收入 - 出口金额 + 进口金额）为 3 901.80 亿元，比 2016 年的 4 070.83 亿元有所下滑，下降了 4.15%。其中，国内供应量为 3 887.79 亿元，进口量约 14.01 亿元。国内产品市场占有率为 99.6%，与上年持平。2008—2017 年矿山机械国内市场销售额（含进口）情况见图 1。

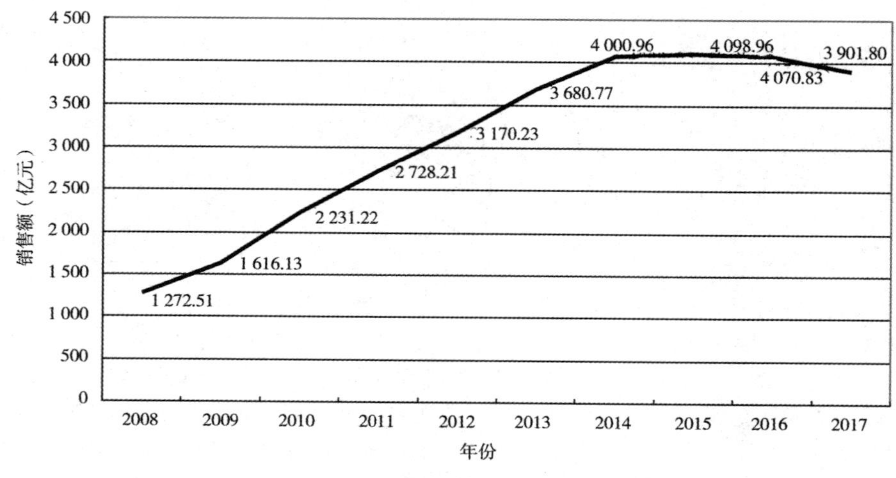

图 1 2008—2017 年矿山机械国内市场销售额（含进口）情况

注：数据来源于《中国重型机械工业年鉴》（2017）及中国重型机械工业协会统计简报 2017.12 期。

（2）回顾。随着我国矿山机械制造技术的不断提升，自 2011 年以来，国内矿山机械行业几乎提供了国民经济发展所需的矿石、建材及煤炭开采和加工用的全部装备，国产设备市场占有率超过了 98%。2012—2017 年矿山机械国内市场国产、进口产品销售额占有率见表 4。

表 4　2012—2017 年矿山机械国内市场国产、进口产品销售额占有率

项目	2012 年	2013 年	2014 年	2015 年	2016 年	2017 年
国产产品占有率（%）	98.2	98.8	99.2	99.5	99.6	99.6
进口产品占有率（%）	1.8	1.2	0.8	0.5	0.4	0.4

注：数据来源于《中国重型机械工业年鉴》（2017）和中国重型机械工业协会统计简报 2017.12 期。

（3）进出口贸易。2017 年，我国矿山机械进出口贸易总额结束了自 2015 年以来连续两年下滑的态势，实现了增长。2014—2017 年我国矿山机械进出口贸易额见表 5。

表 5　2014—2017 年我国矿山机械进出口贸易额

年份	出口额（亿美元）	进口额（亿美元）	进出口总额（亿美元）	进出口差额（亿美元）
2014	16.77	5.15	21.92	11.62
2015	14.69	3.20	17.88	11.50
2016	12.68	2.24	14.92	10.44
2017	14.38	2.12	16.51	12.26

注：数据来源于《中国重型机械工业年鉴》（2017）和中国重型机械工业协会的《全国冶金矿山机械行业进出口统计年报 2017》。

2017 年，是我国矿山机械进出口自 2008 年结束逆差的第 10 个顺差年。本年度，我国矿山机械出口总额为 14.38 亿美元，比上年增长 13.45%。按人民币对美元的平均汇率 6.61 计算，出口总额占国内主营业务收入的 2.39%，比上年增加 0.28 个百分点。进口总额为 2.12 亿美元，比上年下降 5.23%；进出口总额为 16.51 亿美元，比上年增长 10.65%；进出口顺差为 12.26 亿美元，比上年增长 17.46%。其中，破碎、粉磨设备，采掘、凿岩设备及钻机和筛分、洗选设备三类装备既是我国矿山机械产品出口的重点，也是进口的重点。2017 年我国矿山机械各类产品进出口额见表 6。

表 6　2017 年我国矿山机械各类产品进出口额

产品名称	出口额（亿美元）	进口额（亿美元）	进出口总额（亿美元）	进出口差额（亿美元）
矿山设备	14.38	2.12	16.51	12.26
采掘、凿岩设备及钻机	4.27	0.48	4.75	3.79
破碎、粉磨设备	6.45	0.89	7.34	5.55
筛分、洗选设备	3.03	0.72	3.75	2.31
矿山提升设备	0.06	0.01	0.07	0.05
矿山机械零件	0.57	0.02	0.59	0.55

注：数据来源于中国重型机械工业协会《全国冶金矿山机械行业进出口统计年报 2017》。由于四舍五入，数据有微小出入。

2017 年，我国矿山机械行业实现了和 189 个国家和地区的出口贸易，主要出口至俄罗斯联邦、印度、伊朗、越南和印度尼西亚等经济欠发达或重工业欠发达的国家和地区；同时，有 37 个国家和地区的矿山机械产品进口至我国，德国、英国、美国和日本 4 国是主要进口国，其中德国矿山机械产品的进口额占比高达 32.56%。2017 年矿山机械进出口额排名前 6 位的国家（地区）见表 7。2017 年矿山机械进出口额排名前 6 位的国内省（自治区、直辖市）见表 8。

表 7　2017 年矿山机械进出口额排名前 6 位的国家（地区）

序号	国家（地区）	出口额（亿美元）	占出口总额的比例（%）	序号	国家	进口额（亿美元）	占进口总额的比例（%）
1	俄罗斯联邦	1.28	8.88	1	德国	0.69	32.56
2	印度	1.08	7.49	2	英国	0.20	9.27
3	伊朗	1.06	7.39	3	美国	0.18	8.51
4	越南	0.71	4.91	4	日本	0.17	8.07
5	印度尼西亚	0.65	4.53	5	法国	0.12	5.73
6	新加坡	0.64	4.48	6	韩国	0.11	5.06

注：数据来源于中国重型机械工业协会《全国冶金矿山机械行业进出口统计年报 2017》。由于四舍五入，数据有微小出入。

表 8　2017 年矿山机械进出口额排名前 6 位的国内省（自治区、直辖市）

序号	省（市）	出口额（亿美元）	占出口总额（%）	序号	省（市）	进口额（亿美元）	占进口总额（%）
1	河南省	2.40	16.68	1	上海市	0.37	17.54
2	上海市	2.09	14.56	2	河北省	0.21	10.09
3	广东省	1.69	11.78	3	安徽省	0.19	9.13
4	江苏省	1.02	7.06	4	江苏省	0.18	8.76
5	山东省	1.01	7.03	5	北京市	0.17	8.22
6	山西省	0.96	6.67	6	陕西省	0.14	6.81

注：数据来源于中国重型机械工业协会《全国冶金矿山机械行业进出口统计年报 2017》。由于四舍五入，数据有微小出入。

科技成果及新产品 2017年，矿山机械行业各主要设备制造企业进一步加强研发体系的建设，不断提升科技创新能力，通过自主研发或产学研结合等方式，研制出了一批技术先进、具有自主知识产权的重大技术装备。

矿井提升机是矿山生产的核心技术装备，大功率、大载荷、自动化、智能化是矿井提升设备的发展方向。针对国内矿井提升设备电力驱动和控制普遍存在的功率小、效率低、振动大、谐波重和自动化水平低等问题，中国矿业大学、中国平煤神马能源化工集团有限责任公司、开滦（集团）有限责任公司、中国矿业大学（北京）、徐州中矿大传动与自动化有限公司、冀中能源邯郸矿业集团有限公司和郑州煤炭工业（集团）有限责任公司等单位联合承担的“矿山超大功率提升机全系列变频智能控制技术与装备”项目，攻克了重载平稳起动、宽范围精确调速、高精度定位、整流器无网侧电动势传感器电网优化接入、低开关频率整流器的柔性起动、超大功率三电平高功率密度变频调速等核心技术，建立了基于物联网的二维远程故障预测诊断系统，实现了矿井大型提升机的智能化控制、提升机无人化运行和远程监控，对贯彻《中国制造2025》“互联网+”的发展战略，推动矿山重大装备与电气控制系统的技术进步起到重要作用。

针对我国储量约60亿t的微细粒红磁混合铁矿利用难的问题，太原钢铁（集团）有限公司、长沙矿冶研究院有限责任公司、中冶北方（大连）工程技术有限公司、中钢集团马鞍山矿山研究院有限公司和武汉理工大学等单位合作完成的“超大规模微细粒复杂难选红磁混合铁矿选矿技术开发及工业化应用”项目，在微细粒红磁混合铁矿选矿技术及装备集成创新方面取得了重大突破，解决了微细粒在磨矿、分级、选别、浓缩等一系列工业应用方面的难题。基于该项目建成了亚洲规模最大的2 200万t/a红磁混合铁矿特大型选矿厂，总体技术达到国际领先水平，为我国特大型选矿厂的建设提供了宝贵的经验。

山西太重煤机有限公司自主研发的“年产千万吨大采高智能采煤机关键技术研究与应用”项目，通过对煤矿综采工作面采煤机在煤岩识别、采煤机自主定姿定位、井下通信、远程控制等智能控制关键技术进行攻关，研制出具有自主知识产权的、达到国际领先技术水平的年产千万吨的大采高大功率智能型采煤机，并实现了装备国产化。该智能型采煤机已在山西西山晋兴能源有限责任公司斜沟煤矿成功运行，日生产能力约3万～4万t，每年为煤炭企业生产原煤约1 000万t，产值约40亿元。

山西煤矿机械制造股份有限公司、太原理工大学、西山煤电（集团）有限责任公司、深圳市库马克新技术股份有限公司和山西西山晋兴能源有限责任公司共同研制的我国首套具有自主知识产权的“千万吨级综采工作面智能型输送系统”，在综采工作面大功率刮板输送机、转载输送机、锤式破碎机、带式输送机自移机尾和大功率隔爆变频器等煤炭高端装备制造与应用领域取得了重大突破，形成了一批具有自主知识产权、世界领先水平的智能化运输技术与装备，对实现我国的大型运输装备智能化、煤炭无人化高效开采和推动煤炭科技进步具有重大引领作用。

作为国内矿山重型装备的骨干重点企业，中信重工机械股份有限公司（以下简称中信重工）和河南科技大学等单位合作研制的“千万吨级矿井大型提升成套装备”，在机械理论计算、产品结构创新、制造工艺改进、制动系统原理创新、变频驱动研究等领域取得关键技术突破，开发的JKMD－6.2×4PⅢ、JKMD－5×4PⅢ等特大型提升机成套装备填补了国内特大型提升机的空白，整体性能达到国际先进水平，推动了我国大型提升成套装备制造业的发展，使我国矿山开采向大型化、高产化方向发展，彻底摆脱了对国外产品的依赖，对促进矿山行业高效、节能和可持续发展有着重要意义。

中信重工自主研发的ϕ5m敞开式硬岩掘进机，一举打破了国外在该领域的技术垄断，建立起我国具有自主知识产权的硬岩掘进机研发平台，引领了国内掘进机产业的发展。该装备可应用于Ⅳ级以上稳定围岩的铁路、公路、地铁隧道以及引水工程隧道施工，能实现最小水平转弯半径235m，适应隧道最大坡度9°，一个掘进行程为1.5m，刀盘最大推力达9 000kN。

贵阳高原矿山机械股份有限公司开发的永磁内装式矿井提升机，采用新一代永磁同步调速技术，调速精度与传统技术相比提高了100倍；以体积小、重量轻的优势替代了减速器、联轴器、润滑站、高速电动机等装置；在节能降耗方面，永磁电动机效率达到95%以上，具有四象限回馈功能，综合节能率提高20%；具有更高的安全性。此外，该产品还具有低噪声运行、维护便捷的优势。该机综合指标达到了国家煤矿安监技术推广目录要求。

（1）科技成果及获奖情况。2017年矿山机械行业获奖情况见表9。

表9 2017年矿山机械行业获奖情况

序号	项目名称	奖励类别	等级	主要完成单位
1	矿山超大功率提升机全系列变频智能控制技术与装备	国家科学技术进步奖	二等奖	中国矿业大学、中国平煤神马能源化工集团有限责任公司、开滦（集团）有限责任公司、中国矿业大学（北京）、徐州中矿大传动与自动化有限公司、冀中能源邯郸矿业集团有限公司、郑州煤炭工业（集团）有限责任公司
2	超大规模微细粒复杂难选红磁混合铁矿技术开发及工业化应用	国家科学技术进步奖	二等奖	太原钢铁（集团）有限公司、长沙矿冶研究院有限责任公司、中冶北方（大连）工程技术有限公司、中钢集团马鞍山矿山研究院有限公司、武汉理工大学

（续）

序号	项目名称	奖励类别	等级	主要完成单位
3	年产千万吨大采高智能采煤机关键技术研究与应用	中国机械工业科学技术奖	一等奖	太重煤机有限公司
4	千万吨综采工作面智能型输送系统开发与示范应用	中国机械工业科学技术奖	二等奖	山西煤矿机械制造股份有限公司、太原理工大学、西山煤电（集团）有限责任公司、深圳市库马克新技术股份有限公司、山西西山晋兴能源有限责任公司
5	ϕ5m 敞开式硬岩掘进机	中国机械工业科学技术奖	二等奖	中信重工机械股份有限公司
6	综采工作面扇形区自移式回撤特种液压支架	中国机械工业科学技术奖	三等奖	神华宁煤集团矿山机械制造维修分公司
7	深井突出煤层深孔无尘钻进成套技术及设备	中国机械工业科学技术奖	三等奖	河南理工大学、平顶山天安煤业股份有限公司十三矿
8	LLW1000 矿用大型卧式螺旋卸料过滤离心机的研发	中国机械工业科学技术奖	三等奖	江苏华大离心机制造有限公司、江苏科技大学
9	千万吨级矿井大型提升成套装备研制	河南省科技进步奖	二等奖	中信重工机械股份有限公司、河南科技大学、洛阳矿山机械工程设计研究院有限责任公司、洛阳中重自动化工程有限责任公司
10	矿山大型提升系统安全保障关键技术与装备	山东省科技进步奖	二等奖	枣庄矿业（集团）有限责任公司蒋庄煤矿、中国矿业大学、徐州大恒测控技术有限公司
11	黄金矿山采选过程智能优化控制技术	山东省科技进步奖	二等奖	山东黄金集团有限公司、北京矿冶研究总院、清华大学、北矿智云科技（北京）有限公司、山东黄金矿业（莱州）有限公司三山岛金矿
12	煤矿综采成套装备绿色再制造关键技术及产业化	山东省科技进步奖	二等奖	山东能源重型装备制造集团有限责任公司、中国人民解放军装甲兵工程学院、山东科技大学、天地科技股份有限公司
13	MG1000/2550-GWD 型特大采高采煤机关键技术研究与应用	陕西省科技进步奖	三等奖	西安煤矿机械有限公司、西安科技大学

注：数据来源于 2017 年度国家科学技术进步奖获奖项目目录、2017 年度中国机械工业科学技术奖授奖项目目录、2017 年度河南省科学技术奖获奖项目目录、2017 年度山东省科学技术奖获奖项目目录、2017 年度陕西省科学技术奖获奖项目目录。

（2）主要新产品。2017 年矿山机械行业开发的主要新产品有：

中信重工设计制造的世界上齿轮传递功率最大（18 000kW）的 ϕ11×6.4m 半自磨机和 ϕ7.9×13.6m 溢流型球磨机。

中信重工与中铁工程装备集团联合制造的国内最大、总重 4 000 余 t、ϕ15.03 m 的气垫式泥水平衡盾构机。

太原重工股份有限公司研制的我国首台 45m^3 大型矿用挖掘机。

中煤张家口煤矿机械有限责任公司自主研发的 8 m 大采高 SGZ1400/4800 型刮板输送机成套设备。

陕煤重装西安煤矿机械有限公司和神华神东煤炭集团公司合作完成的国内首套高性能 8m 大采高采煤机。

冀中能源机械装备集团石家庄煤矿机械有限责任公司制造的 EBZ200G 型高效掘进机。

北京电力设备总厂有限公司研制的 BRM36.3M 无烟煤立磨行星减速机。

安徽盛运重工机械有限责任公司研发的 SY- 覆盖诱导带式输送机、SY- 耐磨防腐托辊、SY- 联合均化布料输送机。

洛阳大华重型机械有限公司研发的 2FC-3000 沉没式双螺旋分级机。

贵阳高原矿山机械股份有限公司开发的永磁内装式矿井提升机。

宁夏天地西北煤机有限公司研制的侧移分离移动托架式带式输送机。

浙江双金机械集团股份有限公司制造的 SK2400 旋回破碎机。

沈阳隆基电磁科技股份有限公司研制的 LGS-2000Q 型强磁选机。

山东山矿机械有限公司开发的 PL1200 制砂机。

山东华特磁电公司生产的立环高梯度磁选机系列产品。

郑州中意矿山机械有限公司制造的移动式建筑垃圾破碎站。

固定资产投资 国家统计局相关数据显示，2017 年度，全国采矿业固定资产投资（不含农户） 9 209 亿元，同比下降 10.0%，降幅收窄 0.2 个百分点。其中：煤炭开采和洗选业投资 2 648 亿元，同比下降 12.3%；黑色金属矿采选业投资 751 亿元，同比下降 22.8%；有色金属矿采选业投资 1 109 亿元，同比下降 21.3%；非金属矿采选业投资 1 755 亿元，同比下降 16.3%。在民间固定资产投资方面，2017 年全国采矿业投资 4 935 亿元，比上年下降 19%，降幅收窄 0.3 个百分点。其中：煤炭开采和洗选业投资 1 471

亿元，同比下降 20.4%；黑色金属矿采选业投资 561 亿元，同比下降 26.1%；有色金属矿采选业投资 841 亿元，同比下降 17.7%；非金属矿采选业投资 1 656 亿元，同比下降 16%。

可以预见，随着我国去产能工作的深入推进，煤炭、冶金、矿山、建材等产能过剩行业固定资产投资的萎缩和低迷将会对矿山机械行业未来几年的固定资产投资前景产生深刻的影响。

行业管理

（1）行业标准工作。2017 年，矿山机械行业共列入行业标准计划的项目有 30 项，2016 年结转国家标准计划项目 2 项；全国矿山机械标准化技术委员会（SAC/TC88）当年完成审查和报批国家标准计划项目 2 项、行业标准计划项目 33 项。

全国矿山机械标准化技术委员会组织行业单位参与了《地下轮胎式采矿机械　安全要求》《采矿和土方机械—凿岩机和岩石加固钻机—第 1 部分：术语》和《采矿和土方机械—凿岩机和岩石加固钻机—第 2 部分：安全要求》三项国际标准的制定工作。

2017 年，《矿用高压辊磨机 挤压辊修复规范》（GB/T 33930—2017）、《立磨　磨盘、磨辊衬板（辊套）修复规范》（GB/T 33935—2017）等 19 项国家标准经国家标准化管理委员会公告批准；《旋回式半移动破碎站》（JB/T 13198—2017）、《立轴式破碎筛分成套设备》（JB/T 13196—2017）等 46 项行业标准经工业和信息化部公告批准。

（2）行业检测工作。2017 年，国家矿山机械质量监督检测中心完成了 40 台（套）大型煤炭装卸设备检验和 1 台大型矿用自卸汽车产品性能测试；完成了相关矿山在用设备检验工作，包括煤矿提升系统检验 280 余台（套）、钢丝绳检验 130 余条、提升系统主轴及连接装置探伤 90 余套，罐笼 10 台（套），防坠器 50 台（套）、摩擦衬垫检验 20 余份；完成了 4 家 8 台生产许可证检验；完成了 33 家 200 台产品的安全标准检验；参加了 5 个成套项目的设备监理；国家发改委项目“矿山提升设备安全准入分析验证实验室”按实施计划有序地建设。

（3）行业学术期刊。2017 年，《矿山机械》杂志社完成了全年 12 期内容编辑、出版工作，刊登论文 290 余篇，250 万余字；杂志网站点击率达 37 万次。依托中国知网的系统平台和技术支持建立的稿件网络采编平台（http://ksjx.cbpt.cnki.net/wkd/webpublication/index.aspx?mid=ksjx）极大地方便了投稿、查询、审阅、修改及编辑等活动，提高了工作效率，缩短了出刊周期。杂志社微信公众号（ksjxbjb）及时向广大读者推送杂志最新内容和行业前沿动态，分享优秀科技文章，受到了作者、读者的广泛好评。

〔撰稿人：洛阳矿山机械工程设计研究院有限责任公司沈剑峰　审稿人：洛阳矿山机械工程设计研究院有限责任公司杜波〕

破碎粉磨设备

我国经济在经历过去十多年的“黄金发展期”之后，近年来，与重型机械行业关联度极高的水泥、冶金矿山、煤炭、钢铁等资源和能源消耗型产业，在快速发展的同时也积累了大量供给侧问题，高投资、低效益、产能过剩、低价无序同质化竞争等问题已全面显现。行业产能过剩呈现出持续加剧的势头，并由区域性产能过剩演变为全局性过剩和长期性过剩。

国内矿山破碎机械行业作为劳动密集型行业，2017 年遭遇了十多年来最冷的“寒冬”，产量下降，价格持续下滑，相当数量企业出现了亏损，经营压力巨大。过去十年以量带动经济增长的模式，已差不多走到尽头。2017 年，国家出台了一系列关于矿业的政策法规，党的十九大报告也指出：坚持节约资源和保护环境的基本国策。2017 年，在全国环保大检查中，大规模高耗能、高污染的企业相继停产整顿，生产不规范、技术严重落后的企业被淘汰出局，从而使整个行业的竞争变得更加合理有序，行业内有效率的企业崛起，产量和利润在 2017 年下半年明显提升。全球矿业市场开启了新的发展周期，需求侧的超预期增长和供给侧的制约增多，导致多商品短缺加剧。2018 年，在供需侧影响因素调整的交互作用下，全球矿业市场依旧维持紧平格局，整体形势有望比 2017 年有所改善，但由于阶段性价格补涨结束以及后续缺乏充足的动力支撑，个别商品价格或出现小幅回升。

四川矿山机器（集团）有限责任公司（简称“川矿集团”）一直秉持“东方不亮西方亮”“多个产品多条路”的发展思路，由于拥有丰富的产品线，尽管历经无数次的风风雨雨，但凭借韧性始终屹立不倒。随着企业的不断发展，并且由于行业产能过剩导致市场竞争的日益加剧，企业经营理念不得不发生根本性转变，从过去只看重生产规模以及产量的大小，变为更加注重对企业生产成本的控制，通过成本的降低来扩大经济效益提升的盈利空间。为实现生产的有效管理，提升企业在市场中的整体竞争能力，特别是在货期越来越短、用户要求越来越高的情况下，川矿集团以市场为导向，从客户的实际产品需求出发，以最大限度地提高企业生产效率为目的，针对存在的问题、矛盾，采取切实可行的解决对策。2017 年，川矿集团不断加强和改进企业生产管理模式，对企业过去的生产流程进行改进和优化，对企业生产管理模式不断进行改进和创新，通过有计划、有组织地对企业生产进行管控，逐步形成了一套符合企业自身条件，精简、高效、切实可行的现代企业生产管理模式，有效地提高了企业的管理效率、生产效率。

正是基于这样的思路，近年来，川矿集团不断进行总结、摸索，公司观念不断更新，带动了企业管理持续创新，公司生产管理机制得到了不断健全和完善，企业生产管理水平得到了进一步提升，整个生产管理运行体系不仅落到了实处，同时也得到了有力保障，为企业稳健发展提供了强有力的支撑。

山东山矿机械有限公司面对低迷的市场形势和行业内无序的竞争，组织营销人员认真分析市场，分析项目特点，分析竞争对手的情况，对每一个项目都仔细研究，从投标前就开始紧抓项目各环节的工作，公司分管领导、部门领导专项负责组织实施投标，认真处理报价方案，根据前期公关情况和竞标厂家情况合理报价争取提高中标率，对付款条件不好、罚款条例苛刻、价格偏低、业主资信不佳的项目，放弃投标，严格控制重点项目签约价格，确保公司利润最大化。营销中心将货款回收工作作为当前的首要工作来抓，各部长及分管领导分工协作，紧紧依靠各区域人员及各个项目，内勤管理人员紧紧依靠各项目的回款，全力配合合同进度，及时处理好每一笔可回收款项。公司财务、审计相结合提供相关数据，中心领导协调督促回款工作，及时解决项目执行中的问题，切实抓住回款时机，争取尽快回收货款，保证了后续项目顺利进行，保证了公司正常运行。自主创新是增强企业核心竞争力的强劲驱动力，公司始终坚持走创新驱动发展之路，注重产学研相结合，以市场和用户需求为导向，以“提高企业发展的质量和效益”为中心，贯穿全年开展了“管理创新点活动”，突出了技术创新、小改小革和质量提升，认真展开、落实各项计划措施和管理要素，在严峻复杂的形势下，创新及各项工作取得了一定的成效。公司始终以市场需求为导向，根据市场信息反馈，不断实施技术和产品创新。2017 年年初部署下达了公司年度技术创新项目 11 项，各创新项目小组按要求积极推进项目的进度，各项目现已基本完成图样设计，有些已进入产品销售中，有些做好了技术储备。公司的主要创新成果有：ZXT1129 高效重型振动筛、LS4085 螺旋输送机、PCH0606 环锤碎渣机、BWJ140/150 重型给料机、PCH800×800 锤式破碎机等新产品，其中 4 项申报了山东省经济和信息化委员会（简称“山东经信委”）的创新项目（齿槽式四辊破碎机、PL1200 制砂机、落地式大管径管状带式输送机、回转式散料输送装卸系统），此 4 项创新项目同时也是公司本年度企业重大科技成果，产品性能处于国内领先地位；申报了 1 项山东省科技发展计划项目；申报了济宁市任城区科技计划项目；申报了济宁市任城区科技进步奖，获得了科技进步奖二等奖；申报了济宁市任城区专利示范项目，获得了 A 类奖励。近年来，公司通过开发生产了一系列高效新型和技术含量、附加值较高的个性化大型成套设备，并将主导产品向大型化、成套化、环保节能方面发展，企业产品结构逐步得到完善，企业产品附加值也得到了提高。公司积极参与全国矿山机械、全国起重运输机械标准化活动，参与标准制定 4 项，其中主持制定标准《可逆反击锤式破碎机》，参与制定《筒式磨机 铸造衬板技术条件》《锤式破碎机铸造锤头技术条件》《滚轴筛》3 项标准。为积极响应国家新旧动能转换的有关政策，公司于 2017 年 10 月投资 100 余万元对铸造车间进行了升级改造，淘汰了落后电炉，新上了 4 台节能环保型电炉。该种电炉加热速度快、熔炼速度快、熔炼温度及金属成分均匀，主要用于国家专利产品分体式高强度锤头的铸造。

南昌矿山机械有限公司以技术创新为主线，全面实施企业再创业工程；以市场需求为导向，全面完善产品结构和营销策略；以企业流程再造为手段，加强企业内部、外部资源的重新整合与配置，通过资产剥离等方式优化资本结构，提升企业的核心资产竞争能力。分阶段调整并逐步过渡，企业实现了在创新中发展、在发展中创新的良性循环。生产的产品已由过去的筛分给料设备发展为旋回破碎机、颚破、圆锥、反击破、立轴冲击破及履带、轮胎移动站、工程等成套设备，目前公司正从单一的矿山机械设备提供商转型为包括矿山处理耐磨件、矿山机械成套设备及矿山处理总承包的全产业链运营商。YKR、ZKR 系列振动筛和破碎筛分机，是公司引进吸收德国技术开发的具有国内领先技术的拳头产品。该系列产品多次荣获部、省科技进步奖。YKR、ZKR 系列振动筛自开发至今，已为水利、煤炭、冶金、交通、化工等行业提供了 1 000 余台（套），产品遍布全国各地。YKR、ZKR 系列振动筛具有国际先进水平，得到了行业内的普遍认可。旋回破碎机、颚破、圆锥、反击破、立轴冲击破、履带和轮胎移动站设备、成套设备等在国内大中型水电站、核电、公路铁路、市政建设项目及金属矿山、非金属矿山、建筑废物回收等矿山行业广泛应用，产品质量、售后服务获得了广大用户的市场认同，在行业内树立了良好的品牌效应，矿山处理总承包项目也深受这些应用行业的好评。这些产品还远销俄罗斯、澳大利亚、沙特、巴基斯坦、科特迪瓦、博茨瓦纳、几内亚、纳米比亚、刚果、突尼斯、巴西、智利、芬兰及东南亚的国家。新一代破碎机是根据国际先进技术理念研发出的具有自主知识产权的产品，获得了多项国家专利技术。新一代破碎机单缸液压圆锥已被市场广泛认可，得到了业内的一致好评，多项产品获得了南昌市科技进步奖，中国机械工业联合会二、三等奖，其中立轴破碎机获得了国家创新基金支持和南昌市重大产业化专项基金支持。2017 年，公司投资 1.8 亿元新建了重型装备 5 号车间和试验车间，“高端节能碎矿重型装备系统技术改造项目”已成功立项，并开始实施，计划 2018 年年底完成。

浙江双金机械集团股份有限公司（简称“双金公司”）为充分发挥标准提档、质量升级和品牌增效对供给侧的组合效用，持续推进“浙江制造”品牌建设，参加了杭州市质量技术监督局举办的“浙江制造”认证对接活动。双金公司在该项活动之前已入选为“浙江制造”品牌重点培育企业，这是对双金品牌的肯定和支持，也是双金公司打造与提升品牌自主形象的有利时机。在进一步加快转型升级、做优做强，增强企业自主创新能力，培育一批具有较强竞争力、较强成长性的企业大集团和成长型优势企业的政策推动下，双金公司作为杭州本土骨干企业，为当地经济发展做出了贡献，再次入选余杭区成长型优势企业。双金公司将继续贯彻落实政府精神，围绕生产管理、技术研发、销售管理、品牌打造等方面不断进行创新。SK 系列液压旋回破碎机正式进入客户生产现场，是双金公司在助力国家大型矿山建设方面又上了一个新台阶。此种破碎机可破碎辉绿岩，产量达 2 000t/h。SK 系列旋回破破碎机是双金公司结合国内外先进技术自主研发生产的大型矿山破碎设备，是粗碎矿石或岩石的主要生产设备之一。该产品经过反复调试运行并不断改进，除了产量高外，还具有破碎腔深度大、运行稳定、产品粒度均匀、单位电耗低等优势。SK 系列液压旋回破碎机的强势首发，充分证明了双金公司的技术实力和研发成果得到了市场和客户的肯定。该产品的韩国订单已顺利交货，双方将建立长期商务合作关系。

上海电气上重碾磨特装设备有限公司（简称“上重碾磨公司”）2017 年苦练内功、稳中求进。随着煤电投资增速放缓，煤电项目用的磨煤机的市场招标量急剧下降，为了弥补磨煤机主机产品订单减少带来的影响，上重碾磨公司通过提升磨煤机产品的高效清洁关键性能积极开拓备件及改造方面的市场。与此同时，上重碾磨公司通过发挥产品多样性和制造能力综合性的优势，迎难而上，积极适应市场变化，形成了多点突破的良好局面，保持了订单的增长，新接订单全面完成了 2017 年的预算目标。上重碾磨公司进一步调整产品结构，朝着装备制造业“高端、绿色、智能和服务”的方向发展。磨煤机备件实现了同比 50% 以上的增长，技术改造项目取得了千万元订单的突破，冶金通用产品订单也在行业去产能、合并重组的规模化效应初具成效的大背景下有了显著增长，这一系列产品结构调整确保了公司的可持续发展。2017 年是上重碾磨公司生产任务变化较多、较频繁的一年，在这一年里，上重碾磨公司以良好的产品质量、及时的合同履约为前提，加强内外部生产能力的协调，调整和磨合生产管控模式，实现了产、供、销、财联动，使企业内部的一切工作都服务、服从于产出。在生产系统协调方面，以及组织产出的过程中，全公司上下一盘棋，很好地发挥了各个车间、各个部门以及各类供应方式之间的互补优势，形成了合力，保证了产出。上重碾磨公司加大了科技投入，在新产品、新材料和新工艺的研究方面取得了一定成果。上重碾磨公司与上海电气中央研究院进行了产学研合作，研究出 HP 磨煤机远程监控系统。该系统可实现基于上海电气远程诊断平台的 HP 磨煤机远程状态检测，并通过加装新的传感器和开发预判分析模块，实现了磨煤机易损件使用寿命的智能诊断。截至 2017 年 12 月，该项目已完成了基于上海电气远程诊断平台的 HP 磨煤机远程状态检测， 2018 年可完成全部研究工作。上重碾磨公司的“高焓膨胀管风洞设备本体研制”项目列入了上海市经济和信息化委员会的上海市军民融合专项。2017 年，上重碾磨公司主持制定的国家标准 1 项、行业标准 1 项，参与制定的国家标准 7 项。2017 年年初，上重碾磨公司编制并发布了年度企业技术标准目录，将最新版本的 65 项国家标准、16 项行业标准以及 25 项企业标准作为受控技术标准列入了该目录，并完成了受控技术标准的发放与回收工作。上重碾磨公司积极响应政府环境保护政策，继续追加环保设备的购置费用，同时根据研发项目实施计划购置了真空装置、液压装置各 1 套，2017 年技改项目总投资 61 万元。上重碾磨公司进一步加强与上海电机学院、上海电气中央研究院等高校、科研院所的技术合作，通过项目委托研发的模式，深入开展技术研发和人才队伍建设等合作，形成了完善的产学研合作机制，有力支撑了企业技术创新工作的开展和能力的提升。

韶关市创力机械有限公司（简称“创力公司”）致力于矿山机械设备应用方面的研发，依靠 30 多年的矿山生产线设计经验，根据市场需求，在继续做好新型高效多缸液压圆锥机的基础上，新开发了单缸圆锥破碎机、制砂机、CLX1400 旋回式破碎机及新型振动筛等，这些新产品的推出，必将形成新的市场竞争力，以更高效、更环保、性价比更高的产品主导行业市场，创造较好的经济效益。通过长期调研，结合政府加大力度扶持矿山资源化绿色产业链，创力公司研发出适合市场行情的破碎机产品，并形成了相关的技术服务。在未来 5 ～ 10 年，创力公司将以提高企业核心竞争力为目标，打造自主品牌，提高市场占有率。目前，创力公司设立有专门的研发部门，将来争取与一些大中院校合作，确保有良好的创新基础和科研人才队伍，并通过合理的生产规划、有效的资源整合、专业的产品研发以及高效的销售推广占领更大市场。近几年，破碎机的市场需求量大，创力公司抓住了此机遇，开发出了很多新产品，其中 PH 系列液压圆锥破碎机是其主打产品，该产品采用了很多专利技术，将以前老式圆锥的挤压破碎改为层压破碎，使破碎出的产品粒型更美观，呈现出方和圆的形状，呈片状的较少，成品率由 40% ～ 50% 提高到 70% ～ 75%，提高了产品的品质；同时产量提高了 20% ～ 30%，降低了运行成本；操作自动化程度高，减轻了工人的劳动强度，减少了维护时间。PH 系列高端圆锥破碎机已经推广至全国各地，在广东的覆盖率已超过 50%。创力公司的产品严格按照破碎机行业标准进行设计和生产，PH 系列液压圆锥破碎机分别通过了韶关市质量技术监督局和广东省质量监督机械检验站的检测，获得了多项实用新型专利和两项发明专利。2015 年，创力公司获得了高新技术企业认证。

东平开元机械制造有限公司（简称“东平开元公司”）在“以质量求生存，以创新求发展，以服务赢市场，以诚信为基础”的经营理念指导下，通过规范管理、节能、强化服务，提高了产品质量和工作效率。经过全体员工的共同努力，生产的破碎机及其辅机共 1 000 台（套），年产值 13 000 万元。目前在全国设立了 17 个办事处，可覆盖所有销售区域。办事处的服务人员为所在区域的客户进行售后服务、反馈市场信息。在订单量不断增加的情况下，不仅保证了产品质量而且保证了工期，2017 年，东平开元公司在破碎制造行业和耐磨材料加工方面完成了多项科技项目的研究和开发工作，取得了令人满意的成绩。东平开元公司始终坚持从生产需要出发，以企业发展战略为衡量标准，以市场需求为立项依据，结合企业自身的技术实力和设备能力，实事求是地确定科研项目。

2017 年破碎粉磨设备行业部分企业经济指标见表 1。2017 年破碎粉磨设备行业主要企业产品出口情况见表 2。2017 年破碎粉磨设备行业新产品和新技术开发项目见表 3。2017 年破碎粉磨设备行业主要企业分类产品国内销售情况见表 4。

表 1　2017 年破碎粉磨设备行业部分企业经济指标

序号	企业名称	工业总产值		工业增加值（万元）	产品销售收入（万元）	产品销售税金及附加（万元）	利润总额（万元）
		当年价（万元）	比上年增长（%）				
1	四川矿山机器（集团）有限责任公司	49 566	7.58	3 491	47 109	297	1 173
2	山东山矿机械有限公司	36 831	0.00	11 207	35 751	105	1 320
3	南昌矿山机械有限公司	33 838	129.18	11 228.15	22 501	247	565
4	浙江矿山机械有限公司	8 495	5.00	1 641	8 480	95	540
5	河南省群英机械制造有限责任公司	4 580	-3.00	200	4 600	12	-65
6	上海电气上重碾磨特装设备有限公司	62 446	2.90	1 754	52 040	3 398	208
7	河北万矿机械厂	3 508	37.30	935	3 930	77	-190
8	上海山美环保装备股份有限公司	21 032	8.51	6 310	19 791	730	
9	浙江双金机械集团股份有限公司	24 500	19.53	4 950	21 205	87	985
10	山东大通机械科技有限公司	7 500	4.20	300	7 050	338	315
11	江油国鼎机械制造有限公司	2 781	20.00	556	2 503	72	25
12	松滋市金津矿山机械股份有限公司	3 800	8.60	750	3 100	15	160
13	成都市双流金石机械制造有限公司	675	15.00	80	505	15	384
14	东平开元机械制造有限公司	13 000	20.00	4 600	15 000	106	1 200
15	广东磊蒙重型机械制造有限公司	12 845	56.00	2218	12 803	80	445
16	韶关市创力机械有限公司	5 727	20.00	800	5 045	36	108
17	哈尔滨国海星轮传动有限公司	1 200	12.00	532	836	13	-153

表 2　2017 年破碎粉磨设备行业主要企业产品出口情况

序号	企业名称	出口国家（地区）	出口量（台）	出口额（万美元）
1	四川矿山机器（集团）有限责任公司	刚果（金）	10	38
2	山东山矿机械有限公司	俄罗斯、印度、印尼、土耳其、越南、巴西等	19	94
3	南昌矿山机械有限公司	巴基斯坦		225
4	浙江矿山机械有限公司	印尼、柬埔寨、安哥拉、尼日利亚、喀麦隆、蒙古	64	203
5	山东大通机械科技有限公司	莫桑比克、加纳	20	167
6	江油国鼎机械制造有限公司	越南、缅甸、老挝	43	83
7	松滋市金津矿山机械股份有限公司	卢旺达、埃塞俄比亚、喀麦隆、菲律宾	32	143
8	广东磊蒙重型机械制造有限公司	越南、南非、加纳、泰国		60

表 3　2017 年破碎粉磨设备行业新产品和新技术开发项目

序号	企业名称	项目名称	主要技术性能	获奖项目及等级	专利情况
1	四川矿山机器（集团）有限责任公司	四川致远锂业碳酸锂项目	日处理 600t 锂矿回转窑新的垫板结构和挡轮结构，改善了回转窑安装和运行的性能		已申请专利，待授权
2	四川矿山机器（集团）有限责任公司	广西南国铜业铜渣选项目	日处理 3 000t 铜渣的球磨机新型密封结构，改善了球磨机各部分的密封性能		已申请专利，待授权

（续）

序号	企业名称	项目名称	主要技术性能	获奖项目及等级	专利情况
3	四川矿山机器（集团）有限责任公司	江苏华昌化工公司纯碱项目	日处理800t纯碱煅烧炉滚圈的连接机构和托轮的改进，延长了使用寿命		已申请专利，待授权
4	南昌矿山机械有限公司	卡装聚氨酯筛网项目	目前螺栓联接筛网不方便拆装，卡装筛网拆装方便省时省力，单块重量轻，可单人操作，在国内外现有技术上进行了创新，克服了向前滑动的缺点，产品更加完善		已申请发明专利，等待审核
5	南昌矿山机械有限公司	CC500单缸液压圆锥破碎机	CC500单缸圆锥破碎机是自主研发的中细碎先进破碎机。其特点是:运用了等高螺旋弧齿轮、合金铸钢等部件和材料，采用了三维设计，智能控制系统可实现破碎作业过载、衬板磨损等自动补偿功能		
6	南昌矿山机械有限公司	FX系列空气筛	采用双进风系统设计，通过鼓风机对入料及筛下进行鼓风，利用除尘器吸风，形成负压环境，从而实现对物料的打散和粉尘的回收；结构上解决超宽全焊接筛箱在振动状态下的可靠性方面的问题 可以实现风量、给料等自动化控制		已申请专利，等待审核
7	南昌矿山机械有限公司	SK系列石料筛	针对市场客户的需求，加大了更换筛网及维修的空间，解决了客户的难题；简化了排料梁结构，使制作更加简单便捷；采用大入料斗模式，解决了现有筛机在实际使用过程中入料斗不受料的问题；筛箱侧板入料端外形根据物料由厚至薄的实际情况设计，造型独特		已申请专利，等待审核
8	南昌矿山机械有限公司	新一代尾砂回收系统	系统采用板块设计，组合方便；尾砂回收效果好，回收率超过85%； 尾砂回收范围为0.038～5mm 处理能力大，处理浆液能力为250m^3/套，尾砂回收每小时可超过40～60t/套		
9	山东山矿机械有限公司	齿槽式四辊破碎机	一级破碎辊采用齿型辊，进料粒度大；二级破碎辊采用槽型辊，出料粒度小，可以满足破碎机破碎比大、产量高、二级辊易于制造的要求；齿槽四辊破碎机适用于要求机器性能高、破碎质量稳定可靠等的场合，可以弥补四齿辊破碎机和光辊破碎机的不足并可形成互补 采用槽辊结构形式的破碎辊。工艺简单，第二级辊体采用铸钢辊体堆焊的高铬耐磨材料，槽强度高，不易断裂，使用寿命长，性能可靠，破碎粒度均匀稳定 采用齿圈组合式齿辊。优化后的组装工作易操作，工作量小 差速自清理。设计引入了差速原理，使同级配对的两个辊体相对旋转速度不同，产生滑动摩擦实现了辊体自清理功能，从而实现了辊体不黏料、不堵料，可适应含水量大、较黏性物料的破碎；可减少清扫装置的配置，使结构更加简单，制造成本低	国内领先	实用新型专利
10	山东山矿机械有限公司	PL1200制砂机	转子耐磨块采用双液复合耐磨材料镶嵌硬质合金制作而成，在提高产量的同时，减小了磨损件的消耗 给料箱中增加了缓冲布料装置，使物料均匀地沿破碎腔分布，增强了破碎效果 布料缓冲块采用了高铬耐磨材料，延长了使用寿命	国内领先	实用新型专利
11	山东山矿机械有限公司	落地式大管径管状带式输送机	采用12辊可调式成管装置，以适应成管段和过渡段直接在地面安装时进行曲线变换的需要。该装置采用独立基础，安装方便，结构经济可靠 采用变频驱动系统，满足起动、稳定运行、制动等各种复杂工况对驱动的要求，并且节能效果显著 头尾展开段采用无损调偏装置，该超前纠偏机械校正装置在胶带偏离正常运行轨迹时实时进行纠偏，对胶带没有损害 采用管状输送带自动在线监测控制装置，主要用来检测管带扭转、反包及涨塌管现象，实时状态显示管带截面扭转、反包现象及整体运行状态，对预设定的危害现象进行紧急停机，对扭转角度超出预警范围、反包现象、涨管现象、塌管现象等实现声光报警	国内领先	实用新型专利

（续）

序号	企业名称	项目名称	主要技术性能	获奖项目及等级	专利情况
12	山东山矿机械有限公司	回转式散料输送装卸系统	该项目是针对环保要求日益提高、需要进行设备升级改造的港口码头，设计开发的环保、智能、回转式输送、装船系统。具有适应性强、输送能力大、噪声小、智能化程度高、占用码头沿岸线短、成本低等优点，被广泛运用于码头、堆场等许多重要场合 研发防倾翻大转矩盘式支撑轴承。滚柱交叉排列可以使径向力和轴向力同时可以有效分配利用，另外隐藏式油槽保证了滚柱的旋转用油，并使其旋转阻力小、使用寿命长。滚柱经过严格的热处理及特殊加工，具有良好的力学性能 研发了轻型、密封、自动伸缩的堆管溜管装置。落料管随落料高度的变化而智能地伸长或缩短。物料流通和气流封闭采用具有独特空间的机构。物料下落形成的气流逐级断续地溢流到堆管外，避免了物料下落过程中在溜管的最下部形成气流正压，在溜管的顶部形成气流负压，从而避免了扬尘发生。内堆管保证耐磨，内堆管之间采用钢丝绳吊挂，保证了溜管垂直度，同时避免了原结构出现的卡阻和摩擦现象的发生 折线型导料槽将侧板设计成折线型，侧板上段为铅直或喇叭口线型，下段为外折线并与槽型皮带机带面垂直，形成了稳定的物料形状，减轻了物料对胶带的冲击，减小了物料对胶带的压力，同时提高了下落物料对胶带的对中性，减少了物料输送跑偏现象，避免了撒料现象发生，减少了对环境的污染，且减小了物料对导料槽防溢裙板的摩擦阻力，降低了皮带机的能耗	国内领先	实用新型
13	浙江双金机械集团股份有限公司	SK 系列液压旋回破碎机	该设备完美地利用了液压系统，将更高的转速与冲程结合，提高了破碎比和生产效率，比传统的圆锥式破碎机在产量上提高了 40% ～ 60%。该设备结构设计合理，具有国际先进水平，技术参数先进，且双金公司凭自身 30 余年的铸造经验，设备耐磨件使用周期长，大大降低了维修与保养费用，将使用寿命提高了 30% 以上。其独特的设计，特殊的破碎腔与转速相匹配，使成品料粒度更均匀，提高了销量		
14	江油国鼎机械制造有限公司	一种具有减震机构的复摆颚式破碎机	能够有效地减少设备起动和工作时产生的振动，进而改善起动过程，同时避免了过载损坏，减小了运行时的冲击力和振动，进而提高了设备性能	ZL201620099980.X	正常
15	江油国鼎机械制造有限公司	一种立式反击破碎机	具有节能、破碎效果好、易拆换、便于维修，板锤的结构设计布局合理，能实现在筒体内正转、反转，板锤利用率高，节约成本等特点	ZL201620100010.0	正常
16	东平开元机械制造有限公司	锤式破碎机升级	弧形箅板可调范围为 0 ～ 80mm		
17	广东磊蒙重型机械制造有限公司	HPY500 多缸液压圆锥破碎机	转速快，摆动行程大，破碎比大，成品率高，密封效果好	省高新技术产品	应用发明专利和新型实用专利
18	广东磊蒙重型机械制造有限公司	LMC1650 弹簧圆锥破碎机	独特腔型设计，液压马达调整排料口，破碎腔采用高效层压破碎原理	省高新技术产品	应用发明专利和新型实用专利
19	上海电气上重碾磨特装设备有限公司	HP 磨煤机远程监控应用研究	可实现基于上海电气远程诊断平台的 HP 磨煤机远程状态检测 可实现磨煤机智能诊断。		实用新型专利：一种磨煤机磨辊智能机械加载系统（ZL201721387163.5）
20	韶关市创力机械有限公司	制砂机叶轮耐磨板插入式安装结构的研究开发	采用新型结构解决了耐磨件更换繁琐的问题		实用新型专利
21	韶关市创力机械有限公司	单缸液压圆锥破碎机尼龙筒形防尘密封装置的研究开发	采用尼龙制作筒形防尘装置		实用新型专利

表 4　2017 年破碎粉磨设备行业主要企业分类产品国内销售情况　　（单位：万元）

序号	企业名称	国内销售总收入	其中：破碎机械销售收入	其中：粉磨机类销售收入
1	四川矿山机器（集团）有限责任公司	47 109	2 097	22 240
2	山东山矿机械有限公司	31 776	4 270	3 905
3	南昌矿山机械有限公司	22 501	15 034	0
4	浙江矿山机械有限公司	6 935	6 935	—
5	河南省群英机械制造有限责任公司	4 600	1 030	910
6	上海电气上重碾磨特装设备有限公司	52 040	6	28 631
7	河北万矿机械厂	3 930	3 930	0
8	上海山美环保装备股份有限公司	13 985	13 985	0
9	浙江双金机械集团股份有限公司	20 795	17 980	0
10	山东大通机械科技有限公司	6 800	6 800	0
11	江油国鼎机械制造有限公司	1 963	1 963	0
12	松滋市金津矿山机械股份有限公司	2 180	2 180	0
13	成都市双流金石机械制造有限公司	505	505	0
14	东平开元机械制造有限公司	15 000	13 000	0
15	广东磊蒙重型机械制造有限公司	12 803	12 803	0
16	韶关市创力机械有限公司	5 045	5 045	0
17	哈尔滨国海星轮传动有限公司	836	836	0

〔撰稿人：中国重型机械工业协会破碎粉磨设备专业委员会王斌　审稿人：中国重型机械工业协会破碎粉磨设备专业委员会李志〕

洗选设备

2017 年，国际、国内经济开始同步复苏，洗选行业步入稳中向好的趋势。洗选行业企业的业绩已缓步攀升，品牌产品在市场上的占有率进一步提升，海外市场也有小幅度增长，技术创新的产品在市场竞争中彰显优势。2017 年洗选行业内年鉴统计的企业完成工业总产值 1 566 260 万元，工业增加值 282 128 万元。行业内骨干企业积极响应“一带一路”倡议，着力推进从产品制造向服务制造转型。坚持走市场化、专业化、品牌化、国际化道路。充分发挥科研、标准、检测、认证等先发优势，大力发展“一体化”全面式服务。以换位思考方式，务实解决客户的需求和存在的问题，提倡供需双方共赢的理念。同时，企业加快国际化标准的进程，使企业管理得到进一步提升。行业内企业紧紧围绕“可靠、增值、便利”的经营方针，按照“国际化、精益化、补短板、可持续”的经营理念，抓住行业复苏契机，抢先布局，占领制高点。快速适应市场需求变化，抢抓机遇，严控风险。以科技创新、市场导向、管理提升和员工发展为基础，关注客户价值，承担社会责任，致力于为客户提供一流的设备，一流的服务和先进、优质并有竞争力的全面系统工艺方案。

2017 年洗选设备行业主要企业经济指标见表 1。

表 1　2017 年洗选设备行业主要企业经济指标

序号	企业名称	所有制	工业总产值		工业增加值（万元）	产品销售收入（万元）	产品销售税金及附加（万元）	年末固定资产	
			当年价（万元）	比上年增长（%）				原价（万元）	净值（万元）
1	北方重工集团有限公司	国有	1 061 500	0	187 886	804 541	4 530	328 659	197 183
2	中信重工机械股份有限公司矿山机器厂	股份制	86 702	129	9 509	74 457	2 320	125 294	72 938
3	沈阳隆基电磁科技股份有限公司	股份制	25 225	10	9 388	25 625	530	14 675	8 733

（续）

序号	企业名称	所有制	工业总产值		工业增加值（万元）	产品销售收入（万元）	产品销售税金及附加（万元）	年末固定资产	
			当年价（万元）	比上年增长（%）				原价（万元）	净值（万元）
4	山东华特磁电科技股份有限公司	股份制	21 403	34	6 724	18 142	414	16 704	11 803
5	鞍山重型矿山机器股份有限公司	股份制	16 841	113	8 049	17 783	447	18 832	10 309
6	淮北矿山机器制造有限公司	股份制	8 700	32	-126	8 700	138	3 580	3 080
7	镇江电磁设备厂有限责任公司	股份制	6 678	-4	1 485	6 595	226	6 756	4 863
8	南昌矿山机械有限公司	民营	28 921	129	6 311	22 501	247	10 355	6 582
9	河南威猛振动设备股份有限公司	股份制	48 215	21	9 879	41 050	2 243	12 154	8 816
10	河南群英机械制造有限责任公司	民营	4 580	-3	200	4 600	12	7 200	1 450
11	赣州金环磁选设备有限公司	国有	135 000	1	9089	14 909	293	20 224	13 528
12	海安县万力振动机械有限公司	民营	20 000	1	5 600	19 400	150	6 000	1 200
13	淮北市中芬矿山机械有限责任公司	民营	19 173	15	2 084	16 776	2 695	3 074	1 641
14	山东科力华电磁设备有限公司	民营	2 500	15	450	2 000	72	1 025	647
15	北矿机电科技有限责任公司	国有控股	23 737	15	10 898	21 752	189	5 933	3 627
16	上海盾牌矿筛有限公司	民营	5 300	23	1 300	5 271	47	1450	843
17	唐山陆凯科技有限公司	民营	15 974	15	2 034	15 508	160	13 432	6 922
18	唐山汇力工程技术有限公司	民营	5 000	6	1 900	4 206	8	670	592
19	上海山美环保装备股份有限公司	股份有限	21 032	9	6 310	19 791	730	13 417	8 575
20	钟祥新宇机电制造股份有限公司	股份制	9 779	75	3 158	7 276	33	6 014	3 388

序号	企业名称	所有制	流动资产（万元）		流动负债（万元）		利润总额（万元）	所有者权益（万元）	全员劳动生产率（万元／人）
			合计	平均余额	合计	平均余额			
1	北方重工集团有限公司	国有	2 028 822	1 944 435	1 610 182	1 641 411	4 491	212 391	14
2	中信重工机械股份有限公司矿山机器厂	股份制	57 480	49 751	130 551	101 807	779	—	16
3	沈阳隆基电磁科技股份有限公司	股份制	42 075	39 945	11 625	10 758	1 188	42 758	38
4	山东华特磁电科技股份有限公司	股份制	30 133	28 859	11 975	13 129	1 863	33 043	35
5	鞍山重型矿山机器股份有限公司	股份制	61 881	59 945	9 811	8 746	2 330	75 977	26
6	淮北矿山机器制造有限公司	股份制	6 098	5 830	4 238	3 910	468	1 253	13
7	镇江电磁设备厂有限责任公司	股份制	4 197	4 183	3 392	3 281	44	3 388	33
8	南昌矿山机械有限公司	民营	34 652	29 700	20 496	18 168	565	15 111	17
9	河南威猛振动设备股份有限公司	股份制	21 663	21 107	9 493	9 007	4 620	26 565	85
10	河南群英机械制造有限责任公司	民营	13 200	13 300	9 021	8 500	-65	5 676	20
11	赣州金环磁选设备有限公司	国有	22 319	19 983	9 476	8 067	1 255	28 658	25
12	海安县万力振动机械有限公司	股份制	5 000	4 400	4 200	3 900	400	1 200	70
13	淮北市中芬矿山机械有限责任公司	民营	17 736	18 120	11 832	12 274	2 081	8 713	65
14	山东科力华电磁设备有限公司	民营	2 640	2 490	2 340	2 150	120	1 500	28
15	北矿机电科技有限责任公司	国有控股	29 579	33 930	11 500	11 757	5 175	21 999	48
16	上海盾牌矿筛有限公司	民营	4 566	4 100	1 409	1 205	1 516	4 000	41
17	唐山陆凯科技有限公司	民营	23 193	22 411	15 138	14 758	568	8 954	14
18	唐山汇力工程技术有限公司	民营	1 603	1 581	785	769	527	1200	42
19	上海山美环保装备股份有限公司	股份有限	21 086	19 462	21 650	20 331	328	10 410	43
20	钟祥新宇机电制造股份有限公司	股份制	10 224	9 244	7 898	7 127	-98	6 795	9

生产发展情况 通过行业内企业间、科研院校间的合作，行业内企业生产技术、产品的市场竞争力得到明显提升，大部分企业产值比上一年有所增长，企业逐步迈向良性发展轨道。2017 年洗选设备行业主要企业洗选设备产量、产值及其产值增长情况见表 2。

表 2 2017 年洗选设备行业主要企业洗选设备产量、产值及其增长情况

序号	企业及产品名称	产量（台）	产值（万元）	产值比上年增长（%）
1	北方重工集团有限公司			
	分级机械	20	3 787	64
	磁选机械	54	1 062	53
	过滤设备	33	1 045	-10
	浓缩机械	18	2 843	12
2	沈阳隆基电磁科技股份有限公司			
	磁选机械	2 101	16 342	100
3	山东华特磁电科技股份有限公司			
	磁选机械	236	13 167	22
	除铁器	713	3 994	2
4	鞍山重型矿山机器股份有限公司			
	筛分机械	397	9 287	108
5	淮北矿山机器制造有限公司			
	浓缩机械	82	8 700	32
6	镇江电磁设备厂有限责任公司			
	磁选机械	1 283	6 678	-4
7	南昌矿山机械有限公司			
	棒条给料机	24	19	41
	筛分机械	196	180	13
8	河南威猛振动设备股份有限公司			
	筛分机械	7 170	43 412	18
9	河南群英机械制造有限责任公司			
	分级机械	7	180	-10
	浓缩机械	3	100	-30
	筛分机械	4	40	-20
10	赣州金环磁选设备有限公司			
	磁选机械	120	14 300	1
11	海安县万力振动机械有限公司			
	筛分机械	5 800	19 800	1
12	淮北市中芬矿山机械有限责任公司			
	浓缩机械	142	19 173	13
13	山东科力华电磁设备有限公司			
	磁选机械	46	770	18
14	北矿机电科技有限责任公司			
	浮选机械	660	16 844	1
	磁选机械	121	4 048	60
15	唐山陆凯科技有限公司			
	筛分机械	612	1 210	10
16	上海盾牌矿筛有限公司			
	筛分机械	2 500	5 300	25

（续）

序号	企业及产品名称	产量（台）	产值（万元）	产值比上年增长（%）
17	上海山美环保装备股份有限公司			
	回收设备	23	385	23
18	钟祥新宇机电制造股份有限公司			
	振动机械	2 309	3 910	97
合计		24 674	196 576	

产品出口情况 2017 年我国洗选设备出口有小幅增长，据对洗选设备行业内 13 家企业的统计，2017 年我国洗选设备行业出口额为 7 702 万美元。2017 年洗选设备行业部分企业洗选设备出口情况见表 3。

表 3 2017 年洗选设备行业部分企业洗选设备出口情况

序号	企业及产品名称	出口量（台）	出口额（万美元）
1	北方重工集团有限公司		
	浓缩机械	4	89
	磁选机械	8	27
2	沈阳隆基电磁科技股份有限公司		
	磁选机械	19	706
	除铁器	155	434
	其他磁力设备	84	261
3	山东华特磁电科技股份有限公司		
	磁选机械	24	145
4	淮北矿山机器制造有限公司		
	浓缩机械	4	311
5	镇江电磁设备厂有限责任公司		
	除铁器	361	150
6	赣州金环磁选设备有限公司		
	磁选机械	20	252
7	河南威猛振动设备股份有限公司		
	振动筛	73	3 211
8	南昌矿山机械有限公司		
	振动筛	10	78
	给料机械	25	38
9	海安县万力振动机械有限公司		
	振动筛	400	850
10	淮北市中芬矿山机械有限责任公司		
	浓缩机械	2	190
11	山东科力华电磁设备有限公司		
	磁选机械	2	12
12	北矿机电科技有限责任公司		
	浮选机械	31	128
13	上海山美环保装备股份有限公司		
	破碎筛分设备	132	820
合计		1 354	7 702

科研成果与新产品研制 洗选行业企业坚持走科技创新之路，共研发或改进了 25 项产品，其中，沈阳隆基电磁科技股份有限公司研发了 2 项新产品，都已达到国际领先水平。山东华特磁电科技股份有限公司研发了 4 项产品。鞍山重型矿山机器股份有限公司研发了 3 项产品。淮北矿山机器制造有限公司为四川龙蟒 NZT-80 浓缩机、山东黄金 3NZS-15 浓缩机进行了技术改造，取得了很好的效果。镇江电磁设备厂有限责任公司研发了 1 600mm 弹跳机。南昌矿山机械有限公司研发了卡装聚氨酯筛网项目，使筛网拆装方便省时省力，同时克服了向前滑动的缺点，降低了单块筛网重量，可单人操作；新一代尾砂回收系统采用板块设计，组合方便，尾砂回收效果好，处理能力大。北矿机电科技有限责任公司研发的锌电解大极板自动剥锌技术和成套装备，锌片 3.2m^2，剥片速度 11s/ 片，上板、预剥离、主剥离、刷版集成自动化，剥片成功率大于 97%；荣获中国有色金属科学技术奖一等奖。淮北市中芬矿山机械有限责任公司研发的中心稳流装置加快了物料沉降，荣获了国家技术专利。上海山美环保装备股份有限公司研发了 100t/h 的高品质机制砂楼站。河南威猛振动设备股份有限公司 2017 年研制的新型复频振动筛，荣获了工信部认证的单项冠军证书。

2017 年洗选设备行业部分企业新产品新技术开发项目见表 4。

表 4　2017 年洗选设备行业部分企业新产品新技术开发项目

序号	项目名称	主要技术性能	研制单位
1	有色矿精选机	在控制柜智能调控排矿和给水的互相配合下达到恒定的分选液位，在高梯度、高磁感应强度及卸矿系统的作用下，实现对矿物的精确分选。已经达到国际领先水平	沈阳隆基电磁科技股份有限公司
2	磁流控精选机	采用环周给矿及中心溢流尾矿技术，具有提品幅度高、回收率高、处理量大、用水量低、自动化程度高等优点。已经达到国际领先水平	沈阳隆基电磁科技股份有限公司
3	X 射线智能传感分选技术	基于传感技术，通过对矿石的实时探测从而得到可用于元素含量定量分析的数据。根据矿石组成的不同，可通过发射不同特征的信号（X 射线、荧光、红外线、紫外线、混合光谱、可见光等）达到最佳的选矿目的	山东华特磁电科技股份有限公司与德国亚琛工业大学
4	5m 立环高梯度磁选机	采用大型盘绕层流式斜置线圈，提高了冷却油定向循环能力，提高了散热效果和磁场稳定性；在磁介质盒两侧设置正反冲矿，并相互错位布置，提高了冲矿能力，杜绝了因分选量增大堵塞磁介质盒的现象；线圈内孔采用梭型设置，提高了线层紧密度及可靠性，提高了线圈使用寿命；装有磁介质的转环直径、宽度、厚度同比增大，大大提高了单位能耗处理量，占地空间相对减少	山东华特磁电科技股份有限公司
5	空冷电磁除铁器	空冷电磁除铁器采用双馈式风力发电机用空空冷却器。特点是采用循环风机强制抽吸磁体内的热空气，并将之送至冷却器箱体内与热管内外部空气进行充分热交换冷却，再将冷却后的热空气送回磁体，实现除铁器内的循环冷却。该结构简单，冷却器箱体内热空气流动顺畅，换热冷却效果好，外部空气与内部电磁线圈不直接接触，避免了灰尘进入，延长了除铁器的寿命	山东华特磁电科技股份有限公司
6	油水复合冷却电磁浆磁选机	采用全密封冷却油进行冷却，利用油水热交换原理进行热量交换，并采用大流量盘式变压器油泵，使冷却油循环速度快、热交换能力强、线圈温升低，保证了高磁场强度；通过整流模块，实现电流稳定输出，根据不同物料的特性调节励磁电流，保证了稳定的磁场强度，达到了最佳选矿指标；利用铁铠包裹空心线圈，设计合理的电磁磁路结构，降低了铁铠的饱和程度，减少了漏磁，在分选腔中形成高场强（1.5T）；物料在分选腔中，受到浮力、自身重力、磁力作用，在合适的条件下达到合适的选矿效果，卸矿水与高气压相结合，使介质冲洗更干净；分选介质采用钢毛、菱形介质网或钢毛与菱形介质网搭配，此介质结合设备特性而研发的耐磨导磁不锈钢，磁场感应梯度大，易捕捉弱磁性矿物，剩磁小，卸矿时介质更易冲洗	山东华特磁电科技股份有限公司
7	大抛射强度振动筛	产品适用于粘湿细颗粒煤炭干法深度筛分。筛分时物料颗粒垂直于筛面抛射透筛，避免了在筛分过程中“抛掷死区”，筛面不堵孔、不卡料	鞍山重型矿山机器股份有限公司
8	垃圾分选成套设备	产品适用于处理陈腐垃圾。垃圾中可再生成分回收率可达 90% 以上，实现陈腐垃圾“无害化、减量化、资源化”利用 95% 以上	鞍山重型矿山机器股份有限公司
9	FX 系列空气筛	采用双进风系统设计，通过鼓风机对入料及筛下进行鼓风，除尘器吸风，形成负压环境，从而实现对物料的打散和粉尘的回收；结构上解决了超宽全焊接筛箱在振动状态下的可靠性；可以实现风量、给料等自动化控制	南昌矿山机械有限公司
10	SK 系列石料筛	针对市场客户需求，加大了更换筛网及维修的空间，解决了客户的难题；简化排料梁结构，使制作更加简单便捷；大入料斗模式，解决了现有筛机在实际使用过程中入料斗不受料的情况；筛箱侧板入料端外形根据物料由厚至薄的实际情况设计	南昌矿山机械有限公司
11	新一代尾砂回收系统	系统采用板块设计，组合方便；尾砂回收效果好，回收率超过 85%；尾砂回收范围 0.038 ～ 5mm；处理能力大，处理浆液能力 250m^3/ 套，尾砂回收每小时 40 ～ 60t/ 套	南昌矿山机械有限公司
12	新型复频振动筛	筛孔尺寸 5 ～ 20mm，电动机转速 960r/min，振幅 4 ～ 7mm，入料粒度 0 ～ 150mm，处理能力 100 ～ 350t/h（企标备案号 Q/HWZ07-2014）	河南威猛振动设备股份有限公司

固定资产投资情况 2017 年行业内 18 家企业进行了固定资产投资，投入的总金额为 23 646 万元。2017 年洗选设备行业部分企业固定资产投资额见表 5。

表 5 2017 年洗选设备行业部分企业固定资产投资额 （单位：万元）

序号	企业名称	固定资产投资		
		总额	基本建设投资	技术更新改造投资
1	北方重工集团有限公司	1 530	300	1 230
2	中信重工机械股份有限公司矿山机械厂	469	—	469
3	沈阳隆基电磁科技股份有限公司	14 675	—	—
4	山东华特磁电科技股份有限公司	308	—	308
5	鞍山重型矿山机器股份有限公司	332	—	—
6	淮北矿山机器制造有限公司	240	180	60
7	镇江电磁设备厂有限责任公司	36	17	9
8	南昌矿山机械有限公司	1 151	989	162
9	河南威猛振动设备股份有限公司	1 037	620	417
10	河南群英机械制造有限责任公司	20	—	20
11	赣州金环磁选设备有限公司	118	—	—
12	海安县万力振动机械有限公司	500	320	180
13	淮北市中芬矿山机械有限责任公司	1 789	1 489	300
14	山东科力华电磁设备有限公司	324	109	215
15	上海盾牌矿筛有限公司	238	120	118
16	唐山陆凯科技有限公司	500	—	500
17	唐山汇力工程技术有限公司	335	233	102
18	上海山美环保装备股份有限公司	44	7	37
合计		23 646	4 384	4 127

行业标准化工作情况 2017 年洗选行业坚持“品质至上”的质量目标，基于 ISO9001、ISO14001、OHSAS18001 体系，组织行业内骨干企业制定与修订了 JB/T 9042—2017《选矿设备用永磁磁块》等 14 项标准，引导行业有序化、规范化、标准化与创新化发展。标准的制定，使整个行业从产品质量到服务质量都能够提升到一个全新水平，让所有企业都能从中受益。

2017 年共完成了 14 项洗选设备标准的制定、修订，已讨论申报，待发。2017 年行业标准化工作情况见表 6。

表 6 2017 年行业标准化工作情况

序号	标准名称	标准编号	制定、修订情况
1	选矿设备用永磁磁块	JB/T 9042—2017	制定
2	周边胶轮传动式浓缩机	JB/T 1659—2017	制定
3	强制油冷却立环高梯度磁选机	JB/T 13013—2017	制定
4	电磁搅拌器通用技术条件	GB/T 33546—2017	参与
5	超导磁选机	JB/T 13002—2017	参与
6	强制油冷却立环高梯度磁选机	JB/T 13013—2017	已经完成报批
7	矿物立式气流分级机	JB/T 13008—2017	已经完成报批
8	铝熔铸用交流电磁搅拌器	JB/T 13118—2017	已经完成报批
9	铝熔铸用永磁搅拌器	JB/T 13119—2017	已经完成报批
10	铝熔铸用直流电磁搅拌器	JB/T 13120—2017	已经完成报批
11	高频直线振动筛	JB/T 10653—2017	实施
12	块偏心式自同步水平筛	JB/T 10345—2017	完成修订
13	块偏心式倾斜筛	JB/T 10346—2017	完成修订
14	隔爆电磁除铁器电源控制箱	JB/T 13438—2017	制定

〔撰稿人：中国重型机械工业协会洗选设备专业委员会吕英凡　审稿人：中国重型机械工业协会洗选设备专业委员会张斌〕

物料搬运（起重运输）机械

起重运输机械在国际上一般通称为物料搬运设备。按照 GB/T 4754—2011《国民经济行业分类》标准的规定，物料搬运（起重运输）机械行业分为 6 个行业小类：轻小型起重设备、起重机、生产专用车辆（简称工业车辆）、连续搬运设备、电梯和自动扶梯，以及升降机和其他物料搬运设备。本文所述的物料搬运（起重运输）机械行业包含以上六类行业。

2005—2017 年物料搬运（起重运输）机械行业主要经济指标完成情况见表 1。

经济运行情况

1. 主要指标完成情况

2017 年物料搬运（起重运输）机械行业主要经济指标完成情况见表 2。2017 年物料搬运（起重运输）机械行业主要产品产量见表 3。

表 1 2015—2017 年物料搬运（起重运输）机械行业主要经济指标完成情况

指标名称	2015 年	2016 年	2017 年
主营业务收入（亿元）	6 856.61	6 965.74	6 685.79
利润总额（亿元）	537.88	513.49	416.55
主营业务利润率（%）	7.84	7.37	6.68

注：表中数据来源于《中国重型机械工业协会统计简报》。

表 2 2017 年物料搬运（起重运输）机械行业主要经济指标完成情况

行业分类	主营业务收入		主营业务成本		利润总额	
	金额（亿元）	同比增长（%）	金额（亿元）	同比增长（%）	金额（亿元）	同比增长（%）
物料搬运（起重运输）机械行业	6 685.79	-4.02	5 578.51	-2.97	416.55	-18.88
其中：轻小型起重设备行业	360.79	-13.96	302.29	-13.87	17.58	-30.71
起重机行业	2 568.24	-2.62	2 193.78	-3.06	121.81	-9.48
连续搬运设备行业	448.20	5.88	381.83	7.01	23.19	-0.30
工业车辆行业	549.17	17.84	474.69	18.89	30.62	7.59
电梯、自动扶梯及升降机行业	2 493.99	-9.70	2 004.81	-7.46	209.88	-26.70
其他物料搬运设备行业	265.40	2.96	221.11	4.00	13.47	-13.15

行业分类	资产总额		负债总额		主营业务利润率（%）	
	金额（亿元）	同比增长（%）	金额（亿元）	同比增长（%）	2017 年	2016 年
物料搬运（起重运输）机械行业	7 193.88	0.92	4 056.94	1.37	6.68	7.37
其中：轻小型起重设备行业	352.95	-10.56	186.11	-7.76	4.87	6.05
起重机行业	3 118.71	0.54	1 874.05	2.29	4.74	5.10
连续搬运设备行业	367.35	5.11	180.70	7.28	5.17	5.49
工业车辆行业	408.84	8.12	193.63	12.54	5.58	6.11
电梯、自动扶梯及升降机行业	2 638.40	0.21	1 473.77	-2.16	8.42	10.37
其他物料搬运设备行业	307.63	13.45	148.68	22.41	5.08	6.02

注：表中数据来源于中国重型机械工业协会 2017 年 12 月份统计简报。

表 3　2017 年物料搬运（起重运输）机械行业主要产品产量

产品名称	单位	2017 年产量	2016 年产量	同比增长（%）
起重机	万 t	1 133.92	977.50	16.00
输送机械（输送机和提升机）总计	万 t	261.50	244.19	7.09
内燃叉车	万台	29.86	24.29	22.93
电动叉车	万台	21.75	17.67	23.09
减速机	万台	671.22	602.82	11.35

注：表中数据来源于中国重型机械工业协会 2017 年 12 月份统计简报。

2. 进出口情况

2017 年物料搬运（起重运输）机械分类产品进出口情况见表 4。

表 4　2017 年物料搬运（起重运输）机械分类产品进出口情况

产品名称	出口额（亿美元）	同比增长（%）	进口额（亿美元）	同比增长（%）	进出口总额（亿美元）	同比增长（%）	进出口差额（亿美元）	上年同期进出口差额（亿美元）	同比增长（%）
重型机械	174.40	2.10	46.74	4.66	221.14	2.63	127.66	126.14	1.21
物料搬运（起重运输）机械	146.78	0.41	40.93	8.34	187.71	2.04	105.85	108.40	-2.35
占重型机械比重（%）	84.16		87.57		84.88		82.92	85.94	
轻小型起重设备	21.38	5.89	4.11	-13.11	25.49	2.25	17.26	15.46	11.64
占物料搬运（起重运输）机械比重（%）	14.57		10.04		13.58		16.31	14.26	
起重机	36.24	-17.84	1.59	-45.36	37.83	-19.54	34.64	41.21	-15.94
占物料搬运（起重运输）机械比重（%）	24.69		3.88		20.15		32.73	38.02	
工业车辆	30.44	21.61	3.97	9.07	34.41	20.02	26.47	21.39	23.72
占物料搬运（起重运输）机械比重（%）	20.74		9.70		18.33		25.01	16.03	
电梯、自动梯及升降机	29.26	3.25	2.94	0.68	32.20	3.04	26.32	25.42	3.54
占物料搬运（起重运输）机械比重（%）	19.93		7.18		17.15		24.87	23.45	
连续搬运设备	15.49	2.92	11.53	13.48	27.02	7.18	3.96	4.89	-19.02
占物料搬运（起重运输）机械比重（%）	10.55		28.17		14.39		3.74	0.45	
其他物料搬运设备	13.98	3.86	16.78	24.94	30.76	14.39	-0.28	0.02	-1 500.00
占物料搬运（起重运输）机械比重（%）	9.52		41.00		16.39		-0.26	0.02	

注：1. 表中数据来源于中国重型机械工业协会 2017 年进出口年报。

2. 进出口差额中负号表示逆差。

3. 表中金额以亿美元为单位，由于四舍五入的原因会有微小的出入。

2017 年物料搬运（起重运输）机械共出口至 217 个国家（地区），共从 78 个国家（地区）进口了产品。2017 年物料搬运（起重运输）机械进出口额按国家（地区）分类见表 5。

表 5　2017 年物料搬运（起重运输）机械进出口额按国家（地区）分类

序号	国家（地区）	出口额（亿美元）	占出口总金额比重（%）	序号	国家（地区）	进口额（亿美元）	占进口总金额比重（%）
	物料搬运（起重运输）机械合计	**146.78**	**100**		**物料搬运（起重运输）机械合计**	**40.93**	**100**
1	美国	19.24	13.11	1	德国	9.14	22.33
2	印度	6.14	4.18	2	日本	7.99	19.52
3	越南	5.52	3.76	3	韩国	4.60	11.24

（续）

序号	国家（地区）	出口额（亿美元）	占出口总金额比重（%）	序号	国家（地区）	进口额（亿美元）	占进口总金额比重（%）
4	韩国	5.47	3.73	4	中国台湾	2.97	7.26
5	新加坡	5.41	3.69	5	美国	2.73	6.67
6	澳大利亚	5.34	3.63	6	意大利	2.24	5.47
7	印度尼西亚	5.33	3.63	7	奥地利	1.28	3.13
8	阿拉伯联合酋长国	4.96	3.38	8	瑞典	1.11	2.71
9	马来西亚	4.91	3.35	9	瑞士	1.0	2.44
10	日本	4.83	3.29	10	法国	0.89	2.17
11	泰国	3.85	2.62	11	荷兰	0.88	2.15
12	俄罗斯	3.69	2.51	12	新加坡	0.67	1.64
13	德国	3.43	2.34	13	西班牙	0.66	1.61
14	中国香港	3.15	2.15	14	芬兰	0.66	1.61
15	土耳其	3.13	2.13	15	英国	0.56	1.37
16	荷兰	2.97	2.02	16	丹麦	0.50	1.22
17	加拿大	2.61	1.78	17	中华人民共和国	0.47	1.15
18	菲律宾	2.55	1.74	18	加拿大	0.39	0.95
19	英国	2.30	1.57	19	马来西亚	0.32	0.78
20	巴基斯坦	2.29	1.56	20	波兰	0.31	0.76
21	沙特阿拉伯	2.26	1.54	21	挪威	0.29	0.71
22	伊朗	2.25	1.53	22	捷克	0.19	0.46
23	墨西哥	2.10	1.43	23	比利时	0.18	0.44
24	中国台湾	1.86	1.27	24	匈牙利	0.13	0.32
25	比利时	1.81	1.23	25	泰国	0.10	0.24
26	阿尔及利亚	1.74	1.19	26	爱沙尼亚	0.07	0.17
27	南非	1.55	1.06	27	罗马尼亚	0.06	0.15
28	孟加拉国	1.51	1.03	28	澳大利亚	0.06	0.15
29	巴拿马	1.51	1.03	29	越南	0.05	0.12
30	法国	1.46	0.99	30	卢森堡	0.05	0.12

注：1. 表中数据来源于中国重型机械工业协会2017年进出口年报。

2. 表中金额由年报的万美元为单位转换成本表的亿美元为单位，由于四舍五入的原因会有微小的出入。

2017年物料搬运（起重运输）机械共从31个省（市）出口，进口到29省（市）。2017年物料搬运（起重运输）机械进出口额按行政区分类见表6。

2017年物料搬运（起重运输）机械进出口额按企业性质分类见表7。

表6 2017年物料搬运（起重运输）机械进出口额按行政区分类

序号	省（市）名称	出口额（亿美元）	占出口总金额比重（%）	序号	省（市）名称	进口额（亿美元）	占进口总金额比重（%）
	物料搬运（起重运输）机械合计	**146.78**	**100**		**物料搬运（起重运输）机械合计**	**40.93**	**100**
1	江苏省	39.80	27.12	1	上海市	9.45	23.09
2	上海市	26.76	18.23	2	江苏省	6.46	15.78

（续）

序号	省（市）名称	出口额（亿美元）	占出口总金额比重（%）	序号	省（市）名称	进口额（亿美元）	占进口总金额比重（%）
3	浙江省	24.57	16.74	3	广东省	5.25	12.83
4	广东省	11.29	7.69	4	天津市	2.72	6.65
5	山东省	7.30	4.97	5	山东省	2.47	6.03
6	辽宁省	6.62	4.51	6	北京市	2.00	4.89
7	安徽省	4.51	3.07	7	浙江省	1.91	4.67
8	天津市	4.33	2.95	8	福建省	1.80	4.40
9	福建省	4.22	2.88	9	辽宁省	1.54	3.76
10	湖南省	4.08	2.78	10	重庆市	0.99	2.42
11	河北省	3.81	2.60	11	安徽省	0.86	2.10
12	北京市	2.69	1.83	12	湖北省	0.81	1.98
13	河南省	1.66	1.13	13	山西省	0.71	1.73
14	湖北省	0.93	0.63	14	湖南省	0.69	1.69
15	山西省	0.81	0.55	15	河北省	0.56	1.37
16	四川省	0.76	0.52	16	河南省	0.42	1.03
17	重庆市	0.64	0.44	17	陕西省	0.41	1.00
18	广西壮族自治区	0.47	0.32	18	吉林省	0.33	0.81
19	陕西省	0.30	0.20	19	广西壮族自治区	0.27	0.66
20	新疆维吾尔自治区	0.27	0.18	20	四川省	0.27	0.66

注：1. 表中数据来源于中国重型机械工业协会 2017 年进出口年报。

2. 表中金额由年报的万美元为单位转换成本表的亿美元为单位，由于四舍五入的原因会有微小的出入。

表 7　2017 年物料搬运（起重运输）机械进出口额按企业性质分类

出口			进口		
企业性质	金额（亿美元）	占金额比重（%）	企业性质	金额（亿美元）	占金额比重（%）
物料搬运机械合计	**146.78**	**100**	**物料搬运机械合计**	**40.93**	**100**
私人企业	56.25	38.32	外商独资企业	16.42	40.12
外商独资企业	33.39	22.75	中外合资企业	9.07	22.16
中外合资企业	32.23	21.96	私人企业	7.70	18.81
国有企业	15.71	10.70	国有企业	6.74	16.47
中外合作企业	6.36	4.33	中外合作企业	0.91	2.22
集体企业	2.81	1.91	集体企业	0.09	0.22
个体工商户	0.04	0.03	个体工商户	0.00	0.00

注：1. 表中数据来源于中国重型机械工业协会 2017 年进出口年报。

2. 表中金额由年报的万美元为单位转换成本表的亿美元为单位，由于四舍五入的原因会有微小的出入。

在出口方面，私人企业出口占主导地位；在进口方面，外资独资企业占主导地位。

2017 年物料搬运（起重运输）机械进出口额按贸易方式分类见表 8。

表 8　2017 年物料搬运（起重运输）机械进出口额按贸易方式分类

出口			进口		
贸易方式	金额（亿美元）	占金额比重（%）	贸易方式	金额（亿美元）	占金额比重（%）
物料搬运机械合计	**146.78**	**100**	**物料搬运机械合计**	**40.93**	**100**
一般贸易	97.78	66.62	一般贸易	30.02	73.34
进料加工贸易	38.36	26.13	进料加工贸易	3.80	9.28
对外承包工程出口货物	7.34	5.00	保税区仓储转口货物	3.05	7.45
保税区仓储转口货物	0.85	0.58	外商投资企业作为投资进口的设备、物资	2.32	5.67
边境小额贸易	0.75	0.51	出口加工区进口设备	0.83	2.03
来料加工装配贸易	0.72	0.49	保税仓储进出境货物	0.52	1.27
其他	0.46	0.31	加工贸易进口设备	0.20	0.49
保税仓储进出口货物	0.40	0.27	其他	0.14	0.34
国家间、国际组织无偿援助和赠送的物资	0.08	0.05	来料加工装配贸易	0.04	0.10
租赁贸易	0.04	0.03	租赁贸易	0.00	0.00
			边境小额贸易	0.00	0.00

注：1. 表中数据来源于中国重型机械工业协会 2017 年进出口年报。

2. 表中金额由年报的万美元为单位转换成本表的亿美元为单位，由于四舍五入的原因会有微小的出入。

在出口方面，一般贸易占主导地位；在进口方面，一般贸易占主导地位。

科技成果

2017 年，物料搬运（起重运输）机械行业获中国机械工业科学技术奖项目共 8 个，其中，一等奖项目 1 个、二等奖项目 4 个、三等奖项目 3 个。

一等奖项目：

大连华锐重工集团股份有限公司和中国科学院、西安电子科技大学共同研制的 500m 口径球面射电望远镜用柔性六索并联系统，将近万吨的馈源平台的重量降低到几十吨，实现了馈源舱在望远镜焦面位置的精确控制。它是大型射电望远镜建造技术的重大突破，大大提高了望远镜的天顶角和天区扫描范围，减小了对射电望远镜无线电波的遮挡，使射电信号接收能力大幅提升。该项目的主要创新点：①建立了舱索悬挂系统的数学物理模型和索力数据库，将天文规划计算机用于规划馈源舱的理论运行轨迹，并将该理论运行轨迹传输给六索并联模型控制计算机，通过位置姿态测量系统测量出馈源舱的位置和姿态的实际轨迹点数值，将理论运行轨迹和实际轨迹点的数值进行比较，计算支撑索与馈源舱连接点的位置矢量，实现六索牵引下的馈源舱位姿定位跟踪，解决了给定位姿和给定索力范围下舱的动态平衡和精确定位。②建立了位姿矢量分解和力闭环的分步误差补偿策略，包括时间微步长和位姿靶向矢量分解快速算法，解算补偿参数，进行系统逐次反馈调节，及时消除或补偿由钢索、馈源舱和塔架弹性变形及随机因数产生的误差。③建立索力和位姿串并联混合控制策略，前馈与反馈的位姿偏差参数通过应用位姿靶向矢量分解快速算法，得到六索的出绳量，满足了解决迭代求解引起的超控制周期难题，避免了系统的位姿的欠补和过补引起的振荡，达到了超大跨度柔性系统的高精度定位跟踪要求。

二等奖项目：

（1）华电重工股份有限公司研制的大型桥式双料耙刮板取料机，从设计、计算、制造和安装等方面均采用了国际上要求最高的澳大利亚标准，设备不仅轨距大、出力大、控制精度高，而且首次解决了料耙上下位置的调节问题，对物料的适用性更强，提高了设备取料效率。该项目的研制成功将我国大型桥式刮板取料机的制造及综合保障能力提高到了国际先进行列。大型化和智能化是桥式刮板取料机的发展方向，体积越大、质量越重、可靠性越高、越智能化的产品，设计和制造的难度就越大。我国在该领域起步较晚，经历了技术引进与合作生产、联合设计与消化吸收、自主创新的发展过程。该项目的成功研制标志着我国在该领域的设计制造达到了一个新的高度。该项目已出口到澳大利亚，并于 2015 年 7 月成功运行，运行效果非常好，各项技术性能指标达到或优于设计要求。

（2）卫华集团有限公司研发的 5 ～ 100t 轻量化桥式起重机系列，实现了桥式起重机系列的轻量化。该轻量化起重机系列的核心技术处于国际领先地位，关键技术处于国内领先地位。主要创新点：①采用拓扑和有限元分析技术对起重机系列进行轻量化设计，有完整的拓扑优化设计方案，有最优化的有限元结构分析方案，对起重机系列主梁结构、小车结构进行了轻量化设计。②起重机的关键配套件采用轻量化设计，卷筒组、车轮组、吊钩组采用轻量化设计及新型结构，采用了点线啮合的起升机构和运行机构设计。③采用电气防摇摆、嵌入式集成控制技术、智能视觉识别系统，采用物联网远程控制技术，采用电气防摇摆技术，使摇摆幅度降低了95%以上；采用嵌入式集成控制技术取代传统继电器、接触器等控制元件，通过嵌入防摇摆程序，实现起重机智能控制的简单化和数字化。④采用自动化及模块化制造技术，在起重机主梁、小车架上推广应用自动化焊接工艺及装备，通过起重机主梁、端梁模块化互换性工艺的应用，实现了标准起重机主梁、端梁互换性工艺的重大技术突破，研发了起重机桥架、小车架焊接后的加工工艺技术，实现了起重机焊接后整体加工工艺的高效率，并保证了加工精度。

（3）太原理工大学、山西煤矿机械制造股份有限公司、西山煤电（集团）有限责任公司、深圳市库马新技术股份有限公司、山西西山晋兴能源有限责任公司研发的千万吨综采工作面智能型输送系统，是我国首台（套）满足千万吨综采工作面需求的智能型输送系统。项目主要创新点：①建立了刮板输送机负载模型，研发了BPJV-1600/3.3防爆变频器控制系统，开发了多变频器光纤通信技术，提出了基于主从控制的功率平衡方法，实现了刮板输送机的断链保护、功率平衡和智能调速功能，提高了刮板输送机的运行稳定性和可靠性。②根据刮板输送机链条张力变化规律，建立了链条张力智能调控模型，开发了链条自动张紧系统，使该系统能够实时张紧、停车松链；实现了链条张力状况的在线监测与控制，提高了链条的使用寿命。③基于人工智能和多源信息融合的方法，建立了输送系统传动装置的故障诊断模型和专家系统，研制了状态在线实时监测装置，实现了对输送系统的在线监测、故障诊断和预警。④研发了自移机尾自动控制系统，实现了自行前移和胶带自动纠偏。该项目的研制成功，使煤矿一次采全高综采技术水平和智能化程度处于国际领先水平。

（4）上海振华重工（集团）股份有限公司研制的3E级超大型岸桥，是适合装卸TripleE船的世界最大岸桥。相对于常规岸桥，3E级岸桥的起升高度、前伸距、生产率等都大幅提高。项目主要创新点：①岸桥整机采用了轻量化设计。在前伸距及起升高度等主参数满足18 000箱船装卸要求的前提下，对钢结构形式、截面、板厚及细节进行深入研究，既控制了整机重量又满足了刚度要求，从而减小了岸桥的大型化对码头承载的影响。②创新吊具防扭转技术：当起升高度增加时，起升绳作业时在风力或惯性力的影响下，偏摆量就会相应加大，使驾驶员操作效率受到影响。从机、电两方面共同研究了可靠且有效的防摇抗扭措施，提高了起重机的实际装卸效率。③创新了电子防摇、船型扫描、AutomaticZoom和远程操作技术总成。为有效辅助和解决驾驶员在超高起升控制操作时的实际困难，研发了监控辅助系统，通过控制摄像头的变焦性能，确保在起升高度变化时不影响吊具及上梁在显示器上的图像显示，从而大大减轻了在岸桥高度增加时驾驶员对集装箱操作的影响。④创新了岸桥声功能测量技术和计算方法。全方位研究解决岸桥大型化后引发的问题，结合产品实际情况，研究适合岸桥的声功率测量方法。分别采用时域、频域噪声识别方法和传声器阵列的声源定位方法，确定主导岸桥的主噪声源。3E级超大型岸桥项目的各项性能参数均达到了国际先进水平，并已销往多个国内外大型码头。

三等奖项目：

（1）哈尔滨工程机械制造有限责任公司研制的ZLY400多功能轮胎式抓料机，可实现泵的输出流量按需分配，与负载无关。大臂可实现“无动力”下降，操控性好、节能。回转液压传动与控制系统采用闭式变量回路。回转机构装置设有转速传感器，通过计算机可实现回转制动器“自动制动”功能。可配备蚌壳式抓斗、三齿抓斗、多瓣抓斗、电磁吸盘、旋转吊钩、夹具以及破碎锤等多种属具，一机多用。车架采用了“蛙式”支腿形式。其最大作业高度达13.5m，作业幅度达12m，最大工作力矩达710kN•m。箱型变截面平直大臂与变截面鹅颈式小臂组合，吊臂轴孔装有防尘密封圈，吊臂与液压缸之间装有树脂降噪垫片，并装有自动集中润滑系统。司机室可在1.9～4.3m高度内任意升降。司机室采用四点硅油减振器与液压蓄能器双重减震系统，并具有紧急下降功能。由先导手柄与计算机输出的比列信号共同控制的轴向滑动摩擦副，与双液压马达驱动相结合控制吊具旋转，使吊具可以360° 旋转。专门开发的计算机软件控制系统，具有多重控制功能，并可提供良好的“人–机”交互界面。该项目在国内尚无同类型产品，填补了国内空白。

（2）北京起重运输机械设计研究院有限公司、恩培力（昆山）机械有限公司研制的起重机智能吊具，是一种带称量装置的无线遥控吊具，主要应用于垃圾焚烧处理厂。该无线遥控智能吊具称量精度高，稳定性和可靠性强，技术在国内处于领先地位。由于吊具采用无线控制，大大降低了电缆方面的成本。随着经济的高速发展和人民生活水平的不断提高，城市生活垃圾产生量急剧增加，2016年底全国垃圾焚烧处理能力达到28万t/d，预计到2020年，垃圾焚烧处理能力将超过51万t/d。未来垃圾焚烧处理将不断向设备数字化、智能化与互联化发展，因此，起重机智能吊具迎合了市场的需求。“工业4.0”理念、数字化车间、智能制造等重大战略的实施均离不开智能搬运设备，智能起重机的智能吊具更是现代工业生产中不可或缺的重要特种设备，智能吊具已成为智能起重机的关键研究领域。

（3）广西建工集团建筑机械制造有限责任公司、中国特种设备监测研究院、南宁科拓自动化设备有限公司、中冶建筑研究总院有限公司共同进行了数字化超大型塔式起重机安全节能关键技术及产业化项目开发，利用自动控制和信息化等技术构建了涵盖设计、制造和使用的超大型塔式起重机技术框架，从而开发出了一系列数字化超大型塔式起重机。该系列数字化超大型起重机的最大起重力矩为12 250kN•m，满足了绝大部分建筑领域的需求。提出了塔式起重机运行状态仿真、状态监控、故障预测和复现技术，为塔式起重机的设计、制造和使用提供了基本量分析平台；提出了塔式起重机的增稳防倾翻方法，研制出了防倾斜控制系统，首次实现了塔式起重机倾翻风险的主动防护，解决了塔式起重机安装、升降和运行作业时的隐患问题；提出了节能、高效的运行轨迹规划方法，首次实现了塔式起重机自动运行作业，降低了运行能耗；提出了起重机的能效测试等方法和标准，填补了国内空白。研制了塔式起重机全数字式电传操纵系统，提高了作业效率和操纵安全性；攻克了起升、变幅机构和回转总成等机构的一体化集成安装技术，首次开发了多位一体结构塔式起重机，提高了塔式起重机的安装效率和精度。该项目成果已得到推广和应用，大大促进了塔式起重机制造的信息化技术发展。

注：以上资料来源于《中国机械工业科学技术奖公报2017》。

轻小型起重设备行业情况

2017 年轻小型起重设备行业主要经济指标完成情况见表 9。2017 年轻小型起重设备行业部分企业主要经济指标见表 10。2017 年轻小型起重设备分类产品进出口情况见表 11。

表 9　2017 年轻小型起重设备行业主要经济指标完成情况

行业名称	主营业务收入（亿元）	同比增长（%）	主营业务成本（亿元）	同比增长（%）	利润总额（亿元）	同比增长（%）	资产总计（亿元）	同比增长（%）	负债总计（亿元）	同比增长（%）	主营业务利润率（%）	
											2017 年	2016 年
轻小型起重设备	360.79	-13.96	302.29	-13.87	17.58	-30.71	352.95	-10.56	186.11	-7.76	4.87	6.05

注：表中数据来源于中国重型机械工业协会 2017 年 12 月份统计简报。

表 10　2017 年轻小型起重设备行业部分企业主要经济指标

序号	企业名称	工业总产值（亿元）	同比增长（%）	序号	企业名称	工业总产值（亿元）	同比增长（%）
1	江苏通润机电集团有限公司	26.22	8.63	5	八达机电有限公司	2.20	6.15
2	科尼起重机设备制造（江苏）有限公司	4.44	13.65	6	浙江五一机械有限公司	1.37	0.86
3	凯澄起重机械有限公司	2.93	3.43	7	南阳市起重机械厂	1.11	-20.10
4	浙江双鸟机械有限公司	2.40	10.75	8	广东超宇起重设备有限公司	0.04	-16.97

注：数据来源于中国重型机械工业协会 2017 年 12 月份统计简报。

表 11　2017 年轻小型起重设备分类产品进出口情况

海关货物名称	出口额（亿美元）	同比增长（%）	进口额（亿美元）	同比增长（%）	进出口总额（亿美元）	同比增长（%）	进出口差额（亿美元）	同比增长（%）
轻小型起重设备	**21.38**	**5.89**	**4.11**	**-13.11**	**25.49**	**2.25**	**17.26**	**11.64**
电动葫芦	1.54		0.52	15.56	2.06	4.04	1.02	-6.42
滑车及手动葫芦	1.53	4.08	0.15	-37.50	1.69	-0.59	1.38	12.20
卷扬机及绞盘	5.27	5.82	2.80	-14.89	8.07	-2.42	2.47	46.15
千斤顶	7.07	2.76	0.31	-11.43	7.38	2.07	6.76	3.52
汽车举升机	4.34	15.73	0.09	-10.00	4.43	15.06	4.24	15.85
轻小型起重设备零件	1.63	3.82	0.23	-25.81	1.86	-1.59	1.40	11.11

注：1. 表中数据来源于中国重型机械工业协会 2017 年进出口统计年报。

2. 由于四舍五入，表中数据可能会有微小出入。

2017 年轻小型起重设备共出口到了 203 个国家（地区），从 56 个国家（地区）进口了产品。2017 年轻小型起重设备进出口额按国家（地区）分类见表 12。

表 12　2017 年轻小型起重设备进出口额按国家（地区）分类

序号	国家（地区）	出口额（亿美元）	占金额比重（%）	序号	国家（地区）	进口额（亿美元）	占金额比重（%）
	轻小型起重设备合计	**21.38**	**100**		**轻小型起重设备合计**	**4.114**	**100**
1	美国	7.36	34.42	1	德国	0.948	23.04
2	德国	1.13	5.29	2	日本	0.615	14.95

（续）

序号	国家（地区）	出口额（亿美元）	占金额比重（%）	序号	国家（地区）	进口额（亿美元）	占金额比重（%）
3	日本	1.02	4.77	3	美国	0.346	8.41
4	韩国	0.90	4.21	4	芬兰	0.312	7.58
5	印度	0.68	3.18	5	意大利	0.266	6.47
6	澳大利亚	0.65	3.04	6	新加坡	0.228	5.54
7	加拿大	0.59	2.76	7	韩国	0.199	4.84
8	俄罗斯	0.58	2.71	8	西班牙	0.185	4.50
9	英国	0.50	2.34	9	英国	0.162	3.94
10	泰国	0.47	2.20	10	法国	0.145	3.52
11	越南	0.46	2.15	11	丹麦	0.130	3.16
12	荷兰	0.43	2.01	12	瑞士	0.123	2.99
13	印度尼西亚	0.37	1.73	13	挪威	0.098	2.38
14	法国	0.32	1.50	14	荷兰	0.056	1.36
15	土耳其	0.28	1.31	15	比利时	0.050	1.22
16	波兰	0.27	1.26	16	中国台湾	0.046	1.12
17	墨西哥	0.27	1.26	17	捷克	0.032	0.78
18	巴西	0.27	1.26	18	瑞典	0.029	0.70
19	马来西亚	0.26	1.22	19	罗马尼亚	0.025	0.61
20	伊朗	0.21	0.98	20	塞尔维亚	0.025	0.61
21	中国台湾	0.20	0.94	21	中华人民共和国	0.018	0.44
22	西班牙	0.19	0.89	22	加拿大	0.014	0.34
23	南非	0.19	0.89	23	奥地利	0.013	0.32
24	阿拉伯联合酋长国	0.18	0.84	24	波兰	0.013	0.32
25	巴基斯坦	0.17	0.80	25	马来西亚	0.009	0.22
26	新加坡	0.16	0.75	26	澳大利亚	0.007	0.17
27	意大利	0.16	0.75	27	新西兰	0.006	0.15
28	瑞典	0.15	0.70	28	克罗地亚	0.005	0.12
29	阿根廷	0.13	0.61	29	巴西	0.004	0.10
30	智利	0.12	0.56	30	土耳其	0.004	0.10

注：1. 表中数据来源于中国重型机械工业协会 2017 年进出口年报。

2. 本表用亿美元为单位，所以进口金额取三位小数。

3. 表中金额由年报的万美元为单位转换成本表的亿美元为单位，由于四舍五入的原因会有微小的出入。

2017 年共有 30 个省（市、地区）出口了轻小型起重设备，共有 29 个省（市、地区）进口了该类产品。2017 年轻小型起重设备进出口额按行政区分类见表 13。

表 13 2017 年轻小型起重设备进出口额按行政区分类

序号	省（市）名称	出口额（亿美元）	占金额比重（%）	序号	省（市）名称	进口额（亿美元）	占金额比重（%）
	轻小型起重设备合计	**21.377**	**100**		**轻小型起重设备合计**	**4.114**	**100**
1	浙江省	7.569	35.41	1	上海市	1.457	35.42
2	江苏省	5.503	25.74	2	广东省	0.642	15.61
3	上海市	2.124	9.94	3	江苏省	0.603	14.66
4	广东省	1.258	5.88	4	山东省	0.282	6.85
5	山东省	1.140	5.33	5	天津市	0.233	5.66
6	辽宁省	1.067	4.99	6	福建省	0.225	5.47
7	河北省	0.540	2.53	7	浙江省	0.200	4.86
8	安徽省	0.539	2.52	8	北京市	0.158	3.84
9	北京市	0.399	1.87	9	辽宁省	0.090	2.19
10	天津市	0.291	1.36	10	河南省	0.060	1.46
11	福建省	0.235	1.10	11	湖北省	0.027	0.66
12	重庆市	0.174	0.81	12	海南省	0.024	0.58
13	四川省	0.136	0.64	13	河北省	0.024	0.58
14	河南省	0.120	0.56	14	山西省	0.017	0.41
15	湖北省	0.076	0.36	15	陕西省	0.016	0.39
16	新疆维吾尔自治区	0.064	0.30	16	吉林省	0.013	0.32
17	广西壮族自治区	0.042	0.20	17	湖南省	0.011	0.27
18	湖南省	0.029	0.14	18	重庆市	0.009	0.22
19	吉林省	0.026	0.12	19	安徽省	0.007	0.17
20	江西省	0.013	0.06	20	黑龙江省	0.006	0.15

注：1. 表中数据来源于中国重型机械工业协会 2017 年进出口年报。

2. 本表用亿美元为单位，所以取三位小数。

3. 表中金额由年报的万美元为单位转换成本表的亿美元为单位，由于四舍五入的原因会有微小的出入。

2017 年轻小型起重设备进出口额按企业性质分类见表 14。

表 14 2017 年轻小型起重设备进出口额按企业性质分类

出口			进口		
企业性质	金额（亿美元）	占金额比重（%）	企业性质	金额（亿美元）	占金额比重（%）
轻小型起重设备合计	**21.377**	**100**	**轻小型起重设备合计**	**4.114**	**100**
私人企业	13.105	61.30	外商独资企业	1.222	29.70
外商独资企业	3.052	14.28	中外合资企业	1.014	24.65
中外合资企业	3.030	14.17	国有企业	0.869	21.12
国有企业	1.535	7.18	私人企业	0.721	17.53
中外合作企业	0.462	2.16	中外合作企业	0.258	6.27
集体企业	0.176	0.82	集体企业	0.030	0.73
个体工商户	0.016	0.07			

注：1. 表中数据来源于中国重型机械工业协会 2017 年进出口年报。

2. 本表用亿美元为单位，所以取三位小数。

3. 表中金额由年报的万美元为单位转换成本表的亿美元为单位，由于四舍五入的原因会有微小的出入。

2017 年轻小型起重设备进出口额按贸易方式分类见表 15。

表 15　2017 年轻小型起重设备进出口额按贸易方式分类

出口			进口		
贸易方式	金额（亿美元）	占金额比（%）	贸易方式	金额（亿美元）	占金额比（%）
轻小型起重设备合计	**21.377**	**100**	**轻小型起重设备合计**	**4.114**	**100**
一般贸易	19.095	89.32	一般贸易	2.759	67.06
进料加工贸易	1.119	5.23	进料加工贸易	1.042	25.33
对外承包工程出口货物	0.488	2.28	保税区仓储转口货物	0.233	5.66
其他	0.247	1.16	保税仓储进出境货物	0.033	0.80
边境小额贸易	0.132	0.62	来料加工装配贸易	0.023	0.56
保税区仓储转口货物	0.131	0.61	其他	0.016	0.39
来料加工装配贸易	0.110	0.51	出口加工区进口设备	0.008	0.19
保税仓储进出境货物	0.051	0.24	外国投资企业作为投资进口的设备、物资	0.002	0.05
国家间、国际组织无偿援助和赠送的物质	0.001	0.00			
租赁贸易	0.003	0.01			

注：1. 表中数据来源于中国重型机械工业协会 2017 年进出口年报。
2. 本表用亿美元为单位，所以取三位小数。
3. 表中金额由年报的万美元为单位转换成本表的亿美元为单位，由于四舍五入的原因会有微小的出入。

1. 利润总额比上年大幅下降

2017 年，轻小型起重设备行业的主营业务收入为 360.79 亿元，同比下降 8.07%；利润总额为 17.58 亿元，同比下降 28.78%；两项指标均比上年同期有所下降。利润总额的下降幅度尤为明显，达到了 28.78%。

2. 出口比上年增长，进口比上年减小，进出口顺差比上年增加

2017 年，轻小型起重设备行业产品的出口额为 21.38 亿美元，比上年增长 5.89%；进口额 4.11 亿美元，比上年下降 13.11%；进出口顺差为 17.26 亿美元，上年同期顺差为 15.46 亿美元，比上年增长 11.64%。

起重机制造行业情况

2017 年起重机制造行业主要经济指标完成情况见表 16。

2017 年起重机制造行业部分企业主要经济指标完成情况见表 17。

表 16　2017 年起重机制造行业主要经济指标完成情况

	主营业务收入（亿元）	同比增长（%）	主营业务成本（亿元）	同比增长（%）	利润总额（亿元）	同比增长（%）	资产总计（亿元）	同比增长（%）	负债总计（亿元）	同比增长（%）	主营业务利润率（%）	上年同期（%）
起重机制造	2 568.24	−2.62	2 193.78	−3.06	121.81	−9.48	3 118.71	0.54	1 874.05	2.29	4.74	5.10

注：表中数据来源于中国重型机械工业协会 2017 年 12 月份统计简报。

表 17　2017 年起重机制造行业部分企业主要经济指标完成情况

序号	企业名称	工业总产值（亿元）	同比增长（%）	序号	企业名称	工业总产值（亿元）	同比增长（%）
1	卫华集团有限公司	113.42	10.28	8	广州起重机械有限公司	2.80	0.13
2	河南省矿山起重机有限公司	66.59	11.06	9	重庆起重机厂有限责任公司	1.62	8.41
3	豫飞重工集团有限公司	50.24	4.73	10	柳州起重机器有限公司	1.15	−2.53
4	山东光明起重机械集团有限公司	34.33	0.04	11	宁夏天地奔牛银起设备有限公司	0.83	56.21
5	江西起重机械总厂	8.35	19.03	12	辽宁恒泰重机有限公司	0.39	−10.07
6	株洲天桥起重机股份有限公司	5.83	16.02	13	湖北银轮起重机械股份有限公司	0.21	−5.83
7	山起重型机械股份有限公司	4.81	1.14	14	新疆通用机械有限公司	0.17	27.57

注：数据来源于中国重型机械工业协会 2017 年 12 月份统计简报。

2017 年起重机产品产量见表 18。

表 18　2017 年起重机产品产量

产品名称	产量（万 t）	上年同期产量（万 t）	同比增长（%）
起重机	1 133.92	984.80	15.14

注：表中数据来源于中国重型机械工业协会 2017 年 12 月份统计简报。

2017 年起重机分类产品进出口情况见表 19。

表 19　2017 年起重机分类产品进出口情况

海关货物名称	出口额（亿美元）	同比增长（%）	进口额（亿美元）	同比增长（%）	进出口总额（亿美元）	同比增长（%）	进出口差额（亿美元）	上年同期进出口差额（亿美元）	同比增长（%）
起重机	**36.24**	**−17.84**	**1.59**	**−45.36**	**37.83**	**−19.54**	**34.64**	**41.21**	**−15.94**
桥式起重机	2.02	19.53	0.21	−38.24	2.23	9.85	1.81	1.36	33.09
门式起重机	6.62	−23.20	0.04	−20.00	6.65	−23.39	6.58	8.57	−23.22
装卸桥及其他桥架类起重机	13.55	−22.57	0.07	−22.22	13.62	−22.57	13.49	17.41	−22.52
塔式起重机	3.28	3.14	0.01	−80.00	3.29	2.17	3.27	3.13	4.47
门座起重机	1.38	−30.30	0.54	−63.27	1.93	−44.06	0.84	0.51	64.71
流动式起重机小计	7.70	2.39	0.20	−4.76	7.90	2.33	7.50	7.31	2.60
未列名起重机	0.44	−83.14	0.32	−40.74	0.76	−75.87	0.12	2.07	−94.20
起重机零件	1.24	22.77	0.20	25.00	1.45	23.93	1.04	0.85	22.35

注：1. 表中数据来源于中国重型机械工业协会 2017 年进出口统计年报。

2. 由于四舍五入，表中数据可能会有微小出入。

2017 年起重机共出口到 180 个国家（地区），从 37 个国家（地区）进口了此类产品。2017 年起亘机进出口额按国家（地区）分类见表 20。

表 20　2017 年起重机进出口额按国家（地区）分类

序号	国家（地区）	出口额（亿美元）	占金额比重（%）	序号	国家（地区）	进口额（亿美元）	占金额比重（%）
	起重机合计	**36.235**	**100**		**起重机合计**	**1.594**	**100**
1	新加坡	3.610	9.96	1	德国	0.291	18.26
2	阿拉伯联合酋长国	2.966	8.19	2	奥地利	0.235	14.74
3	美国	1.980	5.46	3	荷兰	0.168	10.54
4	印度	1.908	5.27	4	波兰	0.132	8.28
5	印度尼西亚	1.889	5.21	5	挪威	0.096	6.02
6	马来西亚	1.342	3.70	6	意大利	0.084	5.27
7	巴拿马	1.256	3.47	7	马来西亚	0.079	4.96
8	韩国	1.190	3.28	8	日本	0.078	4.89
9	越南	1.141	3.15	9	韩国	0.075	4.71
10	俄罗斯	0.942	2.60	10	西班牙	0.044	2.76
11	巴基斯坦	0.879	2.43	11	新加坡	0.042	2.63
12	沙特阿拉伯	0.845	2.33	12	泰国	0.038	2.38
13	菲律宾	0.837	2.31	13	中华人民共和国	0.036	2.26
14	加拿大	0.787	2.17	14	捷克	0.030	1.88
15	泰国	0.765	2.11	15	美国	0.030	1.88
16	比利时	0.749	2.07	16	丹麦	0.027	1.69
17	中国香港	0.700	1.93	17	斯洛文尼亚	0.025	1.57
18	黎巴嫩	0.620	1.71	18	芬兰	0.022	1.38

（续）

序号	国家（地区）	出口额（亿美元）	占金额比重（%）	序号	国家（地区）	进口额（亿美元）	占金额比重（%）
19	哥斯达黎加	0.547	1.51	19	卢森堡	0.017	1.07
20	哥伦比亚	0.530	1.46	20	土耳其	0.012	0.75
21	科威特	0.502	1.39	21	巴西	0.009	0.56
22	孟加拉国	0.485	1.34	22	法国	0.005	0.31
23	阿尔及利亚	0.463	1.28	23	英国	0.005	0.31
24	澳大利亚	0.458	1.26	24	中国台湾	0.004	0.25
25	摩洛哥	0.431	1.19	25	比利时	0.004	0.25
26	荷兰	0.432	1.19	26	阿拉伯联合酋长国	0.002	0.13
27	缅甸	0.429	1.18	27	新西兰	0.002	0.13
28	中国台湾	0.395	1.09	28	加拿大	0.002	0.13
29	毛里求斯	0.332	0.92	29	越南	0.001	0.06
30	卡塔尔	0.305	0.84				

注：1. 表中数据来源于中国重型机械工业协会 2017 年进出口年报。
2. 本表用亿美元为单位，所以取三位小数。
3. 表中金额由年报的万美元为单位转换成本表的亿美元为单位，由于四舍五入的原因会有微小出入。

2017 年共有 31 个省（市、地区）出口了起重机，共有 25 个省（市、地区）进口了该类产品。2017 年起重机进出口额按行政区分类见表 21。

表 21　2017 年起重机进出口额按行政区分类

序号	省（市）名称	出口额（亿美元）	占金额比重（%）	序号	省（市）名称	进口额（亿美元）	占金额比重（%）
	起重机合计	**36.235**	**100**		**起重机合计**	**1.594**	**100**
1	上海市	14.291	39.44	1	上海市	0.429	26.91
2	江苏省	7.962	21.97	2	广东省	0.238	14.93
3	湖南省	3.257	8.99	3	江苏省	0.218	13.68
4	福建省	1.589	4.39	4	辽宁省	0.150	9.41
5	辽宁省	1.552	4.28	5	湖南省	0.147	9.22
6	山东省	1.517	4.19	6	福建省	0.106	6.65
7	广东省	1.169	3.23	7	湖北省	0.082	5.14
8	浙江省	1.010	2.79	8	浙江省	0.063	3.95
9	河南省	0.763	2.11	9	山东省	0.058	3.64
10	北京市	0.739	2.04	10	天津市	0.023	1.44
11	天津市	0.502	1.39	11	新疆维吾尔自治区	0.020	1.25
12	河北省	0.333	0.92	12	北京市	0.018	1.13
13	四川省	0.261	0.72	13	云南省	0.018	1.13
14	湖北省	0.203	0.56	14	山西省	0.007	0.44
15	广西壮族自治区	0.196	0.54	15	江西省	0.006	0.38
16	重庆市	0.170	0.47	16	广西壮族自治区	0.005	0.31
17	安徽省	0.139	0.38	17	安徽省	0.002	0.13
18	新疆维吾尔自治区	0.136	0.38	18	重庆市	0.002	0.13
19	陕西省	0.115	0.32	19	四川省	0.002	0.13
20	黑龙江省	0.091	0.25				

注：1. 表中数据来源于中国重型机械工业协会 2017 年进出口年报。
2. 本表用亿美元为单位，所以取三位小数。
3. 表中金额由年报的万美元为单位转换成本表的亿美元为单位，由于四舍五入的原因会有微小出入。

2017年起重机进出口额按企业性质分类见表22。

表22 2017年起重机进出口额按企业性质分类

出口			进口		
企业性质	金额（亿美元）	占金额比重（%）	企业性质	金额（亿美元）	占金额比重（%）
起重机合计	**36.235**	**100**	**起重机合计**	**1.594**	**100**
中外合资企业	18.168	50.14	中外合资企业	0.518	32.50
私人企业	8.383	23.14	国有企业	0.481	30.18
国有企业	6.006	16.58	外商独资企业	0.320	20.08
外商独资企业	3.439	9.49	私人企业	0.273	17.13
集体企业	0.225	0.62	集体企业	0.001	0.00
中外合作企业	0.006	0.02			
个体工商户	0.008	0.02			

注：1. 表中数据来源于中国重型机械工业协会2017年12月统计简报。
2. 本表用亿美元为单位，所以取三位小数。
3. 表中金额由年报的万美元为单位转换成本表的亿美元为单位，由于四舍五入的原因会有微小的出入。

2017年起重机进出口额按贸易方式分类见表23。

表23 2017年起重机进出口额按贸易方式分类

出口			进口		
贸易方式	金额（亿美元）	占金额比重（%）	贸易方式	金额（亿美元）	占金额比重（%）
起重机合计	**36.235**	**100**	**起重机合计**	**1.594**	**100**
进料加工贸易	20.964	57.86	一般贸易	0.794	49.81
一般贸易	11.805	32.58	进料加工贸易	0.652	40.90
对外承包工程出口货物	2.587	7.14	保税区仓储转口货物	0.114	7.15
来料加工装配贸易	0.490	1.35	出口加工区进口设备	0.012	0.75
边境小额贸易	0.263	0.73	外商投资企业作为投资进口的设备、物资	0.008	0.50
国家间、国际组织无偿援助和赠送的物资	0.034	0.09	保税仓储进出境货物	0.008	0.50
保税仓储进出口货物	0.031	0.09	来料加工装配贸易	0.003	0.19
租赁贸易	0.029	0.08	租赁贸易	0.003	0.19
保税区仓储转口货物	0.028	0.08			
其他	0.005	0.01			

注：1. 表中数据来源于中国重型机械工业协会2017年进出口年报。
2. 本表用亿美元为单位，所以取三位小数。
3. 表中金额由年报的万美元为单位转换成本表的亿美元为单位，由于四舍五入的原因会有微小的出入。

工业车辆行业情况

2017年工业车辆行业主要经济指标完成情况见表24。2017年工业车辆行业部分产品产量见表25。2017年工业车辆分类产品进出口情况见表26。

表 24 2017 年工业车辆行业主要经济指标完成情况

产品名称	主营业务收入（亿元）	同比增长（%）	主营业务成本（亿元）	同比增长（%）	利润总额（亿元）	同比增长（%）	资产总计（亿元）	同比增长（%）	负债总计（亿元）	同比增长（%）	主营业务利润率（%）	上年同期（%）
工业车辆	549.17	17.84	474.69	18.89	30.62	7.59	408.84	8.12	193.63	12.54	5.58	6.11

注：表中数据来源于中国重型机械工业协会统计 2017 年 12 月份统计简报。

表 25 2017 年工业车辆行业部分产品产量

产品名称	产量（万台）	上年同期产量	同比增长（%）
电动叉车	21.75	17.67	23.09
内燃叉车	29.86	24.29	22.93

注：表中数据来源于中国重型机械工业协会统计 2017 年 12 月份统计简报。

表 26 2017 年工业车辆分类产品进出口情况

海关货物名称	出口额（亿美元）	同比增长（%）	进口额（亿美元）	同比增长（%）	进出口总额（亿美元）	同比增长（%）	进出口差额（亿美元）	上年同期进出口差额（亿美元）	同比增长（%）
工业车辆	**30.440**	**21.61**	**3.971**	**9.07**	**34.411**	**20.02**	**26.469**	**21.394**	**23.72**
电动叉车	6.829	20.36	1.349	13.55	8.179	19.21	5.480	4.486	22.16
内燃叉车	12.528	21.32	0.673	23.49	13.201	21.43	11.855	9.782	21.19
短距离牵引车	0.374	24.25	0.136	46.24	0.510	29.77	0.238	0.208	14.42
固定平台搬运车	0.254	13.90	0.055	-23.61	0.308	4.41	0.199	0.151	31.79
手动起升搬运车辆	3.259	10.21	0.100	88.68	3.359	11.59	3.160	2.904	8.82
工业车辆零部件	7.196	29.68	1.659	-1.60	8.854	22.38	5.537	3.863	43.33

注：1. 表中数据来源于中国重型机械工业协会 2017 年进出口统计年报。

2. 由于四舍五入，表中数据可能有微小出入。

2017 年工业车辆共出口至 204 个国家（地区），从 54 个国家（地区）进口了产品。2017 年工业车辆进出口额按国家（地区）分类见表 27。

表 27 2017 年工业车辆进出口额按国家（地区）分类

序号	国家（地区）	出口额（亿美元）	占金额比重（%）	序号	国家（地区）	进口额（亿美元）	占金额比重（%）
	工业车辆合计	**30.440**	**100**		**工业车辆合计**	**3.971**	**100**
1	美国	5.601	18.40	1	德国	1.028	25.89
2	澳大利亚	1.748	5.74	2	日本	0.739	18.61
3	荷兰	1.651	5.42	3	美国	0.583	14.68
4	韩国	1.274	4.19	4	韩国	0.409	10.30
5	德国	1.242	4.08	5	意大利	0.277	6.98
6	日本	1.144	3.76	6	瑞典	0.186	4.68
7	法国	0.877	2.88	7	加拿大	0.159	4.00
8	比利时	0.827	2.72	8	法国	0.123	3.10
9	俄罗斯	0.822	2.70	9	英国	0.052	1.31
10	泰国	0.795	2.61	10	马来西亚	0.048	1.21
11	土耳其	0.732	2.40	11	芬兰	0.047	1.18

（续）

序号	国家（地区）	出口额（亿美元）	占金额比重（%）	序号	国家（地区）	进口额（亿美元）	占金额比重（%）
12	印度尼西亚	0.726	2.39	12	澳大利亚	0.036	0.91
13	英国	0.701	2.30	13	越南	0.036	0.91
14	阿根廷	0.673	2.21	14	捷克	0.035	0.88
15	印度	0.555	1.82	15	西班牙	0.028	0.71
16	马来西亚	0.527	1.73	16	爱尔兰	0.026	0.65
17	南非	0.526	1.73	17	荷兰	0.023	0.58
18	菲律宾	0.510	1.68	18	丹麦	0.023	0.58
19	越南	0.505	1.66	19	中华人民共和国	0.018	0.45
20	意大利	0.497	1.63	20	波兰	0.018	0.45
21	阿尔及利亚	0.440	1.45	21	罗马尼亚	0.018	0.45
22	新加坡	0.425	1.40	22	中国台湾	0.016	0.40
23	巴西	0.422	1.39	23	土耳其	0.007	0.18
24	中国香港	0.384	1.26	24	印度尼西亚	0.007	0.18
25	瑞典	0.353	1.16	25	比利时	0.005	0.13
26	加拿大	0.322	1.06	26	斯里兰卡	0.005	0.13
27	阿拉伯联合酋长国	0.317	1.04	27	斯洛伐克	0.005	0.13
28	波兰	0.317	1.04	28	奥地利	0.003	0.08
29	墨西哥	0.301	0.99	29	瑞士	0.003	0.08
30	中国台湾	0.298	0.98	30	爱沙尼亚	0.003	0.08

注：1. 表中数据来源于中国重型机械工业协会 2017 年进出口年报。

2. 本表用亿美元为单位，所以取三位小数。

3. 表中金额由年报的万美元为单位转换成本表的亿美元为单位，由于四舍五入的原因会有微小出入。

2017 年共从 30 个省（市、地区）出口工业车辆，共进口到 28 个省（市、地区）。2017 年工业车辆进出口额按行政区分类见表 28。

表 28　2017 年工业车辆进出口额按行政区分类

序号	省（市）名称	出口额（亿美元）	占金额比重（%）	序号	省（市）名称	进口额（亿美元）	占金额比重（%）
	工业车辆合计	**30.440**	**100**		**工业车辆合计**	**3.971**	**100**
1	浙江省	8.516	27.98	1	上海市	1.558	39.23
2	江苏省	6.811	22.38	2	福建省	0.554	13.95
3	安徽省	3.136	10.30	3	江苏省	0.425	10.70
4	山东省	2.412	7.92	4	山东省	0.362	9.12
5	辽宁省	1.809	5.94	5	广东省	0.218	5.49
6	福建省	1.726	5.67	6	辽宁省	0.190	4.78
7	上海市	1.420	4.66	7	天津市	0.141	3.55
8	天津市	1.205	3.96	8	陕西省	0.113	2.85
9	河北省	1.055	3.47	9	浙江省	0.109	2.74
10	广东省	0.917	3.01	10	北京市	0.089	2.24
11	山西省	0.690	2.27	11	山西省	0.047	1.18
12	湖南省	0.176	0.58	12	湖北省	0.027	0.68
13	北京市	0.162	0.53	13	湖南省	0.025	0.63
14	广西壮族自治区	0.101	0.33	14	河南省	0.022	0.55
15	陕西省	0.078	0.26	15	安徽省	0.020	0.50
16	河南省	0.074	0.24	16	河北省	0.019	0.48

（续）

序号	省（市）名称	出口额（亿美元）	占金额比重（%）	序号	省（市）名称	进口额（亿美元）	占金额比重（%）
17	湖北省	0.049	0.16	17	吉林省	0.013	0.33
18	重庆市	0.025	0.08	18	内蒙古自治区	0.010	0.25
19	新疆维吾尔自治区	0.025	0.08	19	黑龙江省	0.007	0.18
20	云南省	0.018	0.06	20	海南省	0.006	0.15

注：1. 表中数据来源于中国重型机械工业协会 2017 年进出口年报。
2. 本表用亿美元为单位，所以取三位小数。
3. 表中金额由年报的万美元为单位转换成本表的亿美元为单位，由于四舍五入的原因会有微小出入。

2017 年工业车辆进出口额按企业性质分类见表 29。

表 29　2017 年工业车辆进出口额按企业性质分类

出口			进口		
企业性质	金额（亿美元）	占金额比重（%）	企业性质	金额（亿美元）	占金额比重（%）
工业车辆合计	**30.440**	**100**	**工业车辆合计**	**3.971**	**100**
私人企业	12.194	40.06	外商独资企业	2.090	52.63
外商独资企业	11.717	38.49	私人企业	0.939	23.65
中外合资企业	2.197	7.22	中外合资企业	0.477	12.01
集体企业	1.869	6.14	国有企业	0.277	6.98
中外合作企业	1.335	4.39	中外合作企业	0.186	4.68
国有企业	1.125	3.70	集体企业	0.003	0.08
个体工商户	0.003	0.01			

注：1. 表中数据来源于中国重型机械工业协会 2017 年进出口年报。
2. 本表用亿美元为单位，所以取三位小数。
3. 表中金额由年报的万美元为单位转换成本表的亿美元为单位，由于四舍五入的原因会有微小出入。

2017 年工业车辆进出口额按贸易方式分类见表 30。

表 30　2017 年工业车辆进出口额按贸易方式分类

出口			进口		
贸易方式	金额（亿美元）	占金额比重（%）	贸易方式	金额（亿美元）	占金额比重（%）
工业车辆合计	**30.440**	**100**	**工业车辆合计**	**3.971**	**100**
一般贸易	17.970	59.03	一般贸易	2.222	55.96
进料加工贸易	12.011	39.46	保税区仓储转口货物	0.837	21.08
对外承包工程出口货物	0.129	0.42	进料加工贸易	0.784	19.74
保税区仓储转口货物	0.126	0.41	保税仓储进出境货物	0.070	1.76
边境小额贸易	0.069	0.23	出口加工区进口设备	0.046	1.16
保税仓储进出口货物	0.039	0.13	其他	0.007	0.18
其他	0.039	0.13	外商投资企业作为投资进口的设备、物资加工贸易进口设备	0.005	0.13
来料加工装配贸易	0.031	0.10			
国家间、国际组织无偿援助和赠送的物资	0.026	0.09	来料加工装配贸易	0.001	0.03
租赁贸易	0.000	0.00	边境小额贸易	0.000	0.00

注：1. 表中数据来源于中国重型机械工业协会 2017 年进出口年报。
2. 本表用亿美元为单位，所以取三位小数。
3. 表中金额由年报的万美元为单位转换成本表的亿美元为单位，由于四舍五入的原因会有微小出入。

电梯、自动扶梯及升降机行业情况

2017年电梯、自动扶梯及升降机行业主要经济指标完成情况见表31。

表31 2017年电梯、自动扶梯及升降机行业主要经济指标完成情况

行业名称	主营业务收入（亿元）	同比增长（%）	主营业务成本（亿元）	同比增长（%）	利润总额（亿元）	同比增长（%）	资产总计（亿元）	同比增长（%）	负债总计（亿元）	同比增长（%）	主营业务利润率（%）
电梯、自动扶梯及升降机	2 493.99	-9.7	2 004.81	-7.46	209.88	-26.70	2 638.40	0.21	1 473.77	-2.16	8.42

注：表中数据来源于中国重型机械工业协会2017年12月份统计简报。

2017年电梯、自动扶梯及升降机分类产品进出口情况见表32。

表32 2017年电梯、自动扶梯及升降机分类产品进出口情况

海关货物名称	出口额（亿美元）	同比增长（%）	进口额（亿美元）	同比增长（%）	进出口总额（亿美元）	同比增长（%）	进出口差额（亿美元）	同比增长（%）
电梯、自动扶梯及升降机	**29.261**	**3.25**	**2.937**	**0.68**	**32.198**	**3.04**	**26.324**	**3.55**
载客电梯	13.132	-0.83	1.402	-3.97	14.534	-1.14	11.731	-0.43
其他升降机及倒卸式起重机	0.982	7.21	0.474	-2.47	1.457	4.00	0.508	18.14
自动扶梯及自动人行道	6.314	1.35	0.020	1 900.00	6.333	1.64	6.294	1.04
电梯、自动扶梯及升降机零件	8.833	11.11	1.042	7.42	9.875	10.69	7.791	11.62

注：1. 表中数据来源于中国重型机械工业协会2017年进出口统计年报。
2. 由于四舍五入，表中数据可能有微小出入。

2017年电梯、自动扶梯及升降机共出口到189个国家（地区），从53个国家（地区）进口。2017年电梯、自动扶梯及升降机进出口额按国家（地区）分类见表33。

表33 2017年电梯、自动扶梯及升降机进出口额按国家（地区）分类

序号	国家（地区）	出口额（亿美元）	占金额比重（%）	序号	国家（地区）	进口额（亿美元）	占金额比重（%）
	电梯、自动扶梯及升降机合计	**29.261**	**100.00**		**电梯、自动扶梯及升降机合计**	**2.937**	**100.00**
1	印度	1.932	6.60	1	日本	1.359	46.27
2	韩国	1.629	5.57	2	瑞典	0.273	9.30
3	马来西亚	1.578	5.39	3	德国	0.210	7.15
4	美国	1.533	5.24	4	荷兰	0.207	7.05
5	越南	1.150	3.93	5	奥地利	0.198	6.74
6	土耳其	1.141	3.90	6	韩国	0.151	5.14
7	阿拉伯联合酋长国	1.134	3.88	7	意大利	0.102	3.47
8	澳大利亚	1.058	3.62	8	西班牙	0.074	2.52
9	印度尼西亚	1.003	3.43	9	美国	0.066	2.25
10	中国香港	0.949	3.24	10	英国	0.050	1.70
11	日本	0.844	2.88	11	瑞士	0.032	1.09
12	沙特阿拉伯	0.830	2.84	12	加拿大	0.030	1.02
13	墨西哥	0.798	2.73	13	芬兰	0.028	0.95
14	新加坡	0.760	2.60	14	卢森堡	0.027	0.92
15	伊朗	0.740	2.53	15	中华人民共和国	0.023	0.78
16	泰国	0.740	2.53	16	泰国	0.021	0.72

（续）

序号	国家（地区）	出口额（亿美元）	占金额比重（%）	序号	国家（地区）	进口额（亿美元）	占金额比重（%）
17	俄罗斯	0.600	2.05	17	中国台湾	0.019	0.65
18	卡塔尔	0.578	1.98	18	丹麦	0.015	0.51
19	菲律宾	0.553	1.89	19	斯洛伐克	0.012	0.41
20	巴基斯坦	0.549	1.88	20	立陶宛	0.011	0.37
21	中国台湾	0.521	1.78	21	法国	0.008	0.27
22	加拿大	0.503	1.72	22	捷克	0.005	0.17
23	德国	0.458	1.57	23	希腊	0.004	0.14
24	孟加拉国	0.446	1.52	24	土耳其	0.003	0.10
25	哥伦比亚	0.411	1.40	25	比利时	0.002	0.07
26	南非	0.363	1.24	26	斯洛文尼亚	0.001	0.03
27	英国	0.349	1.19	27	中国香港	0.001	0.03
28	西班牙	0.321	1.10	28	澳大利亚	0.001	0.03
29	巴西	0.306	1.05	29	马来西亚	0.001	0.03
30	意大利	0.274	0.94	30	阿拉伯联合酋长国	0.001	0.03

注：1. 表中数据来源于中国重型机械工业协会 2017 年进出口年报。

2. 本表用亿美元为单位，所以取三位小数。

3. 表中金额由年报的万美元为单位转换成本表的亿美元为单位，由于四舍五入的原因会有微小出入。

2017 年电梯、自动扶梯及升降机共从 28 个省（市、地区）出口，共进口到 27 个省（市、地区）。2017 年电梯、自动扶梯及升降机进出口额按行政区分类见表 34。

表 34　2017 年电梯、自动扶梯及升降机进出口额按行政区分类

序号	省（市）名称	出口额（亿美元）	占金额比重（%）	序号	省（市）名称	进口额（亿美元）	占金额比重（%）
	电梯、自动扶梯及升降机合计	**29.261**	**100**		**电梯、自动扶梯及升降机合计**	**2.937**	**100**
1	江苏省	11.871	40.57	1	上海市	1.437	48.93
2	上海市	5.498	18.79	2	广东省	0.599	20.39
3	浙江省	4.389	15.00	3	江苏省	0.380	12.94
4	广东省	3.277	11.20	4	天津市	0.137	4.66
5	天津市	1.194	4.08	5	山东省	0.105	3.58
6	辽宁省	0.953	3.26	6	北京市	0.058	1.97
7	河北省	0.754	2.58	7	浙江省	0.049	1.67
8	山东省	0.634	2.17	8	广西壮族自治区	0.048	1.63
9	北京市	0.189	0.65	9	福建省	0.032	1.09
10	福建省	0.131	0.45	10	河北省	0.026	0.89
11	重庆市	0.061	0.21	11	辽宁省	0.023	0.78
12	河南省	0.048	0.16	12	新疆维吾尔自治区	0.017	0.58
13	安徽省	0.038	0.13	13	四川省	0.009	0.31
14	湖南省	0.035	0.12	14	黑龙江省	0.005	0.17

（续）

序号	省（市）名称	出口额（亿美元）	占金额比重（%）	序号	省（市）名称	进口额（亿美元）	占金额比重（%）
15	新疆维吾尔自治区	0.026	0.09	15	湖南省	0.003	0.10
16	江西省	0.024	0.08	16	湖北省	0.003	0.10
17	四川省	0.024	0.08	17	海南省	0.002	0.07
18	陕西省	0.025	0.09	18	吉林省	0.002	0.07
19	湖北省	0.016	0.05	19	河南省	0.002	0.07
20	山西省	0.011	0.04	20	安徽省	0.001	0.03

注：1. 表中数据来源于中国重型机械工业协会 2017 年进出口年报。

2. 本表用亿美元为单位，所以取三位小数。

3. 表中金额由年报的万美元为单位转换成本表的亿美元为单位，由于四舍五入的原因会有微小出入。

2017 年电梯、自动扶梯及升降机进出口额按企业性质分类见表 35。

表 35 2017 年电梯、自动扶梯及升降机进出口额按企业性质分类

出口			进口		
企业性质	金额（亿美元）	占金额比重（%）	企业性质	金额（亿美元）	占金额比重（%）
电梯、自动扶梯及升降机合计	**29.261**	**100**	**电梯、自动扶梯及升降机合计**	**2.937**	**100**
外商独资企业	9.215	31.49	中外合资企业	1.339	45.59
私人企业	8.480	28.98	外商独资企业	0.803	27.34
中外合资企业	5.802	19.83	私人企业	0.392	13.35
中外合作企业	4.538	15.51	国有企业	0.287	9.77
国有企业	0.995	3.40	中外合作企业	0.116	3.95
集体企业	0.227	0.78			
个体工商户	0.003	0.01			

注：1. 表中数据来源于中国重型机械工业协会 2017 年进出口年报。

2. 本表用亿美元为单位，所以取三位小数。

3. 表中金额由年报的万美元为单位转换成本表的亿美元为单位，由于四舍五入的原因会有微小出入。

2017 年电梯、自动扶梯及升降机进出口额按贸易方式分类见表 36。

表 36 2017 年电梯、自动扶梯及升降机进出口额按贸易方式分类

出口			进口		
贸易方式	金额（亿美元）	占金额比重（%）	贸易方式	金额（亿美元）	占金额比重（%）
电梯、自动扶梯及升降机合计	**29.261**	**100**	**电梯、自动扶梯及升降机合计**	**2.937**	**100**
一般贸易	27.750	94.84	一般贸易	2.501	85.15
进料加工贸易	0.669	2.29	进料加工贸易	0.354	12.05
对外承包工程出口货物	0.404	1.38	保税区仓储转口货物	0.052	1.77
保税区仓储转口货物	0.285	0.97	外商投资企业作为投资进口的设备、物资	0.011	0.37
边境小额贸易	0.059	0.20	出口加工区进口设备	0.009	0.31
其他	0.049	0.17	其他	0.006	0.20
保税仓储进出口货物	0.022	0.08	保税仓储进出境货物	0.003	0.10
国家间、国际组织无偿援助和赠送的物资	0.011	0.04			
来料加工装配贸易	0.012	0.04			

注：1. 表中数据来源于中国重型机械工业协会 2017 年进出口年报。

2. 本表用亿美元为单位，所以取三位小数。

3. 表中金额由年报的万美元为单位转换成本表的亿美元为单位，由于四舍五入的原因会有微小出入。

连续搬运设备行业情况

2017 年连续搬运设备行业主营业务收入情况见表 37。

表 37 2017 年连续搬运设备行业主营业务收入情况

产品名称	主营业务收入（亿元）	同比增长（%）	主营业务成本（亿元）	同比增长（%）	利润总额（亿元）	同比增长（%）	资产总计（亿元）	同比增长（%）	负债总计（亿元）	同比增长（%）	主营业务利润率（%）
连续搬运设备	448.20	5.88	381.83	7.01	23.19	−0.30	367.35	5.11	180.70	7.28	5.17

注：表中数据来源于中国重型机械工业协会 2017 年 12 月份统计简报。

2017 年连续搬运设备行业部分企业主要经济指标完成情况见表 38。

表 38 2017 年连续搬运设备行业部分企业主要经济指标完成情况

序号	企业名称	工业总产值（亿元）	同比增长（%）	序号	企业名称	工业总产值（亿元）	同比增长（%）
1	安徽攀登重工股份有限公司	17.47	13.96	7	芜湖起重运输机器股份有限公司	3.30	62.94
2	衡阳起重运输机械有限公司	6.20	7.10	8	铜陵天奇蓝天机械设备有限公司	1.56	69.24
3	上海科大重工集团有限公司	5.88	3.81	9	包头市万里机械有限责任公司	0.86	25.94
4	四川省自贡运输机械集团股份有限公司	5.53	8.39	10	吉林省佳信通用机械股份有限公司	0.78	24.06
5	焦作科瑞森重装股份有限公司	5.47	20.54	11	湖州电动滚筒有限公司	0.43	6.82
6	武汉电力设备厂	3.51	3.25	12	河北滦宝装备制造有限公司	0.88	

注：数据来源于中国重型机械工业协会 2017 年 12 月份统计简报。

2017 年连续搬运设备行业部分产品产量见表 39。

表 39 2017 连续搬运设备行业部分产品产量

产品名称	单位	产量	上年同期产量	同比增长（%）
输送机械（输送机和提升机）	万 t	261.50	244.19	7.09

注：表中数据来源于中国重型机械工业协会 2017 年 12 月份统计简报。

2017 年连续搬运设备行业部分产品进出口情况见表 40。

表 40 2017 年连续搬运设备行业部分产品进出口情况

海关货物名称	出口额（亿美元）	同比增长（%）	进口额（亿美元）	同比增长（%）	进出口总额（亿美元）	同比增长（%）	进出口差额（亿美元）	同比增长（%）
连续搬运设备	15.49	2.92	11.53	13.48	27.02	7.18	3.96	−19.02
其中：输送机械	12.94	1.89	10.64	13.31	23.57	6.75	2.30	−30.51
装卸机械	2.55	8.51	0.90	16.88	3.45	10.22	1.66	5.06

注：1. 表中数据来源于中国重型机械工业协会 2017 年进出口统计年报。

2. 由于四舍五入，表中数据可能有微小出入。

2017 年连续搬运设备共出口到 185 个国家（地区），从 49 个国家（地区）进口。2017 年连续搬运设备进出口额按国家（地区）分类见表 41。

表41 2017年连续搬运设备进出口额按国家（地区）分类

序号	国家（地区）	出口额（亿美元）	占金额比重（%）	序号	国家（地区）	进口额（亿美元）	占金额比重（%）
	连续搬运设备合计	**15.491**	**100**		**连续搬运设备合计**	**11.534**	**100**
1	越南	1.457	9.41	1	德国	2.812	24.38
2	印度尼西亚	0.886	5.72	2	日本	1.598	13.85
3	马来西亚	0.769	4.96	3	中国台湾	1.505	13.05
4	美国	0.757	4.89	4	韩国	1.346	11.67
5	印度	0.713	4.60	5	美国	0.779	6.75
6	日本	0.694	4.48	6	意大利	0.773	6.70
7	泰国	0.679	4.38	7	瑞典	0.400	3.47
8	伊朗	0.646	4.17	8	奥地利	0.296	2.57
9	中国香港	0.617	3.98	9	荷兰	0.248	2.15
10	澳大利亚	0.516	3.33	10	法国	0.204	1.77
11	巴基斯坦	0.449	2.90	11	新加坡	0.181	1.57
12	土耳其	0.447	2.89	12	瑞士	0.160	1.39
13	俄罗斯	0.402	2.60	13	芬兰	0.156	1.35
14	阿尔及利亚	0.377	2.43	14	西班牙	0.149	1.29
15	菲律宾	0.308	1.99	15	英国	0.134	1.16
16	孟加拉国	0.282	1.82	16	中华人民共和国	0.129	1.12
17	南非	0.272	1.76	17	丹麦	0.101	0.88
18	缅甸	0.270	1.74	18	匈牙利	0.094	0.81
19	中国台湾	0.252	1.63	19	比利时	0.089	0.77
20	埃塞俄比亚	0.236	1.52	20	加拿大	0.076	0.66
21	智力	0.224	1.45	21	波兰	0.069	0.60
22	埃及	0.218	1.41	22	马来西亚	0.065	0.56
23	韩国	0.217	1.40	23	捷克	0.044	0.38
24	新加坡	0.212	1.37	24	墨西哥	0.024	0.21
25	加拿大	0.197	1.27	25	泰国	0.016	0.14
26	墨西哥	0.195	1.26	26	土耳其	0.013	0.11
27	老挝	0.163	1.05	27	斯洛伐克	0.012	0.10
28	德国	0.152	0.98	28	挪威	0.010	0.09
29	尼日利亚	0.149	0.96	29	爱沙尼亚	0.008	0.07
30	阿拉伯联合酋长国	0.148	0.96	30	以色列	0.007	0.06

注：1. 表中数据来源于中国重型机械工业协会2017年进出口年报。

2. 本表用亿美元为单位，所以取三位小数。

3. 表中金额由年报的万美元为单位转换成本表的亿美元为单位，由于四舍五入的原因会有微小出入。

2017年连续搬运设备共从30个省（市、地区）出口，共进口到29个省（市、地区）。2017年连续搬运设备进出口额按行政区分类见表42。

表 42　2017 年连续搬运设备进出口额按行政区分类

序号	省（市）名称	出口额（亿美元）	占金额比重（%）	序号	省（市）名称	进口额（亿美元）	占金额比重（%）
	连续搬运设备合计	**15.491**	**100**		**连续搬运设备合计**	**11.534**	**100**
1	江苏省	4.053	26.16	1	江苏省	1.919	16.64
2	广东省	2.573	16.61	2	上海市	1.830	15.87
3	上海市	1.790	11.56	3	广东省	1.239	10.74
4	浙江省	1.155	7.46	4	山东省	0.797	6.91
5	北京市	0.748	4.83	5	天津市	0.786	6.81
6	辽宁省	0.748	4.83	6	浙江省	0.699	6.06
7	河北省	0.647	4.18	7	辽宁省	0.680	5.90
8	天津市	0.621	4.01	8	山西省	0.572	4.96
9	山东省	0.509	3.29	9	北京市	0.560	4.86
10	河南省	0.499	3.22	10	福建省	0.472	4.09
11	湖北省	0.433	2.80	11	安徽省	0.308	2.67
12	安徽省	0.429	2.77	12	重庆市	0.214	1.86
13	湖南省	0.299	1.93	13	湖北省	0.191	1.66
14	四川省	0.210	1.36	14	河北省	0.166	1.44
15	福建省	0.182	1.17	15	陕西省	0.134	1.16
16	云南省	0.138	0.89	16	吉林省	0.129	1.12
17	重庆市	0.118	0.76	17	内蒙古自治区	0.120	1.04
18	广西壮族自治区	0.093	0.60	18	四川省	0.112	0.97
19	黑龙江省	0.070	0.45	19	湖南省	0.110	0.95
20	宁夏回族自治区	0.052	0.34	20	河南省	0.095	0.82

注：1. 表中数据来源于中国重型机械工业协会 2017 年进出口年报。

2. 本表用亿美元为单位，所以取三位小数。

3. 表中金额由年报的万美元为单位转换成本表的亿美元为单位，由于四舍五入的原因会有微小出入。

2017 年连续搬运设备进出口额按企业性质分类见表 43。

表 43　2017 年连续搬运设备进出口额按企业性质分类

出口			进口		
企业性质	金额（亿美元）	占金额比重（%）	企业性质	金额（亿美元）	占金额比重（%）
连续搬运设备合计	**15.491**	**100**	**连续搬运设备合计**	**11.534**	**100**
私人企业	7.109	45.89	外商独资企业	5.042	43.71
国有企业	3.786	24.44	私人企业	2.429	21.06
外商独资企业	2.963	19.13	国有企业	2.210	19.16
中外合资企业	1.417	9.15	中外合资企业	1.781	15.44
集体企业	0.201	1.30	中外合作企业	0.058	0.50
中外合作企业	0.012	0.08	集体企业	0.015	0.13
个体工商户	0.003	0.02			

注：1. 表中数据来源于中国重型机械工业协会 2017 年进出口年报。

2. 本表用亿美元为单位，所以取三位小数

3. 表中金额由年报的万美元为单位转换成本表的亿美元为单位，由于四舍五入的原因会有微小出入。

2017 年连续搬运设备进出口额按贸易方式分类见表 44。

表 44　2017 年连续搬运设备进出口额按贸易方式分类

出口			进口		
贸易方式	金额（亿美元）	占金额比重（%）	贸易方式	金额（亿美元）	占金额比重（%）
连续搬运设备合计	**15.491**	**100**	**连续搬运设备合计**	**11.534**	**100**
一般贸易	10.301	66.50	一般贸易	9.502	82.38
对外承包工程出口货物	2.635	17.01	外商投资企业作为投资进口的设备、物资	0.847	7.34
进料加工贸易	2.149	13.87	保税区仓储转口货物	0.782	6.78
边境小额贸易	0.144	0.93	进料加工贸易	0.152	1.32
保税区仓储转口货物	0.131	0.85	出口加工区进口设备	0.116	1.01
保税仓储进出境货物	0.056	0.36	保税仓储进出境货物	0.095	0.82
其他	0.050	0.32	其他	0.027	0.23
来料加工装配贸易	0.018	0.12	加工贸易进口设备	0.008	0.07
国家间、国际组织无偿援助和赠送的物资	0.005	0.03	来料加工装配贸易	0.004	0.03
租赁贸易	0.000	0.00	租赁贸易	0.002	0.02

注：1. 表中数据来源于中国重型机械工业协会 2017 年进出口年报。

2. 本表用亿美元为单位，所以取三位小数。

3. 表中金额由年报的万美元为单位转换成本表的亿美元为单位，由于四舍五入的原因会有微小出入。

其他物料搬运设备行业情况

2017 年其他搬运设备行业主要经济指标完成情况见表 45。

表 45　2017 年其他物料搬运设备行业主要经济指标完成情况

行业名称	主营业务收入（亿元）	同比增长（%）	主营业务成本（亿元）	同比增长（%）	利润总额（亿元）	同比增长（%）	资产总计（亿元）	同比增长（%）	负债总计（亿元）	同比增长（%）	主营业务利润率（%）
其他物料搬运设备制造行业	265.40	2.96	221.11	4.00	13.47	−13.15	307.63	13.45	148.68	22.41	5.08

注：表中数据来源于中国重型机械工业协会 2017 年 12 月份统计简报。

2017 年其他物料搬运设备分类产品进出口情况见表 46。

表 46　2017 年其他物料搬运设备分类产品进出口情况

海关货物名称	出口额（亿美元）	同比增长（%）	进口额（亿美元）	同比增长（%）	进出口总额（亿美元）	同比增长（%）	进出口差额（亿美元）	同比增长（%）
其他物料搬运设备合计	**13.977**	**3.86**	**16.781**	**24.94**	**30.757**	**14.39**	**−2.804**	**−1 500.00**
有轨巷道堆垛机	0.028	−95.37	0.435	10.69	0.463	−53.61	−0.407	−291.08
机械停车设备	0.348	9.09	0.027	−27.03	0.375	5.34	0.321	13.83
机场用旅客登机桥	0.526	35.92			0.526	35.57	0.526	35.92
其他旅客登机（船）桥	0.013	333.33	0.016	−82.80	0.029	−69.79	−0.002	−97.78
矿车推进机、转车台、货车倾卸机	0.095	28.38	0.013	−27.78	0.107	15.05	0.082	46.43
搬运机器人	0.354	1.14	2.499	14.53	2.853	12.68	−2.145	17.09
未列名提升、搬运、装卸机械	6.031	5.29	10.417	34.36	16.448	22.01	−4.386	116.59
税号 84.28 所列其他机械零件	6.582	9.90	3.374	14.06	9.956	11.28	3.208	5.84

注：1. 表中数据来源于中国重型机械工业协会 2017 年进出口统计年报。

2. 由于四舍五入，表中数据可能有微小出入。

2017年其他物料搬运设备共出口到195个国家（地区），从63个国家（地区）进口。2017年其他物料搬运设备进出口额按国家（地区）分类见表47。

表47 2017年其他物料搬运设备进出口额按国家（地区）分类

序号	国家（地区）	出口额（亿美元）	占金额比重（%）	序号	国家（地区）	进口额（亿美元）	占金额比重（%）
	其他物料搬运设备合计	**13.977**	**100**		**其他物料搬运设备合计**	**16.781**	**100**
1	美国	2.004	14.34	1	德国	3.851	22.95
2	日本	0.979	7.00	2	日本	3.603	21.47
3	澳大利亚	0.916	6.55	3	韩国	2.420	14.42
4	越南	0.806	5.77	4	中国台湾	1.379	8.22
5	英国	0.506	3.62	5	美国	0.929	5.54
6	印度尼西亚	0.462	3.31	6	意大利	0.735	4.38
7	马来西亚	0.441	3.16	7	瑞士	0.680	4.05
8	德国	0.415	2.97	8	奥地利	0.537	3.20
9	泰国	0.403	2.88	9	法国	0.405	2.41
10	中国香港	0.392	2.80	10	中华人民共和国	0.243	1.45
11	印度	0.347	2.48	11	新加坡	0.221	1.32
12	俄罗斯	0.343	2.45	12	瑞典	0.219	1.31
13	荷兰	0.310	2.22	13	丹麦	0.202	1.20
14	土耳其	0.279	2.00	14	西班牙	0.181	1.08
15	韩国	0.265	1.90	15	荷兰	0.177	1.05
16	墨西哥	0.246	1.76	16	英国	0.162	0.97
17	新加坡	0.235	1.68	17	马来西亚	0.116	0.69
18	阿尔及利亚	0.227	1.62	18	加拿大	0.113	0.67
19	菲律宾	0.223	1.60	19	芬兰	0.096	0.57
20	伊朗	0.212	1.52	20	挪威	0.090	0.54
21	加拿大	0.212	1.52	21	波兰	0.078	0.46
22	阿拉伯联合酋长国	0.211	1.51	22	爱沙尼亚	0.058	0.35
23	中国台湾	0.190	1.36	23	捷克	0.041	0.24
24	尼日利亚	0.150	1.07	24	匈牙利	0.037	0.22
25	沙特阿拉伯	0.142	1.02	25	比利时	0.031	0.18
26	意大利	0.142	1.02	26	俄罗斯	0.030	0.18
27	巴西	0.137	0.98	27	泰国	0.024	0.14
28	法国	0.136	0.97	28	纳米比亚	0.014	0.08
29	哈萨克斯坦	0.125	0.89	29	越南	0.013	0.08
30	巴基斯坦	0.117	0.84	30	以色列	0.011	0.07

注：1. 表中数据来源于中国重型机械工业协会2017年进出口年报。

2. 本表用亿美元为单位，所以取三位小数。

3. 表中金额由年报的万美元为单位转换成本表的亿美元为单位，由于四舍五入的原因会有微小出入。

2017年其他物料搬运设备共从30个省（市、地区）出口，共进口到29个省（市、地区）。2017年其他物料搬运设备进出口额按行政区分类见表48。

表 48　2017 年其他物料搬运设备进出口额按行政区分类

序号	省（市）名称	出口额（亿美元）	占金额比重（%）	序号	省（市）名称	进口额（亿美元）	占金额比重（%）
	其他物料搬运设备合计	**13.977**	**100**		**其他物料搬运设备合计**	**16.781**	**100**
1	江苏省	3.605	25.79	1	江苏省	2.912	17.35
2	广东省	2.096	15.00	2	上海市	2.742	16.34
3	浙江省	1.928	13.79	3	广东省	2.315	13.80
4	上海市	1.640	11.73	4	天津市	1.401	8.35
5	山东省	1.089	7.79	5	北京市	1.120	6.67
6	天津市	0.513	3.67	6	山东省	0.862	5.14
7	辽宁省	0.493	3.53	7	浙江省	0.785	4.68
8	河北省	0.483	3.46	8	重庆市	0.765	4.56
9	北京市	0.455	3.26	9	安徽省	0.517	3.08
10	福建省	0.356	2.55	10	湖北省	0.484	2.88
11	湖南省	0.288	2.06	11	辽宁省	0.411	2.45
12	安徽省	0.232	1.66	12	福建省	0.408	2.43
13	河南省	0.155	1.11	13	湖南省	0.396	2.36
14	湖北省	0.153	1.09	14	河北省	0.321	1.91
15	四川省	0.125	0.89	15	河南省	0.241	1.44
16	重庆市	0.090	0.64	16	吉林省	0.178	1.06
17	黑龙江省	0.062	0.44	17	广西壮族自治区	0.145	0.86
18	陕西省	0.047	0.34	18	陕西省	0.144	0.86
19	江西省	0.043	0.31	19	四川省	0.143	0.85
20	山西省	0.034	0.24	20	贵州省	0.104	0.62

注：1. 表中数据来源于中国重型机械工业协会 2017 年进出口年报。

2. 本表用亿美元为单位，所以取三位小数。

3. 表中金额由年报的万美元为单位转换成本表的亿美元为单位，由于四舍五入的原因会有微小出入。

2017 年其他物料搬运设备进出口额按企业性质分类见表 49。

表 49　2017 年其他物料搬运设备进出口额按企业性质分类

出口			进口		
企业性质	金额（亿美元）	占金额比重（%）	企业性质	金额（亿美元）	占金额比重（%）
其他物料搬运设备合计	**13.977**	**100**	**其他物料搬运设备合计**	**16.781**	**100**
私人企业	6.975	49.90	外商独资企业	6.940	41.36
外商独资企业	3.005	21.50	中外合资企业	4.233	25.22
国有企业	2.261	16.18	私人企业	2.949	17.57
中外合资企业	1.612	11.53	国有企业	2.613	15.57
集体企业	0.110	0.79	集体企业	0.041	0.24
个体工商户	0.009	0.06	中外合作企业	0.004	0.02
中外合作企业	0.004	0.03			
个体工商户	0.003	0.02			

注：1. 表中数据来源于中国重型机械工业协会 2017 年进出口年报。

2. 本表用亿美元为单位，所以取三位小数。

3. 表中金额由年报的万美元为单位转换成本表的亿美元为单位，由于四舍五入的原因会有微小出入。

2017 年其他物料搬运设备进出口额按贸易方式分类见表 50。

表 50　2017 年其他物料搬运设备进出口额按贸易方式分类

出口			进口		
贸易方式	金额（亿美元）	占金额比重（%）	贸易方式	金额（亿美元）	占金额比重（%）
其他物料搬运设备合计	**13.977**	**100**	**其他物料搬运设备合计**	**16.781**	**100**
一般贸易	10.857	77.68	一般贸易	12.241	72.95
进料加工贸易	1.451	10.38	外商投资企业作为投资进口的设备、物资	1.452	8.65
对外承包工程出口货物	1.099	7.86	保税区仓储转口货物	1.033	6.16
保税仓储进出境货物	0.205	1.47	进料加工贸易	0.813	4.84
保税区仓储转口货物	0.151	1.08	出口加工区进口设备	0.644	3.84
边境小额贸易	0.085	0.61	保税仓储进出境货物	0.311	1.85
其他	0.066	0.47	加工贸易进口设备	0.195	1.16
来料加工装配贸易	0.060	0.43	其他	0.081	0.48
租赁贸易	0.003	0.02	来料加工装配贸易	0.008	0.05
国家间、国际组织无偿援助和赠送的物资	0.001	0.01	租赁贸易	0.004	0.02

注：1. 表中数据来源于中国重型机械工业协会 2017 年进出口年报。

2. 本表用亿美元为单位，所以取三位小数。

3. 表中金额由年报的万美元为单位转换成本表的亿美元为单位，由于四舍五入的原因会有微小出入。

1998—2017 年物料搬运（起重运输）机械行业经济增长走势

1998—2017 年物料搬运（起重运输）机械行业主营业务收入及增长率走势见图 1。1998—2017 年物料搬运（起重运输）机械行业利润总额及其增长率走势见图 2。2001—2017 年物料搬运（起重运输）机械行业资产总值及其增长率走势见图 3。1998—2017 年物料搬运（起重运输）机械进出口额走势见图 4。1998—2017 年物料搬运（起重运输）机械进出口额增长率走势见图 5。

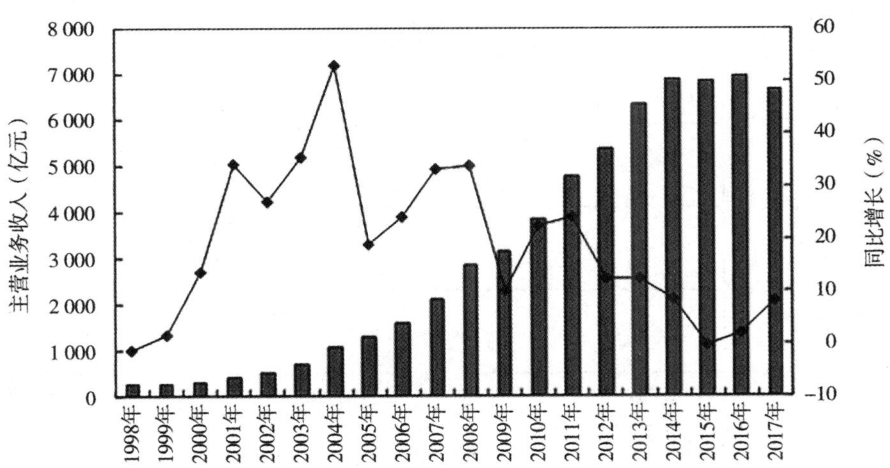

图 1　1998—2017 年物料搬运（起重运输）机械行业主营业务收入及增长率走势

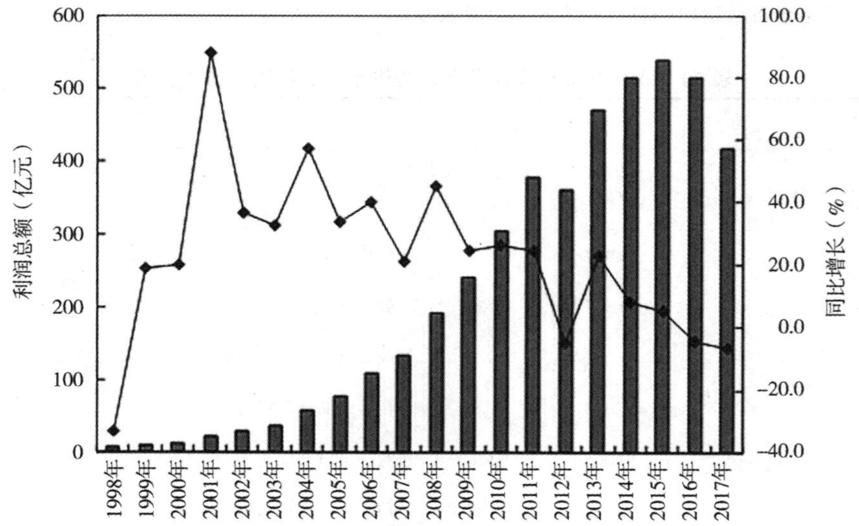

图 2　1998 —2017 年物料搬运（起重运输）机械行业利润总额及其增长率走势

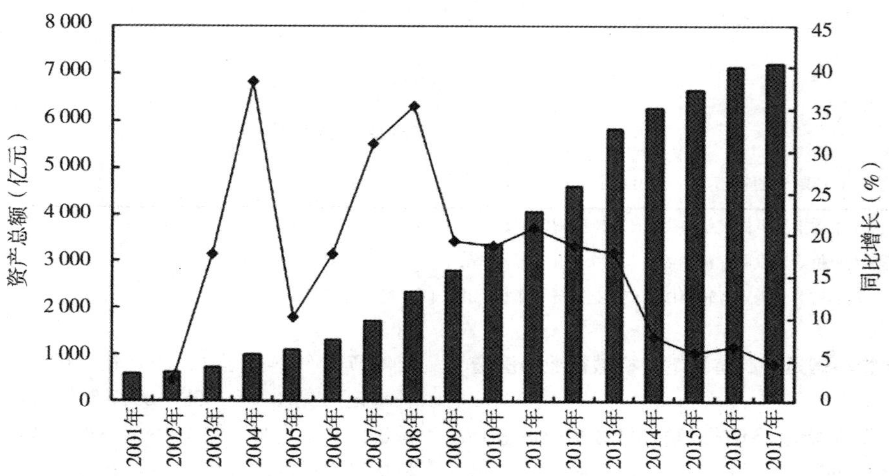

图 3　2001—2017 年物料搬运（起重运输）机械行业资产总值及其增长率走势

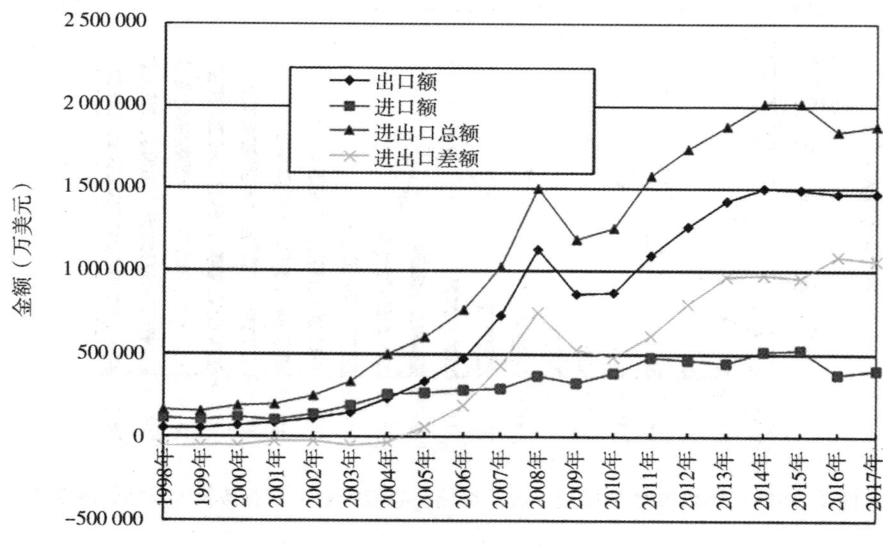

图 4　1998—2017 年物料搬运（起重运输）机械进出口额走势

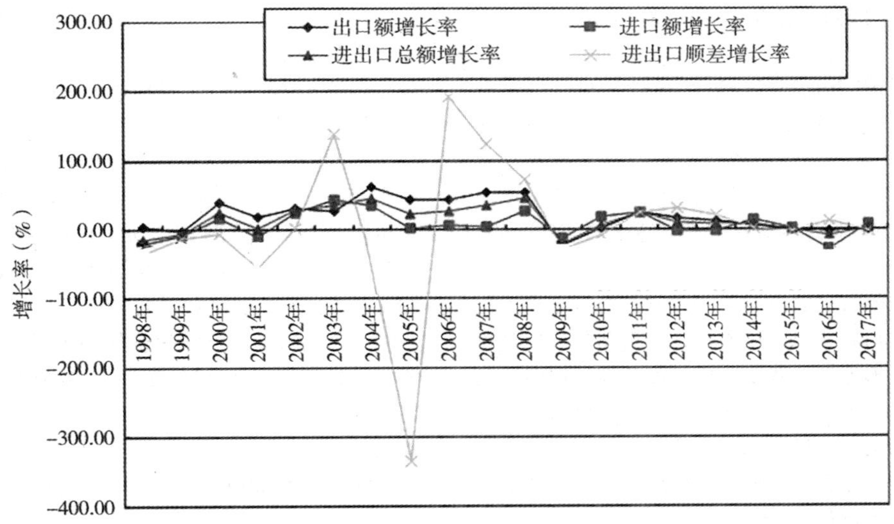

图 5　1998—2017 年物料搬运（起重运输）机械进出口额增长率走势

〔撰稿人：中国重型机械工业协会梁锐　审稿人：中国重型机械工业协会王继生〕

轻小型起重设备

千 斤 顶

生产发展情况　千斤顶产品按工作原理主要分为液压千斤顶和机械千斤顶。

我国千斤顶产业发展起步较晚，改革开放之前，我国千斤顶的需求主要以工业为主。改革开放后，国民经济快速发展，人民生活水平显著提高，汽车逐步进入百姓家庭，拉动了千斤顶的需求。20 世纪八九十年代，外资不断注入国内千斤顶行业，部分境外千斤顶生产企业转移到国内，使得我国千斤顶产业进入了快速发展期，千斤顶需求的增速远高于全球平均水平，千斤顶产业得到了快速持续发展，成为全球千斤顶生产和消耗量最大的国家之一。

为了满足不断增长的新需求，生产企业特别是行业内的骨干企业投入较大的人力、财力、物力开发设计出大量新产品，改变了原来比较单一的产品结构，改进了加工工艺，提高了产品的安全性和操作的便利性。目前超过 300 种不同规格、不同型号的千斤顶产品极大地丰富了市场，满足了客户需求。特种千斤顶是传统千斤顶产品的扩展和延伸，在道路桥梁建设等方面应用较广，为千斤顶行业创造了新的发展空间。千斤顶，特别是分离式千斤顶在抢险救灾中，由于其轻巧灵活而越来越受青睐。

市场及销售　千斤顶产品以其科学的设计、可靠的结构性、较大的起重能量、小巧便携等特点，被广泛应用于国民经济的各个领域，特别是流动性起重作业和汽车行业把它作为随车与维修场所必备的起重装备，用于起重、支撑、调整水平等作业。在大型救援设备无法到达灾难现场的救援工作中，千斤顶特别是分离式千斤顶可发挥积极的作用。

国内较具规模的千斤顶生产企业有 70 多家，主要分布在浙江、江苏、上海、安徽、山东等沿海地区，这五个省（市）的千斤顶产量占国内千斤顶总产量的 90% 左右。千斤顶行业仍在向产品质量高、规模效益好、管理成本低、国际竞争能力强的东南沿海经济发达地区的大、中型企业集中。这些地区千斤顶行业的专业化分工更加细化，千斤顶绝大部分零部件由配套企业生产，因此千斤顶质量的提升与配套企业密切相关，配套企业更应该提高生产和质量保证能力，提高规模化协作能力。但随着这些地区劳动力成本和土地成本的持续推高，经济发达地区千斤顶生产企业呈现转型趋势，上海宝山千斤顶厂、上海沪南千斤顶厂被征地后，已逐步退出千斤顶生产制造。与千斤顶生产相关的铸造、电镀加工受逐渐趋紧的能源、环保政策约束，千斤顶产业区域集聚正在发生改变，浙江海盐对小微千斤顶及其配套企业正从土地供给等多方面加以控制，因此中西部等相对迟发达地区业内企业应该看到承接千斤顶产业转移的机会。

千斤顶产品按市场应用可大致分为商用千斤顶、汽车配套千斤顶、汽车维修保养用千斤顶及特种用途千斤顶。其中国内汽车配套千斤顶增幅较大，2017 年常熟通润汽车零部件股份有限公司生产销售的汽车配套千斤顶为 1 175 万台，占汽车配套市场的 21.45%。另外随着国内汽车保有量的快速上升，浙江杭州、嘉兴地区的汽车维修保养设备增速明显，浙江省成为国内千斤顶生产、出口最大省份。

当前的美国对华贸易政策将对千斤顶出口造成重大影响。

国内千斤顶生产企业同时也面临风险和挑战：①发达国家对千斤顶产品的知识产权保护已经出现，应引起国内生产企业的重视。②千斤顶生产企业是劳动密集型企业，随着工资成本、财务成本等的上升，千斤顶产品在国际市场的价格竞争力将逐步减弱，利润空间被不断压缩。

技术、质量及标准 海盐亿达电子科技有限公司为行业内企业定制了自动旋紧机、注油机、双泵动静载检测等设备。承德润韩汽车零部件有限公司、山东临沂启阳工具有限公司、奉化南方机械有限公司、嘉兴大通机械有限公司等行业会员单位采用了亿达电子科技有限公司的自动化专机，杭州地区大部分企业都采用了亿达的自动加油机，大大提高了质量控制能力和劳动生产率。

〔撰稿人：中国重型机械工业协会千斤顶分会王祥元 审稿人：中国重型机械工业协会王继生〕

起重葫芦

起重葫芦主要产品包括：钢丝绳电动葫芦、环链电动葫芦、微型电动葫芦、气动葫芦、手拉葫芦、手扳葫芦和滑车等提升机械设备，是比较常用的起重工具。起重葫芦广泛用于工厂、矿山、农业、电力、建筑、码头、船舶、仓库的机器安装和货物起吊等方面，是量大面广的通用起重产品。

国内市场与销售 我国起重葫芦行业经过几十年的发展，产业规模和制造能力已经成为全球最大，基本能满足国内市场的需求，正在努力扩大国际市场份额。

2017年是起重葫芦行业产品市场逐渐复苏的一年，行业企业发展进入了新一轮上升周期，各项经济指标较2016年稳中有升。

根据中国重型机械工业协会统计网的统计，2017年网员企业年产17.1万台电动葫芦（不包括单相电动葫芦），同比增长3.28%。其中，电动葫芦产量排在前5位的企业分别是卫华集团有限公司、河南省矿山起重机有限公司、凯澄起重机械有限公司、浙江冠林机械有限公司和浙江双鸟机械有限公司，5家企业产量同比增长10.19%；

单相微型电动葫芦是主要供应于国际市场的电动葫芦产品，其中浙江八达机电有限公司2017年产量同比下降6.13%。

手动葫芦产量最大的国内3家企业分别是浙江双鸟机械有限公司、浙江冠林机械有限公司和浙江五一机械有限公司，3家企业的总产量同比增长9.65%。

进出口情况 根据海关进出口的统计数据，2017年我国起重葫芦进出口总量为518.2万台，同比增长1.15%。电动葫芦进出口总量为105.7万台，同比下降12.3%，其中，进口量为1.7万台，同比增长13.33%，出口量为104万台，同比下降12.7%。手动葫芦及滑车进出口总量为412.5万台，同比增长5.3%，其中，进口量为2.7万台，同比下降3.6%，出口量为409.8万台，同比增长5.4%。

根据海关进出口交易金额数据统计，2017年我国起重葫芦进出口总额为3.75亿美元，同比增长1.9%。电动葫芦进出口总额为2.06亿美元，同比增长4%，其中，进口额为0.52亿美元，同比增长15.6%，出口额为1.54亿美元，同比基本持平，贸易顺差为1.02亿美元，同比减少7.3%。手动葫芦及滑车进出口总额为1.69亿美元，同比增长0.6%，其中，进口额为0.15亿美元，同比减少37.5%，出口额为1.53亿美元，同比增长4.1%，贸易顺差为1.38亿美元，同比增长12.2%。

2017年我国电动葫芦出口额居前10位的国家见表1。

表1 2017年我国电动葫芦出口额居前10位的国家

序号	国家	出口额（万美元）	占出口金额比重（%）
1	印度	1 591	10.32
2	美国	1 257	8.15
3	越南	1 103	7.15
4	伊朗	1 058	6.86
5	马来西亚	711	4.61
6	印度尼西亚	681	4.42
7	韩国	644	4.18
8	德国	592	3.84
9	泰国	584	3.79
10	土耳其	552	3.58

2017年我国电动葫芦进口额居前10位的国家（地区）见表2。

表2 2017年我国电动葫芦进口额居前10位的国家（地区）

序号	国家（地区）	进口额（万美元）	占进口金额比重（%）
1	德国	1 708	32.68
2	美国	729	13.94
3	芬兰	640	12.24
4	日本	481	9.25
5	法国	423	8.09
6	比利时	413	7.91
7	西班牙	261	4.99
8	韩国	122	2.33
9	中国台湾	113	2.16
10	意大利	70	1.34

2017 年我国手动葫芦与滑车出口额居前 10 位的国家见表 3。

表 3 2017 年我国手动葫芦与滑车出口额居前 10 位的国家

序号	国家	出口额（万美元）	占出口金额比重（%）
1	美国	2 993	19.53
2	德国	1 203	7.85
3	印度尼西亚	604	3.94
4	韩国	568	3.71
5	澳大利亚	528	3.45
6	荷兰	513	3.35
7	越南	467	3.05
8	日本	463	3.02
9	印度	458	2.99
10	加拿大	448	2.92

2017 年我国手动葫芦与滑车进口额居前 5 位的国家（地区）见表 4。

表 4 2017 年我国手动葫芦与滑车进口额居前 5 位的国家（地区）

序号	国家（地区）	进口额（万美元）	占进口金额比重（%）
1	美国	351	22.65
2	德国	338	21.85
3	日本	292	18.86
4	意大利	116	7.48
5	中国台湾	80	5.17

主要企业主要经济指标情况 2017 年我国起重葫芦行业主机及配件产品主要企业主要经济指标完成情况见表 5。

表 5 2017 年我国起重葫芦行业主机及配件产品主要企业主要经济指标完成情况

企业名称	起重葫芦产品销售收入（万元）	其他产品销售收入（万元）	工业总产值（万元）	利税总额（万元）
凯澄起重机械有限公司	28 208	4 767	29 256	8 041
纽科伦（新乡）起重机有限公司	50 043	123 678	173 722	7 168
北京起重工具厂	1 500	—	1 500	—
浙江双鸟机械有限公司	26 961	10 358	38 075	5 535
浙江冠林机械有限公司	23 989	52	24 426	3 117
浙江五一机械有限公司	13 700	—	13 700	—
八达机电有限公司	11 273	2 142	15 723	1 284
南阳市起重机械厂	2 250	3 812	11 133	698
广州超宇起重设备有限公司	400	—	400	—
湖北银轮起重机械股份有限公司	2 100	—	2 100	—
聊城五环机械有限公司	1 529	335	1 913	225
山东聊城科顺机械有限公司	2 604	820	3 510	212
重庆凯荣机械有限责任公司	3 728	28	5 660	183
南京特种电机厂有限公司	—	14 375	14 773	813
南京起重电机总厂	—	16 101	16 101	—
江西工埠机械有限责任公司	—	9 637	9 980	936
江苏欧玛机械有限公司	2 722	—	2 722	982
天津永恒泰科技有限公司	—	2 368	2 368	356
山东冠锐链轮科技有限公司	—	2 150	2 150	108
临安华龙摩擦材料有限公司	—	260	—	—
华德起重机（天津）股份有限公司	8 633	4 154	12 787	789
铜陵市神雕机械制造有限公司	4 650	220	4 870	600
浙江凯岛起重机械有限公司	6 000	2 000	8 000	480
湖南泰尔汀起重科技有限公司	2 000	—	2 000	240

主要企业主营产品产量产值情况 2017 年我国起重葫芦行业主要企业主机产品产量产值情况见表 6。

表6 2017年我国起重葫芦行业主要企业主机产品产量产值情况

企业名称	主营产品	产量（台）	产值（万元）
凯澄起重机械有限公司	钢丝绳电动葫芦	27 012	29 300
纽科伦（新乡）起重机有限公司	钢丝绳电动葫芦	26 645	40 666
	环链电动葫芦	5 204	9 588
北京起重工具厂	手动葫芦	36 000	1 500
浙江双鸟机械有限公司	钢丝绳电动葫芦	1 049	2 932
	环链电动葫芦	8 010	4 263
	手动葫芦	322 230	15 974
浙江冠林机械有限公司	环链电动葫芦	25 017	7 644
	手动葫芦	303 460	16 719
八达机电有限公司	环链电动葫芦	763	78
	单相电动葫芦	211 166	12 222
	手动葫芦	5 559	96
南阳市起重机械厂	手动葫芦	50 000	2 250
聊城五环机械有限公司	手动葫芦	42 235	1 529
山东聊城科顺机械有限公司	环链电动葫芦	50	6
	手动葫芦	72 000	5 660
重庆凯荣机械有限责任公司	手动葫芦	180 000	4 000
江苏欧玛机械有限公司	环链电动葫芦	1 501	559
	手动葫芦	81 690	2 163
华德起重机（天津）股份有限公司	钢丝绳电动葫芦	2 568	8 633
铜陵市神雕机械制造有限公司	环链电动葫芦	9 200	2 320
	手动葫芦	67 000	2 330
浙江凯岛起重机械有限公司	环链电动葫芦	2 000	6 000
湖南泰尔汀起重科技有限公司	钢丝绳电动葫芦	308	2 000

2017年我国起重葫芦行业主要企业配件产品产量产值情况见表7。

表7 2017年我国起重葫芦行业主要企业配件产品产量产值情况

企业名称	配件产品名称	产量	产值（万元）
浙江双鸟机械有限公司	链条	1 200t	1 080
浙江冠林机械有限公司	单轨小车	1 336台	63
聊城五环机械有限公司	手动葫芦导轮	102万件	336
山东聊城科顺机械有限公司	链条	—	318
南京特种电机厂有限公司	锥形转子电动机	161 158台	14 773
南京起重电机总厂	锥形转子电动机	—	15 221
山东冠锐链轮科技有限公司	手拉链轮	215万件	2 150
临安华龙摩擦材料有限公司	摩擦片	—	260

主要企业产品出口情况 2017年起重葫芦行业主机及配件产品主要企业产品出口情况见表8。

表 8 2017 年起重葫芦行业主机及配件产品主要企业产品出口情况

企业名称	出口国家（地区）	出口数量（台）	出口金额（万美元）
纽科伦（新乡）起重机有限公司	亚洲	1 252	1 026
	欧洲	437	401
	北美洲	441	410
	南美洲	615	561
	非洲	544	442
北京起重工具厂	美国	33 000	200
浙江双鸟机械有限公司	南非	29 340	147
	德国	26 200	127
	荷兰	21 400	96
	美国	19 660	94
	土耳其	13 835	77
浙江冠林机械有限公司	美国	14 326	1 375
	加拿大	881	78.06
	法国	738	54.50
	意大利	357	23
八达机电有限公司	欧洲	100 000	650
	美洲	70 000	450
	其他	30 000	200
南阳起重机械厂有限公司	印度	2 500	10
	日本	1 200	4
	马来西亚	3 000	9
山东聊城科顺机械有限公司	印尼	9 960	80
	泰国	1 260	92
重庆凯荣机械有限责任公司	美国	80 000	250
	欧洲	15 000	54
	东南亚	10 000	31
	中东	5 000	15
	南美	7 000	23
江西工埠机械有限责任公司	印度尼西亚	6	16
	卡塔尔	2	5
	以色列	2	5
华德起重机（天津）股份有限公司	巴西	35	32
	立陶宛	13	15
铜陵市神雕机械制造有限公司	印度	6 500	52
	俄罗斯	4 600	38
	新加坡	6 600	48
	土耳其	2 900	29
	墨西哥	4 500	32
浙江凯岛起重机械有限公司	马来西亚	1 000	50
	印度	1 000	50
	泰国	800	40
	美国	1 000	55
湖南泰尔汀起重科技有限公司	东南亚	23	8

新产品研发及获奖情况 2017 年起重葫芦行业部分企业根据本行业、本企业特点，将市场需求和本企业的技术能力相匹配，通过自主创新或合作创新，研发出不少新产品，获得了不少奖项及荣誉。

（1）纽科伦（新乡）起重机有限公司。2017年纽科伦（新乡）起重机有限公司在新产品研制和质量管控方面成绩斐然，申请并受理的专利27项，已获授权专利15项，其中发明专利6项。截至2017年年底，共获授权专利173项，其中发明专利20项，被认定为“国家知识产权优势企业”并顺利通过了“国家AAAA级标准化良好行为企业”复审。

主要创新成果如下：

1）自主研发的6项产品被认定为2017年度河南省工业新产品，入编《2017年度河南省工业新产品目录》，其中大型盾构施工管片转运系统、新型双层平面移动式立体停车设备、自攀爬式风电维修起重机3项产品技术水平达到国际先进；壁行式全液压船坞维修平台、大型工件自动翻转起重机、双梁梁盒内缝自动焊接机器人3项产品技术水平在国内领先。

2）大型工件自动翻转起重机、壁行式全液压船坞维修平台、双梁梁盒自动焊接操作机和25t偏挂式电动葫芦L形门式起重机完成了国家科技成果在线登记工作，该4项新产品经鉴定达到国内领先水平，获得河南省科学技术成果奖证书。

3）“绿色建筑智能养护系统”项目获得中国机械工业科学技术成果奖三等奖。

4）“船艇搬运起重机”被认定为河南省首台（套）重大技术装备。

5）省级科技项目“河南省重大科技专项——全液压轮胎式船艇搬运起重机关键技术研究及产业化”“河南省自主创新产品专项——绿色建筑智能养护系统”均顺利通过了省科技厅验收。

6）研发的新式高卷扬电动葫芦的起升高度超过了45m，工作级别可达到M5，采用单卷筒多层缠绕方式，控制了电动葫芦整体尺寸，避免了钢丝绳的不正常磨损。

（2）浙江双鸟机械有限公司。2017年浙江双鸟机械有限公司通过了国家高新技术企业复评，获得授权专利28项，其中，发明专利3项（包括国外发明专利1项），实用新型专利19项，外观设计专利6项。

2017年获得6项省级以上新产品鉴定，分别是：防水防尘葫芦、便携式固定高起升环链电动葫芦、带自动锁紧风电专用葫芦、造船专用葫芦、双小车式风电专用电动环链葫芦及定位与定速可调电动环链葫芦。

（3）八达机电有限公司。2017年度八达机电有限公司的新产品研发项目有10项，研发投入为595.90万元，高新技术产品销售收入为9 936.28万元，其中6项研发项目已转化为新产品，3项研发项目已形成样机，1项研发项目在研发中。公司通过了职业健康安全管理体系认证、质量管理体系认证、环境管理体系认证、GS证书及（PA200-800D）、GS证书及CDF（PA1000D）、PA100B-PA1000B-2 ETL等认证。

八达机电有限公司注重特色化工艺、结构、技术，有效保证了产品质量，并使产品更具特色化和个性化，提升了市场竞争力。产品采用了“傍磁式”电动机制动装置，与传统的锥形式电动机相比，具有结构紧凑、加工工艺简单、生产成本低、安全可靠等优点；产品设置了上下限位安全装置，防止在实际使用中（上升或下降）超过极限造成的不安全发生；采用上下限位常闭开关，并设置了强制脱开装置，防止限位开关发生粘连带来的不安全；设置了钢丝绳防倒转卷装置，防止产品在运行时钢丝绳产生乱绳现象；采用高强度不自转钢丝绳，防止产品在运行和重物作用下产生旋转带来的不安全；采用急停装置，防止电动机开关失灵造成的意外；电动机定子采用纯铜漆包线和过热保护器，避免温度过高烧毁电动机，并保证电动机的使用寿命更长久；电动机采用了“双值电容”起动和运行的节能优化设计，即上升时采用大电容、下降时采用小电容，起到了节能作用；产品均采用无铅静电喷塑、无六价铬电镀和无铅生产流程控制及零部件采取易拆卸、易识别设计，达到了欧盟RoHS、WEEE、PAHS和REACH等标准要求。

（4）江西工埠机械有限责任公司。2017年江西工埠机械有限责任公司研发了GBM永磁直驱起重机第三代机、GBM静声起重机（上海）、250t和200t水电行业起重机、电磁挂梁吊直驱起升机构、智能化皮带张紧机（防爆）5项新产品，并获授权专利12项，其中发明专利8项（超低速大转矩电动机及采用这种电动机的起重机、外转子电动机、外转子电动机的永磁体安装结构、一齿轮永磁同步直驱起升机、定子内冷却的电动机、内置式多盘制动永磁电动机、永磁式内装电动葫芦、电动机内置式多盘制动装置），实用新型专利4项（一种永磁电动机、管件内壁钻孔机、管件内壁攻丝机、一种无齿轮起重机的提升机构）。

2017年江西工埠机械有限责任公司生产的永磁直驱起重机被列入江西省创新驱动“5511”工程重大研发项目。同年12月19日，国家重大科技支撑计划项目“桥式起重机无齿轮传动装置”通过了科技部、中国机械工业联合会的课题验收。2017年，公司通过了ISO9000质量管理体系认证，250t通用门式起重机取得了型式实验合格证，147kN液压钳盘式制动器取得了型式实验合格证，100kN电磁钳盘式制动器取得了型式实验合格证。

（5）华德起重机（天津）股份有限公司。公司研发了掌上起重APP系统，其中硬件为智能安全监控器和4G通信模块，软件包含手机APP和PC运维管理平台。该系统实现了起重机远程数据监控、设备管理、远程故障预警诊断、售后维保、地理位置显示及历史数据查询等功能，可及时发现设备故障、违规使用等异常情况，可以有效地管理大量售后人员，可以使设备故障经验标准化，大幅度提高了产品的服务质量，降低了企业的运维成本。

（6）南京起重电机总厂。2017年南京起重电机总厂研发了YBX3系列隔爆型三相异步电动机、欧式双速起升电动机与欧式变频行走电动机、YDEZ铝壳软启动系列“三合一”驱动装置、YZDD双绕组（变极）电动机、YZR3系列起重及冶金用绕线转子电动机、交流永磁伺服电动机及楼道电梯等新产品。

2017年3月顺利完成了ISO9001：2015标准的换版

工作。

（7）天津永恒泰科技有限公司。2017 年天津永恒泰科技有限公司获得天津市西青区科技进步奖，并获得国家重点新产品项目奖励 10 万元。

行业大事记

1）2017 年 11 月 23—24 日，在江苏省南京市召开了中国重型机械工业协会起重葫芦分会三届一次会员大会，出席会议的有 127 家会员单位的 169 名代表。

会议通过了 8 家企业成为新会员单位，分别是河南省矿山起重有限公司、国家起重运输机械质量监督检验中心、湖南泰尔汀起重科技有限公司、浙江凯岛起重机械有限公司、山东力特重工机械有限公司、广东韶铸锻造有限公司、太仓普兰尼特起重有限公司及杭州契卡拉起重机械有限公司。

会议评选出浙江东海减速机有限公司、南京特种电机厂有限公司、南京起重电机总厂、河南蒲瑞精密机械有限公司、南通合兴铁链股份有限公司、山东聊城科顺机械有限公司、河北神力索具集团有限公司、河北辰力吊索具集团有限公司、慈溪市勤丰机械有限公司、慈溪市庵东镇勤丰机械厂、聊城五环机械有限公司、上海宏欣电线电缆有限公司、山东冠锐链轮科技有限公司、常州常欣电子衡器有限公司、河南恒达机电设备有限公司、浙江浩全电器科技有限公司 16 家企业为“中国重型机械工业协会起重葫芦分会优秀配套件企业”。

大会通过无记名投票方式，选举出中国重型机械工业协会副秘书长张维新为第三届理事会理事长；选举出纽科伦（新乡）起重机有限公司董事长龙宏欣等 8 位副理事长；选举出上海雄风起重设备厂有限公司总经理沈慈宏等 36 位理事；选举张敏为分会秘书长；同时由张维新理事长任命了衡振虎、杨卫波、黄蒋平三位同志为三届理事会副秘书长。

2）2017 年 1 月 31 日，Columbus McKinnon 公司正式完成斯泰尔起重设备公司的收购。

质量和标准

1）纽科伦（新乡）起重机有限公司注重科技创新、技术改进。先后引进葫芦外罩焊接机器人、葫芦跑车墙板焊接机器人、欧式起重机主梁内缝焊接机器人、双枪龙门焊、移动喷漆房、环保喷砂房及焊烟除尘系统等智能化专业装备，倾力打造行业现代化工业制造样板模式，形成了月产 4 000 万元的自动化双梁生产线，干净明亮的欧式葫芦生产线的生产格局，自动化的电器仓库和智能化生产车间正在建设中。

公司以“全员参与、持续改进”为原则，围绕如何在设计、工艺、生产三个方面提升产品质量，以提案改善为主要措施，推进小建议、小革新、小攻关、小发明、小创新的“五小”活动。从管理人员到工人，从部门到班组，公司员工激情踊跃，纷纷献言献策。目前“五小”活动已推行了三个阶段，先后提交质量提案 146 项，其中 129 项提案通过了公司级评审，评出一等奖 1 项、二等奖 5 项、三等奖 94 项、鼓励奖 26 项。

2017 年纽科伦公司积极参与起重机械标准体系的完善工作，配合制定行业标准 1 项，2 项地方标准 DB41/T 1381—2017《洁净厂房用环链电动葫芦》、DB41/T 1382—2017《起重机用球墨铸铁车轮》已发布实施。目前有 4 项地方标准已获得受理，分别为《起重机械用成套开关和控制设备》《钢丝绳电动葫芦轻量化通用技术条件》《预制构件存储养护窑》《冶金钢丝绳电动葫芦通用技术要求》。

2）浙江双鸟机械有限公司的环链电动葫芦通过了 CE 和 GS 认证，主持起草了 GB/T 25852—2017《8 级链条用锻造起重部件》，参加国际标准化组织钢制圆环链、吊链、部件及附件技术委员会（ISO/TC111）的系列会议，并参与了 4 项国际标准的修订工作。

3）浙江冠林机械有限公司成立了企业标准化工作技术委员会，设专人负责标准化工作的日常实施，各部门、车间设立标准化工作网络人员，标准化工作制度完备，执行规范。参与了国家标准《带安全闭锁装置的 8 级钢制锻造吊钩》和行业标准《手动起重设备吊钩》的修订工作。

进行了热处理工艺技改项目，现已完成并投入生产。

4）八达机电有限公司主导起草了浙江制造团体标准 T/ZZB 0268—2017《微型电动葫芦》。

〔撰稿人：中国重型机械工业协会起重葫芦分会张敏 审稿人：中国重型机械工业协会起重葫芦分会张维新〕

桥式、门式起重机

生产发展现状 2017 年我国起重设备制造业已呈现出快速发展、协同发展的态势。一是智能化装备和互联网平台加速发展。随着《中国制造 2025》和产业数字化转型的推进，数字化、智能化装备和高端信息产品将成为新增长点。二是新模式、新业态进一步涌现。在消费升级的引领下，以“互联网 +”为核心特征的消费新业态创新最活跃。三是区域产业发展进一步分化。国内在役起重设备数量分布不均匀，经济相对发达地区的特种设备拥有量较多，如江苏、广东、浙江、山东四省；而起重机制造企业多数分布在河南新乡、江苏无锡等地。

目前，我国桥式、门式起重机已形成完备的产业体系，拥有坚实的起重设备制造基础，拥有吸收新技术的巨大国内市场，具有抓住这次科技革命和产业变革机遇的产业基础条件和广阔需求空间。桥式起重机专业委员会全体会员单位应充分利用各种有利条件，加快新旧动能转换，要有紧迫感、危机感，巩固和发展我国起重机制造业的既有优势，加速实现制造业转型升级，加快迈向全球价值链中高端，创造自己的高端品牌，打造国际竞争新优势。

市场与销售 2017 年，随着全国积极推进供给侧结构性改革，鼓励企业将科技创新成果转化为商品出售，扩大有效供给，实现效益改善，行业经济总体运行稳中向好。桥式、门式起重机产品市场逐渐复苏，并呈现新一轮上升的态势。2013—2017 年桥式、门式起重机的产量、销售产值见表 1。

表 1 2013—2017 年桥式、门式起重机的产量、销售产值

年份	2013	2014	2015	2016	2017
桥式、门式起重机销售量（万台）	8.8	8.2	8.0	8.0	8.6
销售产值（亿元）	380	350	315	305	360

根据《中国重型机械工业协会统计简报》统计，2016—2017 年网员企业起重机产量及增速对比见表 2。

表 2 2016—2017 年网员企业起重机产量及增速对比

产品名称	统计口径	本年产量（万 t）	上年同期产量（万 t）	同比增长（%）
起重机	网员企业	1 133.92（2017 年）	977.50（2016 年）	16
起重机	网员企业	977.50（2016 年）	995.01（2015 年）	-1.76

由上面的数据可以看出，2017 年全国起重设备行业从上年的负增长压力中释放出来，2016 年处于负增长（-1.76%）状态的起重机行业在 2017 年恢复了正增长（16%），逐步扭亏为赢，整体运行态势稳中向上。

随着国内外先进技术的不断融合，我国起重机制造能力已基本能满足经济社会发展的需求，产品门类比较齐全，制造手段比较完善。“一带一路”倡议的推进，加快了起重机出口的步伐，美国目前仍是我国起重机出口额最大的国家。2017 年起重机行业有关产品进出口情况见表 3。2017 年出口额居前 3 位的国家或地区见表 4。

表 3 2017 年起重机械行业有关产品进出口情况

海关货物名称	出口额（万美元）	进口额（万美元）	进出口总额（万美元）	贸易顺差（万美元）
桥式起重机小计	20 180	2 123	22 303	18 058
门式起重机	66 192	357	66 549	65 835
装卸桥及其他桥架类起重机小计	135 524	671	136 195	134 853
塔式起重机	32 798	123	32 920	32 675
门座起重机	13 836	5 443	19 279	8 393
流动式起重机小计	76 968	1 991	78 960	74 977

表 4 2017 年出口额居前 3 位的国家或地区

序号	国家（地区）	出口额（万美元）
1	美国	191 765
2	印度	61 300
3	越南	55 192

虽然在“一带一路”倡议的带动下，我国加快了起重机出口的步伐，但是现阶段起重机出口仍存在很大的不确定性。从国际形势看，世界经济仍没有走出弱增长的调整期，深层次结构性矛盾仍没有得到有效解决，出现了保护主义升温、“逆全球化”思潮抬头，贸易摩擦加剧的势头。从国内形势看，劳动力等综合成本不断上涨，我国外贸传统竞争优势在弱化，劳动密集型产业向国外转移已成趋势。

综上所述，会员企业应继续推进供给侧改革，以创新为发展方向，以改革为具体措施，及时调整战略部署，抓住“一带一路”的机遇，在充分把握国际市场局势下，进一步增加出口比重，开拓国外市场。

2017 年桥式、门式起重机行业产值排名前 13 位企业的起重机产品销售总值达 228.2 亿元，约占整个国内市场份额的 75.08%。起重机产品销售产值超过 1 亿元的企业有 13 个，它们是：卫华集团有限公司（92.31 亿元）、河南省矿山起重机有限公司（52.78 亿元）、河南豫飞重工集团有限公司（42.25 亿元）、江西起重机械总厂（8.12 亿元）、太原重工股份有限公司（6.13 亿元）、法兰泰克重工股份有限公司（6.07 亿元）、株洲天桥起重机股份有限公司（5.52 亿元）、山起重型机械股份公司（4.04 亿元）、大连华锐重工集团股份有限公司（3.34 亿元）、广州起重机械有限公司（2.67 亿元）、山东光明起重机械集团有限公司（2.57 亿元）、重庆起重机厂有限责任公司（1.34 亿元）、柳州起重机器有限公司（1.06 亿元）。2017 年桥式起重机专业委员会部分企业主要经济指标见表 5。

表 5 2017 年桥式起重机专业委员会部分企业主要经济指标

序号	企业名称	工业总产值（亿元）	起重机销售产值（亿元）
1	卫华集团有限公司	113.42	92.31
2	河南省矿山起重机有限公司	66.59	52.78
3	河南豫飞重工集团有限公司	50.24	42.25
4	江西起重机械总厂	8.35	8.12
5	太原重工股份有限公司	71.77	6.13
6	法兰泰克重工股份有限公司	6.37	6.07
7	株洲天桥起重机股份有限公司	5.83	5.52
8	山起重型机械股份公司	4.81	4.04
9	大连华锐重工集团股份有限公司	64.30	3.34
10	广州起重机械有限公司	2.80	2.67
11	山东光明起重机械集团有限公司	3.43	2.57
12	重庆起重机厂有限责任公司	1.62	1.34
13	柳州起重机器有限公司	1.15	1.06
合 计		400.68	228.20

注：按起重机销售产值排序。

根据《中国重型机械工业协会统计简报》2017 年 12 月（期）统计，2017 年度网员企业起重机产品主营业务收入总产值增速排名前 3 位的是：宁夏天地奔牛银起设备有限公司（56.21%），新疆通用机械有限公司（27.57%），江西起重机械总厂（19.03%）。产量增速排名前 3 位的是：云南冶金昆明重工有限公司（163%），太原重工股份有限公司（93.37%），大连华锐重工集团股份有限公司（76.70%）。

新产品和科技成果 科技成果转化难是一个世界性问题，各国都存在科技成果转化不畅的问题。我国的起重机科技成果转化同样存在转化难、转化不畅的问题。我国的科技成果总体质量不高，科技成果转化率较低，普遍存在制约科技成果转化的一些共性困难与问题，如研发和市场脱节、经费和精力投入不足等。只有正视问题，找准短板，才能准确发力，才能把握住促进科技成果转化的重要途径，也才能在竞争激烈的起重机行业立于不败之地。桥式起重机专业委员会下属的会员单位，一直以创新为己任，积极将科技成果转化为产品，不断填补国内外市场空白。

（1）大连华锐重工集团股份有限公司

1）5 ～ 600t 轻量化桥式起重机系列的研发。公司自主研发并制造的具有结构紧凑、重量轻、轮压小、能耗低、净空低、性价比高等一系列先进属性的“5 ～ 600t 轻量化桥式起重机系列” 荣获 2017 年大连市科技进步奖二等奖。该成果广泛应用于机械装备、运输与物流、水利水电建设、核电建设、建筑、造船等国民经济支柱行业，满足了不同用户对轻型起重机的需求，增强了公司在此领域的竞争力。

2）“智能起重机” 成功投入市场。2017 年 8 月，大连华锐重工集团股份有限公司承担的大连市产业技术创新专项资金项目“智能起重机技术研究与测试”通过了大连市经信委验收，该项目的核心技术及创新点包括：起重机防摇技术、三维定位技术、全自动控制系统、故障状态协同工作系统、视频监控系统、遥控操作系统。研发的基于防摇的双反馈高精度定位技术处于国际领先水平。

2017 年 9 月，大连华锐重工集团股份有限公司与泉州闽光棒线材签订了 4 台智能起重机合同，全国首创在棒线材库实现全智能无人运行起重机，标志着大连华锐重工集团股份有限公司自主研发设计、制造的智能起重输送系统已初步获得市场认可。

3）6mm 钢板焊缝超声波检测技术的研究。该项技术在国内尚属空白，公司通过设计并定制探伤试块及探头，反复试验确定了可行的检验方法及检验指标。该成果已纳入 JB/T 10559《起重机械无损检测 钢焊缝超声检测》标准修订版中，作为附录 A 单独成稿，目前该标准的修订版已报批，其中标准试块以公司员工姓名的首字母 ZL 命名。

4）打造精品工程，实施品牌战略。在“工业质量品牌建设”活动中，大连华锐重工起重机有限公司的“桥式起重机”被授予“中国机械工业名牌产品”。

5）专利方面：2017 年共获得 4 项发明专利、1 项实用新型专利。4 项发明专利为：“拱形桥式起重机”“利用等离子气刨加工大型卷筒绳槽的装置及加工方法”“起重机用棘轮棘爪装置”“起重小车牵引式拱形桥式起重机”；1 项实用新型专利授权：“一种起重机防撞检测控制装置”。

6）标准方面：公司承担行业标准“干熄焦提升机”的编制工作，已完成征求意见稿编制。

（2）卫华集团有限公司。2017 年，卫华集团加大对军工制品的投入，服务于国家航天航空事业。同时，卫华集团作为牵头单位的“河南省起重物流装备创新中心”成为首批河南省制造业创新中心培育对象之一。通过创新中心的建设，将打造新型创新链，实现由引进技术为主向自主创新转变，解决共性技术供给不足的问题；打造新型产业链，实现由单项技术产品攻关向全要素汇聚的产业链转变，解决资源分散、技术封闭的问题；打造创新生态系统，实现由关注单一企业局部创新环境改善向重视营造产业跨界协同创新环境转变，解决创新与产业融合发展缓慢的问题。

卫华集团拥有国家认定的企业技术中心、国家地方联合工程研究中心等国家、省部级研发创新平台 16 个。2017 年，卫华集团荣获国家级制造业“双创”平台试点示范项目“全国制造业单项冠军示范企业”“国家知识产权示范企业”“河南省起重物流装备数字化设计与智能制造众创空间”“河南省起重物流装备重点实验室”“河南省产业技术基础公共服务平台”及“河南省服务型制造示范企业”等荣誉。

专利方面：2017 年，公司全年申请专利共 94 项，获得授权专利 64 项，其中发明专利 18 项。截至 2017 年年底，卫华集团共获得授权专利 588 项，其中授权发明专利 66 项，集团拥有的授权专利保持着在全国起重机行业的第一。

标准方面：2017 年，卫华集团主持制定的国家标准 1 项，参与制（修）订并发布的国家标准 1 项，主持制定的地方标准 12 项，主持制定的团体标准 3 项，制（修）订企业标准 32 项。

（3）株洲天桥起重机股份有限公司。2017 年，随着国家加快推进制造行业转型升级，基于大数据和云计算的智能化生产成为未来的发展方向。依托公司现有省工程技术中心、院士工作站、省企业技术中心三大研发平台以及专科所，卫华集团深入开展产学合作，从自动化、信息化、智能化等多方面进行转型升级，使公司的产品适应于用户构建数字化工厂装备的需求。通过研发达到提质量、提高生产效率、节约劳动力及降低成本的目的，从而能更好地满足客户需求，也为公司提供了持续发展的动力。2017 年，公司大力推进三维设计制图，在提高工作效率的同时减少了设计出错率。设计效率较以前提升了近 30%，设计质量明显改善。

通过采取优化奖励政策、鼓励科技创新等举措，重大科技创新成果不断涌现。2017 年，共成功申报与立项重大科技创新成果项目 21 个，共获得奖励资金 511 万元；推进科技创新平台建设，增强创新能力。完成了高新技术企业认定工作、“湖南省工程技术中心”验收工作、“省级企业技术中心”和“院士专家工作站”评价工作，夯实了公司的创新研发平台。

专利方面：公司全年组织技术人员进行专利申报和科技论文发表，共受理完成专利或软件著作权 25 项，科技论文发表了 2 篇，已取得专利授权 3 项。

（4）太原重工股份有限公司。2017 年，太原重工科技发展计划共立项 541 项，包括：新产品试制项目 84 项，产品开发项目 100 项，中长期产品开发项目 41 项，科研项目 122 项，技术进步项目 148 项，技术标准制（修）定 44 项，重点技术标准贯彻 2 项。其中，在传统产品智能化升级方面：完成了 250/110/16t 铸造用智能起重机、龙泉 2MW 风电机组及风场智能化控制系统、TZT1200 伸缩臂起重机智能系统、穿孔机电气诊断及维护系统、挖掘机智能化系统和软件、6.25m 捣固焦炉机械成套设备无人操作系统、4037 门座起重机智能控制系统等项目的开发。在起重设备及核电站起重机方面：完成了 1000/350/80t-33.5m 锻造起重机、乏燃料水池操作机及专用抓具、快堆反应堆厂房起重机的开发。在半连续开采工艺成套设备方面：完成了 1370 ～ 1900 型旋回破碎机、2 500t/h 双齿辊半移动破碎站、TZ（40+50）1200-10 排土机及卸料车等成套设备的开发。在新能源方面：完成了 3MW 双馈风力发电机组、大型风力发电机组分布式储能系统，以及 5MW 风电偏航、变桨减速机等配套件的开发。

专利方面：2017 年，公司共申请专利 88 项，其中申请发明专利 61 项；授权专利 63 项，其中授权发明专利 50 项，获得 1 个 PCT 专利的授权。

标准方面：2017 年，公司共参与制（修）订标准 54 项，其中《铸造起重机及主要零部件报废条件》《重型机械通用技术条件》等国家标准 16 项，《大型低合金钢铸件》等行业标准 4 项，企业标准 34 项。

论文方面：公司发表论文 43 篇，获得“太原市自然科学优秀学术论文”一等奖 5 篇、二等奖 10 篇、三等奖 11 篇，优秀论文 9 篇。

获奖情况：公司完成了科技成果鉴定 3 项：“TZT1200 履带式伸缩臂起重机”“高性能重载齿轮传动装置关键技术及应用”“时速 350km 中国标准动车组轮轴关键制造技术”。

（5）法兰泰克重工股份有限公司。法兰泰克重工股份有限公司的技术中心结合行业发展趋势，从客户需求出发，持续研发新产品，引进新技术为客户创造价值。2017 年 5 月，由公司自主研发的 16t/20t 单 / 双梁多支点悬挂式起重机、门架式数控智能识别分拣机通过了江苏省机械工业协会的新产品鉴定，其中多支点悬挂起重机获得了江苏省首台（套）重大装备认定；8 月，公司的通用桥式起重机（产品编号：17GX16G1943N）、管片吊机（产品编号：17GX16G1942N）获得了江苏省科学技术厅高新技术产品认定。 公司在智能制造领域的创新赢得了相关部门的认可和积极支持，2017 年 3 月，公司被江苏省人力资源和社会保障厅批准设立博士后科研工作站。

2017 年，公司以及部分产品荣获了一系列荣誉及认定：江苏省企业技术中心、江苏省服务型制造示范企业、江苏省首台（套）重大装备，以及苏州市专精特新百强企业、专精特新示范企业、苏州名牌产品等。

（6）宁波市凹凸重工有限公司。2017年，凹凸重工持续加大研发投入，坚持人本管理，集聚了综合素质较高、专业结构合理的人才队伍，实现了主导产品的改进设计与全面升级。公司加快创新发展，为推动行业技术进步和产业发展做出了积极的贡献。

2017年，凹凸重工与中国特种设备检测研究院协作，参与了国家重点研发计划“公共安全风险防控与应急技术装备”专项、“机电类特种设备风险防控与治理关键技术研究及装备研制”项目，联合开展了“港口等领域典型起重机械设计制造与服役过程风险防控关键技术研究”。公司承担了“典型桥式起重机制造过程与运维数字化管理关键技术研究”子任务，届时将形成典型桥式起重机制造过程与运维的数字化管理平台以及相关知识产权和应用案例等成果。

专利方面：2017年，公司申请了各类专利共9件。其中，发明专利4件，实用新型专利5件。目前，已累计申请专利70件。其中，发明专利14件（授权9件），实用新型专利43件。拥有可操作性较强的软件著作权1件。公司采用这些自主知识产权及关键技术，多抓手、多渠道促进成果产业化，培育出了公司的主导产品并迅速占领市场，对公司的发展起到了核心支持作用。

（7）北京起重运输机械设计研究院有限公司。加强战略合作：2017年6月，公司与厄瓜多尔合作伙伴在北京签订了战略合作谅解备忘录，对公司开拓国际市场、促进品牌提升起到了积极的促进作用。11月，与现代农装科技股份有限公司签署了战略合作框架协议，为国机集团“二次创业”“京津冀”一体化战略落地做出了应有的贡献。12月，公司与江西省进贤县人民政府、江西雄宇集团签署了战略合作协议，深拓潜在市场抢占先机，促进了当地旅游产业发展。公司与中国轻工业广州工程有限公司签署了垃圾处理项目起重机战略合作协议，意味着固废领军企业将该公司列为独家供货商，为未来稳健、长远发展奠定了战略基础。

开展行业横向技术服务及新兴产业技术研究：公司负责中国中元“2019年北京世界园艺博览会6号门设计”项目方案设计工作，为中国中元设计团队提供6号门的机械传动及实现方案。提升了设计能力，同时探索了与中国中元建筑领域合作的模式。

公司参与卓越集团卓越工业化智能建造开发有限公司的“现浇注装配式空中造楼机”咨询项目合作，空中造楼机作为工业化智能建造集成设备，将起重设备与自动化浇筑设备相结合，采用机械操作、智能控制手段与现有施工技术相配合，用机器代替人工，实现高层及超高层住宅的建造。为北京起重机研究院加快新兴产业的培育创造了机遇。

专利方面：2017年，公司申请专利共22项，获得授权专利22项，其中发明专利5项。授权软件著作权3项。

标准方面：2017年，公司参与制定的国家标准共6项，修订国家标准3项，修订行业标准5项。

2017年9月5日，《中共中央 国务院关于开展质量提升行动的指导意见》印发，桥式起重机专业委员会组织全体会员单位认真学习，切实将精神以实际行动传达到每一个企业，桥式起重机专业委员会以骨干企业为首的各个单位积极响应国家号召，组建专业的质量提升团队，将质量提升和创新紧密结合，取得了良好效果。桥式起重机专业委员会在2017年度共获得国家授权专利、实用新型专利200余项。2017年桥式、门式起重机行业部分会员单位获奖科研项目见表6。

表6 2017年桥式、门式起重机行业部分会员单位获奖科研项目

序号	项目名称	获奖类别	获奖等级	主要完成单位
1	宽厚板定制化轧制生产工艺及成套设备自主研发与应用	中国机械工业科学技术奖	一等奖	太原重工股份有限公司
2	LG720冷轧管机组成套设备研制	山西省科技进步奖	一等奖	太原重工股份有限公司
3	5～100t绿色智能轻量化桥式起重机关键技术研发及产业化应用	中国机械工业科学技术奖	二等奖	卫华集团有限公司
4	大产能多功能铸锭连续铸造机组关键技术的研发及产业化	中国机械工业科学技术奖	二等奖	云南冶金昆明重工有限公司
5	系列高效智能轻量化全自动起重机开发及产业化	河南省科学技术奖	二等奖	河南卫华重型机械股份有限公司
6	5 000mm宽厚板辊式全液压系列矫直机研制	山西省科技进步奖	二等奖	太原重工股份有限公司
7	运用6 400t液压复式起重机吊装费托合成反应器施工技术	山西省科技进步奖	二等奖	太原重工股份有限公司
8	起重机智能吊具关键技术研究与应用	中国机械工业科学技术奖	三等奖	北京起重运输机械设计研究院有限公司

质量与标准 根据《中华人民共和国特种设备安全法》《特种设备安全监察条例》《中华人民共和国标准化法》的规定，依据中华人民共和国国家标准公告。2017年批准发布的与桥式起重机专业委员会会员单位相关的部分标准见表7。

表7 与桥式起重机专业委员会会员单位相关的部分标准

序号	标准号	标准名称	实施日期
1	GB/T 25852—2017	8级钢制锻造起重部件	2017-09-01
2	GB/T 24816—2017	一般起重用钢制短环链吊链用8级中等精度链条	2018-04-01
3	GB/T 28264—2017	起重机械安全监控管理系统	2018-05-01
4	GB/T 34529—2017	起重机和葫芦钢丝绳、卷筒和滑轮的选择	2018-05-01
5	JB/T 10833—2017	起重机用聚氨酯缓冲器	2018-04-01

行业发展中存在的问题及对策建议 2018年，我国进入全面贯彻落实十九大精神的第一年，国民经济发展的有利条件仍然较多，起重设备行业有望保持平稳运行态势。但还应看到，当前行业经济运行中仍有诸多矛盾与问题，也存在发展不平衡不充分的问题，稳中之忧仍然存在，转型升级的任务依然繁重。现阶段我国桥式、门式起重机的发展主要存在以下5个方面的问题：

1.配套件质量、可靠性有待提高

目前，起重设备配套件跟国外产品的差距主要表现在可靠性上。小批量生产十件、八件是可靠的，数量多了就不可靠了。产品的可靠性跟管理、工艺装备、工艺路线都有关系。影响我国配套件可靠性的因素主要有：①原材料，特别是钢材的质量。②技术和装备跟国外也有差距，国外较多采用柔性生产线，每道程序都有严格的控制。③热处理方面未能采用先进技术。综上所述，我国企业生产出来的配套件可靠性较差，这导致了主机质量无法提高。如国外企业生产的工程机械产品一般是1 000h首次故障，我国的产品只有400h、500h。用户对质量和品质的要求越来越高，因此，我国企业必须解决可靠性问题。

2.设计水平偏低

尽管近年来我国工业制造各项技术进步都较快速，但是在一些产品技术理念方面还和国外有差距，产品型谱不宽泛、产品趋同化严重、针对性不强等问题依然存在。

如我国起重机的制造方法还是采用单一的许用应力法，而国外已经升级到了极限状态法和近期采用的概率设计法，这些都是目前我国起重机制造行业需要去学习的。

3.工艺水平较低

在精密零件制造方面，我国生产工艺落后，缺乏高精度加工设备，电气元器件可靠性低、性能差；热加工技术落后，铸、锻件质量低，焊接件外观差，缺乏检测仪器设备等。

4.产品安全性问题突出

随着“工业4.0”时代的到来，起重机械的作用越来越大，功能也越来越强。但是同样带来的使用条件也愈苛刻，产品的安全质量要求也更严谨。目前，我国起重机械行业的质量问题及人员操作不当导致发生故障的概率增多，造成的后果愈加严重，可靠性问题日渐尖锐，已经成为行业的新焦点。

5.供需结构性失衡问题比较突出

目前，我国起重机械行业还存在低端供给过剩、高端供给不足，产品同质化严重，市场竞争无序，利润空间不断被压缩，以及恶性竞争等问题。而大量关键装备、核心技术和高端产品还不能满足需求。主要表现在：一是创新能力整体偏弱，以企业为主体的创新体系尚不完善，产业共性技术的研发和产业化主体缺失等问题突出；二是基础配套能力不足，先进工艺、技术标准和知识产权保护等基础能力较为薄弱，关键材料、核心零部件成为发展的瓶颈，严重制约了整机和系统的集成能力；三是部分领域产品质量可靠性亟待提高，突出体现在产品可靠性、稳定性和一致性等方面；国产起重机械尚未形成强有力的品牌号召力、尖端的技术力量和过硬的质量，导致可靠性要求高的用户对国内起重机械认识存在偏差，信心不足。

随着全球化进程的加快，我国企业面临的竞争也是日益激烈。因此，在技术、研发、生产多方面落后于外国的情况下，我国起重机制造行业面临着非常严峻的挑战，企业需要抓住智能化技术革新的浪潮，在技术方面不断创新，在生产工艺方面推旧出新，只有这样，才能成功转型，重启扬帆之路。

针对以上存在的突出问题，桥式起重机专业委员会召集业内资深专家，从政策、企业、人员、设备和工艺等各个层面深入剖析、总结经验，并有针对性地提出以下建议：

1.柔性化生产

柔性化生产将成为制造业企业的核心竞争力。柔性化生产使制造企业的产能根据市场的实际需求变化弹性释放，进行小批量、定制化的柔性制造。

2.模块化设计

对产品按照其功能进行划分，进而进行模块化设计。建立产品族和零部件族，内部实现零部件的标准化、通用化，以减少重复设计，提高效率。

3.快速响应市场

在需求快速变化的今天，制造企业最重要的一项能力是快速响应市场的能力，而非降低生产成本的能力。市场需求在不断变化，企业需要对下游客户的价值体现做出快速响应，真正把握客户的需求，建立在完善的技术支持和全生命周期服务响应上，才能更好地开拓市场。

4.加大数字化转型

生产成本压力增大以及经济下行趋势迫使起重机械制造企业的两极分化越来越严重。从整体情况来看，起重机械行业的主要组成部分是中小型企业，对于这些企业来说，加大数字化转型，拥抱新兴技术是当前的重点，同时，也要发展智能化的生产，进行产品创新，提高产品的灵活性，提高生产效率和产品质量，建立自己的品牌，避免在激烈的竞争中被淘汰。

5. 制造业产能共享

制造业产能共享是指以互联网平台为基础，以使用权共享为特征，围绕制造过程各个环节，整合和配置分散的制造资源和制造能力，最大化提升制造业生产效率的新型经济形态。从共享内容看，制造业产能共享主要包括设备、技术服务、生产能力和综合性服务的共享。发展制造业产能共享，能够催生我国经济增长新动能、重构供需结构、激发创新活力。各会员单位应从简单的收集周边信息开始，在整个产品生命周期中以产品为中心不断地发送、接收、扩展和收集信息，并在此过程中提供新的服务机会和收入来源。

6. “生产制造”转向“供应链协同”

要实现供应链协同，需要实现价值链各环节的数据共享和策略一致。在生产制造端，首先需要打通 ERP 与 MES 系统，实现内部协同。ERP 是企业层级的资源计划管理系统；MES 则是位于上层计划管理系统与底层控制之间，面向车间层的管理信息系统。ERP 的计划生成可执行的生产工单，而 MES 则对工单的执行过程跟踪记录，并防止错误发生。其管理范围是从投产到出货。而我国大部分制造业工厂的 ERP 与 MES 都是两套系统，产能情况、订单进度和生产库存对 ERP 来说只是“黑箱”作业。

若企业内部能实现 ERP、MES 的集成协同，一条连接市场最终客户、制造业内部各部门、上下游各方的实时协同供应链就形成了。

7. 改善创新薄弱领域和环节

要在促进科技成果转化、知识产权保护、扩大新技术新产品市场空间等方面进一步加大支持力度，形成有利于创新的制度环境。重点是优化政府和协会对创新支持的作用机制和作用方式。比如，针对产业共性技术缺失的问题，以市场化为原则，建立“企业 + 协会”“小核心 + 大协作”的组织架构，联合国内有实力的技术联盟，在技术与资本结合、知识产权共享、科技成果转化等方面进行有益尝试。

8. 提高技术改造投资比重

重点支持工业转型升级重点领域、关键环节的技术改造。为增强起重机械制造业的核心竞争力，建议协会内骨干企业联合国内产业技术联盟，组建地区级制造业创新中心和产业共性技术促进中心，为企业提供基础研究和竞争前沿技术支撑。

9. 全生命周期服务

随着起重机械制造业商品化程度的加深，为了适应当今社会的发展，制造商的竞争模式应转型为以服务为中心，会员企业应严格遵循质量管理体系、国家安全规程的要求，为每一位客户提供完整的起重机械服务解决方案，持续为客户创造价值，在产品的全生命周期内提供源源不断的服务。

〔撰稿人：中国重型机械工业协会桥式起重机专业委员会夏雯　审稿人：中国重型机械工业协会王继生〕

带式输送机

生产发展情况　2017 年，重型机械行业延续复苏并呈现持续增长的态势，全年主营业务收入达 1.2 万亿元，增长 8.2%；实现利润率 5.1%，同比增加 0.2 个百分点，同时消化了原材料等成本大幅上涨的压力。

通过对带式输送机行业 73 家骨干企业数据的统计，全部产品工业总产值为 124.8 亿元，同比下降 9.3%；利润总额为 9.5 亿元，实现利润率 7.6%，同比增加 1.4 个百分点。其中 50 家带式输送机生产企业 2017 年带式输送机的总产值为 89 亿元，比上年同期下降 20%；利润总额为 7.6 亿元，实现利润率 8.5%，同比增加 1.2 个百分点。

2017 年带式输送机行业骨干企业带式输送机产品生产情况见表 1。

表 1　2017 年带式输送机行业骨干企业带式输送机产品生产情况

序号	企业名称	产值（万元）	利润（万元）	出口产值（万元）	产量	
					以吨计（t）	以米计（m）
1	安徽盛运重工机械有限责任公司	147 383	19 933	13 680	148 261	408 285
2	北方重工集团有限公司	97 076	1 384	38 878	48 169	97 981
3	安徽攀登重工股份有限公司	68 719	4 880	6 249	5 559	14 117
4	衡阳运输机械有限公司	62 000	167	11 982	42 172	145 000
5	四川省自贡运输机械集团股份有限公司	55 342	8 767	1 213	82 255	93 730
6	力博重工科技股份有限公司	50 630	3 014	6 000	193 750	29 719
7	焦作市科瑞森重装股份有限公司	46 698	14 701	1 677	46 870	104 000

（续）

序号	企业名称	产值（万元）	利润（万元）	出口产值（万元）	产量	
					以吨计（t）	以米计（m）
8	宁夏天地西北煤机有限公司	40 506	-9 433	0	25 935	
9	衡水金太阳输送机械工程有限公司	35 268	3 305	1 002	44 086	
10	河北港口集团港口机械有限公司	26 300	78	0		
11	河北奋进矿山机械有限公司	22 078	2 013	300		
12	河南天隆输送装备有限公司	20 302	533	1 130	6 000	50 000
13	中平能化集团机械制造有限公司	19 459	969	0	6 091	
14	铜陵天奇蓝天机械设备有限公司	18 230	-185	0	16 199	61 236
15	西安重装韩城煤矿机械有限公司	16 500	-331	0	850	8 000
16	四川东林矿山运输机械有限公司	15 385	844	860	16 096	
17	江门市振达机械制造有限公司	15 226	1 564	0		38 000
18	常州市传动输送机械有限公司	15 000	1 250	0		
19	安徽马钢输送设备制造有限公司	14 534	170	0		
20	安徽永生机械股份有限公司	13 345	430	2 950	18 000	
21	北京约基工业股份有限公司	12 198	2 183	869	9 851	34 852
22	原平市兴胜机械制造有限公司	12 000	3 000	0	4 600	
23	吉林省佳信通用机械股份有限公司	11 834	467	0	3 622	9 800
24	江苏环宇起重运输机械有限责任公司	11 803	875	0		28 300
25	天津成科传动机电技术股份有限公司	10 102	784	1 829	11 000	
26	宁波甬港起重运输设备有限公司	9 310	351	210		
27	芜湖起重运输机器股份有限公司	9 182	794	3 920	5 600	15 000
28	焦作鑫恒重工机械有限公司	8 837	119	10	6 543	
29	江苏山鑫重工有限公司	8 100	260	0	5 600	7 300
30	日照港机工程有限公司	8 119	82	0		
31	宝鸡杭叉工程机械有限责任公司	7 500	480	0	7 650	50 190
32	芜湖市爱德运输机械有限公司	6 775	572	0		
33	宁波华臣输送设备制造有限公司	5 500	350	0		
34	江阴华锋特种运输机械有限公司	5 368	496	0	3 976	
合计		926 609	64 866	92 759	758 735	1 195 510

市场与营销 目前，我国经济已由高速增长阶段转向高质量发展阶段，正处在转变发展方式、优化经济结构、转换增长动力的攻关期，建设现代化经济体系是跨越此关口的迫切要求和发展的战略目标。在全球绿色经济的变革中，我国要实现经济绿色低碳转型、推进供给侧结构性改革、落实新的发展理念，从而实现可持续发展，工业绿色转型是重中之重。

1. 传统产业的绿色转型升级

近几年，行业内多家企业正在或将要进行转型升级改造，改造中需要进行合理规划，全面推进绿色转型升级和绿色制造，加强绿色设计、绿色工厂、绿色供应商链建设等，全面推进绿色制造标准与国际标准接轨。在转型过程中，企业必须坚持质量第一、效益优先，以供给侧结构性改革为主线，不断增强企业经济创新力和核心竞争力。

当前是企业转型创新发展的新机遇期，带式输送机行业的各企业一定要贯彻新的发展理念，适应行业发展要求，自主创新，实现转型升级，要坚持节约资源、综合利用，要坚持绿色环保、清洁发展，培育新动能，实现绿色经济新增长。

2. 与人工智能融合发展

当前，人工智能正处于难得的发展机遇期，也面临着诸多风险和挑战，迫切需要行业内企业团结协作、共同面对挑战，加强多领域、多角度、多模式的产业合作、创新合作、安全合作，利用大数据的积聚效应、理论算法的革新、计算能力的提升及网络设施的演进，带动技术进步、推动产业升级，合力推动人工智能与带式输送机产品融合发展。

3. 借力推动企业前进

随着融资渠道的成熟与金融工具的完善，为企业提供了崭新的市场空间，大大丰富了资金来源，减少了企业的现金压力，大大降低了企业自身的资金成本。

科技成果与新产品 带式输送机行业内各企业十分重视科技发展、技术创新，科技成果不断涌现。

四川省自贡运输机械集团股份有限公司研发的U形深槽角曲线带式输送机是曲线带式输送机的一个延伸产品，较曲线带式输送机转弯半径更小，更能适应目前带式输送机发展趋势（向偏远地区、地形复杂地区发展）。同时，U形深槽角曲线带式输送机与管状带式输送机相比，投资成本大幅降低，与普通曲线带式输送机相比，价格差异不大，更能适应目前的市场需求。该产品依托迪庆香格里拉昆钢鸿达石灰石输送系统，总长为1 222.196m。在线路布置上：平面上共2个水平转弯，且构成“S”形布置；从尾部往头部看，第一个水平转弯半径为425m，转弯角度为35.89°，第二个水平转弯半径为425m，转弯角度为51.97°。立面上共有2个凸弧和2个凹弧，凸弧半径分别为115m和500m，凹弧半径为500m，其中1个凸弧（圆心角为1.90°）和1个凹弧（圆心角为2.64°）分别布置在平面的水平转弯段上，构成复合转弯段。输送物料为石灰石，带宽为1 000mm，带速为2.5m/s，输送量为700～800t/h。该项目研制完成后，完善了曲线带式输送机在小曲率半径水平转弯条件下的应用。

衡阳运输机械有限公司通过自主创新、持续创新，开发了大倾角深槽输送机、隧道掘进带式输送机、曲线落煤管、强力排渣滚筒、高效清扫器等一系列新产品、新技术、新工艺共计20余项，并对大跨度桁架进行了结构优化设计。发明专利产品移置式带式输送机获得湖南省发明专利二等奖；5 000万t港口物料输送系统获湖南省科技进步奖二等奖；大管径圆管带式输送机获衡阳市科技进步奖二等奖。

宁夏天地西北煤机有限公司设计完成了陕西小保当煤矿运输（顺槽、大巷、主斜井、上仓以及地面洗选）系统输送机的技术方案（共计16条带式输送机）。其中：主斜井带宽2 000mm，功率达到4×2 800kW；顺槽输送机带宽1 600mm，功率达到6×800kW，从功率到带宽均创造了国内矿井之最。为陕西禾草沟选煤厂设计的可移动式蚱蜢带式输送机，整机是运量为900t/h、长度为20m的独立悬臂式桁架可移动带式输送机，此类大运量移动式输送机可广泛应用于各电厂及露天矿。

芜湖起重运输机器股份有限公司申报并获得了实用新型专利6项，分别是一种非对称式的四辊子结构托辊组、一种FU链式输送机用链条监控装置、采用偏心压紧机构的快装检视检修门、一种螺旋机两轴端密封结构、带式输送机传动滚筒自动焊接装置、一种斗式提升机可伸缩出料接口，获得了1项发明专利，即带式输送机传动滚筒自动焊接装置进入实审阶段。

质量与标准 2017年修订标准1项。修订的标准为GB/T 10595—2017《带式输送机》。本标准按照GB/T 1.1—2009给出的规则起草。本标准代替GB/T 10595—2009《带式输送机》。

本标准与GB/T 10595—2009相比主要区别如下：

修改了第1章的内容，修改了规范性引用文件的相关内容，增加了3.1型式，修改了带宽、带速、滚筒、托辊辊子的参数，增加了滚筒、托辊辊子的简图，增加了海拔要求，修改了整机运行中正常运转应注意的问题，修改了输送机带宽对中的范围及参数，增加了鼓形齿式联轴器的内容，删除了滑块联轴器两半体径向位移的内容，修改了链式联轴器装配的要求，修改了输送机用减速器的要求，修改了输送机铸钢件的技术要求，修改了输送机锻钢件的技术要求，修改了滚筒铸钢件接盘的技术要求，修改了滚筒焊接的技术要求，增加了滚筒外圆直径偏差参数，修改了滚筒轴无损检测的技术要求，修改了滚筒轴承充脂量数值，修改了滚筒装配后外圆径向圆跳动参数，修改了滚筒轴承设计寿命的选用，修改了托辊辊子轴承充脂量数值，修改了托辊辊子轴向载荷参数，修改了托辊辊子设计寿命值，修改了输送带硫化接头的技术要求，增加了输送机金属结构材质的要求，增加了走台、栏杆、平台的要求，增加了托辊支架的技术要求，修改了安全保护装置的内容，增加了拉紧装置的要求，增加了目测检验，修改了托辊辊子动旋转阻力试验的内容和图示，修改了托辊辊子防尘、防水、跌落试验方法和程序，修改了托辊辊子轴向位移量测定的内容，删除了滚筒面胶、底胶性能检验，增加了带速测定的内容，修改了输送量测定的内容，增加了输送带对中运行测定的内容，增加了出厂检验和型式检验的检验内容。

〔撰稿人：中国重型机械工业协会带式输送机分会杨俊　审稿人：北方重工集团有限公司张翼飞〕

散料装卸机械

2017年，散料装卸机械行业受国家宏观经济调控的影响，在冶金、矿山、电力及港口等重点服务领域呈现增量市场减少的趋势，但随着煤炭和冶金行业的获利能力提高，存量市场改造项目及高端服务市场需求大幅增加。具体表现为新上大项目减少，以技术改造为主的项目有所增加，特别是对于环保改善、能力提效、安全保障、人工智能等的需求明显增强。另外，在整个行业产能过剩的前提下，客户对供货质量及售后服务尤其关注。各企业面对困难迎难而上，抓管理、抓质量、抓创新，为重振雄风夯实基础，总体来看，行业具有稳中向好、高质量发展的趋势。散料装卸机械产品分类及主要生产企业见表1。

表1 散料装卸机械产品分类及主要生产企业

产品分类	主要生产企业名称
门式、混匀式、圆形料场、侧式刮板（刮斗）、桥式刮板式堆取料机	大连华锐重工集团股份有限公司、华电重工股份有限公司、北方重工集团有限公司装卸设备分公司、哈尔滨重型机器有限责任公司、长春发电设备有限责任公司、湖南长重机器股份有限公司、上海电力环保设备总厂有限公司、大连通达矿冶机械有限公司、大连重工机电动力有限公司和泰富重装集团有限公司
斗轮堆取料机、斗轮取料机、堆料机	大连华锐重工集团股份有限公司、哈尔滨重型机器有限责任公司、长春发电设备有限责任公司、湖南长重机器股份有限公司、华电重工股份有限公司、上海电力环保设备总厂有限公司、北方重工集团有限公司装卸设备分公司、上海振华重工集团股份有限公司、大连通达矿冶机械有限公司、大连重工机电动力有限公司、哈尔滨龙鑫重型机器有限公司、大连天重散装机械设备有限公司、上海工茂起重设备有限公司和泰富重装集团有限公司
翻车机	大连华锐重工集团股份有限公司、武汉电力设备厂、华电重工股份有限公司、大连通达矿冶机械有限公司、大连重工机电动力有限公司、上海振华重工集团股份有限公司和大连天重散装机械设备有限公司
装船机、卸船机	上海振华重工集团股份有限公司、大连华锐重工集团股份有限公司、华电重工股份有限公司、长春发电设备有限责任公司、武汉电力设备厂、哈尔滨重型机器有限责任公司和泰富重装集团有限公司

生产发展情况 2017年，我国境内设计研发与生产制造散料装卸机械的骨干企业近20家，根据对行业14家主要主机生产企业的统计，散料装卸机械行业面对市场持续低迷和行业产能过剩的不利局面，进行了产品结构调整和驱动创新，并注重提升抗风险能力，使抗风险能力不断增强。据2017年统计，全行业的工业总产值达400.42亿元，比上年下降5.03%，实现销售收入350.41亿元，与2016年相比下降12.27%。其中散料装卸机械的工业总产值64亿元，比上年下降10.76%，持续下滑趋势仍未缓解，且行业内各企业发展差距较大，发展不均衡。散料装卸机械工业总产值达到3亿元以上的企业约占30%，同比下降10%，达到10亿元以上的企业仅1家，同比下降50%。

2017年散料装卸机械行业主要经济指标完成情况见表2。

表2 2017年散料装卸机械行业主要经济指标完成情况

指标名称	单位	实际完成
企业数	家	14
工业总产值（当年价）	万元	4 002 789
其中：散料装卸机械工业总产值（当年价）	万元	641 025
工业总产值比上年下降	%	5.03
其中：散料装卸机械工业总产值比上年下降	%	10.76
工业增加值	万元	2 413 676
产品销售收入	万元	3 504 116
产品销售税金	万元	22 789
利润总额	万元	33 111.40

注：1. 部分数据参考上市企业年度财务报表。

2. 部分企业按所属子公司数据统计。

2017年，国内外经济形势仍然复杂严峻、稳中有变。全球经济处于深度调整期，增速放缓，贸易冲突频繁。国内经济结构调整转型升级尚未完成，深层次结构性矛盾依然存在，内部的固有矛盾与外部的不确定性叠加，给经济发展带来了一些挑战和压力。实体经济仍然比较困难，去产能、去库存取得了一定成效，但也造成下游企业成本上升；“金融收缩”态势未改，国有企业去杠杆仍然继续进行，债务违约事件频发。同时，也应看到经济运行中存在的一些向好迹象和因素。我国经济稳中向好的态势没有变，国内钢铁、煤炭行业经过多年的供给侧改革和去产能调整，基本完成了新一轮的洗牌，总体市场回暖趋势明显，“一带一路”沿线国家及地区新建投资需求明显增大，同时设备自动化升级和改造成为市场增长主力，为行业发展提供了新的契机。随着国家节能环保、《中国制造2025》等相关政策的实施，大多数行业企业积极推进产品结构调整和科技创新，大力发展智能化产品和环保型产品，研发出了一批市场亟须的新产品新技术，自主创新成果丰硕，促进了企业持续健康发展。

大连华锐重工集团有限公司专门成立了智能装备研究院，强力推进散料机械等重型装备的智能化技术开发，首台智能化取料机在曹妃甸通过了重载试车，成功中标迪拜智能化料场、国内最大半门式刮板取料机等重大项目，同时研制了集装箱翻卸系统和双向连续卸船机等多个国内首台(套)重大技术装备。上海振华重工集团股份有限公司(简称“振华重工”）通过成立自动化码头推广专项小组，全方位、大力度地推广自动化码头系统解决方案，确保了港机业务稳定发展，新签合同25.2亿美元，产品已成功进入100个国家和地区。2017年12月，振华重工和上港集团联合打造的全球单体最大、自动化程度最高的上海洋山四期自动化码头成功开港，振华重工提供了10台远程操控岸桥、50台自动化导引小车（AGV）、58台自动化轨道起重机等自动化装卸设备自动化岸边装卸系统、水平运输系统、自动化堆场系统及其配套设施等码头设备控制系统（ECS）。它的建成和投产标志着中国港口行业在运营模式和技术应用上实现了跨越升级与重大变革，为上海港进一步巩固港口货物吞吐能力世界第一地位、加速跻身世界航运中心前列提供了全新动力。华电重工股份有限公司（简称“华电重工”）的圆形料场系统项目荣获工程建设项目设计优秀成果一等奖，成功签约万华化学热电二期工程圆形料场系统EPC合同，同时被认定为北京市专利示范单位；泰富重装集团有限公司（简称“泰富重装”）通过加强智能制造、绿色制造技术攻关，2017年初斩获19.7亿元大单，取得了良好的经济效益，先后荣获工信部“服务型制造示范企业”“2017创新中国（行业）十大领军企业”“2017中国智能制造最具国际竞争力企业”“中国民营企业制造业500强”等多个荣誉称号。中国电建集团武汉重工装备有限公司积极创新，在高效翻车机系统研发中，将齿轮齿条传动引入迁车台传动系统中，在保证迁车台平稳运行的前提下，将其最大运行速度提高至0.8m/s，较之前提高了1.6倍；同时悬链斗卸船机成功出口，中标印尼东加里曼丹2×100MW电厂扩建工程项目。哈尔滨和泰电力先后中标印尼芝拉扎燃煤电站、巴基斯坦塔尔燃煤电站、韶钢重型截齿型螺旋卸车机等多个重大工程，销售收入增幅20%以上，同时荣获“黑龙江省中小企业协会优质理事会员企业”荣誉称号。哈尔滨龙鑫重型机械有限公司自2008年成立以来，产值每年以2%的速度递增。大连通达矿冶机械300t铁包出口日本。湖北三六重工成立了院士专家工作站。南京三埃获得国内首张0.2级皮带秤计量许可证。

产品分类产量 2017年，全行业生产的臂式、门式、混匀式、圆形、侧式刮板（刮斗）、桥式刮板、堆取料机、斗轮取料机、堆料机、翻车机、装船机及卸船机等散料装卸机械产品产量实现507台（套），其中：堆取料机348台（套），翻车机85台（套），装卸船机74台（套）。总体分析，三大类产品中圆形料场刮板、连续卸船机因其具有环保性能，产量大幅增加，其余产品变化不大。2017年散料装卸机械行业主要产品产销量见表3。

表3 2017年散料装卸机械行业主要产品产销量

产品名称	单位	产量	销量
堆料机、取料机、堆取料机	台	348	343
翻车机	套	85	80
装卸船机	台	74	74

产品进出口贸易 散料装卸机械是对煤炭、矿石、水泥等大宗散状固体原料、燃料和材料进行转运、储运、存放、混匀、取样的重大关键设备，广泛应用于交通、冶金、电力、建材、化工、水利等国民经济重要基础工业部门。纵观2017年全球经济与贸易形势的变化，全球经济及贸易虽下降但趋于向正常水平回调。国内市场保持平稳，亚洲市场继续坚挺，北美市场调整回归，非洲和拉美市场充满潜力，澳大利亚和欧洲市场显现疲态。随着国内投资减缓和国外对传统散料装卸机械设备的需求趋于饱和，大规模的建设及设备采购有所减少，市场需求的增速回落不可避免，甚至需求总量会有所下滑。在此形势下，市场经营情况和竞争形势也更趋恶劣。但全球整体市场中仍有局部区域存在不少热点。东盟区域经济一体化加速，中国“一带一路”倡议落地开花，沿线亚洲、非洲、欧洲的65个国家之间经贸合作水平不断提高，都离不开重大基本建设项目的支撑，也必将催生一系列对散料装卸机械设备的需求。

目前，我国散料装卸机械产品的生产和销售完全可以满足国内市场需求，也可满足国外市场需求。根据部分规模企业数据统计，当年实现出口共计40台，出口额4 321万美元，与往年相比，出口澳大利亚、欧盟等地区的份额和数量增加，说明我国散料装卸机械产品的质量和标准水平逐步达到了国际先进水平。2017年散料装卸机械产品出口情况见表4。

表4 2017年散料装卸机械产品出口情况

产品名称	出口量（台）	出口额（万美元）
堆料机、取料机、堆取料机	34	2 854
装卸船机	6	1 467

质量及标准 目前，各大类产品主要执行的标准分别为：GB/T 14695—2011《臂式斗轮堆取料机 型式和基本参数》、GB/T 26475—2011《桥式抓斗卸船机》、JB/T 4149—2010《臂式斗轮堆取料机技术条件》、JB/T 7329—2008《斗轮堆取料机械术语》、JB/T 7015—2010《回转式翻车机、装卸船机执行用户技术规格书》，除专业产品行业标准以外，还执行GB、JB、JC、SD等相关技术标准。近年来出口产品较多，按属地化标准也相应增加了设计难度，大型斗轮堆取料机、翻车机、装卸船机产品的设计和制造质量与近年来相比均有一定提高，其中大连华锐重工集团等多家单位掌握了澳大利亚AS标准、欧盟标准等国际高水平技术标准。大多数企业在设计过程中陆续采用三维设计软件、有限元计算分析软件作为计算机辅助优化设计平台，采用计算机“虚拟试验仿真”技术实现“整体可视化”设计分析，确保产品设计达到国际先进水平。按全国工业产品生产许可证办公室颁布实施的“港口装卸机械产品生产许可证实施细则”要求，各企业认真贯彻执行并推动散料装卸机械产品的设计、制造、质量规范化。目前凡从事港口装卸机械产品生产的企业，已陆续取得了港口装卸机械产品的生产许可证；取证后每年的复审强化了企业的设计、制造能力和质量规范化。各企业在通过ISO9001：2000版质量体系认证基础上，加强了质量体系运行控制，完善了质量管理责任制，抓好质量信息处理、传递及重点项目的质量管理档案管理、质量分析通报工作，重大项目实施了检验负责制，制定检验计划，编制检验报告。

对外合作 行业各骨干企业面对行业经济下行的局面，采取“以外补内”的措施，借助国家“一带一路”倡议的实施，企业的自主出口订货占比逐步增加，尤其是随着产品设计水平和质量的提高，出口澳大利亚、欧盟等地区的份额逐步增加，虽然同比减少，但对接渠道越来越多，合作伙伴越来越多。2017 年，相关企业的斗轮取料机、堆料机、翻车机、装卸船机产品出口到澳大利亚、克罗地亚、加拿大、新西兰、日本、新加坡、秘鲁、智利、马来西亚、巴西、韩国、波兰、土耳其、菲律宾、泰国、越南、缅甸、南非和伊朗等国家。

〔撰稿人：中国重型机械工业协会散料装卸机械与搬运车辆分会韩成军　审稿人：大连重工 · 起重集团有限公司邹胜〕

仓储机械

2017 年，我国国民经济稳中有进、持续向好，经济发展的稳定性、协调性和可持续性明显增强。作为支撑国民经济发展的基础性、战略性、先导性产业，我国物流仓储装备行业也迎来了稳步增长。智能化转型、新零售兴起，以及云计算、大数据、物联网等新技术的推广应用，使得自动仓储系统在各行业、各领域落地开花；作为机器人领域最柔性的自动化装配及搬运设备，AGV 越来越受到各行各业的青睐，随着《中国制造 2025》的继续深化、落地，AGV 市场需求仍将继续增长；货架市场迎来了“井喷”式发展，所有的货架厂商都在满负荷生产。2017 年也是中国工业车辆行业发展历程中的重要一年，行业经历了超预期的高速增长，全系列车型普遍增长；国内外销售双双创历史新高，销量连续八年位列世界第一。托盘行业同样处于快速发展阶段，截至 2017 年年底，中国托盘市场保有量达到 12.3 亿片，其中标准托盘的比例大幅提升。标准化、单元化、智能化、数字化将成为中国托盘未来发展的必然趋势，带动托盘行业不断突破和创新。

2017 年 10 月 18 日，习近平总书记在中国共产党第十九次全国代表大会上的报告中强调，“加快发展先进制造业，推动互联网、大数据、人工智能和实体经济深度融合，在中高端消费、创新引领、绿色低碳、共享经济、现代供应链、人力资本服务等领域培育新增长点、形成新动能”，“促进我国产业迈向全球价值链中高端，培育若干世界级先进制造业集群。加强水利、铁路、公路、水运、航空、管道、电网、信息、物流等基础设施网络建设”。

在此背景之下，国家相关部门在 2017 年陆续出台了《智能制造发展规划（2016—2020 年）》《“十三五”现代综合交通运输体系发展规划》《京津冀地区快递服务发展“十三五”规划》《长江三角洲地区快递服务发展“十三五”规划》《珠江三角洲地区快递服务发展“十三五”规划》《国务院办公厅关于进一步推进物流降本增效促进实体经济发展的意见》《关于积极推进供应链创新与应用的指导意见》等一系列指导性文件和政策，强调加强物流薄弱环节和重点领域的基础设施建设；推动物流业和制造业深度融合发展，降低制造企业物流成本；加强物流标准制定等基础性工作；发展“互联网 +”高效物流；降低物流用地成本，继续执行物流企业大宗商品仓储设施用地城镇土地使用税优惠政策，对物流企业自有大宗商品仓储设施用地减按所属土地等级适用税额标准的 50% 计征城镇土地使用税；加快推进物流仓储的信息化、标准化和智能化，提高运行效率，开展仓储智能化试点示范，加强物流装载单元化建设，加强物流核心技术和装备研发，结合智能制造专项和试点示范项目，推动关键物流技术装备产业化，推广应用智能物流装备；鼓励物流机器人、自动分拣设备等新型装备的研发创新和推广应用。这些具体政策的出台为我国物流仓储装备行业的进一步发展奠定了良好的基础。

2017 年国家标准化管理委员会发布了《仓储货架使用规范》《平托盘最大工作载荷》《托盘共用系统木质平托盘维修规范》《托盘共用系统管理规范》《医药产品冷链物流温控设施设备验证性能确认技术规范》等几项推荐性国家标准。国家发展和改革委员会批准发布了《垂直回转库》和《货架安装及验收技术条件》两项行业标准。

2017 年 10 月 19 日，由中国机械工程学会物流工程分会组织编写的《中国战略性新兴产业研究与发展 · 物流仓储装备》正式发布。该书系统论述了物流仓储装备产业发展的相关知识，介绍了物流仓储装备产业的特点及其在国民经济发展中的作用、地位和影响；介绍了我国物流仓储装备产业发展的现状；详细阐述了先进国家物流仓储装备产业现状及我国在产业发展中可借鉴的经验：对国内外物流仓储装备产业进行了比较分析，分析了我国物流仓储装备产业的发展环境、趋势与目标：指出了发展我国物流仓储装备产业的核心技术；提出了我国物流仓储装备产业发展的政策与措施建议。

2017 年 10 月 31 日，中国移动机器人（AGV）产业联盟（China Mobile Robot & AGV Industry Alliance，缩写为 CMRAIA）正式宣告成立。联盟由行业内 40 余家主流企业发起、构成。

京东智慧物流研发制造基地于 2017 年落户天津。这个全球首个智慧物流产业集群基地将打造“一基地一中心，两示范两平台”工程，即智慧物流装备研发基地及产业集群、国家新一代人工智能示范及应用工程中心、全国首个智慧物流升级服务平台、智慧科技城市新模式示范区、新型智慧港口示范区、军民融合双向科技转化平台。该项目预计五年内将投入 220 亿元，可带来相关收入 320 亿元，将拉动天津市相关智能产业上下游资源聚集，形成 200 家以上专注于智能产业研发与落地示范的相关高新技术企业，周边收入与资源规模累计超过千亿元。

自动化立体库

1. 总体发展状况

高效、低耗、智能化、柔性化成为2017年国内自动仓储系统发展的特点。传统制造开始向智能制造升级，传统零售转向新零售，云计算、大数据、物联网等现代信息技术的应用，也为智能型物流仓储装备的发展创造了先决条件。受互联网经济的影响，以及企业营运成本的持续增加，产品同质化竞争的日趋严重，资金压力日益紧张，这些因素使得越来越多的企业开始关注内部物流，重塑面向个性化的订单式生产机制，以更低的响应时间和更低的成本，更高效、快捷的自动化物流系统建立起企业的核心竞争力。

受益于“工业4.0”和制造业的升级，尤其是以新能源锂电池生产为代表的加工工艺的需求，并在新能源汽车高景气的助推下，工厂自动化物流系统对于仓储系统的需求保持高速增长态势。

在自动化水平较高的烟草行业，市场需求趋于饱和，增速放缓。传统的机械制造业由于客户群体相对稳定，增长形势趋于平缓。伴随定制化营销方式的兴起，家居建材行业增速明显，发展迅猛。智能工厂、仓储配送中心、物流中心的项目建设取得了阶段性的应用成效，间接推动了潜在的自动仓储系统需求的快速增长。

2. 技术发展情况

自动仓储系统集光、机、电、信息技术为一体，系统复杂，结构庞大，涉及众多前沿技术的系统性集成。随着市场竞争的加剧，标准化、模块化设计的推进，产品的附加值也越来越低，国内中低端市场的低价优选竞标方式，使得设备供应商更专注产品的性能设计，拓展多样性产品，完成多元化经营的快速转变。

设备供应商产品系列的多样性，为自动仓储系统的规划设计提供了更多的选择。新技术、新产品的投入使用，促进了设备自动化性能的提升，用户企业对自动仓储系统的稳定性、可靠性、适应性提出了更高的要求。

对于不可变路径的搬运设备（如巷道堆垛机、穿梭车、输送线等），货物的周转率要求越来越高，促使设备不仅需要获得较高的搬运效率，而且还需具备较低的营运成本。新需求要求系统变得更智能，并且能够通过大数据分析对仓储货位进行动态调度，以应对不同时段的能力需求，仓储营运变得更加节能环保。

对于可变路径搬运设备（如移动机器人、AGV），柔性化要求越来越高，2017年出现了物流搬运群的设计思想，实现了单个AGV作业， AGV集群协同作业的工作方式，极大地扩展了AGV的应用范围。

对于信息识别，视觉识别机器人技术的成熟应用，既提高了货物的流通周转效率，又实现了物流系统的网络化、自动化、可视化和系统化运行，在企业内部物流和供应链体系的建设中起到了非常重要的作用。

2017年，国内物流仓储设备供应商在创新产品和解决方案方面不断发力，寻求新的突破。2017年，在国内市场上新出现了一款高性能的Miniload堆垛机产品，该机具有创新性设计、绿色节能、模块化、配置灵活等特点。在创新性设计上，该产品采用铝合金立柱及创新型立柱铰接结构，同时具有轻量化等特点，使得该系统的使用范围不再局限于地面，而可以向更高的空间楼层延伸；在绿色节能方面，通过采用能源反馈系统可以节能15%以上；模块化的结构使得系统易于安装、维护和更换；此外，系统在安全性、定位精度方面都有大幅度的提升。

在智能搬运设备的导航方式上，目前国内采用的最新技术是一种基于SLAM的视觉导航方式。采用这种视觉导航方式的一款智能托盘车，可根据地面纹理反馈坐标姿势，无需对地面做特殊处理；内置补光灯，可在室外运行；具有自适应路面变化的功能。使用这种导航方式的智能搬运设备搭配了智能路径规划算法，使其效率达到最优；在机械上采用双舵轮结构，可任意角度平移，零转弯半径节省了运行空间。该车可应用于托盘搬运，也可根据不同需求定制产品，在技术上为国内首创。

输送分拣设备

2017年，物流仓储装备的智能化升级催生了多行业的跨界融合，传统机器人制造企业正加速进军物流装备行业，具备搬运、码垛、分拣等功能的智能物流机器人成为2017年输送分拣系统的一大热点。

2017年，国内市场上出现了一种最新的智能分拣AGV系统。该系统不仅单个AGV机器人之间可以对接，同时还可以与生产线进行互联，适合大流量物流搬运及处理，可满足大规模AGV集群作业。同时，还可以将顶部的辊筒替换为不同的移栽方式，可替代传统物流、分拣设备，适合订单多、品种多、作业时效性要求高的行业，如电商、快递等。

2017年，国内企业还研制出无人仓的核心技术——基于机器视觉的机器人拆零拣选系统，其拣选效率达到400～1 500次/（台•h）。

2017年，国内最新研发的巡拣机器人，能够实现对货物的自动拣选、运输、放置等连续性操作。其特点是：灵活——柔性运行路径，省空间不设限；精准——视觉识别系统，精准定位货物；高效——智能拣选系统，最大化省人力；可靠——拣选、运输合一，可控性强、安全性佳。

国内设备制造商在2017年新推出了一款滚珠模组带分拣机。该机采用先进的分拣信息识别技术，准确率可达99.9%；智能化、集成化程度高，能够实现对物品连续、大批量分拣；分拣效率高，可实现4 500件/h，是人工速度的2.5倍；模块化组合方式，现场安装，机身长度可以拼接延长，易装配，通用性、互换性强。可根据顾客要求进行快速订制，现场安装简单，维护方便；可分拣范围广，尤其能够对底部较为平整的软包和编织袋进行分拣。

自动导引车（AGV）

1. 总体发展状况

2017年，国内AGV的市场销售总额约为20亿元，销售数量大约为1.4万台，同比增幅超过35%。在国内市场上，AGV的最大需求行业还是汽车及与汽车相关的产业，这个行业大约占市场销售额的50%以上。众多新行业、新商业模式对物流机器人的需求不断上升，而汽车、国防、自动码头、橡胶轮胎、3C、电商及金融等行业在一段时期内仍将是AGV的主要应用市场。

2. 市场需求情况

传统汽车制造业因为新能源汽车发展火热，带动了相关产业对物流机器人AGV需求的大幅提升，比如整车厂和电池制造企业在车身与电池合装、洁净生产环境物料输送、高精度对接等作业环节对AGV的需求旺盛。受国家补贴及支持政策的影响，物流机器人的柔性特点更符合新能源汽车建厂或扩产的特殊需求。

烟草行业作为传统的AGV需求大户，因“十二五”技术改造计划基本完成，2017年市场需求继续疲软。未来几年烟草行业的AGV需求主要围绕更新换代及少量投资展开，对整体市场增长贡献有限。

从2012年起，国家电网开始对巡检机器人有一定的需求，但2017年出现了变动，国家电网集中采购基本停止，而一些地方省网对AGV采取了租赁项目的招投标。

2017年，物流机器人AGV供应商集中抢占的市场之一是无人叉车，特别是一些国内叉车企业通过设立相关业务部门，开始在这一领域加大布局力度。据行业内保守估计，未来几年，将有5%的电动叉车改成AGV。而在应用方面，一些新建厂房和老厂改造项目，在进行无人化设计和规划产品线的时候，都已经考虑采用无人叉车，由此可见，AGV未来市场潜力十分巨大。

其他需要AGV的传统行业，如电商、家电、国防、玻纤、医疗、食品及化工等行业，对AGV的需求也呈旺盛趋势。特别是电商的存储及分拣领域，2017年的市场需求比往年也成倍地增长。

3. 技术创新

2017年，AGV的技术创新主要集中在导航技术的先进性上。越来越多的生产商着眼于未来，研发出更多先进的导航技术。随着计算机技术、传感器技术、伺服控制等硬件越来越进步，以及优秀控制及软件人才的不断涌现，物流AGV导航算法不断取得突破。在摄像技术、激光传感器等硬件支持下，通过全新导航控制算法，构建出的机器人周围环境的三维地图，使机器人布置路径更加灵活，调试更加容易。先进的导航技术是AGV的发展方向。

4. 行业发展

2017年，国内AGV的国产化率达到了80%以上，同时国内企业产品出口国外市场的能力不断增强，持续提升了国产AGV在产品质量及稳定性方面的整体形象，间接促进了行业快速发展。2017年，专业从事AGV某一细分领域的企业在增多，实力也在增强。而且因其专注度更高，因此在资本融资、研发投入、团队凝聚力等方面有更加突出的表现，使AGV发展速度更快，影响力也逐渐增强。

货架行业

1. 市场总体情况

2017年的货架市场呈爆炸式增长，所有的货架厂商都在满负荷生产；与2016年电商货架一枝独秀的情况相比，2017年货架在多数行业的需求都有了较大幅度的增长，国外市场亦得到了进一步拓展；总体来看，整个货架行业保持了很好的发展态势，2017年市场总体增幅在30%以上。

2. 市场需求分析

自动化高层立体仓库货架仍然是市场的主流产品，该产品是自动化与智能化的代表产品之一，在市场上展现了其强大的竞争力；因其适应性强，土地利用率高，存取效率出色，成为存储型仓库的最佳选择之一，也是各大工业企业新建仓库的首选；电商类货架则延续了2016年的强劲势头，以京东及阿里系为首的电商企业对仓储货架的需求极为旺盛，占据了非常大的市场份额，其中出现了大量的横梁式、搁板式及阁楼式货架项目；而穿梭板式货架的发展与其他货架类型的爆发式增长相比，保持了较平稳的增长。现正向更智能、更自动化的方向发展，在高层四向穿梭车项目、多层穿梭车项目等的应用也越来越多。

此外，由于传统的横梁式货架具有结构简单、成本低廉、维护方便等优点，因此成为各大企业在非自动化仓库中的首选方案。但传统的横梁式货架进入门槛较低，价格竞争也十分激烈。至于其他类型的货架，如压入式、驶入式、重力式等已经比较少见了。

3. 行业分布状况

2017年，货架市场在应用行业上的分布与往年基本一致，与民生相关的行业仍然是最热门的应用行业，只是在次序上略有变化，商业物流、医药化工、第三方物流、食品饮料位列前四位。此外，新能源汽车及与汽车相关的行业也保持了较好的发展势头。

4. 地域分布情况

2017年，货架市场在地域上的分布与往年也是基本一致的，长三角、环渤海及珠三角作为中国经济最发达的地区，同样是货架需求最旺盛的三个区域；华东地区已经连续多年蝉联第一，华北及华南地区在第二、三位之间不断交换位置，体现出货架需求与经济发达程度的高度相关性。国外市场情况良好，以印度尼西亚、泰国及马来西亚等为代表的东南亚地区具有较强的货架需求，有需求的项目较多且以大项目为主。

5. 企业发展情况

2017年上半年的市场情况仍延续了上一年价格竞争的态势，但在2017年的下半年，由于市场需求旺盛，短期内涌现出的大量订单使得低价竞争的情况得到了部分扭转。在关键项目、大项目的竞争中，价格仍然是最需要考虑的因素。

2017年，越来越多的货架企业延续先前的发展方向，更坚定地向多元化方向发展，大部分企业已涉足自动化设备的研发与制造，部分企业更是直接进入系统集成领域。

6. 新技术新产品应用

2017 年，货架行业的技术亮点仍然体现在智能化方面，并且研发得更加深入。高层的穿梭板式货架越来越多，并将其逐渐演化为两个清晰的发展方向：以托盘穿梭板式为代表的存储类货架系统和以料箱穿梭板式为代表的拣选类货架系统。

此外，库架合一项目大面积涌现，其优势得到了越来越多业主的青睐，但碍于消防法规的限制，目前库架合一项目虽多，但在国内建成的数目还很少，更多的项目都是在国外。

工业车辆

1. 行业总体情况

2017 年，中国工业车辆行业产销量超出预期，全年共销售机动工业车辆 371 617 台，与 2016 年的 268 567 台相比，增长了 38.37%。2017 年国内总销量占亚洲叉车市场销售量的 66.88%，比 2016 年增长了 5.87%，位列亚洲第一位；占世界叉车市场总销售量的 27.86%，比 2016 年增长了 4.56%，继续位列世界销售量的第一位。截至 2017 年年末，中国已连续八年位列世界工业车辆销售量的第一位。

1）电动叉车（包括电动平衡重乘驾式叉车、电动乘驾式仓储叉车、电动步行式仓储叉车等）：2017 年国内总销售量为 130 271 台，与 2016 年相比增长了 53.54%。2017 年国内总销量占世界电动叉车市场的 15.80%，比 2016 年上升了 3.94%，列世界第二位；占亚洲电动叉车市场的 55.28%，比 2016 年增长了 8.75%，列亚洲第一位。

2）内燃平衡重式叉车（包括空箱叉车、重箱叉车、空箱正面吊、重箱正面吊、侧面式叉车等）：2017 年国内总销售量达到 241 346 台，与 2016 年相比增长了 31.37%，占全世界内燃平衡重式叉车市场总销售量的 47.37%，列第一位；占亚洲内燃叉车市场总销售量的 75.42%。

2. 国内各地区的销售情况

从 2017 年销售到国内各地区的流向看，以往市场份额最大的华东地区仍占全国市场份额的 47.82%，增长了 2.11%；华南地区占全国市场份额的 15.42%；华中地区占全国市场份额的 8.52%；华北地区占全国市场份额的 11.31%；西北地区占全国市场份额的 5.47%；西南地区占全国市场份额的 6.47%；东北地区占全国市场份额的 4.99%。

3. 工业车辆进出口情况

根据海关总署 2017 年的统计数字，我国工业车辆 2017 年出口叉车及装有升降或搬运装置的工业车辆共 196.08 万台，与 2016 年相比增长了 13.47%；出口金额 22.64 亿美元，与 2016 年相比增长了 15.75%。这些工业车辆出口到了 199 个国家和地区。

在机动工业车辆方面，2017 年出口量为 22.30 万台，与 2016 年相比增长了 33.74%。其中电动叉车（含巷道堆垛机）出口量为 13.88 万台，与 2016 年相比增长了 39.97%；内燃叉车（含集装箱叉车）出口量为 8.42 万台，与 2016 年相比增长了 24.59%。

2017 年，我国进口叉车及装有升降或搬运装置的工业车辆共 14 769 台，与 2016 年相比增长了 26.83%；进口金额为 2.56 亿美元，与 2016 年相比增长了 17.41%。其中进口电动叉车（含巷道堆垛机）为 11 375 台，与 2016 年相比增长了 37.66%；进口内燃叉车（含集装箱叉车）为 1 088 台（其中集装箱叉车 15 台），与 2016 年相比增长了 29.68%；未列名叉车进口 2 306 台，与 2016 年相比下降了 9.32%。2017 年是我国少有的进口高增长年份。

4. 市场特点

2017 年，国内工业车辆行业发展的特点集中在以下几个方面：

1）中国制造的工业车辆在世界范围内的销售占比进一步提升，接近 40%（含外资在华企业）。

2）电动、仓储、新能源、智能化叉车得到了广泛的关注。

3）行业集中度进一步提高，领军企业在技术、成本、渠道及服务等关键竞争力方面优势明显。

4）由于人工、原材料成本的增加，市场竞争进一步加剧，利润水平出现下滑。

5）外资品牌继续在行业内进行收购、入股和资源整合，努力提高其在经济型产品中的市场份额。

托盘行业

2017 年，物流业的快速发展，为中国托盘行业的发展创造了一个非常好的环境。标准化、单元化、智能化及数字化成为托盘行业发展的趋势。

据统计，截至 2017 年 12 月，我国托盘年产量在 2.5 亿片左右，我国托盘市场的保有量达到 12.3 亿片（考虑到托盘更新等因素），托盘的保有量比 2016 年年底增加了约 8 000 万片。其中 1.2m×1.0m 标准托盘的市场占比接近 27%，比 2016 年年底提高了近 1.5%。标准托盘的租赁量接近 2 100 万片，首次突破 2 000 万片大关，比 2016 年年底（约 1 700 万片）同比增长了 3.53%。

2017 年是商务部与国家标准化管理委员会推行的《全国商贸物流标准化专项行动计划》的第四年，商务部多次组织召开“全国商贸物流工作现场经验交流会”，要求省、市、自治区的商务部门以托盘为切入点推行物流标准化；以“托盘托起未来”“托盘标准化与托盘循环共用”为主题，编制了宣传片和宣传材料，大力推进托盘在城市配送中的应用，形成许多地方省市的物流配送施行带托配送，推动了超市连锁物流设施的标准化改造和上下游企业的托盘循环共用。以托盘为基础的单元化物流，创新了超市连锁的订货模式，大幅提高了快消品的配送效率。

在多部委和中国重型机械工业协会物流与仓储分会的联合推动下，中国托盘行业的标准化程度持续提高，标准托盘的产销量呈现快速增长势头，其增长速度远远高于托盘行业的平均增长速度。

截至 2017 年年底，全国五大类托盘企业获得“托盘质量认定”资格的企业有 30 余家。这 30 余家托盘生产企业近几年在引领中国托盘标准化和提高托盘质量方面发挥了积极作用。

为了推进托盘行业规范化运作，促进标准托盘的广泛利用，2017 年中国物流与采购联合会托盘专业委员会积极推动托盘标准的制（修）订工作。目前，中国托盘行业的国家标准共计 20 项；行业标准 9 项，覆盖了五大行业；团体标准 1 项。

〔撰稿人：中国重型机械工业协会物流与仓储机械分会纪凯　审稿人：中国重型机械工业协会王继生〕

机械式停车设备

生产发展情况　2017 年，国家经济稳中向好，停车设备行业虽面对钢材涨价的压力，但发展基本稳定，市场持续扩大，需求不断增多，停车设备的普及面越来越广。2017 年，停车设备行业的产品结构得到进一步调整，科技创新产品不断涌现，智能化、自动化车库产品比重加大，行业整体制造加工水平得到提高，产品质量进一步提升，企业防风险意识和把控能力增强，总体上停车设备行业仍旧保持了一个积极向上的发展态势。

2017 年，全国新增机械式停车库项目 2 516 个，同比增长 13.6%，增速同比上升 7.2 个百分点；新增泊位 811 066 个，同比增长 11.3%，增速同比下降 6.7 个百分点；国内销售总额 1 478 771.56 万元（含升降机），同比增长 10.9%，增速同比下降 6.7 个百分点。

产品分类产量　2017 年，全国 301 个城市新增了机械式停车库，是历年来城市数量最多的一年，其中首次统计的城市 57 个。至此，全国拥有机械式车库的城市总数达到 600 个，一、二、三线城市普及率基本达到 100%。2017 年机械式停车库按省（自治区、直辖市）分布情况见表 1。2017 年机械式停车库按城市分布情况见表 2。

表 1　2017 年机械式停车库按省（自治区、直辖市）分布情况

排名前 10 位的省、市	新增泊位数（个）	占全部泊位的比例（%）
江苏	141 672	17.6
陕西	74 134	9.1
广东	63 487	7.8
河南	61 626	7.6
浙江	60 647	7.5
安徽	52 376	6.5
上海	47 124	5.8
北京	37 134	4.5
山东	35 586	4.4
湖北	32 677	4.0
合计	606 463	74.8

（续）

表 2　2017 年机械式停车库按城市分布情况

排名前 10 位的城市	新增泊位数（个）	占全部泊位的比例（%）
南京	69 535	8.6
西安	57 647	7.1
郑州	48 321	6.0
上海	47 124	5.8
北京	37 134	4.6
杭州	30 714	3.8
武汉	22 436	2.7
广州	19 995	2.6
合肥	19 924	2.4
温州	16 653	2.0
合计	369 483	45.6

2017 年，全国停车设备市场的产品结构也有了较大变化，升降横移、简易升降类停车设备项目增长 12.2%，增速同比上升了 7.8 个百分点，其中住宅小区配套和单位自用是主要增长点，分别增长 18.7% 和 29.2%，而公共配套项目则增速放缓，出现 12.2% 的负增长。从这些年的发展情况看，升降横移、简易升降类停车设备项目、泊位在各类停车设备中所占比例逐年下降，2017 年所占比例分别为 85.4% 和 89.8%，为历年最低。而平面移动类车库项目和泊位则分别增长了 35.8% 和 20.9%。垂直升降设备同比增长 15.3%，增速同比却下降了 30 个百分点，其中公共配套项目下滑幅度较大，增速同比下降 37.4 个百分点，但在单位自用方面，垂直升降设备项目出现较大增长幅度，同比增长 163.2%；从全国市场看，20 层以下垂直升降类项目增长很快，同比增长 35.9%，占项目总数的 75.6%；泊位同比增长 102.8%，翻了一番，其中公共配套和单位自用占 87.6%。值得关注的是，2017 年垂直循环类项目同比增长 92%，更多城市的单位车库开始采用这种设备，占项目总数的 73%。2017 年新增机械式停车设备类别比较情况见表 3。

表 3 2017 年新增机械式停车设备类别比较情况

类别	泊位数（个）	占全部泊位的比例（%）
升降横移（PSH）	673 786	83.1
简易升降（PJS）	54 766	6.7
平面移动（PPY）	46 423	5.7
垂直升降（PCS）	22 957	2.8
巷道堆垛（PXD）	7 317	0.9
垂直循环（PCX）	5 584	0.7
多层循环（PDX）	233	0.02
合计	811 066	100

注：由于四舍五入，数据有微小出入。

市场及销售 通过细分市场，我们把用户分为三大类：住宅小区、公共配套和单位自用。在国内新增的全部泊位中：

住宅小区配建车库新建泊位 489 050 个，占泊位总数的 60%；比 2016 年增加 47 030 个泊位，同比增长 10.6%。

住宅小区配建采用最多的库型是升降横移类，共有 431 730 个泊位，占小区车库总数的 89%；其次是简易升降类，共有 43 013 个泊位，占小区车库总数的 8.8%。

公共配套车库新建泊位 186 362 个，占泊位总数的 23%；比 2016 年减少 15 496 个泊位，同比下降 7.7%。

公共配套车库采用最多的库型是升降横移类，共有 138 003 个泊位，占公共配套总数的 74%；其次是平面移动类，共有 21 248 个泊位，占公共配套总数的 11.4%。

单位自用车库新建泊位 135 654 个，占泊位总数的 17%；比 2016 年增加 50 889 个泊位，同比增长 60%，单位自用的增幅比较大。

单位自用车库采用最多的库型是升降横移类，共有 104 053 个泊位，占单位自用车库总数的 77%；其次是平面移动类，共有 15 421 个泊位，占自用车库总数的 11.4%。

以上数据显示：住宅小区仍是停车设备行业的主要用户，泊位数占新增泊位总数的 60%。在三大类主要用户中，升降横移类仍是市场占有率最高的库型。2017 年新增机械车库用户情况见表 4。

表 4 2017 年新增机械车库用户情况

用户分类	泊位数（个）	占全部泊位的比例（%）
住宅小区	489 050	60.3
公共配套	186 362	23.0
单位自用	135 654	16.7
合计	811 066	100

（1）国内。2017 年国内销售 30 强企业（按公司名称字母排序）：安徽华星智能停车设备有限公司、安徽马钢智能立体停车设备有限公司、北京航天汇信科技有限公司、北京鑫华源机械制造有限责任公司、大洋泊车股份有限公司、杭州大中泊奥科技股份有限公司、杭州西子智能停车股份有限公司、杭州友佳精密机械有限公司、河南省盛茂永代机械制造有限责任公司、衡水奇佳停车设备有限公司、江苏金冠停车产业股份有限公司、江苏普腾停车设备有限公司、江苏启良停车设备有限公司、江苏润邦智能停车设备有限公司、江苏中泰停车产业有限公司、青岛茂源停车设备制造有限公司、青岛齐星车库有限公司、山东莱钢泰达车库有限公司、山东天辰智能停车有限公司、山西东杰智能物流装备股份有限公司、上海赐宝停车设备制造有限公司、上海禾通涌源停车设备有限公司、上海天地岛川停车设备制造有限公司、深圳精智机器有限公司、深圳市伟创自动化设备有限公司、深圳怡丰自动化科技有限公司、深圳中集天达空港设备有限公司、四川志泰立体车库有限公司、唐山通宝停车设备有限公司、浙江子华停车设备科技股份有限公司。

以上 30 家企业的国内销售额计 1 104 241.88 万元，占上报企业销售总额的 74.7%，其安装泊位数 591 055 个，占国内新增泊位的 72.9%。

（2）国外。国外共有 129 个项目，同比增长 20.6%。在国外项目中，升降横移类车库共有 57 个项目，简易升降类车库共有 15 个项目，平面移动类车库共有 18 个项目，垂直升降类车库共有 15 个项目，巷道堆垛类车库共有 4 个项目，垂直循环类车库共有 16 个项目，汽车升降机共有 4 个项目。

国外共有 24 446 个泊位，同比增长 6.3%。在国外新增的泊位中，升降横移类车库共有 11 866 个泊位，简易升降类车库共有 1 635 个泊位，平面移动类车库共有 3 845 个泊位， 垂直升降类车库共有 2 909 个泊位，巷道堆垛类车库共有 1 311 个泊位，垂直循环类车库共有 2 880 个泊位。

2017 年出口区域比较情况见表 5。 2017 年出口设备类型情况见表 6。

表 5 2017 年出口区域比较情况

出口地区	出口泊位数（个）	占全部泊位的比例（%）
亚洲	15 823	64.7
美洲	3 068	12.6
大洋洲	1 503	6.1
欧洲	3 374	13.8
非洲	678	2.8
总计	24 446	100

表 6 2017 年出口设备类型情况

设备类型	泊位数（个）	占全部泊位的比例（%）
升降横移（PSH）	11 866	48.5
升易升降（PJS）	1 635	6.7
平面移动（PPY）	3 845	15.7
垂直升降（PCS）	2 909	11.9
垂直循环（PCX）	2 880	11.8
巷道堆垛（PXD）	1 311	5.4
总计	24 446	100

〔撰稿人：中国重型机械工业协会停车设备工作委员会李仲军 审稿人：中国重型机械工业协会停车设备工作委员会明艳华〕

大型铸锻件

生产发展情况 2017年，从国际大环境来看，全球化的行业产能过剩短时期内难以得到化解，同时，由于国际同行进入中国市场，抢占市场份额，使得大型铸锻件行业市场竞争进一步加剧。

从国内市场来看，以锻件为例，我国大型锻件产业规模连续保持10%以上高速增长，到2022年产量规模可达130万t以上，但需求量高达270万t，短期内需求量高于产量的局面不会改变，值得注意的是需求缺口主要为复杂、精密的高端大型锻件。目前，我国的市场情况是：中低端产能严重过剩，同质化竞争激烈；而高端技术能力不足，依赖进口，如超（超）临界材料锻件、燃机透平锻件、高端热作磨具钢、航空用高温合金材料等需要进口。另外，受国家宏观经济政策及市场环境的影响，虽然传统水电/火电、冶金设备、船用铸锻件等行业的存量需求在下降，核电、海工装备的高端增量释放缓慢，但是在能源行业油品升级的推动下，近年来石化行业对大型铸锻件的需求保持了旺盛态势。对各企业来说，当前成本压力空前增大，利润空间进一步压缩。由于大型铸锻件行业规模总量较小，缺乏市场定价话语权，因此在上游原材料上涨，下游采购价格持续下降，加之能源、人工、资金、环境等要素成本不断上升的情况下，行业经济运行压力巨大。

2017年七大重机企业营业收入、利润总额和新增订货额分别见表1、表2、表3。

表1 2017年七大重机企业营业收入

排名	公司名称	2017年（亿元）	2016年（亿元）	增幅（%）
1	太原重型机械集团有限公司	158.37	169.62	-6.63
2	中国一重集团有限公司	102.95	32.04	221.32
3	北方重工集团有限公司	95.16	101.21	-5.98
4	大连重工·起重集团有限公司	65.44	64.32	1.74
5	中国第二重型机械集团有限公司	64.06	82.85	-22.68
6	中信重工机械股份有限公司	46.21	37.71	22.54
7	上海重型机器厂有限公司	5.39	10.24	-47.36

从表1可以看出，中信重工机械股份有限公司、中国一重集团有限公司、大连重工·起重集团有限公司较上年同期增长，其中中国一重集团有限公司增长幅度最大，营业收入同比增长221.32%。

表2 2017年七大重机企业利润总额

排名	公司名称	2017年（亿元）	2016年（亿元）
1	中国第二重型机械集团有限公司	56 602	53 267
2	中信重工机械股份有限公司	11 160	-146 837
3	中国一重集团有限公司	10 836	-547 363
4	北方重工集团有限公司	4 520	5 661
5	太原重型机械集团有限公司	3 562	-208 774
6	大连重工·起重集团有限公司	259	-34 897
7	上海重型机器厂有限公司	-41 259	-47 921

从表2可以看出，除上海重型机器厂有限公司亏损外，其余企业均实现了盈利。中信重工机械股份有限公司、中国一重集团有限公司、太原重型机械集团有限公司和大连重工·起重集团有限公司均实现了扭亏。

表3 2017年七大重机企业新增订货额

排名	公司名称	2017年（万元）	2016年（万元）	增幅（%）
1	太原重型机械集团有限公司	1 970 866	2 463 275	-19.99
2	中国一重集团有限公司	1 225 000	811 793	50.90
3	大连重工·起重集团有限公司	883 385	757 269	16.65
4	中国第二重型机械集团有限公司	820 563	860 607	-4.65
5	北方重工集团有限公司	755 036	557 638	35.40
6	中信重工机械股份有限公司	655 431	844 818	-22.42
7	上海重型机器厂有限公司		64 198	

从表3可以看出，除中国一重集团有限公司、大连重工·起重集团有限公司、北方重工集团有限公司新增订货同比增长外，其余企业均同比下降，其中中国一重集团有限公司的同比增长幅度最大。

市场及销售 2017年大型铸锻件行业主要产品产量完成情况见表4。

表 4 2017 年大型铸锻件行业主要产品产量完成情况

产品名称	2017 年产量（万 t）	2016 年产量（万 t）	同比增长（%）
金属冶炼设备	56.39	54.61	3.26
金属轧制设备	62.17	49	26.88
锻件	1 203.04	1 219.22	-1.33
铸钢件	555	510	8.82

从表 4 可以看出，金属冶炼设备、金属轧制设备及铸钢件的产量较上年同期增长，锻件的产量同比下降。

科技成果及新产品 新产品研发能力关乎着制造企业的生存，是企业核心竞争力的关键要素。2017 年，大型铸锻件行业各企业进一步完善研发体系，着力提高科技创新能力，取得了较好的成绩。2017 年大型铸锻件行业部分科研项目获奖情况见表 5。

表 5 2017 年大型铸锻件行业部分科研项目获奖情况

项目名称	奖项名称	获奖等级	主要完成 / 参与单位
煤制油品 / 烯烃大型现代煤化工成套技术开发及应用	国家科学技术进步奖	一等奖	中国一重集团有限公司参与
压水堆核电站核岛主设备材料技术研究与应用	国家科学技术进步奖	二等奖	中国一重集团有限公司、上海重型机器厂有限公司参与
重型压力容器轻量化设计制造关键技术及工程应用	国家科学技术进步奖	二等奖	中国一重集团有限公司参与
1 000MW 核电汽轮机焊接转子研制	中国机械工业科学技术奖	一等奖	东方电气集团东方汽轮机有限公司
30MW 多点数控成形油压机	中国机械工业科学技术奖	一等奖	中国一重集团有限公司
高速板带轧机稳定运行动力学模型体系搭建及其工业应用	中国机械工业科学技术奖	一等奖	燕山大学
宽厚板定制化轧制生产工艺及成套设备自主研发与应用	中国机械工业科学技术奖	一等奖	太原科技大学
火电设备用关键大型铸锻件系列标准研究和提升	中国机械工业科学技术奖	二等奖	中国第二重型机械集团有限公司
ϕ5m 敞开式硬岩掘进机	中国机械工业科学技术奖	二等奖	中信重工机械股份有限公司
核电用大型锻件关键制造技术及应用	中国机械工业科学技术奖	二等奖	中信重工机械股份有限公司
高端装备热处理淬火关键技术与应用	中国机械工业科学技术奖	二等奖	上海电气上重铸锻有限公司
优化改进型亚临界 660MW 等级四缸四排汽高中压分缸汽轮机研制	中国机械工业科学技术奖	三等奖	上海电气电站设备有限公司

中国一重集团有限公司不断完善科研管理制度，理顺科研管理职能，由统一科研预算管理变为各科研单位自主预算管理，由委托科研攻关变为业主单位与科研单位按内部市场化签订委托开发合同。全年按计划完成国家课题验收 10 项、预验收 2 项。在新产品开发方面，成功制造了核电常规岛 AP1000 整锻低压转子、国核示范项目 CAP1400 整锻发电机半速转子等产品；完成了 620℃超（超）临界汽轮机缸体材料设计及制造工艺开发项目的试验件综合评价；自主开发了镍基全位置窄间隙 TIG 焊接工艺，攻克了大管径、深坡口镍基合金焊接难题；组织完成了蒸发器内构件“板式分离器和旋风分离器”的制造安装，打破了国内专业厂家的垄断地位。入选为国家技术创新示范企业。

中国第二重型机械集团有限公司扎实推进转型升级。一方面做好重点领域、重点项目的产品研发工作；另一方面积极落实军民融合国家战略。同时，进一步完善研发激励机制，新产品研发成效初现，全年实现新产品订货 10 亿元。面向市场推动传统领域转型升级。在高端铸锻件方面，在超（超）临界高中压转子、核电常规岛转子、燃气轮机循环发电机组复合转子等高端铸锻件研发方面取得了重大成果。其中核电常规岛发电机转子已累计出产 17 件，连续 5 年合格率为 100%。在核电产品方面，完成了“CAP1400 冷却剂主管道研制”国家专项任务，全面掌握了反应堆主管道制造技术；完成了 4 台“华龙一号”主泵泵壳锻件研制；与中核集团八二一厂、重材院联合研制的玻璃固化罐已投料。在石化容器方面，容器焊接材料的研制上取得突破，双超加氢反应器的大型化研制水平不断提高，具有世界领先水平的镇海炼化加氢反应器将完工交货。在成台（套）装备方面，在巩固中厚板热连轧等冶金装备技术和制造优势基础上，大力开展智能化热模锻压力机和五机架酸冷连轧等成套设备的研制，并取得了关键技术突破，实现了首台（套）订货。开拓创新推进新兴领域产品研发。粉煤热解回转反应炉系列产品研发上取得了实质性突破，年产 60 万 t 反应炉实现首台（套）产品订货，进入了产品试制阶段；年产 100 万 t 反应炉正全力进行技术和市场开发。飞轮储能装置研制项目完成了 200kW 飞轮的研制并通过了测试，正策划产品鉴定验收和市场推广，同时 500kW 飞轮的技术引进工作正稳步推进。机器人减速机研制项目完成了样机总装，进入了产品调试阶段。油气污染物处理装备研制、垃圾熔融裂解处理装备研制、低温有机工质发电等项目也正按照计划有序推进。军民融合塑造大国重器新形象。通过航空模锻件系列产品的研发，实现了多个型号军民用飞机大型模锻件批量化生产和工程化应用，解决了制约我国先进飞机、发动机受制于人的一系列瓶颈短板，并首次实现了国产模锻件在 C919 飞机上的装机应用。在核军工领域取得了历史性突破，首次承担了军用核动力大锻件科研项目；舰船用核动力堆内构件项目已正式启动。

大连重工·起重集团有限公司着力推进结构调整，发展新动能，加速集聚。一是创新体系加快建设。突出高端引领作用，成功召开科技创新高端论坛，10 余名行业院士专家献策指引企业科技创新方向与寻找突破口；国家风电传动及控制工程技术研究中心挂牌成立，搭建了企业全新高端研发平台；创新技术孵化模式，整合公司资源组建了智能装备研究院，确定了智能化研发方向，全力向战略性、引领性、重大基础共性智能技术研发冲刺。二是加快新产品研发。完成新产品研发 16 项。成功制造了百万千瓦级水电机组上冠、下环铸件，突破了 100 万千瓦级水电机组关键铸件研制的难题；出产首支 12S90ME-C 型超大型对接曲轴，牢牢占到了世界低速船用曲轴第一梯队方阵。三是加快拓展新产业。围绕军工领域，依托特种备件公司，先后通过了国标、军标的质量管理体系复审，通过了武器装备科研生产承制资格的认证，成功进入军品供应商名录并顺利完成了部分军品交付；围绕节能环保领域，公司作为我国重机行业唯一代表加入了中国绿色制造联盟；组建节能环保公司布局节能环保市场，并实现市场突破，成功签订了首个炼钢除尘总包合同，进入了百万级风量大型除尘设备的总包商行列；以资本运作助推产业拓展，产业拓展目标和路径逐渐清晰。

太原重型机械集团有限公司全力加强新产品开发。8MW 海上风机完成了方案设计；350km/h 中国标准动车组轮轴取得了中国铁路的 CRCC 认证，成功应用在京津线运营的“复兴号”高速动车组上；CRH3A 型动车组轮轴完成了装车运行考核；直径 6.41m 的软土主动铰接式盾构机实现了自主开发；1.5MW 和 2MW 偏航变桨减速机完成了装配试车。完成了 TZC500 高原型履带起重机、TZ425LB 自升式辅助平台等 68 项新产品开发。“LG720 冷轧管机组成套设备研制”获山西省科技进步奖一等奖。全年共申报专利 76 项，其中发明专利 50 项；授权专利 63 项，其中授权发明专利 50 项。

中信重工机械股份有限公司利用技术创新厚植发展优势，新产品产值率继续保持了较高水平。公司始终坚持把技术创新作为引领发展的第一动力。2017 年，公司成立了创新研究院，创建了 10 个创新团队，打造的集“研究院 + 产业园 + 投资人”为一体的新产业研究及孵化基地已全面开始运作，水射流机器人、智能工厂等一批创新项目已入孵研发。以市场为导向，以产业化为目标，对矿用磨机、提升机、回转窑等核心产品进行了优化升级，保障了核心制造的稳步推进；对立式搅拌磨、圆锥破碎机、大型掘进装备等新产品进行了深度研究；对高端制造、节能环保装备等进行了协同开发，一批新产品、新技术逐步落地，并在市场上取得实质性突破。公司的科研项目获得了多个国家、省市科技奖项。公司被确定为河南省知识产权领军企业；公司、自动化公司、矿研院通过了高新技术企业的重新认定。

行业工作　在标准工作方面，2017 年在研的国家行业标准项目共计 43 项。申报国家标准立项 3 项、行业标准立项 5 项。执行国家标准项目 8 项，其中 1 项已获批发布，7 项在 2017 年 11 月份进行了会议审查；执行行业标准 25 项，其中 5 项已获批发布，报批了 15 项（计划 2017 年年底发布），正在编写草案稿的有 5 项。执行外文版翻译项目 2 项。2017 年 11 月份召开了标准审查会，审查了 7 项国家标准和 3 项国家标准外文版。征集了 6 项团体标准，正在编写中。在行业学术期刊工作方面，2017 年，《大型铸锻件》杂志和《中国重型装备》杂志分别完成了全年 6 期和全年 4 期的出版工作，受到作者和读者的广泛好评。

对外合作及企业发展　中国第二重型机械集团有限公司持续优化体制机制。在构建独立面向市场的业务单元和精简高效的总部职能部门基础上，持续加大改革力度，进一步激发企业发展动力。推进薪酬制度改革。聘请了人社部工资所人员对公司原有的薪酬管理制度进行了变革，形成了更具激励性的薪酬体系。搭建国机重装平台。为完善产业链条，加快产品转型升级，提升持续经营能力和整体竞争优势，以二重重装为平台，整合国机集团所属的中国重型机械有限公司、中国重型机械研究院股份公司，打造科工贸一体化、具有国际竞争力的高端重型装备旗舰平台 —— 国机重装。2017 年，围绕国机重装平台的搭建持续开展相关工作，做好运行筹备工作。搭建全新外贸平台。围绕国际贸易、国外工程总承包、国内工程总承包三类业务，对进出口公司、国贸公司、成都工程技术公司进行整合，成立全新的外贸平台 —— 国机重装成都重型机械有限公司。新公司成立以来运行顺畅，在工程总包项目上接连取得突破。完成公司制改制。根据国资委和国机集团的要求，制定了中国二重公司制改制总体方案并获国机集团批准。中国二重已完成改制后的工商变更，实现了企业经营权和所有权分开，为建立规范的公司治理机制奠定了基础。

中国一重集团有限公司持续推进企业各项改革。深入推进三项制度改革，坚持市场化选聘人才，对部分领导岗位和业务岗位进行了公开选聘；坚持契约化管理，完成了全员岗位合同和劳动合同签订工作，推行全员考核；坚持差异化薪酬，按照“五个倾斜”原则，发挥薪酬分配的激励约束作用；坚持市场化退出，推动实行“两个合同”。加快推进内部市场化改革，成立内部市场化推进组，制定了标准成本体系，根据外部市场价格，科学地制定、调整内部交易结算价格。同时，全面建立了产品买地断制、质量协商制、业主委托制等。积极推进转方式调结构，积极推进产业结构由传统装备制造业向高端装备制造业升级、向制造服务业和现代服务业转型。统筹推进瘦身健体提质增效，积极做好“处僵治困”工作。公司继续坚持以营销为“龙头”，进一步完善生产经营机制，主动贴近市场、服务用户，深挖市场需求，深化二次市场开发，强化责任的考核落实，完成了订货回款力争目标。一方面，全面完成了订货目标。营销系统紧盯全年订货120亿元的力争目标不放松，深入开展市场调研，加大市场开拓力度。其中，专项装备的订货合同稳步增长，产品种类逐步增加。核电装备的产品领域有效拓展。石化装备方面，获得了中石化等项目的合同。高端装备方面，签订了热连轧项目等多项合同，特别是创新商业模式，顺利将首批2台盾构机以租赁形式交付使用。新材料市场份额保持稳定。现代服务业方面，开展环保总承包业务；开展核电装备联合设计业务，取得了快堆科研及施工设计合同。另一方面，圆满完成了回款任务。营销系统认真落实回款责任，加大应收账款存量清收力度；按节点催收新增产出项目货款，遏制应收账款增量；努力提升新签合同数量和质量。进一步深化对外合作，与44家中央企业及所属企业建立了沟通联系机制，并不断深化多层次的沟通联系机制，为市场开拓提供了有力支撑。积极参与“一带一路”建设，不断拓展国际市场。

大连重工·起重集团有限公司着力提升运行质量，企业经营运行平稳。一是深化市场、开拓调整。强化营销策划，着重与央企优势互补，拓展了战略合作伙伴，合资成立的华锐铁建重工公司，对拓展盾构机市场意义重大；着眼市场引领，高规格举办敞80翻车机改造、焦炉除尘维保推介会；积极巩固国际市场，实现出口订货2.5亿美元，多渠道提升了国际化经营能力，拓展了多家“借船出海”的合作伙伴，完善了中东、南亚地区的经营网络；进一步向“对外经贸”转变，组建了大重国际工程公司对外新窗口；成功签订了罗伊山技术服务合同，实现了国际高端设备全生命周期服务的突破；积极向存量改造服务市场调整，后端服务经营收入占收入总额的比重不断增加，服务领域不断扩大，由钢铁、焦化行业拓展至化工、水泥、电力领域；积极向设备成套与工程总包市场和“三新市场”调整，新增订货不断增加，拓展了20余家重量级新顾客，较好支撑了全年订货任务的完成。二是深入推进系统降本增效。强化降本增效管理的幅度与深度，研究形成了100项重点项目、21项工作措施，有力地推动了全年经营目标的实现；注重向隐性成本纵深优化要效益，推进库房和库存物资全面清理及低效、闲置资产处置，完成了部分资产的处置盘活；注重运用改革思维管控固定费用，从严预算管理，压实职责，通过机构调整、流程优化等手段降低固定费用，各项费用控制在目标范围内；注重战略采购降成本，加快大宗物资集中采购，覆盖面不断扩大，有效降低了采购成本。三是全力防控经营风险。努力化解存量风险，制定限期清理计划，对清理项目进行集中管控；严格遏制增量风险，下发强化供货合同风险管控规定，完善了风险事前预防和事中管控机制；对标先进企业风控经验，形成顾客信用评价管控方案，明确了多项评价指标，并在个别单位开始试点；强化内部审计，针对存货、成本等重点环节，实施审计全覆盖。四是全力快速回收货款。强化回款工作，统筹部署，全面清查应收账款，推进长账龄货款回收，专题策划重难点项目的回款方案，系统联动消除制约因素，较好地完成了回款目标。

太原重型机械集团有限公司坚持“改革创新，精益管理，转型增效”发展主线，运行质量稳步提高，规模效益出现较大回升。在经销订货方面，持续加强重大项目、新产品、出口产品和成套业务的订货力度，全年实现订货100亿元，同比增长5%。其中风电、火车轮轴、起重、轧钢、煤化工、港机、工程机械及油膜轴承的订货同比增长较快，锻压、矿山、焦化及齿轮传动产品的订货同比减少。持续抓好重大项目订货，陆续签订了晋能风电设备、西藏巨龙55m^{3}挖掘机、中冶赛迪铸造起重机及转炉倾动、山东磐金连轧管机组及浙江石化石油化工设备等重大项目。新产品订货有序推进，先后签订了中广核福建宁德反应堆厂房环形桥式起重机、山东正宇万吨轮毂压机、河北华洋直缝埋弧焊管、印度金斗 ϕ406mm 旋扩机组、河北鑫汇TZL750全地面桁架臂起重机等合同。在出口订货方面，轨道交通设备在印度市场增长明显，实现订货1.9亿元；化工装备首次出口乌兹别克斯坦，迈出了国际化发展的第一步；轧钢、油膜轴承在国际市场稳步开拓，超额完成了全年出口指标。公司全年实现出口订货11.6亿元。成套项目稳步拓展，陆续签订了烟台日丰龙泉风电场48MW项目、阳曲县杨兴乡99.9MW风电场项目等工程总包合同。在重点项目建设方面，风电装备智能化工厂项目联合厂房封闭已完成，设备基础进行了桩基施工，园区管网建设已完工；轨道交通关键件研发制造基地完善升级项目轮对检修线基础厂房建造已完工，部分设备采购完成了论证，轮轴实验中心二期项目已启动；核电压力容器项目和特铸搬迁项目全部完工。

中信重工机械股份有限公司的传统产业稳中有进，核心制造优势更加显著。2017年，面对传统服务领域持续去产能的严峻态势，公司实施技术、营销、生产、服务一体化管理，通过品质提升、绿色发展、智能升级、服务转型和海外拓展等措施，进一步巩固和提升了公司重型装备、工程成套等传统产业的竞争优势。重型装备产业：2017年，围绕“核心制造＋综合服务”的商业模式，着力打造了矿用磨机、提升机、回转窑、辊压机、立式搅拌磨、破碎机六大具有国际水平的核心产品，整个重型装备产业板块的产业经营意识、系统协同不断增强，主机、新产品、备件服务和加工业“四业并举”的优势正在形成。工程成套产业：公司紧紧围绕订货、生效、收款三大核心指标，通过完善管理机制，强化风险管控，狠抓工程执行等一系列措施，在市场开拓、技术研发、项目执行和风险控制等方面取得了新的成效。调整管控模式，组建工程管理中心，强化全面预算管理，建立工程项目管理平台，实现了项目管理流程的系统化、规范化、科学化。完善《工程成套项目内部控制制度》，推进工程质量、安全、工期、成本、收款等指标标准化管理。建立成套项目法律追索机制，完善索赔程序，为后续的项目开展提供了充分的法律保障，大大降低了执行风险。坚持全流程的质量和安全流程管理与监督，切实提高风险管控和事故防范能力，确保该板块安全生产。

新兴产业快速发展，新动能活力逐步释放。在做稳做优传统业务的同时，中信重工顺应新技术和产业变革新趋势，着力打造机器人及智能装备、节能环保等战略性新兴产业，不断谋取新的增长极。形成了传统矿业热点市场和新兴市场业绩突出，备件及服务市场取得实效，新产品、新市场开拓稳步推进的格局。

存在的共性问题　行业的共性典型问题主要表现在以下四方面：

一是基础研究。材料基础研究缺乏系统性、科学性，缺乏原创性的研究与成果。尽管近 10 年来，在大型铸锻件制造技术及能力方面取得了长足进步，但在材料制造技术的精确掌控方面与日本、德国等的一流企业相比仍存在差距。

二是先进工具。软件模拟应用的深度及广度仍不够，对实际生产过程的支撑薄弱。缺乏系统性数据模拟支撑平台，材料模拟数据库欠缺。同时，产品质量稳定性有待进一步提高，生产过程人工干预偏多、影响较大，设备自动化、信息化程度与国外相比差距明显，检测监控手段不足。

三是自主标准。材料及产品标准缺乏话语权，重大核心装备材料标准掌握在欧美、日本等的厂家手中，特别是在中高端领域如火电、核电等领域，国家标准、行业标准采用率不高，体现出核心技术缺失。由于引进的技术路线不同，同一类产品标准繁杂，缺乏统一。

四是创新体系。新技术的产业化进展缓慢，院校科研与企业生产关联度不高，实用化技术创新不足，部分基础研究的持续性及工程化应用均较为欠缺。

为此，针对当前大型铸锻件行业经济运行情况提出以下思考和建议：

一是高端对标、精细管理。与国外顶级铸锻件企业相比，需进一步完善现代企业管理机制。由于本行业属劳动密集、高质量风险行业，提升管理水平仍是大型铸锻件企业的努力方向。

二是技术创新、注重落地。持续加强系统性基础研究及新材料、新工艺的开发，瞄准技术制高点，促进产业升级。建立校企联盟长效研发机制，促进科研项目的实用化及产业化。

三是务求实效、用好工具。提升设备及配套装备的自动化、信息化、数字化水平，减少人为干预带来的质量不稳定因素，改善工艺手段，提升工艺执行过程的参数化控制，减少人为经验因素。

四是抓住关键点、争取政策支持。因地制宜，推动质量、效率、动力变革。利用标委会平台，构建我国大型铸锻件自主标准体系，以进一步提高市场竞争力与国内外话语权。同时要抱团取暖，积极争取国家对大型铸锻件企业政策上的支持。

〔撰稿人：中国重型机械工业协会大型铸锻件分会董涛、杜青泉　审稿人：中国重型机械工业协会大型铸锻件分会蒋新亮〕

基础件

减速机

政策与市场环境　党的十九大报告对我国未来经济发展提出的总体要求是“贯彻新发展理念，建设现代化经济体系”。“把发展经济的着力点放在实体经济上”，“支持传统产业优化升级”，“坚持去产能、去库存、去杠杆、降成本、补短板，优化存量资源配置，扩大优质增量供给”。十九大提出的新要求、新举措，为行业的发展提供了总体发展思路。

随着近几年国内经济的快速发展，重型机械出口量增多，重型基础件企业的产销规模不断扩大，加工能力和技术水平持续提高。受益于工业化、城镇化进程的不断深入及国家对机械制造业等实体经济的重视，重型基础件行业作为我国基础装备行业之一，也随之进入转型升级期。

重型基础件行业紧紧抓住这一历史机遇，通过稳健发展和适时调整，行业发展进入一个新的历史阶段。

行业内几家上市公司全年业绩如下：

杭州前进齿轮箱集团股份有限公司：2017 年实现营业收入 16.58 亿元，每股实现收益 0.026 5 元，归属于上市公司股东的净利润为 1 061 万元。

中国高速传动设备集团有限公司（简称“中国高速传动”）：2017 年实现营业收入 82.42 亿元，比上年下降 8.1%；每股实现收益 0.6 元；实现毛利 21.69 亿元，比上年下降 6%。下降的主要原因是非风电业务受到经济环境未能复苏影响，以及 2017 年国内风电行业整体增速有所回调。

宁波东力传动设备股份有限公司：在报告期内，公司主营业务为工业齿轮箱、电动机、门控系统的制造、加工与销售。公司实现营业收入 3.3 亿元，比上年同期增长 38.31%；营业成本 2.55 亿元，比上年同期增长 40.18%；经营活动产生的现金流量净额 3 596.35 万元，比上年同期增长 20.78%；归属于上市公司股东的净利润 1 509.37 万元，比上年同期增长 373.82%。

重庆蓝黛动力传动机械股份有限公司：在报告期内，公司实现营业收入 12.15 亿元，同比增长 4.69%；营业利润 1.447 亿元，同比增长 5.23%；利润总额 1.48 亿元，同比增长 0.92%；实现归属于母公司股东的净利润 1.255 亿元，同比下降 2.38%。

浙江双环传动股份有限公司（简称“浙江双环传动”）：2017 年营业收入 26.389 亿元，归属于上市公司股东的净利润（元）2.42 亿元基本每股收益 0.36 元。

秦川机床工具集团股份公司：2017 年营业收入 29.99 亿元，归属于上市公司股东的净利润 1 645.5 万元，基本每股收益 0.023 7 元。

行业发展与技术创新 2017 年，在经济发展新常态的引领下，中国经济保持中高速增长，持续运行在合理区间，同时积极推进供给侧结构性改革，不断优化产业结构，装备制造业增长势头良好。减速机行业内几家有代表性的企业也积极适应新的经济发展趋势，不断提升核心竞争力，加大科技创新、模式创新的力度，不断开发新产品，扩大新兴市场份额。

中国高速传动以客户为中心，紧扣市场需求，优化产品结构，控制成本，不断提升核心竞争力，继续引领国内风电设备行业发展，并通过调整工业齿轮传动设备行业的业务发展策略来提升市场竞争力。2017 年，该集团作为全球风电传动设备的领军者、中国风力发电传动设备的领先供应者、中国领先的齿轮传动设备生产商，各类产品的生产技术已达到国际先进水平，与国际竞争对手的发展同步。该集团凭借着优质的产品与良好的服务，大批量供应涵盖国内外知名风机成套商的风电客户的组合产品，获得了广泛的好评，得到了用户的信任。此外，该集团在继续秉承可持续发展策略的前提下，积极把握新兴市场机遇，在越南开设第六家国外全资子公司，进一步实现全球范围内的多元化、大型化服务。2017 年，在报告期内，该集团不仅摘得了各大奖项桂冠，还成功研制出国内最大的开炼机减速机，多次携产品亮相亚洲、欧洲、印度、美国各大展览会，风电齿轮箱更荣膺中国机械工业名牌产品称号。

（1）风电齿轮传动设备 风电齿轮传动设备向多元化、大型化方向发展，在国外的市场发展迅速。风电齿轮传动设备是该集团主要发展的产品，2017 年，该集团作为中国风力发电传动设备的领先供应者。凭借着强大的研究、设计和开发能力，开发出的产品已覆盖 750kW、1.5MW、2MW 及 3MW 风电传动设备。同时，该集团的各类产品已大批量供应国内及国外客户，产品技术达到了国际先进水平。该集团不仅为客户提供多元化大型风力发电齿轮箱，而且也成功研发及储备了生产 5MW 和 6MW 风力发电齿轮箱的能力和技术，产品技术水准已与国际竞争对手同步。目前，该集团的风电客户包括中国国内的主要风机成套商，以及国际知名的风机成套商，例如 GE Renewable Energy、Nordex、Senvion、Unison、Suzlon 及 Inox Wind 等。该集团在美国、德国、新加坡、加拿大和印度设有全资子公司，并新增了越南全资子公司，以便与潜在国外客户有更紧密的沟通与交流，更好地把握新兴市场机遇，进一步为全球客户提供多元化服务，使可持续发展的策略得以可靠落地。

（2）工业齿轮传动设备 主要通过改变生产模式及销售策略来提升市场竞争力。传统齿轮传动设备产品，主要提供给冶金、建材、交通、运输、化工、航天及采矿等行业之客户。该集团调整了传统工业齿轮传动设备的发展策略。首先以节能环保为主线，自主开发出具有国际竞争力的标准化及模块化产品，以此来推动销售策略的转变，开发新市场，拓展新的应用行业；同时，还加强向客户提供有关产品之零部件和系统解决方案，协助客户在不增加成本的同时提升现有生产的效率，借以保持集团在传统工业传动产品市场上的主要供货商地位。在高铁、地铁、市域列车及有轨电车的传动设备业务方面，该集团的轨道交通产品已获得 IRIS（国际铁路行业标准）认证证书，为集团轨道交通产品进一步拓展国际铁路的高端市场奠定了坚实的基础。目前，该集团的产品已在北京、上海、深圳、南京、青岛、大连、苏州、兰州、南昌、石家庄、福州、济南、温州、西安、武汉、香港等国内城市，以及新加坡、巴西、印度、墨西哥、突尼斯及澳大利亚等国外的轨道交通传动设备上成功应用。该集团将继续积极拓展高铁、地铁、市域列车及有轨电车的传动设备业务，提升轨道交通齿轮设备产品的研发速度。目前，应用在上海、香港及墨尔本的地铁齿轮箱为 PDM385 型双级地铁齿轮箱，其是该集团在认真消化国内外标准及客户要求基础上，结合多年设计生产制造经验，成功开发的地铁用齿轮箱。该型号齿轮箱具有结构紧密、噪声低、易维护等特点，其无检修寿命达 120 万 km 或 10 年，关键件设计寿命达 35 年。

近几年，随着我国高端装备和智能装备产业的不断发展，浙江双环传动以“精密传动领导者”为经营理念，发挥精密制造与自主创新能力，产品逐步转向工业机器人、轨道交通、新能源汽车和自动变速器等精密传动部件领域。该公司坚持“浙江制造，中国工匠，世界品质”，在 30 多年的发展历程中，始终专精于传动部件的深耕细作，形成了涵盖乘用车、商用车、非道路机械、电动工具等多个领域门类齐全的产品结构。该公司自上市以来，依托技术积累，进行了机器人核心部件减速器的研制，以期打破国外垄断，实现进口替代。当前，该公司正围绕产业“同心圆”发展战略，积极谋求更广领域的市场发展空间，努力将公司打造成为“精密传动领域的领导者”。该公司抓住手动变向自动变转型的契机，快速抢占市场制高点；新能源车相关核心部件布局有序地推进，已形成批量供应；工程机械与商用车领域呈爆发性增长。嘉兴双环的快速量产，无论是建设还是达产都创造了双环发展历史上的新速度，做到了当年基建、当年投产、次年盈利；重庆神箭基本度过了合并后的整合阶段，基础设施建设改造已基本完毕，生产经营步入了正轨；RV 减速器项目产业化实现了质的突破，与国内外多个著名机器人公司展开了合作，产品顺利进入量产阶段。

2017 年，浙江双环传动紧紧抓住国内自动变速器快速启动的机会，努力抢占工程机械和商用车业务迅猛增长的市场份额，通过内部管理深度挖潜，较大程度地抵消了钢材涨价所带来的不利影响，圆满地完成了全年设定的各项业绩指标。

（1）落地实施地产销，地域布局稳推进。该公司在“十二五”期间就明确了“配套属地化”的地产销经营策略，随着为配套上汽变速器有限公司在桐乡设立的嘉兴子公司的落地，公司正式跨出了地产销经营的坚实一步。根据公司的“十三五”战略，公司正积极寻求在国内外复制“配套属地化”发展模式。2017 年公司完成了对重庆神箭的战略收购，在“试水”参与国企混合所有制改革的同时，将发展触角延伸入中国齿轮制造密集地——重庆，并在我国西南部建立起市场属地化配套的根据地。该公司正在与山东盛瑞共商新的合资事项，开启在华北的地产销模式。浙江事业部玉环制造基地 2017 年开启了全新升级模式，双环产业园已破土动工并部分交付使用。这意味着该公司已全面拉开建设世界级齿轮专业制造工厂的大幕。

（2）把握产业新机遇，客户产品双优化。2017 年，该公司牢牢把握国内自动变速器市场迅猛激增、新能源汽车高速发展，以及在《中国制造 2025》助推下的工业机器人行业高速增长等契机，加速技术与产能布局并抢占市场“桥头堡”，顺势而为——推进公司的产品结构升级与客户结构优化。该公司的乘用车自动变速器产品销售份额进一步提升；新能源汽车配套产品虽然基数小，但增长迅速；RV 减速器增长潜力巨大，应用领域广阔；其他业务稳中求进，保持了细分市场的领先地位。同时，该公司积极对接国内外高端客户，培育重点客户，调整客户结构，提高客户占比集中度。目前，集团拥有包括福特、博格华纳、上汽变、卡特比勒、比亚迪等客户。为保证项目建设和业务拓展的资金需求，该公司于 2017 年底顺利完成可转债股票的发行，募集的 10 亿元资金已到位。

（3）研发工作显成效，RV 实现产业化。该公司实现了多项新产品的研发和工艺改良，RV 设计优化取得显著成效，产品性能达到领先水平，产品系列得到进一步完善。RV 减速机荣获中国机器人产业联盟“金手指奖·2017 年最具成长性奖”。为深入开拓市场，该公司携 RV 亮相多个国际级展览会，并获得客户一致好评，现正加紧拓展国外业务市场。该公司技术中心的试验技术服务能力进一步提升，并顺利通过了国家 CNAS 现场评审。机械研究院携手兰光创新科技有限公司打造出 SIMES 智能制造系统，以助力推进双环智能制造。目前该系统已经上线联调，成果初显。

杭州前进齿轮箱集团股份有限公司 2017 年全年的经营及新产品开发工作主要表现在以下方面：①深入推进各项体制机制改革。该公司在干部选拔使用机制和人才建设、营销考核激励机制、整合优化管理资源、信息化建设上持续发力，不断转变企业生产、经营、业务流程、传统管理等方式，整合企业内外部资源，提高企业效率和效益，增强企业竞争力。②开拓国内外市场。该公司紧抓工程机械行业复苏的机遇，实现工程机械产品销售收入同比增长 47%，尤其在压路机电液控制变速器和大吨位装载机变速器销量上实现了翻倍增长。在船舶市场受全球航运复苏缓慢、国内产能过剩、内河运输能力过剩等因素的影响导致总体不乐观的形势下，船用中小功率产品销量下降明显。该公司紧盯重点细分市场，积极拓展远洋渔船齿轮箱、舰艇齿轮箱及轻型高速齿轮箱市场，采取灵活的营销策略，确保船机产品市场占有率处于行业第一地位。该公司在风电增速箱方面，不断加速产品开发速度，采用新技术，并在风电齿轮箱运维上试行推进驱动链远程监控专家系统，赢得了主机厂和业主对杭齿风电产品的广泛信任；该公司的粉末冶金摩擦产品依靠公司的品牌优势、研发能力优势和针对性的营销措施，在军品业务方面同比增长近 20%，矿山机械新领域增长近 30%。汽车变速器在常规客车变速器和分动箱销量下滑的情况下，积极开发、开拓新能源汽车变速器；响应“一带一路”国家倡议，新开拓马达加斯加、克罗地亚、马拉维等新市场，传统东南亚市场如新加坡、印度尼西亚、印度、泰国、菲律宾等销量稳中有升，出口业务的销售收入同比增长 9%。③该公司着力加强科技创新，努力拓展新市场和新领域。全年新增授权专利 32 项（其中发明专利 7 项），2017 年，该公司共完成各类新产品开发项目 76 个。“2000 系列远洋渔业船用齿轮箱”是浙江省内首台（套）；“HCQ700 系列船用齿轮箱”“DB160 动力换档变速器”“特种车辆高强度铜基摩擦片”三个产品通过了省级新产品鉴定；承担了“大功率工程机械机电液控制自动换档变速器”“齿轮强度与可靠性试验检测技术基础公共服务平台”工信部强基工程项目，承担了“风电齿轮箱可靠性设计与健康监测技术合作研究”国家国际科技合作专项。2017 年，该公司主持和参与了《倾角传动船用齿轮箱》等 7 项国家或行业标准的制（修）订。完成了双机并车齿轮箱、海警船推进系统、游艇推进系统等国内领先船用产品的开发，完成了越野叉车变速器、轮挖齿轮箱等国内领先工程机械产品的设计，完成了大马力拖拉机传动系统等国内领先农业机械产品的设计，完成了核电主循环齿轮箱样机的试制、试验。④优化基础管理，提高生产经营效率。该公司着力改善集团公司自身产能以及供应商产能，加快市场响应速度。持续围绕设计、生产、销售、管理等环节开展降本增效活动，深入推进利用提案改善管理活动和精益生产管理活动。

秦川机床工具集团股份公司是中国机床工具行业的龙头企业，规模位列前三，是中国精密数控机床与复杂工具研发制造基地，国家高新技术企业和创新型试点企业，建有国家级企业技术中心、院士专家工作站、博士后科研工作站、美国研发机构及3个省级技术研发中心。公司先后获得“国家科技进步奖一等奖”1项，“国家科技进步奖二等奖”4项，“中国工业大奖项目表彰奖”1项。2017年，该公司始终坚持“技术领先，模式取胜”的发展思路，形成了以前端的工艺规划和设计咨询为导向，以中端满足用户个性化需求为路径，以后端工厂服务（设备维护管理、再制造、刀具管理、融资租赁、商业保理等）为支撑的全生命周期管理体系，形成了从整机到零部件再到现代制造服务业的完整产业形态，实现了从简单的“商品供应者”向全方位的“用户总工艺师和总装备师”的角色转变。在关键零部件方面：①机器人关节减速器项目取得新进展，截至2017年年末，该公司已开发了BX-E/C/F/RD等四大系列共18种型号、85种规格的产品，满足了5～800kg机器人的选配需求，产品应用领域覆盖机器人本体、弧焊、上下料、码垛、冲压、压铸以及系统集成等。12月份已形成了月产1 000台的生产能力，成为目前国内产品系列最全的机器人减速器生产厂商，产品成功销往安川（首钢）、广州数控等近200家国内外机器人生产企业。2017年实现销售收入同比增长135%。根据市场需求，该公司加快BX系列新产品的开发。2017年，该公司BX减速器产品荣获中国机器人产业联盟“2017年度最佳机器人零部件奖”，并与纳博特斯克同获高工机器人“2017年度机器人减速器好产品”奖，进一步提高了公司减速器在国内外市场的知名度。②关键零部件实现稳步增长。GE抽油机齿轮箱项目新增订单542台；GE公司SSDI新材料风电轴承座铸件形成批量稳定供货；成功将22M3双级螺杆压缩机、LGW-90等产品推向市场。③在现代制造服务业方面：加快智能制造的推进速度，已承接了苏州绿控新能源汽车的“AMT变速器齿轮智能制造”、内蒙古一机的“数字化综合传动柔性装配线”等项目；承接了某汽车配套厂的轮毂车生产线，某变速器厂的中间轴车磨生产线等项目；该公司的外骨骼机器人，现已基本完成批量化生产定型，随着医疗康复项目的产业化将全面推进。

陕西法士特2017年业绩预计增长30%。一季度重型载货汽车市场异常红火，作为重型载货汽车变速器的主力配套商，法士特一季度的业绩预计增长70%～80%，借助政策东风，重型载货汽车市场从上年第四季度热度就持续走高，直至2017年2月份还异常火热。推进“5221”战略，发力智能化产品。面对新的市场机遇，法士特正在积极推进“十三五”的“5221”战略。法士特的“5221”战略目标是法士特到“十三五”末要实现：传统机械变速器及国内售后市场销售收入占比50%、智能化与新能源产品市场销售收入占比20%、国际市场销售收入占比20%、资本市场和新业态收入占比10%。如今“5221”战略已推进一年，法士特在产品结构上发生了较大变化，从过去的产品更多集中在机械变速器方面，到现在的市场需要满足的高端化、智能化、网联化、多元化产品，为此法士特推出了更多智能化产品以及涉及更多领域的新品。在2017年举行的上海车展上，法士特带来了10余款新品，其中7款为首发亮相。这7款产品全部为智能化与新能源产品，其中3款为智能化产品，分别为S自动变速C16JZSDQXL260、新一代集成式AMT系统F16JZ22和9速液力自动变速器FC8A120。法士特9速AT液力自动变速器、液力缓速器、AMT自动变速器具有完全自主知识产权。2017年，法士特的智能化产品，比如AT、AMT、轮边减速机、液力缓速器等都涉及关键市场。未来，诸如AT、AMT、缓速器、轻量化变速器等新产品，都将成为法士特增长的重要动力。

中车戚墅堰机车车辆工艺研究所全面建成订单项目管理体系。自2017年4月起，该公司在运营管控单位内全面推行订单项目管理，全年共计立项28项，订单项目管理体系全面建成。通过系统、科学的策划、控制，订单项目在进度管理、异常处理、客户沟通等方面成效显著，营造了以订单实现为目标的跨部门协作氛围，客户满意度明显提升。380A动车组齿轮箱全部国产化。2017年5月上旬，该公司380A动车组齿轮箱完全国产化的箱体、大齿轮实现批量装车，标志着该公司该项技术引进项目画上了圆满的句号。该公司有轨电车前端模块市场取得重大突破。2017年6月8日，该公司获得常州经开区有轨电车示范线两列样车前端模块订单，这也是该公司取得的首个前端模块市场订单。前端模块包含折叠车钩、防爬装置、缓冲吸能装置、开闭机构，对有轨电车的安全运营、车体保护、紧急救援等起着至关重要的作用。该公司自主研发的产品和优质的服务助力中国开启标准动车组时代。2017年6月26日，“复兴号”中国标准动车组在京沪线双向首发。该公司为其提供了自主研发的齿轮传动系统、踏面清扫装置、车钩缓冲装置、减振降噪装置等一系列确保列车舒适和安全的关键部件。为保障“复兴号”安全运营，该公司建立24小时快速反应机制。68名干部员工累计服务1 178天，全程保障“复兴号”上线达速运行，圆满完成了国庆节与十九大期间的包保服务工作。该公司首台智能化蓄电池公铁两用牵引车顺利交付。2017年6月下旬，QY-200T型蓄电池公铁两用牵引车首台车顺利交付。蓄电池公铁两用牵引车是该公司坚持走自主研发道路，做中小型集成化、智能化产品的成果之一。

标准化与科技奖励　2017年减速机行业标准发布情况见表1。

表1　2017年减速机行业标准发布情况

序号	标准编号	标准名称
1	TB/T 3480—2017	2017 车辆减速器电动动力系统技术条件
2	GB/T 33923—2017	2017 行星齿轮传动设计方法

（续）

序号	标准编号	标准名称
3	GB/T 34884—2017	滚动轴承　2017 工业机器人谐波齿轮减速器用柔性轴承
4	GB/T 33623—2017	滚动轴承　2017 风力发电机组齿轮箱轴承
5	GB/T 34897—2017	滚动轴承　2017 工业机器人 RV 减速器用精密轴承
6	JB/T 13277—2017	2017 汽车变速器变档齿轮复合精密锻件 技术条件
7	JB/T 13068—2017	2017 汽车变速器用粉末冶金同步器齿毂 技术条件
8	JB/T 13053—2017	2017 倾角传动船用齿轮箱
9	JB/T 13054—2017	2017 双机并车船用齿轮箱

2017 年行业又有一批科研项目获得了不同层次的奖励：

由北京航空航天大学、北京工业大学、中国航发哈尔滨东安发动机有限公司、中国北方车辆研究所共同完成的“面齿轮传动成套技术及关键装备”荣获“2017 年度中国机械工业科学技术发明奖”一等奖。

由河南科技大学、洛阳轴研科技股份有限公司、洛阳 LYC 轴承有限公司共同完成的“3.6MW 以下风电装备系列轴承关键技术研究与应用”荣获“2017 年度中国机械工业科学技术进步奖”一等奖。

由大连理工大学、秦川机床工具集团股份公司共同完成的“1 级精度基准级标准齿轮加工设备精化与工艺技术”荣获“2017 年度中国机械工业科学技术进步奖”一等奖。

由郑州机械研究所完成的“轨道交通用齿轮装置关键技术及产业化”荣获“2017 年度中国机械工业科学技术进步奖”二等奖。

由浙江运达风电股份有限公司、中科宇能科技发展有限公司、保定华翼风电叶片研究开发有限公司共同完成的“低风速风电机组研发及产业化”荣获“2017 年度中国机械工业科学技术进步奖”三等奖。

由重庆齿轮箱有限责任公司完成的“海上风电 5MW 增速齿轮箱研制”荣获“2017 年度重庆市科学技术进步奖”三等奖。

由重庆齿轮箱有限责任公司完成的“一种双输入多输出并车离合船用齿轮箱”专利荣获第十八届“中国专利优秀奖”。由泰尔重工股份有限公司完成的“一种新型的可调相位联轴器”荣获“2017 年度安徽省专利金奖”。

行业发展面临的问题及需要采取的措施　与先进工业国家相比，我们不得不承认，国内传动基础件行业在许多方面仍存在一定差距。这些差距，不仅影响着产品的竞争力，而且也不利于行业持续稳定发展，甚至会影响行业的生存。从行业整体发展战略的角度，必须对此有清醒的认识，并采取积极的应对措施，才不至于错失调整发展的时机，并尽快走上健康的发展道路。概括起来，当前行业发展面临的比较突出问题表现在下述几个方面：

（1）通用系列产品产能过剩。有些企业还处于只为拿到订单的生存状况中，去产能需要时间。

（2）专用高端产品自主开发能力尚比较薄弱。如大功率高速行星传动、高端机器人精密减速器等产品，近些年的设计开发主要依赖国外，众多制造企业还主要是靠和国外公司合作进行产品开发，虽然现在已有一定的进步，但由于在高端设计分析技术及软件方面的科研支持力度不够，国内要想在上述方面取得突破性进展，尚需付出艰苦努力。

（3）产品的智能化程度普遍较低，还没有在设计理念上得到根本性的突破。

（4）企业规模普遍偏小，专业化程度低，多数企业产品同构现象严重，缺乏特色和竞争力，不利于行业整体水平和竞争力的提高。

（5）基础共性技术，如材料、基础制造工艺及共性技术等方面的开发能力薄弱，投入严重不足，无法形成对行业发展的技术支撑，影响着行业发展和整体水平的提升。

（6）生产成本不断上升。原材料价格上涨，人工成本加大，行业运行中的一些顽疾（如片面的价格竞争、苛刻的付款方式、应收账款居高不下等）还没有很好的解决办法，使得企业利润空间被压缩。

（7）传动技术的发展不会一直停留在机械传动上，科技的发展永无止境，一定会寻求更直接、高效、高可靠性的产品及技术，比如电磁传动技术、电力直驱技术等。这些新技术在基础理论、材料、制造工艺、市场等各方面也会不断完善，不断成熟，有可能在未来对传统行业带来颠覆性的影响。因此，对科技进步带来的冲击，行业企业必须时刻保持清醒的认识，要紧紧跟上科技发展的进程。

基于以上所述，国内企业如果没有清醒的认识，不尽快奋起直追，在数年后，行业的生存将会成为不得不面对的严重问题。为保持基础件行业的进一步健康持续发展，行业企业应采取以下应对措施：

（1）应研究国家产业政策及国内经济发展的总体现状，适应各行业转型升级和加快产品结构调整的步伐，以及新兴战略性产业发展带来的新的需求和机遇，强化产品创新和开发，积极研制新一代高性能、高可靠性、高效率、机电液复合型智能化的创新产品，以适应海洋工程、航空、军工、新能源、核电、高铁、机器人等新兴产业对高端产品的需求，同时也提升企业自身的产品竞争力。

（2）应积极实施“走出去”战略，抓住“一带一路”建设这一历史机遇，努力拓展国际市场。近几年国内传动基础件行业产能扩张十分迅速，国内有限的市场已无法消纳如此大的产能，惟有采取“走出去”战略，才能化解行业产能过剩的危机，这将是包括减速机行业在内的国内诸多行业破解发展难题的必然选择。

（3）应推进行业企业兼并重组，尽快形成几个有一定规模的龙头企业，以便在营造全球销售服务网络和技术开发创新上有更大的优势，同时也具备与国际上同类大型企业抗衡及竞争的实力。

（4）应积极参与工业强基工程的相关工作，为行业基础共性技术的科研开发贡献人力、财力，为行业技术水平的提升出一份力。

行业企业要积极转变思路，加快推进产品结构转型升级，积极采取“走出去”的发展战略，努力拓展国外市场，以便把局限于国内范围的产能过剩转化为相对有利的机会，逐步适应经济发展新常态下的市场需求。

〔撰稿人：中国重型机械研究院股份公司王宇航　审稿人：中国重型机械研究院股份公司赵玉良〕

制动器

中国重型机械行业中的制动器行业主要是为起重运输机械、冶金矿山机械、风力发电机械、港口机械等提供配套制动器产品的专业行业。2016 年我国钢铁、水泥、有色金属等行业继续实施淘汰过剩产能、转型升级、环保达标等政策。制动器行业在传统机械行业困难的形势下，工业制动器全行业在低位徘徊，部分产品出现触底回升，传统制动器产品的市场基本稳定。进入 2017 年，随着国家产业结构的调整逐步到位，钢铁、煤炭等传统行业回暖，行业发展日趋好转。经过几年的优胜劣汰，行业洗牌明显。行业整体呈现重视品牌、重视质量，重视创新发展，重视企业运行安全的正能量。部分企业逐步呈现出订单增加、价格稳定、回款速度加快的势头，对于前期回款较好的企业，融资成本低、流动资金充裕的企业，迎来了良好的发展机遇，传统产品的销售数量，生产产值、货款回收较往年同期都有所增长。

生产发展状况　2017 年制动器行业的主要经济指标完成情况见表 1。

表 1　2017 年制动器行业主要经济指标完成情况

指标名称	实际完成（万元）
工业总产值	110 420.76
工业增加值	24 560
主营业务收入	89 230
利润总额	14 328.90

2017 年，制动器行业工业总产值同比增长 5.8%，主营业务收入同比增长了 3.6%；利润总额同比略有增长。主营业务收入和利润同比较 2016 年都有所增长，主要原因：一是制动器主要的上游市场随着国家产业结构的调整逐步到位，钢铁、煤炭等传统行业回暖，行业发展日趋好转。需求小步回升，钢铁、煤炭、港口、矿山等均出现需求增加，订单上升的局面；二是经过几年的优胜劣汰，行业洗牌明显。行业整体呈现重视品牌、重视质量、重视创新发展的局面。部分企业升级换代产品、创新产品等附加值高产品份额同比上升。三是风力发电行业是国家大力发展的环保清洁能源，因此风电制动器产品需求进一步增长，发展加快。四是行业主要企业焦作金箍制动器股份有限公司在稳定传统市场的同时，大力培育和发展新兴市场，汽车零部件市场产品销售、货款回款大幅度增长。2017 年港口机械比往年有了较大提升，带式制动器等五类产品取得了中国船级社认证，在新兴市场开发上取得了一定的效果。在做好风电制动器配套供货的同时，努力开发风电制动器维修和服务的后市场。近两年，金箍制动器股份有限公司还加大军工产品的开发力度，目前产品开发和市场销售均取得了良好的效果。江西华伍制动器股份有限公司抓住行业发展的良好机遇，充分发挥“华伍”品牌的影响力，加大营销力度，实现了传统产品的快速增长，产值同比增长了 19%；紧跟市场脉搏，加强海工市场开拓力度，做好海工重点项目的跟踪服务，实现了 2 000t 海上施工平台、洋山自动化码头制动器产品的配套。研发了 6MW、4MW、3MA 风电制动器产品，实现了 1.5MW、2MW 风电制动器的技术升级及大批量供货。积极参加轨道交通行业展会，跻身轨道交通行业，扩大了市场份额。长江制动器有限公司在做好传统制动器产品的同时，积极寻找新的发展空间，取得了较大进展。石家庄五龙制动器股份有限公司积极开展校企联合互取优势，致力于研发推广更加高效、环保、节能的产品，取得了良好的效果。在近几年市场不太景气的大环境下，公司订单数量依然保持着每年 20% 的增长。2017 年，整个行业收入和利润水平的下滑趋势已经逆转，部分企业已经有所回升，但制动器行业整体还处在调整期。2017 年制动器行业主要企业主营业务收入和利润情况见表 2。

表 2　2017 年制动器行业主要企业主营业务收入和利润情况

企业名称	主营业务收入（万元）	利润（万元）
江西华伍制动器股份有限公司	38 777.10	2 009.67
焦作金箍制动器股份有限公司	26 418.78	1 036
焦作市长江制动器有限公司	4 178	486
石家庄五龙制动器股份有限公司	5 350	232

产量及产品结构　2017 年全行业传统制动器产品较 2016 年有缓步上升趋势，总体结构变化不大，制动器系统

和制动系统控制产品销售量都有所增长。批量化产品总产量基本稳定，非标准产品和个性化产品产量略有增长。电力液压块式制动器仍占制动器行业市场的主导地位，盘式制动器、带式制动器、钳盘式等个性化制动器产品的市场逐步扩大。块式制动器与盘式制动器的占比正在逐步发生变化，盘式制动器占比正在扩大，块式制动器占比逐步缩小。部分企业转型成功，焦作市长江制动器有限公司的新产品、新行业产值都有不错的表现。石家庄五龙制动器股份有限公司 2017 年保持了 2016 年增长 20% 的增长速度，开发了电梯制动系统 ABS 制动控制电器，取得了良好的效果。以传统制动器为主业的厂家也在逐步稳定传统市场、巩固市场份额，新产品市场也在进一步扩大。2017 年制动器行业分类产品产量见表 3，2017 年制动器行业主要企业产品产量见表 4。

表 3　2017 年制动器行业分类产品产量

产品名称	产量（台）
电力液压块式制动器	100 760
电力液压盘式制动器	63 209
风电偏航、高速轴制动器	80 400
交流电磁铁块式制动器	3 500

表 4　2017 年制动器行业主要企业产品产量

企业名称	产量（台）
焦作金箍制动器股份有限公司	59 568
江西华伍制动器股份有限公司	62 146
焦作市长江制动器有限公司	38 096
石家庄五龙制动器股份有限公司	23 000

〔供稿单位：中国重型机械工业协会传动部件专委会〕

油膜轴承

油膜轴承以油为润滑介质，通过轴与轴承的相对运动形成压力油膜，以承受工作时产生的载荷，实现机器的低能耗运行，广泛应用于电力、冶金、矿山等领域。轧机油膜轴承的运转精度很高，应用于各类轧机，能适应各种轧制工艺要求。

生产发展情况　2017 年，国家钢铁行业供给侧结构性改革及取缔“地条钢”政策的强力推进，促使钢铁行业转型升级步伐加快，钢材价格大幅度提高，热轧带钢迎来了近十年最快的发展。2017 年，我国粗钢产量为 8.32 亿 t，比 2016 年同比增加了 2 400 万 t，增幅为 5.7%。2016 年钢铁企业开始扭亏为盈，2017 年进入全面赢利阶段。2017 年热轧板带钢增多，新建生产线达到 13 个。由于大量新上项目的配套需求和现有轧钢企业的生产需求，使得油膜轴承市场需求大幅度增长。2017 年油膜轴承产量同比增长近 50%，其中用于新建项目的占 60%，作为备件及返修件的占 40%。

2017 年国内使用油膜轴承的轧线，在建的有：山东莱钢 1550 精轧机 F7 机架、河北裕华 1380 热连轧机、河北东海 1450 热连轧机、河北敬业 1780 热连轧机、河北敬业铸轧机、河北纵横丰南 1780 热连轧机、河北纵横丰南 1450 热连轧机、河北全丰薄板坯热连轧机、河南南阳汉冶 3500 中厚板轧机、山东钢铁日照 3500 中厚板轧机、山东钢铁日照 4300 宽厚板轧机、新疆湘晟 2450 中板轧机、广西广清不锈钢轧机等。投入运行的有：德隆镍业 1450 热连轧机、鼎新印尼 1780 热连轧机 F8 机架等。

为响应国家绿色制造号召及适应轧机严苛工况需求，性能优越、智能环保的油膜轴承是我国轧机油膜轴承未来的发展方向，2017 年，本行业会员单位在油膜轴承的理论研究、新产品研发和试验测试方面取得了如下新的进展。

1. 润滑理论研究

轧机油膜轴承传统润滑理论的发展经历了刚流润滑—热流润滑—弹流润滑—热弹流理论。磁流体润滑是现在流体润滑研究的方向之一，磁流体润滑的理论依据是通过外界施加磁场能够增大磁流体的黏度，并且磁流体的黏度与磁场强度成正比。在使用时，根据轴承工作温度来调整外界磁场强度，进而调节润滑油黏度，降低轴承温度变化对润滑油黏度带来的负面影响。太原科技大学王建梅团队致力于磁流体润滑理论在油膜轴承上的研究。

2. 结构研究

油膜轴承按照锥套工作区键的存在方式分为有键轴承和无键轴承。有键轴承包括长键型和短键型；无键轴承包括无键型、无键薄壁型、全无键型。基于对轴承的有效承载能力、键的存在对板型厚度的影响、轴承的装拆效率等多方面因素的考虑，目前新上轧线油膜轴承普遍采用无键薄壁型。

油膜轴承衬套为双金属结构，耐磨合金采用巴氏合金。巴氏合金的性能、衬套基体的结合强度是影响衬套承载能力和使用寿命的重要因素。目前衬套基体与巴氏合金的结合手段有离心浇铸和焊接。采用离心浇铸技术，衬套基体与巴氏合金的结合强度为 60 ～ 70MPa；采用焊接技术，结合强度为 70 ～ 90MPa。太原重工采用巴氏合金焊接技术生产的轧机油膜轴承，采用了自主研制的新型合金材料、自主开发的焊接工艺，焊后轴承合金层金相更为致密，耐疲劳性能、耐高温性能大幅提高，延长了轴承的使用寿命。

3. 计算机仿真分析研究

过去在对油膜轴承进行理论分析时都是在雷诺方程的基础上进行的分析，这种分析方法需对各种条件进行假设，进而求解。但是在实际操作过程中，存在条件假设是否合理、计算过程非常复杂，得到的结果可能与实际情况存在较大偏差的问题。随着计算机技术的发展，目前出现了一些CFD商业软件，用于油膜轴承流体分析的主要软件有Fluent和CFX。国内一些高校（如上海交大、上海大学）根据轴承具体工况，如转速、载荷、工作温度、润滑情况等对CFD软件进行二次开发，计算结果对进一步进行理论研究和结构优化更有指导意义。

4. 试验研究

试验研究是对油膜轴承润滑理论、结构设计、加工制造等进行的研究，往往采用新技术和新工艺的试验无法在生产现场进行。因此，模拟生产条件下油膜轴承的运行状态，用试验数据对轴承参数、运转性能进行综合评定，成为油膜轴承理论创新和生产技术进步的关键。

太原重工一直对轧机油膜轴承进行智能化运行监控研究，采取在轧机油膜轴承供货设备中集成多种监测传感器的方式，对润滑油的温度、压力、流量、黏度、水分、金属微粒含量等进行监测；同时可以对轧机油膜轴承的运行状态如轴承振动、油膜厚度、轴向力、轴向窜动等进行监测。

行业交流 为进一步加强协会与会员单位的联系，调查研究本行业发展变化的情况，深入了解会员单位经营中的难点和破解困难的经验，收集会员单位的有关信息，协会秘书处坚持开展会员单位走访活动。2017年走访了50多家会员单位。通过沟通了解，听取对协会工作的意见和建议，增强了协会与会员单位的凝聚力。

2017年9月，中国重型机械工业协会油膜轴承分会与太重集团在太原联合举办了“油膜轴承行业协会理事大会暨轧机油膜轴承技术培训班”。来自中国重型机械工业协会、国内钢铁行业、油膜轴承制造行业、科研院校等的44个单位的110名代表参加了会议。参会代表由国内研究油膜轴承的知名专家学者、轧机油膜轴承用户、轧机油膜轴承制造企业人员等组成。大会就轧机油膜轴承的理论研究、新技术推介、现场使用维护经验探讨等议题进行了深入交流，促进了我国轧机油膜轴承行业的发展。

市场情况 太重油膜轴承在国内市场的占有率超过了80%，远销墨西哥、印度尼西亚、日本、印度、德国、英国、巴西、南非及哈萨克斯坦等15个国家。沈冶机械、上海普瑞特、常熟达涅利在国内市场的占有率不到20%。

截至2017年年底，全国已建成的使用油膜轴承的轧机机架数达到了680个，其中热轧宽带轧机488个机架、中宽厚板轧机125个机架、冷轧带钢轧机67个机架。

2017年油膜轴承行业主要产品产量和出口交货值见表1。

表1 2017年油膜轴承行业主要产品产量和出口交货值

产品名称	企业名称	产量		出口额	
		数量（t）	比上年增长（%）	数量（万元）	比上年增长（%）
油膜轴承	太重集团	2 082	48.71	1 040.8	20.9

注：表中只收录了太原重型机械集团有限公司的数据。

科技成果及新产品 太重油膜轴承在板带轧机上已应用多年，技术成熟、市场稳定。在不断发展板带轧机油膜轴承市场的同时，太重集团积极将油膜轴承推向更多领域。

2017年9月，太重独立设计制造的5MW风力发电机组在福建兴化湾试验风场成功并网发电，这是我国第一台使用油膜轴承作为增速器主轴承的5MW风力发电机组。目前国内风力发电机组增速器轴承采用的是滚动轴承，为保证质量可靠，滚动轴承大都采购进口产品。油膜轴承相对滚动轴承有着独特的优势，其具有结构尺寸小、制造成本低、使用寿命长、承载能力大、转速范围宽等特点。油膜轴承在工作时需要持续稳定地供应润滑油，但是风力发电机组大多工作在较为偏远的地方，电力供应存在不稳定的情况。太重针对这种工况，润滑系统设计了2套油泵，一套为电力驱动的液压泵，一套为靠风机自转驱动的机械泵，这样即使在电力供应不充足甚至断电的情况下，也能保证润滑油正常供应。油膜轴承在风力发电机组增速器上的成功应用，为风力发电机组技术开拓了新的发展方向，也为油膜轴承开拓了新的市场。

太重与铁岭五星油膜轴承密封研究所共同研制的全新辊径密封技术——ACS密封系统，2015年首次在宝钢湛江2250热连轧机油膜轴承上应用。ACS密封系统包含了轴向密封、径向密封、双向端面密封的多重组合，密封耦合件材料及制造精度均进行了大幅改进，抑制了内部润滑油的外泄，加大了水的渗透阻力，摩擦阻力较小，达到了封油、封水、延长密封寿命的效果。ACS密封取消了原密封装置中的铝环装置，消除了由于定位安装尺寸误差造成的密封件挤压变形，改善了颈部密封件对轴向安装尺寸误差的适应性，同时也改善了运行时轴向窜动对密封装置的影响。经过两年的运行，ACS密封系统的密封性和可靠性得到了用户的认可，成为解决目前油膜轴承进水漏油问题的首选方案。2017年近一半的新上油膜轴承项目都采用了ACS密封系统。随着国内钢铁企业在生产、环保方面的要求日趋严格，使得ACS密封系统的未来推广前景很好。

太重持续对现有油膜轴承结构进行升级优化，2017年新增1项油膜轴承专利：“一种液压锁紧装置”。

2017年油膜轴承行业新产品新技术开发项目见表2。

表2 2017年油膜轴承行业新产品新技术开发项目

项目名称	主要技术性能
山东莱钢1550精轧机F7机架油膜轴承	油膜轴承直径为953 mm 额定载荷为38 080kN

（续）

项目名称	主要技术性能
河北裕华 1380 热连轧机油膜轴承	油膜轴承直径为 875 mm 额定载荷为 31 960 kN
河北东海 1450 热连轧机油膜轴承	油膜轴承直径为 955 mm 额定载荷为 38 080kN
河北敬业 1780 热连轧机油膜轴承	油膜轴承直径为 1 115 mm、1 090 mm 额定载荷为 45 720 kN、49 600 kN
河北敬业铸轧机油膜轴承	油膜轴承直径为 875 mm 额定载荷为 31 960 kN
河北纵横丰南 1780 热连轧机油膜轴承	油膜轴承直径为 985 mm、1 115 mm 额定载荷为 35 720 kN 、45 720 kN、
河北纵横丰南 1450 热连轧机油膜轴承	油膜轴承直径为 945 mm、1 030 mm 额定载荷为 32 920 kN 、44 300 kN、
河北全丰薄板坯热连轧机油膜轴承	油膜轴承直径为 1 065 mm 额定载荷为 44 300 kN
河南南阳汉冶 3500 中厚板轧机油膜轴承	油膜轴承直径为 1 450 mm 额定载荷为 84 100 kN
山东钢铁日照 4300 宽厚板轧机油膜轴承	油膜轴承直径为 1 520 mm 额定载荷为 109 160 kN
山东钢铁日照 3500 中厚板轧机油膜轴承	油膜轴承直径为 1 520 mm 额定载荷为 109 160 kN
新疆湘晟 2450 中板轧机油膜轴承	油膜轴承直径为 1 340 mm 额定载荷为 66 520 kN
广西广清科技不锈钢轧机	油膜轴承直径为 1 065mm 额定载荷为 44 300kN

注：表中仅收录了 太原重型机械集团有限公司的资料和数据。

对外合作 国产油膜轴承的国内市场占有率已经达到80% 以上，2017 年新上油膜轴承项目全部采用国产油膜轴承，国产油膜轴承行业在立足国内市场情况下，积极开拓海外市场。

2017 年，国产油膜轴承出口额有较大幅度增长，印度、印度尼西亚、墨西哥、日本、乌克兰、哈萨克斯坦等国家及中国台湾都有订货。现在油膜轴承出口总量占国内销量的 8% 左右，并且出口量在逐年增长。

〔撰稿人：中国重型机械工业协会油膜轴承分会孙鹏程　审稿人：中国重型机械工业协会油膜轴承分会杨汇荣〕

润滑液压设备

生产发展情况 2017 年，从总体情况看，润滑液压设备行业由于受到国家对冶金行业限产能、去库存的政策影响，致使行业内会员单位之间竞争加剧，所签订的合同价格逐年下降，致使企业利润下降，生产成本上涨，应收账款增加，各企业都不同程度地受到了影响。虽然各企业均采取了有力的措施，稳定了职工队伍，保持了企业的正常运行和稳定发展，但 2017 年企业的整体效益有所下滑，企业的盈利能力下降，造成企业自身发展能力严重不足。

润滑液压设备行业各会员单位企业在销售方面积极开拓新的行业，以市场为导向，在原有市场的基础上积极细分现有市场，对非冶金市场加大开拓力度。在技术方面，增强了企业内部科技创新能力建设，提升了核心竞争力，加大了科技和新产品开发的投入力度，加快了产业结构调整和产业转型升级的步伐，扩大了润滑产品的应用领域，提高了产品的技术含量，扩大了企业的市场占有率。润滑液压设备行业各生产企业依据企业自身发展、产品发展和行业发展情况，加大基本建设和技术改造投入，这批技改项目完工后，将明显提高润滑液压行业的整体技术水平、装备水平，使企业的创新能力、抗市场风险能力有所加强。

润滑液压产品现在已成为机械产品，特别是大型机械产品不可缺少的主要配套产品。主机对润滑效果和润滑液压功能的要求不断提高，这就促进了各主要生产企业的技术进步，各生产企业增加了必要的精密加工设备、检测设备、试验设备和辅助设备，使得润滑液压产品向智能控制、数字控制、专业化生产方向快速发展，其应用领域和需求量不断增长。

2017 年，润滑液压设备行业完成工业总产值 21.26. 亿元，较 2016 年增长 6.40%，完成产品销售收入 19.95 亿元，较 2016 年增长 5.55%，产品出口 1 180.70 万美元，较 2016 年下降 5.75%。2017 年润滑液压设备行业 35 家主要生产企业主要经济指标完成情况见表 1。

表 1　2017 年润滑液压设备行业 35 家主要生产企业主要经济指标完成情况

行业名称	企业数（家）	工业总产值		工业增加值（万元）	产品销售收入（万元）	产品销售税金及附加（万元）	利润总额（万元）
		当年价（万元）	同比增长（%）				
润滑液压	35	212 615	6.40	52 199	199 536	12 523	9 006

行业名称	年末固定资产		流动资产		流动负债		所有者权益（万元）	全员劳动生产率（元／人）
	原价（万元）	净值（万元）	合计（万元）	平均余额（万元）	合计（万元）	平均余额（万元）		
润滑液压	80 395	62 787	149 456	139 416	121 377	110 343	94 511	119 039

注：表中全员劳动生产率是按当年工业增加值和企业人数计算的。

润滑液压设备行业主要生产企业有：太原矿山机器润滑液压设备有限公司、四川川润液压润滑设备有限公司、常州市华立液压润滑设备有限公司、启东润滑设备有限公司、上海澳瑞特润滑设备有限公司、南通市南方润滑液压设备有限公司、启东市南方润滑液压设备有限公司、上海润滑设备厂有限公司、四平维克斯换热设备有限公司、启东中冶润滑设备有限公司、启东安升润滑设备有限公司、启东丰汇润滑设备有限公司、温州市三丰润滑设备制造有限公司、江苏澳瑞思液压润滑设备有限公司、沈阳市北方润华冷却设备有限公司、温州市龙湾润滑液压设备厂、北京中冶华润科技发展有限公司、大连华锐股份有限公司液压装备厂、沈阳市北方润滑设备制造有限公司、淄博九洲润滑科技有限公司、温州中合润滑设备制造有限公司、沈阳市大金润滑设备厂、苏州宝宇液压设备制造有限公司、四平市隆百洲机电科技有限公司、沈阳三丰液压润滑设备有限公司、江苏恒泰自动化润滑设备有限公司、美润思（北京）科技有限公司、浙江镇南精工机械有限公司、宁波盛发液压有限公司、黄山工业泵制造有限公司、陕西中润液压设备有限公司、淄博市博山润丰油泵厂、南通市博南润滑液压设备有限公司、泰州市远望换热设备有限公司、重庆安特瑞润滑设备有限公司。2017 年，润滑液压设备行业 35 家主要生产企业按企业所有制性质划分为：国有企业 2 家，占全行业企业总数的 5.71%；上市公司企业 1 家，占全行业企业总数的 2.85%；外资控股企业 1 家，占全行业企业总数的 2.85%；私人控股企业 31 家，占全行业企业总数的 88.57%。

产品分类产量　按照使用领域的不同，润滑液压设备分为润滑产品和液压产品两大类。润滑产品又根据使用介质的不同和润滑部位的不同分为稀油润滑、干油润滑、油气润滑、工艺润滑和喷射润滑五大部分。液压产品主要有斜轴式轴向柱塞泵、径向柱塞马达、乳化液泵装置、冶金设备液压系统、综合采煤机液压元件和系统、液压缸等。各主要生产企业在面对市场的同时，积极提高企业核心竞争力，增强企业的科技创新能力，以市场为导向，积极开拓市场，各主要生产企业的主导产品产量较 2016 年有一定幅度的增长，少部分产品有一定幅度下滑。2017 年润滑液压设备行业主要产品产量及销量见表 2。

表 2　2017 年润滑液压设备行业主要产品产量及销量

产品名称	单位	产量	产量同比增长（%）	销量	销量同比增长（%）
稀油站（系统）	台（套）	5 096	4.57	4 853	3.32
干油站（系统）	台（套）	14 151	4.97	12 235	5.98
冷却器	台	11 667	6.39	10 996	8.63
干油分配器	块	148 795	6.37	136 866	5.65
油气润滑系统	台（套）	396	-13.35	389	-9.14
工艺润滑站（系统）	台（套）	44	-8.34	39	-4.88
液压站（系统）	台（套）	1 067	-12.76	1 036	-4.26
液压柱塞泵	台	7 458	9.32	5 721	7.80
其他润滑液压产品	台（套）	11 255	-12.30	10 856	4.58
液压缸	套	2 139	10.08	1 967	4.68
风电润滑	套	1 664	8.33	1 428	8.51
		203 732		186 386	

市场及销售 2017年，润滑设备生产企业积极主动迎接市场挑战，开拓创新，扩大市场占有率。加快产品结构调整，扩大产品的应用领域；加强企业的科技创新能力建设，提高企业的核心竞争力；加大新产品的开发力度，提高产品的技术含量。主营业务向相关产业延伸，积极开拓国外市场，使企业转型升级能力进一步加强。2017年，润滑液压产品订货量较2016年有一定增长，生产量较2016年增长4.98%，销售量较2016年增长5.10%，各类润滑产品较上年均有一定幅度的增长，基本保证了润滑液压设备行业的长期健康发展。2017年润滑液压设备行业生产集中度，较2016年有一定幅度的下降，超过1亿元的生产单位销售收入总计107 515万元，占整个行业销售收入的53.88%，2017年超过1亿元的生产单位销售收入总计较2016年下降7.33%。2017年润滑液压设备行业销售收入超过1亿元的企业见表3。

表3 2017年润滑液压设备行业销售收入超过1亿元的企业

序号	企业名称	销售收入（万元）
1	四川川润液压润滑设备有限公司	34 655
2	常州市华立液压润滑设备有限公司	24 536
3	南通市南方润滑液压设备有限公司	21 033
4	启东市南方润滑液压设备有限公司	15 174
5	启东润滑设备有限公司	12 117
合计		107 515

产品进出口 2017年，由于国际市场的整体疲软，润滑液压设备行业随主机配套的出口量减少，零部件出口也有所下降。2017年，总体出口量较2016年下降了5.75%，进口额相比2016年增加了8.34%，进出口额贸易呈逆差。2017年润滑液压设备产品进出情况见表4。

表4 2017年润滑液压设备产品进出口情况

产品名称	进口		进口额（万美元）	产品名称	出口		出口额（万美元）
	单位	数量			单位	数量	
过滤器、净油机	件	149	142.6	稀油站	套	358	518.4
各类冷却器	台	52	139.5	液压系统	套	37	268.9
各类润滑泵	台	196	217.8	干油系统	套	38	35.4
各类控制阀	台	2 116	512.2	冷却器	台	35	26.7
各类仪器仪表	套	10 557	758.6	润滑泵	台	185	66.7
				其他	件	4 463	264.6
合计		13 070	1 770.7	合计		5 116	1 180.7

基本建设和技术改造 2017年，各润滑液压设备生产企业依据企业自身发展、产品发展和行业发展情况，加大基本建设和技术改造投入，投资的项目投产后将使润滑液压设备行业的整体技术水平、装备水平有明显的提高。2017年润滑液压设备行业企业固定资产投资情况见表5。

表5 2017年润滑液压设备行业企业固定资产投资情况

企业名称	固定资产投资（万元）	其中：基本建设投资（万元）	其中：技术更新改造投资（万元）
苏州宝宇液压设备制造有限公司	40		40
常州华立液压润滑设备有限公司	800	200	600
淄博市博山润丰油泵厂	30		30
浙江镇南精工机械有限公司	400	100	300
启东润滑设备有限公司	1 300	900	400
上海润滑设备厂有限公司	200	50	150
重庆安特瑞润滑设备有限公司	100		100
南通市南方润滑液压设备有限公司	500	200	300
江苏恒泰自动化润滑设备有限公司	100		100
陕西中润液压设备有限公司	150		150
启东市南方润滑液压设备有限公司	400		400
合计	4 020	1 450	2 570

〔撰稿人：中国重型机械工业协会润滑液压设备分会徐郁林　审稿人：中国重型机械工业协会润滑液压设备分会郝尚清〕

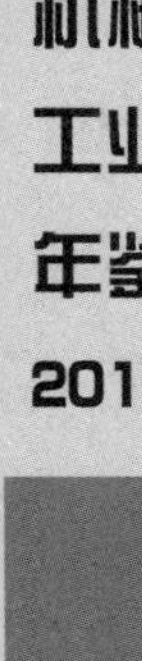

市场篇

分析冶金机械、矿山机械、物料搬运机械行业国内、国外市场情况

Analyze domestic and international markets of metallurgical machinery, mining machinery, and materials handling machinery

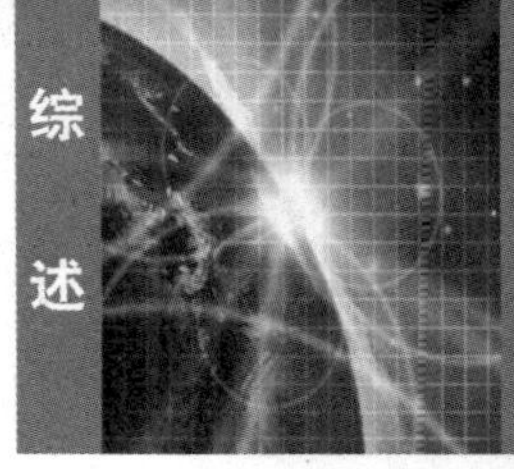

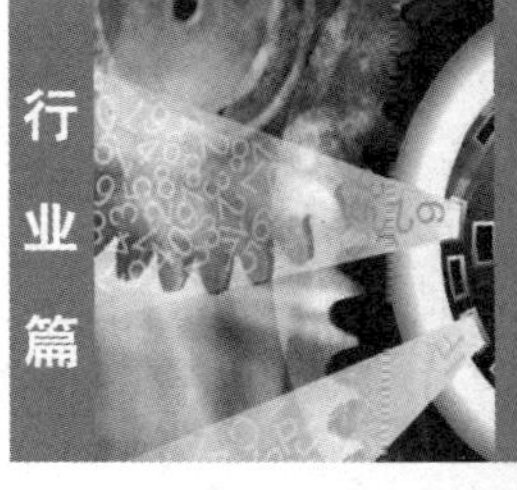

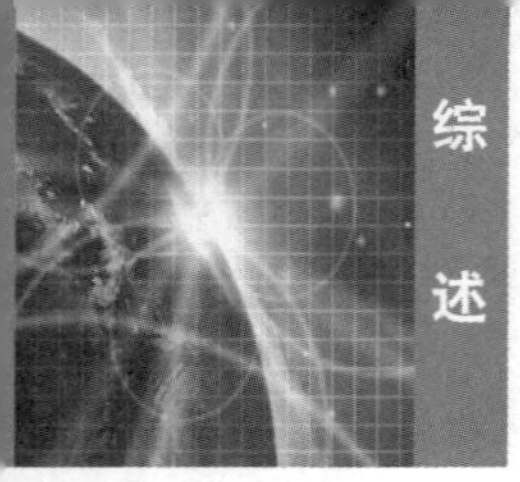
综述

大事记

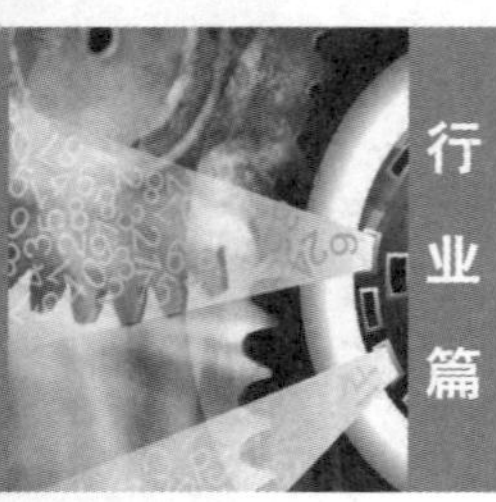
行业篇

市场篇

企业篇

统计资料

标准与质量

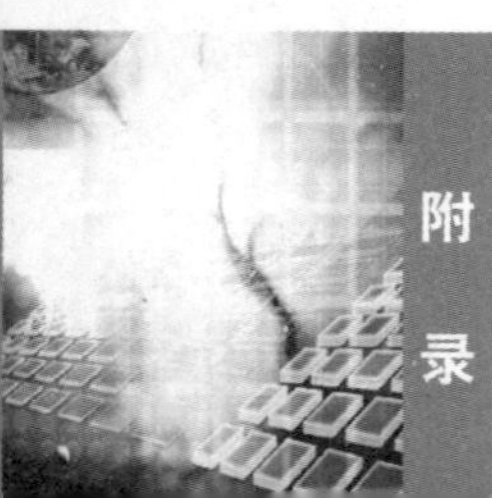
附录

市场篇

冶金机械国内市场及进出口情况

一、国内市场情况

（一）宏观环境

党的十九大报告指出：“中国特色社会主义进入了新时代”“我国经济已由高速增长阶段转向高质量发展阶段”。供给侧结构性改革深入推进的效果逐步显现，经济运行稳中向好。在稳增长、调结构和“三去一降一补”的大环境下，伴随钢铁、非铁金属加工行业市场形势的好转，冶金装备制造业企业效益明显得到改善、提高，市场逐渐复苏，行业发展进入到了新一轮上升周期，总体呈现稳中有进态势，创新成果转化为商品的优势开始显现。

（二）上游钢铁行业运行情况

2017年，钢铁行业进一步加大供给侧结构性改革力度，积极化解钢铁过剩产能，置换、淘汰落后产能， 彻底取缔“地条钢”取得了突出成效。市场环境明显改善，产能严重过剩的矛盾得到有效缓解，优质产能得到发挥，企业效益明显好转。市场需求、严苛环境要求、提质降本增效的本质需求倒逼企业转变经济增长方式，促进了钢铁行业转型升级。

1. 超额完成去产能任务

2017 年是钢铁行业去产能的攻坚之年，全年共化解粗钢产能 5 000 万 t 以上，超额完成了年度目标任务。1.4 亿 t “地条钢”产能全面出清，从根本上扭转了“劣币驱逐良币”现象。

2. 统计内粗钢产量创新高

随着“地条钢”产能退出，统计内合规产能开始快速释放。2017 年，我国粗钢产量为 8.32 亿 t，同比增长 5.7%，达到了历史最高水平。

3. 钢材出口显著下降

2017 年，我国累计出口钢材 7 543 万 t，同比下降 30.5%；累计进口钢材 1 330 万 t，同比增长 0.6%。出口价格明显提高，全年钢材出口金额 3 700 亿元，同比增长 3.1%；钢材平均出口价格 4 905 元 /t，同比增长 48.4%。

4. 企业效益明显好转

2017 年，我国钢铁冶炼和压延加工业主营业务收入为 6.74 万亿元，同比增长 22.4%，实现利润 3 419 亿元，较上年同期增加 2 189 亿元，同比增长 177.8%。2017 年，中国钢铁工业协会统计的重点大中型企业累计实现销售收入 3.69 万亿元，同比增长 34.1%，实现利润 1 773 亿元，同比增长 613.6%。

5. 投资连续下降

钢铁行业投资在 2012 年达到历史顶峰 5 167 亿元后，呈逐年下降的趋势，并于 2014 年降至 5 000 亿元以下，2017 年进一步降至 4 000 亿元以下。2017 年 1—12 月，钢铁冶炼及压延加工业投资额为 3 804 亿元，同比减少 290.7 亿元，降幅为 7.1%；在钢铁冶炼及压延加工业完成的投资额中，民间投资 3 015 亿元，占全行业投资比重的 79.3%，同比减少 335.0 亿元，同比下降 10.0%，低于全行业投资增速 2.9 个百分点。

（三）冶金机械行业基本运行情况

1. 行业运行经济数据

冶金机械行业 2017 年实现了扭亏为盈，主营业务收入为 1 214.98 亿元，同比增长 11.97%；利润总额为 46.69 亿元，同比增长 270.42%；利润率为 3.84%，同比增加了 6.37 个百分点；资产总额为 1 896.94 亿元，同比增长 4.91%；负债总额为 1 302.84 亿元，同比增长 7.63%；资产负债率为 68.68%，同比增加了 1.74 个百分点；应收账款为 2 715 亿元，同比下降 1.42%。

2. 行业主要产品情况

冶金机械行业的主要产品产量 2017 年均处于增长态势，2016 年处于下降状态的金属冶炼设备产品产量恢复到增长状态，同比增长 7.72%；金属轧制设备产品产量同比增长 17.51%。从主要产品产量增速连续三年走势来看，冶炼设备 2015 年为 -11.62%、2016 年为 -16.75%、2017 年为 7.72%，近三年来呈现由低走高态势，但是否能止跌企稳尚待观察；轧制设备 2015 年为 -17.24%、2016 年为 1.23%、2017 年为 17.51%，近三年来振幅较大，后期走势难以确定。

（四）冶金机械国内市场情况分析

1. 冶金机械行业面临的市场环境、特点

1）冶金装备市场需求面临着结构性调整与收缩的机遇与挑战。自《关于钢铁行业化解过剩产能实现脱困发展的意见》发布以来，我国已压减粗钢产能 1.15 亿 t（不含“地条钢”），同时，取缔“地条钢”产能 1.4 亿 t，涉及 700 多家企业。《钢铁工业调整升级规划（2016—2020 年）》特别要求，必须全面取缔生产“地条钢”的中频炉、工频炉产能。因此，必然导致这类企业钢铁加工工艺与装备的结构性调整与需求变化。

2）钢铁加工产业链资金紧缺的矛盾没有得到根本性缓解，冶金装备制造业首当其冲。一些装备制造厂家将装备提供给钢厂应用多时，而钢厂因缺乏资金，货款迟迟不予支付，使装备制造企业面临应收账款庞大的财务风险。

3）冶金装备市场竞争日趋激烈，达到了“白热化”程度，在高端市场的某些领域，面临着来自国际上的竞争。

虽然冶金装备市场好转的趋势已显现，订单明显增加，但为钢厂提供冶金装备，只有低价才能中标，又由于材料等价格的上涨，毛利率很低，因而装备制造企业的盈利很低。另外，国内冶金装备研制企业以原始创新为主的创新开发活动的力度不够大、措施不够得力，使得创新成果的技术先进性、差异性逐步拉近，进而造成同质化竞争加剧。

4）冶金装备高端市场外企（含合资）仍占较高份额，挤占了国产冶金工艺及装备技术、产品及服务的发展空间。

2. 国外企业的本土化商业模式

中国已成为推动全球冶金设备市场繁荣的主要力量，吸引着国外冶金设备制造商来华拓展业务。奥钢联在中国设有 22 家分支机构，员工 2 200 人，到 2020 年将在中国再建 15 座新工厂。

普锐特冶金和河北唐山钢铁集团的合资技术服务公司“普瑞特冶金唐山技术服务有限公司（PTTS）”于 2017 年 9 月开始运营，在离线维护、设备翻新、状态监测方面提供全面的技术服务，为唐钢等客户的板坯连铸机提供运行支持。

首钢－普锐特先进轧制技术联合实验室于 2017 年 9 月揭牌。该实验室在重点领域和重点品种中联合开发具有国际领先水平的制造装备技术、重大工艺技术和先进控制技术，实现了技术壁垒的突破及前沿技术的探索，为降低成本、节能减排及减量化产品的研发提供技术保障。

3.2017 年国外冶金企业在国内获得新建订单的主要实例

（1）连铸专业。永钢集团订购了西马克集团旗下的西马克康卡司特公司的四流 SBQ 方坯连铸机，该方坯连铸机具有动态机械轻压下（技术）功能，断面尺寸为 150mm×150mm 及 220mm×220mm，用于生产高级轴承钢及工程用钢。

西宁特钢采用达涅利集团制造的大方坯连铸机对其 1# 连铸机进行技术改造，该连铸机半径为 11m，浇铸圆坯断面尺寸为 250mm×280mm，采用“高炉炼铁—电炉—钢液二次精炼—连铸”先进的生产工艺流程。

普锐特冶金技术公司获得宝钢板坯连铸机改造项目，进行现代化改造后，该铸机将能够浇铸厚度为 250mm、300mm 和 357mm，宽度范围在 1 200 ～ 2 300mm 的板坯。产品范围包括极低碳素钢、高碳钢、微合金钢、低合金钢、包晶钢、高强度低合金钢、结构用钢、钢管和板材钢。

中国河北钢铁集团（HBIS）乐亭钢铁厂从普锐特冶金技术公司（Primetals Technologies）订购了两台新的双流板坯连铸机。有潜在危险的任务将由 Liquirob 浇铸平台机器人处理。这两台双流板坯的机器半径为 9.5m，浇铸的铸坯厚度为 230mm，宽度范围 900 ～ 1 900mm，最大铸造速度为每分钟 1.8m。产品范围涵盖超低碳素钢和低碳素钢、包晶合金结构钢、管线等级钢。

普锐特冶金技术公司为山钢日照提供用于整个钢铁生产工艺的全流程优化方案，包括智能全流程工艺质量控制系统（TPQC）、一个新开发的“工业 4.0” IT 系统和全过程工艺诀窍（TPKH）模型。

西马克集团为山东钢铁集团提供 1 台超宽板坯连铸机，生产板坯最大宽度为 3 250mm，最大厚度为 150mm，可加工结构钢种、微合金钢种和低合金钢种。西马克集团为这台连铸机提供 HD 结晶器热电偶、HD 结晶器光纤传感器、漏钢预报辅助系统、结晶器温度辅助系统、完整的 X-Pact 电气自动化系统、一级工艺控制系统和二级工艺处理模型。

西马克集团、普锐特冶金技术公司、达涅利集团中标马钢重型 H 型钢工程轧钢生产线项目及异型坯连铸机项目。

（2）轧制及精整辅机。江阴兴澄特钢和西马克集团签订合同，对其 SBQ 轧机——“1 号棒材轧机”进行现代化改造，这台年产 100 万 t 产品的轧机将被扩建成包含 1 台 450/4 型 3 辊精密定径机（PSM®）的轧机。

普锐特冶金技术公司为宝钢供应技术包——“宽度动态控制”。该技术包安装在宝钢的 1580 热轧带钢轧机上，作为宝钢“智能车间”试点项目的一部分，目的是提高 1580 轧机的宽度性能和减少废钢量。

西马克集团为中国宝钢湛江钢铁公司带钢热轧机提供了 1 台新的卷取机，用于更大厚度和更高强度成品钢带的卷取，如 X100 和 X120 强度等级管线钢或 1 200 N/mm^2 超高级别带钢。

西马克集团为山东日照钢铁集团提供了 1 台 Steckel 中厚板轧机，厚度范围为 4 ～ 50mm，宽度范围为 1 650 ～ 3 250mm。进料板坯也是由西马克集团新提供的 1 台板坯连铸机生产的，板坯宽度为 3 250mm。

普锐特冶金技术公司为山东日照钢铁控股集团有限公司提供了钢铁全流程优化方案，以提高整个钢铁生产效率、产品质量和稳定性。包括智能全流程工艺质量控制系统（TPQC）、新开发的“工业 4.0 ”IT 系统和全过程工艺诀窍（TPKH）模型。

达涅利集团为河北敬业集团提供了 1 台 EWR 焊接系统以用于 5 号轧机生产线。该生产线设计焊接长为 12m、宽为 165mm 的方坯，以 220t/h 的速度连续生产直径为 10 ～ 40mm 的钢筋。

采用西马克集团机电一体化设计的山钢日照精品基地 2 030mm 冷轧酸轧生产线，其带钢轧制厚度可控制在 0.3 ～ 2.5mm，产品定位于高档薄板类高技术含量、高附加值的卷材产品。

西马克集团为河南金汇·晟丰科技有限公司提供了 850mm 不锈钢冷轧六连轧生产线和 10 条连续光亮退火生产线，设备采用世界最先进的西门子 TDC 智能化轧钢系统，整条生产线实现自动化、智能化生产。

4. 综述

冶金机械装备国产化已取得显著成效，但与国际标杆企业相比还有一定的差距。国外公司占据国内市场较多份额的设备产品有以下特点：用于加工的产品为特殊钢种、超大规格、超高强度、精度产品，设备运行稳定性高，自动化、智能化水平高等。在这些领域，世界标杆企业具有品牌和业绩优势，具有核心技术优势，而国内企业通过努力追赶，差距在逐步缩小。在电气工程中，主传动装置、电气与自动化系统软件、在线检测仪表，基本上是外商技术装备一统天下；在产品质量在线监测技术、性能预测方法和质量诊断技术方面，国内公司与外商也有很大差距。近年来国内市场受到产能扩张限制的影响，现代化、智能化改造市场也成为国外公司竞争的热点与重点。

（五）冶金机械行业的发展方向

追逐国际市场，实施“走出去”战略。“一带一路”沿线国家每年钢铁总消费量约 2.5 亿 t，钢铁净进口量超过 200 万 t 的国家有 12 个，人均钢铁消费量仍处于很低水平，发展空间巨大。这也为国内冶金装备制造企业“走出去”创造了条件，在“一带一路”沿线国家和地区开拓冶金装备市场。

创新研发环保产品。钢铁企业对节能减排、环保装备的需求增加。按照国家提出的钢铁行业淘汰落后产能和环保要求，研发连铸坯热送热装、直接轧制装备和技术，干熄焦、高炉煤气、转炉煤气、焦炉煤气等二次能源高效回收利用装备和技术，以及烧结机余热发电装备和技术，使这些环保节能装备和技术在钢铁企业应用，实现重点大中型企业余热余压利用率达到 50% 以上的目标。

钢铁产能置换、旧装备现代化改造，为冶金装备制造业提供了机遇和商机。部分冶金装备被淘汰，但置换的部分钢铁产能需要配置相应升级版装备。国内主要钢铁企业在 20 世纪 70、80 年代建设了大量传统工艺装备，现在面临着现代化改造升级。地条钢产能的淘汰，为大电炉 - 钢液二次精炼 - 连铸 - 轧制短流程工艺装备提供了较大市场空间。

智能冶金装备的开发应用，为冶金装备制造业提供了巨大商机。《钢铁工业调整升级规划（2016—2020 年）》提出，夯实智能制造基础，把智能制造作为两化深度融合的主攻方向。随着智能技术的不断完善和丰富，其工业化应用将逐渐推广扩大，将在推动冶金工业精细生产、节能减排方面发挥事半功倍的作用。此外，高精度轧制技术和高强钢模压成型（近净成形）技术也是研发创新的重要方向。

二、冶金机械行业进出口情况

1. 冶金机械产品进出口数据

冶金机械行业全年进出口总额为 17.22 亿美元，同比增长 3.79%，其中：出口国家和地区 176 个，出口金额为 13.54 亿美元，同比增长 13.32%；进口国家和地区 49 个，进口金额为 3.68 亿美元，同比下降 20.71%；进出口顺差为 9.85 亿美元，同比增长 34.98%。

出口分类：冶炼设备出口金额为 0.57 亿美元，占比 4.21%；连续铸钢设备为 0.36 亿美元，占比 2.66%；轧制设备为 3.68 亿美元，占比 27.18%；冶金备件为 8.93 亿美元，占比 65.95%。

进口分类：冶炼设备进口金额为 0.10 亿美元，占比 2.72%；连续铸钢设备为 0.02 亿美元，占比 0.54%；轧制设备为 1.29 亿美元，占比 35.05%；冶金备件为 2.28 亿美元，占比 61.96%。

2017 年冶金机械产品进出口额居前 3 位的国家或地区、省（市、地区）见表 1、表 2。

表 1　2017 年冶金机械产品进出口额居前 3 位的国家或地区

序号	国家（地区）	出口额（万美元）	序号	国家（地区）	进口额（万美元）
1	印度	17 293	1	德国	11 350
2	印度尼西亚	13 080	2	日本	9 368
3	日本	9 389	3	美国	4 149

表 2　2017 年冶金机械产品进出口额居前 3 位的省（市、地区）

序号	省（市、地区）	出口额（万美元）	序号	省（市、地区）	进口额（万美元）
1	江苏	41 698	1	江苏	6 854
2	河北	18 273	2	山东	5 583
3	上海	9 153	3	上海	4 704

数据来源：中国重型机械工业协会。

2. 冶金机械行业有关产品进出口情况

2017 年冶金机械行业有关产品进出口情况见表 3。

表3　2017年冶金机械行业有关产品进出口情况

货品名称	数量单位	出口数量	出口金额（万美元）	进口数量	进口金额（万美元）	进出口总额（万美元）	进出口顺差（万美元）
冶金设备合计			135 357		36 837	172 195	98 520
1. 金属冶炼设备小计	台	758	5 673	42	975	6 647	4 699
（1）炼焦炉	台	11	910	0	0	910	910
（2）转炉	台	286	767	15	27	794	740
（3）炉外精炼设备	台	461	3 996	27	947	4 943	3 049
2. 连续铸钢设备小计	台	433	3 602	2	203	3 805	3 399
（1）方坯连铸机	台	40	881	1	5	886	876
（2）板坯连铸机	台	18	2 120	0	0	2 120	2 120
（3）其他钢坯连铸机	台	375	601	1	198	799	403
3. 金属轧制设备小计	台	13 672	36 805	368	12 906	49 712	23 898
（1）板材轧机	台	4 264	11 197	37	2 119	13 317	9 078
（2）管轧机	台	1 535	4 913	17	1 601	6 514	3 312
（3）型材轧机	台	202	2 929	1	1	2 930	2 927
（4）线材轧机	台	540	3 059	12	831	3 890	2 227
（5）其他金属轧机	台	3 766	6 834	35	4 421	11 255	2 414
（6）拉拔机小计	台	3 365	7 873	266	3 933	11 806	3 940
4. 冶金设备零件小计	kg	18 590 714	89 277	495 213	22 753	112 029	66 524
（1）金属冶炼设备零件	kg		25 521		5 336	30 857	20 186
（2）连铸机零件	kg	18 590 714	9 885	495 213	3 650	13 535	6 235
（3）金属轧制设备零件	kg		53 871		13 767	67 637	40 104

数据来源：中国重型机械工业协会。

3. 相关政策

2017年12月，财政部等六部门共同印发了《关于调整重大技术装备进口税收政策有关目录的通知》，对重大技术装备进口税收政策的三份目录进行了调整，增列了国内处于起步期或成长期的部分技术装备，删减了目前国内产业发展较好、上下游配套较齐全的部分技术装备，进一步明确了政策支持方向。薄板连铸连轧成套设备、大型高炉风机、余热回收装置等列入了《国家支持发展的重大技术装备和产品目录（2017年修订）》中，相应调整了《重大技术装备进口关键零部件、原材料商品目录》，对确有必要进口的零部件、原材料予以免税；而炼钢电炉（所有规格），各钢种的方坯、圆坯、板坯、异型坯连铸机及板坯连铸机等16种冶金设备都被列入了《进口不予免税的重大技术装备和产品目录（2017年修订）》中。

2017年10月，工业和信息化部对外公布《关于印发<产业关键共性技术发展指南（2017年）>的通知》，共提出优先发展的产业关键共性技术174项。其中，涉及钢铁行业及相关产业的技术有10余项。这些技术包括：基于大数据的钢铁全流程产品工艺质量管控技术，钢铁定制化智能制造关键技术，钢铁制造流程余热减量化与深度化利用技术，绿色化、智能化钢铁流程关键要素协同优化和集成应用技术，高品质特殊钢生产应用关键技术，高品质海洋工程用钢的开发与应用技术，钢材高效轧制技术及装备，高炉炼铁信息化与可视化技术，高品质铁精矿生产技术与装备，低品位难选矿综合选别与利用技术，氢气竖炉直接还原清洁冶炼技术，全氧冶金高效清洁生产技术，超超临界电站汽轮机用镍基耐热合金材料设计和生产技术，冶金与煤电工业固废全产业链协同利用关键技术，冶金熔渣及尾矿协同制备高性能微晶玻璃技术，焦炉烟气脱硫脱硝技术，冶金尘泥高效综合利用技术，节水型液态熔渣高效热回收与资源化利用技术，用后耐火材料再生利用制造技术等。

相关政策的出台，促进了冶金机械行业的技术进步，以及新技术、新产品的开发；国产冶金装备技术的市场化、产业化，促进了冶金重型装备制造业的发展，从而更好地满足国内钢铁行业不断增长的市场需求。同时，冶金重型装备制造业也要苦练内功，紧跟市场发展，加强原始创新，努力开发高端、前沿工艺装备技术和系统集成技术，强化“中国创造”，只有提高自主研发的设计、成套和制造能力，提高装备的质量和自动化、信息化水平，才能抓住抢占国内冶金机械市场和技术出口的先机。“一带一路”倡议的实施为我国冶金装备“走出去”带来了更大的市场空间。

〔撰稿人：中国重型机械研究院股份公司宋晔　胡小娟　审稿人：中国重型机械研究院股份公司孟令忠〕

矿山机械国内市场及进出口情况

2017年，我国矿山机械行业主营业务收入达3 982.84亿元，比上年增长7.25 %，占当年重型机械行业主营业务收入的32.91%，占当年冶金矿山机械行业主营业务收入的76.63%；实现利润181.88亿元，比上年增长21.21%；利润率为4.57%，比上年增加了1.27个百分点。行业利润总额及利润率经2015年、2016年连续两年的下滑后，2017年呈现增长态势，2014—2017年矿山机械行业利润总额和利润率情况见图1。全国主要矿山机械企业完成产品产量812.66万t，比上年增长7.34%，全国主要水泥设备生产企业完成产品产量101.26万t，比上年增长11.74%。

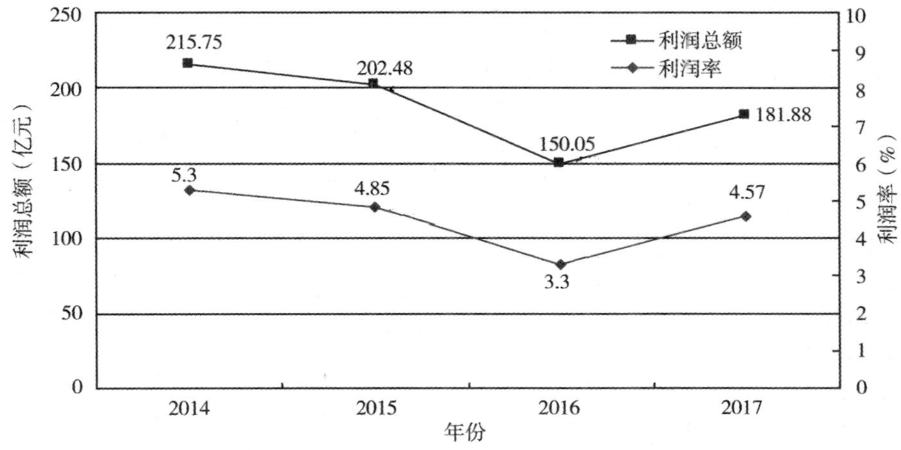

图1　2014—2017年矿山机械行业利润总额和利润率情况

注：数据来源于《中国重型机械工业年鉴》（2017年）和中国重型机械工业协会统计简报2017.12期。

2017年，我国矿山机械进出口贸易额结束了自2015年以来连续下滑的态势，实现了增长。本年度，我国矿山机械出口总额达14.38亿美元，比上年增长13.45%。出口总额占国内主营业务收入的2.39 %，比上年增加了0.28个百分点。进口总额为2.12亿美元，比上年下降5.23%；进出口总额为16.51亿美元，比上年增长10.65%；实现进出口顺差12.26亿美元，比上年增长17.46%。2017年矿山机械主要产品进出口情况见表1。

表1　2017年矿山机械主要产品进出口情况

产品名称（按海关分类）	出口金额（万美元）	进口金额（万美元）	进出口总额（万美元）	进出口差额（万美元）
矿山机械合计	143 848	21 206	165 054	122 642
1. 采掘、凿岩设备及钻机	42 720	4 771	47 491	37 949
（1）采煤、凿岩机及隧道掘进机	31 868	4 289	36 157	27 579
（2）矿用电铲	6 479	0	6 479	6 479
（3）采矿钻机	745	143	888	602
（4）工程钻机	3 629	339	3 968	3 290
2. 破碎、粉磨设备	64 473	8 936	73 409	55 537
（1）齿辊式破碎设备	7 453	1 778	9 231	5 676
（2）球磨式粉磨设备	17 148	737	17 885	16 411
（3）其他破碎或粉磨设备	39 872	6 421	46 293	33 450
3. 筛分、洗选设备	30 338	7 163	37 501	23 176
4. 矿山提升设备	608	118	726	491
（1）电动矿山提升设备	535	1	535	534
（2）非电动矿山提升设备	73	117	190	−44
5. 矿山机械零件	5 708	219	5 927	5 489

注：数据来源于中国重型机械工业协会的《全国冶金矿山机械行业进出口统计年报2017》。由于四舍五入，数据有微小出入。

我国矿山机械行业经过多年的发展，国产矿山机械不论在质量还是产量方面基本能满足国内需求。从2007年以后的销售额年增长率看，2008年度达到十几年来的最高点，为45.5%。2008年以后，销售额年增长率连续八年下滑，至2016年，销售额年增长率跌至最低点，仅为0.75%；2017年销售额年增长率止跌回升，达7.25%，高出2016年6.5个百分点。2007—2017年矿山机械销售额年增长率见表2。

表2 2007—2017年矿山机械销售额年增长率

年 份	2007	2008	2009	2010	2011	2012	2013	2014	2015	2016	2017
年增长率（%）	44.9	45.5	27.4	34.2	28.5	16.3	16.1	10.8	0.82	0.75	7.25

注：数据来源于《中国重型机械工业年鉴》和中国重型机械工业协会统计简报2017.12期。

一、国内市场概况

1. 国内市场发展情况

按人民币对美元的平均汇率6.61计算，2017年矿山机械国内市场总容量（即：主营业务收入－出口金额＋进口金额）为3 901.80亿元，比2016年的4 070.83亿元有所下滑，下降约4.15%。其中，国内供应量为3 887.79亿元，进口量约14.01亿元。国内产品市场占有率为99.6%，与上年持平。

2. 我国市场中的国内、国外产品构成

（1）市场占有率分析。通过分析2011年以来国产矿山机械在国内市场的销售额，可以发现，国产矿山机械在国内市场一直占据着绝对优势，客观地反映出国内市场对国产设备的依存度相当高，也说明国内客户在采购时，产品的价格和性价比是其优先关注的重要因素。

（2）进口设备分析。2017年，我国从35个国家和地区进口矿山机械产品，德国、美国、英国和日本四国是主要进口国，以上四国的进口贸易额占矿山机械产品全部进口贸易额的58.41%。2017年我国矿山机械进口贸易额排名前三位的省（市）分别是上海市、河北省和安徽省。

从表1可以看出，2017年度，破碎、粉磨设备，筛分、洗选设备和采掘、凿岩设备及钻机仍然是矿山机械进口贸易中的重点，三种设备占当年矿山机械全部产品进口贸易额的98.42%，其中，破碎、粉磨设备进口额最高，占当年矿山机械全部产品进口贸易额的42.14%。2017年破碎、粉磨设备，筛分、洗选设备和采掘、凿岩设备及钻机进口金额排名前3位的国家见表3、表4和表5。

表3 2017年破碎、粉磨设备进口贸易额排名前3位的国家

序号	国家	进口金额（亿美元）	占进口金额的比重（%）
1	德国	0.24	26.85
2	英国	0.12	13.43
3	瑞典	0.09	10.07

注：数据来源于中国重型机械工业协会的《全国冶金矿山机械行业进出口统计年报2017》。由于四舍五入，数据有微小出入。

表4 2017年筛分、洗选设备进口金额排名前3位的国家

序号	国家	进口金额（亿美元）	占进口金额的比重（%）
1	德国	0.26	36.29
2	日本	0.10	13.96
3	英国	0.07	9.77

注：数据来源于中国重型机械工业协会的《全国冶金矿山机械行业进出口统计年报2017》。由于四舍五入，数据有微小出入。

表5 2017年采掘、凿岩设备及钻机进口金额排名前3位的国家

序号	国家	进口金额（亿美元）	占进口金额的比重（%）
1	德国	0.19	39.82
2	法国	0.08	16.77
3	芬兰	0.06	12.58

注：数据来源于中国重型机械工业协会的《全国冶金矿山机械行业进出口统计年报2017》。由于四舍五入，数据有微小出入。

2017年度，破碎、粉磨设备中的其他破碎或粉磨设备（所属税号：84742090）和采掘、凿岩设备及钻机中的采煤、凿岩机及隧道掘进机依然是矿山机械产品进口中的重中之重。其中，其他破碎或粉磨设备（所属税号：84742090）进口贸易额占当年破碎、粉磨设备进口贸易总额达的71.86%，比上年增加了6.5个百分点；占当年矿山机械全部产品进口贸易额的30.28%，比上年增加了3.24个百分点。采煤、凿岩机及隧道掘进机进口贸易额占当年采掘、凿岩设备及钻机进口贸易总额的89.90%，比上年增加了4.58个百分点；占当年矿山机械全部产品进口贸易额的20.23%，比上年下降了2.82个百分点。2017年其他破碎或粉磨设备和采煤、凿岩机及隧道掘进机进口金额排名前3位的国家和地区见表6、表7。

表6 2017年其他破碎或粉磨设备进口金额排名前3位的国家和地区

序号	国家（地区）	进口金额（亿美元）	占进口金额的比重（%）
1	德国	0.22	34.26
2	瑞典	0.09	14.02
3	中国台湾省	0.06	9.34

注：数据来源于中国重型机械工业协会的《全国冶金矿山机械行业进出口统计年报2017》。由于四舍五入，数据有微小出入。

表 7　2017 年采煤、凿岩机及隧道掘进机进口金额排名前 3 位的国家

序号	国家	进口金额（亿美元）	占进口金额的比重（%）
1	德国	0.18	41.97
2	法国	0.08	18.65
3	芬兰	0.06	13.99

注：数据来源于中国重型机械工业协会的《全国冶金矿山机械行业进出口统计年报 2017》。由于四舍五入，数据有微小出入。

2017 年，我国矿山机械进口贸易中，外商独资企业和私营企业的进口贸易首次超过国有企业，占据了前二位，分别达 40.68% 和 27.09%。2017 年我国矿山机械进口金额按企业性质分类统计见表 8。

表 8　2017 年我国矿山机械进口金额按企业性质分类统计

序号	企业性质	占进口金额的比重（%）
1	外商独资企业	40.68
2	私营企业	27.09
3	国有企业	26.90
4	中外合资企业	4.74
5	集体企业	0.51
6	中外合作企业	0.08

注：数据来源于中国重型机械工业协会的《全国冶金矿山机械行业进出口统计年报 2017》。

2017 年，一般贸易方式依然是我国矿山机械进口贸易的主体，占比高达 91.59%，高出上年 1.33 个百分点。2017 年我国矿山机械进口贸易按贸易方式分类统计见表 9。

表 9　2017 年我国矿山机械进口贸易按贸易方式分类统计

序号	贸易方式	占进口总额的比重（%）
1	一般贸易	91.59
2	进料加工贸易	2.76
3	保税仓储进出境货物	2.17
4	外商投资企业作为投资进口的设备、物资	2.02
5	保税区仓储转口货物	1.33
6	出口加工区进口设备	0.09
7	其他	0.04

注：数据来源于中国重型机械工业协会的《全国冶金矿山机械行业进出口统计年报 2017》。

二、设备出口情况

1. 设备出口情况

自 2008 年国际金融危机爆发以来，全球经济多年处于低增长、低利率、低通胀的弱势复苏状态。2017 年，世界经济开始复苏，全球经济增速和增长按预期提升，发达经济体经济增长势头良好，新兴市场和发展中经济体增速企稳回升，东亚和南亚成为世界上最具经济活力和增长速度最快的区域。但世界经济在增速回升的同时，风险威胁仍未消散，国际贸易保护主义加剧、贸易摩擦增多，人民币汇率走势不确定，全球产业竞争更加激烈，在一定程度上影响了外贸增长，世界经济格局的变化调整仍在继续。

2017 年，我国矿山机械行业实现了和 184 个国家和地区的出口贸易，除极少部分产品出口到美国、日本等发达国家以外，大部分产品仍然出口到俄罗斯联邦、印度、伊朗、印度尼西亚和越南等经济欠发达或重工业欠发达的国家和地区，其中，对东亚和南亚等国家的出口贸易额占了相当大的比例。

2017 年，我国矿山机械产品对外贸易增速呈回稳向好态势，实现出口贸易额达 14.38 亿美元，比上年增长 13.45%。按人民币对美元的平均汇率 6.61 计算，出口总额占国内主营业务收入的 2.39 %，比上年增加了 0.28 个百分点。破碎、粉磨设备，采掘、凿岩设备及钻机和筛分、洗选设备仍然是我国矿山机械出口的重点，三者占当年矿山机械全部产品出口贸易额的 95.61%，其中破碎、粉磨设备出口贸易额最高，占当年矿山机械全部产品出口贸易额的 44.82%。2017 年国产破碎、粉磨设备出口金额排名前 3 位的国家见表 10。

表 10　2017 年国产破碎、粉磨设备出口金额排名前 3 位的国家

序号	国家	出口金额（亿美元）	占出口金额的比重（%）
1	伊朗	0.53	8.22
2	越南	0.52	8.07
3	印度尼西亚	0.50	7.76

注：数据来源于中国重型机械工业协会的《全国冶金矿山机械行业进出口统计年报 2017》。由于四舍五入，数据有微小出入。

2017 年，私营企业和国有企业在我国矿山机械出口贸易中依然占据了主导地位，两者占矿山机械出口贸易总额的比重达 82.17%。2017 年我国矿山机械出口金额按企业性质分类统计见表 11。

表 11　2017 年我国矿山机械出口金额按企业性质分类统计

序号	企业性质	占出口总金额的比重（%）
1	私营企业	41.56
2	国有企业	40.61
3	外商独资企业	11.41
4	中外合资企业	4.43
5	集体企业	1.84
6	个体工商户	0.15
7	中外合作企业	0

注：数据来源于中国重型机械工业协会的《全国冶金矿山机械行业进出口统计年报 2017》。

2017年，一般贸易、对外承包工程出口货物和进料加工贸易依然是我国矿山机械出口贸易的三大板块，三者占矿山机械出口贸易总额的比重高达96.60%，比上年增加了4.15个百分点。其中，一般贸易更是占据主导地位，达74.38%，比上年增加了8.82个百分点。2017年我国矿山机械出口按贸易方式分类统计见表12。

表12　2017年我国矿山机械出口按贸易方式分类统计

序号	贸易方式	占出口金额的比重（%）
1	一般贸易	74.38
2	对外承包工程出口货物	11.81
3	进料加工贸易	10.41
4	边境小额贸易	2.77
5	其他	0.39
6	保税仓储进出境货物	0.13
7	保税区仓储转口货物	0.07
8	国家间、国际组织无偿援助和赠送的物资	0.03
9	租赁贸易	0

注：数据来源于中国重型机械工业协会的《全国冶金矿山机械行业进出口统计年报2017》。

2. 出口设备分析

从表1中可以看到，破碎、粉磨设备中的其他破碎或粉磨设备（所属税号：84742090）和采掘、凿岩设备及钻机中的采煤、凿岩机及隧道掘进机仍然是国产矿山机械产品中的出口重点。其中：

（1）国产采煤、凿岩机及隧道掘进机，2017年出口额为31 868万美元，比上年增长13.05%；其占当年采掘、凿岩设备及钻机设备出口额的74.60%，比上年下降了1.07个百分点；但其占当年全部产品出口贸易额的比重为22.2%，与上年持平。2013—2017年国产采煤、凿岩机及隧道掘进机的出口贸易情况见表13。

表13　2013—2017年国产采煤、凿岩机及隧道掘进机的出口贸易情况

年 份	出口额（万美元）	占当年矿山机械全部产品出口金额的比重（%）
2013	3 487	2.2
2014	25 428	15.2
2015	33 821	23.0
2016	28 189	22.2
2017	31 868	22.2

注：数据来源于《中国重型机械工业年鉴》（2017）和中国重型机械工业协会的《全国冶金矿山机械行业进出口统计年报2017》。

2017年，国产采煤、凿岩机及隧道掘进机出口至新加坡、俄罗斯联邦、印度等国家或地区，其中，出口到新加坡的贸易额最高，占采煤机、凿岩机及隧道掘进机出口贸易额的18.74%。2017年国产采煤、凿岩机及隧道掘进机出口金额排名前6位的国家或地区见表14。

表14　2017年国产采煤、凿岩机及隧道掘进机出口金额排名前6位的国家或地区

序号	国家（地区）	出口额（亿美元）	占出口金额的比重（%）
1	新加坡	0.60	18.82
2	俄罗斯联邦	0.37	11.61
3	印度	0.34	10.67
4	伊朗	0.33	10.36
5	以色列	0.27	8.47
6	泰国	0.19	5.96

注：数据来源于中国重型机械工业协会的《全国冶金矿山机械行业进出口统计年报2017》。由于四舍五入，数据有微小出入。

（2）其他破碎或粉磨设备（所属税号：84742090），2017年出口贸易额连续四年下降。该类设备当年出口贸易额占破碎、粉磨设备出口贸易总额的比重为61.84%，比上年下降2.33个百分点。2013—2017年国产破碎、粉磨设备及其他破碎或粉磨设备出口额见表15。

表15　2013—2017年国产破碎、粉磨设备及其他破碎或粉磨设备出口额　　（单位：万美元）

货品名称（按海关分类）	2013年	2014年	2015年	2016年	2017年
破碎、粉磨设备	95 814	88 424	77 077	62 343	64 473
其他破碎或粉磨设备（所属税号：84742090）	59 974	50 900	46 730	40 005	39 872

注：数据来源于《中国重型机械工业年鉴》和中国重型机械工业协会的《全国冶金矿山机械行业进出口统计年报2017》。

2017年，印度尼西亚、越南和伊朗是进口国产其他破碎或粉磨设备（所属税号：84742090）排名前3位的国家。2017年其他破碎或粉磨设备（所属税号：84742090）出口金额排名前6位的国家见表16。

表16　2017年其他破碎或粉磨设备（所属税号：84742090）出口金额排名前6位的国家

序号	国家	出口金额（亿美元）	占出口金额的比重（%）
1	印度尼西亚	0.38	9.53
2	越南	0.34	8.53
3	伊朗	0.25	6.27
4	印度	0.16	4.01
5	巴基斯坦	0.14	3.51
6	日本	0.13	3.26

注：数据来源于中国重型机械工业协会的《全国冶金矿山机械行业进出口统计年报2017》。由于四舍五入，数据有微小出入。

多年以来，破碎、粉磨设备中的其他破碎或粉磨设备（所属税号：84742090）和采掘、凿岩设备及钻机中的采煤、凿岩机及隧道掘进机一直是我国矿山机械产品中出口的重点，也是进口的重点。2014—2017年采煤、凿岩机及隧道掘进机进出口情况见表17。2014—2017年其他破碎或粉磨设备（所属税号：84742090）进出口情况见表18。

表17　2014—2017年采煤、凿岩机及隧道掘进机进出口情况

年 份	出口			进口		
	数量（台）	金额（万美元）	平均单价（万美元）	数量（台）	金额（万美元）	平均单价（万美元）
2014	27 423	25 428	0.93	126	16 801	133.34
2015	29 842	33 821	1.13	1 121	11 128	9.93
2016	20 279	28 189	1.39	216	5 157	23.88
2017	22 423	31 868	1.42	336	4 289	12.76

注：数据来源于中国重型机械工业协会的《全国冶金矿山机械行业进出口统计年报2017》《全国冶金矿山机械行业进出口统计年报2016》《全国冶金矿山机械行业进出口统计年报2015》。

表18　2014—2017年其他破碎或粉磨设备（所属税号：84742090）进出口情况

年 份	出口			进口		
	数量（台）	金额（万美元）	平均单价（万美元）	数量（台）	金额（万美元）	平均单价（万美元）
2014	25 234	50 900	2.02	865	11 216	12.97
2015	41 443	46 730	1.13	490	5 806	11.85
2016	31 723	40 005	1.26	857	6 051	7.06
2017	32 136	39 872	1.24	1 047	6 421	6.13

注：数据来源于中国重型机械工业协会的《全国冶金矿山机械行业进出口统计年报2017》《全国冶金矿山机械行业进出口统计年报2016》《全国冶金矿山机械行业进出口统计年报2015》。

综合分析表14、表16、表17和表18，可以看出，自2014年以来，采煤、凿岩机及隧道掘进机和其他破碎或粉磨设备（所属税号：84742090）的年出口数量和出口金额均远远超过了当年的进口数量和进口金额，实现了进出口顺差；同时，以上两类装备的进口平均单价呈下降趋势。但这两类国产装备的出口平均单价始终处于低位，远远低于进口平均单价，并且主要出口到重工业欠发达的新加坡、印度尼西亚、越南和巴基斯坦等国家。

这说明，通过国内矿山机械制造企业的努力，我国在采煤、凿岩机及隧道掘进机和其他破碎或粉磨设备（所属税号：84742090）等装备领域正逐步缩小与国外先进装备之间的差距，国外同类设备的进口价格也在逐年降低。但与国外高端产品相比，国产装备在寿命周期、智能控制、可靠性和安全性等方面仍存在相当大的差距，在全球市场中仍处于弱势地位，国内各相关设备制造厂还需下大力气进行创新攻关，以期使国产装备早日跻身欧美等发达国家高端产品市场，真正具备国际化竞争的优势。

近年来，虽然国内矿山机械的技术水平有了明显进步，国产装备与进口机械之间的差距正逐渐减少，并在一定程度上取代了进口，但赶超之路也将越来越难。

由于我国矿山机械行业起步较晚，在赶超进口装备的道路上主要以走“性价比”路线为主。这种路线在中低端市场上问题不大，甚至在一定程度上成就了这些年来国产装备的快速发展，但是未来高性价比的优势也将阻碍国产装备走向高端市场，因为越是高端的技术装备就越需要投入大量的研发和实验资金，高性价比的优势在一定程度上影响了产品的利润，而利润不足将难以支撑高端制造的运行，无法形成以高质量换取高价格，以高价格赚得高利润，再以高利润维持高端制造的良性循环。所以，国产矿山机械装备的高端制造还有很长的路要走。

随着科技创新的加快推进，大数据、互联网、遥感探测等新技术与矿山机械传统技术的融合，数字化、智能化技术在装备上的研发应用，使矿山机械发展新动能日益强劲，为矿山机械行业的转型升级，实现创新发展开辟出新领域。即以数字化、智能化、自动化采矿装备为核心，以高速、大容量、双向综合数字通信网络为载体，以智能设计与生产管理软件系统为平台，通过对矿山生产对象和过程进行实时、动态、智能化监测与控制，实现矿山开采的安全、高效、经济运行和经济效益最大化。

目前，发达国家的矿山机械行业在数字化、智能化建设方面已取得了长足的发展，如瑞典的山特维克公司、阿特拉斯科普柯公司等，不仅开发出了具有自动化或智能化功能的采矿设备，而且还开发出了多种智能技术与装备系统，如AotoMine系统、OptiMine系统和MineLan系统等。

经过新中国成立以来60多年的勘查开采，国内浅部矿产资源逐年减少，我国矿山尤其是金属矿山正逐步走向深部开采阶段。由于地下矿山资源地质条件的不同，其在开采工艺、生产流程、生产装备上也不同。资源的不确定性和动态性、工作场所的离散性、生产力要素的移动性、生产环境的高危险性等特点，导致诸多开采难题，致使矿山企业生产效率低下，事故频发。

2017年5月，国土资源部、财政部、环境保护部、国家质检总局、银监会、证监会联合印发了《关于加快建设绿色矿山的实施意见》，旨在加大政策支持力度，全面推进绿色矿山建设进程。

在这种情况下，矿山企业通过采用大型化、智能化、环保节能型装备进行转型升级已势在必行，而加快进行数字化、智能化、自动化矿山机械的研制开发并逐步推广应用就显得尤为重要。同时，新材料开发与应用技术对矿山机械影响重大。

展望未来，矿山开采的数字化、智能化，必将增强我国矿山行业的核心竞争能力，推动我国矿山采掘向安全、高效、经济、绿色与可持续发展，加速推进我国矿山机械行业的技术创新，推动国产矿山机械装备走上高端制造之路。

〔撰稿人：机械工业信息研究院赵敏　洛阳矿山机械工程设计研究院有限责任公司沈剑峰　审稿人：洛阳矿山机械工程设计研究院有限责任公司杜波〕

物料搬运机械进出口市场分析

物料搬运机械通常包括轻小型起重设备、起重机、输送机械、装卸机械、工业车辆、仓储机械、架空索道等几类产品。根据《中华人民共和国海关统计商品目录》的分类统计，物料搬运机械所涉及的商品共有 4 类，用 4 位数字来表示的商品代码分别为 8425、8426、8427、8428。8425 为轻小型起重设备，包括滑车及起重葫芦、卷扬机及绞盘、千斤顶等；8426 为起重机；8427 为工业车辆；8428 为连续输送设备、电梯、自动扶梯、架空索道、搬运机器人等。全路面起重机、汽车起重机列于 8705 中，电动牵引车、短距离运货机动车辆等列于 8709 中，本文中提及的物料搬运机械商品还包括上述 4 类商品的相关零部件，这部分列在商品代码 8431 中。

一、进出口市场概述

2017 年，与我国开展物料搬运机械进出口贸易的国家或地区共 219 个，进出口贸易总额达 187.7 亿美元，其中：进口贸易额为 40.9 亿美元，出口贸易额为 146.8 亿美元，进出口贸易顺差为 105.9 亿美元。与 2016 年相比，进出口贸易总额同比增长 2.0%。2007—2017 年物料搬运机械进出口总额统计分析见图 1。

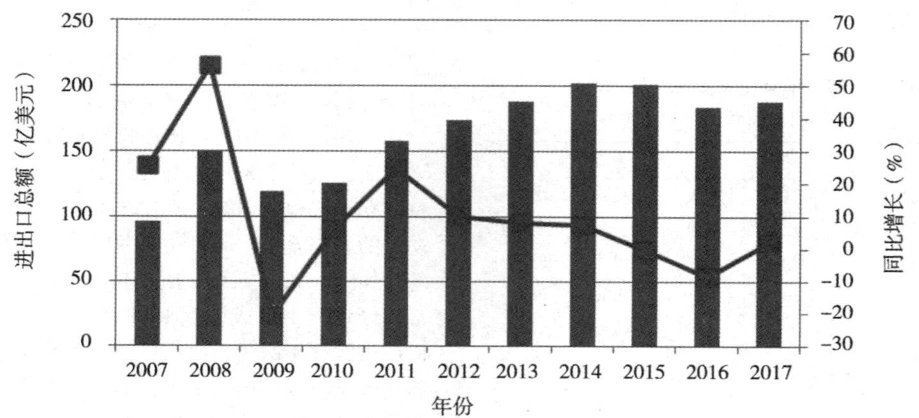

图 1　2007—2017 年物料搬运机械进出口总额统计分析

2017 年，进出口贸易额超过 1 亿美元的国家或地区共 40 个，超过 2 亿美元的国家或地区共 26 个，超过 3 亿美元的国家或地区共 19 个。2017 年进出口贸易额超过 3 亿美元的国家或地区见图 2。进出口贸易总额居前 3 位的国家，分别是（美国 22.0 亿美元）、日本（12.8 亿美元）、德国（12.6 亿美元）。

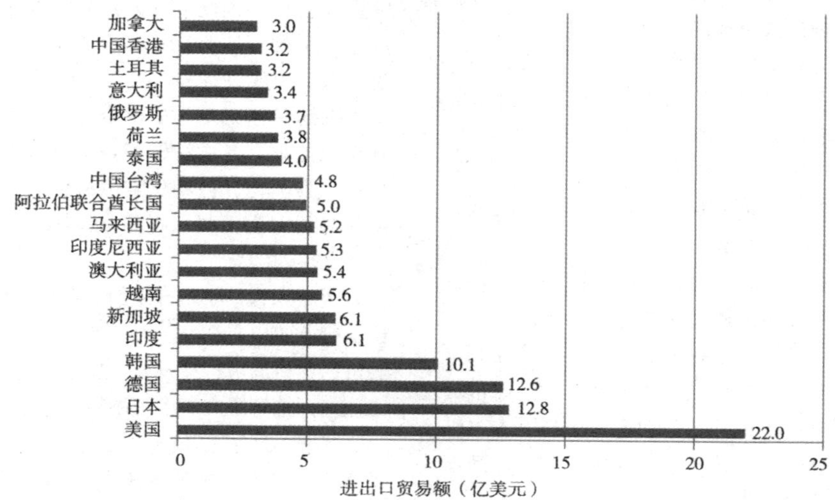

图 2　2017 年进出口贸易额超过 3 亿美元的国家或地区

2017年，我国内地31个省（市、自治区）发生了物料搬运机械进出口贸易，进出口贸易额排前10位的省（市）见图3，排名前10位省（市）的进出口贸易额为166.6亿美元，占全部进出口贸易总额的88.8%。

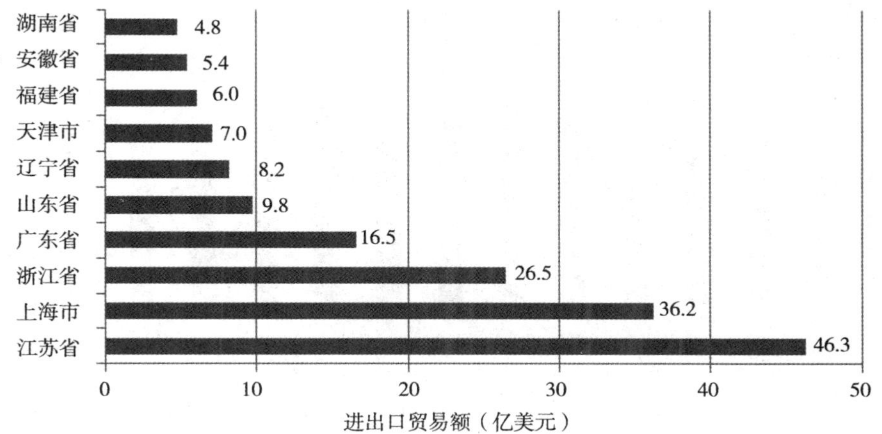

图3　2017年进出口贸易额前10位的省（市）

2017年进出口贸易总额按产品分类统计分析见图4，其中起重机类进出口贸易额最多，为37.8亿美元，占进出口总额的20.1%，与2016年相比下降了19.6%，贸易顺差为34.6亿美元，与2016年相比减少了6.6亿美元。

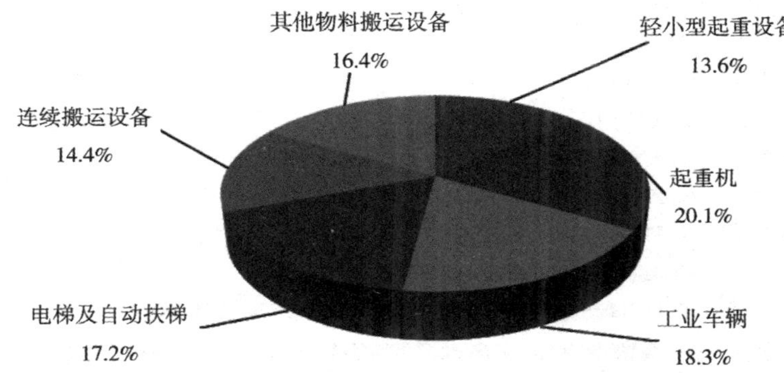

图4　2017年进出口贸易按产品分类统计

2017年进出口贸易额排前12位的产品及进出口额见表1，前12位商品进出口额为113.5亿美元，占全部进出口贸易总额的60.5%。

表1　进出口贸易额前12位的产品及进出口额

序号	税号	商品名称	进出口额（亿美元）
1	84289090	未列名升降、搬运机械	16.448
2	84281010	载客电梯	14.534
3	84272090	其他机动叉车、其他装有升降或搬运装置的工作车	12.734
4	84313900	其他8428所列机械的零件	9.956
5	84313100	升降机、倒卸式起重机或自动梯的零件	9.874
6	84312090	品目8427所列机械的其他零件	8.437
7	84271090	其他电动叉车及装有升降或搬运装置的工作车	7.954
8	84283300	带式连续运送货物的升降机及输送机	7.256
9	84283990	未列名连续运送货物的升降机及输送机	7.083
10	84261930	门式起重机	6.655
11	84284000	自动梯及自动人行道	6.333
12	84253190	其他电动的卷扬机及绞盘	6.273

二、进口市场概述

2017 年，我国从 78 个国家或地区进口了物料搬运机械商品，进口贸易额为 40.9 亿美元，与 2016 年相比，增长了 8.2%。2007—2017 年物料搬运机械进口贸易额统计分析见图 5。

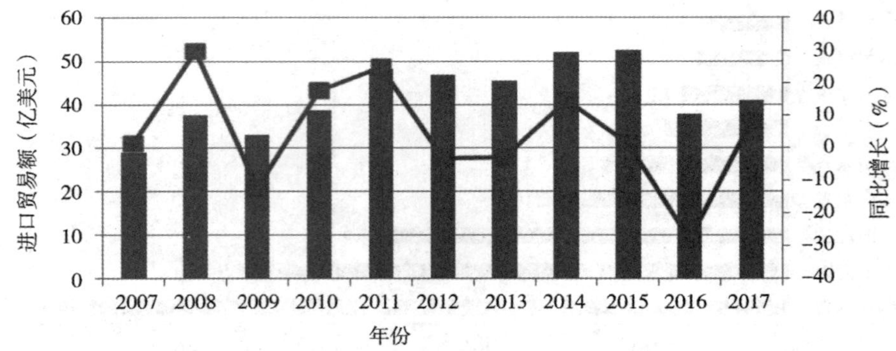

图 5　2007—2017 年物料搬运机械进口贸易额统计分析

2017 年进口贸易额前 10 位的国家或地区及进口额统计见图 6，其中前 3 位是德国、日本、韩国，其进口贸易额分别为 9.1 亿美元、8.0 亿美元和 4.6 亿美元，分别占进口贸易总额的 22.3%、19.5% 和 11.2%，前 10 位国家或地区的进口总额为 33.9 亿美元，占进口贸易总额的 82.9%。

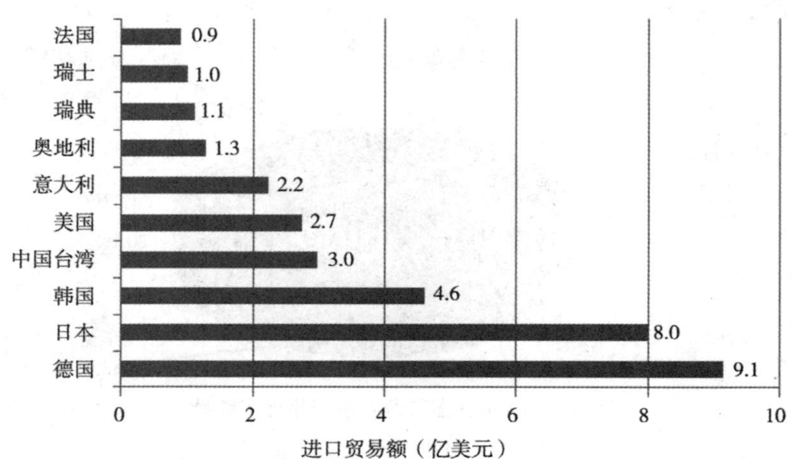

图 6　2017 年进口贸易额前 10 位的国家或地区及进口额统计

2017 年，我国物料搬运机械进口贸易额按进口地区统计，前 10 位省（市）主要集中在沿海地区，见图 7，进口贸易额排列第一位的是上海，共 9.5 亿美元，占全国进口市场份额的 23.2%，江苏省居第 2 位，为 6.5 亿美元，占全国进口市场份额的 15.9%，广东省居第 3 位，为 5.3 亿美元，占全国进口市场份额的 13.0% 。

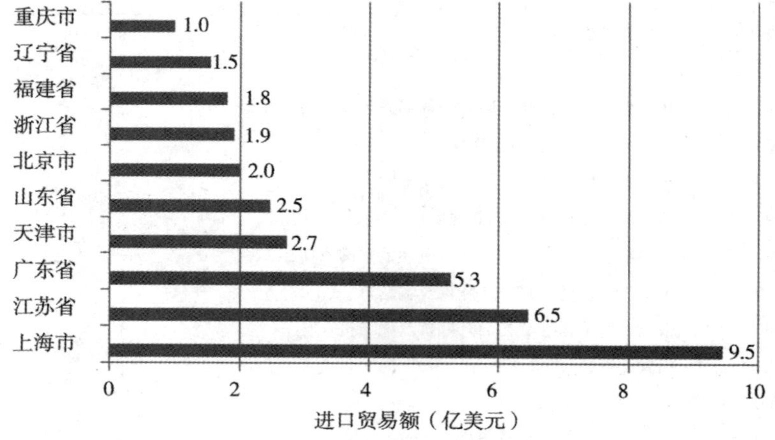

图 7　2017 年进口贸易额前 10 位省（市）

2017 年，进口商品按产品进行分类统计见图 8，其他物料搬运设备排列第 1 位，进口额为 16.8 亿美元，占进口贸易总额的 41.0%，包括了搬运机器人、立体仓库设备、机械停车设备、机场专用设备及未列名设备和相关零部件等；连续搬运设备排列第 2 位，进口额为 11.5 亿美元，占进口贸易总额的 28.1%。

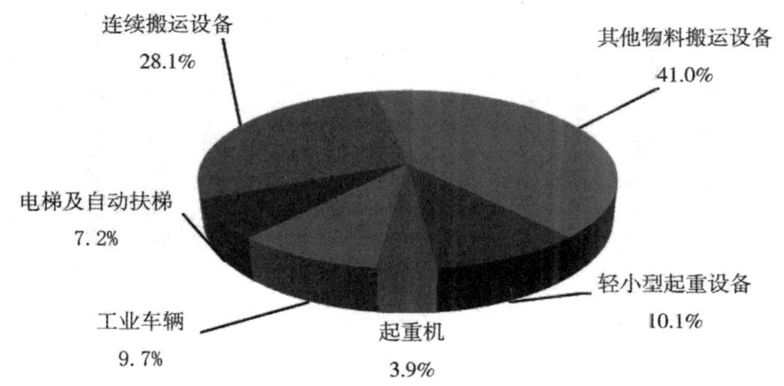

图 8　2017 年进口贸易按产品分类统计

2017 年进口贸易额前 10 位的产品及进口额见表 2。

表 2　2017 年进口贸易额前 10 位的产品及进口额

序号	税号	产品名称	进口额（亿美元）	序号	税号	产品名称	进口额（亿美元）
1	84289090	未列名升降、搬运机械	10.417	6	84253190	其他电动的卷扬机及绞盘	2.052
2	84283990	未列名连续运送货物的升降机及输送机	3.535	7	84283910	链式连续运送货物或材料的升降机及输送机	1.926
3	84313900	其他 8428 所列机械的零件	3.374	8	84283920	辊式连续运送货物或材料的升降机及输送机	1.604
4	84289040	搬运机器人	2.499	9	84312090	品目 8427 所列机械的其他零件	1.418
5	84283300	带式连续运送货物的升降机及输送机	2.476	10	84281010	载客电梯	1.401

2017 年进口贸易额按贸易方式分类统计见图 9。从图中可以看出，一般贸易是我国物料搬运机械进口贸易方式的主体，占 73.3%。

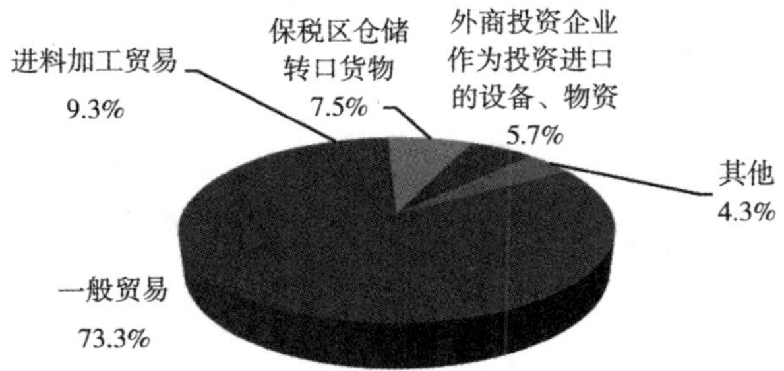

图 9　2017 年进口贸易额按贸易方式分类统计

2017 年进口贸易额按企业性质分类统计见图 10。图中数据表明，外商独资企业、中外合资企业、私人企业和国有企业是进口贸易的 4 大板块，其中：外商独资企业所占比例最大，为 40.1%，中外合资企业占 22.2%，私人企业进口贸易占比为 18.8%。

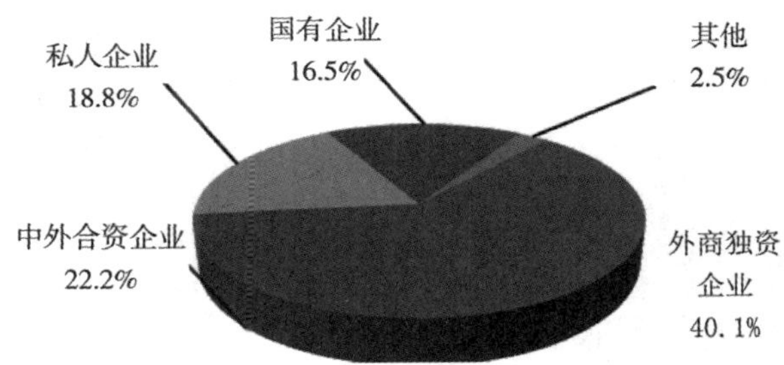

图 10　2017 年进口贸易额按企业性质分类统计

三、出口贸易概况

2017 年，我国物料搬运机械商品出口到了 217 个国家或地区，出口贸易总额为 146.8 亿美元，同比增长 0.4%，2007—2017 年物料搬运机械出口贸易额统计分析见图 11。

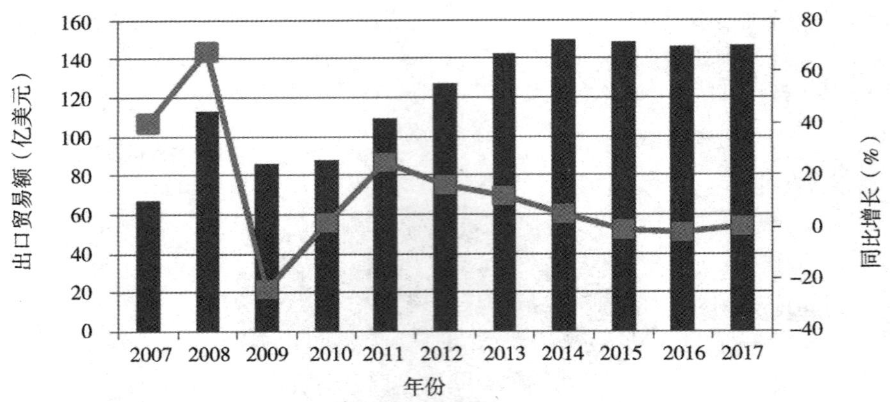

图 11　2007—2017 年物料搬运机械出口贸易额统计分析

2017 年，出口贸易额超过 2 亿美元的国家或地区共 23 个，出口贸易额超过 3 亿美元的国家或地区共 15 个，见图 12，出口贸易额超过 4 亿美元的国家或地区共 10 个，其中出口贸易额居第 1 位的国家是美国，出口额为 19.2 亿美元，占出口总额的 13.1%，印度居第 2 位，出口额为 6.1 亿美元，占出口总额的 4.2%，越南居第 3 位，出口额为 5.5 亿美元，占 3.8%。

2017 年出口贸易额前 10 位的省（市）见图 13，其中江苏省出口贸易额达 39.8 亿美元，占全国出口贸易总额的 27.1%，排名前 3 位的江苏、上海、浙江的出口额共计 91.2 亿美元。占全国出口贸易总额的 62.1%。

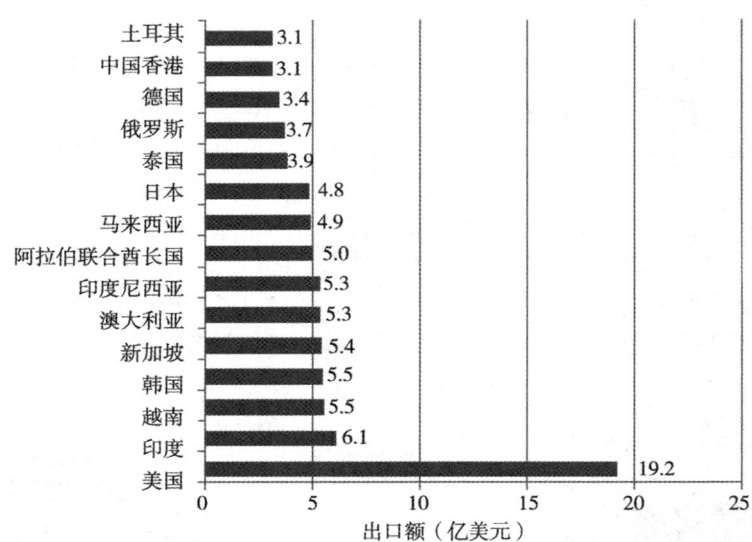

图 12　2017 年出口额超过 3 亿美元的国家或地区

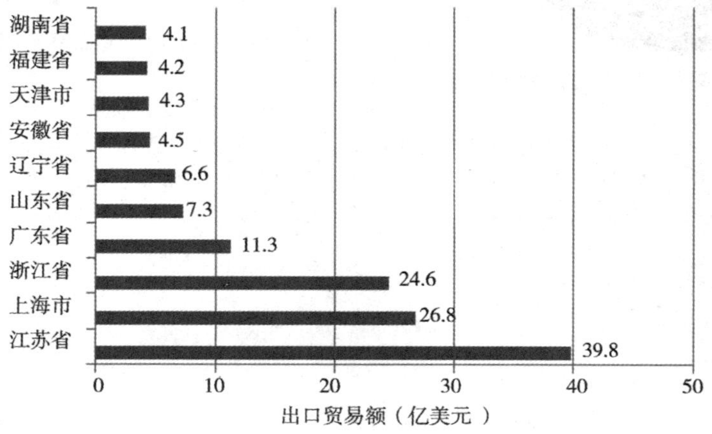

图 13　2017 年出口贸易额前 10 位省（市）

2017 年出口贸易额按产品分类统计见图 14，出口额最多的是起重机，共计 36.2 亿美元，占出口总额的 24.7%。

2017 年出口贸易额前 10 位的产品及出口额见表 3。

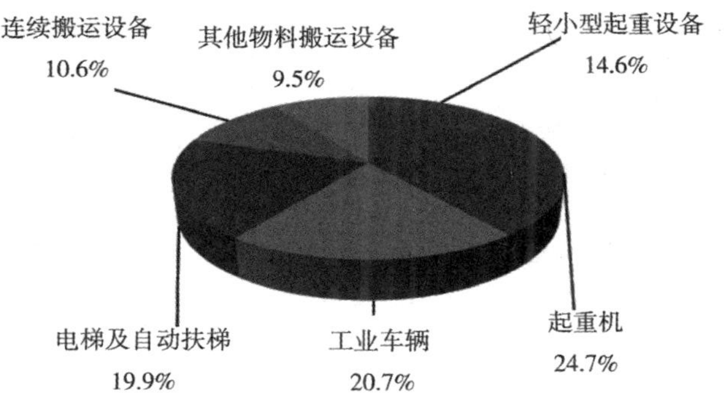

图 14 2017 年出口贸易额按产品分类统计

表 3 2017 年出口贸易额前 10 位的产品及出口额

序号	税号	产品名称	出口额（亿美元）
1	84281010	载客电梯	13.132
2	84261942	集装箱装卸桥	12.168
3	84272090	其他机动叉车、其他装有升降或搬运装置的工作车	12.086
4	84313100	升降机、倒卸式起重机或自动梯的零件	8.833
5	84312090	税号 8427 所列机械的其他零件	7.019
6	84271090	其他电动叉车及装有升降或搬运装置的工作车	6.750
7	84261930	龙门式起重机	6.619
8	84313900	其他 8428 所列机械的零件	6.582
9	84284000	自动梯及自动人行道	6.314
10	84289090	未列名升降、搬运机械	6.031

2017 年出口贸易额按贸易方式分类统计见图 15。从图中的数据可以看出，我国出口贸易方式主要为一般贸易和进料加工贸易，两种贸易方式占全部贸易额的 92.7%。

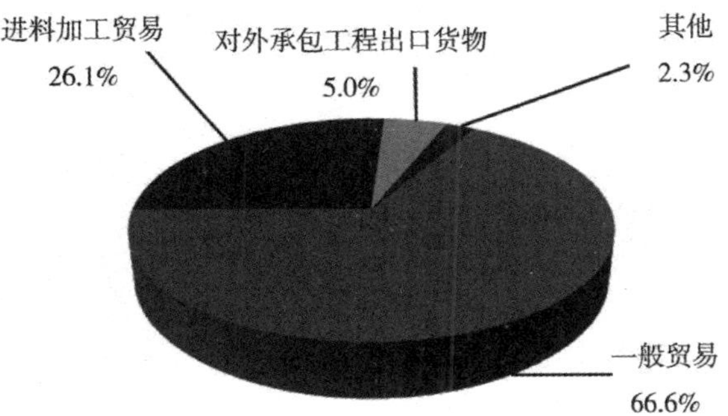

图 15 2017 年出口贸易额按贸易方式分类统计

2017 年出口贸易额按出口企业性质分类统计见图 16，出口企业主要由私人企业、外商独资企业、中外合资企业和国有企业 4 类企业组成，占全部出口贸易额的 93.7%。

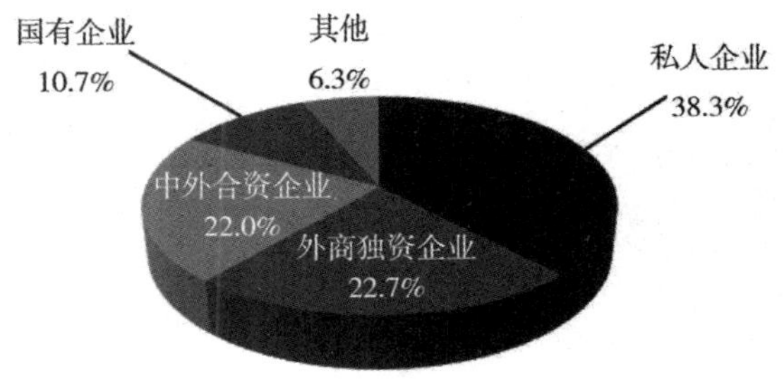

图 16 2017 年出口贸易额按企业性质分类统计

〔撰稿人：中国重型机械工业协会物料搬运工程设备成套与服务分会肖立群　审稿人：中国重型机械工业协会王继生〕

1978-2018
改革开放
40周年征文

改革开放助力中国重型院 开发创新装备中国

1978—2018年，40年斗转星移、岁月如歌，中国发生了翻天覆地的变化。沐浴着改革开放的春风化雨，中国重型机械研究院股份公司也由当初的小树苗长成了荫庇一方的参天大树。公司是改革开放的见证者，更是改革开放的实践者、受益者。公司将以庆祝改革开放40周年为契机，重温中国重型装备工业历程之艰辛、事业之壮丽。

一路披荆斩棘 终见繁花似锦

创建于1956年的第一机械工业部重型机械研究所，诞生于北京，系新中国机械工业第一批设立的集研发、行业技术归口管理和服务为一体的科研院所之一。1958年，在国家的战略部署中，研究所的发展目标定位在冶金、重型装备技术研发，迁址到沈阳市。在我国的重工业中心，开始建设"一机部重型与矿山机械研究所"。1961年，根据一机部、国家科委、国家计委的安排，迁址到西安市，更名为西安重型机械研究所（简称西重所）。在西安这块古老的土地上，创建研究所的功勋者们，于荒郊野外破土，在工棚里搞科研，夜晚借宿筒子楼，终于建造了幢幢办公楼和实验室，形成了较完整的研发体系，铸就了自力更生、艰苦奋斗、无私奉献、潜心科研的精神。

自1978年国家实行改革开放重大决策后，我国的钢铁冶金行业迎来了巨大发展，大量先进的冶金工业和重型装备技术开始进入我国。西重所抓住难得的历史机遇，以消化、吸收、再创新的模式，结合自主攻关、研发，迅速掌握了当时世界先进的冶金、重型装备行业的核心关键技术，设计、研发能力与水平迅速提升，科研设计成果累累。

改革开放后，我国的科技体制改革如火如荼地进行着。从1984年10月开始，党中央先后做出了《关于经济体制改革的决定》《关于科技体制改革的决定》和《关于建立社会主义市场经济体制若干问题的决定》。三个《决定》是指导科研单位体制改革的纲领性文件。为了贯彻实施党中央的三个《决定》，1985年，西重所制定了《西重所实行有偿合同制改革试点方案》，开启了改革、发展的新征程。同年，事业费开始减拨，由计划经济体制下靠上级生存、发展的"封闭式"模式，转向市场经济体制下靠自身生存、发展的"开放式"模式，西重所经历了脱胎换骨的改革。从1987年开始，所长与基层单位和职能处室签订了承包合同，并不断进行完善和改进，调动了广大职工的积极性和创造性。面临改革的挑战与机遇，西重所乘势而上，在进行内部改革的同时，紧紧抓住我国钢铁和装备工业快速发展的机遇，宽视角、多层次地开拓市场，科研与生产紧密结合，科技成果推广和经营业绩连年攀升，市场竞争获得的经营成果创造了前所未有的好成绩。

进入1999年，国家开始对包括西重所在内的10个国家局所属242个科研机构实施企业化转制。同年，西重所进入中国机械工业集团公司（简称国机集团），转制为科技型企业后成为国机集团的全资子公司。2000年7月，陕西省工商行政管理局向西重所正式核发了"企业法人营业执照"，它标志着西重所开始按企业的架构体制运行，告别了事业编制，进入了市场经济的博弈之中。2006年，国机集团根据发展战略规划，以西重所为基础，组建中国重型机械研究院（简称中国重型院）；2009年改制为中国重型机械研究院有限公司，成为资本多元化的科技企业；2012年6月，再次改制为中国重型机械研究院股份公司，成为完全按照现代企业制度运行的高新技术企业。

投身市场竞争 收获经营硕果

改革开放后，特别是企业化转制以来，中国重型院实现了持续跨越式发展。公司以市场为导向，全面引入竞争机制，使公司释放出自主创新的巨大能量，公司的市场份额持续扩张，营业合同额、营业收入和利润逐年大幅增长。

改革开放初期，计划经济转轨到市场经济，国家对产品开发类研究所实行事业经费减拨，将西重所推向了市场。西重所积极建立经营机构，出台相应管理制度，调动专业科室科技人员的经营创收积极性，促使西重所年度的推广科技成果、承揽任务合同额一年胜过一年。1981—1983 年，年均合同成交额仅为 117 万元，而 1984—1990 年，年均合同成交额为 1 797 万元，1990 年达 4 066 万元。

“八五”期间，为了加速科技成果的转化与推广，开拓、占领更大的市场，研究所对经营工作加大了改革力度。赋予基层承包单位较大的经营权限和效益分配权，更好地调动了基层承包单位的积极性；实行了所内自筹资金搞科研及融科研于横向合同之中的做法，建立起了以市场需求为导向的科研开发机制，为推广科技成果、实现成果商品化提供了不竭动力。1991—1995 年，合同成交额大幅度增加，年均合同成交额达 9 588 万元，1992 年首次突破 1 亿元大关。1996 年进入“九五”期间，国家宏观调控、银根紧缩，面对突如其来的严峻形势，研究所应变不及时，没有及时改变经营策略，导致当年合同成交额较上年下降 34%。面对挫折，研究所没有气馁，而是积极分析国家政策、市场环境，以及自身的不足，努力开拓市场、拓宽销售领域，发扬“西重所人特别能吃苦”的精神，依靠扎实的信誉基础，很快就打了一个漂亮的翻身仗：经营创收、科技成果推广捷报频传，1997—1999 年，累计签订纵横向技术合同 920 余项，年均签订合同额达 13 200 万元。

1999 年对西重所来说是极不平凡的一年，是走上快速发展道路的里程碑式的一年：西重所转制为企业，身份由事业单位彻底改变为完全自负盈亏的科技型企业。原来在事业单位条件下长期实行的经济责任承包制已不适应企业发展。经过大量的调研和准备工作之后，全面实行了经济指标与创新指标相结合的目标责任制度，从而扩大了基层管理自主权，强化了企业的市场导向。在此基础上，公司改革分配制度，取代 40 多年来事业单位形成的一整套分配方法，为西重所注入了巨大的动力与活力。2000—2005 年，西重所抓住钢铁和有色金属行业快速发展的绝好机遇，运用灵活多样的经营模式，制定了一系列及时、得当的经营策略，几年内经营合同额和利润增长了 10 倍以上，净资产增长了 5 倍，在市场竞争中获得的经营合同额名列全国转制科研院所的前列，实现了超常规、跨越式发展。2006 年，中国重型院成立后，经营工作立足高起点，瞄准新目标，签订的经营合同额连年创历史新高。狠抓大型成套项目签约，大型成套装备项目占全院经营工作半壁以上江山，集中展示了中国重型院的集成创新能力和技术水平；把产品开发作为经营工作的重点，不断开发具有自主知识产权的新技术、新产品，拓展经营领域，敢为人先；积极利用技术优势开拓国际市场，参与国际竞争，做好项目争取和实施工作。2006—2011 年，中国重型院年均签订合同额为 229 967 万元，年均利润额为 11 901 万元。

2012 年进行的股份制改革旨在使中国重型院能够充分利用资本市场，进一步增强技术创新能力和整体竞争实力，完善市场布局及产品结构。2012—2016 年，面对国内钢铁产能过剩、市场环境复杂多变、钢铁企业多数亏损的严峻形势，中国重型院全力强化经营管理，提出了“思维创新关注差异化，技术创新关注个性化，全生命周期服务关注智能化”的经营思路，在抓好争取重点项目的同时兼顾工程小技改项目不放松，瞄准国际市场，全方位多层次开拓市场，在行业大面积亏损的情形下，仍取得了较好的业绩，经营局面没有出现大的波动，实现了平稳健康发展。

步入 2018 年，以崭新的国机重装平台为依托，抓住市场逐渐回暖的有利时机，勇于开拓、善于创新的中国重型院，定会创造出更加夺目的经营业绩。中国重型院历年经营情况见图 1。

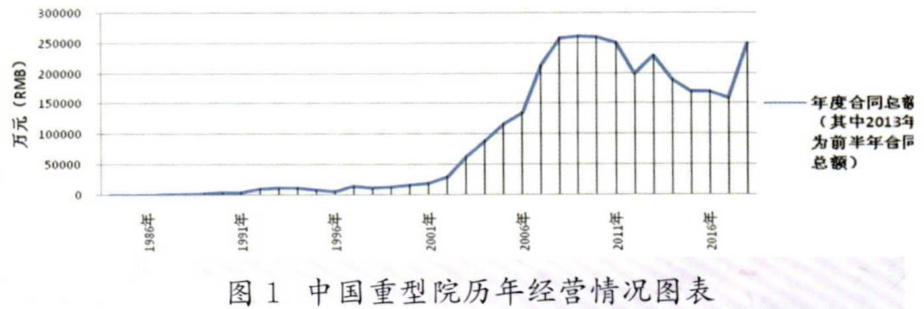

图 1 中国重型院历年经营情况图表

坚持技术创新 科研硕果累累

中国重型研究院忠实地履行着为自己赋予的时代使命——“开发创新，装备中国”，几代员工紧跟市场发展，锐意进取、不断创新，取得了骄人的业绩：

60 年来，累计取得 1 500 多项发明、实用新型专利；研制出 1 000 多台（套）每年产出数千亿元产品的技术成套装备，有力地平衡了国外重型装备垄断中国市场的局面；诞生了200多项“中国第一”（国产首台／套），大大加强了国家在冶金、重型机械专业领域的话语权；获得了350多项国家和省部级科技成果奖励，15项国务院颁发的国家一、二等科技进步奖，彰显了中国重型院成套技术装备的先进水平，引领着行业技术进步。

——高水基锥阀及其系统，填补了国内空白，技术性能达到了当时国际先进水平。1987年荣获国家科技进步二等奖。

——ϕ55～130mm七辊合金钢棒材矫直机，是国内首创新型矫直机，填补了国内大规格合金钢棒材高精度矫直的空白。1992年荣获国家科技进步奖二等奖。

——宝钢二期450m^{2}烧结系统大型电除尘器，技术水平超过了日本，进入了世界先进行列。1995年荣获国家科技进步奖二等奖。

——攀钢1350mm板坯连铸机（图2），世界上第一套落差15m的炼钢连铸生产线，第一台由中国人总承包并以中国人为主设计制造的现代化大型板坯连铸成套设备，国产第一台百万吨级板坯连铸成套设备。1996年荣获国家科技进步奖一等奖。

——2000年，宝钢2030mm外耦滚筒机构协衡飞剪机，性能指标达到了当时世界先进水平，2000年荣获国家科技进步奖二等奖。

——武钢RH多功能真空精炼技术，填补了国内空白，开创了RH主体设备国产化的先河。2001年荣获国家科技进步二等奖。

——100MN双动铝挤压机（图3），我国拥有自主知识产权的世界首台万吨油压双动大型铝挤压机。2004年荣获国家科技进步奖一等奖。

——中薄板坯连铸机成套技术与关键设备开发及应用，填补了国内空白。2009年荣获国家科技进步奖二等奖。

——12000t航空铝合金板材张力拉伸装备研制与应用（图4），国内首台套重大科研项目。2015年荣获国家科技进步奖二等奖。

……

改革开放40年，创新是中国重型院永恒的主题。思维创新、技术创新、管理创新，中国重型院走出了一条协同创新、科研与市场紧密结合、跨越式发展的路子，取得了丰硕的成果和良好的业绩，无愧于“创新型”企业这个称号。创新的过程是艰苦的，有时是无助的，但创新的成果一定是伟大的。

图2 攀钢1 350mm板坯连铸机

图3 山东丛林100MN双动铝挤

图4 西南铝12 000t航空铝合金板材张力拉伸机

合作发展 协同共赢

“能用众力，则无敌于天下矣；能用众智，则无畏于圣人矣。”只有合作才能长足发展。

中国重型院走的是协同和集成的发展之路，充分利用和整合各种社会资源，多层次、多方位开展合作，在与上下游产业链企业合作的同时，坚持产学研合作，积极建立海外合作关系。多年来，与合作伙伴形成了共同发展、良好互动的关系。

与上百家行业大型企业建立起技术合作关系。企业的技术需求为中国重型院自主创新提供了大舞台，带来了大发展，同时也支撑了行业技术的升级改造，为企业带来了巨大的经济效益。

坚持产学研合作方式。中国重型院结合现有的创新平台，与国内高校广泛开展合作，分别与燕山大学、重庆大学、西安交通大学、西北工业大学、中南大学、东北大学等在多专业领域联合创新攻关。瞄准国际高新技术前沿，针对产业和行业发展中的重大需求，共同申报科研项目，开展应用技术研究、关键技术和共性技术研究，取得了显著的成果。

大力拓展国际市场，寻求国际合作。中国重型院主动走出去，多次组织、参与海外项目，进行商务技术交流。积极拓展海外项目信息收集渠道，与多家海外代理商签署合作协议，寻求更多海外合作机会。国家“一带一路”倡议的实施为我国重型机械装备行业“走出去”提供了很好的契机，“一带一路”沿线国家大部分是发展中国家和新兴经济体，他们有产业转型升级和推进工业化进程的需要。中国重型院抓住契机，与伊朗、土耳其等国家进行了多个冶金、重型挤压装备项目的合作，势头良好。

2010 年、2011 年，与伊朗七钻工业公司（SDI）先后签订 2# 连续热镀锌机组项目、彩涂机组项目合同。

2014 年，与伊朗穆巴拉克钢铁集团签订了 5# 双流板坯连铸机项目合同，该项目获得 PAC 证书（图 5）。

2017 年，与土耳其 FORMAL 铝业公司签订了 30MN 双动正向铝挤压机成套供货项目合同。

图 5 伊朗穆巴拉克钢铁公司 5# 板坯连铸机项目获得 PAC 证书

改革开放四十载 中国重型院之大成

改革开放四十载，建所（院）60 年，中国重型院人一代代接力拼搏，直面各种困难与挑战，锐意改革，开拓进取，成就了今天的高度。

截至 2017 年，中国重型院拥有 14 个专业研究所、3 个分院、5 个子公司；在册员工 800 余人，其中科研人员占 80%；资产总额近 40 亿元（流动资产 31 亿元），所有者权益 14 亿元，年营业收入近 11 亿元。荣获了“全国五一劳动奖状”，获得国家发改委“做出突出贡献的企业”、全国首批“创新型企业”、国家“高新技术企业”等荣誉称号。

“金属挤压与锻造装备技术国家重点实验室”、国家装备制造业“高精度带材轧制成套装备产业化基地”“机械工业连铸技术装备重点（工程）实验室”“博士后科研工作站”“全国冶金设备标准化技术委员会”“国家冶金重型机械质量监督检验中心”等行业技术研发归口平台设立在中国重型院。

中国重型院现已成为面向国内外冶金、重型机械装备行业，具有综合性研发、设计与工程项目总包能力的创新型高新技术企业，在行业大舞台上扮演着重要的角色。

迎接挑战 再接再厉

最近几年，国内冶金行业和金属加工行业产能过剩，市场竞争异常激烈。在利润率大大降低的同时，合同签约难度增大，履约风险增大。前几年仅部分民营企业用户将提供项目担保、融资建设、延期付款等作为项目谈判的必要条件，最近几年，部分国有大型钢铁企业也将这些作为能否参与项目投标的必要条件，这为竞标企业设置了争取项目的巨大障碍，履约风险随之增大。中国重型院在加大经营力度，努力保增长的同时，更注重对质量的把控，不盲目冒进。然而，机遇与挑战总是并存的，市场环境带来的挑战未必不是一个很好的发展机遇。中国重型院时刻关注冶金、重型机械行业的世界前沿技术，在执行项目多，项目工期紧张，研发人力不足的情况下，克服困难，苦练内功，持续增大科研投入，在寒冬中积蓄能量，争取在复苏中拔得头筹。目前，国内钢铁、有色冶金市场趋暖，曙光已现，中国重型院必将迎来新的发展时期，朝着做强做大的目标稳步发展。

40 年，是人类历史长河的短暂瞬间，创业者们留下的叙述不完的动人事迹，中国重型院员工创造的振奋人心的业绩，已经汇入改革开放的伟大洪流之中，正在发出响彻天际的时代轰鸣。

改革开放只有进行时，没有完成时。中国重型院过去 40 年的快速发展靠的是改革开放，靠的是创新，未来要持续发展、再创辉煌也必须坚定不移地依靠改革开放，扎扎实实、持续不断地创新。中国重型院将以《中国制造 2025》为指引，将改革开放不断推向更大的深度和广度，为把中国重型院建设成为世界一流的冶金、重型机械高端装备工程服务商，为实现中华民族伟大复兴而努力拼搏、奋斗不息。

［撰稿人：中国重型机械研究院股份公司 李小娟 孟令忠］

华电重工：蓦然回首 10 年发展路

2008 年 12 月 26 日，肩负华电科工重工业务版块资本运作使命的华电重工装备有限公司注册成立，并于 2009 年 2 月 27 日正式揭牌运营。2011 年 6 月，在成功引入战略投资股东后，华电装备有限公司整体改制为“华电重工股份有限公司”。2014 年 12 月 11 日，华电重工股份有限公司在上海证券交易所成功上市（简称：华电重工；股票代码：601226）。

华电重工的业务是中国华电科工集团有限公司的核心业务板块，是中国华电集团有限公司的资本运作平台和科工产业的重要组成部分。公司目前的主营业务是物料输送工程、热能工程、高端钢结构工程、工业噪声治理工程和海上风电工程的系统设计、核心装备研发制造以及工程 EPC 总承包，为用户提供整体解决方案。公司的业务涵盖电力、煤炭、石化、矿山、冶金、港口、水利、建材和城建等领域，部分产品和系统已出口到东南亚、澳大利亚等国家和地区。

华电重工成立 10 年来，紧紧抓住国家基础设施建设快速发展的重大战略机遇，全体干部员工奋力拼搏，积极进取，创造了辉煌的经营业绩和显著的社会效益，公司综合实力不断增强，品牌价值显著提升。

坚持科技创新是企业发展的源动力

在技术创新方面，华电重工拥有天津、上海、郑州、北京四个设计研发中心，同时为整合公司结构设计专业力量和资源，2017 年成立了建筑结构设计研究院，以突出技术引领在公司发展中的核心作用。华电重工现有研发及设计专业技术人员 646 人，具有业内领先的科研实力，拥有授权专利 451 项，其中发明专利 78 项；获得科技奖项 102 项，其中，省部级科技奖 54 项，软件著作权 8 件。

华电重工是“北京市高新技术企业”“北京市专利示范单位”“中关村国家自主创新示范区十百千工程企业”和“丰台区知识产权优势企业”，国家博士后科研工作站单位。荣获国家和行业工程建设质量奖 12 项，“大型散料装卸输送成套设备”跻身中国机械工业优质品牌。拥有物料搬运及仓储工程、轻型钢结构工程、特种设备等甲级设计与制造许可资质 27 项。

自主研发的长距离曲线带式输送机、具有势能发电技术的长距离大倾角下运带式输送机、环保型数字化圆形料场、管状带式输送机；电站四大管道工厂化配制工艺、风电塔筒制造工艺、工业噪声控制技术、海上风电施工技术等处于国内领先地位。

创造绿色生产 促进生态文明

华电重工的主营业务是物料输送工程、热能工程、高端钢结构工程、工业噪声治理工程和海上风电工程的系统设计、核心装备研发制造以及工程 EPC 总承包，为用户提供整体解决方案。

物料输送系统工程业务 是以系统研发设计和工程总承包为龙头，以核心高端物料输送装备研发制造为支撑，为电力、港口、冶金、石油、化工、煤炭、建材及采矿等行业提供物料输送系统工程的整体解决方案。自行设计制造的核心物料输送装备包括环保圆形料场堆取料机、长距离曲线带式输送机、管状带式输送机、装卸船机、堆取料机、翻车机、排土机等，已广泛应用于环保圆形料场、电厂输煤、港口码头装卸运输等物料输送系统。随着智能化的快速发展，公司正在推进物料输送装备无人化和系统智能化的研发和实施，借助多年物料输送系统设计和总包经验，提供后续智能化、无人化改造和运维保障

图 1 环保型圆形料场系统

服务。

由华电重工自主研发的环保型圆形料场系统（图 1），用于大宗散状物料的堆存。料仓具有自动化程度高，运行平稳可靠，占地面积小，无污染、无料损等特点，入选《当前国家鼓励发展的环保产业设备（产品）目录》。节能环保型超长距离管带机输送系统（图 2），是华电重工为豫北管带机项目自主研发的长距离输送系统。

图 2　节能环保型超长距离管带机输送系统

热能工程业务　主要从事发电厂四大管道系统、空冷的研究、设计、制造、安装、调试及工程总承包，是国内火电厂四大管道产品和服务最主要的供应商，市场占有率多年居于国内首位。与德国西门子公司合作，消化吸收其重型燃机技术，成套销售其重型燃气轮机及联合循环产品，并开拓火电机组节能改造、供热工程及智能化供热系统业务。华电重工石热燃机项目见图 3。

图 3　华电重工石热燃机项目

高端钢结构工程业务　主要从事电站钢结构、工业厂房及民用建筑钢结构产品的系统设计、技术研发及工程总承包业务。产品包括风电塔架、工业重型装备钢结构、空间钢结构及新型空间结构体系等。公司引进新型网架技术，与国内目前钢制空间结构体系相比，全程无焊接作业，单位面积结构工程量更低，防腐性能优越，后期维护成本低，可以为电厂、钢厂、散货码头的煤场以及其他散货料场封闭提供经济、高效的解决方案。华电重工江陵 2×660MW 超超临界燃煤机组工程干煤棚建筑工程（图 4），采用超大柱距拱形 + 新型毂节点网架组合结构。

图 4　江陵 2×660MW 超超临界燃煤机组工程干煤棚建筑工程

工业噪声治理业务　以具有自主知识产权的燃气电厂噪声控制技术及具有核心技术能力的降噪设备的研发为引领，开发完善具有华电重工特色的噪声治理系统解决方案，依托噪声治理、建筑结构的系统集成优势，将噪声业务扩展至与其密切相关的厂房建筑结构，全面提供噪声治理系统解决方案与技术服务。自主研发的“燃气电厂立式余热锅炉低频噪声源头控制技术”经国家工信部鉴定达到国际领先水平。华电重工上海华电奉贤南桥新城能源中心项目 (2×400MW) 噪声综合防治工见图 5。

图 5　华电重工上海华电奉贤南桥新城能源中心项目（2×400MW）噪声综合防治工程

海上风电业务　主要从事海上风电项目的设计、制造以及施工总承包，包括海洋风电风机塔架、基础、升压站的制造及运输，基础的设计优化与施工，以及风机设备、升压站的安装、海底电缆敷设、风电场运维等。拥有国内首艘“华电 1001”自升式海上风电作业平台等关键船机设备，与多家欧洲技术咨询公司建立了密切合作关系，掌握了海上风电建设在设计、制造、施工等多个环节的关键技术。通过汲取欧洲20多年发展海上风电的技术和经验，并充分结合国内风场的实际情况，制定出一整套适合我国国情的、以单桩基础和分体式安装为典型技术路线的海上风电建设施工方案，具备了从事海上风电工程EPC总承包的资质和能力。华电重工总承包建设的国家电投滨海北H1#100MW海上风电项目（图6）喜获国家优质工程金质奖，成为国内风电工程（陆上、海上）首个获得国家优质工程金质奖项目。

图6　滨海北H1#100MW海上风电项目

客户至上 价值导向

“十三五”伊始，面临全球经济面临增长乏力的挑战，我国经济的发展已步入新常态，经济发展处于增速换档期、结构调整阵痛期、前期刺激政策消化期“三期叠加”阶段。华电重工面对发展压力、改革压力和稳定压力，以“搞活科工产业”为行动指导，以“打造百年企业”为长远目标，以“实施二次创业”为工作思路，狠抓各方面工作，企业经营业绩逆势企稳，焕发出勃勃生机！

华电重工所处的工程制造板块下滑趋势愈发明显，其下游能源、煤炭、港口、冶金等领域投资大幅减少，整个行业都处于下行周期，物料输送、四大管道、空冷系统等华电重工传统优势业务面临巨大危机，在这样的行业“寒冬”中，华电重工的经营压力可想而知。“手中有粮，心中不慌”，对于华电重工来说，仅存的“家底”就是新签合同，也是企业化解压力，保持稳定持续发展的关键。

为了完成工作任务，从公司领导到一线员工，经常放弃休息时间，与客户全方位、全天候地沟通协调，千方百计收集信息，为客户“私人定制”投标方案。“像我们现在买手机首先要看4G功能怎么样，并不是为了炫耀，而是为了能在火车上就开始做下一个项目的标书，因为计算机必须通过手机4G信号才能连接网络，要随时和客户保持沟通。”事业部销售经理如是说。

售后服务是华电重工赢得客户信任，打响品牌知名度的另一“利器”。在乌套海风电项目现场，工作人员已经连续工作32h，赤峰的冬天格外寒冷，凛冽的寒风像刀片一样刮在脸上，他们的手脚已经冻得麻木，身体也瑟瑟发抖，但仍然在一项一项地毯式排查修复着缺陷，饿了就随便吃点面包，累了就躲进帐篷里眯一会，有时他们会戏称自己是“帐篷人”。为了让业主能够早日投产发电，华电重工的现场消缺人员经常吃、住在山上，背着帐篷上山，已成习惯。

正是秉承这种“客户至上，价值导向”的经营理念，通过不断创新商业模式与营销策略，华电重工在物料系统智能环保改造、运维服务、海上风电、燃机成套、料场封闭和噪音治理等业务领域持续发力，切实为客户在效益提升、成本管控、指标创优等方面提供优质服务，在延伸产品价值链、拓展新业务的过程中与业主单位实现了共同成长、互惠共赢。

借“双百行动”促企业改革

2018年3月，为贯彻落实党的十九大对深化国有企业改革作出的新部署、新要求，更深层次、更广范围、更大力度推动国有企业深化改革，国务院国有企业改革领导小组决定选取百余户中央企业子企业和百余户地方国有骨干企业（简称“双百企业”），在2018—2020年期间实施国企改革“双百行动”，将组织梳理国企改革有关政策文件要点和各项改革试点经验成果，形成针对“双百企业”的“政策包”“工具箱”，指导“双百企业”精准对接自身需求推进综合性改革。

在华电集团统一部署下，华电重工积极参与“双百企业”申报，力求抓住这一难得的历史机遇，为公司改革发展赢得契机。为此，公司成立了“双百行动”改革领导小组及专项工作小组，明确机构及职责，数次组织专题学习和集中研讨，并邀请专家学者对国企改革最新动态进行专题授课，认真剖析公司存在的问题和发展瓶颈，积极寻求与国资委“双百行动”工作方案“五个突破、一个加强”的结合点。2018年8月，公司接到通知，正式入选国资委国企改革“双百行动”名单，标志着华电重工改革发展即将迎来新的历史机遇。

当前，华电重工上下正在全力推进提质增效和转型升级，借助“双百行动”契机，坚持问题导向，深化企业改革，在法人治理结构、市场化经营、考核激励机制等方面大胆探索，激发活力，努力开创公司发展的新局面。

10年的发展，华电重工人始终坚持脚踏实地、拼搏奉献的精神，为公司发展忘我工作、呕心沥血，很多故事令人感动与铭记。未来的日子，华电重工人将继续撸起袖子加油干，扑下身子抓落实，努力提升公司核心竞争力，为公司未来发展开创新局面。

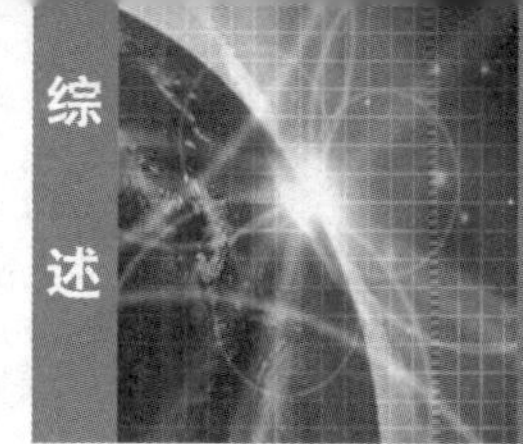

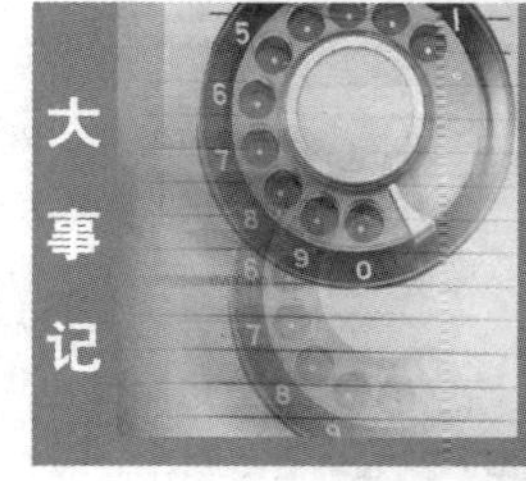

2017 年重型机械行业主要企业运行情况，重点企业经营理念、文化建设及发展规划

Business operations of major enterprises in the heavy machinery industry in 2017 and business philosophies, cultural development and development planning of important enterprises

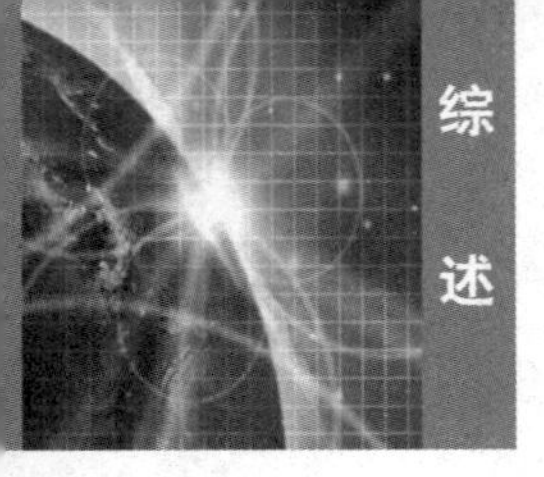

企业介绍

企业介绍

中国第二重型机械集团公司

2017 年，在中国机械工业集团有限公司（简称国机集团）的正确领导下，中国第二重型机械集团公司（简称“中国二重”）乘着胜利实现三年改革脱困目标的势头，奋力推进可持续有质量发展，既着力于确保实现持续经营盈利，又着眼于为未来健康发展奠定基础，按照抓主要矛盾和问题的思路，继续精准施策、攻坚克难，通过全体干部职工的共同努力，各项工作均取得积极成效，进一步巩固和扩大了改革振兴的成果。

一、生产经营平稳，经济运行稳中向好

2017 年，中国二重严格执行专项计划、重点项目的推进工作，协调统筹安排生产资源，强化运行考核，确保生产运行取得了实效。在重大装备研制上，实现了“赤峰 850”“敬业 1780”等项目在规定时间内的完工发货，创造了中国二重同类产品最短交货的纪录；首次承制中国重型机械研究院 75MN 及 125MN 挤压机，分别完成了 4 台及 1 台的加工装配工作；辽阳石化项目比合同交货期提前了 34 天交货。全年完成核电半速转子 4 件，东方重机防城港蒸发器锻件项目 6 件，筒体在最短的周期内实现零 NCR 完工，防城港“华龙一号”蒸发器上封头成为世界首件性能合格的产品，国核示范 CAP1400 主管道项目推进顺利，CAP1400 主管道成为世界首套已完工项目的产品，充分展示了中国二重强大的制造实力，保持了企业在相关制造领域的优势。

2017 年，公司全年完成合格钢液量 13.2 万 t、合格锻件量 6.7 万 t，分别同比增长 37.5%、58.99%，是近 3 年来的最高纪录，为后续加大产出创造了良好条件。全年实现营业收入 64.03 亿元，实现利润总额 5.51 亿元。公司通过加强质量和成本管控，产品盈利水平进一步提升。

公司各经营主体通过采取加大客户走访、扩展信息收集渠道、持续开展项目策划、精心策划高层领导走访等一系列措施，积极促成了一批重点项目的成功落地。先后成功签订了以河钢乐亭 2050 热连轧、新疆湘晟 2450 钛板轧机、陕煤粉煤热解项目、江西江锻 40MN 智能热模锻压力机、中石化中科炼化反应器、中广核惠州主管道、国核廉江主管道、上海 KSB 核电泵壳、广州启帆机器人齿轮箱等为代表的一批重大项目合同。

公司积极推进成本管控和“两金”清理专项工作。通过持续努力，构建起了以经济责任制利润考核为核心，目标成本管理和精益成本管理高度融合的成本管控体系。在债权回收上，充分发扬有效的成功经验，逐个项目落实责任，职能部门通力配合，穷尽各种手段力保年度货款回收目标。在低效无效存货盘活上，充分利用产品改制、挂牌销售、折价出售等盘活方式，全力争取最好结果。

二、扎实推进转型升级工作

2017 年，公司继续推进传统产品领域的技术升级，强力推进新兴产品领域的研发，全年共开展了 102 项科研及新产品开发项目的研发，其中国家（省）项目 49 项，国机集团重大科技专项 1 项，国机集团支持的长线产品项目 25 项，公司自立项目 17 项，青年创客项目 10 项。主要研发项目的有序推进，为公司装备制造板块的未来发展奠定了基础。

超超临界高中压转子、核电常规岛转子、燃气轮机循环发电机组复合转子等高端铸锻件的研发取得重大成果。完成了“CAP1400 冷却剂主管道研制”国家专项任务，全面掌握了反应堆主管道的制造技术；完成了 4 台华龙一号（ACP1000 机型）主泵泵壳研制，成功签订了成套供货合同；全年核电常规岛转子出产 17 件，连续 5 年合格率为 100%，大型驱动轮新材料铸件产品研发项目获 70 余件产品订单并实现了成功交货，完成了模具钢 H13 锻件的大量材料特性研究，并成功用于挤压机设备，为模具钢 H13 材料的国产化替代和批量化生产打下了基础。

双超加氢反应器的大型化研制水平不断完善，容器焊接材料的研制取得突破，具有世界领先水平的镇海炼化加氢反应器已于 2018 年 4 月发货；与重庆材料研究院联合研制的玻璃固化罐已投料，正进行成型工装设计，这对进入乏燃料和核废料处理领域意义重大。

成台（套）装备研发在巩固中厚板等冶金装备技术和制造优势基础上，大力开展智能化模锻压机和五机架酸冷连轧等传统领域成套设备产品的研制，取得了关键技术突破，成功签订了江锻重工智能化“新型 EMY40MN 热模锻压力机”供货合同；机器人减速机研制项目已经完成样机总装并进入了产品调试阶段；2.0MW 风电增速齿轮箱完成了样机试制并成功进行了 DNV.GL 型式试验，圆满完成了 GL 认证，为争取市场订单创造了条件。

模锻件产品完成了多项产品试制。全面掌握了大型客机关键模锻件制造技术，首次实现了国产模锻件在 C919

飞机的装机应用，在首飞的C919大飞机上提供了70个品种137件关键模锻件，占所有锻件的70%。

粉煤热解回转反应炉系列产品的研发取得实质性突破，年产60万t的反应炉实现了产品订货，年产100万t的反应炉正在进行技术和市场开发；物理储能装置系列产品的研制进展顺利；低温有机工质发电国际合作项目开始启动，国内示范项目即将落地；油气污染物处理装备、垃圾熔融裂解处理装备的研制等项目按计划强力推进。

在《中国制造2025》工程中，企业获得了工信部强基工程“超大型构件先进成形、焊接及加工制造工艺”、绿色制造“核电复杂关键构件全流程绿色制造工艺创新及应用”、智能制造“大型水电和燃机装备关键机加数字化车间新模式”三项重点项目。

三、质量管理提升取得成效

公司的各系统、各单位深入开展“质量年”活动，通过建立质量工程师机制、实施质量提升和质量管理提升项目、质量激励机制、特殊过程控制和供方管理等措施，有效促进了实物质量水平和质量管理水平的不断提升，确保了质量体系的有效运行，保持了产品实物质量趋势向好的良好态势。

全年实现外包（协作）产品一次验收合格率为99.1%，产品一次联检合格率为98.67%，重大责任质量事故为0，专项质量提升项目完成率为100%，纠正措施整改完成率及有效性为100%，各项取换证工作一次通过。质量问题发生率呈现全面下降趋势。

四、积极推进企业改革发展

按照“以岗定薪、岗变薪变、按绩取酬、多劳多得”的理念，重新变革了公司原有的薪酬管理制度，形成了更具激励性的薪酬体系；整合公司外贸和工程资源，成立全新的外贸平台——国机重装成都重型机械有限公司；在国机集团的统一部署下，以中国二重重装为平台，通过发行股份购买资产方式，整合中国重型机械有限公司、中国重型机械研究院股份公司，打造集科工贸于一体、具有国际竞争力的高端重型装备旗舰平台——国机重装，以实现优势互补，完善产业链条，提升竞争合力，增强持续盈利能力，为重新上市奠定坚实基础。（注：国机重装已于2018年一季度组建完成，并正式投入独立运行。）

五、科技成果

2017年公司重大科技成果及获省市以上科技（进步）奖项见表1。

表1　2017年公司重大科技成果及获省市以上科技（进步）奖项

序号	项目名称	完成时间	主要性能参数及技术内容简介	成果水平评价	负责单位/参与单位
1	第三代核电AP1000蒸汽发生器整体锻造水室封头研制	2014年5月	AP1000水室封头是第三代AP1000蒸汽发生器的关键部件，而蒸汽发生器又是压水堆核电站中的关键设备。该产品毛坯尺寸大、结构复杂、吨位重，材质的纯净度、致密度和各项理化性能指标要求高，是核岛组件中结构最复杂、制造难度大的核电异型锻件。集中体现了重大技术装备所要求的极端制造能力。在此之前，该项产品完全依赖进口，其制造已经成为制约中国乃至世界核电快速发展的瓶颈 针对锻件超大、超重、形状复杂和技术标准要求高等难点，通过四年的攻关，中国二重开发出：带接管一体化大型封头锻件锻透压实、旋转仿形整体锻造技术；高纯净、低偏析的450t特大型核级钢锭冶炼与铸锭技术；浸没式高强韧性二次循环热处理技术；晶粒细化技术；热处理防变形技术、ϕ9 000mm淬火水槽冷却循环装置；激光精确测量与传统主体区域分割结合的加工技术；一体化接管与球面相贯线的数控加工等一系列技术。有效控制了超大型钢锭宏观偏析和夹层性缺陷，解决了实心超大、超厚型凹形类锻件的探伤能否一次性合格，热处理变形控制，324mm厚壁水室封头的高强度、高韧性、高均质内在品质，以及高效加工等多项重大装备的极限制造难题，形成自主知识产权，并获得发明专利6项，实用新型专利4项。研制出目前世界最大、难度最大的AP1000整体锻造水室封头，实现了我国在AP1000关键大锻件的重大突破	国际先进水平	二重集团（德阳）重型装备股份有限公司
2	3 300mm+2 850mm“1+4”铝板带热连轧机工程成套设备研制	2015年3月	由中国二重总负责的广西柳州银海铝业股份有限公司项目分两期建设，一期热轧机组年产量20万t，二期热轧机组年产量35万t 中国二重还负责全套机械，液压设备设计、制造、供货及调试，该项目电气自动化系统的设计供货和调试由北京科技大学完成；整条生产线的技术水平达到了同类设备的国际先进水平 3 300mm+2 850mm“1+4”铝板带热连轧机成套工程设备研制项目，是国内首次自主集成、具有完全自主知识产权、国内幅面最宽、含过程自动化L2级设计的高精度铝板带热连轧生产线。它的出现，填补了国内大尺寸铝板带生产的空白，打破了国外宽幅热连轧生产的技术壁垒，是促进交通运输工具轻量化和节能减排，满足传统铝加工业提升智能制造化程度和技术优化升级的重大技术装备	国际先进水平	中国第二重型机械集团公司、北京科技大学工程技术研究院、广西柳州银海铝业股份有限公司

〔撰稿人：中国第二重型机械集团公司李怡　审稿人：中国第二重型机械集团公司王晖球〕

太原重型机械集团公司

一、改革改制情况

全面深化企业改革。按国企改革21项重点工作要求，结合公司实际情况，坚持问题导向，以激发企业活力、增强企业竞争力为原则，全面开展了国有企业改革工作。

进一步加强党的领导，完善公司治理。将党建工作写入公司章程，明确了党组织在公司治理结构中的法定地位，制订了党委会议事规则，并将党委研究讨论作为董事会、经理层决策的前置程序，保障了党和国家重大方针政策在公司中的落实。完善了党委、董事会、经理层的交叉任职机制，副董事长、总经理兼任党委副书记，配备了党委专职副书记进入董事会，理顺了公司党委会、董事会、监事会、总经理办公会的关系，公司治理更加规范。

推行了风险抵押制度，创新干部激励机制。对仍处在培育阶段的新兴产业单位以外的主产子、分公司的经营管理者，实行利润指标风险抵押制管理，有效调动了经营管理者的积极性和主动性。

开展压减工作，推进企业瘦身健体活动。对集团相关资产状况进行了摸底调查，太重煤机、太重榆液制定了低效无效资产处置工作方案，完成了压缩公司层级减少法人户数的摸底调查及工作方案。

积极推进厂办大集体改革，加快分离企业办社会职能。成立了厂办大集体改革领导组和工作组，制定了集团公司厂办大集体改革总体方案，开展了清产核资、审计评估、人员认定、分户方案编制、征求职工意见等工作。三大子公司对“三供一业”进行了摸底调查，签署了“三供一业”移交框架协议。

实施公车改革，进一步降低企业成本。出台了公车改革指导意见和实施细则，取消公务用车102辆，进一步降低了公司的运行成本。

二、生产发展情况

2017年，国内经济稳中向好，深化供给侧结构性改革取得了明显效果。太原重型机械集团公司（简称太重集团）广大干部职工紧密围绕“优化结构、提质增效”这一工作中心，顽强拼搏、锐意进取，通过大力开拓国际市场，积极培育转型产品，稳步提升运行质量，使冶金、矿山等传统产品规模出现恢复性增长，轨道交通、新能源等转型领域稳步发展。全年完成工业总产值129亿元，营业收入160亿元，与上年相比，公司主要经济指标显著回升，工业总产值同比增长24%，营业收入同比增长26%，实现了扭亏为盈，并且运行质量不断向好，进一步巩固了行业的领先地位。2017年太重集团主要产品产值见表1。

表1　2017年太重集团主要产品产值

产品分类	2017年产值（万元）	同比增长（%）
煤炭与矿山	323 711	21.7
冶金	238 957	36.9
轨道交通	352 218	9.6
新能源	200 032	72.3
其他	172 653	8.7
合计	1 287 571	24

2017年，在节能减排方面，太重集团对厂房及各类办公楼采暖实施了改造，拆除了原有燃煤锅炉，采用辐射采暖、燃气热水锅炉，空气源热泵和水源热泵三种方式进行供热改造。经过改造，太重集团彻底淘汰了热力采暖，能耗结构更加合理。全年总综合能耗139 496t标煤，完成外销产品产量468 952t，单位产品综合能耗0.297t标煤/t，实现产品产量节能量23 447.6t标煤；完成工业总产值1 287 571万元，单位总产值能耗0.108t标煤/万元，实现总产值节能量26 403t标煤。主要污染排放总量全部达标，全面完成了省市考核指标。

三、市场经营及销售情况

2017年太重集团主要产品营业收入见表2。

表2　2017年太重集团主要产品营业收入

产品分类	2017年产值（万元）	同比增长（%）	产品分类	2017年产值（万元）	同比增长（%）
轧锻设备	159 221	158.9	风电设备	85 709	456.49
起重机设备	61 331	95.15	铸锻件	21 595	6.02
挖掘焦化设备	74 842	106.1	煤化工设备	24 894	405.4
火车轮轴及轮对	126 459	40.5	煤机设备	115 594	-22.7
油膜轴承	9 938	227.34	液压元件	42 844	4.86
齿轮传动机械	23 088	-9.31	其他	32 007	45.58
成套项目	89 209	-18.38	合计	866 731	42.4

2017年，公司产品出口收入11.6亿元，同比增长87%，主要出口产品包括矿山设备、轮轴、轧钢设备、港口机械、起重机、焦化设备、煤机等，各类产品出口收入同比具有不同程度的增长。

四、科技成果及新产品情况

2017年，公司持续深化创新驱动，在产品开发、设计改进、智能化提升等方面不断向前推进，进一步优化了公司的产品结构，促进了公司的转型发展。

2017年，公司全年完成新产品开发108项。其中，太原重工完成了8MW海上风电机组、6.25m捣固焦炉脱硫脱硝工艺开发等69项产品开发，太重煤机完成 ϕ650mm二辊带材立式轧机等26项产品开发，太重榆液完成XB01系列高端工业柱塞泵等13项产品开发。

2017年，公司全年完成新产品试制74项。其中，太原重工完成了5MW海上风电机组等60项产品试制，太重煤机完成9项产品试制，太重榆液完成带制动器绞盘叶片马达等5项产品试制。

2017年，公司智能化提升完成9项。龙泉2MW风电机组及风场智能化控制系统开发完成并已通过验收，江铜35m^{3}挖掘机智能控制系统、西部超导80MN压机智能控制系统已成功运行；梅钢250t智能铸造起重机以及迁钢无人桥式起重机已投入运行；穿孔机电气诊断及维护系统已在河南凤宝管业项目上实现应用；1 800kW智能化电牵引采煤机落实了依托项目，多台智能化刮板输送机交付用户；太原重工建设了产品云服务平台，工程机械、挖掘机等12台设备已上线运行。

2017年，公司全年获省部级以上奖项7项，其中，“年产千万吨大采高智能采煤机关键技术研究与应用”获得机械工业科学技术奖一等奖，“LG720冷轧管机组研制”“煤炭综采成套装备智能系统开发与示范应用”项目获得山西省科技进步奖一等奖。

2017年公司重大科技成果及获省市以上科技（进步）奖项见表3。

表3 2017年公司重大科技成果及获省市以上科技（进步）奖项

序号	项目名称	完成时间	主要性能参数及技术内容简介	成果水平评价	负责单位
1	LG720冷轧管机组研制	2016年	LG720冷轧管机组的轧制能力、产品规格是世界最大的。该机组主要用来生产直径为 ϕ406～720 mm、壁厚为18～65mm的精密无缝钢管。代表钢种有：奥氏体不锈钢、双相不锈钢、高温镍基合金钢等。其产品在超超临界燃煤机组、双向不锈钢化工船、镍基合金油井管、镍基合金核电管等高尖端领域拥有广阔的应用前景。该项目与太原科技大学合作研发了大口径冷轧管机轧制工艺及孔型曲线，填补了超大口径孔型曲线设计的空白；建立了大型曲柄连杆机构动平衡分析数学模型，通过优化使得轧制节奏提高了50%以上，实现了工厂化生产对大惯量二辊轧辊机架往复运动的轧制节奏的要求	国际先进水平	太原重工
2	5 000mm宽厚板辊式全液压系列矫直机研制	2016年	5 000mm宽厚板辊式全液压系列矫直机广泛应用于轧钢领域，设计了辊式全液压系列矫直机工艺模型，建立了矫直过程在线参数计算模型，实现了矫直工艺参数的在线优化，使矫直工艺参数达到最优，为自动化程度的进一步提高提供必要的条件；提出了负荷平衡控制方法，解决了矫直辊负转矩破坏问题，提高了设备的稳定性及使用寿命；设计了液压伺服调节辊缝，动态调整，精度可靠，实现了超载保护；液压调节系统可进行多个状态的调整，在整个钢板矫直过程中使辊缝保持恒定，保证整个钢板都有良好的矫直质量，可以补偿机架的弹跳变化；设计了高强度机架结构，采用大行程重载复合增压AGC液压缸技术，在机架尺寸有限的条件下，将矫直力提高到50 000kN，工作压力可达54MPa，扩展了矫直范围，提高了板材的宽度、厚度、强度等参数的上限值；设计了新型的辊系结构，实现了单点式油气润滑，改善了辊系轴承的润滑效果	国际先进水平	太原重工
3	煤炭综采成套装备智能系统开发与示范应用	2014年12月	“煤炭综采成套装备智能系统开发与示范应用”源于“国家智能制造装备发展专项”项目。主要研究采煤机智能控制系统、支架围岩智能耦合电液控制系统、刮板运输机智能控制系统、综采工作面集中控制系统，建成了智能型千万吨级安全高效工作面，实现了工作面自动化生产，实现了“三机一架”智能化控制 主要性能指标：采煤机装机功率2 660kW，最大牵引力1 756kN，生产能力≥4 500t/h，自动调高控制最大误差＜10mm，机身倾角检测精度＜0.7°；刮板输送机装机功率2×1 200kW，采用防爆变频驱动系统，实现整机软启动和多电动机功率平衡；液压支架工作阻力12 000kN，支护高度2.8～6.4m，降、移、升循环时间小于8s，自动耦合响应时间＜3s；智能化传输网络速度100Mbit/s，单点故障时网络自愈时间小于20ms，远程控制最大距离600m、总响应时间＜500ms；无线网络传输速率54Mbit/s 首次将基于GIS的采煤机定位与煤层识别技术、加速度包络技术应用于采煤机；液压支架首创工作面智能移架调直方法、多传感器融合技术，实现工作面“三直一平”及支架“姿态”自动监测与围岩的智能耦合；采用DTC技术，控制电动机零转速满转矩运行，实现(3 300V、1 200kW)大功率刮板输送机的软启动和功率平衡；采用正交频分复用、红外微光等技术，实现顺槽远程智能监控	国际领先水平	太重煤机

（续）

序号	项目名称	完成时间	主要性能参数及技术内容简介	成果水平评价	负责单位
4	年产千万吨大采高智能采煤机关键技术研究与应用	2014年12月	该项目主要研究采煤机智能控制系统及关键技术，对采煤机的工作状态、健康状况进行监测监控，实现自动诊断、故障预警；基于地理信息系统（GIS）的采煤机定位与煤层识别技术，实现自动调高；采集煤流负载、支护状态、截割负载等信息实现自动牵引 主要性能指标：装机总功率2 660kW；截割功率1 000kW；最大牵引速度30m/min；最大工作牵引速度12.3m/min；最大牵引力1 756kN；生产能力≥4 500t/h；自动调高控制最大误差＜10mm；机身倾角检测精度＜0.7°；远程通信接口10Mbit/s/100Mbit/s以太网；远程控制最大距离为600m；远程控制总响应时间＜500ms 首创了基于GIS的采煤机定位与煤层识别技术，采用PID比例控制，实现滚筒高度的精确智能调节；开发基于CAN总线的DSP与PLC冗余分布式控制系统，可完成采煤机数据的快速处理、精确控制、可靠传输；采用加速度包络技术将轴承、齿轮早期损伤时发出的频谱信号进行提取、分析，实现故障预警	国际先进水平	太重煤机
5	千万吨级综采工作面智能型输送系统开发与示范应用	2014年10月	该项目针对综采工作面大功率刮板输送机、转载输送机、锤式破碎机、带式输送机自移机尾和3.3kV大功率隔爆变频器的智能关键技术进行研究，同时开发出了包括SGZ1250/2400智能型刮板输送机、SZZ1350/525智能型顺槽用刮板转载机、PLM4000智能型顺槽用破碎机及16PZY智能型带式输送机自移机尾 主要性能参数： 刮板输送机：输送能力3 750t/h，设计长度320m；顺槽用刮板转载机：输送能力4 000t/h，设计长度40m；顺槽用破碎机：破碎能力4 000t/h；自移机尾：适用带宽1 600mm，自移行程2 700mm 该成套设备经过了国家检测机构检验，符合国家相关标准，并取得了国家矿用产品安全标志认证 该项目建立了刮板输送机负载模型，研发了BPJV-1600/3.3防爆变频器控制系统，开发了多变频器光纤通信技术，提出了基于主从控制的功率平衡法，实现了刮板输送机断链保护、功率平衡和智能调速，提高了刮板输送机的运行稳定性和可靠性 该项目基于人工智能和多源信息融合的方法，建立了输送系统传动装置的故障诊断模型和专家系统，研制了状态在线实时监测装置，实现了对输送系统的在线监测、故障诊断和预警	国际领先水平	山西煤机
6	综采工作面输送设备状态监测及故障诊断系统	2014年5月	该项目采用PLC和基于现场总线的网络控制技术，研制了具有自主知识产权的综采工作面输送设备状态监测及故障诊断系统，主要包括监测分站、监测总站、信息隔离栅、温度传感器及通信网络等，实现了综采工作面输送设备运行状态的在线监测和故障诊断功能 该项目提出了工作面运输系统状态监测的多总线通信网络构架，开发了多级网络通信系统，实现了地面、井下及设备三级实时在线监测，保障了与其他网络的无缝链接，提高了该系统的兼容性。开发了本质安全性温度传感器和红外线遥控器，研制了矿用变压器隔离式本质安全栅	国际先进水平	山西煤机
7	TZT1200履带式伸缩臂起重机	2017年	超大型流动式起重机的技术含量高，研制难度大，太重凭借自身丰富经验和先进技术积累，解决了以下主要技术难题：国内首次开发四驱窄轨履带底盘加伸缩臂上车起重机，满足了风电安装效率高、占地面积小的要求。在国际上首次研发了三级拆分伸缩臂系统，根据不同工况伸缩臂长度可调。国内首次实现超大吨位单缸插拔销式伸缩臂全自动伸缩，提高了工作效率。国内首次开发等长控制的超起技术和液压带载微动的“V”型副臂系统，解决了伸缩臂旁弯问题，提高了起重性能。研发了起重机智能控制系统，大幅提高了产品的智能化水平。经过5年不懈努力，太重成功研制了TZT1200履带式伸缩臂起重机。相比国外产品，起重性能提高了35.8%，爬坡能力提高了70.5%	国内领先水平	太原重工
8	高性能重载齿轮传动装置关键技术及应用	2017年	该项目针对复杂载荷下重载齿轮传动系统的动态性能，在国际上首次建立了重载齿轮传动系统机电耦合动力学模型，构建了齿轮传动系统机电耦合设计与分析的理论及方法，解决了重载齿轮传动系统的优化与可靠运行的控制难题。针对柔性支撑、大变形条件下重载齿轮传动动力学设计，在国际上首次提出了适用于重载行星齿轮传动动力学建模的节点有限元法，解决了复杂载荷下重载齿轮传动装置在抑制振动噪声方面的技术难题。针对重载齿轮传动装置抗疲劳性能差的问题，揭示了复杂载荷下重载齿轮传动装置行星轮内孔疲劳损伤机理，创新了“多段脉冲渗碳＋球化＋淬/回火热处理”新工艺和大型齿圈热处理变形控制的限形淬火控制法，解决了行业的重大技术难题。针对重载齿轮传动装置批量化装配的工艺稳定性问题，发明了行星架深钻孔、行星包对齿等工艺装置；在国内大型风电增速器中率先研究应用双联结构齿圈驱动行星传动和滑动轴承装置，提高了产品的功重比与寿命，实现了重载齿轮传动装置的结构创新 利用项目成果研制的重载齿轮箱已用于世界最大WK-75等大型矿用挖掘机上，研制出的国内首台（套）高海拔、极低温、海陆两用5MW等大型风电齿轮箱，替代了进口并已批量出口。研究成果推广到海上自升式钻井平台、TBM、采煤机等产品的齿轮传动装置中，提高了产品性能，促进了行业技术进步	国际先进水平	太原重工

（续）

序号	项目名称	完成时间	主要性能参数及技术内容简介	成果水平评价	负责单位
9	时速 350km 中国标准动车组轮轴关键制造技术	2017 年	该项目研制了高 C 高 Si 多元微合金化设计的 D2 材质车轮和高 V 高 Ni 合金化设计的 DZ2 材质车轴，并获得了连续分步可控的冷速车轮淬火技术和车轴悬挂加热及可控冷速热处理技术，比进口车轮强度提升 40MPa，断裂韧性提升 10MPa·$m^{1/2}$ 及 -40℃冲击韧性达到 KV2 ≥ 7J，车轴强度提升 30MPa，-40℃纵向、横向冲击韧性 KU2 ≥ 30J、≥ 25J；开发了超低氧控制和“韧性 MnS 包裹脆性氧化物”夹杂物及冶炼控制技术，使脆性夹杂物控制在 1 级以内并使其表层软化，车轮、车轴探伤＜ ϕ1mm、ϕ2mm；研制的产品完全满足运用要求，达到了国际先进水平 通过项目研究形成了技术标准 2 项，申请发明专利 2 项，获得授权实用新型专利 5 项，形成了完善成熟的制造工艺和先进的生产装备，填补了国内空白，可完全替代进口	国际先进水平	太原重工
10	大断面新型冷剪机研制	2015 年 2 月	该冷剪机采用大断面剪切机构，克服了剪切小规格轧件效率低的缺点，保证了剪切大规格轧件的强度优势，提高了生产线效率；采用先进的三分箱面结构、齿轮与曲轴联接双胀套结构、锁紧缸进油系统加长型接头结构，使该冷剪机相比国外设备更换备件时间节约 50% 以上，处理锁紧缸漏油更是只需要几分钟；采用新型的直压式制动器，提高了制动力矩，减少了制动时间，使用效果优于国外进口产品；采用直压式压辊结构，使压辊与抬高辊中心总在一条直线上，降低了剪切过程对轧件的损伤（压弯）；采用双向润滑结构，使冷剪机从外到内、从内到外两个方向一起润滑，提高了润滑效果，使冷剪机润滑得到了保障 该冷剪机总装机功率为 200kW，实现了低功率、大剪切力的功能。该设备采用新工艺、新结构、先进的控制系统，使冷剪机的结构更加合理，性能更好，整体性能超过了国外同类产品 主要技术性能指标：最大剪切力 1 000tf（1tf=9.80665×10^3N），装机功率 200kW，剪切温度 0 ～ 300℃，剪切次数 9 ～ 22 次 /min，剪刃长度 1 250 ～ 1 600mm，剪切断面 ϕ8 ～ 80mm	国际先进水平	太重煤机

五、标准工作情况

2017 年，公司积极参与国家标准、行业标准的制（修）订，促进相关行业规范化发展。2017 年，公司荣获全国矿山机械标准化技术委员会先进集体称号。2017 年，公司制（修）订的国家标准 26 项、行业标准 8 项、企业标准 57 项。

六、技术改造情况

2017 年，太重集团的重点项目建设稳步推进。公司克服了资金紧张等不利因素的影响，稳固地推进了重点项目建设，全年完成固定资产投资 6.6 亿元。

太重研发中心项目：主体工程基本完工。智能化风电产业园区项目：办公楼、生活楼装修完成，联合厂房完成封闭，管网完工。天津滨海综合楼项目：主体完工。特铸搬迁项目：基本完工。长治液压退城入园项目：已投入使用。

太重集团主要技术改造项目进展如下：

1）太重（天津）滨海重型机械有限公司继续推进码头工程、堆场建设以及基地配套设施建设等项目，堆场建设项目准备进行设计招标工作，年底开工建设；配套办公楼 2017 年 8 月底装修完成，年底投入使用。

2）铸锻件提质增效技术改造项目，其中车轮钢锭项目一期改造完工，风机轴项目已投入使用。

3）加快推进风力发电机组关键零部件智能化工厂建设项目的实施，2017 年上半年厂房主体完工，办公楼、食堂、宿舍已投入使用，道路管网力争完工，设备基础已全面开工建设，9 月底设备基础完工，设备陆续进场安装调试，年底安装完成。

4）轨道交通关键件研发制造基地完善升级项目，其中齿轮箱搬迁改造项目 2017 年 6 月份已完工，实验中心二期设备年底安装完成。

5）围绕提升研发能力，按照山西省科技创新城统一部署，继续推进研发中心项目建设，2017 年上半年完成了办公楼主体土建配套工程，下半年启动了室内装修及园区室外景观工程。

〔供稿单位：太原重型机械集团公司〕

大连重工·起重集团有限公司

大连重工·起重集团有限公司（简称“大连重工”）由原大连重工集团有限公司和大连大起集团有限公司于 2001 年 12 月重组而成，是我国重型机械行业重大技术装备研制领域的大型骨干企业，2011 年 12 月通过资产重组实现整体上市（简称“大连重工”），主要为冶金、港口、能源、矿山、工程、交通、航空航天及造船等国民经济领域提供冶金机械、起重机械、散料装卸机械、港口机械、能源机械、传动与控制系统、船用零部件、工程机械、海工机械 9 大类主导产品以及工程总承包。公司是国家创新型企业、国家技术创新示范企业、国家第一批知识产权示范企业，拥有国家认定的企业技术中心和国家风电传动及控制工程技术研究中心。

1. 改革改制情况

在职能部门方面，为进一步优化总部职能，突出总部在质量、风险、采购等方面的核心作用，提升运行效率，

2017 年公司组建了质量监管部、战略投资部、风险管控部、战略采购部和科技发展部，并对二级机构进行了优化，从 302 个优化至 225 个，净减 77 个。在经营单位方面，成立了物流中心和设备维保服务中心。

2017 年年底，大连重工共有职能部门 15 个、设计研发部门 1 个，11 个分公司、17 个全资子公司、3 个控股子公司、4 个参股公司和 10 个二级子公司。

2. 生产发展情况

2017 年，公司实现工业总产值 701 006 万元，工业销售产值 686 986 万元，工业增加值 157 897 万元。2017 年公司按类别分的工业总产值及主要产品产量见表 1。

表 1 2017 年公司按类别分的工业总产值及主要产品产量

产品类别	产值（万元）	产量	
		数量（台）	重量（t）
起重机械	40 899	288	20 639
装卸机械	76 559	79	16 520
港口机械	75 297	31	38 894
冶金机械	120 207	75	32 072
风电设备	80 650	–	40 499
船用设备	26 229	–	12 009
工程机械	694	–	317
工矿配件	175 864	–	70 358
其他	104 607	–	348

2017 年，公司着力推进精细化管理，践行“以顾客为中心”的工作理念，统筹推进及时交货、质量保障能力的提升。大力倡导准时制生产，通过高管牵动、下发调度指令等手段强力推进重点项目销售，使 80 个重点项目完成率达 92.5%。

3. 市场经营及销售情况

2017 年，公司营业总收入为 64.34 亿元。2017 年公司分类营业收入见表 2。

表 2 2017 年公司分类营业收入

类别	营业收入（万元）	类别	营业收入（万元）
营业总收入	643 424.61	装卸机械	81 326.77
配件	140 929.37	起重机械	40 560.67
冶金机械	132 040.68	船用设备	26 725.02
港口机械	110 645.57	数控切割设备	2 287.07
综合类机械	104 534.27	其他	4 375.19

2017 年，公司加强市场开拓，强化营销策划。积极巩固国际市场，实现出口订货 2.5 亿美元，多渠道提升了国际化经营能力，拓展了哈电国际等“借船出海”合作伙伴，完善了中东、南亚地区的经营网络；存量改造服务市场实现订货 11.8 亿元，工程总包市场实现订货 19.6 亿元，“三新市场”新增订货 16.8 亿元，拓展了 20 余家重量级新顾客。

4. 科技成果及新产品情况

2017 年，企业结合国家战略发展规划，立足市场需求和企业长期发展需要，通过完善研发体系建设、强化对标升级、规范研发管理和加大研发人员激励奖励等多项措施加强技术创新力度，全年完成了 16 项新产品开发、11 项技术提升和 27 项科研课题和 10 项设计“三化”项目，成功开发了铁路运载干散货集装箱翻卸设备、国内首台 2 500t/h 双向连续卸船机等一批重大技术装备，焦炉除尘技术达到了国际先进水平，多功能新型火箭移动发射平台、华龙一号核环起重机、国内首支 12S90ME-C9.2 型特大对接型船用曲轴已投入使用，500m 口径球面射电望远镜用柔性六索并联系统荣获中国机械工业科技进步奖一等奖、中国好设计金奖和贵州省黄果树杯优质工程奖。380t 混铁水车等 6 个项目荣获 2017 年度大连市科学技术奖，形成了一批自主知识产权成果，创新成效显著。2017 年公司重大科技成果及获省市以上科技（进步）奖项见表 3。

表 3 2017 年公司重大科技成果及获省市以上科技（进步）奖项

序号	项目名称	完成时间	主要性能参数及技术内容简介	成果水平评价	负责单位 / 参与单位
1	500m 口径球面射电望远镜用柔性六索并联系统	2015 年	“500m 口径射电天文望远镜用柔性六索并联系统”用于目前世界上最大、综合精度最高的单口径射电望远镜 —— 500m 口径球面射电天文望远镜。在空中通过 6 根钢索牵引30t 重的馈源，在 180m 高空，207m 口径、160m 半径焦面空间内实现馈源接收系统的大跨距瞬时精确定位、定姿，实现望远镜聚焦观测，是望远镜的三大自主创新之一 该项目主要创新点包括：①提出大跨度、高冗余度的柔性六索并联系统取代国际现有的大口径望远镜刚性支撑方式。②研制出具有单一故障保护驱动机构的大高差、长距离、大拉力钢丝绳拖动系统。③研发出多学科融合的六索并联优化控制策略，满足空间位置偏差≤ 48mm，姿态偏差≤ 1° 的性能指标。④研发出长行程（425m）、大倾角（43° ）钢丝绳导轨的缆线入舱机构。⑤发明了新型转轴过壁电磁屏蔽装置，开发出基于动静结合的电磁屏蔽技术 该系统采用柔性六索并联系统，突破了传统射电望远镜中馈源与反射面相对固定的刚性支撑模式，极大地减小了馈源支撑结构的重量和尺寸，减少了对射电望远镜无线电波的遮挡，是世界大型射电望远镜建造技术的重大突破	经辽宁技术经济评估中心对成果的评价：该成果技术达到了国际领先水平 荣获 2017 年度中国机械工业科技进步奖一等奖、中国好设计金奖和贵州省黄果树杯优质工程奖	大连华锐重工集团股份有限公司、中科院国家天文台、西安电子科技大学

（续）

序号	项目名称	完成时间	主要性能参数及技术内容简介	成果水平评价	负责单位／参与单位
2	380t鱼雷型混铁车	2015年	该项目针对国内大型转炉缺少相匹配的混铁车问题，研发出国内首台380t鱼雷型混铁车，实现了转炉与混铁车一对一操作，承载能力大，运行稳定，检修便利，安全可靠 其主要创新点：①发明了辅助轴承支撑高度“楔形”无级调整装置，位置精度校正过程中无需进行轴承拆装、罐体吊装等作业，有效地减少了检修时间和维护成本。②发明了鱼雷型混铁车罐体驱动侧采用滑动轴承、从动侧采用滚动轴承的混合支撑方式，既减小了翻卸阻力，又方便检修、维护。③设计了结构紧凑的行走机构，开发出国内最大承载能力的准轨二轴转向架，解决了空间与承载能力的匹配问题 该项目与传统鱼雷型混铁车相比，具有装载容量大、结构合理、检修便利等优点，整体技术达到国内同类产品的领先水平，具有较大的市场竞争力和市场前景，将在大容量转炉配套相应规格混铁车时得到推广应用	经辽宁技术经济评估中心对成果的评价：该成果技术达到了国内领先水平 荣获“2017年度大连市科学技术进步奖”一等奖	大连华锐重工焦炉车辆设备有限公司
3	5～600t轻量化桥式起重机系列	2015年	该项目通过进行轻型电动回转吊钩组技术、双卷筒起升机构技术、运行机构技术、钢丝绳互绕技术、桥架机构的优化设计技术以及模块化设计技术等关键技术研究，实现整机平均减重26.49%，小车平均减重35.16%，大车最大轮压平均减小17.16%，整机高度（大车轨道至小车最高点）平均降低8.35%，小车的高度平均降低31.97%，起重机的左右极限平均减小（即有效工作范围增加）了10%，主起升功率平均减小9.03%，总装机功率平均减小13% 与现有传统产品相比，极大地减小了起重机的运行和维护成本，提高了起重机工作效率，进而为用户带来了直接的经济效益。低净空高度、结构紧凑的轻量化起重机可降低建筑物厂房高度，使建筑结构轻型化，降低其造价，产生较好的二次经济效益	经中国机械工业联合会鉴定：技术达到了国际先进水平 荣获“2017年度大连市科学技术进步奖”二等奖	大连华锐重工起重机有限公司
4	特大对接曲轴11S90ME-C	2013年	11S90ME-C曲轴成品总长度为21 256mm，成品总重量426t，回转直径4 410mm，主轴颈成品尺寸 ϕ1 180mm，曲拐颈成品尺寸 ϕ1 130mm，半冲程为1630mm。11S90ME-C由前段曲轴和后段曲轴组成。大连重工是国内唯一一家继日本神户制钢、韩国斗山和韩国现代重工后国际上第四家具备生产此类产品能力的公司 主要创新点包括：①曲轴对接后地面整体调平检验技术。②大偏心力矩曲轴整体加工技术。③大直径对接法兰孔同钻铰技术	经大连市经济和信息化委员会对新产品投产的鉴定：产品质量达到了国际先进水平 荣获“2017年度大连市科学技术进步奖”三等奖	大连华锐船用曲轴有限公司
5	C形三车翻车机卸车系统	2014年	C形三车翻车机卸车系统由C形三车翻车机、重车调车机、夹轮器、轻车调车机、三车迁车台和空车调车机等设备组成，结构简单，操作方便，能以一种工艺完成中国铁路通用敞车或专用敞车的翻卸作业 主要创新点包括：①发明了由C形三车翻车机、调车设备、三车迁车台等组成的翻车机卸车系统。②提出了双车和单车转子串联的联机模式。③采用三台电动机共驱方式，实现了刚性转子同步驱动	经辽宁技术经济评估中心对成果的评价：该成果填补了国际空白，技术达到了国际先进水平 荣获“2017年度大连市技术发明奖”二等奖。	大连华锐重工集团股份有限公司
6	第三代车辆定位及联锁技术	2015年	该项目重点研究了第三代车辆定位及联锁技术，在第一代和第二代此类技术的基础上，主要研发的内容和特点如下： 1）码盘识别对位技术：通过光电传感器读取含有信息的码盘，实现对位置的精确控制。在耐高温和抗干扰两大方面突破了原有产品的技术瓶颈 2）串行编码检测技术：利用固定安装的编码带记录设备位置，通过移动的阅读装置获取绝对编码信息。具体特点有：长距离绝对编码，不受长度限制；适应高速移动设备；抗电磁干扰能力强；设备不受断电影响；可不依赖编码器实现全行程连续位移检测 3）多路视频无线传输集中监控技术：通过ISM 2.4GHz和5GHz频段的工业级数据传输方案解决焦炉现场较长距离、较大数据量及较多障碍物等实际问题，实现视频流信号和控制信号相互独立地可靠连接和稳定传输	技术水平达到国际先进水平 荣获“2017年度大连市技术发明奖”三等奖	大连华锐重工集团股份有限公司

5. 产品质量及标准工作情况

2017年，公司成立了质监部，以进一步强化监管职能，出台了“质量红线”“质量禁令”管理规定，推进“顽症”整治常态化、制度化，落实质量工程师负责制，推动了产品质量的快速提升，产品质量进一步获得顾客认可，全年产品出厂检验合格率为100%，顾客满意度为93.95分。

2017 年，公司无重大质量事故发生，在国家有关质量监督部门的各项产品质量抽查中无不合格产品；公司的液压系统新评为辽宁名牌产品，减速机获辽宁重点名牌产品称号，至此公司累计拥有 23 项省市名牌产品。

2017 年，公司牵头起草的辽宁省首个地方标准 DB21/T 2761—2017《风电齿轮箱高低温试验规范》正式发布，完成了制（修）订企业技术标准共计 18 项；完成了“带式输送机设计计算”等 6 项国家标准和行业标准的征求意见稿；组织了《连续搬运机械　装卸机械安全规范》国家标准的专家审查会议，参与《重型机械通用技术条件》国家和行业标准的审查会议 7 次；根据研发设计需要采购国外标准 238 项，国内标准 40 项。

6. 技术改造情况

2017 年，大连重工在投资方面，全面落实“四定原则”，严格执行年度固定资产投资计划，加强投资、降本增效等重点工作。全年计划投资 68 876 万元，实际完成 63 864 万元，其中股权投资 60 000 万元，固定资产投资 3 864 万元。股权投资主要为子公司、新成立公司增加注册资本金，固定资产主要为工艺提升更换设备、信息化、安全环境措施等项目，其中投资 1 285 万元新建了大型铸件环保喷涂线项目，通过建设 1 个喷砂和 10 个喷涂车间，大量减少了粉尘和挥发性有机化合物的排放，满足了日益严格的环保要求。

7. 对外合作情况

公司持续加强“产学研用”对外合作，利用外部科技资源加快产品的高端升级和市场拓展。2017 年，公司先后与燕山大学合作开发 AGV 运输车、与大连理工大学签订海船科技创新中心组建协议、与上海应用大学开展风电监控系统研究，同时依托院士专家工作站与装甲兵工程学院徐滨士院士长期合作，拓展了表面技术再制造领域，突破了多项关键技术，将社会优势资源与公司技术创新有机整合，对下一步发展再制造、智能化、军工、海洋装备起到了至关重要的作用。

〔撰稿人：大连华锐重工集团股份有限公司科技发展部王晓斌、韩成军　审核人：大连华锐重工集团股份有限公司孙大庆〕

中信重工机械股份有限公司

2017 年，中信重工机械股份有限公司（简称“中信重工”）直面挑战、深化改革、创新发展，坚持新旧动能双轮驱动，实施产业经营，优化组织管控，强化管理创新，深化全面预算管理，推进降本增效，经受住了市场需求不足、竞争激烈的严峻考验，较好地完成了各项目标任务。

一、改革改制情况

2017 年，中信重工全面深化改革领导小组积极作为，在管控模式改革、薪酬制度改革、干部制度改革等方面取得实质性突破，初步搭建了“板块分工 + 职能管理”模式、“五院一中心”技术创新体系，全方位激发和提升了组织活力。制定了科学的指标考核体系和全面预算体系，体现了资本回报率指标的作用，以精准的考核提升公司的经营绩效。首次面向全员推行中层干部、营销总监、财务总监公开竞争上岗。成立了公司战略与投资管理委员会，对资本投资、技改投资等重大投资事项进行投前评审，加强了公司的战略管控，健全了投资决策程序，提高了投资质量和效率。

二、生产发展情况

2017 年，中信重工实现工业总产值 130 亿元，同比增长 26.94%；销售总值 127.8 亿元，同比增长 24.49%；工业增加值 15.4 亿元，同比增长 209.96%。企业生产能力进一步释放，生产稳定快速增长。

2017 年公司工业总产值按行业小类分组情况见表 1，2017 年公司主要产品产量按产品分类情况见表 2。

表 1　2017 年公司工业总产值按行业小类分组情况

指标名称	工业总产值（万元）
黑色金属制造	52 452.2
锻件及粉末冶金制品制造	40 712.8
汽轮机及辅机制造	11 335.5
机械零部件加工	13 284.0
其他通用设备制造	16 631.3
矿山机械制造	410 794.9
建筑材料生产专用机械制造	566 723.2
冶金专用设备制造	73 219.9
其他专用设备制造	36 853.9
发电机及发电机组制造	4 959.8
工业自动控制系统装置制造	67 531.6
其他未列明的制造业	5 616.5
合计	1 300 115.6

表 2　2017 年公司主要产品产量按产品分类情况

主要产品名称	2017 年产量	
	数量（台）	重量（t）
回转窑	10	7 552.2
大型磨机	73	31 836.7
提升机	48	4 291.7
辊压产品	26	6 090.6
减速机	40	256.8
冶金设备	9	2 191.9
电力设备	1	399.2
工矿配件	/	36 468.0
工业机器人	580	/

2017 年，中信重工多项产品实现了高速增长，其中建筑材料生产专用的机械制造产品占公司产品产值的 43.59%，比上年提升了 39.80%；工业机器人制造比上年也有很大突破，占公司产品产值的 2.83%，比上年提升了 77.00%。总体来说，2017 年中信重工生产形势向好，公司产品结构继续优化，转型升级力度较为明显。

三、市场经营及销售情况

2017 年，公司实现了扭亏为盈，各项经营指标全面增长，企业发展步入了良性循环轨道。全年实现营业收入 132.4 亿元，同比增长 20.13%；实现利润总额 1.1 亿元，同比增长 107.6%。面对严峻的市场挑战，中信重工营销逆势求进，主动发力，2017 年订货突破 10 万 t，并为 2018 年储备订货突破了 7 万 t，各板块、各单位的收款指标大幅增长，确保了公司发展的现金流。

2017 年中信重工的国内外市场情况主要有以下特点：一是矿业产业业绩抢眼，领跑国内外市场；二是高端铸锻件订货实现了历史性突破；三是特种机器人市场强劲拓展；四是通过技术营销联动，合作模式创新，公司成功拿下了洛阳地铁盾构机批量订单，为后续做大做强盾构机产业奠定了坚实基础；五是充分利用“一带一路”机遇，深化国际合作，调整优化国际市场产品结构，深度开发海外备件市场，外贸业务同比有较大增长；六是海外备件基地建设稳步推进，目前巴西、西班牙备件服务基地投入运营后，已经与 Vale 等一批客户达成了长期备件供应合同，澳大利亚、秘鲁和俄罗斯远东备件服务基地建设也正在有序推进。

四、科技成果及新产品情况

2017 年，中信重工牵头申报的“液压重载机械臂关键技术研究与应用验证”项目及参与完成的“设备主轴等机械关键部件复合实效机理与可靠性评价技术研究”“足臂协作型处置机器人关键技术研究”两项课题获批 2017 年国家重点研发计划。“高效节能大型棒磨机装备”“立式搅拌磨关键技术研究及产业化”“大型磨机关键加工工艺及制造”“大升程水利驱动式垂直升船机核心装备研制与工程应用”四个项目通过了成果鉴定。多项成果获得国家、省市科技奖项，2017 年公司重点科技成果及新产品情况见表 1，2017 年公司重大科技成果及获省市以上科技（进步）奖项见表 2。

表 1　2017 年公司重点科技成果及新产品情况

成果名称	所获奖项
水力式升船机成套技术创新与应用	云南省科技进步奖特等奖
千万吨级矿井大型提升成套装备研制	河南省科技进步奖二等奖
ϕ5m 敞开式硬岩掘进机	河南省科技进步奖二等奖、中国机械工业科学技术奖二等奖、洛阳市科技进步奖一等奖
核电用大型锻件关键制造技术及应用	中国机械工业科学技术奖二等奖
典型零件加工方法研究及操作法、特大型压力容器管板锻件成形方法	中国机械工业科学技术奖三等奖（工人奖）
面向服务的复杂产品模块化设计关键技术与应用	河南省科技进步奖三等奖

表 2　2017 年公司重大科技成果及获省市以上科技（进步）奖项

序号	项目名称	完成时间	主要性能参数及技术内容简介	成果水平评价	负责单位 / 参与单位
1	ϕ 5 m 敞开式硬岩掘进机	2013 年	该项目研发了一种集掘进、临时支护、连续带式输送出渣、智能纠偏导向为一体的 ϕ5m 敞开式硬岩掘进机。该机将连续带式输送出渣技术用于小直径 TBM，采用辅料无轨运输技术，大幅度提高了出渣效率，满足了最大坡度 12° 的施工要求；采用大行程浮动缸、撑靴缸，并配以十字铰结构，解决了小转弯半径和曲线掘进配套台车易脱轨的问题；该项目刀盘采用大功率配置，驱动主轴承与末级大齿轮采用分体设计，提高了系统的可靠性；研发了轨道铺设转载装置、水泥罐运输转载装置以及刀盘滚刀定位装置；配备的实时智能纠偏与导向系统，保证了工程施工隧道轴线的准确性，该机操作方便可靠性高	该项目在结构设计及系统集成等方面有创新，具有自主知识产权，成果整体达到了国际先进水平 2017 年荣获河南省科技进步奖二等奖，中国机械工业科学技术奖二等奖	中信重工机械股份有限公司、洛阳矿山机械工程设计研究院有限责任公司、中煤科工集团上海有限公司
2	千万吨级矿井特大型摩擦式提升装备研制	2013 年	该项目产品是目前国内自主研发的规格最大的多绳摩擦式提升机，填补了国内特大型提升机的空白。其主要创新点如下： 1）研发了特大型提升机专用锥孔轴承装拆装置，实现了电动可控式油压装拆，使大型轴承的装拆快捷简便，为特大型提升机采用锥孔轴承支承提供了技术保障 2）研发了集铜瓦油脂清洗、注油功能为一体的无缝分体式四联组合天轮轴瓦 3）研发了双法兰夹板高强度螺栓双摩擦面连接技术，实现了主轴与摩擦轮的大转矩传递；设计了天轮翻转装置，方便了运输及安装 4）研发了特大型提升机的优化设计技术，为后续特大型摩擦式提升机的研发提供了技术支撑	该项目的整体技术达到了国际先进水平 2017 年荣获河南省科技进步奖二等奖	中信重工机械股份有限公司、洛阳矿山机械工程设计研究院有限责任公司、洛阳中重自动化工程有限责任公司

（续）

序号	项目名称	完成时间	主要性能参数及技术内容简介	成果水平评价	负责单位/参与单位
3	立式搅拌磨关键技术研究及产业化	2016年	该项目自主研发出新型立式搅拌磨机及其工艺系统，主要创新点如下：开发了适用于大型立式搅拌磨的流体场与颗粒场的耦合仿真、试验、选型技术方法，建立了立式搅拌磨试验装置，制定了立式搅拌磨研磨介质的选用原则；设计了大开门磨机筒体、溢流式上机体、预分级分选槽总成和螺旋衬板更换用机械手等关键结构；发明了高效变螺距衬板的螺旋搅拌器和立式搅拌磨湿法圈流粉磨工艺系统；提高了物料细度和设备运转率、降低了系统单产能耗和运行成本	该项目成果总体技术达到了国际先进水平，其中高效变螺距衬板螺旋搅拌技术达到了国际领先水平 2017年通过了中国机械工程学会的科技成果鉴定	中信重工机械股份有限公司、洛阳矿山机械工程设计研究院有限责任公司、矿山重型装备国家重点实验室
4	高效节能大型棒磨机装备	2016年	该项目自主研发出全球最大的湿式棒磨机装备，主要创新点如下：分析了介质运动状态和水煤浆棒磨粉磨机理，建立了水煤浆物料试验方法；基于离散元技术，构建了棒磨机介质运行仿真计算模型；搭建了水煤浆棒磨试验装置，开发了水煤浆棒磨机的选型计算软件，建立了选型数据库，提高了水煤浆棒磨的运行效率；发明了给料端高压水密封结构，防止了矿浆外溢，避免了环境污染和浪费；发明了沉积式自保护进料装置，减少了输送管道的磨损；首次在棒磨机中采用静压主轴承，提高了运行可靠性；研发了全自动加棒机，降低了劳动强度和辅助时间，提高了工作效率	该项目成果总体技术达到了国际先进水平，其中高压水密封技术达到了国际领先水平 2017年通过了中国机械工程学会的科技成果鉴定	洛阳矿山机械工程设计研究院有限责任公司、中信重工机械股份有限公司
5	大型磨机关键加工工艺研究与制造	2016年	该项目研发了大型磨机多瓣组合端盖和筒体的加工工艺技术，解决了多瓣端盖和筒体在加工制造中存在的多瓣角度不准、锥面壁厚不均匀、刚性弱易变形等技术难题，研究出大型磨机三瓣筒体结合面的加工方法，保证了大型磨机多瓣筒体组合的加工精度；研发了大型磨机四瓣组合大齿圈的加工工艺技术，发明了大直径四瓣组合大齿圈的制造工艺方法，解决了壁厚一致性、变形、连接及齿形精度等技术难题；研发了120°薄壁铜瓦的加工工艺技术，有效地降低了加工引起的变形；研发出大型磨机的同步顶升总装方法，解决了大型磨机超重起吊的安装难题	该项目成果在大型磨机制造领域达到了国际先进水平 2017年通过了中国机械工程学会的科技成果鉴定	洛阳矿山机械工程设计研究院有限责任公司、中信重工机械股份有限公司
6	大升程水力驱动式垂直升船机核心装备研制与工程应用	2015年	该项目完成了“大升程水力驱动式垂直升船机核心装备”的研制，包括双螺旋超厚卷筒、微间隙同步轴系统、大规格动滑轮系统、浮筒等。研发了双螺旋绳槽厚壁卷筒的加工工艺方法，保证了绳槽位置精度，实现了多组钢丝绳同步；研发了键槽与骑缝销组合结构的卷筒与主轴的连接技术，连接可靠，装配精度高；采用了胀紧套、大型膜片联轴器联接卷筒同步轴系，实现了微间隙传动，提高了承船厢的抗倾斜能力和运行安全性；开发了低速、重载锥齿轮垂直换向技术；研发了卷筒钢丝绳防脱固定装置新结构，使钢丝绳固定得安全、可靠，满足了升船机对卷筒宽度的要求	该项目研发的世界首台（套）“大升程水力驱动式垂直升船机核心装备”在设计和制造诸多方面有创新，整体技术达到了国际先进水平 2017年通过了中国机械工程学会的科技成果鉴定	中信重工机械股份有限公司、洛阳矿山机械工程设计研究院有限责任公司、华能澜沧江水电股份有限公司、洛阳中重自动化工程有限责任公司、矿山重型装备国家重点实验室

注：由中信重工机械股份有限公司王科乐提供。

2017年，公司承担的国家发改委中央本级资源节约和环境保护投资计划“高压大功率变频器研发与产业化”项目与洛阳市重大专项“硬岩掘进机（TBM）减速器关键技术研究”顺利通过了专家评审验收。此外，公司生产的特种消防机器人被认定为河南省十大标志性高端装备，ϕ6.2m×11.5m溢流型球磨机、RP180-140辊压机等五项产品被认定为河南省首台（套）重大技术装备，出口瑞典LKAB的PSZ-3000半移动（初级）破碎站被认定为国家级首台（套）重大技术装备并获得国家首台（套）保险保费补贴。

五、产品质量及标准工作情况

2017年，中信重工产品在整个生产和试验过程中，严格按照图样、工艺、技术文件及质量体系管理文件要求进行控制，按要求编制质保大纲、ITP计划、检验规程等，同时加强过程质量控制和最终检验，并授权质检人员严格按照“三按”“三检”产品检验与试验计划，以及“四不”和“四对照”原则做好产品检验把关。公司在质量方面创新地试行产品自检制度，自检试点机床的意识明显增强，对632个自检项抽查合格率达100%，产品各项质量指标均全面完成，质量均符合设计要求，产品质量稳定，未发生重大质量事故和严重质量问题。

2017 年，中信重工全面贯彻国际标准和国际规范，目前球磨机、矿井提升机等 11 种主导产品通过了国际标准认证，还制定了超越国际标准的自主标准，公司的主导产品均符合国标或行业先进标准。公司建立了提升机等四个标准综合体，并通过了河南省验收。近几年连续通过了 4A 级标准化良好行为的验收。

六、技术改造情况

2017 年，中信重工完成投资 23 241.27 万元，其中基本建设项目 6 项，完成投资金额 11 274.73 万元，基本建设项目正有序开展，项目进度大部分超过 50%；技术改造项目已完成，完成投资额 11 966.54 万元。

2017 年，公司完成的技术改造项目主要包括安装在线检测设备、更新 1 600t 和 3 150t 水压机高压蓄势器、TP300 卧车改造、公司部分氧气管道改造等，改造完成后有效地提高了公司的生产加工水平，提高了生产的硬件条件。

2017 年，公司重点开展的节能减排项目主要是指“互联网 +”能源管理平台项目、燃气加热炉改造、购置环保抽尘设备。项目完成后公司吨机器产品产量耗标煤由 0.825 1 降至 0.809 0，环比节能量为 2 050t 标煤。

七、对外合作情况

2017 年，中信重工在对外合作上，坚持“开门办企业，合作共赢”的原则，为了协同发展掘进装备产业，公司与中国铁建重工集团、洛阳市轨道交通公司合资成立了中信铁建重工掘进装备有限公司，目前已经签订了洛阳地铁 1 号线 11 台（套）盾构机合同；与中铁工程装备集团联合制造了国内最大的 ϕ15.03m 盾构机，打破了国外品牌长期垄断的局面；与中信建投合作成立了产业基金，为公司打造新产业提供资金支持。同时，稳步推进铸锻厂、运输公司、发电设备公司、建安公司等的对外合作。在资本运作上，充分利用资本平台和资源，进军新兴产业领域，发展军民融合产业，收购科佳信项目的工作顺利收官，军工电源和电容器的对外研发合作正在有序推进。

八、问题及经验总结

2017 年，公司的问题和不足主要有：一是市场订货遭遇“天花板”；二是科技创新能力不足已成为公司发展的主要短板；三是盈利水平尚不足以支撑公司的整体发展，板块经营和“放管服”步伐有待加快；四是供给侧结构性改革不到位，“去产能、去库存、去杠杆、降成本、补短板”任重道远；五是人才选拔培养使用机制需进一步完善。

同时，公司必须坚持一切以市场和客户为中心；必须坚持技术创新是企业发展的第一动力；必须坚持强化全面预算管理；必须坚持发挥两个积极性；必须坚持深化改革；必须坚持合作共赢。要有大气势、大气派、大气度，敢于放开思路，开门办企业，通过股权的多元化实现业务拓展和市场拓展，通过技术创新合作进入新领域、发展新产业，实现合作共赢，从而推动中信重工实现高质量发展。

〔撰稿人：中信重工机械股份有限公司樊梦迪　审核人：中信重工机械股份有限公司常华峰〕

北方重工集团有限公司

一、综合改革取得重要进展

按照沈阳市委市政府的统一部署，北方重工集团有限公司（简称北方重工）制定综合改革总体方案并经沈阳市深化国企国资改革领导小组审议通过后启动实施。综合改革将以实施市场化债转股为核心，引入金融资本与战略投资者，同步实施骨干员工持股，引入增量资本，改善资产质量，实现混合所有制改革；以债转股为牵引，重新优化资源配置，转换经营机制，由“总分公司”体制变革为“母子公司”体制，组建以北重装备、北重有限、北重国际、北重制造为主体的“三司一园”新运行架构；完成资产重组、人员转岗、业务重整等基础性工作；组建人才储备中心和资产管理中心，开展转岗员工培训工作，大力开发安装、保运等新业务，不断开辟新岗位，妥善安置转岗员工；着手接收处置低效资产。

二、技术开发显现积极成效

公司的新产品市场推广取得进展，压裂设备以租用方式挤入市场；自主研制的国内最大不锈钢连续退火酸洗机组成功运行；国内首台烧结机在线换台车技术实现突破并成功试车；MLL355 螺旋立式磨机试车成功；自主研发的 ϕ7.83m 敞开式岩石掘进机顺利通过了工厂验收，将应用于 EH 供水工程。建立了国际技术标准资料库和标准查询系统，为全面执行国际标准提供了技术保障；对标美卓等国际领先企业，在旋回破碎机等产品上应用闭环控制与数据采集、分析技术，提升了产品智能化水平；盾构机应用 PDM 系统实现了中法两地联合设计，提升了设计效率和设计质量；基于物联网技术的产品远程监测技术得到了进一步推广应用。ϕ7.83m 敞开式岩石掘进机等三个项目获批为沈阳市科技创新“双百工程”项目，大型散料装卸设备被认定为辽宁重点名牌产品，磨煤机等 4 种产品被认定为辽宁名牌产品。全年新增授权专利 54 项，其中发明专利 26 项。集团公司入选中国品牌 500 强，品牌知名度得到了进一步提升。

三、市场订货呈现回暖势头

公司积极融入国家“一带一路”建设，海外市场订货出现可喜局面，出口订货总量同比增长 95%，相继签订了印度 NTPC 电厂管带机、孟买地铁 1、2 号线双模式盾构机、巴基斯坦塔尔煤矿输煤系统等一批过亿元的成套项目；以“联合、联盟、联动”的方式，积极与“国字号”企业集团和工程设计院推进战略合作，相继签订了沈阳城市管廊、迪拜哈翔清洁燃煤电厂、河北新华联合钢铁料场等一批“大单”；压裂装备进入中石油集团一级采购物资名录，签订了垃圾焚烧发电项目焚烧炉合同，新兴领域市场培育初见成效。公司以空前的力度狠抓回款，形成“一把手”负总责、班子齐抓共管、全员参与的工作格局，对回款资源进行全面梳理，针对关键症结精准施策；制定周、月回款计划，把回款金额作为绩效考核的重要依据；健全组织架构，完善考核制度，加强工作调度，攻克了北京市政、印度都利等十几项欠款难关，全年共实现清欠回款 1.76 亿元。

四、北方重工集团有限公司 2017 年大事

1. 北方重工集团有限公司受邀参加法国总理“面对面”交流午宴

2017 年 2 月 22 日，北方重工集团有限公司作为中方装备制造业合作示范企业代表，受邀参加了法国总理贝尔纳·卡泽纳夫的“面对面”交流午宴。北方重工集团有限公司总裁王学民受董事长刘鹤群委托代表公司参加此次午宴，宴会上共同探讨了中国企业在法国的投资项目、中国企业家对法国经济吸引力的看法。

2. 巴基斯坦国家总统为北方重工集团有限公司颁奖

2017 年 2 月，巴基斯坦 FPCL 自备电厂启动开幕仪式如期在卡拉奇举行，巴基斯坦国家总统马姆努恩·侯赛因亲临现场为电厂揭幕，在授奖仪式上，北方重工集团有限公司荣膺“最佳供应商 & 最佳合作企业”奖项，并由巴基斯坦总统为其颁奖。在该电厂项目的数十家各国供货商中，仅 4 家企业荣获该奖项，北方重工集团有限公司便是其中之一，也是唯一的一家中国企业。北方重工集团有限公司销售总裁冯景昌代表北方重工上台接受了巴基斯坦总统的颁奖。

3. 哈巴莎总包项目成功启运

2017 年 4 月 19 日，埃塞俄比亚一座由北方重工集团有限公司承建的技术先进、绿色环保的水泥厂举行揭幕仪式（见图 1）。埃塞俄比亚总理海尔马里亚姆等各界政要，北方重工集团有限公司项目执行团队应业主之邀出席了盛大的竣工投产典礼。海尔马里亚姆总理做了重要讲话，感谢来自中国的北方重工集团有限公司为埃塞俄比亚奉献了精品工程，为提升该国水泥产能所做出的杰出贡献。典礼上，北方重工集团有限公司董事长、党委书记刘鹤群代表工程承包方致辞祝贺。

图 1　埃塞俄比亚项目竣工揭幕仪式

4. 北方重工集团有限公司国内首台烧结机在线换台车成功试车

2017 年 5 月 23 日，北方重工集团有限公司装配车间举行了日照钢铁精品基地 500m² 烧结机在线换台车工厂试车仪式（见图 2）。北方重工集团有限公司相关部门和技术、生产及相关设计院领导参加了该试车仪式。

图 2　500m² 烧结机在线换台车工厂试车仪式

5. 北方重工集团有限公司荣获“2017 中国品牌 500 强”荣誉称号

2017 年 6 月，以“新品牌、新供给、新未来”为主题，由中国商业联合会、中国商报社、亚洲品牌网联合主办的“第五届中国商业创新大会暨 2017 中国品牌 500 强发布会”在北京隆重举行。大会同期发布了“2017 中国品牌 500 强”“2017 北京品牌 100 强”，中国十大工匠品牌等相关榜单和奖项，并举办了隆重的颁奖仪式。北方重工集团有限公司荣获“中国品牌 500 强”荣誉称号。

6. 北方重工集团有限公司自主研制的国内最大酸洗机组成功运行

2017 年 11 月，山东盛阳酸洗机组点火试运行（见图 3），实现了 1 200t 的当日试运行产量，北方重工集团有限公司设计制造的山东盛阳酸洗机组达产目标是日产 3 000t，预计年产量达到目前国内最大的 100 万 t，这标志着北方重工集团有限公司即将打破我国在 2.0 ～ 5.0mm 规格的不锈钢连续退火酸洗机组领域的新纪录。

图 3　山东盛阳酸洗机组点火试运行

7. 北方重工集团有限公司超大直径盾构机在意大利顺利贯通隧道

2017 年 11 月，由 NFM 技术公司为意大利西西里岛的卡尔塔尼塞塔隧道工程设计制造的直径为 15.08m 超大型土压平衡盾构机经过两年多的掘进最终顺利贯通隧道。该设备是北方重工集团有限公司生产的最大直径盾构机，也是欧洲使用的最大的超大直径土压平衡盾构机之一，隧道开挖直径为 15.08m，总长度为 112.8m，总重为 3 200t。

〔撰稿人：北方重工集团有限公司舒泽擎〕

中国重型机械有限公司

一、基本概况

中国重型机械有限公司（简称“中国重机”，英文简称 CHMC）成立于 1980 年，是以工程总承包、投资、产品贸易和服务为主营业务的工程总承包综合服务公司。业务领域覆盖冶金、矿山、交通、建材、电力、水务、环保、化工、生物能源、农产品仓储及加工等行业。

中国重机自成立以来，先后承担了上海宝山钢铁（集团）公司二期、三期工程，内蒙古元宝山露天煤矿工程，秦皇岛三期煤码头工程，广州港新沙煤矿石码头工程、日照港码头工程等一大批代表国家重大技术装备水平的大型成套项目。

中国重机紧跟国家“走出去”战略，并积极响应“一带一路”建设倡议，大力开发国际市场，凭借丰富的工程项目经验及专业技术优势，为业主提供项目前期规划、工程总承包（EPC）、融资以及运行维护等一站式定制化工程解决方案，先后建设了一大批有影响力的国际工程。

中国重机凭借强大的资源整合能力和先进的项目管理能力，在柬埔寨以建设 - 经营 - 转让（BOT）模式投资建设了达岱 246MW 水电站项目，该项目成功建成后于 2015 年转入商业运营，运营期为 37 年。

中国重机经过多年的发展，现已拥有良好的企业资信和商誉，拥有了长期而稳定的战略合作伙伴，已为全球 40 多个国家和地区的项目建设提供了专业化服务，已完成的项目获得了所在国家业主的广泛认可和好评。

二、生产发展情况

截至 2017 年年底，中国重机资产总额为 68.75 亿元，同比增长 4%，净资产为 18.99 亿元，同比增长 10%。

2017 年，公司全年实现营业收入 30.62 亿元，同比增长 18%；实现利润总额 3.47 亿元，同比增长 9%；技术开发投入 9 万元，同比降低 100%；利税总额 35 781 万元，同比增长 8%；经济增加值（EVA）15 535 万元，同比增长 7%；全员劳动生产率为 86 万元 / 人 • 年，同比增长 2%；净资产收益率为 15%，同比降低了 1 个百分点；总资产报酬率为 7%，与上年持平；国有资本保值增值率为 111%，同比降低了 13 个百分点。2017 年公司主要经济指标见表 1。

表 1　2017 年公司主要经济指标

指标名称	2017 年	2016 年	同比增长（%）
资产总额（万元）	687 491	663 012	4
净资产（万元）	189 850	172 601	10
营业收入（万元）	306 237	259 379	18
利润总额（万元）	34 665	31 752	9
技术开发投入（万元）	9	3 289	-100
利税总额（万元）	35 781	33 175	8
EVA 值（万元）	15 535	14 547	7
全员劳动生产率〔万元 /（人 • 年）〕	86	84	2
净资产收益率（%）	15	16	降低了 1 个百分点
总资产报酬率（%）	7	7	持平
国有资本保值增值率（%）	111	124	降低了 13 个百分点

三、改革改制

积极配合国机集团完成国机重装平台的搭建工作。按照国务院国资委、国机集团对中国二重扭亏脱困、改革振兴发展的要求，国机集团启动了由中国二重、中国重机和中国重型院三家参与的重型装备资源整合工作，搭建国机重装平台，形成“科工贸”一体化的重型装备研发与制造板块，打造代表国家高端装备制造水平、具有国际竞争力的重型装备制造一流企业。中国重机按照集团部署，建立起组织机构，成立了专项工作小组配合做好重组工作。各相关职能部门积极配合有关中介机构的尽职调查和现场审核工作，全力提供所需的各项材料，积极协助推进国机重装板块的资源整合工作，该项工作已于 2017 年年底完成，中国重机正式加入了国机重装。

四、市场营销及销售

中国重机不断扩大在传统市场的影响力，增加市场占有率；积极进军新的市场，寻求发展机遇。

1. 深度开发传统市场

中国重机坚持市场开发的“区域滚动”发展战略，在传统市场中深耕细作，赢得了客户信任，树立了口碑，因此不断获得新项目。

在柬埔寨市场，成功开发了柬埔寨国家电网 230kV 输变电项目二期（即西南环网和东部环网剩余部分）项目。

2 月 16 日与柬埔寨国家电力公司（EDC）签署了该项目的 EPC 合同，合同金额约 1.85 亿美元。

在孟加拉市场，成功签订了孟加拉七环达卡粉磨站项目和孟加拉顺承吉大港粉磨站项目，合同金额分别为 1 820 万美元、1 090 万美元。

此外，与孟加拉阿曼公司签署了 100 万 t 联合钢厂项目的合作备忘录，项目金额约 2.5 亿美元。与孟加拉帕沃帕克公司签署了 30 万 t 棒线材轧制项目的合作备忘录，项目金额约 5 000 万美元。

2. 奋力开拓新的市场

在尼泊尔市场，中国重机与耶蒂蓝塘水电公司签署了尼泊尔蓝塘水电站项目的 EPC 总承包合同，该电站装机容量为 201MW，合同金额为 4 亿美元。水电站的水头高达 1 300m，建成后将成为亚洲最高水头水电站。

在斯里兰卡市场，跟踪开发了斯里兰卡汉班托塔工业园区综合水务项目，2017 年 6 月 19 日，中国重机与斯里兰卡国家供排水局（项目业主）正式签署了项目合作备忘录，7 月 5 日向业主提交了项目的可研报告。该项目已列入进出口银行优惠贷款候选项目库中，并得到了商务部的认可和支持。

在伊朗市场，签订了伊朗赞詹省明矾矿项目合作备忘录和赞詹省赞詹市萨博美丹购物广场项目合作备忘录。其中，购物广场项目总金额预计达 2.5 亿美元。

3. 积极推进合同生效

1）实现老挝南俄 4 水电站项目生效和放款。2017 年 5 月 22 日，老挝南俄 4 水电站项目对外合同正式生效。12 月 5 日，中国进出口银行正式发放项目首批预付款。

2）实现老挝 500kV 输变电项目生效。2017 年 7 月，该项目获得了国务院对项目的批复，并于 11 月收到业主老挝国家电力公司签发的合同生效确认函，项目正式生效。

3）柬埔寨国家电网 230kV 输变电二期项目的东部环网第一部分合同生效。2017 年 5 月，中柬双方签订了该项目贷款协议，7 月 31 日柬埔寨财政部与业主签订了转贷协议，11 月 28 日，中国进出口银行向柬埔寨财经部正式发出生效通知函。

4. 重大项目

1）柬埔寨达岱水电站 BOT 项目。在柬埔寨达岱水电站 BOT 项目上，公司按照“保安全，多发电，增效益”的工作思路，全力做好电站运行维护工作。公司强化了生产组织管理，制订了周密工作方案，优化了机组运行方式，科学安排了启停机顺序，因此提高了机组的运行效率。公司还加强与业主的沟通，以便最大限度争取发电指标，全力确保发电收入的及时回收。

截至 2017 年年底，柬埔寨达岱水电站已经安全运营 1 235 天，全年累计发电 9 亿 kW · h，连续三年超额完成了年度发电任务，实现收入 4.5 亿元，实现利润 2.39 亿元。

柬埔寨达岱水电站 BOT 项目凭借良好的经济效益和过硬的施工质量，荣获了 2017 年度“国机质量奖”。

2）塔吉克斯坦冰晶石、氟化铝及硫酸工厂项目。2014 年 7 月，公司与塔吉克斯坦铝业管理有限公司打包签订了年产 12 000t 冰晶石、18 000t 氟化铝以及新增的年产 10 万 t 硫酸工厂的设计、设备供货、安装和调试 EPC 合同，合同金额为 1.17 亿美元。2014 年 11 月，中国国家主席习近平和塔吉克斯坦总统拉赫蒙共同见证了项目贷款协议的签署。经过 4 年的建设，该项目已于 2017 年 8 月全面实现投产，并于 11 月 10 日，收到了业主签发的验收证书，标志着项目正式完工。该项目是“一带一路”上的重大化工项目，项目的顺利建成对增加公司在中亚地区的影响力，提升当地化工水平具有重要意义。

3）老挝南俄 4 水电站项目。该项目于 2015 年 10 月 22 日与老挝国家电力公司签约，合同金额为 7.06 亿美元。2016 年 9 月 8 日，在李克强总理与老挝总理通伦 · 西苏里的共同见证下，该项目签署了贷款协议。2017 年 5 月 22 日，业主发出生效通知，项目正式生效。

该项目是“一带一路”重大民生工程，是中老务实合作的里程碑项目。该项目的建设对于中老两国打造“老挝经济走廊”，实现老挝打造“东南亚蓄电池”的发展目标，促进当地经济社会发展具有重要意义。

五、履行企业社会责任情况

中国重机注重承担社会责任，在柬埔寨设立“CHMC（中国重机）奖学金”，在为柬埔寨引进中国先进电力技术的同时，积极为柬埔寨培养更加专业的电力设施建设和运营人才，从而促进柬埔寨电力行业快速发展。

积极参加在柬埔寨举行的纪念世界红十字会和红新月会诞生 154 周年纪念活动并捐款，为改善柬埔寨民生尽一份力。

积极组织 2017 年度“国机爱心日”捐款活动，广大职工自愿捐款 50 180 元汇至国机集团“爱心基金”账户。

〔撰稿人：中国重型机械有限公司孙东方〕

卫华集团有限公司

卫华集团有限公司（简称卫华集团）始建于 1988 年，经过 30 年的不断努力，现已形成两大业务板块，一是以起重机械、矿用机械、港口机械、汽车起重机及减速机等产品为主的装备制造板块；二是以房屋建筑、市政工程、钢结构、工程建设、防腐施工以及工程总承包为主的建工板块。公司拥有总资产 70.24 亿元，占地面积 342 万 m^2，员工 6 800 余人。2017 年卫华桥门式起重机产销量蝉联全国第一，是全国制造业单项冠军示范企业，并连续五年进入“中国机械百强”，连续四年进入“中国民营企业500强”。现从以下八个方面介绍卫华集团2017年的发展情况。

一、改革改制

1. 组织机构调整

1）卫华集团2017年设立第四届董事会，下辖子公司河南卫华、纽科伦、辽宁华原、蒲瑞公司，纽科伦设立了第四届董事会，蒲瑞公司设立了第二届董事会，同时撤销众益物资及河南卫华农林公司董事会，设立执行董事，河南卫华特种车辆、卫佳物业设立执行董事，对一些管理董事人员进行了人事任免及调整。

2）2017年，公司成立了河南卫华机械工程研究院有限公司（简称研究院），目的是针对科技创新、成果转化、项目管理等进行整合，集中优势科研队伍进行重点产品的研发与制造，以便实现卫华集团“十三五规划”中要求的在2020年实现向工程总承包业务板块转变的战略目标。

2. 人事任免调整

为优化卫华集团监事会人员配置，更好地发挥监事会的监督职能，卫华集团按集团2017年的组织架构调整情况，集团股东会授权卫华集团下发了集团及各子公司监事会人员任免的通知。

二、2017年生产发展情况

卫华集团先后引入战略管理、绩效管理、精益管理及卓越绩效管理等先进管理工具，推进企业由大向强、由外延增长向内涵增长、由粗放管理到精益管理转变。2017年的市场经济下行压力不容乐观，面对复杂多变的外部环境和艰巨繁重的经营任务，在政府的大力支持下，全体卫华人攻坚克难，交了一份满意的答卷，其中生产总值实现1 134 158万元、销售收入实现1 113 961万元、增长率达26%。卫华集团2017年总体完成情况见表1。

表1　2017年总体完成情况

营业收入（万元）	同比增长（%）	利润总额（万元）	同比增长（%）	缴税总额（万元）	同比增长（%）	研发费用（万元）	占营业收入的比例（%）
1 113 961	10.44	50 723	12.4	22 123.72	0.39	41 942	3.77

三、市场经营及销售情况

2017年，受国家“一带一路”“京津冀”一体化、长江经济带等政策刺激与影响，下游铁路、公路、仓储、水利、电力及港口等基建领域投资保持一定增速，为起重机行业带来潜在市场，在《中国制造2025》政策的影响下，实体制造业发展迅速，我国起重机出口增速稳定，国际化竞争成主要趋势；而起重机的国内市场萧条，出口形势良好，近几年国内桥式、门式起重机出口总金额保持了持续增长态势。2017年，卫华集团实现销售收入111.40亿元，主要产品分为葫芦、单梁起重机、桥式起重机、门式起重机、冶金、悬臂等七大类，主要产品销售量、产量统计见表2、表3。

表2　主要产品销售量统计　（单位：台）

项目	葫芦	单梁起重机	桥式起重机	门式起重机	冶金	门座	悬臂式起重机	合计
2017年全年	53 618	42 669	8 721	1 825	428	54	186	107 501

表3　主要产品产量统计　（单位：t）

项目	葫芦	单梁起重机	桥式起重机	门式起重机	冶金	门座	悬臂式起重机	合计
2017年全年	116 739	682 052	554 065	203 970	97 500	27 000	2 054	1 683 380

在出口方面，近几年，卫华出口业务持续增长，2017年卫华集团出口金额实现36 948万元，比上年度增长80.59%。产品远销英国、法国、澳大利亚及俄罗斯等108个国家和地区。

四、科技成果及新产品情况

1）科技进步奖。2017年，研究院共有研发课题35个，当年有17个项目结题。截至12月底，新立项项目共结题18项。获科技进步奖项目共8项，其中河南省科技进步奖二等奖、三等奖各1项；中国机械工业科学技术奖二等奖、三等奖各1项、河南省装备制造工业科学技术奖4项，其中一等奖3项、二等奖1项。

2）专利。全年申请专利共94项，获得授权专利64项，其中发明专利18项。目前，集团共获得授权专利588项，其中授权发明专利66项，集团拥有的授权专利保持着全国起重机行业第一位。

3）成果鉴定。卫华集团完成科技成果鉴定20项，其中河南卫华3项、纽科伦4项、蒲瑞公司3项、卫特公司3项、大方公司7项，鉴定意见均为国内领先。

截至2017年，卫华集团先后获得省、市科技进步奖项55项，其中一等奖15项、二等奖19项、三等奖19项、优秀奖2项。获省以上科技成果鉴定61项，其中国际领先1项，国际先进4项，国内领先54项，国内先进2项。

五、产品质量及标准工作情况

1）质量。卫华集团推行全面质量管理和卓越绩效管理，始终把产品质量放在企业发展战略的优先地位，企业先后荣获“全国质量管理先进单位”“全国机械工业质量奖”“河南省省长质量奖”等称号，2017 年子公司河南大方获全国质量标准企业称号，两个子公司荣获河南省质量标杆企业称号；同时，卫华集团是我国起重机行业率先实施精益管理的企业，主导项目团队启动并完成了 73 个精益项目，创造直接收益 1 亿多元，助推企业荣获“全国质量标杆”。

2）标准化工作。2017 年，集团主持制定的国家标准 1 项，参与制（修）订并发布的国家标准 1 项，主持制定的地方标准 12 项，主持制定的团体标准 3 项，制（修）订的企业标准 32 项。

六、技术改造情况

卫华集团制定了绿色化、智能化、定制化的产品发展策略。2017 年，卫华集团主持了 2 项国家科技支撑项目“轻量化起重机推广应用技术研究”及“面向工程机械大型结构件的机器人焊接生产线关键技术研究与应用示范项目”，1 项河南省重大科技专项“高效智能轻量化桥门式起重机研发及产业化项目”，成功申报了 1 项河南省重大科技专项“核电用起重设备研发及产业化”。卫华集团在开展起重机轻量化研究方面实现了比传统技术在自重、高度、综合能耗上的降低，三者均降低了 15% ～ 30%，促进了起重装备向绿色化方向的发展；主持研发的防摇摆技术、精确定位技术达到了国际领先水平，实现了起重机向“起重机器人”的升级。承载该技术的产品助力“神舟十号”“天宫一号”“嫦娥三号”“长征七号”“墨子号”等成功飞天。

2017 年度，公司投入的研发经费为 4.19 亿元，完成了 4 项车间技术改造项目，实现了机器换人、自动化生产，2017 年公司的主要项目及投入情况见表 4。

表 4　2017 年公司的主要项目及投入情况

序号	项目名称	建设规模及主要内容	资金投入（万元）
1	轻量化桥式起重机推广应用技术研究	在已有厂区基础设施基础上对公司 6 000m^2 及 12 000m^2 厂区（其子公司达到年产 1 000 台轻量化起重机生产能力）进行了改造，采购新设备，建立新生产线，实现轻量化起重机及关键配套件的批量化生产制造	1 720
2	面向工程机械大型结构件的机器人焊接生产线关键技术研究与应用示范	新建起重机大型结构件智能制造车间，在车间布置具备焊接生产过程自动化、焊接质量监控可视化、生产信息管理智能化的机器人智能化焊接生产线，实现生产过程的智能化	5 300
3	智能物流装备制造建设项目	建设标准结构件车间、重型结构件车间、机加工车间、大型部件装配车间和整机装配车间 5 个智能数字化车间及相关配套设施。建筑面积共计 19.8 万 m^2；建设了 6 条智能物流装备生产线、1 条集钢材开卷、喷丸、涂底漆、烘干、数控下料及转运于一体的自动化绿色环保预处理线	198 000
4	年产 3 000 台（套）矿山机械及输送机械设备项目	对标准车间进行了技术改造，配置托辊生产线、涂装生产线、中间仓库等配套设备及厂房，总建筑面积 3 万 m^2，具备年产 3 000 台（套）矿山机械及输送机械设备的能力	10 000

七、对外合作情况

卫华集团分别与上海福思达、河南省泊安机械、中铝国际、北京住宅房地产业商会、中国水利水电第六工程局、北京 ABB 传动、中建材国际阿联酋公司、沈阳卫德 8 家合作单位签订了战略合作协议，2017 年，与战略合作单位一起累计完成了 10 个项目的研究。

八、企业主要问题

1）在产品设计方面，缺乏产品的数字化设计与验证技术，缺乏在国外先进企业中已得到普遍推广应用的虚拟样机技术、虚拟试验技术，卫华集团尽管通过制造业信息化工程建设，加强了产品设计的计算机应用，但在虚拟样机技术、虚拟试验技术等方面仍几乎处于空白状态，因此，卫华集团目前的能力建设也将继续以 3D 设计为中心，引进仿真分析和虚拟试验评价技术，为公司继续研发特大特重类别的重型起重运输装备提供可靠的设计技术支撑。

2）在产品检测方面，缺乏起重机结构、电动葫芦等零部件的疲劳性试验设施，缺乏零部件的试验手段，电气试验室与国外先进企业相比还相差较远，现有质量控制检测装备明显落后于国外先进企业，关键零部件制造工艺的技术创新缺乏试验验证评定能力。因此，公司创新能力建设拟在现有装备基础上，扩展建设“质量控制实验室”“材料与焊接实验室”“零部件轻量化研究试验室”和“电气试验室”。

3）在起重机自动化水平和控制方面，为满足客户对起重机实现自动识别并搬运、自动避障、自动规划运行路线等功能的需求，同时从卫华集团的研发战略——在桥门式起重机行业取得龙头地位以及赶超世界先进水平出发，集团引进优秀博士后成立项目组，组建研发团队，通过校企合作方式攻克难关。

〔供稿单位：卫华集团有限公司〕

中国重型机械研究院股份公司

一、总体发展情况

中国重型机械研究院股份公司（简称“中国重型院”）创建于 1956 年，1999 年转制为科技型企业并加入中国机械工业集团有限公司（简称“国机集团”），2006 年 9 月，中国重型机械研究院成立；2009 年 1 月，中国重型机械研究院改制为中国重型机械研究院有限公司；2012 年 6 月，变更设立为中国重型机械研究院股份公司。公司的主营业务涵盖钢铁、有色金属冶炼、二次精炼、连续铸造、板（带箔）管（棒）型材轧制、精整处理、金属锻造 / 挤压、拉伸塑性成形、工业烟气净化回收、页岩油开采与油气输送等所需的各种大型、高端工艺装备研发设计、成套和工程承包，并承担规划、信息、质检和工程监理等行业技术工作。

2017 年，重型机械行业形势依然严峻，市场需求维持在低位，材料价格持续上涨，同业竞争更加激烈。中国重型院直面严峻形势，加强市场营销力度，采取促研发、求创新、保质量、降成本、强管理等措施，增强了市场竞争力，取得了一定成绩。2017 年实现营业收入 10.67 亿元，利润总额 3 522 万元。

二、市场经营情况

中国重型院遵循“大力发展优势专业，积极开拓国际市场”的经营思路，深入推行“以客户为中心”的营销理念，致力于向用户提供差异化、个性化、精细化的技术解决方案。2017 年，公司共签订合同 15.57 亿元，是上年同期的 94%；合同金额为 3 000 万元以上的大型成套装备合同共计 10 项，合同总额为 6.82 亿元。

中国重型院稳步拓展国内市场，推广新技术、新工艺、新产品，2017 年度开发新用户 9 家，推广新技术新产品 3 项。公司在引导客户进行技术改造和更新的同时，进行备品备件的签约，2017 年签订技术改造项目 46 项，合同金额为 7 766 万元；签订备件 226 项，合同金额为 8 117 万元。瞄准国际市场，全方位多层次开拓市场，公司重点开发的海外市场包括印度、伊朗，其中在印度市场主要参与的项目为钢管项目，在伊朗市场主要参与的项目为炼钢和炉卷轧机项目，同时在俄罗斯、伊朗、土耳其、印度以及加拿大等国家跟踪项目 20 余个。2017 年签订出口项目 11 项，合同金额为 1.48 亿元。

1. 重大项目投产情况

1）中国重型院为青山集团印尼工业园区设计、制造、供货的 200mm×（800 ～ 1 600）mm 不锈钢板坯连铸机于 2017 年 10 月投产。该机组投产后，当地丰富的高品位红土矿直接通过矿热炉精炼出镍铁液，再通过 AOD 炉炼成合格的不锈钢钢液进入连铸机，极大地节约了红土矿的运输成本和人力成本。

2）中国重型院为西北铝加工厂成套供货的 55MN 正向双动挤压机于 2017 年 7 月投产。该挤压机是国防科工局的重点项目之一，也是西北铝加工厂 30 多年来首次在国内采购的挤压设备。该设备采用的叠板钩头结构，为中国重型院挤压机首次使用的技术结构。

3）中国重型院承包的山东日照钢铁 210t RH 精炼炉工程总承包(EPC)工程共分为一步工程和二步工程两部分，一步工程于 2017 年 4 月顺利投产。该 RH 精炼炉为三机五工位形式，采用先进的四级机械真空泵系统及中国重型院独有的节能变频控制技术，使抽气能力达到 110 万 m^3/h，极限真空度达到 5Pa，与同吨位配置的蒸汽喷射真空泵系统相比节能 50% 以上。

4）中国重型院总包成套的江苏阳光集团有限公司所属江阴市红源金属制品有限公司的 1 250mm 五机架六辊冷连轧机组于 2017 年 12 月投产。该机组采用超大压下率高速大批量生产薄规格镀锡基板产品，年产 60 万 t、厚度为 0.15 ～ 0.55mm（最薄成品厚度为 0.15mm）、宽度为 700 ～ 1 100mm 的镀锡基板，产品厚度精度达到 ±2μm，加减速厚度超差小于 2%，机组整体装机水平达到了国内领先、国际先进水平。

5）中国重型院承担的俄罗斯 UTP 公司 φ377mm 双管水压试验机及通径机于 2017 年 3 月投产，该设备采用肘杆式充水装置、自动定位排气装置和自动气动通径等一系列技术，是中国重型院在俄罗斯承接的首套水压试验机及通径机项目。

2. 重大装备签约情况

1）在黑色金属冶炼装备专业，中国重型院于 2016 年底与河北敬业钢铁有限公司签订了 5# 板坯连铸机项目，2017 年度与河北敬业又相继签订了 6# 板坯连铸机、LF 炉等多个项目；与莱芜钢铁集团银山型钢有限公司签订的 2# 板坯连铸机总承包项目为莱芜钢铁的重点改造项目；与上海鼎信投资（集团）有限公司签订的印尼苏拉威西矿业投资有限公司年产 100 万 t 不锈钢连铸工程，是中国重型院进入印尼市场的开拓性项目；与福建青拓实业股份有限公司签订的连铸机项目，包括 1 台 180mm×180mm 八机八流不锈钢方坯连铸机和 1 台（180、200、230）mm×（900 ～ 1 600）mm 不锈钢板坯连铸机生产线。

2）在管棒（型）材加工装备专业，与艾切斯（成都）无缝钢管有限公司签订的钢管热处理生产线总承包设计及分包制造合同，是中国重型院首次承担的钢管热处理生产线总包设计项目，实现了由单体设备向工艺总布局的开拓；与石钢京诚装备技术有限公司签订的 φ80 ～ 350mm 棒材精整线，是目前国内规格最大、规格范围跨度最大、自动化程度最高的棒材精整线，该机包含压力矫直、七辊矫直、砂轮倒棱、倒棱后打捆称重收集、抛丸、探伤、缺陷料收集和成品材打捆称重收集等工艺环节。

3）在金属挤压／锻造装备专业，与土耳其FORMAL铝业公司签订的30MN双动正向铝挤压机项目，是中国重型院挤压装备技术开拓国外市场的又一成果。与东北轻合金厂签订的25MN正向双动挤压机项目、5 000t挤压机“水改油”项目，标志着中国重型院的金属挤压装备在中铝集团公司三大铝加工厂均占有了一席之地；与中国二重签订了3 000kN/7 500kN·m大型锻造操作机项目合同，这是继江苏国光大型锻造操作机之后，又一次签署全球最大的锻造操作机合同。

4）在环保装备专业，与河北敬业钢铁、宝钢特钢韶关、唐山东海钢铁、河南闽源特钢、江苏镔鑫钢铁等用户签订了多套转炉煤气干法回收系统总承包项目。

3. 技术改造项目情况

1）中国重型院总承包的攀钢集团攀枝花钢钒有限公司3#方坯连铸机高效低成本改造项目于2017年2月热试成功，该项目在保证生产200mm×200mm方坯品种钢的基础上，通过对连铸机实施工艺设备改造，提出全新的水冷设备和出坯装置的设计方案，达到了改造后高效低成本生产160mm×160mm方坯建筑用钢的目标。

2）中国重型院承担的伊朗霍尔木兹干钢铁公司结晶器改造项目、连铸矩形坯改造项目分别于2017年6月11日、6月18日热试成功。结晶器改造项目主要包括优化结晶器铜板冷却结构和二冷喷淋系统、优化结晶器铜板表面镀层以提高铜板使用寿命，增加窄面插入件导向系统以提高窄面铜板浇钢过程的稳定性等内容。改造后生产的板坯表面质量明显提高。宽板连铸机〔200mm×（900～2 000）mm〕改造生产矩形坯〔200mm×（400～600）mm〕项目，主要包括结晶器系统、引锭系统、二冷系统、液压系统等内容。改造后生产出的矩形铸坯质量良好。

三、企业科技创新情况

中国重型院重视企业自主创新能力的建设和科技投入，2017年加大了研发经费的投入力度，并把科技投入作为企业战略性投资，保证每年的技术投入率不低于10%。2017年获得批准的国家、省市、集团、区科技计划项目12项，全年承担的各级科研计划项目60余项。获奖科技成果7项，通过鉴定的科技项目5项，已验收的科技项目23项。2017年，公司已申请专利127项（其中发明专利64项），授权专利146项（其中发明专利85项），申报软件著作权1项，授权1项。荣获“国家高新技术企业”荣誉称号，入选为“2017年度陕西省首批20家智能制造示范试点企业”。

1. 自主研发的先进技术及装备9项

1）WG-10-HLS两辊温轧管机属国家重大专项“事故容错燃料关键技术研究”中的重要研究内容之一。该温轧机采用高频感应和氢气混合加热、全变形段可调恒温保护等创新技术，首次实现由两辊轧管机在650～750℃下成功轧制出超长薄壁的难变形金属钼管，实现了事故容错燃料包壳管材料的突破，提高了核电的安全性和经济性。

2）十辊棒材矫直机组采用全新的辊系布置形式和传动方式，提高了全长范围的矫直精度，降低了头尾的矫直盲区。全新改版的调角机构，使调整更加灵活可靠。矫直辊液压快开技术的引入，解决了困扰已久的撞头、划伤等一系列矫直问题。

3）60MN双动反向挤压机是生产高性能精密无缝铝管的核心设备，采用双动双轴式结构等10余项自主专利技术，实现了摩擦力和速度双闭环控制的有效摩擦挤压，解决了大型反向挤压机主剪刀液压缸的供油和模具残料快速高效分离的问题，大幅提高了生产效率，降低了生产成本和能耗。

4）核级锆合金轧制生产线，为国内首套专门用于批量（同时6组）核级锆复合板等温同时长预热／补温的高效集中轧制工艺生产线，最大轧制压力为5 000 kN，轧制压力测量精度为-5～5kN，最大轧制速度为30m/min。该项目的投产标志着核能新材料重大核心装备的国产化取得了新突破，对推进我国核电产业发展具有重大意义。

5）芯体混料成型系统，由粉末成型油压机和杂物箱系统组成，用于特殊金属粉末在无氧条件下的高压成形，是核材料产品制备的核心设备。该设备首次采用三工位双模具交替作业；应用全预应力框架、小流量动态保压等多项技术；发明设计了浮动式可移动工作模架、快速换模小车等保证了大型制品的工艺要求，成品率明显提高。

6）四级全干式机械真空泵试验台，为国内首套超大型集散式（级间串联＋级内并联）机械真空泵组合试验台，具有能耗低、操作灵活、真空脱气能力强等特点，抽气效率可达95%以上，适用于各种吨位的RH精炼装备。

7）工业铝材挤压在线精整设备关键技术，研究出双牵引装置的速度与力量双闭环控制方法，研制出新型侧夹式双牵引装置、高效汽水雾化联合淬火装置、指式夹钳和倾斜式夹钳的在线拉伸矫直机等，研发的红外无线传输控制系统，首次实现了红外无线传输技术在挤压生产线上的应用。

8）高性价比位置闭环液压控制技术及成套装置的研究，首次将轻量化的无泄漏逻辑阀应用于现代化板坯连铸机扇形段动态辊缝调节控制系统中，研制出控制精度达到±0.05mm且极大地降低了能耗的高性价比控制技术及成套装置，解决了采用比例阀或者伺服阀控制带来的价格昂贵、能耗高、电气控制复杂、维护困难、可靠性低及运行成本高等行业技术难题，大量推广应用于中国重型院新建及改造的现代化板坯、方坯、圆坯及矩形坯连铸机项目中，达到了产业化生产的目标。

9）全自动打捆机，包括全自动周向打捆机和全自动穿心打捆机，均为中国重型院首台产品。全自动打捆机采用内置弹簧式导带系统，穿带稳定、故障率低、结构简单、占用空间小，其对包装线的生产效率及产品质量有显著提高，并向包装线的无人化迈进了一大步。

2017年公司重大科技成果及获省部以上科技（进步）奖项见表1。

表1 2017年公司重大科技成果及获省部以上科技（进步）奖项

序号	项目名称	完成年月	主要性能参数及技术内容简介	成果水平评价	负责单位／参与单位
1	300t高效RH真空炉外精炼装备开发与应用	2014年6月	该项目创新研制出300t RH真空炉外精炼的钢包顶底复吹氩气技术装备，提高了精炼效率；真空炉外精炼多料仓的快速真空加料技术，实现合金原料的自动、精确、快速加料；三孔顶枪喷吹技术，实现了钢液的快速脱碳与升温；全自动钢液测温取样系统，实现了钢液的快速准确检测。主要技术经济指标：水蒸气喷射真空泵抽气能力：1 200kg/h（在67Pa时）；极限真空度：20Pa；抽气时间：≤3.5min；终点C含量：≤15×10^{-6}；预热枪在线烘烤升温速度：≥50℃/h；终点H含量：≤1.5×10^{-6}	该项目的成果技术已达到国际先进水平。获得了2017年度陕西省科学技术奖二等奖、中国机械工业科学技术奖二等奖	中国重型机械研究院股份公司
2	工业铝材挤压在线精整设备关键技术与应用	2015年4月	该项目解决了125 MN工业铝材挤压在线精整设备的关键技术难题，包括：双牵引的技术路线和实现方法、铝材快速冷却的技术原型和理论依据、程序拉伸矫直技术、大型工业铝材定尺锯切分离技术和在线精整设备集成自动化控制网络技术等。该项目研制出了可保证工业铝型材尺寸精度、力学性能和成材率、能耗低、自动化程度高的125 MN工业铝材挤压在线精整生产线，将成果推广应用到系列化产品中	该项目成果整体达到了国际先进水平，其中侧夹式双牵引装置、高效气－水雾化联合淬火装置和红外无线传输控制系统达到了国际领先水平。获得2017年度中国机械工业科学技术奖一等奖	中国重型机械研究院股份公司、辽宁忠旺集团有限公司、西北工业大学、山东兖矿轻合金有限公司
3	φ323mm深海管线超高压水压试验装备研发及应用	2015年12月	该项目属于钢管设备行业压力测试领域，特别是对深海管线用高强度钢管进行自动打压测试的机电液一体化技术高度集成的装备。创新研发出超高压增压器与充水装置集成的钢管水压试验超高压增压技术、200MPa超高压钢管水压试验分步增压技术、200MPa超高压钢管端部10～15mm间隙的模具密封、钢管水压试验压力精度达0.5%的200MPa超高压控制技术	该项目研究成果达到了国际先进水平。获得2017年度中国机械工业科学技术奖三等奖	中国重型机械研究院股份公司、天津钢管集团股份有限公司
4	LG-730-HLS伺服控制两辊冷轧管机	2015年1月	该项目从分析管材轧制成型机理入手，突破周期轧制大惯量动力学平衡、分散多动力伺服回转送进技术、大型管材侧上料技术以及大口径管材两辊轧制的孔型设计等一系列关键技术，研发并投产了成品最大规格达φ730mm的世界首套冷轧管成形装备，掌握了大口径无缝管材冷轧装备的成套设计核心技术	该装备在最大坯料规格、最大成品管规格，最高轧制速度等技术指标上均为世界之最，具有完全自主知识产权，整体技术水平达到了国际领先水平。获得2017年度中国机械工业集团科学技术奖一等奖	中国重型机械研究院股份公司、浙江久立特材科技股份有限公司、西安交通大学、燕山大学、中钢集团西安重机有限公司

2. 创新平台建设及产学研转化

中国重型院结合国家创新体系建设，凝聚科技创新团队创建的研发平台已覆盖钢液精炼、连续铸钢、金属轧制、金属挤压／锻压、环保、煤化工专业技术领域。机械工业金属材料挤压／锻造重点实验室和机械工业连铸技术装备重点（工程）实验室通过了中国机械工业联合会组织的考核评估；陕西省大型工业铝型材挤压技术与装备工程技术研究中心在评估中获得优秀；省级技术转移示范机构在年度考评中获得优秀；市级企业技术中心通过了复审，并被评为优秀。

“高品质特殊钢特超厚板连铸技术及创新平台”解决了高品质特殊钢特超厚板连铸技术及工艺新技术开发的瓶颈问题，也为工程项目的实践应用提供了技术支持。2017年，完成了最后一个科研子课题“厚板铸坯二冷区换热边界条件研究及喷嘴冷态试验台”的建设和测试任务后，该项目已完成了合同要求的全部研发内容。

“高端钢板精整生产装备工程技术研究中心”针对行业发展中的重大技术问题，在消化引进技术和自主研究的基础上，持续不断地将科研成果进行工程化研究开发。解决了科技成果转化过程中在工艺、装备、测试、标准及产品质量等方面的薄弱环节。

“智能轧制数据中心”对已投产的轧制生产线进行互联，组建起轧机智能数据库，实现了远程数据的采集、状态监控和诊断功能，并可对数据进行分析和挖掘。根据实际生产数据，利用数据库研发模拟轧制模型，为后续国产高端轧制装备的开发提供技术参考。

中国重型院坚持走产学研用合作方式，结合现有的创新平台，在多项重大项目中与国内知名高校和大型企业开展广泛的合作，分别与燕山大学、重庆大学、西安交通大学和中南大学等一起在多专业领域联合进行创新攻关。瞄准国际高技术前沿，针对行业发展中的重大需求，开展应用技术研究，关键技术和共性技术研究，取得了显著成效。

四、标准化工作情况

2017年，由中国重型院主持、参与制定的13项国家、行业标准已经国家标准管理委员会、工业和信息化部正式发布。其中，主持制定的标准包括：《铝型材辊式矫正机》《冷轧管机噪声测量与限值》《单双动反向卧式铝挤压机》等六项行业标准；参与制定的标准包括：《冷轧机组主传动鼓形齿式联轴器》《冷轧机组主传动十字轴式万向联轴器》《热连轧主传动十字轴式万向联轴器》等五项国家标准及两项行业标准。

〔撰稿人：中国重型机械研究院股份公司装备信息研究所宋晔　审稿人：中国重型机械研究院股份公司装备信息研究所孟令忠〕

北京起重运输机械设计研究院有限公司

一、基本情况

北京起重运输机械设计研究院有限公司（以下简称“北起院”），成立于1958年，经过半个多世纪的发展，由原机械工业部直属的国家起重运输机械行业技术归口研究所发展成为集科研、设计、生产制造、安装调试、工程承包、检验检测、咨询监理服务为一体的国有科技型企业，隶属于世界500强企业中国机械工业集团有限公司二级公司中国中元国际工程有限公司。注册资本金20 000万元，现有职工500余人。

公司拥有起重运输机械、索道、矿用机械三个特种设备检验检测资质证书，拥有ISO9001、14001、18001体系认证证书，拥有索道前期咨询、项目管理咨询证书，还拥有国内唯一的索道工程甲级设计资质证书。

公司拥有客运索道、自动化物流仓储、起重机械、散料运输四大工程业务板块，已承包建设的各类工程近2 000项，获得了300余项国家及省部科技成果奖。是我国起重运输机械行业综合技术实力最强的企业之一。

公司担负着国际标准化组织起重机技术委员会（ISO/TC96）主席的职责，拥有博士后科研工作站、机械工业物料搬运工程技术研究中心、北京市自动化物流装备工程技术研究中心、机械工业起重机械轻量化重点实验室等国家及省部研发平台。公司设有国家起重运输机械质量监督检验中心、国家客运架空索道安全监督检验中心、国家安全生产北京矿用起重运输设备检测检验中心三个国家检验中心，主办了《起重运输机械》行业核心学术期刊。

全国起重机械、连续搬运机械、物流仓储设备、工业车辆四个标准化技术委员会秘书处，中国索道协会、中国机械工程学会物流工程分会、中国工程机械工业协会工业车辆分会、中国重型机械工业协会物流与仓储机械分会、桥式起重机专业委员会五个国家行业协会、学会秘书处设在北起院，为我国物料搬运机械行业的技术进步发挥着重要作用。

二、企业发展情况

1. 改革改制情况

2017年，按照国务院办公厅发布的《中央企业公司制改制工作实施方案》的文件精神，经过成立领导小组及工作小组、制定改制计划、确定公司名称、确定公司章程、上报改制方案并获得批复、向工商递交材料等阶段，北京起重运输机械设计研究院有限公司、北京科正平工程技术检测研究院有限公司按计划完成了改制工作，分别于2017年11月2日和2017年10月19日取得了新的营业执照。

2. 生产发展情况

2017年，北起院实现新签合同额12.451 4亿元，完成了年度指标的117%；实现营业收入7.042 6亿元，完成了年度指标的116%。完成各类工程项目合同120项，交付合同金额9.492 3亿元。

在客运索道板块，新签合同35项，合同金额51319万元，其中，脱挂索道13条，占合同金额的80.17%。生效合同34项，合同金额 57 121万元，完成了考核指标的150.32%。2017年的重点工程：①对“中原第一索”河南王屋山索道进行了提升改造，缩短了单程运行时间，使用了目前国内最高的索道支架，支架总高度为80.67m，真实体现了北起院在结构分析和设计方面的能力与水平。② 2017年12月通过验收的吉林庙香山索道，是北起院承接的第二条带风罩的吊椅脱挂索道，单向运量达到了2 600人/h，为有史以来的最大运量。

在物流仓储工程板块，全年新签合同26项，合同金额33 207万元。生效合同24项，合同金额32 451万元，完成了考核指标的92.72%。全年完成了14个项目的验收。SEW电机（苏州）立体库三期，是北起院为SEW中国工厂承建的第三座立体库，也是北起院在智能制造领域的第一个项目。该项目技术难度大，流程复杂，施工周期较长，目前该项目已顺利投入试运行，正在积极争取验收。

在起重机械板块，在起重机行业持续低迷的背景下，北起院依旧占据着行业的主导地位，新签合同77项，合同金额30 700万元。生效合同58项，合同金额22 584万元，完成了年初考核指标的75.28%，占当年新增市场项目数量的60%以上。全年完成了70个项目的验收。埃塞俄比亚垃圾焚烧发电项目，是北起院在起重机领域的首个出口援非项目，通过与集团内部兄弟单位的深入合作，助力“一带一路”建设，将绿色环保领域的成熟技术和经验引入非洲，在非洲起到了示范效应，为非洲实现环境友好的工业化、能源多样化和城市化发展提供了新思路。公司承建的广州市第三资源热力电厂项目，供货设备数量多、种类多，合同金额大，垃圾处理量总规模为4 000t/d，因此，为其配置了6×750t/d的炉排垃圾焚烧炉，该项目的成功运行，展现出北起院的产品实力，为赢取更大的市场打下了坚实的基础。

在散料运输板块，散料运输事业部大力推广“外部广泛合作、内部深入协同”的业务拓展模式，实现了突破发展。新签合同3项，合同金额4 996万元。生效合同2项，合同金额4 221万元，完成了考核指标的70.35%。完成营业收入3 677万元，同比增长180.32%，完成了考核指标的91.82%，占工程承包的比率为5.16%。全年完成了3个项目的验收。签约埃塞俄比亚瓦尔凯特24000 TCD糖厂项目，是国内公司承建的最大精糖筒仓项目，填补了我国在精糖储存技术方面的空白，环保性能更是优于传统筒仓，在功能完整性、技术先进性以及环保性能优越性上都处于国际领先地位。目前该项目的设计和采购工作基本完成。该项目的承接实现了专业产品“借船出海”并为海外业务的承揽与开展积累了经验。

3. 科技成果情况

2017年，北起院获得上级科技奖励4项，一等奖1项，二等奖1项，三等奖2项。2017年获得的上级科技奖励情况见表1。

表1 2017年获得的上级科技奖励情况

序号	项目名称	奖励单位	获奖等级	获奖年份
1	起重机智能吊具关键技术研究及应用	中国机械工业联合会	三等奖	2017
2	高速大运量脱挂式客运索道规模制造关键技术研究	中国中元国际工程有限公司	一等奖	2017
3	宜家分拨（上海）有限公司二期项目关键技术的应用	中国中元国际工程有限公司	二等奖	2017
4	起重机取物装置防摇系统	中国中元国际工程有限公司	三等奖	2017

此外，在2017年机械工业质量品牌提升大会上，北起院的“自动化立体仓库”和“桥式起重机”获得了“中国机械工业名牌产品”称号。在国机集团2017年度“国机质量奖”的评选中，北起院的“高速大运量脱挂索道”荣获“国机质量奖”产品类项目奖。2017年，北起院共申报专利48项，其中发明专利10项。已获得专利21项，其中发明专利5项，实用新型专利13项，软件著作权3项。

2017年，北起院的在研科研项目数量为25项，其中，国家科技支撑计划4项，科研院所专项3项，北京市重大专项1项，东城区科技计划项目1项，公司科技基金项目16项。国家科技支撑计划的4个课题顺利通过了上级主管部门对项目的现场中期审查，并获得了中国机械工业联合会专家组的高度评价。其他各重点项目也进展顺利，取得了较好的阶段性成果，为项目的最终验收打下了坚实的基础。

4. 产品质量及标准工作情况

2017年，组织开展了24项国家标准和43项机械行业标准的制（修）订工作，其中13项国家标准和10项行业标准由该公司作为第一负责归口单位或负责起草单位之一完成制（修）订工作，值得一提的是，国家标准《铸造起重机报废条件》已达到国际先进水平，《立体仓库货架系统设计规范》等3项标准均为国内先进水平。在国际标准工作方面，申报了国际标准提案1项：《工业车辆—可持续性—术语、因素和报告》。

5. 技术改造情况

2017年，北起院的“智能起重机（搬运机器人）关键技术与成套装备研究”被列为国机集团重点技术研发项目。在北起院获得预研科研基金支持的基础上，获批为国机集团重点技术研发项目，项目支持资金为1 000万元。公司积极组织国家科技支撑计划课题的实施，开展行业前瞻性或共性技术研发；积极开拓行业的技术合作与服务项目，进一步加强北起院的行业地位和技术支撑作用。

依托北起院的“机械工业物料搬运工程技术研究中心”“机械工业起重机械轻量化技术重点实验室”和“北京市自动化物流装备工程技术研究中心”的建设和顺利运行，北起院将逐步增加研发投入，加强科技成果转化，提升科研实力和行业影响力。

2017年，公司发布了《在职人员攻读研究生学历学位管理办法》，旨在鼓励职工利用业余时间进修学历学位；制定了《应届毕业生招录与培养管理办法》，规范了应届毕业生招录的基本条件、工作流程，明确了应届毕业生的职业规划、培养方式和追踪评价机制，完善了应届毕业生的服务期管理。

三、企业发展中存在的主要问题

根据中央编办、质检总局《关于整合检验检测认证机构的实施意见》，力争到2020年，通过整合做强做大检验检测认证机构，这将给北起院的检验检测业务带来一定的不确定性。

目前，北起院的三个国家级检测中心（质检中心、索检中心和安检中心），在行业内有良好的声誉和业绩，具备做强做大的条件，希望国机集团能够给予科技基金扶持，扩大并充实其业务范围，保持北起院检验检测板块的不断发展。建议在国机集团层面搭建大的、统一的检验检测平台，以满足政策和市场的需求。

〔供稿单位：北京起重运输机械设计研究有限公司〕

洛阳矿山机械工程设计研究院有限责任公司

一、企业发展情况

1. 生产发展情况

2017 年，是公司发展企稳回升的重要一年。洛阳矿山机械工程设计研究院有限责任公司（简称“矿研院”）按照公司要求由传统动能向传统动能+新动能两轮驱动转变。公司围绕打造具有全球竞争力的一流先进装备制造企业和优质公众公司的愿景目标，巩固、优化、提升传统业务的盈利能力和竞争能力；持续加快新技术、新产品的市场培育和市场推广。公司在技术研发创新方面瞄准国家宏观政策，盯紧市场与客户需求，对标国内外先进技术，不断提升引进消化吸收再创新能力，不断提升自主创新、协同创新能力，形成了一批具有自主知识产权的前瞻性、引领性、突破性、集成性的创新技术。公司还持续培育高端产品及核心技术，提升主导产品的市场竞争力，支撑重装板块和工程成套板块的稳健发展。

（1）创新驱动能力不断提升。在技术创新进步方面公司坚持以市场需求为导向，以大规模产业化为目标，不断强化核心产品的基础研究、对标国际技术研究，不断强化新技术新产品的开放创新、协同创新、集成创新，不断强化价值工程、降本增效、产业化推广。

1）矿用磨机。完成了大型磨机结构适应性、衬板结构及材料、传动技术和设备选型等关键技术研究，完成了衬板的仿真分析、3D 扫描研究报告 29 份。

2）提升机。完成了大型提升机主机、电动机、闸控、变频传动机电液一体化基础研究，完成了 1 500m 深井用多绳摩擦式提升机的设计开发研究。

3）回转窑。完成了回转窑的结构优化、加工制造等基础研究，致力于水泥成套装备开发，完成了六级预热器及分解炉、第四代篦冷机、堆取料机等新装备的开发。

4）辊压机。完成了辊压机在水泥原料终粉磨、有色金属矿、铁矿石破碎等领域的应用研究，开展了辊压机辊面及进料侧板耐磨性能等攻关研究。

5）破碎机。完成了 CCS870、CCS895 两种规格单缸液压圆锥破碎机的对标开发，具备“初碎 + 中细碎 + 高压辊磨机破碎”全流程供货和整体解决方案的能力。

6）立式搅拌磨。继续推进大型搅拌磨的开发和市场推广，完成了螺旋衬板、筒体栅格衬板等关键件的攻关研究，开展了实验及选型工艺技术研究，完成了 CSM 系列大型立式搅拌磨产品鉴定，制定了《立式搅拌磨》行业标准。

7）过滤机。开展了 450m^2 特大型过滤机设备技术研究，进一步降低了投资成本，提升了产品竞争力，持续加快过滤机在电力、环保等领域的推介力度。

8）装备智能化研究。开展了矿渣粉磨、大型破碎机、大型矿用磨机、过滤机智能控制系统及关键技术的研究，中澳铁矿、紫金集团半自磨机智能控制系统正在调试，新签订了为中国有色矿业集团的刚果（金）Dizewa 项目提供半自磨机智能控制的合同，目前，正在洽谈云南紫金、云南普朗、华联锌铟、兴澄特钢等公司的一批智能控制系统，以助推公司核心装备转型升级。

9）高端装备制造。与中国原子能科学研究院签订了 250MeV 超导回旋加速器主磁铁加工制造项目，这是公司首次步入高端医疗设备制造行业；首次签订了海工备件 ϕ7m 替打环，开拓了海工装备的高端铸锻件市场。

10）盾构机。紧紧抓住“洛阳地铁洛阳造”的政策机遇，实现了 11 台盾构机的订货，按期完成了盾构机的盾体、刀盘、后配套台车的转化设计。

（2）技术准备与服务及时到位。根据公司生产和技术准备计划，以品质提升为重点，加强技术准备与技术服务的组织与协调管理，重点抓出国产品和国内重点产品，确保其技术准备与技术服务按期保质保量到位。

（3）技术支持市场稳步推进。公司举办了电厂脱硫石膏脱水专用 GPYT 系列过滤机、辊压机原料终粉磨系统、立式搅拌磨等技术推介会，有效地加快了创新产品的市场推广应用。技术部门积极主动配合营销部门提高项目中标率，确保市场开拓的售前、售中的技术支持率达 100%。完成了投标报价 2 225 项，其中国外项目 907 项。

（4）技术创效定位更加清晰。在公司的大力支持下，经过全院上下共同努力，技术与市场、客户的距离进一步拉近，在手的信息管理、市场订货、合同执行等能力进一步提升，技术创效的主动性、积极性进一步增强，为“十三五”期间技术创效的做大做强打下了良好基础。

（5）信息化建设进一步提速。公司依托“双创示范基地建设”和“特种机器人智能工厂建设”两个国家重点支持项目，持续推进信息技术的建设与应用。通过信息技术的对外合作和自主开发，中信重工设计云平台、工程项目管理信息平台、产品三维参数化设计平台、财务管控平台、固定资产管理系统开发、资产投资项目管理系统开发、智能制造与数字化工厂建设等全面展开。特种机器人智能工厂建设项目完成了重装厂一车间生产管理 MES、DNC 系统的建设，确定了伊滨车间数字化物流、仓储、智能诊断与检测、组装与调试的技术方案。

依托中信集团“互联网 + 转型”发展战略，结合企业自身实际情况，以产品智能化研究和工业物联网应用研究为切入点，积极推进提升机、立磨、矿用磨机等产品的远程运维服务，取得了预期的信息化建设成效。

（6）行业工作保持良好发展态势。行业部门进一步发挥协同优势，强化市场开拓力度，积极拓展服务领域，争取政策、资金支持，努力提升自负盈亏能力。

检测中心拓展成港口大型设备、矿山在用设备、工程项目设备监理等三大支柱业务；应用技术实验室完成了破磨试验及选型 112 项，有力地支持了市场开拓，使外部收入占比接近 40%；标准化完成了 36 项国家及行业标准的制（修）订和公司标准化技术服务；仿真分析与工业设计中心完成了成飞等外部客户 CAE 分析工作；杂志社、矿山机械分会等行业部门联动，成功举办了全国 2017 年矿井提升设备技术培训班，完成了《矿山机械》杂志发行工作。

“矿山提升设备安全准入分析验证实验室”的建设接近尾声，通过了矿山重型装备国家重点实验室、国家级工业设计中心、高新技术企业的复评审，进行了技术创新平台的评审申报，已得到河南省矿业工程产业技术创新联盟的批复。

1. 市场经营及销售情况

市场定位更加清晰。公司依托专业所自身的技术优势主动出击，在细分市场领域捕捉发展机遇，在传统产品拓展应用、设备成套订货、电厂脱硫石膏过滤机、高端装备制造等新产品推介方面取得良好效果，港口检测业务、设备改造等技术服务创效能力持续提升。

2. 科技成果及新产品情况

2017 年，公司创新驱动发展能力的持续提升，助力公司品牌价值提升。“千万吨级矿井大型提升成套装备研制”“φ5m 敞开式硬岩掘进机”获评河南省科技进步奖二等奖；“大升程水力驱动式垂直升船机核心装备研制与工程应用”“CSM 系列大型立式搅拌磨”“高效节能大型棒磨机装备”“大型磨机关键加工工艺研究与制造技术”4 个项目通过了科技成果鉴定，获得行业专家的高度评价；正在执行的国家、省市重大科研专项计划得到了评审专家的一致肯定，“液压重载机械臂关键技术研究与应用验证”列入国家重点研发计划项目，新申报省、市重大科技专项 2 项，申报专利 43 项，授权专利 12 项。2017 年公司的重大科技成果及获省市以上科技（进步）奖项见表 1。

表 1　2017 年公司的重大科技成果及获省市以上科技（进步）奖项

序号	项目名称	主要性能参数及技术内容简介	成果水平评价	负责单位 / 参与单位
一	获奖项目			
1	φ5m 敞开式硬岩掘进机	主要性能参数： 掘进机开挖直径：φ5 000mm/5 030mm（磨损后 / 新刀） 驱动功率：1 960 kW；掘进速度：7.2 m/h 最小转弯半径：235m 技术内容简介： φ5m 敞开式硬岩掘进机实现了多项关键技术的突破：①目前采用连续皮带出渣的掘进机直径均在 8m 以上，该项目首次将连续皮带出渣技术、辅料无轨运输技术应用于 φ5m 敞开式硬岩掘进机，大幅提高了掘进机的施工效率，连续皮带出渣技术解决了小直径有轨机车出渣不连续带来的出渣速度慢的问题。②辅料无轨运输技术可满足最大坡度 12° 的施工要求，解决了大坡度施工带来的运输难题。③系统满足了小转弯半径的施工需求，最小转弯半径 R 为 235m，施工应用范围更宽，配套采用的十字铰接结构，解决了曲线掘进带来的配套台车脱轨问题。④该项目的高功率密度驱动技术，保证了掘进效率。⑤主轴承与末级大齿轮采用分体式设计，应用不同材质，充分发挥了各自的材料性能，受力更合理，提高了可靠性，节约了成本，维修更方便。⑥推进系统主推液压缸与机架连接采用球头联接，解决了传统关节轴承联接由于大推力引起的压溃失效问题，系统可靠性更高。⑦系统配备的钢拱梁拼装机采用摩擦传动，解决了恶劣施工环境下传统开式齿轮传动系统崩齿，齿面点蚀等失效问题，减少了开式齿轮润滑工序，使维护更便捷，使用成本更低。⑧系统配备实时智能纠偏的导向系统和护盾智能调节功能，保证了施工过程中隧道轴线随时与设计轴线比较并纠偏	中国机械工程学会组织国内同行业专家组成专家委员会，形成鉴定意见：项目在结构设计及系统集成等方面有创新，具有自主知识产权，成果整体达到了国际先进水平	负责单位：中信重工机械股份有限公司 参与单位：洛阳矿山机械工程设计研究院有限责任公司、中煤科工集团上海有限公司

（续）

序号	项目名称	主要性能参数及技术内容简介	成果水平评价	负责单位／参与单位
2	GPYT系列石膏专用过滤机	随着近年来技术攻关，研发了GPYT系列石膏专用过滤机，过滤面积囊括5m²、10m²、20 m²、40 m²、60 m²、80 m²、100 m²、120 m²、140 m²、160 m²和180 m²，填补了立盘过滤机在石膏脱水中应用的空白，整体性能达到了国际先进水平 主要技术创新如下： （1）针对刮刀剐蹭滤布的问题，该项目中的分配头在传统的三个分区设计的基础上，增加了滤布吸合区，在滤布吸合区设置滤布吸合装置，通过滤布吸合装置，可以将吹起的滤布从远离滤布的位置吸附到滤板上，这样就可以防止乱刀磨损滤布 （2）针对滤饼卸饼时的返水问题，该项目的中心轴流道采用双流道设计，即将传统的单流道分为两个相对独立的流道，其中一个流道与负压相通，实现吸料和吸干的功能，另一个流道作为吹风通道，两流道之间装有单向阀，该单向阀可以阻止两流道之间相互窜气 （3）针对滤盘的产能受限于立盘过滤机的液位问题，该项目研发了高位喷淋装置，在滤盘刚露出槽体液面时，从滤盘两侧继续给滤盘进料，增加了滤盘的工作区域，从而提高了过滤机的产能和生产效率 （4）针对设备低液位时漏真空的问题，该项目研发了侧面布料装置，该布料装置仍能将料浆均匀地布洒在扇形板表面，不漏真空，确保过滤机在液位低时仍可以正常运行 （5）针对滤饼的高水分和滤布重生液位大幅降低的问题，该项目研发了可调整刮刀卸料和定时间隔反吹重生滤布的综合卸料方式。刮刀卸料可以避免吹风卸料的返水现象发生，可以避免吹风引起的真空损失，可以有效降低水分，滤布定时间隔反吹重生最大限度地降低了滤布重生引起的槽内料浆液位波动 （6）针对搅拌装置引起的维护工作量增加的问题，该项目研发了具有搅拌效果的滤盘，滤盘运转时带动搅拌装置对料浆进行充分的搅拌 （7）针对传统的滤盘结构复杂维护困难的问题，该项目研发了链式导轨结构和扇形板“S”钩固定的结构，此种技术可以使扇形板方便拆卸，容易维护	经查新该项目未见相同和相近的报道。经国家矿山机械质量监督检验中心检测，所检验项目符合设计要求。经中国机械工程学会组织的科学技术成果鉴定：该项目总体技术达国内领先水平	负责单位：洛阳矿山机械工程设计研究院有限责任公司 参与单位：中信重工机械股份有限公司
3	千万吨级矿井大型提升成套装备研制	随着近年来技术攻关，中信重工机械股份有限公司等研发单位在机械理论计算、产品结构创新、制造工艺改进、制动系统原理创新、变频驱动研究等领域取得了重大突破，开发的JKMD－6.2×4PⅢ、JKMD－5×4PⅢ等提升机机电液一体化成套装备填补了国内特大型提升机的空白，整体性能达到国际先进水平。主要技术创新如下： （1）发明了大功率电动机与主轴之间锥面过盈的直联结构及安装与拆卸工艺方法，实现了低速电动机与主机间大转矩的可靠传递；主轴端部悬挂电动机转子，电动机无轴承没有摩擦损失，设备整体尺寸小、重量轻；通过锥面过盈特性研究，形成了大转矩传递设计方法，开发出锥面精准测量技术、锥面过盈连接无损安装与拆卸技术，保证了重载大转矩锥面过盈连接的安全可靠性 （2）发明了多绳天轮装置新型分体式无缝组合轴瓦及制造方法，消除了大型重载天轮承载不均、螺栓剪断、异响等缺陷；分体式轴瓦可实现在天轮井架上直接拆卸及更换，降低了重载天轮维护停产的时间和费用；改善了润滑效果、方便了轴瓦清洗，从而延长了使用寿命 （3）发明了大惯量双工作点双恒值闭环恒减速安全制动系统，首次实现重载上提和下放的恒减速值分别设定，解决了大质量模数提升机的安全制动问题，可有效减少提升系统容器的配重、从而提高提升效率；采用全方位安全控制和故障监控技术，提高了设备安全性和可靠性 （4）开发了CHIC低速重载大功率提升机专用变频器，首次采用基于磁场定向的矢量控制技术，具有电动机参数自动辨识及参数自适应功能；适用于大功率低速同步电动机，具有超低速运转和零速悬停功能，0.01Hz下可达2.0倍额定转矩；动态电流响应时间小于10ms	经国家矿山机械质量监督检验中心检测，本项目所有指标均符合国家标准要求。专家鉴定意见认为“该项目研发的大型摩擦式提升机机电液一体化成套产品实现了完全自主研制和生产，打破了国外垄断。在机械结构、恒减速闸控系统和电控系统应用研究等方面实现了集成创新，整体性能达到了国际先进水平”	负责单位：中信重工机械股份有限公司 参与单位：洛阳矿山机械工程设计研究院有限责任公司

（续）

序号	项目名称	主要性能参数及技术内容简介	成果水平评价	负责单位 / 参与单位
二	鉴定项目			
1	高效节能大型棒磨机装备	高效节能棒磨机装备是目前国内自主成套开发的、具有最高装机水平的、已经稳定运行的最大规格的棒磨机，其标准达到了国际棒磨机的先进水平。该棒磨机组成套装备在设计中采用了许多专利新技术，并对国内外产品使用中存在的问题进行了有益的改进，并采用了计算机辅助设计、有限元分析、模态分析、离散元分析等先进设计手段，无论是整机的成套性，还是各部件的结构设计都居于国内外领先水平，达到了国外先进公司的技术水平，完全可以替代进口产品 项目自主研发出全球最大的湿式棒磨机装备，主要创新点如下： 分析了介质运动状态和水煤浆棒磨粉磨机理，建立了水煤浆物料试验方法；基于离散元技术，构建了棒磨机介质运行仿真计算模型；搭建了水煤浆棒磨试验装置，开发了水煤浆棒磨机的选型计算软件，建立了选型数据库，提高了水煤浆棒磨的运行效率；发明了给料端高压水密封结构，防止了矿浆外溢，避免了环境污染和浪费；发明了沉积式自保护进料装置，减少了输送管道的磨损；首次在棒磨机中采用静压主轴承，提高了运行可靠性；研发了全自动加棒机，降低了劳动强度和辅助时间，提高了工作效率。 建议加快该项成果的推广应用	经国家矿山机械质量监督检验中心检验，产品性能指标超过国家标准要求 中国机械工程学会组织国内同行业专家组成专家委员会，形成鉴定意见：项目成果总体技术达到了国际先进水平，其中高压水密封技术达到了国际领先水平	负责单位：洛阳矿山机械工程设计研究院有限责任公司 参与单位：中信重工机械股份有限公司
2	大型磨机关键加工工艺研究与制造	大型磨机关键加工工艺研究与制造项目的主要研究目标是解决矿用磨机大型化过程中关键件（筒体、端盖、大齿轮等）的制造水平难以提高的问题以及总装过程技术需要不断完善的问题，从而达到在国产磨机大型化进程中设计能力及制造能力整体提升的目的。提升国产大型磨机和超大型磨机在世界舞台上的竞争力 该项目针对大型磨机关键加工工艺研究与制造进行了深入的研究，实现了多项关键技术突破：①研发了大型磨机多瓣组合端盖的加工工艺技术，解决了多瓣端盖在加工制造中存在的多瓣角度不准、锥面壁厚不均匀、刚性弱易变形等技术难题。②研发了大型磨机多瓣组合筒体的加工工艺技术，解决了多瓣筒体在加工制造中存在的多瓣角度不准、刚性弱易变形等技术难题。③研发了大型磨机四瓣组合大齿轮的加工工艺技术，发明了大直径四瓣组合大齿轮的制造工艺方法，解决了壁厚一致性、变形、连接及齿形精度等技术难题。④研发了 120° 薄壁铜瓦的加工工艺技术，有效地降低了加工引起的变形，解决了剖分薄壁铜瓦加工变形及粗糙度难以达到的问题，实现了进口铜瓦国产化 围绕该项目，获得授权发明专利 5 项，发表论文 3 篇 2017 年 12 月 20 日通过中国机械工程学会组织的成果鉴定，一致认为该项目成果在大型磨机制造领域达到了国际先进水平 该项目研发的主要工艺技术已应用于中信重工澳大利亚 SINO 铁矿项目设计制造的 ϕ12.20m×11.00m 自磨机和 ϕ7.90m×13.60m 溢流型球磨机上，上述磨机均为国内磨机生产厂家制造的最大规格的自磨机和球磨机。应用该项目研发的大型磨机四瓣组合大齿轮的加工工艺技术，使中信重工制造的直径 ϕ8m 以上、大模数、精度 AGMA2000-A88 标准 Q10 等级大齿轮的国内市场占有率达到了 95% 以上，中信重工制造的直径 ϕ8m 以上、大模数、高精度的大齿轮已经达到了国际先进水平。应用该项目研发的 120° 薄壁铜瓦的加工工艺技术，为中信重工制造了世界最大规格、内径 ϕ3.6m 的磨机薄壁铜瓦，该大型磨机用薄壁铜瓦达到了国际先进水平，突破了国内大型磨机薄壁铜瓦完全依靠进口的技术瓶颈 通过上述项目的研究，研发出科学、合理的大型磨机关键加工与制造工艺技术，为国产大型磨机的制造奠定了技术基础，加快了国产磨机大型化的进程，为国产大型磨机占领国际市场起到了巨大的推动作用。同时也为公司培养了技术人才，带动了相关产业发展，提高了我国重大装备在国际上的影响力。其经济和社会效益显著	河南省科学技术信息研究院国内查新报告显示：在所列检索范围内，国内未见与该项目大型磨机筒体、齿轮加工技术相同的文献报道 教育部科技查新工作站（L40）国内外查新报告显示：在国内外公开发表的中外文文献中除委托人发表的相关文献外，未见研究内容完全相同的文献报道 中国机械工程学会组织国内同行专家组成专家委员会，形成鉴定意见：该项目成果在大型磨机制造领域达到了国际先进水平。鉴定委员会一致同意通过鉴定	负责单位：中信重工机械股份有限公司 参与单位：洛阳矿山机械工程设计研究院有限责任公司

（续）

序号	项目名称	主要性能参数及技术内容简介	成果水平评价	负责单位／参与单位
3	大升程水力驱动式垂直升船机核心装备研制与工程应用	项目完成了大升程水力驱动式垂直升船机核心装备的研制，包括双螺旋超厚卷筒、微间隙同步轴系统、大规格动滑轮系统、浮筒等。项目研发了双螺旋绳槽厚壁卷筒的加工工艺方法，保证了绳槽位置精度，实现了多组钢丝绳同步；研发了键槽与骑缝销组合结构的卷筒与主轴的联接技术，连接可靠，装配精度高；采用了胀紧套、大型膜片联轴器联接卷筒同步轴系，实现了微间隙传动，提高了承船厢的抗倾斜能力和运行安全性；开发了低速、重载锥齿轮垂直换向技术；研发了卷筒钢丝绳防脱固定装置的新结构，钢丝绳的固定安全、可靠，满足了升船机对卷筒宽度的要求	中国机械工程学会组织的鉴定委员会同意通过鉴定。该项目研发的世界首台套的“大升程水力驱动式垂直升船机核心装备”在设计和制造诸多方面有创新，整体技术达到了国际先进水平	负责单位：中信重工机械股份有限公司 参与单位：洛阳矿山机械工程设计研究院有限责任公司、矿山重型装备国家重点实验室等单位

4. 产品质量及标准工作情况

通过对设计、工艺、管理、生产、经营各环节、各层面的全过程全方位进行质量控制管理，加强质量红线考核，并将考核结果直接与单位和个人的绩效工资挂钩，保证了技术工作质量。产品投入运行后，未出现大的质量事故。

2017 年，公司主持制定的 GB/T 36231.1—2018《矿山机械　图形符号　第 1 部分：矿物开采设备》、GB/T 36231.2—2018《矿山机械　图形符号　第 2 部分：矿物选别加工处理设备》、GB/T 20961—2018《单绳缠绕式矿井提升机》3 项国家标准和参与制定的 GB/T 35737—2017《多绳缠绕式矿井提升机》等 19 项国家标准批准发布。

2017 年，公司还参与了《锤式破碎机　铸造锤头　技术条件》《反击式破碎机　铸造板锤　技术条件》和《破岩滚刀》的制（修）订工作，已经报批。

5. 对外合作情况

（1）公司和中国矿业大学、中南大学、重庆大学、河南科技大学合作，开展了国家“973”项目“超深井大型提升装备设计制造及安全运行的基础研究”科研课题的研究。

（2）公司和洛阳百克特科技发展股份有限公司合作，开展了科技部重大项目“深竖井大吨位高速提升装备与控制关键技术”中的子课题“高比压、高摩擦系数衬垫及导向轮布置技术”科研课题的研究。

二、企业发展存在的主要问题

技术创新进步的能力不足以有效支撑公司转型发展的要求，新产品的开发、产业化迟滞于公司产能释放的需求，选矿成套、烧结矿炉冷装备等未取得实质性突破。伴随着体制机制改革的持续推进，有一部分技术人员仍处于主观能动性的调整期，资源、人员整合后的协同优势并未充分显现。领军型、复合型技术人才短缺效应进一步凸显，加之近两年基层干部日趋年轻化，应对传统行业产能过剩困境的信心、能力有所欠缺，技术研发攻关方向也不是很明确；少数干部、骨干对专业发展的责任意识不强，领导能力、带领团队创新能力有待提升。

〔撰稿人：洛阳矿山机械工程设计研究院有限责任公司刘正魁　审稿人：洛阳矿山机械工程设计研究院有限责任公司杜波〕

中钢集团衡阳机械有限公司

一、企业概述

中国中钢集团公司根据《公司法》等法律法规的有关规定，由中国中钢股份有限公司投资设立中钢集团衡阳机械有限公司。中钢集团衡阳机械有限公司（以下简称“中钢衡机”）作为承接中钢衡重公司优势业务和资产的平台，是中钢股份公司的全资子公司，成立于 2017 年 1 月 16 日，注册资本金为 7 000 万元，经营范围包括大型矿山成套装备研发、设计、制造和服务；钢铁生产的关键核心设备设计、制造和服务；大型选矿和有色冶炼设备的制造和服务；其他相关领域重大机械设备和大型关键基础件的制造和服务；非标设备相关关键共性制造技术的咨询和系统集成技术服务等。

二、企业生产发展情况

1. 生产情况

2017 年，中钢衡机共完成工业总产值 17 533.91 万元，完成工业增加值 4 383.48 万元。

2017 年中钢衡机主要产品成台及备件完成情况见表 1。

表 1 2017 年中钢衡机主要产品成台及备件完成情况

序号	产品名称	产量（t）	现价产值（万元）
1	连铸机备件	91.181	112.296 2
2	连铸机 FL 成台	26.840	61.116 8
3	挖掘机 WJ	83.188	334.856 1
4	管磨机 GM	1.011	1.205 1
5	球磨机 QM	0	17.381 2
6	卷取机卷筒	2 619.100	7 149.907 8
7	炉窑成台	759.045	1 418.820 4
8	铲运机 CY-1	6.730	20.940 2
9	铲运机 CY-1.5	6.730	20.085 5
10	铲运机 CY-2	13.420	47.008 5
11	铲运机 CY-4	23.000	39.230 8
12	运矿车 UK-10	23.500	118.803 4
13	铲运机备件	94.479	216.131 6
14	服务车 UV	20.600	105.9830
合计		3 768.824	9 663.766 6

2. 市场经营及销售情况

公司抓住市场回暖的有利 时机，加强与客户的业务联系，加强领导带头走访的力度，积极宣传中钢衡机新业态，寻求新合作机会，不断提高有效应对市场变化的能力，取得了较好的成绩。其中，设备公司完成了全年订货目标，订货金额达 10 382 万元，矿装公司在国内首台海拔 5 500m 高原钻机试产成功之后，克服诸多困难，加强售后服务，并与销售公司协同配合，在 2017 年 2 月一次成功签约了 11 台高原钻机；销售公司抓住有色金属行业快速发展的机遇，加强对冶炼炉窑业务的跟踪，全年订货 2 091 万元，继续保持了公司在铜冶炼设备市场的业绩优势。

通过全体公司员工的努力，2017 年，公司全年完成产值 11 490 万元，营业收入 14 003.35 万元，实现利润 818.01 万元。

2017 年，公司无产品出口。

3. 科技成果及新产品情况

2017 年，公司的新产品开发情况包括 YZ55 高原牙轮钻机的设计优化、全液压牙轮钻机的设计开发；YZ35D 牙轮钻机的改进设计、YZ35 牙轮钻机行走机构采用液压驱动的改型设计、3.6mm×12m 底吹炉的设计与开发、3.8mm×12m 阳化炉和 ϕ5.03mm×6.4m 大型节能型球磨机的设计开发与研制、一重 1780 热轧卷取机卷筒的设计（强力型）、一重 1780 热轧卷取机卷筒的设计等。通过新产品的开发，YZ 系列牙轮钻机进一步得到了市场的认可，满足了用户的要求，并为公司后续带来 10 多台订单；大型节能型球磨机和阳化炉项目的开发，填补了公司在大型节能型球磨机上的空白；热轧卷取机卷筒项目的实施体现了公司在高端用户群的品牌效应。

2017 年，公司投入近 130 万元试制出拥有自主知识产权的 WJD-6 型地下电动铲运机。该项目的试制成功，将为公司在国内大型地下无轨采矿设备上的市场带来较大影响力。

2017 年公司重大科技成果及获省市以上科技（进步）奖项见表 2。

表 2 2017 年公司重大科技成果及获省市以上科技（进步）奖项

项目名称	完成时间	主要性能参数及技术内容简介	成果水平评价	负责单位
WJD-6 型地下铲运机设计开发与研制	2018 年 12 月	主要性能参数： 额定载重量：13t；行驶速度：0 ～ 18 km/h；最大爬坡能力：25%；最小转弯半径：3 750 mm（内侧）、7 350 mm（外侧）；最大转向角：±42°；最小离地间隙：380 mm 技术内容： 地下铲运机数字化创新设计平台；工作装置多学科多目标优化；整机及主要部件结构强度分析和优化；整机布局和驾驶室配置的人机工程设计；驾驶室 FOPS/ROPS 设计；工作装置电液比例控制及故障诊断监控系统	该项目整机匹配合理、机构优化，突破了大型地下铲运设备的关键技术，提高了大型地下铲运设备的设计和分析水平，填补了国内产品空白，整机性能达到了国外先进水平。可实现替代进口	中钢集团衡阳重机有限公司

4. 产品质量及标准工作情况

2017 年，公司把“稳健经营、改革调整、创新发展”三大任务作为工作主线，积极应对经济下行、市场需求不足的宏观形势，努力确保生产经营平稳运行。2017 年，响应顾客诉求及时率为 99%，产品一次检验合格率为 97%，合同履约率为 100%，质量损失率为 0.15‰。从总体情况来看，产品质量基本稳定，质量损失得到了有效控制。

2017 年，公司主持起草的《地下矿用无轨轮胎式运人车 安全要求》国家标准和参与起草的《地下服务车》的行业标准正式颁布。

5. 技术改造情况

2017 年，公司的技术改造投入主要是添置了办公设备，费用 6 万多元。

6. 工业节能减排情况

2017 年公司工业节能减排汇总见表 3。

表3　公司工业节能减排汇总

序号	名称	单位	2017年产生量	2016年产生量	2017年污染物浓度	2016年污染物浓度	与上年相比（%）
1	综合能源消耗量	万t标煤	0.073 6	0.158 9			-53.67
2	生产用水	万t	67.24	84.02			-19.97
3	外排废水	t	134 480	1 68040			-19.97
4	COD	t	2.94	3.79	25mg/L	23.2mg/L	-22.43
5	氨氮	t	1.06	1.08	9.37mg/L	6.72mg/L	-1.85
6	石油类	t	0.09	0.04	0.41mg/L	0.42mg/L	1.25
7	燃煤量	t	0	16.34			0
8	废气	万Nm^3	665.62	2 418.76			-72.48
9	SO_2	t	0	0.37			0
10	氮氧化物	t	4.93	1.49			230.87
11	烟尘	t	0	2.01	0 mg/Nm^3	48 mg/Nm^3	0

7.对外合作情况

（1）产学研合作

公司与中南大学、湖南大学、北京科技大学、吉林大学、昆明理工大学建立了长期稳定的合作伙伴关系，充分利用高校的人才和资源优势，完成了大型电动挖掘机、全液压牙轮钻机、智能型地下铲运机的技术攻关。

（2）中央企业间合作及产业链上下游企业间合作等情况

公司充分利用设备优势，与中铁重工建立了合作伙伴关系，为其分包盾构机关键零部件的制造。

公司与恩菲、瑞林建立起长期合作伙伴关系，使公司在国内有色冶炼炉市场中占有重要地位。

公司在冶金设备制造方面的重要合作伙伴有中冶赛迪、西重所等设计院，以及宝武钢铁集团、首钢股份、鞍钢股份和本钢股份等集团公司，合作使公司在卷曲设备的设计与制造方面一直保持着国内领先地位。

三、企业发展中存在的主要问题

公司体制机制仍有许多不适应市场、需要不断改进的地方；思想观念还需要不断更新，需要突破传统思想的束缚，创造性地开展工作；创新发展的基础薄弱，人才匮乏；资金紧张，企业整合资源的能力还需要进一步培育和提升；市场竞争激烈，行之有效的竞争策略尚未形成，企业转型发展任重道远。

〔供稿单位：中钢集团衡阳机械有限公司〕

河南省矿山起重机有限公司

一、基本情况

河南省矿山起重机有限公司成立于2002年。2017年底，公司占地面积68万m^2，拥有员工3 100余人，拥有中、高级工程技术人员180余人，注册销售业务经理2 900余人，在国内外设有428家销售服务机构。公司已完成了质量管理三体系认证、欧盟CE认证。公司拥有完善的质量保证体系、严格的管理制度、强大的生产能力和先进的检测手段以及强大的市场竞争能力。

公司先后获得了“中国工业机械名牌产品”“全国工业企业质量标杆”“高新技术企业”、全国“守合同重信用企业”、全国厂务公开民主管理先进单位、“河南省省长质量奖”“河南省质量管理先进单位”“河南省百强企业”、河南省第一批“两化融合示范企业”“河南省民营企业100强”，共获得涉及党务管理、企业管理、质量品牌、技术创新、慈善工作等部、省荣誉120余项。

2017年2月，公司创始人、党委书记崔培军被评为“2016年度河南省十大经济人物”，当选为河南省政协第十二届委员。

公司是中国重型机械工业协会副理事长单位，2017年承办了中国重型机械工业协会两次专业会议。

二、生产销售情况

公司是一家起重机制造企业，主要从事“矿源”牌单双梁、桥门式起重机、电动葫芦、欧式新型起重机及配件的研发、设计、制造与销售，公司的产品共有7大类80多个品种。

2017年，公司的起重机产销量达到66 823台（套），生产量居同行业前列。公司参与了为宏华海洋油气装备有限公司承制起吊能力22 000t的可运行式龙门起重机，该机实现了起重量最大吨位的突破。

2017年，公司的销售收入为24.2亿元，利税为1.5亿元。公司的产品畅销全国 30 多个省、市、自治区，与解放军总装备部和 30 多个“国”企集团的企业建立了良好的业务关系。部分产品出口到澳大利亚、俄罗斯、印度、泰国、巴基斯坦及肯尼亚等 80 多个国家和地区，进入了“一带一路”国际市场。

三、技术改造与工艺创新

公司现有国内外先进技术设备 2 000 余台（套）。主要拥有单梁起重机柔性化生产线、双梁自动焊接生产线、单端梁机器人焊接生产线、电动葫芦墙板机器人焊接生产线、欧式端梁机器人焊接生产线、电动葫芦三角板机器人焊接工作站、卷筒外罩机器人焊接工作站、单梁主梁内缝机器人焊接流水线、单梁主梁一次成形生产线、车轮锻造碾压复合工艺智能化流水线等自动化生产线。

公司以科技进步、设备创新促进了产业转型升级。公司加大了技术改造力度。公司引进的高新设备和固定资产投资大幅增加。2017 年引进先进设备共 58 台，总金额达 2 000 万元。基建投资 24 个项目达到 1 亿元。

生产条件和生活条件进一步提升。公司建设了智能化精加工车间。该车间占地面积 12 000m^2，是公司进行技术改革、开发新产品的试验基地，车间设备包括六轴关节式机器人、金石机器人、数控车床、铣床、滚齿机、磨床、加工中心、拉床、淬火及机床等 50 余台（套）。2013 年以来，公司斥资 3 亿多元，购置了设备的完全数字化管理系统。

四、科技成果与新产品

公司每年安排销售收入的 5% 用于技术创新，鼓励自主创新，重奖技术创新人员。公司实施了“千人创新计划”，仅 2017 年就完成了 9 项高新项目，申报了 14 项专利。

所有车间都安装了除尘、防毒、排污、环保装置。

主要的产品创新成果有：

1）首创了使国内桥式起重机的锻造车轮标准化的先例。使生产中热能损耗减少 50%，能源利用率提高了 40%，既节能又环保。

2）首创了 U 形槽一次成形生产线。生产时间可缩短 40%，场地面积可节约 67%。

3）肯尼亚 480km 蒙内铁路沿线，车站、码头、货场、机修所用的起重设备全部由该公司提供。

4）为兰州国际港务区设计制造的轨道式集装箱门式起重机（CMJ40.5T-35M A8），创新了大型港口机械一直由国企垄断的先例。

5）为宝钢集团一次定制了 60 台（套）起重设备。

6）是国际首创的洁净防爆全自动型起重机，取得了 16 项发明专利，填补了国内半导体行业起重机应用的空白。

7）为中核四〇四有限公司维修核电发电机组定子与转子使用的专用起重机，中核集团向公司颁发了“合格供应商”证书。

8）为宏华海洋承制的全球起重量最大的 22 000t 可移动门式起重机，把海上平台陆地制造的理念变成现实。

五、质量品牌与标准化

公司坚持不懈地致力于质量提升与品牌建设。通过工艺创新、技术创新、设备更新，提升了公司的产品质量，打造出公司的名优品牌。

公司与德国德马格公司共同研制生产了欧式起重机，包括欧式葫芦、欧式单梁起重机、欧式双梁起重机。欧式起重机参照了欧洲标准。采用模块化、轻量化、低能耗、环保型设计理念和先进制造技术，系列产品达到了欧洲标准。

公司设立了“公司创始人质量奖”“董事长质量奖”“总经理质量奖”“工匠精神奖”，在“河南矿山五一表彰大会上”表彰了质量月活动中的先进集体和先进个人 12 名，颁发奖金 15 万元。公司获得了中国工业质量品牌标杆企业，中国机械工业名牌产品，同时获得“2016—2017 年河南省省长质量奖”。

公司管理、厂区建设、工艺装备逐步实现了标准化。

六、企业文化与社会奉献

公司继续秉承树百年矿源，创一流企业的发展愿景；肩负质优价廉，追求卓越，造福桑梓，服务社会的使命；坚持以文化为核心的企业文化，完善弘扬“三心”（以孝心和谐家庭；以诚心团结同志；以热心服务客户）“六最”（产品质量最好、服务质量最优、市场占有率最大、产品价格最低、员工薪酬最高、对社会奉献最丰）的核心价值观。2017 年，公司举办了第七届中秋孝文化节，文艺晚会等活动，宴请了 6 000 多名员工父母，评选出奖励孝星 30 名。举办了第十四届员工父母孝文化旅游节，组织 1 000 余人到湖南、湖北旅游。

七、回报社会，担当社会责任

2017 年，公司以“造福桑梓、服务社会”为使命，勇于担当社会责任。开展了第十四届捐助贫困大学生活动，共资助 178 人，捐资 110 万元。向 65 岁以上农村老人每人发放慰问金 500 元。向扶贫工程捐资 200 万元。

八、发展战略与对外合作

在稳步发展的同时，公司重点研制大吨位、大跨度、全自动、智能化、轻量型、环保型新产品，走依靠科技进步推动可持续发展之路。

为了适应信息化时代的需要，加快智能化升级。未来，公司将运用“远程监控”“黑匣子”“设备监测系统”和“数据运行挖掘”等信息手段，打造智能化工厂，生产智能化产品，创新一流的服务，实现从传统产品到智能化产品的发展。

2018 年 2 月 11 日，公司与西门子公司签订了“战略合作协议”，建立了全面的战略合作伙伴关系，共同研发高智能、自动化、无人值守、精准定位等的高端起重设备，并对传统起重机产品进行智能化改进，联合制造欧式起重机智能化生产流水线，打造具有世界一流水平的起重机数字化工厂。2018 年 5 月，公司与太原科技大学实现了技术研发战略合作。

〔供稿单位：河南省矿山起重机有限公司〕

云南冶金昆明重工有限公司

云南冶金昆明重工有限公司（以下简称“昆明重工”）是云南省提供大型成套设备综合能力最强的机械制造企业和铸锻件生产中心，连续31年获得“昆明市守合同重信用企业”称号。公司技术力量雄厚，生产能力强，检测手段完备，产品质量优良，集科研、开发、制造、服务为一体。公司现主要生产冶金、起重、矿山及化工等重型机械产品成套设备，产品行销全国各地，出口德国、日本、越南、缅甸等二十多个国家和地区，先后为多个国内外重大项目提供技术装备。近年来，昆明重工通过持续广泛的技术交流和合作生产，加速传统产品的升级换代，并致力于新技术新产品的开发应用，使得多项产品技术达到国内先进水平，其中，2项产品荣获国家科技奖，48项产品获省部级科技奖和优质产品称号，12项产品获昆明市科技进步奖；获国家发明专利5项，实用新型专利60项，软件著件权3项，参与制（修）订企业标准7项，多项产品技术达到了国内先进水平。

一、企业生产发展情况

1. 主要指标完成情况

2017年是供给侧结构性改革的深化之年，也是昆明重工开启转型发展新征程的关键年，公司继续加大“浓缩、配套、盘活、转型”力度，着力深化改革，加快结构调整，强化基础管理，积极采取有力措施应对各种困难、挑战，传统主业订货明显回升，维保配套市场得到拓展，盘活资源项目已落地，转型产品打开了市场，改革发展取得了新突破。通过全公司广大干部职工的共同努力，经济指标整体完成情况向好，控亏取得了一定成效，生产经营和改革发展各项工作实现了平稳有序推进。

2017年，公司完成订货18 254.38万元，与上年同期相比增长81.18%；实现工业总产值10 007.48万元，同比增长77.38%；营业收入16 288万元，同比增长77.1%；完成产品产量5 269.59t，同比增长66.79%；收回货款13 628.02万元，同比增长31.72%；利润亏损1 980万元，同比减亏45.35%。2017年主要产品产量见表1。

表1 2017年主要产品产量

序号	产品种类	数量（台）
1	起重设备	107
2	冶炼设备	5
3	金属轧制设备	9
4	矿山设备	13
5	化工设备	3
6	给料机械	9
7	橡胶设备	8

2. 经济发展特点

随着“十三五”将智能制造提高到新的高度，各领域的智能制造推进路线进一步明确，国家将构建开放、共享、协作的智能制造产业生态，推动生产装备智能化升级、工艺流程优化改造、基础数据全方位共享及关键智能装备和产品、核心部件不断突破，促进新一代信息通信技术、高端装备、节能与新能源汽车、电力装备、农机装备、新材料、生物医药及高性能医疗器械等产业不断发展壮大，逐步形成新型制造体系。并进一步依托智能制造创新产业业态和发展模式，培育出行业的新增长点。

二、企业市场经营及销售情况

2017年公司主要产品销售收入见表2。

表2 2017年公司主要产品销售收入

序号	产品种类	销售收入（万元）
1	回转圆筒设备、起重设备、橡胶设备	2 537.57
2	金属压延加工设备	2 710.83
3	矿山设备	540.22

2017年，在集团内大投资项目建设的拉动下，传统产品订货实现10 367万元，创近两年新高，起重设备、输送给料设备、维保维修、工矿配件及其他非标设备的订货增长较大。昆明重工制造公司克服市场需求不足、技术储备落后、产品竞争力弱、设备老化、人员结构不合理等困难，分解指标，层层落实，抢抓机遇，发挥整体优势，用好用活社会资源。通过合作利用外部资源获得了更大的市场，通过协作改善了生产交货条件，为用户提供了更多的产品和服务，确保了产品按时交货。昆明重工慧保公司与集团下属各企业的合作更加频繁，实现了部分维修、工矿配件项目的订货增长，与集团企业涌鑫、源鑫、泽鑫公司等签订的合同明显增长，合作层面更广泛，相互依赖、相互信任的合作氛围正在形成。公司继续强化依托外部专业企业，以资源共享的合作模式带动市场总量的提升。公司继续培育外委外包项目的社会专业化安装维修队伍，通过社会化协作增强适应用户变化多端服务需求的应对能力，提升了企业的市场竞争力，业务面也继续扩大。昆明重工防腐保温公司积极参与“文铝”二期项目建设，已签订了总计超过3 000万元的保温工程分包合同，目前工程已全面开展，各项现场施工工作正在有条不紊地进行中。

三、企业科技成果及新产品情况

1. 科技项目

公司再次被认定为高新技术企业。“生态环保厕所产业化建设项目”列为云南省2017年智能装备项目；“大产能多功能铸锭连续铸造机组的开发及产业化项目”获

2017年中国机械工业科学技术奖二等奖、昆明市科学技术进步奖三等奖。“零排放移动式智能环保卫生间创新型销售模式”投资计划已被列入2017年申请的引导资金支持项目，并通过了国家发改委专家的初评及备案。加强校企合作，与北京理工大学联合申报的“智能机器人与人工智能装备制造项目”，与昆明理工大学联合申报的“智能化桥式起重机”项目已申报并通过初评。

2. 新产品情况

公司的新产品开发管理办法规定，强化优化传统主业，重点推广轻量化起重机、轧机、磷化工设备、矿山设备、非标设备和产品配件等产品，逐步延伸上下游产品和服务，加快核心竞争力产品的技术升级，用好、用活市场资源和资本，巩固原有市场，借力集团内部新建、改扩建项目的支撑，逐步拓展集团内需业务，扩大市场占有率。进一步做好实物管理、成本管控，优化产品结构，把控好产品制造过程中的质量控制、进度控制、成本控制等关键环节，高质高效完成产品交货，提高合同履约质量。新产品“智能化连续铸造机组研制及其产业化”进行了立项开发，通过该项目公司实现了智能连续铸锭机组的标准化、规模化、批量化和模块化生产，提高了国内相同设备的机械化和自动化水平，改善了现场环境，降低了操作者的劳动强度，提升了铸造设备的整体制造水平。

2017年公司重大科技成果及获省市以上科技成果奖项目见表1。

表1　2017年公司重大科技成果及获省市以上科技成果奖项目

项目名称	完成年月	主要性能参数及技术内容简介	成果水平评价	负责单位
大产能多功能铸锭连续铸造机组关键技术研究	2017年3月	技术内容： 产品实现了在线检测、监控技术及光机电液一体化系统集成，首创了堆码效率高且灵活的高速转臂式堆码装置，且实现了以下创新技术：①项目研发的冷却水系统，有效地提高了冷却效果，减少了冷却水的用量，降低了制造成本和能耗。②项目研发的新型升降链式连续接收装置，有效地解决了铸锭接收和转移的平衡性问题，提升了整体运行可靠性。③项目研发了偏心翻转的快速翻锭装置，优化了机械结构，满足了高速生产要求。④项目研发了新型高速堆码装置，有效地提升了机组的产能 主要性能参数： 1）处理能力≤2.7s/块；机组容量40kW；机组操作人员≤6人 2）提高冷却水出水口温度至60℃以上，冷却水用量相应降低到270t/h以下 3）高速转运装置工作周期降低至2.7s 4）翻转运装置工作周期降低至2.7s 5）快速堆码装置工作周期降低至12s以下	在满足现有技术的研发上，进一步提高了设备的模块化组织，根据用户的不同需要进行选配，提高了设备技术能力，在研究该新型铸锭机组的基础上，将工业机械手应用于铸锭机组。采用了大量的高新技术和理念，性能达到了国内先进水平	云南冶金昆明重工有限公司

3. 专利申请及授权情况

2017年，公司大力推进知识产权保护工作，建立健全知识产权管理制度，创造运用能力比较优秀，效果显著，申请并获授权的发明专利5项，实用新型专利60项，软件著作权3项。

四、企业产品质量及标准工作情况

公司进一步强化质量管理，提升产品质量。完成了：ISO9000质量管理体系再认证评审；特种设备安装、改造、维修许可证增项、换证评审；A2级压力容器取证；特种作业人员取证、复证；特种设备质量保证体系，压力容器质量保证体系，ISO9000质量管理体系文件的编写、颁布、实施；建筑业安全生产许可证复审；3C产品质量体系监督审查。加大了质量计划实施情况的检查，通过强化工艺纪律抽查、现场巡查、严格审查产品档案、强化考核及加强宣贯等多种方式，增强了员工质量意识和生产单位质量主体责任意识，形成了关心质量、注重质量、从质量中出效益的氛围，确实提高了公司产品的质量。

五、企业对外合作情况

昆明重工在立足自主创新的基础上，借助外部资源，助推自身发展，公司先后与太原科技大学、云南省机械研究设计院、云南南星科技开发有限公司等单位签订了产学研伙伴合作协议，按照“平等互利、优势互补、各扬所长、注重实效”的原则，共建伙伴合作关系，推进涵盖人才培养、学术交流、科技研发、平台共建、资源共享等方面的全方位合作，实现合作共赢和协同发展。

六、存在的主要问题

历史负担依然沉重。资金紧缺仍然是企业转型发展的难题，设备厂房严重老化、产能落后、生产成本高、人员结构不合理、创新能力不足、基础管理粗放不到位、风险管控能力不强等多种因素也制约了企业的健康发展。

〔撰稿人：云南冶金昆明重工有限公司李艳芳　审稿人：云南冶金昆明重工有限公司殷浩〕

凯澄起重机械有限公司

凯澄起重机械有限公司是一家中外合资企业。公司占地面积 255 亩（1 亩 =666.7m^2），总投资 4 500 万美元，拥有员工 600 多人，主要从事电动葫芦、起重机械及其零部件的制造、加工及销售。

2017 年，公司生产面临严峻挑战，主要原因有铸件供应不到位和操作工招聘难等，但在公司领导的有力带动及各部门的通力合作下，2017 年按计划完成了产值、产量等指标，公司产值完成情况见表 1。2017 年公司分类产品产量及产值见表 2。

表 1　公司产值完成情况

序号	项目	单位	2017 年	2016 年	增长率（%）
1	工业销售产值	万元	32 530	28 670	13.46
2	工业总产值	万元	29 256	28 285	3.43

表 2　2017 年公司分类产品产量及产值

序号	产品	产量	工业总产值（万元）
1	电动葫芦	27 012 台	24 706
2	起重机	127 台	1 069
3	电动机	7 614 台	1 215
4	KITO 零件	263 万件	880
5	核电项目	921 台（套）	1 049
6	其他		337
	合计		29 256

凯澄牌钢丝绳电动葫芦在国内起重机行业享有很高的声誉，客户遍布钢铁、汽车、电力、新能源、机械及电子等行业。在江苏、浙江、上海、广东、福建、山东、河南、北京、河北及辽宁等省市都设有销售服务网点。凯澄为国内核电站提供轻小型起重设备，客户有中核集团（福清、田湾、方家山和泰山等核电站）、中广核集团（阳江、宁德、红沿河、防城港、台山和陆丰等核电站）。GM 电动机及机械零件出口至日本总部开道公司。RY 电动葫芦为新开发的欧式电动葫芦，主要出口到日本、美国、东南亚、巴西等国家或地区。

2017 年公司产品的销售情况见表 3。

表 3　2017 年公司产品的销售情况

序号	产品	销售量	销售额（万元）
1	电动葫芦（含核电）	30 975 台	28 208
2	起重机（含核电）	542 台（套）	1 953
3	电动机	7 563 台	1 365
4	KITO 零件	263 万件	1 020
5	其他		429
	合计		32 975

欧式电动葫芦桥式起重机是该公司 2017 年自主开发设计的新产品。LHD 新型（欧式）电动葫芦桥式起重机采用模块化设计、安全可靠。其中，小车为全新刚柔结合的三梁小车架结构，小车车轮与轨道都能接触，可避免车轮打滑、啃轨；大车车轮采用半圆形连接式车轮组，方便安装与更换；桥架采用偏轨箱形梁，主梁与端梁用可拆卸式螺栓联接。起重机自重轻、结构紧凑轻巧、成组性好、轮压小、载荷分布均匀，建筑成本低。运行限位可根据用户需要采用光电限位开关，小车采用扁电缆供电。安装、使用、维修、运输方便，适用于轻、中级工作制度的车间、仓库、料场、水电站的检修、装配和装卸工作。另外可为客户设计定制更多配置要求的起重机，如防摇、定位、监控等。新型电动葫芦桥式起重机采用绿色环保设计、变频调速，在制造中降低了原材料的使用量，同时客户使用中也节省能源。另外，其外形尺寸小、净空尺寸大、运行平稳、噪声小、外形美观、整机性能可靠，是一种新型的桥式起重机。

2017 年，凯澄公司总体产品由于技改及新设备的投入，在生产率提高的同时总体质量保持稳中有升。从用户反馈的信息来看，用户对公司的产品保持了良好的口碑，给用户的使用体验也是安全可靠的。

在管理体系方面，公司完成了 ISO9001 质量管理体系的新版本转版工作。这次转版依据体系标准要求，参考公司已有的各类管理文件，结合实际运转情况，从实用性及可行性出发，对文件全面进行了检查整理，将管理要求中重复的内容重新归类，对不适用的内容进行了修改或删除，简化了手册内容及流程要求，使体系运行更加有效。

另外，结合市场特点，与日本 KITO 总部合作开发了适销对路的 RY 型电动葫芦。

〔撰稿人：凯澄起重机械有限公司王鹏　审核人：凯澄起重机械有限公司周民宪〕

山东山矿机械有限公司

2017 年，公司认真学习贯彻落实党的十九大和十九届二中全会精神，全面践行习近平新时代中国特色社会主义思想，积极应对复杂的国内外发展环境和竞争压力，坚持以新发展理念统领发展全局，统筹做好公司改革发展稳定各项工作，紧紧围绕全年工作任务目标，主动适应新常态，以提高“质量、效益”为核心，开展了质量提升、环境整治、技能比赛等一系列管理活动，取得了良好效果，继续保持了企业稳定和谐发展的良好局面。

1. 企业改制情况

公司始建于 1970 年，最初名称为济宁矿山机械厂，1992 年企业更名为山东矿山机械厂，1995 年 9 月组建成立山东矿山机械厂（集团），为国有大型二类企业。2001 年 3 月由国有企业改制为民营企业。企业现拥有总资产 7 亿元，注册资金 2 亿元，企业在全国同行业中具有较高的知名度和美誉度，是中国重型机械工业协会常务理事单位，中国重型机械工业协会矿山机械分会、破碎粉磨分会、带式输送机分会及中国电器工业协会牵引电气分会副理事长单位， 同时又是山东省装备制造业协会副会长单位、济宁市机械行业协会常务副会长单位。

公司下辖山东山矿重工有限公司、济宁山矿电机车有限公司、山矿托辊制造有限公司和宏山汽运有限公司 4 个全资子公司和 1 所技工学校。公司现有员工总数 1 000 人，占地面积为 30 万 m^2，各类主要设备 500 余台（套），具有从铸造、锻压、铆焊、机械加工、热处理到产品总装、试验等全过程的机械制造能力， 拥有托辊生产、铸胶、粘胶、钢材预处理等专用生产线。现有的矿山机械产品年生产能力为 6 万 t 以上。

2. 生产发展情况

2017 年，本着高标准、严要求的原则，公司重点组织了阳西电厂皮带机、克莱德破碎机、巴西电站、宝丽华、俄罗斯项目的生产，获得了客户的好评。同时针对阳西电厂、巴西电站、宝丽华项目，成立了专门的项目小组，并做了专项质量交底，让各车间、各部门对三个项目引起高度重视。在生产组织过程中，紧抓质量控制，从排计划、备料、下料、加工、成形、焊接、油漆、装配等各个生产环节严密控制以保证产品的质量，满足用户的要求。在员工中形成了严要求、严抓质量的氛围，为全面提高产品质量、使产品提档升级创造了条件。

3. 市场经营及销售情况

2017 年，面对低迷的市场形势和行业内无序的竞争，公司组织营销人员认真分析市场，分析项目特点，分析竞争对手的情况，对每一个项目都仔细研究，从投标前开始紧抓项目各环节的工作，公司分管领导、部门领导专项负责组织实施投标，认真处理报价方案，根据前期公关情况和竞标厂家情况合理报价争取提高中标率，对付款条件不好、罚款条例苛刻、价格偏低、业主资信不佳的项目，放弃投标，严格控制重点项目签约价格，确保公司的利润最大化。

近年来，我国经济的持续低迷导致各个项目的资金非常紧张，难以规避的风险加大，货款回收难，坏账呆账风险增高，潜在的隐患、不可预测的风险越来越难以预料和防范。营销中心将货款回收工作作为当前的首要工作来抓，各部长及分管领导分工协作，紧紧依靠各区域人员及各个项目，内勤管理人员紧紧依靠各项目的回款，全力配合合同进度，及时处理好每一笔可回收款项。公司财务、审计相结合提供相关数据，中心领导协调督促回款工作，及时解决项目执行中的问题，切实抓住回款时机，争取尽快回收货款，保证了后续项目顺利进行，保证了公司正常运行。

4. 科技成果及新产品情况

自主创新是增强企业核心竞争力的强劲驱动力，公司始终坚持走创新驱动发展之路，注重产学研相结合，以市场和用户需求为导向，2017 年以来，公司以“提高企业发展的质量和效益”为中心，贯穿全年开展了“管理创新点活动”，突出了技术创新、小改小革和质量提升，认真展开、落实各项计划措施和管理要素，在严峻复杂的形势下，创新及各项工作取得了一定的成效。公司始终以市场需求为导向，根据市场信息反馈，不断实施技术和产品创新。2017 年年初部署下达了公司年度技术创新项目 11 项，各创新项目小组按要求积极推进项目的进度，各项目现已基本完成图样设计，有些已进入产品销售中，有些做好了技术储备。公司的主要创新成果有：ZXT1129 高效重型振动筛、LS4085 螺旋输送机、PCH0606 环锤碎渣机、BWJ140/150 重型给料机、PCH800X800 锤式破碎机等新产品。其中申报了山东省经济和信息化委员会（简称“山东经信委”）的创新项目 4 项（齿槽式四辊破碎机、PL1200 制砂机、落地式大管径管状带式输送机、回转式散料输送装卸系统），此 4 项创新项目同时也是公司本年度企业重大科技成果，产品性能处于国内领先地位，申报了山东省科技发展计划项目 1 项；申报了济宁市任城区科技计划项目；申报了济宁市任城区科技进步奖，获得了科技进步奖二等奖；申报了济宁市任城区专利示范项目，获得了 A 类奖励。近年来，公司通过开发生产了一系列高效新型和技术含量、附加值较高的个性化大型成套设备，并将主导产品向大型化、成套化、环保节能方面发展，企业产品结构逐步得到完善，企业产品附加值也得到了提高。具体见表 1。

表1　2017年山东山矿机械有限公司重大科技成果及获省市以上科技（进步）奖简介

序号	项目名称	完成年月	主要技术性能	成果水平及评价	负责单位
1	齿槽式四辊破碎机	2017年12月	（1）一级破碎辊采用齿形辊，可满足进料粒度大，二级破碎辊采用槽形辊，出料粒度小，可以满足破碎机破碎比大、产量高、二级辊易于制造的要求；齿槽四辊破碎机可以适用于机器性能要求高、破碎质量要求稳定可靠等场合，可以弥补四齿辊破碎机和光辊破碎机的不足并形成互补 （2）槽辊结构形式的破碎辊。工艺简单，第二级辊体采用铸钢辊体堆焊高铬耐磨材料，槽强度高，不易断裂，使用寿命长，性能可靠，破碎粒度均匀稳定 （3）齿圈组合式齿辊。优化后的组装工作易操作，工作量小 （4）差速自清理。设计引入了差速原理，使同级配对的两个辊体相对旋转速度不同，产生滑动摩擦实现了辊体自清理，从而达到了辊体不粘料、不堵料，可适应含水量大、粘性大物料的破碎；可减少清扫装置的配置，使结构更加简单，制造成本	国内领先	山东山矿机械有限公司
2	PL1200制砂机	2017年2月	（1）转子耐磨块采用双液复合耐磨材料镶嵌硬质合金制作 而成，在提高产量的同时，减小了磨损件的消耗 （2）给料箱中增加缓冲布料装置，使物料均匀地沿破碎腔分布，增加了破碎效果 （3）布料缓冲块采用高铬耐磨材料，延长了使用寿命	国内领先	山东山矿机械有限公司
3	落地式大管径管状带式输送机	2017年5月	（1）采用12辊可调式成管装置，以适应成管段和过渡段直接地面安装曲线变换的需要。该装置采用独立基础，安装方便，结构经济可靠 （2）采用变频驱动系统，满足起动、稳定运行、制动等各种复杂工况对驱动的要求并且节能效果显著 （3）头尾展开段采用无损调偏装置，该超前纠偏机械校正装置在胶带偏离正常运行轨迹时实时纠偏，对胶带没有损害 （4）采用管状输送带自动在线监测控制装置，主要用来检测管带扭转、反包及涨塌管现象，实时状态显示管带截面扭转、反包现象及整体运行状态，对预设定的危害现象进行紧急停机，对扭转角度超出预警范围、反包现象、涨管现象、塌管现象等实现声光报警	国内领先	山东山矿机械有限公司
4	回转式散料输送装卸系统	2018年5月	（1）该项目是针对环保要求日益提高后，需要进行设备升级改造的港口码头而设计开发的环保、智能、回转式输送、装船系统。具有适应性强、输送能力大、噪声小、智能性强、占用码头沿岸线短、成本低等优点，被广泛运用于码头、堆场等许多重要场合 （2）研发防倾翻大转矩盘式支撑轴承。把滚柱交叉排列，可以使径向力和轴向力同时得到有效的分配利用，另外隐藏式油槽保证了滚柱的旋转用油，旋转阻力小、使用寿命长。滚柱经过严格的热处理及特殊加工，具有良好的力学性能，避免了原结构对滚珠的剪切现场，从而使其使用寿命远比滚珠大幅度延长 （3）研发轻型、密封、自动伸缩的堆管溜管装置。落料管随落料高度的变化而智能地伸长或缩短。物料流通和气流封闭采用独特空间的机构。物料下落形成的气流逐级断续地溢流到堆管外，避免了物料下落过程在溜管的最下部形成气流正压，在溜管的顶部形成气流负压，从而避免了扬尘发生。内堆管保证耐磨，内堆管之间采用钢丝绳吊挂，保证了溜管垂直度，同时避免了原结构出现的卡阻和摩擦现象 （4）折线形导料槽将侧板设计成折线形，侧板上段为铅直或喇叭口线形，下段为外折线并与槽形皮带机带面垂直，形成稳定的物料形状，减轻了物料对胶带的冲击和压力，同时提高了下落物料的对胶带的对中性，减少了物料输送跑偏现象，避免了撒料现象，减少对环境的污染，且减少物料对导料槽防溢裙板摩擦阻力，降低皮带机能耗	国内领先	山东山矿机械有限公司

5.产品质量及标准情况

2017年，公司继续深入开展了质量提升活动，进一步改善了质量管理思路；认真贯彻质量工作方针，修订完善了内部考核制度和质量控制流程，修订了皮带机、破碎机等产品的检验规程。为提高产品质量、工作质量及服务质量，公司多次召开专门的质量工作会议，部署质量控制及改善措施，强化对生产过程中质量管控的认识，强调注重抓好细节，重点控制焊接、油漆的外观质量，并对存在的问题进行了通报。把阳西电厂项目、五间房电厂项目和巴西电厂项目等作为产品重点检验项目，从各个环节严格控制质量，打造精品，得到了用户的认可。公司的重点产品项目的质量有了明显改善，从而带动了公司所有产品质量的提高，在员工中也形成了严要求、严抓质量的氛围，为全面提高产品质量和提档升级创造了条件。

公司的生产设备先进，工艺流程执行严格，产品质量稳定，服务优良，近三年监督抽查和出口商检中无不合格情况发生，用户对产品质量无任何投诉。

公司通过了ISO9001质量体系认证、ISO14001环境管理体系和OHSMS18001职业健康安全体系认证；通过了“AAA级标准良好化行为企业”的认证；制定了管理、技术等相关的管理标准，建立了一套完整的标准化管理体系。2017年，公司积极参与全国矿山机械、全国起重运输机械标准化活动，参与标准制定4项，其中主持制定标准1项：《可逆反击锤式破碎机》，参与制定3项：《筒式磨机 铸造衬板技术条件》《锤式破碎机铸造锤头技术条件》和《滚轴筛标准》。

6.技术改造情况

为积极响应国家新旧动能转换有关政策要求，公司于2017年10月份投资100余万元对铸造车间进行了升级改造，淘汰了落后电炉，新上了4台节能环保型电炉，该电炉加热速度快、熔炼速度快、熔炼温度及金属成分均匀，主要用于公司的国家专利产品分体式高强度锤头的铸造。

〔撰稿人：山东山矿机械有限公司商坛　审核人：山东山矿机械有限公司胡秀万〕

株洲天桥起重机股份有限公司

一、企业概述

株洲天桥起重机股份有限公司成立于1999年，多年来秉承“先进制造，专业典范”的企业愿景，主要从事冶金物料搬运装备、门桥式起重机的智能装备的研究和开发，是国内专业从事高端智能装备制造的上市公司。现已发展成为业务范围涵盖物料搬运装备、有色冶炼智能装备、选煤机械、智能立体车库、风力发电设备及造雪设备等于一体的企业集团。公司产品的销售市场和服务范围覆盖亚洲、欧洲、美洲和非洲等的多个国家和地区。截至2017年12月，公司总资产为34亿元，员工为1 500人。

公司拥有7家控股子公司，分别为株洲天桥起重配件制造有限公司、株洲优瑞科有色装备有限公司、株洲天桥舜臣选煤机械有限公司、杭州华新机电工程有限公司、湖南天桥利亨停车装备有限公司、湖南天桥嘉成智能科技有限公司、株洲天桥奥悦冰雪科技有限公司。

二、生产经营情况

2017年，国民经济稳中向好，经济活力、动力和潜力不断释放，稳定性、协调性与可持续性明显增强，实现了平稳健康发展。随着国家“一带一路”、《中国制造2025》、“供给侧改革”等国家倡议的颁布和实施，公司下游行业供需结构发生了变化，铝冶炼新增项目投资减少，有色冶炼装备市场需求有所下滑，但港口设备出口订单增加，通用起重设备需求有所回升。

2017年，在全体股东的支持下，公司董事会率领经营班子与全体员工，适时抓住行业发展机遇，稳步实施公司发展战略，按年度工作目标要求有序开展工作，较好地完成了各项经济指标，产值与效益双双创下历史新高。

2017年，面对下游行业结构性调整及激烈的市场竞争，公司管理层及时采取应对措施，扎实开展各项工作，产值与效益纷纷达到历史最高水平。公司实现合并营业收入12.46亿元，比上年同期略有增长；归属于上市公司股东的净利润为1.168亿元，同比增长9%。

1.围绕战略发展方向，持续推动战略实施

2017年，公司围绕“一体两翼”的战略发展思路，进行战略布局，逐步实施。从产品升级到管理创新，公司打破常规，不拘一格，引进优秀人才，充分利用各方面的优势资源，力求做实做强高端智能装备产业，积极布局新能源产业。

2017年，为推动公司转型升级，全面了解智能制造行业的发展状况，寻求战略合作伙伴，董事长带队赴北广深等地对国内十多家智能制造企业开展现场调研。通过调研，对国内智能制造行业的发展现状、发展趋势有了较为清晰的判断，为公司转型升级提供了方向。公司积极推进与中车集团的深度合作，以参与开发智能制造仓储物流及自动化生产线业务，此次合作采取了开放式的合作模式，以项目制的形式开展技术及商务业务。同时，公司与贵阳铝镁院、嘉成科技组建了湖南天桥嘉成智能科技有限公司，以重点开发轨道交通领域、冶炼领域、物流领域的高端智能装备，形成新的产业动能。

2.全员参与，品质提升初见成效

2017年是为公司的“品质提升年”，公司开展了以“提升工作质量和产品质量”为主题，全员参与的品质提升活动，共启动了14项品质提升重点工作，全年品质提升达标项目11项。应收账款管理、产品自检、存货管理等项目组织得有声有色，成效显著，产品发货完整性大幅提高。通过品质提升活动，全员质量意识得到加强，产品品质明显改善，顾客满意度稳步上升。

3. 回款增加，应收账款管理取得新进展

2017 年，公司将货款回收列入重点工作，成立了领导小组，财务、审计、售后、生产、技术等部门深度参与应收账款管理，选派中层管理人员到现场处理售后问题，组织的力量大为加强，为货款回收提供了组织保障；通过深入调查研究寻找出了问题的症结，制定出了相应的办法，完善了内部管理制度，建立健全了客户档案，统一了财务、销售计账；确定收款节点，明确销售员职责和目标，并重新签订责任状，改变了销售员责任不清、催款不力、方法不多的现状；领导带头，与销售员一起拜访客户，共同商讨回款办法；通过发放律师函和催收函确保回款。2017 年，回款比上年增长 9%，为年度计划的 102%。

4. 加强投资后的管理，战略投资显成效

公司于 2015 年投资珠海英搏尔电气股份有限公司并全力支持英搏尔发展，帮助其完善运作规范体系，制订战略发展规划，并指派专人全程协助其上市的全过程申报工作。2017 年 7 月，英搏尔在深圳创业板成功上市，为公司战略投资的第一家上市公司。英搏尔上市后，公司持有其 337.5 万股，股权占比 4.46%，截至 12 月 31 日，市值约 1.8 亿元，投资收益率愈 700 %。

5. 消除瓶颈，技术攻关有所提升

大力推进三维设计制图，在提高工作效率的同时减少了设计出错率。为提高设计效率和质量，技术中心组织成立了三维设计小组，推进“600kA 铝电解多功能机组”三维参数化设计工作平台。经过几个月的磨合、应用，设计效率较以前提升了近 30%，设计质量明显改善。大力推进产学研战略合作，以现有产品的自动化、智能化、信息化为突破口，与设计院所、高校签订战略合作协议，开展电解铝智能装备关键技术攻关，打造科技成果产业化平台；以中车电机智能制造仓储物流以及生产线、新疆希望自动化炭块库项目为起点，进行智能仓储物流和冶金物料搬运行业的智能装备和 MES 系统开发，推动公司由产品供应商向系统供应商转变。

通过采取优化奖励政策、鼓励科技创新等举措，公司的重大科技创新成果不断涌现。全年共成功申报与立项重大科技创新成果 21 项；全年技术人员积极进行专利申报和科技论文发表，共授理完成专利或软件著作权 25 项，发表科技论文 2 篇，已取得专利授权 3 项。推进了科技创新平台的建设，增强了创新能力。

2017 年，公司完成了高新技术企业的认定工作、“湖南省工程技术中心”的验收工作、“省级企业技术中心”和“院士专家工作站”的评价工作，夯实了公司的创新研发平台。

6. 协同发展，控股子公司步入良性运营轨道

公司控股子公司华新机电在“一带一路”政策的推动下，着眼于国际化市场和销售回款管控，年度新增销售合同创近年新高，销售回款创历史新高。天桥配件通过前两年的扎实工作，新增客户 25 家，订单迅猛增长，整体成本得到了有效控制。优瑞科加大有色冶炼市场的攻关及销售力度，获得了第二批机器人阴极洗涤及剥片和阳极整形机组订单，为来年生产经营打下了坚实的基础，完成了国产首台（套）大极板自动剥锌机组的设计、生产、调试。天桥舜臣完成了股权结构调整，加大了应收账款的回收力度，扩大了产品销售市场，实现了扭亏为赢。天桥利亨完成了管理层持股，打造了天元区行政中心、火炬大厦、天桥起重立体停车库样板示范工程；开发了各种类型车库的控制技术和管理系统，并形成了较为全面的产品系列。

2017 年公司的营业收入构成见表 1，2017 年公司重大科技成果及获省市以上科技（进步）奖项见表 2。

表 1　2017 年公司的营业收入构成

	2017 年		2016 年		同比增长（%）
	金额（元）	占营业收入的比重（%）	金额（元）	占营业收入的比重（%）	
营业收入合计	1 245 952 876.95	100	1 238 894 201.48	100	0.57
分行业					
物料搬运装备及配件	1 125 957 369.10	90.37	1 023 703 674.85	82.63	9.99
风电设备		0.00	102 374 818.05	8.26	-100.00
选煤机械	27 169 061.71	2.18	21 055 303.28	1.70	29.04
有色装备及其他	92 826 446.14	7.45	91 760 405.30	7.41	1.16
分地区					
华东、华北地区	668 296 599.59	53.64	740 668 045.75	59.78	-9.77
华中、华南地区	242 025 602.17	19.42	295 316 671.80	23.84	-18.05
西部地区	216 068 591.01	17.34	201 279 683.34	16.25	7.35
东北地区	41 101 774.27	3.30	1 629 800.59	0.13	2 421.89
国外	78 460 309.91	6.30			100.00

表2 2017年公司重大科技成果及获省市以上科技（进步）奖项

序号	项目名称	完成时间	主要性能参数及技术内容简介	成果水平评价	负责单位／参与单位
1	有色金属精炼搬运装备智能化控制技术及产业化	2017年	该项目以铜精炼搬运装备为示范，开展了有色金属精炼搬运装备的智能化控制技术研究，主要包括全自动运行作业调度管理系统、搬运装备高精定位及偏差纠正技术、设备运维管理系统、在线绝缘检测以及基于红外热成像的极板短路自动检测技术	国内先进	株洲天桥起重机股份有限公司、中南大学
2	多出入口圆形塔式立体停车库研发及产业化	2017年	开展了升降系统及车辆传送设备运行的可靠性研究；大幅降低了车位生产和安装成本，缩短了工期；实现车库设备远程视频监控和工作状态检测；开展了车库系统集成的多维传感大数据信息收集与计算分析技术研究，开发了物联网接口，开展了车库内部产生的控制数据和运行时外部输入数据的综合分析	国内先进	株洲天桥起重机股份有限公司、湖南天桥利亨停车装备有限公司
3	400kA大型铝电解槽异地检修搬运系统	2017年	该项目是自主研发的一种大型铝电解槽异地检修搬运系统，综合运用机、电、液、气及自动控制技术，研发了一种新型的专用吊具，通过均载结构，实现了电解槽阴极平衡搬运，满足了电解槽集中大修转运的要求	国内首创	株洲天桥起重机股份有限公司
4	600kA大型槽阳极更换技术及操作机组	2017年	大型槽阳极更换技术及操作机组是预焙阳极500～600kA电解槽工艺操作的专用设备，是大型槽电解铝技术发展的重要环节之一 该产品具备高温、高粉尘、强磁场条件下应用的各项技术措施，并且能实现极号、槽号、包号等的识别，小盒夹具防坠落，双阳极同步，自动测高等诸多功能 大幅度提高了铝电解行业设备运行的环保水平，减少了对周围环境的影响，减少了用户的基础建设投资，也减少机组运行损耗，符合国家先进制造与绿色制造技术的要求	国内首创	株洲天桥起重机股份有限公司
5	电解铝多功能起重机绝缘高压在线监测方法与装置的研究与应用开发	2017年	该产品在实时监测时，通过低电压绝缘检测电路，实时地采用安全低电压检测电解多功能机组的绝缘状况，对在电解多功能机组上的作业者没有人身伤害；在用低电压检测绝缘电阻较小超限报警值时，通过高电压绝缘检测电路，可以用高电压检测进行准确测量，进而进行确认；能够实现高电压检测和低电压监测的功能，具有既能保证人身安全，又能得到高的检测精度的优点	国内先进	株洲天桥起重机股份有限公司、湖南工业大学

〔撰稿人：株洲天桥起重机股份有限公司技术中心谭永新　审核人：株洲天桥起重机股份有限公司郑正国〕

山起重型机械股份公司

一、企业概况

山起重型机械股份公司（原山东起重机厂有限公司）始建于1968年，现为中国重型机械协会常务理事单位、桥门式起重机专业委员会副理事长单位、起重机械减量化产业技术创新战略联盟副理事长单位、山东省企业技术中心和山东省桥门式起重机工程技术研究中心。公司产品涵盖20个系列，涉及1 000多个规格品种，其中，主导产品为500t及以下电动双梁桥式起重机、100t及以下电动门式起重机、240t及以下铸造起重机和智能立体停车设备。公司技术力量雄厚，设计、制造工艺先进。截至2017年年底，公司共承担国家科技支撑计划课题3项，以及省级技术创新项目13项，荣获省级科技进步奖3项，申请专利42项，负责及参与制（修）定国家及行业标准6项。

二、生产经营情况

2017年公司以承担国家科技支撑计划“大吨位桥式起重机轻量化技术推广应用与示范”课题为契机，以“抓住机遇、接受挑战、创新驱动、稳步发展”的工作方针，面向国内外市场大力推广轻量化桥式起重机，同时应用轻量化设计技术对传统起重机不断优化，对零部件不断进行创新设计，并在产品销售及生产管理等方面取得了显著成果。

公司全年完成工业总产值4.81亿元，其中轻量化桥式起重机2.54亿元；实现利润1 830万元，其中轻量化桥式起重机1 064万元。2017年主要产品产量见表1。

表1 2017年主要产品产量

产品名称	产量（台）	产量（t）
桥式起重机	315	15 197
其中：通用桥式起重机	251	14 073
电动梁式起重机	51	357
冶金起重机	13	767
门式起重机	38	1 859
总计	353	17 056

三、科技创新情况

创新和发展是企业永恒的主题。在领先的设计技术保证下，公司不断进行新产品的研发及制造工艺的创新。2017 年是公司承担国家科技支撑计划“大吨位桥式起重机轻量化技术推广应用与示范”课题的最后一年，在山起课题组成员的不懈努力下，该公司独立完成了主梁组装工艺装备、主梁腹板角钢自动焊接线、小车轨道专用焊接线、模块化端梁专用加工装备、小车架整体加工装备 5 种工艺装备的研发。对大车端梁、小车架、车轮组加工及装配、桥架组装等部分工序配备了相应的工艺装备，实行流水线作业，实现了起重机主要部件的标准化、模块化生产，改变了传统的起重机生产模式及制造工艺布局，降低了工人的劳动强度，提高了全员劳动生产率。轻量化桥式起重机整机制造周期缩短了 26.3%，劳动生产率提高了 50% 以上，不仅可以节省大量生产成本，而且产品质量大幅提高。课题组还完成了 100 ～ 200t 轻量化桥式起重机的系列设计，形成了系列设计图样及技术文件，实现了“起重机总重降低 25%，整机高度降低 10%，节能 15%”的目标，使轻量化桥式起重机系列型谱及使用范围更广。

在按时间节点完成国家科技支撑计划课题研究任务的同时，公司还将轻量化设计技术用于传统起重机的优化及零部件的创新设计中，完成了 5 ～ 16t 轻量化电动单梁起重机和 5 ～ 20t 电动葫芦桥式起重机的研发。这项技术将整机自重（除葫芦）平均降低 10% 以上；并将减少铆焊工作量，焊缝长度比 LDA 型减少 50%；通过简化车轮制作安装工艺，将实现主端梁分体制作，从而使整机制造效率可提高 2 倍以上。

2017 年，公司申报专利 6 项，其中发明专利 1 项，授权专利 5 项。取得软件著作权 2 项。参与项目获得北京市科学技术奖二等奖 1 项。2017 年公司重大科技成果及获省市以上科技（进步）奖项见表 2。

表 2　2017 年公司重大科技成果及获省市以上科技（进步）奖项

项目名称	完成时间	主要性能参数及技术内容简介	成果水平评价	负责单位 / 参与单位
桥式起重机轻量化技术开发与应用	2015 年 12 月	该项目通过对桥式起重机轻量化设计关键技术的深入研究，完成了轻量化桥式起重机系列设计，形成了结构轻量化、能耗减量化、工艺绿色化、安全性高的新一代桥式起重机产品	北京市科学技术奖二等奖	参与单位

四、产品质量及标准工作情况

1. 质量工作情况

产品质量是企业的生命，公司从成立开始就十分重视产品质量。2017 年公司进行了 2015 版 ISO9001、ISO14001 管理体系换版标准培训及考试，以保证用质量控制程序来控制产品质量的有效性及连续性。

为快速、高效地解决公司产品制造、安装、售后服务过程中发现的质量问题，公司在钉钉网建立了“产品质量反馈平台”。凡是在产品生产制造、安装、售后服务过程中发现的产品设计、生产制造、外购配套、产品安装等方面的产品质量问题必须在产品质量反馈平台上发布；质量与售后服务部经理应在 4h 内在本平台上做出对反馈问题的安排，明确处理该问题的责任部门和完成时间；分管副总、中心总经理应督促检查。

为提高产品制造质量，公司不断进行起重机制造工艺改进升级及工艺装备的研发。在承担的国家科技支撑计划课题研究中，研发了主梁铆焊组装工艺装备、轨道焊接专用工艺装备、模块化端梁专用加工工艺装备、小车架整体铣工艺装备等，这些工艺装备的应用，不仅大大降低了工人的劳动强度，提高了制造自动化水平，而且制造质量也有了较大幅度的提高。通过对该课题推广应用的 306 台轻量化桥式起重机主要检验项目一次交检情况进行统计，一次交检合格率为 99.42%。

2. 标准工作情况

山起重型机械股份公司作为全国起重机械标准化技术委员会桥式和门式起重机分技术委员会会员单位，积极参加标准的制（修）订工作。2017 年，参加了国家标准《铸造起重机报废条件》的制定，参加了 GB/T 31052.11—2015《起重机械　检查与维护规程　第 11 部分：机械式停车设备》、JB/T 10474—2015《巷道堆垛类机械式停车设备》及 JB/T10475—2015《垂直升降类机械式停车设备》等标准的宣贯会。

公司内部还针对 2015—2017 年颁布的起重机相关国家及行业标准召开了实施情况交流会，统一了认识，制定了实施细则，为全面贯彻起重机设计制造相关标准打下了坚实的基础。

五、技术改造情况

公司投资 5 000 余万元，完成了年产 2.5 万 t 桥门式起重机的改扩建项目。在山起重型机械股份公司内建成了占地面积为 25 000m^2 的轻量化厂房，建立起轻量化桥式起重机生产的示范基地。配备有数控系统的等离子切割机、落地镗铣床、数控折弯机及轻量化桥式起重机主梁组装工艺装备、主梁腹板角钢自动焊接线、模块化端梁专用加工装备、小车架整体加工装备、小车轨道专用焊接线等新研发的工艺装备，使公司年生产能力达 300 台。

公司投资 200 余万元完善了信息管理系统。2017 年对生产排程系统做了完善，使文档信息集成化，这些集成化的信息涵盖了所有生产计划、销售部发货和安装计划、生产部门的外协、加工计划、三大表、配套和技术特性表、公司办文件、通知、销售合同、技术协议、技术部配套计划等。与产品相关的文档信息可以通过制令号进行查询，为公司各项计划管理地的追溯提供依据。开发工时软件系统包含工时发起、质量控制、工时汇总、记账、工时审核5个模块51个形成工时的流程。目前已经能够按分厂进行分类汇总、记账、查询，所有的审批记录都能够按时间、部门、环节查询。

六、对外合作情况

由公司承担的，并由北京起重运输机械设计研究院、大连华锐重工起重机有限公司、太原重工股份有限公司、清华大学参加的国家科技支撑计划“大吨位桥式起重机轻量化技术推广应用与示范”课题已完成各项研究任务。该课题已完成工业厂房轻量化起重机配置，变频电动机、变频器等关键配套技术，结构件和关键零部件的加工工艺和工艺装备，轻量化桥式起重机生产技术准备信息系统的研究。该项研究成果提高了起重机制造的自动化程度及制造质量，使整机制造周期缩短26.3%，产品一次交检合格率达到99.42%。公司完成了100～200t轻量化桥式起重机的系列设计。建立了3个总面积为30 000m^2、年生产600台的轻量化生产示范基地。公司推广应用轻量化桥式起重机306台，实现了推广运用轻量化起重机的目标。

由北京起重运输机械设计研究院承担的，该公司参加的国家科技支撑计划“桥式起重机械轻量化共性技术研究”课题已完成各项研究任务，并通过了中国机械工业联合会的验收。

太原科技大学的起重运输专业是国内高等院校的领先学科。经太原科技大学归纳整理、拓展后研发的起重机参数化设计专用软件，是以山起重型机械股份公司标准产品参数和图样为基础设计的CAD软件，2017年进行了升级，使该软件的性能更加完善。

〔撰稿人：山起重型机械股份公司王丰顺　审稿人：山起重型机械股份公司刘永庆〕

杭州西子智能停车股份有限公司

杭州西子智能停车股份有限公司成立于2004年3月，是一家集机械式立体停车设备研发、设计、制造、销售于一体的高新技术企业，以建设一流车库为己任，拥有产品自营进出口权。公司产品囊括了PPY平面移动类、PCS垂直升降类、PSH升降横移类、PCX垂直循环类、PSX水平循环类、PDX多层循环类、PXD巷道堆垛类、PJS简易升降类及PQJ汽车升降机九大类。公司是中国重型机械工业协会停车设备工作委员会副理事长单位、浙江省特种设备协会起重机械分会副会长单位。凭借强大的研发实力，公司参与了机械式停车设备行业3项国家标准和7项行业标准的起草。另外还获得了“中国机械工业名牌产品”“自主创新先进企业”证书、“2016年度中国十大立体车库企业”“2016中国立体停车设备十大顶级品牌”“2016年政府采购立体停车设备十大品牌”“2015年度机械式停车设备行业优秀企业”、2015年度中国重型机械工业协会停车设备工作委员会共同促进奖等荣誉。

公司已通过ISO9001质量体系、ISO14001环境体系、国家二级标准安全体系认证。公司自成立以来先后被各级部门认定为杭州市技术中心、浙江省省级研发中心，荣获了“杭州市著名商标”“浙江省名牌产品”等荣誉称号。公司已被列入2016年智能制造示范项目实施单位。同时，“西子石川岛立体车库协同智造平台”被列入“2015年省级信息经济发展示范区”支撑项目，“西子立体车库制造及维保智能物联系统”被列入2015年、2016年杭州市工厂物联网和工业互联网项目试点项目名单。

公司隶属于西子联合控股，由世界知名的立体停车设备制造厂商——日本石川岛运般机械株式会社（IUK）、台湾东元集团、杭州西子孚信科技有限公司共同出资组建而成，并于2017年3月整体改制为杭州西子智能停车股份有限公司。公司通过合资合作在产品、技术、管理经验、企业文化等方面得到了充分的融会贯通；塑造出一个全新的、系统的、包容的、强大的新实体，为国内立体停车设备市场的发展注入了强大的推动力。

公司的产品已相继在北京、上海、广州、深圳、杭州、宁波、温州、台州、大连、哈尔滨、南京、常州、长沙、武汉及太原等全国百多个城市投入运行，以良好的产品质量、稳定可靠的性能和一流的服务赢得了用户的普遍赞誉。遍布全国的200多个销售服务网点为产品的销售、安装和维护保养一条龙服务提供了可靠的保障。公司成立至今一直遵循国家各项法规，近三年内无环境污染事故以及知识产权违法行为。

公司始终坚持科技创新和进行高附加值新产品的开发，使企业规模不断扩大。2017年销售收入78 967.21万元，研究开发费用3 830万元，占2017年度销售收入总额的4.85%。

公司现有职工共618人，建有省高新技术企业、浙江省省研发中心，中心现有专职工作人员155人，占职工总数的25.08%，其中具有本科以上学历或中级以上职称的技术人员121人(硕士研究生5人、本科99人、高级职称23人、中级职称26人），占研发机构职工总数的78.06%。研发团队职工的专业背景涵盖机械制造及设计、电子应用技术及电气设计等，结构合理，为新产品的开发提供了强有力的支撑。

（1）创新项目安排和评审制度。新产品开发是企业在激烈的技术竞争中赖以生存和发展的关键，它对企业的产品发展方向、产品优势、开拓新市场、提高经济效益等方面都起着决定性作用。为了使新产品开发能够严格遵循科学管理程序进行，并取得较好的效果，公司制定了《创新项目安排和评审制度》，对新产品开发的各个阶段需要完成的工作和评审内容都做了相应的规定。

（2）研发人员管理制度。研发人员采取职称聘任制，即无论是否有国家技术职称，在公司任职技术岗位时均需经过公司技术管理评审小组的评审，对达到规定要求的予以相应技术职称。因此，公司制定了《内部设计师评定标准》，对技术类员工聘任级别标准及要求、评审程序等做了明确规定。

（3）绩效、薪酬考核制度。公司制定了完善的绩效考核制度，对职业道德、知识、技能、工作绩效等设定了考核考评指标，并根据该指标的实现程度经考核考评后给予奖励。为保证技术的不断创新和完善，公司建立了研发人员薪酬及奖励制度。通过提高专业技术人员的收入待遇、给予补贴、增加培训机会等有效措施，充分调动了专业人才的研发积极性。为保障制度落实，制定了《项目设计考核办法》，除岗位职级工资之外对科技人员所做出的创造性劳动成果进行激励。财务部根据年度员工考核得分系数给研发人员提取绩效奖金，同时公司每年根据新产品的研发工作量给予相关研发人员一定的项目奖金。根据项目的技术含量及技术指标的先进性、项目开发工作量和自主开发难度、项目对公司品牌形象提升及对科技进步推动的效果、项目潜在的经济效益、市场竞争力及其他相关因素等多个方面对项目进行评分，划分研发绩效奖励资金标准。根据进度考核、质量考核、成本控制考核，确定项目考核总分，最终确定奖励的发放额度。

（4）保密制度。技术中心计算机均安装了加密系统，技术部门的图样只能在内部传播，特殊情况如需解密由专人登记。同时，主要技术人员均签署了保密协议和竞业限制协议。

（5）人才储备制度。注重技术梯队的建设，实现老中青传帮带，并开展丰富的培训活动。对每个关键技术岗位和管理岗位，储备人才达到 2 ～ 3 人，并和浙江工业大学建立了合作关系，以及时补充优秀人才。

2017 年公司重大科技成果及获省以上科技（进步）奖项见表 1。

表 1　2017 年公司重大科技成果及获省市以上科技（进步）奖项

序号	项目名称	完成时间	成果水平评价	负责单位
1	多通道圆周式智能立体车库的研发与产业化	2017 年完成验收	杭州市重大科技研发	杭州西子智能停车股份有限公司
2	2017 年浙江省高新技术企业复审重新认定	2017 年完成复审		杭州西子智能停车股份有限公司
3	2017 年浙江省企业研究院认定	2017 年认定		
4	同步旋转高速智能库	2017 年	2017 年区重大科技研发	杭州西子智能停车股份有限公司

〔撰稿人：杭州西子智能停车股份有限公司王银华　审核人：杭州西子智能停车股份有限公司王洪艳〕

上海科大重工集团有限公司

一、公司简介

上海科大重工集团有限公司（简称“上海科大重工”）成立于 1993 年，注册资本为 16 000 万元，注册地址为上海青浦工业园区华青路 815 号。公司是集设计开发、生产制造于一体的科技型实体民营企业，专业生产各种规格的带式输送机，尤其擅长生产长距离、大运量带式输送机。公司是全国带式输送机行业副理事长单位，全国守合同重信用企业。

公司现有员工 432 名，其中，工程技术人员 86 名，各部门管理人员 45 名。公司的技术开发能力及生产制造实力均相当雄厚，在上海青浦工业园区拥有华青路、盈港路、汇联路三个厂区，总占地面积为 115 500m^2，总建筑面积为 75 600 m^2。公司的主要产品为各类高规格带式输送机及圆管输送机。公司的产品产量多年来位列行业前列，连续多年被评为上海市名牌产品，并多次获得科技进步奖。公司现有有效专利 48 项，其中，发明专利授权 5 项，实用新型专利授权 36 项。公司依靠科技创新突破了企业发展瓶颈，实现了向科技型企业转型。

公司通过了 ISO9001：2015 质量体系、ISO14001：2015 环境质量体系及 OHSAS18001：2007 职业健康安全管理体系认证，曾先后被认定为：全国守合同重信用企业、上海市科技小巨人企业、上海市高新技术企业、上海市著名商标、上海市名牌产品、上海市百强私营企业、上海市先进企业、上海市文明单位等。

二、生产发展情况

2017 年公司经济运行情况见表 1，2017 年公司工业总产值按行业划分见表 2。

表 1 2017 年公司经济运行情况 （单位：万元）

员工总人数（人）	产品名称	工业总产值（当年价）	销售收入	工业增加值	利润	出口产值	新产品产值（当年价）	产量	
								重量（t）	长度（m）
432	企业所有产品	58 790	58 790	21 164	2 979	18 136	11 361	65 105	75 730
	带式输送机	57 559	57 559	20 763	2 918	18 136	11 361	710	75 730
	部件（滚筒、托辊）	1 231	1 231	401	61				

表 2 2017 年公司工业总产值按行业划分

行业	煤炭行业	建材行业	冶金行业	矿山行业	其他行业
工业总产值（万元）	3 500	8 100	12 000	17 543	17 647

三、科技成果及新产品情况

在铁路与水利建设中，TBM（全断面岩石掘进机）施工法是隧道掘进的最先进、最高效的方法。目前，与TBM（全断面岩石掘进机）配套的出渣方式有两种：轨道矿车出渣和连续带式输送机出渣。连续带式输送机出渣具有运输连续、运量大、污染小、运输管理简单、使 TBM 设备利用率高等特点，是隧道施工出渣运输系统的重要发展方向。而由于国内的连续带式输送机技术与国外相比还存在较大差距，所以在实际工程中，掘进出渣运输系统主要采用进口连续带式输送机设备。但进口设备价格昂贵，增加了施工成本。因此，公司对连续带式输送机进行了研究，研制出了具有高技术含量的连续带式输送机，最终实现了 TBM 的快速高效掘进，加快了隧道的施工进度。

随着 TBM 隧道掘进机被越来越多地应用到隧道施工中，与之配套的连续带式输送机出渣运输系统也成为工程领域研究的热点。近年来，由于动态分析技术、变频软启动技术、自动张紧技术、中间驱动技术、高寿命托辊技术等高新技术的应用，使连续带式输送机出渣运输系统具备了国产化的基础。

对于≤ 18km 的隧道连续带式输送机，国外的技术相对成熟，如美国罗宾斯、瑞士马蒂、法国雷伊、美国久益等。国内连续带式输送机发展起步较晚：2015 年首台 TBM 连续带式输送机才在山西安装运转。随着连续带式输送机国产化的实现，国产连续带式输送机迅速发展，近两年先后有十几台投入运营，截至 2017 年，连续带式输送机单机运行最长距离已达到 17.5km。

对于＞ 18km 的隧道连续带式输送机，国内外相关业绩较少，有关技术均处于摸索实践阶段。上海科大重工于 2016 年 12 月通过竞标，成功取得了中铁十八局承建的山西中部引黄工程 TBM1 标段 26km 连续带式输送机的设计制造合同，该项目是目前世界上单条输送距离最长的隧洞连续带式输送机。

通过对小洞径超长距离隧道连续带式输送机的研制开发，使中铁十八局山西引黄 TBM1 标 26km 连续带式输送机成功运行，该带式输送机做到了整体性能可靠、选型配置合理、系统运行平稳、安装维护方便，是目前世界上单条输送距离最长的隧洞连续带式输送机。该项目的研制成功，不仅创造了隧洞连续带式输送机输送距离最长的世界纪录，而且对我国的隧道建设提供了有力的支持，推动了国产连续带式输送机的发展，对替代进口，振兴民族工业有很重要的社会意义。也为上海科大重工拓展隧道连续带式输送机业务、占领国内外市场打下了良好的基础。

（1）该项目的创新点

1）摩擦式磁加力站。基于原理和结构上的原因，连续带式输送机用滚筒转载式加力站存在物料对胶带的 N 次冲击损伤、重力摩擦式加力站存在加力段过长的问题。摩擦式磁加力站从设计原理上进行了创新，具有性能可靠、驱动力大、配置灵活、安装方便、结构紧凑、胶带无二次冲击、胶带无需清洗等特点，特别适用于清渣比较困难的隧洞工程。

2）小洞径吊挂机身安装平台。借鉴美国罗宾斯连续带式输送机安装窗口方式和瑞士马蒂连续带式输送机的抽屉式机身安装方式，结合现在的小洞径双护盾 TBM 台车空间，设计了独特的不停机机身安装平台，不仅解决了空间不足的问题，而且结构简单，工人操作方便。

3）大角度小半径转弯。除采用常规托辊组内侧抬高、托辊组内侧前倾、加大托辊组槽形角、加挡辊等常规措施外，首次使用磁钢技术、单侧设置压带辊装置等措施，有效地解决了胶带跑偏洒落和胶带翻转问题。

4）12 层储带仓。机头储带仓部分打破了常规设计，采用 12 层储带仓，一次性储带 600m，TBM 每掘进 300m 硫化胶带前进一次，减少了掘进机的停机时间，提高了掘进效率。

5）双头硫化放带机。为提高工作效率，减少胶带硫化时间，胶带接头采用双硫化接头技术，每卷胶带 600m，出厂前成卷露出两个接头，设置双硫化平台，两套硫化机同时工作。胶带接头时间减少了一半，大大提高了胶带硫化接头效率。

6）变频张紧装置。该输送机采用国内首台自主研制的变频张紧装置，填补了国内空白。利用先进变频技术，解决了 TBM 掘进运行与连续带式输送机张紧系统的动态响应问题。该输送机具有张紧力预先设定和张紧力根据工况自动调节功能，克服了液压系统液体泄漏问题，具有停电自锁安全可靠、屏幕操控便于操作、模块结构使用维护方便等特点。

（2）关键技术

1）长距离输送机的动态响应技术。

2）小洞径连续带式输送机多点驱动技术。

3）大角度小半径高张力下带式输送机转弯技术。

4）不停机机身安装技术。

5）胶带双头硫化技术。

6）大容量储带技术。

7）长运距输送机节能降耗技术。

8）变频张紧技术。

9）多点驱动变频控制技术。

（3）所取得的创新性成果

1）摩擦式磁加力站已申报国家发明专利，目前已受理。

2）小洞径吊挂机身安装平台已取得国家实用新型专利证书。

3）轻型节能输送带已申报国家发明专利。

4）变频张紧装置已取得国家实用新型专利，目前正在申报国家发明专利。

四、产品质量及标准工作情况

公司质量管理体系的质量方针为：科学管理、精心运作、持续改进、开拓创新。

科学管理：采用科学的管理方法，以系统而合理的方式进行管理，提高公司的运作效率和效果。

精心运作：公司依存于顾客，顾客的满意与否是检验产品质量的标准，只有通过全体员工的不断努力、精心运作，才能为顾客提供满意的产品和服务。

持续改进：持续改进总体业绩是全体员工永恒的追求。持续地改进管理体系，优化各个过程；持续地改进产品和服务，实现顾客满意。

开拓创新：科技创新是科学发现和技术发明的灵魂，企业发展需要源源不断的动力，必须充分调动员工的积极性，激发创新力，开创新工艺，满足顾客要求并尽力超越顾客的期望。

本公司的质量目标：

1）确保成品出厂合格率为100%。

2）顾客满意度≥95%。

3）不断加强基础设施管理，完善现场生产环境，加大人力资源投入，开发先进生产工艺，提高产品质量和经济效益。公司检测中心检测设备包括：整套托辊检测设备、振动消磁仪、滚筒能力试验装置、滚筒摩擦试验装置、表面电阻实验装置、带机整体检测平台、拉力试验机、X超声波探测仪、激光扫描仪等。公司为试验室及办公人员配备了先进的计算机软件系统，实现了办公全程自动化、无纸化。公司自贯彻ISO9001：2000质量体系标准以来，一切生产经营活动均按照标准执行；全部生产过程均程序化、规范化、有记录可查；对顾客负责，真正做到“顾客是上帝，服务到永远”。公司每年都顺利通过质量体系审核，及时整改不足之处，保证质量体系在公司有效运行，公司成立至今，从未有抽查产品不合格现象发生。现在，公司已经成为许多国有大中型企业定点采购的对象。如煤矿系统的神华集团、西山矿务局、黄陵矿务局、大同煤炭集团等国内大型煤矿；电力系统的外高桥电厂、上海吴泾电厂、江苏大仓电厂、贵州纳雍电厂、徐州电厂、常熟电厂等；钢铁系统的宝钢、沙钢、江阴兴澄钢厂、济钢等。公司在保证国内市场份额的同时，用不断创新的技术水准和品质引起了众多海外大型客户的关注，2011年交付的全球最大铁矿石供应商巴西淡水河谷CLN项目，是淡水河谷公司与中国企业签订的第一台整机供货合同。该机运量为20 000t/h，是国内最大运量的双倍，达到了国际先进水平，价格又远远低于德国、芬兰等发达国家的同行企业产品。这些著名项目的承担，给上海科大重工带来了无限的商机，国外大型同类企业不断关注科大，到科大来实地考察，目前成功签订了南非、俄罗斯、摩洛哥、蒙古等国家的项目，并依靠自身强大的科技开发实力及生产制造实力，不断扩展与海外客户的合作范围及接洽新客户。目前，公司向巴西淡水河谷公司等国际大公司提供的产品已是国内出口产品中最高端最先进技术水平的产品，依靠这一优势，相信公司在海外市场的开拓将会更加顺风顺水。

五、企业推进节能减排开展的项目

上海科大重工于2017年申报了环保型大运量带式输送机生产线节能改造项目，为该项目的顺利实施购置了双头镗床、数控龙门铣床、焊接机器人系统等自动化设备，对公司原有传统生产工艺进行了改进。建设的环保型大运量带式输送机生产线，具有节能环保、高效和节省人工的特点。公司通过本次生产线工艺设备的改造，不但提高了产品的良品率，还降低了能耗、水耗，项目实施前能耗总量为891t标煤，项目验收时能耗总量为789t标煤，减少能耗102t标煤；项目实施前耗水量3 178t，项目验收时耗水量为2 107t，减少耗水1 071t；项目实施前用电2 970 000kW·h，项目验收时耗电2 630 000 kW·h，减少耗电340 000 kW·h。节能率为19.05%。

六、对外合作情况

为实现可持续发展，公司从自身实际出发，确立以技术创新并建立自主知识产权为目标，不断开发具有市场前景和竞争力的新技术、新工艺、新产品的经营理念，建立了完整的研究开发组织管理体系，实现了以研发管理促进研发活动、以创新带动企业发展的目标。

2012年，公司投入大量资金与山西大同煤矿集团合作成立了山西大同煤矿集团机电装备科大机械有限公司，在该公司内建设了重点实验室，添置了先进设备，旨在依靠山西大同煤矿集团强大的技术设计实力，结合公司十几年的开发生产能力，强强联手，围绕公司发展规划，开发具有国际竞争力的产品，以及进行全方位技术研究开发，提高企业整体技术创新能力。目前所有建设已完成，并已投入生产使用。

2016年，公司与上海交通大学建立了产学研合作关系，共同开发超长距离隧道连续带式输送机。该项目的研制成功，不仅创造了隧洞连续带式输送机输送距离最长的世界纪录，而且对我国的隧道建设提供了有力的支持，推动了国产连续带式输送机的发展，对替代进口，振兴民族工业有很重要的社会意义。也为公司拓展隧道连续带式输送机业务、占领国内外市场打下了良好的基础。

〔撰稿人：上海科大重工集团有限公司孙静　审稿人：上海科大重工集团有限公司李燕〕

山东华特磁电科技股份有限公司

一、企业发展情况

1. 改革改制情况

山东华特磁电科技股份有限公司成立于1993年，为了增强企业的发展后劲，改进企业的资本结构，于2007年10月设立成股份制公司，完善了法人治理结构，建立了一套科学规范的管理体制和财务体制，提高了公司的管理水平。2010年增发1 300万股，筹集资金5 200万元，使企业步入了高速发展的快车道。2014年12月2日，公司在全国成功挂牌新三板，成为登陆全国性资本市场的企业。

现公司占地面积27 hm^2，注册资金6 475万元，现有员工500余人，其中，博士4人，硕士6人，研究员、高级工程师、教授27人，聘请院士顾问4人。总资产5.1亿元，2017年实现销售收入18 142亿元，上缴税金1 301万元。

公司是装备特色产业基地龙头企业，磁电与低温超导磁体应用技术创新战略联盟理事长单位，设有中国机械工业超导磁体工程技术研究中心、山东省磁电工程技术研究中心、山东省省级企业技术中心、山东省磁力应用技术重点实验室、山东省“一企一技术”研发中心、冶金矿山磁电装备工程技术研究中心、综合院士工作站、国家博士后科研工作站。公司先后承担了国家“十二五”科技支撑计划3项。完成并通过省级鉴定的新产品40余项，共获省部级科技进步奖和专利奖15项。拥有国家专利共计152项，其中国家发明专利18项，并有5项发明专利通过PCT途径在50多个国家申请或授权了国际专利。主持和参与了国家行业标准制（修）订17项。

2. 生产发展情况

2017年公司经济指标完成情况见表1，2017年公司生产发展情况见表2。

表1　2017年公司经济指标完成情况

企业名称	工业总产值		工业增加值（万元）	产品销售收入（万元）	产品销售税金及附加（万元）	年末固定资产	
	当年价（万元）	比上年增长（%）				原价（万元）	净值（万元）
山东华特磁电科技股份有限公司	21 454.07	34	7 687.30	18 141.59	1 301	16 704.02	11 802.68

企业名称	流动资产		流动负荷		利润总额（万元）	所有者权益（万元）	全员劳动生产率（万元／人·年）
	合计（万元）	平均余额（万元）	合计（万元）	平均余额（万元）			
山东华特磁电科技股份有限公司	26 893.26	28 550.57	13 312.31	13 297.76	1 863.03	33 043.28	17.01

表2　2017年公司生产发展情况

序号	产品名称	单位	产量	
			数量	同比增长（%）
1	除铁器	台／套	721	-5
2	磁选机	台／套	200	28
3	有色设备	台／套	54	-28
4	立环高梯度磁选机	台／套	80	23

3. 市场销售情况

2017年公司市场销售情况见表3。

表 3　2017 年公司市场销售情况

序号	产品名称	产品销量及收入		产品出口额	
		数量（台 / 套）	收入（万元）	数量（台 / 套）	出口金额（万元）
1	除铁器	518	5 019.61	175	930.20
2	磁选机	148	3 402.37	18	248.84
3	有色设备	28	1 945.30	7	424.50
4	立环高梯度磁选机	37	4 715.85	14	1 211.37

4. 科技成果及新产品情况

2017 年公司重大科技成果及获省市以上科技（进步）奖项见表 4。

表 4　2017 年公司重大科技成果及获省市以上科技（进步）奖项

项目名称	完成时间	主要技术性能参数及技术内容简介	成果水平评价	负责单位 / 参与单位
油水复合冷却立环高梯度磁选机关键技术研发及产业化	2017 年 2 月	性能参数：磁场强度≥ 1.3T，转环直径 2 000mm，最大激磁功率≤ 85kW，可处理矿浆浓度 10% ～ 40%，矿浆处理能力 100 ～ 200m³/h 技术简介：采用公司拥有自主知识产权的油水两种冷却介质联合对线圈进行冷却，冷却效果显著。油作为冷却介质首先在封闭的管道内强迫循环，对励磁线圈进行散热，携带热量的冷却油输送到水套式冷凝器（或经过风冷式冷凝器再输送到水套式冷凝器），然后用水作为冷却介质在水套式冷凝器内部进一步对冷却油进行冷却。用过后的冷却水再进入冲矿管进行冲矿用，无需增加用水量 该冷却方式方法新颖，技术先进	该产品属国内外首创，技术达到同类产品国际领先水平	山东华特磁电科技股份有限公司

5. 产品质量及标准工作情况

2017 年度主要产品经山东省产品质量检测中心检测，全部检验合格；2017 年度公司主持或参与的国家行业标准有 JB/T 12434—2015《永磁立盘式尾矿回收机》、JB/T 7351—2015《中磁场永磁滚筒》、JB/T 13118—2017《铝熔铸用交流电磁搅拌器》和 JB/T 13119—2017《铝熔铸永磁搅拌器》4 项

6. 技术改造情况

2017 年公司的技术改造情况见表 5。

表 5　2017 年公司的技术改造情况

企业名称	固定资产投资（万元）		
	总计	其中	
		基本建设投资	技术更新改造投资
山东华特磁电科技股份有限公司	630.84	307.57	323.27

7. 对外合作情况

2017 年，公司与德国亚琛工业大学海尔曼 • 沃特鲁巴教授就“智能传感分选技术系统研发及产业化” 项目进行了合作。该项目实现了智能选矿新技术与选矿工艺的相结合，提前对矿石进行抛废，降低了选矿成本和磨矿能耗、水耗和尾矿排放，提高了矿山的综合利用率和经济效益。该技术是德国智能先进工业 4.0 技术，国内市场急需该技术来填补国内空白。

2017 年，公司与南非 AMG 集团签订了战略合作协议，建立了良好的战略合作伙伴关系，并分别在潍坊注册成立了“潍坊华特金鼎国际贸易有限公司”和在南非约翰内斯堡市成立了“AMG 华特选矿技术研究中心”，提供包括选矿试验研究、设计、设备、承建及选矿运营的总承包一条龙服务模式，并进行矿石贸易包销，为华特磁电选矿设备在南非的销售打开了市场。

2017 年，公司与全球第四大矿业公司 FMG 集团和第四大矿业公司罗伊山集团签订了战略合作协议，开启了华特与国际大型矿业集团合作的新篇章。

二、企业发展存在的主要具体问题

受国内外经济环境的影响，特别是产能过剩、主要产品价格下滑的影响，公司的市场销售困难，经营形势低迷，经济效益呈现了负增长。

公司现有除铁器、磁选机、磁力搅拌设备三大主导产品，面对当前国内矿业持续不景气，磁选设备竞争加剧，传统产品销量大幅下滑的实际情况，公司审时度势、发挥优势，大力加强科技创新，及时对传统产品进行升级换代，研发出具有自主知识产权的新产品（如提精降渣磁选机、立环高梯度磁选机等）已成为公司新的经济增长点，为公司的发展增添了生机活力。

〔撰稿人：山东华特磁电科技股份有限公司赵文普　审核人：山东华特磁电科技股份有限公司刘风亮〕

广州起重机械有限公司

2017年，广州起重机有限公司（简称“广起公司”）围绕“抓质量、提效益、谋求持续发展”的经营方针，坚持以改革为主线，以组织结构重大改革为基础，坚定落实各项措施，调整业务结构，着力培育新型服务市场，积极起用新人，进行内外资源整合，倡导优秀的企业文化，因此，2017年公司取得了较好的经营成果。具体表现在以下几方面：

一、坚持改革焕发生机

公司对组织结构进行了深度改革，推进了事业部制的建设。企业内部以项目组织为中心，集合制造、质控、资材、运输、安装等职能；对外以服务顾客为中心，集合技术、营销、售后服务、维保等部门。通过推行大部制，减少了管理层次，提高了管理效率，降低了交易成本，企业运营获得了新的生机。

公司全面推行了以事业部为利润中心的“小单位独立核算”自负盈亏模式。该模式使成本利润得到高度关注，成本归集得及时，零件成本得到控制，充分激发了事业部的潜能。各事业部减负减亏或扭亏为盈。

公司推行了“公私合营内部股份制”的项目承包模式，极大地激发了业务员、管理人员及各条战线人员的积极性，全年私人承包项目的订单金额达到公司订单金额的近40%，有效地减轻了企业资金的负担，生产能力得到释放。

二、产能提升产品升级

企业通过调整运作方式，整合理顺供应链，使生产能力进一步提升。标准产品大量采用欧式葫芦起重机替代卷扬双梁起重机，结构上由老式产品向欧式结构产品发展，机构上研发出伺服驱动系统，运用三合一驱动装置等更新换代产品；在电气系统方面大力推行变频控制、PLC控制、伺服控制、数控系统、工控机控制等形式；产品从低端向中高端、标准化、自动化、程序化、智能化方向发展。

2017年生产销售情况（含集团所有品牌）见表1，2017年主要产品产量分类（含集团所有品牌）见表2。

表1 2017年生产销售情况（含集团所有品牌）

指标名称	2015年	2016年	2017年	年均增长（%）
工业销售产值（万元）	27 056	27 147	27 168	0.21
工业总产值（万元）	27 986	27 945	27 983	-0.01
累计订货量（万元）	23 901	24 056	23 998	0.20
起重机制造（万元）	27 986	27 945	27 983	-0.01
起重机（t）	32 938	38 137	34 691	2.63
起重机（台）	1 610	1 787	1 896	8.52

表2 2017年主要产品产量（含集团所有品牌）

（单位：台）

品种	单梁起重机	双梁起重机	门式起重机	其他	合计
产号	910	630	160	196	1 896

三、市场回暖销售见旺

企业不断推出新产品，带来了新的市场，焕发出新的活力。广起公司的市场主要集中于国内的广东、广西、湖南、湖北、福建、海南等华南及周边地区。2017年大力推广促销欧式产品、智能化产品，取得了较好的成效。全年欧式起重机订单金额（包括泰克力合资产品）已大大超过老式起重机的订单金额，同时，以垃圾起重机为主的智能起重机得到了较快发展。2017年分类产品销售收入见表3。

表3 2017年分类产品销售收入（含集团所有品牌）

品种	老式起重机	欧式起重机	智能起重机	其他	合计
销售收入（万元）	6 178	12 410	5 200	3 380	27 168

四、品质控制得到加强

为从本质上提高产品质量，广起公司下大决心采取管理上革新、设施上增添、工艺上改进等手段，并落实了一系列措施。

坚持以ISO9001质量保证体系进行管理，开展“安全质量达标、研究客户体验、考核顾客满意度”的全面质量管理。制定了“标机欧式化、产品智能化、服务现代化”的质量标准，并按照质量标准进行量化考核。实行“质量责任追踪制”和“服务责任追踪制”，不断提高职工的服务意识和质量意识，获得了客户及业界的良好口碑，建立起了“广起”的品牌形象。公司连续多年荣获“广东省名牌产品”和“广州市名牌产品”称号。

公司完善了起重机钢结构生产线，使品质得到了保障。如配备了钢板开平、抛丸、喷漆、下料生产线，欧式端梁加工中心，箱型梁装配专用工装设备，钢结构机器人焊接生产线等先进设备。

质量过程检验坚持以图样为依据，以执行工艺为标准。产品制作过程必须遵守“焊接工艺”和“装配工艺”；现场起吊、安装调试过程必须严格遵守“运吊安装工艺”。坚定全部产品出厂前“厂内全面试装”，不仅减少了材料浪费，而且避免了发货漏件；不仅保证了产品内在质量，而且缩短了现场安装周期。

五、产品技术不断创新

公司鼓励技术创新，在制造工艺、产品结构、电气控制等方面不断推陈出新。首先，完成了钢结构机器人自动生产线，率先采用双丝埋弧焊先进技术，利用激光焊缝跟踪系统，配备焊机自动回收系统，使生产效率和质量得到了大幅度提高；其次，不仅自主研制了首台机械和电气控制的具有国内先进技术的垃圾起重机，而且以垃圾起重机控制为基础，相继开发了采用伺服控制技术和数控技术的自动下料分拣系统、自动摄像数控设备等新型产品；再次，通过跟院校合作开发了起重机“防摇摆”技术，和起重机“称重管理软件”，并形成自有知识产权；除此之外，还与互联网公司合作开发了远程监控数据服务云平台，并已投入使用，提升了服务质量，为公司推进起重机的大数据处理打下了基础。

综上所述，2017年是公司的改革之年、创新之年，是企业重新定位，再次起航之年。广起公司紧跟《中国制造2025》，以创新驱动，制造高质量产品，推进大数据、智能化发展。以企业文化为引领，用新的观念，新的思路，新的力度，通过不断探索，努力拼搏，使企业在新时代下转型升级，永葆青春。

〔撰稿人：广州起重机械有限公司李晓琪　审核人：广州起重机械有限公司陈正道〕

四川川润股份有限公司

一、公司主要业务

四川川润股份有限公司创建于1992年，2008年在深交所上市，股票代码为002272，股票简称“川润股份”，公司致力于清洁、高效、智慧的能源技术，让人类生活与自然更和谐！

公司聚焦节能、环保、新能源领域，依托自有核心产品或核心技术，推动公司由能源装备制造业务为主逐步向综合智慧能源服务企业升级。

公司的主营业务为流体机械与控制技术、节能环保动力装备的研发、生产和销售，以及清洁能源项目投资运营及EPC服务。公司的主要产品包括润滑设备、液压设备、风电液压润滑冷却设备、余热锅炉等，广泛应用于建材水泥、冶金矿山、电力、石油化工、工程机械和轻工等行业。

润滑液压设备业务的主要销售模式是直销，公司在获取客户订单后，根据不同客户的具体需求进行设计，与客户进行方案交流后确定技术解决方案并组织生产。余热锅炉业务主要以与余热电站的专业设计者即设计院或工程公司合作为主。设计院拥有专业的余热电站建设经验和技术力量，其与业主方签订电站承包合同后，关键设备如余热锅炉交由锅炉制造企业设计生产，锅炉整机出厂后直接交付业主方，并由承包商或工程公司负责安装、点火调试。

清洁能源投资运营主要是通过投资建设优质分布式能源项目并择优持有，给公司带来持续稳定的运营收入。公司首批两个分布式光伏项目已实现并网发电。公司拥有丰富的海内外清洁能源项目EPC服务经验，可根据客户需求，为客户提供能源技术整体解决方案。涉及领域包括风力发电、太阳光伏发电、生物质发电、垃圾焚烧发电及余热发电等分布式能源以及多能互补能源等。

二、公司经营情况

面对国内外复杂严峻的宏观经济环境，尤其在下游行业投资增速放缓，需求不足的背景下，公司全力打造核心技术和核心装备的竞争能力，充分发挥公司的品牌、技术、质量、营销优势，聚焦客户，拓展市场。在行业经济依旧疲软、市场竞争仍然激烈的形势下，公司生产经营保持了健康平稳发展的态势。

公司经营管理层认真分析和正确判断宏观经济形势和国内内外行业发展状况，调整与优化营销策略，积极拓展海外市场，强化产业技术研发，贯彻精细化管理，克服经济下行的压力，保持了公司的整体盈利。

1）积极走出去，提升国际化业务。公司加强与国际知名客户的技术交流和业务合作，公司的品牌形象得到了明显提升。

2）2017年，公司实现营业总收入60 472.84万元，同比下降0.80%；实现营业利润188.68万元，同比下降71.48%；实现归属于母公司所有者的净利润643.89万元，同比下降55.74%。公司加强专业化团队建设，推进“优化架构，服务客户”工作，增设了职能管理部门和主要业务事业部，因此相关成本费用同比略有上升；受美元汇率持续下跌的影响，汇兑损失同比增加1 098.40万元，对报告期经营业绩产生了较大影响。2017年公司主要经济指标见表1。

表1　2017年公司主要经济指标

产品名称	营业收入（元）	营业毛利（元）	毛利率（%）	营业收入比上年同期增长（%）	营业毛利比上年同期增长（%）	毛利率比上年同期增长（%）
液压润滑设备	346 284 330.42	74 207 285.81	21.43	−4.73	−11.83	−1.72
锅炉及配件	226 376 021.49	33 812 510.36	14.94	45.82	2.18	−6.38
设备总成套及总包	28 273 661.54	10 334 014.52	36.55	−66.51	30.27	27.15

3）加大产品研发力度，持续推动技术创新

①公司于 2012 年组织研发的“高炉熔渣固体介质换热回收和综合利用工艺及装备研究”项目取得阶段性成果。以关杰院士为带头人的节能环保创新团队，经过多年的研究，攻克了高炉熔渣干法造块技术，首次提出并试验验证以”中间储能热介质“投入熔融渣并形成非晶玻璃体的创新技术和设备是可行的。该项目的产业化将带动相关产业发展，产生巨大的社会效益和经济效益。川润节能环保研发团队被评为“2016 年度成都市节能环保顶尖创新团队”。

②公司成功开发出了具有自主知识产权的国内首台（套）特高压调相机油系统（见图 1），完全实现了国产化；该系统填补多项国内空白，获得了多项专有技术和价值数据。

a）

b）

图 1　国内首台（套）高压调相机油系统

③川润液压再次获得大型液压式水利工程启闭机使用许可证。川润液压可设计生产行程长达 27m 的液压启闭机液压缸（见图 2）。

图 2　行程长达 27m 的液压启闭机液压缸

④川润动力制造的最大特种锅炉汽包是 Meilun 纸浆项目 6 700 tds/d 碱回收锅炉的核心部件。汽包实际壁厚 167mm，筒体直段为 19.204m，总长度为 22.54m，工作压力为 13.1MPa。公司成功制造的大型厚壁汽包，实现了替代进口，标志着公司在厚壁、重型、大参数汽包制造上又上了一个新台阶。大型厚壁汽包见图 3。

图 3　大型厚壁汽包

4）产业升级方面：公司紧紧围绕节能环保、新能源产业，积极尝试与行业优秀企业开展多方位合作，稳步推进公司的产业升级。为快速推动清洁能源的产业布局，公司组建了专业化运营团队，公司投资建设的两个分布式光伏项目已于年底完成并网发电。

〔供稿单位：四川川润股份有限公司〕

沈阳隆基电磁科技股份有限公司

一、基本情况

沈阳隆基电磁科技股份有限公司创建于 1993 年，主要为矿山、冶金、环保、煤炭、电力及港口等行业提供可靠、增值、便利的磁选设备及服务。公司是国内规模最大的磁性装备供应商，具有全系列产品生产能力，以成为“亚洲最大的磁性装备供应商”为目标，致力于推动磁性装备制造行业技术升级、提升磁选设备性能的稳定性，并为其未来科技化发展提供更多研发及生产支持。公司的产品主要包括磁选机、高梯度磁选机、除铁器、电磁铁及有色金属分选机等，覆盖了全国各地区并出口 30 多个国家，销售额连续多年稳居同行业第一。

公司拥有强大的科技研发能力和生产制造能力，是国家高新技术企业，国家标准、行业标准起草单位，拥有341项国家专利和多项创造性技术成果，是中国重型机械工业协会常务理事单位、中国重型机械工业协会洗选分会副理事长单位，拥有国家机械工业磁选工程技术研究中心、辽宁省省级企业技术中心。2017年公司主要经济指标见表1。

表1 2017年公司主要经济指标

工业总产值		工业增加值（万元）	产品销售收入（万元）	产品销售税金及附加（万元）	年末固定资产	
当年价（万元）	比上年增长（%）				原价（万元）	净值（万元）
25 225	10	9 388	25 625	530	14 675	8 733

流动资产		流动负债		利润总额（万元）	所有者权益（万元）	全员劳动生产率〔万元/（人·年）〕
合计（万元）	平均余额（万元）	合计（万元）	平均余额（万元）			
42 075	39 945	11 625	10 758	1 188	42 758	38.39

二、改革情况

为了适应不同产品结构、人才结构和科技结构的内在需要和市场快速多变的外在需要，2017年公司进行了一系列调整：公司组织结构由区域管理模式变为行业管理模式，营销部门按服务行业进行划分，优化了制度、流程两个要素，并提高了技术人员在营销活动中的比重，为拓展研发方向、合理规划市场打下了坚实基础；着力推进从产品制造向服务制造转型，坚持市场化、专业化、品牌化、国际化战略，发挥科研、标准、检测及认证等的先发优势，大力发展一体化、保姆式、全生命周期服务，全面提升解决客户问题的能力，实现共享共赢。

通过调整，强化了隆基品牌，进一步梳理了业务体系，加快了国际化进程，同时理顺经营与战略规划、生产与创新研发等业务线条的设置，让整个公司的管理运转更加高效。

三、生产发展情况

2017年，国际国内经济同步复苏，机械制造行业步入了稳步增长阶段。公司的全线产品业绩缓步攀升，市场份额与品牌形象进一步提升，海外业务同比小幅度增长，技术创新和产品品质提升取得重大进展。2017年全年，公司完成工业总产值25 225万元，工业增加值9 388万元，固定资产投资总计14 675万元。

同时，公司的磁选机、除铁器、非铁分选提纯设备等产品市场地位继续稳固，其中，除铁器市场占有率居行业龙头地位。目前，公司生产的磁选机、高梯度磁选机、除铁器、电磁铁、有色金属分选机等主导产品已成为中国第一品牌。

2017年公司分类产品产量、产值及其增长情况见表2。

四、市场经营及销售情况

2017年，公司实现营业收入25 625万元，同比大幅度增长。公司持续优化运营指标、强力出清风险，经营基本面各项基础指标同比全面夯实向好。在海外市场方面，产品出口增长，表现十分抢眼。其中，立环强磁选机成功应用于澳大利亚锂矿，单笔订单金额创海外市场新高，同时为拓展海外选矿市场提供了新方向。2017年公司分类产品出口情况见表3。

表2 2017年公司分类产品产量、产值及其增长情况

产品名称	产量（台）	产值（万元）	产值同比增长（%）
磁选机	274	7 387.07	0.05
除铁器	1 110	5 916.06	0.43
磁力起重设备	297	437.74	-0.05
非铁分选提纯设备	70	1 262.06	2.87
其他磁力设备	350	1 338.97	-0.33

表3 2017年公司分类产品出口情况

产品名称	出口产品销量（台）	出口交货值（万元）
磁选机	19	706
除铁器	155	434
磁力起重设备	3	31
非铁分选提纯设备	2	20
其他磁力设备	79	210

公司紧紧围绕“可靠、增值、便利”的经营方针，按照“国际化、精益化、补短板、可持续”的经营理念，抓住行业复苏的机遇期，抢先布局，快速适应市场需求的变化，扎实落地“技术领先、品质卓越”的严格标准，严控风险，营业收入、外销收入、净利润等主要指标均实现同比小幅增长，经营指标整体向好，经营质量持续优化。

公司通过四个方面的建设创新持续增强并保持了竞争优势：第一，聚焦渠道建设和关键客户，持续增强市场驾驭能力，全面捕捉把握市场机会；第二，全力夯实基础，切实落实公司管理各项部署，严格强化依法治企；第三，持续深入营造技术创新的生态环境，加速突破核心技术和关键重大零部件技术；第四，优化提升营销布局，加快由单一产品制造商向全面运营服务商的拓展。

五、科技成果及新产品情况

2017 年，公司坚持走科技创新之路，不断提高公司的研发能力和创新能力，加大前沿技术的研发力度，持续开展基础理论和前瞻性技术研究，推进核心部件研制，申请技术专利 12 项，累计申请 341 项，申请数量居国内行业首位。

在专利数量攀升的同时，公司在知识产权运用、管理、保护工作上也取得了突出的成果，2017 年顺利通过了《企业知识产权管理规范》贯标认证。贯标认证的通过有效地提升了公司知识产权的运用能力，为公司未来发展提供了新的动力支持，调动了员工发明创造的积极性，增强了员工知识产权的意识，使创新成果得到尊重和保护，自主创新进一步推动了公司的持续、健康和良性发展。

公司根据对新产品开发的需求和研发人员自身的特点，建立了几个不同研发方向、不同产品的研发群组，努力提升自身的研发能力，优化生产制造工艺。通过对产品核心技术、可靠性、数字化的研究，形成了一批高水平、突破性科技成果，构建了以“产品设计－产品研发－产品化”为主的创新链，全面支撑企业技术创新和产业持续发展。进一步加强与高等院校、研究机构在技术和新产品研发方面的合作，建立紧密高效的合作模式，加快技术升级与成果应用，提升公司内在核心竞争力。2017 年，公司新增“有色矿精选机”“磁流控精选机”2 项国际领先技术产品，打破了国外垄断，丰富和提升了公司的技术解决方案能力，有力地支持了国内外市场开拓，为公司高质量发展奠定了坚实基础。2017 年公司的重大科技成果见表 4。

表 4　2017 年公司的重大科技成果

序号	项目名称	主要性能参数及技术内容介绍	成果水平评价
1	有色矿精选机	通过控制柜智能控制排矿和给水达到恒定的分选液位，在高梯度、高磁感应强度及卸矿系统的作用下，实现对矿物的精确分选	国际领先
2	磁流控精选机	采用环周给矿及中心溢流尾矿的技术，具有提品幅度高、回收率高、处理量大、用水量低、自动化程度高等优点	国际领先

六、产品质量及标准工作情况

公司配备有全套的精密加工设备和生产作业线，能够针对市场的变化和产品设计的变更做出快速反应，以满足客户的多样化需求。在长期的生产制造过程中，公司不断提升加工工艺水平，努力实现标准化生产和提高产品品质的一致性。在生产过程中，公司进行全过程质量检测，保证公司对产品质量的控制力度，确保了产品的品质。坚持客户需求及“品质至上”的质量目标，基于 ISO9001、ISO14001、OHSAS18001 体系，创建了完善的质量管控系统，构建了高品质的保证模式，将其导入到内部各管理过程中，并在 2017 年，顺利通过了质量管理体系、环境管理体系转版审核，保持了认证资格。

2017 年，公司参与了 JB/T 9042—2017《选矿设备用永磁磁块》标准的修订，参与制定了 JB/T 13013—2017《强制油冷却立环高梯度磁选机》标准。公司一直致力于引导行业有序化、规范化、标准化与创新化发展，通过标准的制定，使整个行业从产品质量到服务质量都能够提升到一个全新水平，让所有企业都能从中受益。

七、对外合作

2017 年，公司的海外市场效益与效率均有所提升，全年出口设备 258 台，处于行业领跑地位。面对海外市场的新形势，公司积极进取，大力开拓：第一，完善海外营销体系，充分利用公司整体的市场资源、人力资源和产品资源，集中各方力量攻坚海外市场；第二，通过对海外市场风险进行合理的控制，调研、了解海外市场相关的法律法规、行业特征，加强与当地商业伙伴的合作等措施，使业务充分适应海外当地的特殊性，提升了公司对海外市场的反应力与服务能力，同时提升了国际竞争力；第三，拓宽产品的销售渠道，在深耕发达国家市场的同时，大力开拓“一带一路”沿线国家市场，增加公司在国际市场中的份额。

八、发展战略

公司的长期战略目标是致力于成为“亚洲最大的磁性装备供应商”，以科技创新、市场导向、管理提升和员工发展为基础，关注客户价值，承担社会责任，致力于为全世界客户提供先进、优质并有竞争力的全面系统解决方案。依托已取得的技术、品牌、渠道和人才等优势，在不断提升公司管理水平的基础上，积极把握国内外机遇，加快公司的内生式增长和外延式增长。

未来，公司将继续致力于推动行业技术升级、设备性能提升，并为其科技化和智能化发展提供更多研发及生产支持；抓住我国经济持续发展、产业结构调整、技术升级所带来的发展契机，进一步扩大产能，提高产品的市场占有率；立足公司在海外市场的优势，积极推进公司的全球品牌建设，在持续拓展发达经济体市场的同时，继续紧跟国家“一带一路”倡议，加快拓展沿线国家和地区的市场；继续加强国内营销网络的建设，提高公司国内销售覆盖面；加大研发投入，通过与在行业内具有优秀研发能力和经验的高等院校合作，提高生产技术的先进性，提升产品的市场竞争力。

〔撰稿人：沈阳隆基电磁科技股份有限公司左欣〕

安徽盛运重工机械有限责任公司

安徽盛运重工机械有限责任公司（简称“盛运重工”）是由安徽盛运环保集团输送设备制造板块整体划拨组建而成，下辖新疆开源重工机械有限责任公司、上海盛运机械工程有限公司、安徽盛运钢结构有限公司、重工机械厂、重工科技厂以及彭泽盛运廊道输送工程有限公司、盛运重工营销总公司和一个省级工程研究中心，在桐城国家经济开发区拥有集研发、设计、生产、销售为一体的重型输送机械设备、环保设备智能制造科技产业园。集团公司专业从事矿山物料输送系统工程项目、机电工程项目的投资、技术咨询、设计、运营管理及项目工程总承包；各类输送设备、环保设备、智能环卫设备的研发、生产、销售、安装及市政环境卫生设施投资建设、运营服务和再生资源利用于一体的环境工程项目总承包；钢结构工程、市政工程的设计、制造、安装、工程劳务及其工程项目总承包；电气成套设备的研发、设计、制造、销售、安装服务；矿山物料输送工程、机电工程、环保工程等项目的投资；技术与设备进出口及代理进出口业务。

一、2017年盛运重工生产发展情况

2017年，盛运重工完成总产量175 540t；销售总值178 046万元；工业增加值76 863万元；工业总产值184 969万元。主要产品运行情况见表1。

表1 2017年公司主要产品运行情况

序号	产品名称	总产量（t）	销售总值（万元）	工业增加值（万元）	工业总产值（万元）
1	带式输送机	114 629	118 682	50 693	120 805
2	托辊部件	12 255	9 609	4 187	10 067
3	埋刮板输送机	3 490	3 347	1 494	3 705
4	斗式提升机	6 387	6 872	3 102	7 267
5	板式输送机	1 763	2 198	963	2 277
6	螺旋输送机	6 259	6 108	2 763	6 141
7	管状带式输送机	29 481	30 589	13 489	32 169
8	链式输送机	2 604	2 381	821	2 381

2017年，盛运重工以打造国内行业有影响力的企业为目标，加大研发经费投入，加强技术创新，不断提升企业的自主核心技术研发及产业化开发能力，取得了丰硕的科研成果，获得了多项专利，并将具有自主知识产权的科研成果应用于产品开发，积极探索科研、专利成果产业化的新模式，公司呈现了良好的发展势头。

二、技术创新促发展

2017年以来，公司注重技术创新，加大研发经费投入，加强知识产权保护，促进了公司快速发展。公司研发经费投入占产品销售收入的4.2%，其中输送机产品的研发经费投入占总投入的56%。公司根据自身的技术优势和产业优势，结合市场需求，确定了公司的重点发展方向。在输送机产业领域，重视信息化集成技术的研发；在产品制造领域，重视智能制造和低成本制造技术相结合的产品研发；在输送设备智能控制产业领域，重视智能化节能技术的研发。2017年，公司承担的各类科技计划项目以及研制开发的新产品共计近50项，其中荣获省高新技术产品6项，省科学技术二等奖1项，市科技进步奖二等奖1项，计算机软件著作权2项。

2017年，公司加强了知识产权管理和保护工作，制定了中长期知识产权工作规划，将知识产权管理和保护工作贯穿于技术研发、生产、营销等主要业务过程中，运用专利制度保护自主核心技术，推进科技进步和技术创新。在公司内部建立绩效考核制度，极大地激发了员工发明创造的积极性，具有自主知识产权的创新产品不断涌现，核心专利技术产业化速度不断加快，提高了公司的核心竞争力，促进了公司的持续发展。2017年，公司申报的国家专利109项，其中发明专利26项，已授权58项。在此基础上，公司先后被省经济和信息化委员会认定为“安徽省专精特新中小企业”“省两化融合贯标试点企业”“省‘五个一百’节能环保先进技术企业”。公司的技术中心被安徽省发改委认定为“安徽省散状物料装备与智能控制工程研究中心”、省经济和信息化委员会认定为“安徽省工业设计中心”“安徽省企业技术中心”。公司通过产学研合作，筹建了有助于重工集团发展的院士工作站、省级、国家级博士后科研工作站、环境治理工程技术研究院，以致力于先进制造领域，保持行业内关键技术和共性技术的持续创新，打造具有盛运重工特色的企业技术创新平台体系；着力促进企业产品结构的调整和技术进步持续推进。

高投入带来了高回报，公司产品的竞争力得到不断提

高，销售收入实现高速增长，利润水平明显大幅攀升。例如，公司自主研发的新项目——节能环保型输送装备与系统，针对长距离输送时输送设备运行工况复杂、能耗加大、破坏交通设施和生态环境等因素，采用变频驱动系统，增加了远程维护诊断单元，采用了优良的优化控制算法和控制系统，提高了生产效率，降低了运行成本，解决了输送机运行成本高、输送过程带来的粉尘污染大的问题。该输送装备广泛应用于矿山、港口、火力发电及冶金等需连续运输的工作领域。该项目荣获了省科学技术进步奖二等奖，填补了国内空白，技术水平达到了国际先进水平，产品产销两旺。

三、以重大科研项目为载体，提升核心技术

2017 年，盛运重工按照盛运集团“十三五”规划及决策部署，顺应市场经济规律和发展趋势，统一思想，顺势而上，强势推进国企、央企、设计院、上市环保企业的合作。针对目前国内钢铁冶金企业配备的烧结机所排烟气中含有硫、硝、二噁英及粉尘等有毒有害物质，并且烧结烟气温度只有 150℃，很难对这些有害物质加以利用，目前国内未有好的技术去除烧结烟气中的二噁英的现实，在国家未对二噁英的排放进行强制检测和未制定排放标准的情况下，中钢冶金工程技术公司根据国家环保产业新政策要求和对钢铁冶金企业的新要求，研发出烧结烟气绿色排放系统。该系统通过一种特殊的反应器从烧结烟气中去除二噁英、硝、硫，实现了烟气超净排放。该系统填补了国内烧结烟气环保处理这一空白，并有效地利用了烟气热能，给企业带来了经济效益，使企业主动增设去二噁英、脱硝、脱硫环保设备。

目前，该项新技术利用的环保项目中试技术方案已得到国内流化床领军人物、清华大学岳光溪院士审核；并由山东省冶金厅、环保厅及金属学会专家组成的项目研讨会研究一致认为可在全省内推广。

2017 年，公司与中钢集团冶金资源有限公司强强联合，组建了中钢盛运环境工程有限公司，签订了“冶金超净排放系统项目”合作协议；与中煤科工沈阳院、中煤西安院、山东恒力等单位分别签订了“战略合作协议”。实现了企业管理体制上的重大跨越，标志着企业改革重组迈出了重要一步，为企业快速发展、做大做强创造了条件，开辟了新的道路。

四、拓展行业合作平台，提升重工竞争力

盛运重工借行业协会等平台的实力，提升竞争力。2017 年，公司相继成为中国煤炭机械工业协会会员单位、中国重型机械工业协会带式输送机分会理事单位、中国环保机械行业协会会员单位、中国环境保护产业协会理事单位、中国中小商业企业协会清洁行业分会常务理事单位、中国对外承包工程商会会员单位、中国机电产品进出口商会会员单位、中国机械工程学会连续输送技术专业委员会常务理事单位、安徽省环境保护产业发展促进会副会长单位、安徽省机械行业联合会副会长单位等。盛运重工在中国大气治理招标采购综合评价活动中荣获了“中国大气治理行业领军企业”“中国大气治理环保企业三十强”“中国电力、建材、冶金、化工行业大气治理环保企业首品牌”等6项荣誉。这既是对盛运重工的肯定也是鞭策。与此同时，盛运重工为提升产品研发及制造工艺技术，专门成立了盛运重工科技协会，为公司搭建了一个与各省市科技协会、专家交流学习及研发的平台，也为输送、环保企业的技术提升、产品研发等提供了交流平台。

五、聚集人才促未来

为使公司持续、高速、健康发展，公司高度重视人才在公司发展中的作用，通过广泛吸纳、重点引进各类人才资源，逐步形成了多领域、多层次的人才梯队；并不断完善激励与约束并重的“选、育、用、留”用人机制。从员工招聘、培训、绩效考核到企业文化建设，始终注重人才的内部培养和外部引进相结合，采取“事业留人、感情留人、待遇留人”的积极措施，培养和使用好人才。

2017 年，公司出资 600 多万元，对员工进行了各类培训，包括专业技术资格证培训、中高级职称评定、学历提升、输送优秀的在职员工和干部到高校攻读相关专业的工程硕士研究生或参加短期专业技术培训。与此同时，公司高层领导十分重视员工的经济利益，建立完善了各项激励机制，设立了骨干津贴、引进人才津贴、股权激励、优秀管理者、优秀员工评选等制度。

由于公司实行了长期性共同发展的人力资源政策，增强了员工的荣誉感和归属感，使公司聚集了 300 多人的专业技术人才及 100 多人的专业管理人员，提升了公司的综合技术实力和管理水平，造就了一支稳定高效、结构合理、与行业发展相适应的人才队伍。

六、市场导向促创新

企业的生存和发展，必须以市场为导向，市场需求就是企业技术创新的方向。2017 年，公司顺应市场发展，以市场需求为导向促进企业加强技术创新和科技成果产业化，同时，公司依靠技术进步促进产业升级，最大限度地满足市场需求，着力推进 PPP、BOT、EPC 合作模式。利用公司现有的资金、技术与管理实力，2017 年以来先后与安徽省池州市贵池区、江西省彭泽县、湖北省阳新县、江西省瑞昌市、江西省湖口县、湖北省松滋市洽谈了矿山物料运输专线廊道项目。成立了彭泽盛运物料技术输送有限公司，目前已完成了项目线路方案的测量、定线工作；完成了能评、水保、地灾、环评的政府批复工作；完成了用地的基本农田的调规及项目用地中公益林的报批等工作。

2018 年，公司将不断开发新技术、新工艺和新产品，采用先进的经营管理方法和组织形式科学地组织生产、销售和服务，不断开拓进取，锐意创新，努力将盛运重工打造成为中国有行业影响力的企业。

七、重大科技成果及奖项

2017 年公司重大科技成果及获省市以上科技（进步）奖项见表 2。

表 2　2017 年公司重大科技成果及获省市以上科技（进步）奖项

项目名称	主要技术内容	成果水平评价	负责单位 / 参与单位	完成时间
输送带撕裂检测装置及方法	发明专利 ZL2016102930907	国内先进	安徽盛运重工机械有限责任公司	2018 年 2 月 16 日
输送带跑偏检测急停装置	发明专利 ZL2016102929986	国内先进	安徽盛运重工机械有限责任公司	2018 年 3 月 13 日
输送机送料口清扫装置	发明专利 ZL2016102922722	国内先进	安徽盛运重工机械有限责任公司	2018 年 3 月 2 日
一种自动纠正落点的输送机及其控制方法	发明专利 ZL2016102990556	国内先进	安徽盛运重工机械有限责任公司	2018 年 1 月 23 日
生活垃圾转运压缩系统	省新产品庆科高 [2017]128 号	国内领先	安徽盛运重工机械有限责任公司	2017 年 12 月 20 日
袋式除尘器	省新产品庆科高 [2017]128 号	国内领先	安徽盛运重工机械有限责任公司	2017 年 12 月 20 日
SY- 耐磨防腐托辊	皖经信新字 20170142 号	国内先进	安徽盛运重工机械有限责任公司	2017 年 7 月 25 日
SY- 双曲线阳极排电除尘器	皖经信新字 20170143 号	国内领先	安徽盛运重二机械有限责任公司	2017 年 7 月 25 日
SY- 联合均化布料输送机	皖经信新字 20170141 号	国内先进	安徽盛运重二机械有限责任公司	2017 年 7 月 25 日
SY- 覆盖诱导输送机	皖经信新字 20170140 号	国内先进	安徽盛运重二机械有限责任公司	2017 年 7 月 25 日
双曲线阳极排电除尘器	桐城市科技奖二等奖	国内领先	安徽盛运重工机械有限责任公司	2017 年 12 月 31 日
节能环保型输送装备与系统	安徽省科学技术奖二等奖	国内领先	安徽盛运重工机械有限责任公司	2017 年 4 月 26 日
基于 Solidworks 二次开发的输送机三维建模系统 V1.0	计算机软件著作权	国内领先	安徽盛运重工机械有限责任公司	2017 年 9 月 6 日
基于 Visual Studio 的 Solidworks 二次开发的带式输送机自动装备系统	计算机软件著作权	国内领先	安徽盛运重工机械有限责任公司	2017 年 9 月 6 日

南昌矿山机械有限公司

一、企业情况介绍

南昌矿山机械有限公司是国内技术领先、江西省唯一一家能自主研发、生产、销售及提供破碎筛分成套系统的高新技术企业。

2017 年，公司以技术创新为主线，全面实施企业再创业工程；以市场需求为导向，全面完善产品结构和营销策略；以企业流程再造为手段，加强企业内部、外部资源的重新整合与配置，通过资产剥离等方式优化资本结构，提高企业的核心资产竞争能力。分阶段的调整并逐步过渡，实现了企业在创新中发展、在发展中创新的良性循环。

目前，已经建起了 16 000m^2 的厂房，建立了江西省矿物加工装备工程技术研究中心，有了自己的热处理车间。公司还添置了一批数控立式车床、数控卧式车床、数显镗床及等离子切割机。

公司通过了 ISO9001 质量管理体系认证，是江西省企业技术中心，江西省矿物加工装备工程技术研究中心，国家高新技术企业。公司现有员工 438 人，其中，管理人员 62 人，本科以上学历近 110 人，高级工程师 10 人，教授级高级工程师 1 人。为了满足公司发展对人才的需求，公司每年投入 100 多万元用于员工培训，并且逐年引进高校毕业生，充实到研发、销售及管理等重要岗位，为企业的飞速发展做好人才储备。公司技术中心组织成立了洗选、破磨、成套系统、液压、移动及后市场开发设计小组，专门从事筛分、破磨、成套系统、耐磨件等技术的开发和研究，为筛分、破磨、成套系统制造提供了强有力的技术支持，产品向机、电、液、智能化方向发展。

二、生产发展情况

公司拥有下料、金属结构、金属加工、总装及热处理等车间，以及配套的胶带运输机、筛网及电控等子公司。公司设备齐全、加工能力强，拥有埋弧焊机、等离子切割机、液压折弯机、TQ6216C 大型镗床、4m、3.5m、2.5m 等 9 台数控立式车床，ϕ1 000mm 等 3 台数控卧式车床以及液压研磨机，建立了自己的实验室、退火调质炉。

公司生产的产品已由过去的筛分给料设备发展为旋回破碎机、颚破、圆锥、反击破、立轴冲击破及履带、轮胎移动站、工程等成套设备，目前公司正从单一的矿山机械设备提供商转型为包括矿山处理耐磨件、矿山机械成套设备及矿山处理总承包的全产业链运营商。

三、市场及销售

公司的振动筛和破碎机是江西省名牌产品。YKR、ZKR 系列振动筛和破碎筛分机，是公司引进吸收西德公司技术开发的具有国内领先技术的拳头产品。该系列产品多次荣获部、省科技进步奖。YKR、ZKR 系列振动筛自开发至今，已为水利、煤炭、冶金、交通、化工等行业提供了 1 000 余台（套），产品遍布全国各地。YKR、ZKR 系列振动筛具有国际先进水平，得到了行业内的普遍认可。

旋回破碎机、颚破、圆锥、反击破、立轴冲击破、履带和轮胎移动站设备、成套设备等在国内大中型水电站、核电、公路铁路、市政建设项目及金属矿山、非金属矿山、建筑废物回收等矿山行业广泛应用，产品质量、售后服务获得了广大用户的市场认同，在行业内树立了良好的品牌效应。矿山处理总承包项目也深受这些应用行业的好评。这些产品还远销俄罗斯、澳大利亚、沙特、巴基斯坦、科特迪瓦、博茨瓦纳、几内亚、纳米比亚、刚果、突尼斯、巴西、智利、芬兰及东南亚的国家。

2017 年，公司主要设备销售量为 425 台（套），其中，洗选设备 299 台（套），破碎设备 126 台（套），成套项目 4 个。2017 年销售总值约 2.2 亿元，比上年增长 1.75%。

各产品销售情况及增幅见表 1。

表 1　各产品销售情况及增幅

产品名称	2016 年销量（台）	2017 年销量（台）	增长率（%）
颚式破碎机	17	27	1.59
反击式破碎机	8	24	3.00
圆锥破碎机	32	55	1.72
立轴式冲击破碎机	19	20	1.05
筛分机	225	299	1.33

四、科技成果及新产品

新一代破碎机是根据国际先进技术理念研发出的具有自主知识产权的产品，获得了多项国家专利技术。新一代破碎机含单缸液压圆锥已被市场广泛认可，得到了业内的一致好评，多项产品获得了南昌市科技进步奖，中国机械工业联合会二、三等奖，其中立轴破碎机获得了国家创新基金支持，南昌市重大产业化专项资金支持。

2017 年申请专利 10 项，编制行业标准 3 项，修订行业标准 2 项。

公司每年投入大量的科技研发费用，2017 年投入 1 050.7 万元。公司自主研发的多个项目获得了良好的市场效益和经济效益。国内最大单缸圆锥破碎机 CC800 于 2017 年成功研制成功并投放市场，获得了用户的一致认可。

五、基本建设和技术改造

2017 年，公司投资 1.8 亿元新建了重型装备 5 号车间和试验车间，目前，“高端节能碎矿重型装备系统技术改造项目”已成功立项，并开始实施，计划 2018 年年底完成。

〔供稿单位：南昌矿山机械有限公司〕

中信机电制造公司

一、基本情况

中信机电制造公司是中国中信集团有限公司的全资子公司，位于山西省南部，始建于 1970 年，为国家首批确认的 123 家特大型工业企业之一。下辖总装、冶金铸造、锻造、冲压、机加、发电 6 个专业生产厂和科研设计院、铁运部、职工总医院、技工学校等 4 个直属单位。总占地面积 791 万余 m^2，建筑面积 116 万 m^2，拥有各类设备 10 000 余台，其中金属切削设备 2 000 余台，大精尖关键设备 330 余台，职工 1.3 万人，其中工程技术和专业管理人员 4 700 余人。自备铁路运输专线 70 余 km，并与南同蒲铁路相连。资产总额 26 亿元，其中固定资产原值 19 亿元。

二、主要产品情况

公司已经形成合理的、具有竞争力的产品格局，主要有以重型汽车车桥为主的汽车零部件，以铸件、锻件为主的制造业基础件，以特种履带车辆为主的军用产品。产品范围包括：汽车系列车桥、系列离合器、系列前轴、系列钢板弹簧、独立悬挂装置等零部件，特种车辆及其零部件，履带车辆履带板铸钢件、发动机曲轴箱铸铁件、矿山机械耐磨铸件，铁路车辆、船舶、汽车及工程车辆铸钢铸铁件，汽车产品钢质锻件、铁路产品锻件，管件阀体、石油及煤炭采掘机械刮板和链轮等锻件，模具、冲压件、铁合金等。是一个从毛坯及零部件制造到整机装配，内部配套完善的大型机械制造联合企业，建立了一整套严密的开发、技术、生产及质量管理体系，具备大型复杂机电产品开发、研制及批量生产的能力。

三、下属各单位情况

中信机电制造公司下属专业厂的主营业务及主要市场见表 1。

四、加工制造能力

公司生产性建筑面积 72 万 m^2，具有 1 万 m^2 以上的厂房 6 座，各种设备 10 000 余台，其中从美国、德国、法国、意大利、日本等国家引进大型、高精设备 900 余台。通过技术创新、技术进步、技术改造，不断提高工艺装备水平及制造能力。

表 1　中信机电制造公司下属专业厂的主营业务及主要市场

下属生产厂	主营业务	主要市场
总装厂	特种车整机	部队、矿山、高铁、航天等行业
冶金铸造厂	中、大型铸钢件	出口到荷兰 BV、美国 CSP 公司、美国 PH、卡特彼勒公司、瑞典山特维克公司，自销北方重汽、太重等
锻造厂	汽车锻件	包头奔驰、汉德车桥、安凯车桥、徐州美驰、江淮汽车、方盛车桥、北京众力等
	煤机锻件	张家口煤机厂、三一重工等
	阀体锻件	出口到英国伟尔阀门控制有限公司、美国伍德公司，自销承德富泉等
机加厂	重型汽车车桥	北汽福田、江淮、陕汽等
	离合器	宇通、玉柴、金龙、徐重等
	扭杆	北汽福田、丹东黄海、长丰猎豹等
冲压厂	产品	内部配套、外部配套
	冲压焊接件	瑞风商务、太重、长安重汽等
铁运部	铁路货物运输	机电公司各生产厂、山西绛县明迈特有限公司及其他用户的货物运输
科研院	整机研发	设计完成后在公司内组织试制、生产
技工学校	中、高级技工教育	公司内部，社会生源

五、科研设计

中信机电制造公司把科研设计作为企业可持续发展的关键环节，公司科研设计院及各所属生产厂设计所拥有机械制造、特种车辆工程、汽车工程、自动控制、电气液压、计算机应用、建筑工程、仪器检测等各类科技人员 1 000 余名，并有电气、电控、液压试验室 4 000 余 m^2，可进行液压、电气、电控系统检测试验，完成电、液系统的仿真试验和环境模拟试验及应力筛选试验。

通过使用先进的 AutoCAD 二维平面设计软件，Pro/E 三维造型软件，三维分析软件，可实现三维装配及运动仿真、有限元分析、疲劳分析和动力学分析等。

公司科研设计院不仅出色完成了公司内部的研究开发任务，近几年还先后承担了国家重点科研项目及装备改进项目十余项，多项科研成果填补了国内空白，达到国际先进水平，并获国家和部级科技进步奖。

六、质量保证能力

中信机电制造公司本着“以顾客为关注焦点”“持续改进”等质量管理原则，按照 GJB 9001C — 2017、GB/T 19001—2016 idt ISO 9001:2015、IATF 16949:2016 标准建立了设计、开发、生产和服务的质量管理体系，分别获得质量管理体系认证证书和武器装备承制单位资格证书。

多年来，公司及所属单位深入推行全面质量管理，积极应用先进质量管理方法，坚持开展质量管理体系内部审核、管理评审，不断实施质量改进，质量管理体系持续有效运行。

中信机电制造公司及所属单位拥有先进的计量检测、理化分析和检验试验手段，产品设计、开发、生产和服务各过程受控，产品质量稳定，多次荣获省市及行业优质名牌产品称号；售后服务及时有效，得到顾客高度肯定。

中信机电制造公司先后获得“兵器行业质量管理小组活动优秀企业”、山西省国防科技系统“质量管理先进单位”称号；计量理化部门获得山西省国防科技系统“计量管理先进集体”称号；“晋南牌”汽车前后桥、重车离合器多次获得山西省优质名牌产品称号；汽车系列前轴多次获得国际锻造展览会“优质锻件奖”；山西锻造厂、中信机电车桥有限责任公司分别多次获得汽车行业“全国百家最佳零部件供应商”称号。船用铸钢件分别通过了美国船级社（ABS）和挪威船级社（DNV）的认证。履带车辆履带板铸钢件、矿山机械耐磨铸件、船舶及工程车辆铸钢铸铁件远销欧美市场，产品质量达到国际一流，“华晋铸件”得到外商高度评价。

目前，耐磨材料业务在行业极具竞争力，80% 的产品出口国外，冶金铸造厂正成为美国 PH、卡特彼勒、瑞典山特维克等国际著名公司的主要供应商。

七、合资合作

山西绛县经济开发区。成立于 1997 年，为省级开发区，位于山西省运城绛县。开发区以中信机电制造公司为依托，形成了铸造、锻造、冲压、机加、冶炼等坚实的工业基础。

2015 年 4 月 16 日，为推进中信机电机制体制改革，建立现代企业制度，进一步提高铸件产能，促进铸件的快速发展，中信机电与中设集团装备制造有限责任公司（简称中设）签署了“战略合作框架协议”，明确以合资合作的方式组建山西中设华晋铸造有限公司，并得到了双方上级单位的同意和批准。冶金铸造厂与中设了有十多年业务合作，双方建立了相互信任的合作关系，合作良好，形成了优势互补。

公司始终坚持用户至上，用真诚的服务去打动客户，以“诚实守信，客户至上”为原则，在产品方面以“品质为本，精益求精”作为自己的实践标准，力求给客户提供全方位优质服务的同时，也使企业得到长久发展。

〔供稿单位：中信机电制造公司〕

淮北矿山机器制造有限公司

淮北矿山机器制造有限公司成立于2004年，注册资金1700万元，为淮北矿山机器厂改制的股份制企业。是原机械工业部在华东地区生产洗选设备的定点厂，中国重型机械工业协会洗选专业委员会副理事长单位、全国矿山机械标准化委员会委员单位、国家级高新技术企业、安徽省高科技民营企业、安徽省经信委“专、精、特、新”企业、安徽省装备制造业重点企业、具有省级技术研发中心，为淮北市企业50强、淮北市科技创新10强企业。

公司坐落于安徽省濉溪经济开发区工业园，占地面积10万m^2，拥有员工130人，其中，中高级技术人员38人。公司设有铸造、铆焊、金工、装配、机电等生产车间，拥有大型立式数控车床等各类机械加工设备300余台。主要生产选矿、选煤和环保设备，产品主要有浓缩机、浮选机、带式压滤机、跳汰机、振动筛、真空过滤机、矿浆准备器、斗提机、皮带机等，可为2 000万t以下选矿企业设计和生产全套设备，产品广泛应用于煤炭和有色金属行业。

公司高度重视技术的投入和研发，积极与清华大学、中国矿业大学、北京有色金属研究院、昆明钢铁研究院、马鞍山钢铁研究院等科研院所展开广泛的技术交流。依托淮北市委组织部组建淮北市“555”产业创新团队，先后投入700多万元成立了安徽省高效浓缩机重点实验室、淮北市洗选设备暨高效浓缩机工程技术研发中心等研发机构，建立了国内唯一的室外高效浓缩机半工业化模拟实验装置。公司每年都拿出数百万元用于技术研发和技术人员的奖励，规范企业用人制度和奖励办法，培养了一大批素质高、专业技术过硬的技术人员。公司现拥有全国机械工业劳动模范一名、安徽省特支计划创新人才一名和安徽省战略新兴产业领军人才两名。

公司主导产品浓缩机，揉合了目前国内领先的智能化设计理念，采用了PLC程序控制，设计结构新颖，效率高，提高了浓缩机的处理效果和处理能力，改善了溢流水的水质，降低了能耗，节约资源，减少了占地面积和土建费用，适用于选矿厂的精矿和尾矿脱水处理，广泛用于冶金、化工、煤炭、非金属选矿、环保等行业。

在安徽省提出的《装备制造2025》中，出台了多项提升装备制造业的政策，对公司产品的技术升级，提供了强有力的政策支持。公司研制开发的新型浓缩机处理量大、处理效果好、维修量低、自动化程度高。通过对期关键技术和装备的研究，提高了洗选设备的技术水平，缩短了与国外先进技术的差距，打响了淮北浓缩机品牌，对提高我国洗选设备的竞争力具有十分重要的意义。

公司产品经国家矿山机械检测中心和安徽省检测中心检测合格。每年可生产大型选矿设备300余台，在立足国内市场的前提下，不断扩展国际市场，产品先后出口哈萨克斯坦、沙特阿拉伯、南非、吉尔吉斯斯坦、巴布亚新几内亚、印度、赞比亚和刚果等国家。

公司先后参与了矿山机械类8项行业标准和1项国家标准起草和制定。拥有专利33项，其中有3项发明专利。研发新产品新技术达40余项，有十余项产品获得省、市、县的奖励。其中“GSZN-35高效深锥浓缩机”和“NXZ-53中心传动高效浓缩机”分别被评为国家重点新产品和安徽省重点新产品，同时，被安徽省科技厅评为“高新技术产品”。

公司先后荣获淮北市文明诚信单位、濉溪县县长质量奖、安徽省质量奖、安徽省名牌产品、安徽省著名商标、安徽省卓越绩效奖、国家知识产权优势企业、安徽省知识产权优势企业、中国机械工业企业管理达标示范企业等荣誉称号。

公司秉承“上善若水、厚德载物”的经营哲学，本着“以人为本，才尽其用”的用人宗旨，拼搏进取，彰显自我。

〔供稿单位：淮北矿山机器制造有限公司〕

钟祥新宇机电制造股份有限公司

钟祥新宇机电制造股份有限公司（新宇公司）是中国电器工业协会中小型电机分会理事单位、中国重型机械工业协会洗选设备专业委员会理事单位，是一家以生产具有先进制造技术的智能化振动电动机和振动机械产品，为客户提供产品智能化服务解决方案为主导的装备制造企业。

公司是国家高新技术企业，国家火炬计划重点高新技术企业；湖北省支柱产业细分领域隐形冠军企业。公司建立了院士工作站，技术中心是湖北省振动电机工程技术研究中心，省级技术中心。公司“宇兴牌” 商标是湖北省著名商标，并被原国家工商总局认定为中国驰名商标，产品是湖北省名牌产品。公司是振动电动机行业标准的主要起草单位之一。

一、产品、服务及应用领域

1. 振动电机

公司常规产品主要有VB系列振动电动机，VBB系列隔爆振动电动机。产品获多项发明专利及新型实用专利，可多机组合成各种振动形式。产品品种丰富，规格齐全，2、4、6、8 极电动机，激振力 1.1 ～ 240kN，能满足各类振动机械的工作需求。

公司特特色产品：VBE、VBBX、VBCB、VBH、VBL、VL、VLB、VLB-WF、VLBLX 系列高效率变频振动电动机。变频振动电动机具有以下特点：可提供定制化服务，满足客户不同频率个性化要求；保证不同频率下最佳运行性能。VBE 系列、VBBX 隔爆系列振动电动机，有 2、4、6、8 极共 55 个规格，激振力 3 ～ 220kN，高效节能，效率高于行业标准 2% ～ 2.5%，整机使用寿命超过 10000h。VBB、VLBLX、VBCB 系列电动机见图 1。

重点推广应用产品：智能变频振动电机，除了具有常规、特色产品的特点外，还具有以下功能：① Wifi 无线遥控启停、频率调控，控制距离为 80 ～ 100m，频率调控范围 30 ～ 80Hz。②自适应功能，针对不同工况，寻找最佳频率，使系统处于最佳的运行状态。③记忆功能，自动锁定最佳频率并记住该频率，下一次系统启动，自动在最佳频率运行。④定时变量调频功能，通过调节振动电动机激振力大小，调整振动机械的产量。⑤具备在线运行故障智能监测系统，能够实时监测振动电动机的温度、电流、振动加速度，帮助用户管理振动电动机的健康状况。智能变频振动电动机专用控制器见图 2。VBE 系列电动机见图 3。

图 1　VBB、VLBLX、VBCB 系列电动机

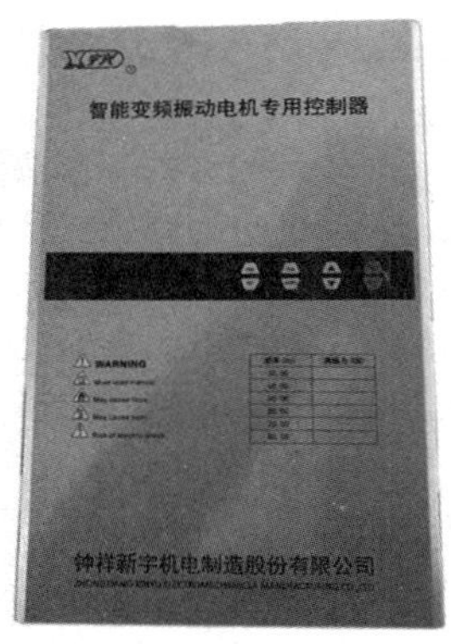

图 2　智能变频振动电动机专用控制器

图 3　VBE 系列电动机

2. 振动机械

常规产品：GZG 系列自同步惯性给料机、GZG 系列煤矿专用卸煤给料机、港口码头卸料专用系列给料机、GZT 系列给料筛分机、SZC 系列槽式振动输送机、CZQ 系列仓壁振动器、VBA 系列振动料斗、FZC 系列振动出矿机、ZZS 系列直线振动筛、TZS 系列直线振动筛、ZSC 系列直线振动筛、ZDC 系列直线等厚振动筛、YSC 系列圆振筛、YA 系列圆振筛、HFK 型可翻转弧形筛、VSB 型振动弧形筛、TYS 系列矿用平动椭圆筛、ZFS 丝杆式平板闸门、BF 系列棒条阀、DPZ 型电（液）动平板闸门、DSZ 电（液）动户型闸门。

特色产品：以 VBCB 系列侧板式振动电动机为激振源的 ZSC、ZDC 系列直线振动筛、YSC 系列圆振筛；以 VBE 系列高效节能振动电动机为激振源的 ZZS、TZS 系列直线振动筛、TYS 系列矿用平动椭圆筛；用于煤炭洗选专用振动给料系统的 GZG 系列煤矿专用卸煤给料机；用于钢铁炉前给料系统的 GZG 系列自同步惯性给料机；用于港口码头装卸专用给料系统的振动给料机；用于有色矿山及砂石料行业专用筛分给料系统的 GZT 系列给料筛分机；用于玻璃建材行业散料活化下料系统的 VBA 系列振动料斗。

重点推广应用产品：具有设备在线运行故障智能监测系统的大中型振动筛及给料机。运用振动温度一体式传感器、无线采集模块、云计算服务器和 4G(Wifi) 网络组建的设备在线运行监测系统，可实时监测振动电机的温度、电流、振动加速度及振动设备的振幅，通过手机、便携式计算机、台式计算机直观地反馈监测信息；通过大数据分析，准确定位故障点，预测有害发展趋势和故障发生时间，分析故障产生的根源，避免突发停机造成的巨大损失和高额备件费用，减少点检人员进入高危工作地点，保障人员安全，为客户提供更安全、健康、高效、持续的生产设备。

3. 个性化服务

为了给客户提供更好的服务，新宇公司专门成立了全资子公司 —— 钟祥兴之宇科技有限公司。主要为客户提供以下两项服务：

1）用设备在线运行故障智能监测系统对振动设备进行智能化改造及提升。一个无线采集模块可同时接收 60

个传感器所发出的无线信号，实现多机联动、区域化覆盖。为客户提供设备故障诊断、维护、维修服务，降低客户综合运营成本，使客户设备的价值得到进一步延伸，通过专业化的有效服务，保障客户的设备处于良好运行状态，避免突发停机造成的巨大损失，减少点检人员进入高危工作地点，保障人员安全，为客户提供更安全、健康、高效、持续的生产设备。

2）振动电动机个性化维修服务。凭借新宇公司30多年振动电动机研发、制造和维修服务经验，能够快速精准地发现问题，及时有效地解决问题，技术有保障，维修成本低。

个性化服务内容：维护保养；维修本公司生产的振动电动机及国外进口振动电机；电动机选型方案及技术咨询服务。个性化服务流程及优势见表1。

表1　个性化服务流程及优势

序号	流 程	优 势
1	确定维修意向	有强大的销售网络，可以迅速沟通
2	现场诊断，确定维修内容，制订方案	有丰富的经验，制订经济、有效的方案
3	确定维修价格，签订维修协议	维修质量有保障，质保期1年
4	根据协议，交付电动机	维修迅速，维修协议一经签订，公司产品3日内发货，国外产品15日内发货

4.产品应用领域

公司生产的各类振动电动机和振动机械系列产品，广泛应用于粉状、粒状、块状物料的机械化输送、给料、破碎、筛分、填充、振实、造型、落砂、料仓防闭塞等场所；适用于煤炭、石油、电力、冶金、化工、建材、矿山、轻工、铸造等行业。

二、质量保障体系、检测手段及装备

公司拥有完备的生产手段、健全的质量管理体系，以良好信誉、优质产品获得业界认可。公司通过中国质量认证中心ISO9000—2015质量管理体系认证，产品通过国家强制性安全CCC认证、CQC自愿认证、出口欧盟CE认证，取得国家防爆电气监督检验中心防爆电气产品合格证。“宇兴”牌振动电动机是国内振动电动机行业和广大客户中公认的品牌产品。产品出口东南亚、印度、南非、巴西、俄罗斯、南美等国家和地区，市场占有率居国内同行业前列。

公司产品检测试验手段完备，从原材进厂、生产过程直至产品出厂实行全过程质量检测监控，建立6个重点工序质量控制点，设有计量检定室、出厂试验中心、型式试验中心，拥有计量检测试验设备100多台（套）。产品实行自检、首检、巡检、完工检验四级检验制，产品出厂实行例行全检，成品及入库产品实行定期确认检验（型式试验）。确保不合格产品不流入下道工序、不合格产品不入库、不合格产品不出厂，有效地保障了产品质量。

公司建有振动电动机产品加工生产线4条、总装装配流水线1条，拥有金加工设备200多台（套），其中，数控加工中心两套，数控机床20多台，车、铣、镗、刨、磨、钻、锯、剪、冲、压、铸、线切割等设备，一应俱全。

健全的质量管理体系，完善的检测试验手段，完备的生产制造装备及设施，为生产高效率、高质量产品提供了可靠保障。

公司一贯秉承“质量第一、用户第一、服务第一”的宗旨，愿与广大重型机械行业同仁一道，为重型机械行业的发展做出贡献。

〔供稿单位：钟祥新宇机电制造股份有限公司〕

北京伍强科技有限公司

北京伍强科技有限公司（简称伍强科技）是国内知名的物流系统集成商，长期致力于为客户提供专业的现代物流系统整体解决方案。公司总部位于北京信息技术产业基地，是北京市高新技术企业和软件企业，于2006年通过ISO9001：2008质量体系认证。公司是中国物流与采购联合会常务理事单位和中国重型机械工业协会物流与仓储装备分会副理事长单位，全国单元化物流协会创始成员单位，中国交通运输协会托盘与单元化物流分会副主任单位，还担任全国物流标准化技术委员会仓储技术与管理分技术委员会副主任。

公司主要业务包括：现代物流系统集成与工程总承包、物流系统咨询与技术支持、物流系统关键设备研发、物流信息管理系统软件开发与实施和现代物流中心运营管理等。重点服务领域包括医药、电商、零售连锁、教育、服装、图书、金融、航天、烟草、食品和汽车等各种不同领域。以科技为基础，以科学的方法和手段解决物流工程实际中的问题，不断创新，勇攀高峰，追求更高的科学技术水平和客户服务水平是公司的发展方向和追求目标。

伍强科技在长期的实践与探索中，取得了行业瞩目的成就。公司于2014年与合作伙伴共同投资建成大型医药第三方物流中心——苏州恒鼎医药物流平配送中心；2016年8月28日，投资兴建的河北工厂正式建成；2016

年10月18日，苏州中心正式开业；2017年年初，西北办事处正式挂牌成立。

伍强科技提供的服务遍布全国26个省、自治区和直辖市，已完成400多个物流配送中心项目，覆盖医药、电子商务、服装、大专院校、零售连锁、冷链、图书、金融、工业4.0及烟草等众多领域，拥有一批各行业的明星客户和典型项目，包括中国医药集团、华润集团、老百姓全国连锁机构、陕西医药、华东医药、京东商城、我买网、酒仙网、物美商业集团、世纪联华集团、七匹狼服饰、太平鸟服饰、安踏集团、天津公共实训中心、天津交通职业学院、高等教育出版社、上海新华书店、中国人民银行总行、厦门翔业集团、中烟贵州公司、深圳跨越速运、华为集团及顺丰集团等。

伍强科技先后荣获2011—2012中国物流技术装备十大新锐企业，2013中国物流装备知名品牌，2014年中国最佳服装物流系统集成商，2015年中国物流技术与装备年度最佳企业，2016年中国物流系统集成年度最佳企业，2017年中国物流装备技术应用标杆示范项目，2018年物流技术装备推荐品牌，2018九牧卫浴4D-SHUTTLE智能拣选系统项目创新应用奖等60多项荣誉。公司是北京交通大学和北京物资学院的校企合作单位。优秀业绩的取得，源于公司对物流系统技术和装备的专注，源于公司拥有一支理论基础深厚，实战经验丰富的专家团队，还源于业内兄弟单位的相互协作和大力支持。

作为中国物流系统集成的先行者，伍强科技奉行“合作共赢”的开放态度，与国内外众多供应商和同行建立了良好的合作关系，为客户提供量身定做的最“合适的”物流系统。

伍强科技将秉承“不断创新，全面合作、专业服务”的企业宗旨，落实客户至上的文化理念，为客户创造最大价值，实现与客户共同成长的理想，实现做世界领先的物流系统集成商之梦。

统计资料

客观反映 2017 年重型机械行业主要经济指标及产品进出口情况

Objectively reflect major economic indicators and import and export of products from the heavy machinery industry in 2017

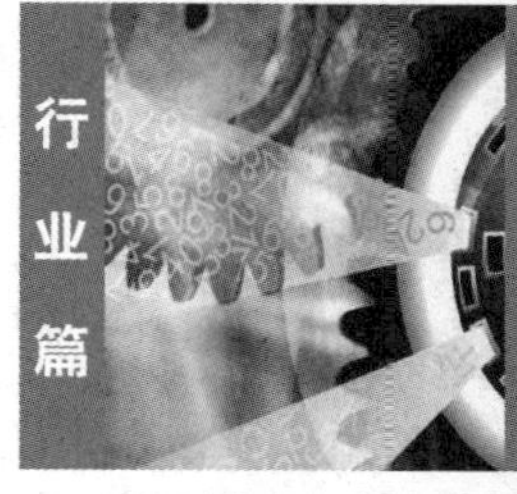

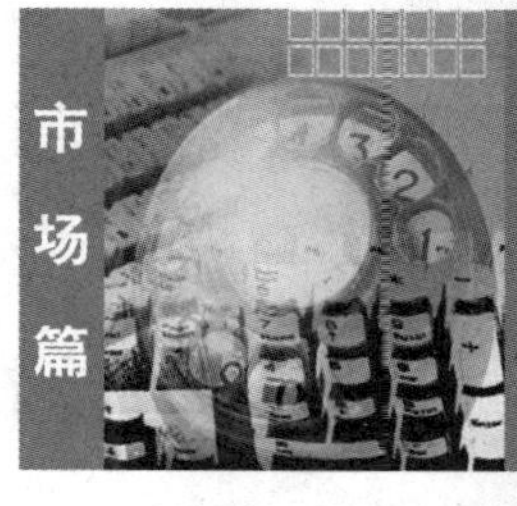

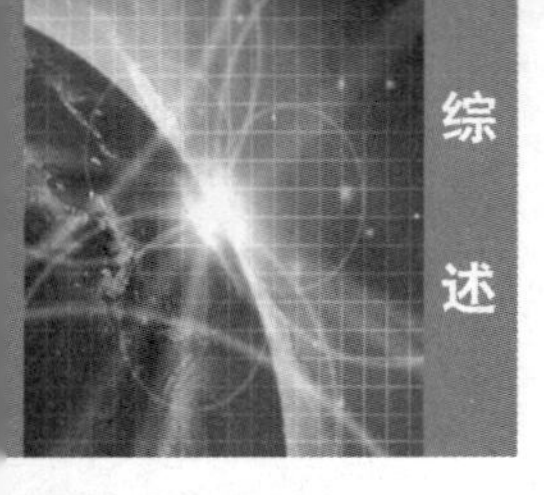
综述

大事记
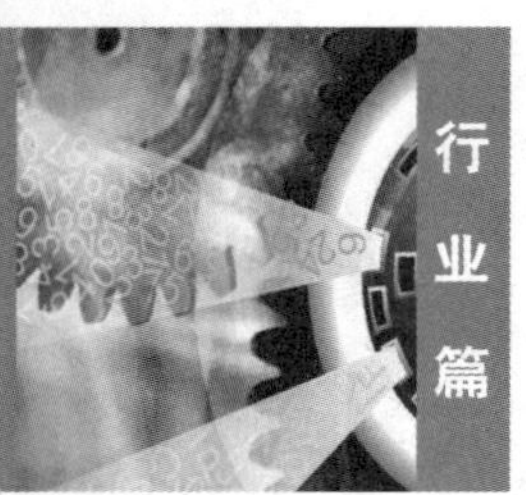
行业篇
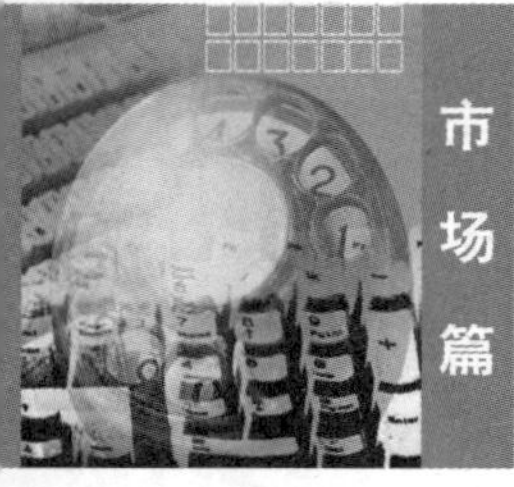
市场篇

企业篇

统计资料

标准与质量

附录

2017 年重型机械行业主要经济指标

行业及细分行业	企业数（家）	主营业务收入（亿元）			主营业务成本（亿元）			流动资产合计（亿元）			应收账款 （亿元）			存货（亿元）		
		2017 年	2016 年	同比增长（%）	2017 年	2016 年	同比增长（%）	2017 年	2016 年	同比增长（%）	2017 年	2016 年	同比增长（%）	2017 年	2016 年	同比增长（%）
机械工业合计	86 968	245 351.98	224 136.25	9.47	207 562.16	189 509.87	9.53	135 889.56	122 940.89	10.53	43 736.47	40 110.06	9.04	27 146.72	24 296.86	11.73
重机行业合计	4 428	11 883.61	10 986.99	8.16	10 039.62	9 233.25	8.73	8 257.77	7 859.80	5.06	2 690.35	2 729.17	-1.42	2 153.43	1 943.39	10.81
物料搬运机械行业	2 230	6 685.79	6 188.40	8.04	5 578.51	5 091.87	9.56	4 678.48	4 412.75	6.02	1 555.77	1 484.94	4.77	1 166.97	1 035.06	12.42
轻小型起重设备制造	239	360.79	392.47	-8.07	302.29	324.86	-6.95	231.95	239.21	-3.03	73.94	69.84	5.87	66.22	61.10	8.38
起重机制造	654	2 568.24	2 309.92	11.18	2 193.78	1 974.58	11.10	1 870.66	1 736.33	7.74	699.65	674.84	3.68	571.54	503.20	13.58
生产专用车辆制造	160	549.17	435.29	26.16	474.69	371.62	27.74	265.14	256.64	3.31	64.67	68.16	-5.12	71.61	57.97	23.53
连续搬运设备制造	293	448.20	373.98	19.85	381.83	312.75	22.09	226.54	200.00	13.27	86.84	77.69	11.78	58.89	53.53	10.01
电梯、自动扶梯及升降机制造	726	2 493.99	2 446.58	1.94	2 004.81	1 915.49	4.66	1 889.97	1 818.89	3.91	566.28	541.51	4.57	346.22	324.55	6.68
其他物料搬运设备制造	158	265.40	230.16	15.31	221.11	192.57	14.82	194.22	161.68	20.13	64.39	52.90	21.72	52.49	37.71	39.19
冶金矿山机械行业	2 198	5 197.82	4 798.59	8.32	4 461.11	4 141.38	7.72	3 579.29	3 447.05	3.84	1 134.58	1 244.23	-8.81	986.46	905.33	8.96
矿山机械制造	1 733	3 982.84	3 713.50	7.25	3 403.79	3 161.10	7.68	2 326.26	2 275.91	2.21	776.32	830.05	-6.47	692.07	642.09	7.78
冶金专用设备制造	465	1 214.98	1 085.09	11.97	1 057.32	980.28	7.86	1 253.03	1 171.14	6.99	358.26	414.18	-13.50	294.39	263.24	11.83

行业及细分行业	企业数（家）	产成品（亿元）			资产总计（亿元）			负债总计（亿元）			销售费用（亿元）			管理费用（亿元）			利润总额（亿元）		
		2017 年	2016 年	同比增长（%）	2017 年	2016 年	同比增长（%）	2017 年	2016 年	同比增长（%）	2017 年	2016 年	同比增长（%）	2017 年	2016 年	同比增长（%）	2017 年	2016 年	同比增长（%）
机械工业合计	86 968	10 657.58	9 728.74	9.55	223 275.93	204 752.78	9.05	121 422.00	110 779.43	9.61	6 951.57	6 341.95	9.61	11 928.49	10 959.76	8.84	17 133.80	15 471.45	10.74
重机行业合计	4 428	724.58	638.21	13.53	13 116.18	12 686.23	4.41	7 661.54	7 282.37	5.21	376.89	347.88	8.34	656.64	624.03	5.23	654.12	541.61	19.11
物料搬运机械行业	2 230	417.60	347.81	20.06	7 193.88	6 878.06	4.59	4 056.94	3 842.64	5.58	239.48	218.69	9.51	393.36	372.32	5.65	416.55	446.62	-6.73
轻小型起重设备制造	239	22.65	19.13	18.40	352.95	382.74	-7.78	186.11	194.43	-4.28	12.77	13.84	-7.73	25.90	26.85	-3.54	17.58	24.68	-28.77
起重机制造	654	176.59	136.95	28.94	3 118.71	2 950.13	5.71	1 874.05	1 767.50	6.03	69.67	56.19	23.99	116.82	104.17	12.14	121.81	112.71	8.07
生产专用车辆制造	160	29.31	24.05	21.87	408.84	397.43	2.87	193.63	183.79	5.35	19.79	16.52	19.79	27.43	24.04	14.10	30.62	25.36	2 0.74

（续）

行业及细分行业	企业数（家）	产成品（亿元）			资产总计（亿元）			负债总计（亿元）			销售费用（亿元）			管理费用（亿元）			利润总额（亿元）		
		2017年	2016年	同比增长（%）	2017年	2016年	同比增长（%）	2017年	2016年	同比增长（%）	2017年	2016年	同比增长（%）	2017年	2016年	同比增长（%）	2017年	2016年	同比增长（%）
连续搬运设备制造	293	20.04	19.01	5.42	367.35	326.78	12.42	180.70	158.96	13.68	17.41	14.91	16.77	23.32	21.90	6.48	23.19	20.20	14.80
电梯、自动扶梯及升降机制造	726	157.09	138.80	13.18	2 638.40	2 544.85	3.68	1 473.77	1 418.24	3.92	108.91	108.57	0.31	183.21	180.69	1.39	209.88	251.29	-16.48
其他物料搬运设备制造	158	11.92	9.87	20.77	307.63	276.13	11.41	148.68	119.72	24.19	10.93	8.66	26.21	16.68	14.67	13.70	13.47	12.38	8.80
冶金矿山机械行业	2 198	306.98	290.40	5.71	5 922.30	5 683.95	4.19	3 604.60	3 439.73	4.79	137.41	129.19	6.36	263.28	251.71	4.60	228.57	94.99	140.63
矿山机械制造	1 733	220.80	209.29	5.50	4 025.36	3 875.81	3.86	2 301.76	2 229.29	3.25	111.50	104.08	7.13	195.41	191.04	2.29	181.88	122.39	48.61
冶金专用设备制造	465	86.18	81.11	6.25	1 896.94	1 808.14	4.91	1 302.84	1 210.44	7.63	25.91	25.11	3.19	67.87	60.67	11.87	46.69	-27.40	270.40

行业及细分行业	企业数（家）	亏损额（亿元）			亏损企业数（家）		亏损面（%）		利润率(%)		资产负债率(%)		流动资产周转率（次）		成本费用利润率(%)		出口交货值（亿元）		
		2017年	2016年	同比增长（%）	2017年	2016年	2017年	2016年	2017年	2016年	2017年	2016年	2017年	2016年	2017年	2016年	2017年	2016年	同比增长（%）
机械工业合计	86 968	1 189.21	1 363.12	-173.91	10 040	9 830	11.54	11.30	6.98	6.90	54.38	54.10	1.81	1.82	7.51	7.42	19 025.03	17 254.21	10.26
重机行业合计	4 428	68.50	169.85	-101.35	590	634	13.37	14.32	5.41	4.92	58.36	57.87	1.45	1.41	5.72	5.22	769.36	763.57	0.76
物料搬运机械行业	2 230	29.44	21.82	7.62	339	328	90.60	91.09	6.68	7.22	56.39	55.87	1.43	1.40	6.65	7.79	636.60	620.58	2.57
轻小型起重设备制造	239	2.67	1.31	1.36	34	32	14.23	13.39	4.87	6.29	52.73	50.80	1.56	1.64	5.10	6.69	85.00	91.61	-7.22
起重机制造	654	8.29	7.84	0.45	87	94	13.30	14.37	4.74	4.88	60.09	59.91	1.37	1.33	5.03	5.18	205.65	229.78	-10.50
生产专用车辆制造	160	1.82	4.08	-2.26	27	33	16.88	20.63	5.58	5.83	47.36	46.24	2.07	1.70	5.86	6.14	88.28	73.64	19.88
连续搬运设备制造	293	4.01	1.79	2.22	32	37	10.92	12.63	5.17	5.40	49.19	48.65	1.98	1.87	5.44	5.72	17.49	17.39	0.58
电梯、自动扶梯及升降机制造	726	10.19	4.89	5.30	132	108	18.18	14.88	8.42	10.27	55.86	55.73	1.32	1.35	9.12	11.40	190.66	179.16	6.42
其他物料搬运设备制造	158	2.46	1.91	0.55	27	24	17.09	15.19	5.08	5.38	48.33	43.36	1.37	1.42	5.36	5.69	49.52	29.00	70.76
冶金矿山机械行业	2 198	39.06	148.03	-108.97	251	306	26.29	33.71	4.41	1.98	60.29	59.93	1.45	1.08	4.62	2.06	124.83	135.62	-7.96
矿山机械制造	1 733	23.51	71.95	-48.44	176	204	10.16	11.77	4.57	3.30	57.18	57.52	1.71	1.63	4.81	3.48	87.16	90.07	-3.23
冶金专用设备制造	465	15.55	76.08	-60.53	75	102	16.13	21.94	3.84	-2.53	68.68	66.94	0.97	0.93	3.99	-2.52	37.67	45.55	-17.31

〔撰稿人：中国重型机械工业协会严祥文　审稿人：中国重型机械工业协会王继生〕

2017 年全国重型机械及相关产品产量

序号	名　称	产品代码	计量单位	2017 年产量	2016 年产量	同比增长（%）
1	挖掘、铲土运输机械	3513010	台	261 225	248 041	5.32
	其中：挖掘机	3513020	台	111 395	93 328	19.36
	装载机	3513060	台	112 086	115 438	-2.90
2	压实机械	3513070	台	31 460	34 698	-9.33
3	混凝土机械	3515040	台	413 409	392 685	5.28
4	炼油、化工生产专用设备	3521010	t	1 867 260	2 161 830	-13.63
5	环境污染防治专用设备	3591010	台（套）	866 749	665 179	30.30
6	矿山专用设备	3511020	t	7 948 547	7 689 352	3.37
7	金属冶炼设备	3516020	t	546 060	655 905	-16.75
8	起重机	3432100	t	9 848 004	10 024 421	-1.76
9	输送机械（输送机和提升机）	3434311	t	2 514 109	2 634 566	-4.57
10	金属轧制设备	3516110	t	490 007	484 062	1.23
11	减速机	3490020	台	5 817 687	5 833 095	-0.26
12	电动车辆（电动叉车）	3433280	台	194 636	186 652	4.28
13	内燃叉车	3433290	台	254 589	236 430	7.68
14	水泥专用设备	3515010	t	865 540	800 657	8.10
15	金属成形机床	3422010	台	318 401	305 165	4.34
16	铸造机械	3423010	台	2 243 453	1 877 987	19.46
17	水轮发电机组	3811070	kW	14 071 366	17 280 310	-18.57
18	汽轮发电机	3811090	kW	87 154 100	73 737 300	18.20
19	风力发电机组	3811091	kW	26 071 412	28 958 638	-9.97
	其中：电站用汽轮机	3413020	kW	77 583 957	76 667 625	1.20
	电站水轮机	3414020	kW	2 189 773	2 098 440	4.35
	燃气轮机	3413030	kW	2 668 800	3 296 600	-19.04
	工业电炉	3461020	台	25 246	23 669	6.66
	包装专用设备	3468010	台	104 245	100 078	4.16
	铸钢件	3130020	t	11 687 889	12 613 430	-7.34
	锻件	3391010	t	12 030 374	11 002 985	9.34

〔撰稿人：中国重型机械工业协会严祥文　审稿人：中国重型机械工业协会王继生〕

2017年重型机械行业产品进出口数量统计

货品名称	单位	出口数量	进口数量
冶金设备			
金属冶炼设备	台	758	42
连续铸钢设备	台	433	2
金属轧制设备	台	13 672	368
冶金设备零件	t		
矿山设备			
采掘、凿岩设备及钻机	台	55 243	389
破碎、粉磨设备	台	46 997	1 283
筛分、洗选设备	台	49 920	1 541
矿山提升设备	台	3 070	12
矿山机械零件	t	15 980	122
轻小型起重设备			
电动葫芦	台	1 040 548	17 127
滑车及手动葫芦	台	4 097 273	27 029
卷扬机及绞盘	台	6 342 497	45 267
千斤顶	台	44 386 412	209 708
车辆举升机	台	2 413 893	2 852
轻小型起重零件	t	58 921	1 453
起重机			
桥式起重机	t	4 551	496
门式起重机	t	3 399	37
装卸桥及其他桥架型起重机	t	7 576	76
塔式起重机	t	2 407	31
门座起重机	t	778	136
流动式起重机	t	5 001	698
未列名起重机	t	33 084	538
起重机零件	t	58 163	2 276
工业车辆			
电动车辆（叉车）	台	138 795	10 940
内燃叉车	台	84 217	1 088
短距离牵引车	台	2 631	955
固定平台搬运车	台	26 069	287
手动起升搬运车辆	台	1 737 718	2 306

（续）

货品名称	单位	出口数量	进口数量
工业车辆零件	t	553 281	19 266
连续搬运设备			
输送机械	台	299 545	50 725
装卸机械	台	4 316	1 011
其他物料搬运设备			
自动化立体仓储设备	台	0	0
有轨巷道堆垛机	台	48	435
机械停车设备	台	13 011	81
机场用旅客登机桥	台	192	0
其他旅客登机（船）桥	台	300	3
矿车推进机、转车台、货车倾卸装置	台	491	2 482
搬运机器人	台	44 567	96 251
未列名提升、搬运、装卸机械	台	2 544 890	226 018
税号 84.28 所列其他机械零件	t	209 748	12 047

〔撰稿人：中国重型机械工业协会严祥文　审稿人：中国重型机械工业协会王继生〕

2017 年重型机械行业主要产品进出口额统计

货物名称	出口额（亿美元）	同比增长（%）	进口额（亿美元）	同比增长（%）	进出口总额（亿美元）	同比增长（%）	进出口顺差（亿美元）	同比增长（%）
重机行业总计	**174.35**	**5.64**	**44.24**	**7.71**	**218.59**	**6.06**	**130.11**	**4.96**
一、冶金矿山机械	27.92	13.39	5.80	−15.68	33.72	7.04	22.12	24.67
（一）冶金设备	13.54	13.32	3.69	−20.71	17.23	3.79	9.85	34.98
1. 金属冶炼设备	0.57	107.11	0.10	9.63	0.67	83.23	0.47	153.95
2. 连续铸钢设备	0.36	206.62	0.02	590.18	0.38	216.00	0.34	196.77
3. 金属轧制设备	3.68	20.77	1.29	−8.09	4.97	11.66	2.39	45.43
4. 冶金设备零件	8.93	4.96	2.28	−27.77	11.21	−3.89	6.65	24.20
（二）矿山机械	14.38	13.45	2.12	−5.23	16.50	10.65	12.26	17.46
1. 采掘、凿岩设备及钻机	4.27	14.67	0.48	−21.06	4.75	9.68	3.79	21.59
2. 破碎、粉磨设备	6.45	3.42	0.89	−3.48	7.34	2.52	5.55	4.62
3. 筛分、洗选设备	3.03	31.02	0.72	13.23	3.75	27.20	2.32	37.71
4. 矿山提升设备	0.06	−30.98	0.01	−40.24	0.07	−32.67	0.05	−28.32
5. 矿山机械零件	0.57	80.92	0.02	−60.39	0.59	59.85	0.55	110.94

（续）

货物名称	出口额（亿美元）	同比增长（%）	进口额（亿美元）	同比增长（%）	进出口总额（亿美元）	同比增长（%）	进出口顺差（亿美元）	同比增长（%）
二、物料搬运（起重运输）机械	146.43	4.29	38.43	12.42	184.86	5.88	107.99	1.67
（一）轻小型起重设备	21.38	5.86	4.10	−13.06	25.48	2.27	17.27	11.65
1. 电动葫芦	1.54	0.40	0.52	17.16	2.06	4.17	1.02	-6.47
2. 滑车及手动葫芦	1.53	4.50	0.15	−34.27	1.68	−0.87	1.38	11.92
3. 卷扬机及绞盘	5.27	5.71	2.80	−14.83	8.07	−2.46	2.47	45.58
4. 千斤顶	7.07	2.69	0.31	−11.72	7.38	1.99	6.76	3.46
5. 车辆举升机	4.34	15.48	0.09	−0.68	4.43	15.08	4.24	15.91
6. 轻小型起重设备零件	1.63	3.82	0.23	−26.81	1.86	−1.29	1.40	11.47
（二）起重机	36.23	−17.86	1.59	−45.12	37.82	−19.54	34.65	−15.94
1. 桥式起重机	2.02	19.27	0.21	−36.65	2.23	10.03	1.81	33.08
2. 门式起重机	6.62	−23.24	0.04	−32.65	6.66	−23.30	6.58	−23.19
3. 装卸桥及其他桥架类起重机	13.55	−22.56	0.07	−24.94	13.62	−22.58	13.49	−22.55
4. 塔式起重机	3.28	3.29	0.01	−74.49	3.29	2.13	3.27	4.49
5. 门座起重机	1.38	−30.05	0.54	−63.03	1.92	−44.12	0.84	65.96
6. 流动式起重机	7.70	2.38	0.20	−3.48	7.90	2.23	7.50	2.55
7. 未列名起重机	0.44	−83.09	0.32	−40.78	0.76	−75.82	0.12	−94.17
8. 起重机零件	1.24	22.68	0.20	27.40	1.44	23.32	1.04	21.80
（三）工业车辆	30.44	55.27	3.97	78.65	34.41	57.65	26.48	52.28
1. 电动车辆（叉车）	6.83	20.36	1.35	13.63	8.18	19.20	5.48	22.14
2. 内燃叉车	12.53	21.32	0.67	23.55	13.20	21.43	11.86	21.20
3. 短距离牵引车	0.37	24.48	0.14	47.24	0.51	29.84	0.24	14
4. 固定平台搬运车	0.25	13.81	0.05	−23.76	0.30	4.65	0.20	31.66
5. 手动起升搬运车辆	3.26	10.20	0.10	87.61	3.36	11.57	3.16	8.79
6. 工业车辆零件	7.20	5 715.90	1.66	506.47	8.86	2 129.16	5.54	-3798
（四）电梯、自动梯及升降机	29.25	3.26	2.93	0.70	32.18	3.02	26.32	3.55
1. 载客电梯	13.13	−0.83	1.40	−3.99	14.53	−1.14	11.73	−0.44
2. 其他升降机及倒卸式起重机	0.98	7.29	0.47	−2.33	1.45	3.96	0.51	18.15
3. 自动梯及自动人行道	6.31	1.35	0.02	1 931.35	6.33	1.64	6.29	1.05
4. 电梯、自动梯及升降机零件	8.83	11.10	1.04	7.38	9.87	10.69	7.79	11.61
（五）连续搬运设备	15.49	2.92	11.54	13.56	27.03	7.20	3.96	−19.17
1. 输送机械（输送机及提升机）	12.94	1.87	10.64	13.35	23.58	6.75	2.30	−30.66
2. 装卸机械	2.55	8.56	0.90	16.02	3.45	10.40	1.66	4.91
（六）其他物料搬运设备	7.39	3.95	13.42	26.93	20.81	14.56	−6.03	−135.52
1. 立体仓库设备	0.03	−95.35	0.44	10.81	0.47	−53.58	−0.41	−291.50
2. 机械停车设备	0.35	9.17	0.03	−25.92	0.38	5.56	0.32	13.72
3. 机场专用搬运设备	0.54	37.98	0.02	−83.20	0.56	14.59	0.52	76.08
4. 矿车推进机、转车台、货车倾卸装置	0.09	27.50	0.01	−31.94	0.10	15.72	0.08	46.99
5. 搬运机器人	0.35	1.03	2.50	14.52	2.85	12.65	−2.15	17.09
6. 未列名提升、搬运、装卸机械	6.03	5.29	10.42	34.36	16.45	22.01	−4.39	116.57

注：进出口统计数据部分由于四舍五入，合计数据有微小出入。

〔撰稿人：中国重型机械工业协会严祥文　审稿人：中国重型机械工业协会王继生〕

2017年冶金设备进出口分类统计

序号	分类	出口金额（万美元）	占出口总金额的比重（%）	分类	进口金额（万美元）	占进口总金额的比重（%）
	合计	**135 357**	**100**	**合计**	**36 837.46**	**100**
1	**按企业性质分类**			**按企业性质分类**		
	私人企业	72 027	53.21	私人企业	10 040.55	27.26
	国有企业	36 637	27.07	外商独资企业	9 692.03	26.31
	外商独资企业	16 364	12.09	国有企业	9 144.02	24.82
	中外合资企业	6 643	4.91	中外合资企业	4 259.24	11.56
	集体企业	3 502	2.59	集体企业	3 686.64	10.01
	个体工商户	118	0.09	中外合作企业	14.98	0.04
	中外合作企业	67	0.05			
2	**按贸易方式分类**			**按贸易方式分类**		
	一般贸易	120 250	88.84	一般贸易	29 571.09	80.28
	进料加工贸易	7 250	5.36	外商投资企业作为投资进口的设备、物资	3 383.54	9.19
	对外承包工程出口货物	3 824	2.83	保税区仓储转口货物	2 661.08	7.22
	来料加工装配贸易	1 997	1.48	保税仓储进出境货物	699.00	1.90
	保税仓储进出境货物	1 078	0.80	其他	221.64	0.60
	边境小额贸易	405	0.30	进料加工贸易	185.68	0.50
	保税区仓储转口货物	325	0.24	来料加工装配贸易	83.65	0.23
	其他	227	0.17	出口加工区进口设备	31.78	0.09
	国家间、国际组织无偿援助和赠送的物资	2	0.00			
3	**按行政区分类**			**按行政区分类**		
	江苏省	41 698	30.81	江苏省	6 854.00	18.61
	河北省	18 273	13.50	山东省	5 583.00	15.16
	上海市	9 153	6.76	上海市	4 704.47	12.77
	辽宁省	7 326	5.41	浙江省	3 253.33	8.83
	福建省	7 272	5.37	天津市	3 010.14	8.17
	广东省	6 403	4.73	福建省	2 427.79	6.59
	浙江省	6 338	4.68	广东省	2 046.72	5.56
	山东省	5 584	4.13	河北省	1 576.27	4.28
	四川省	5 235	3.87	陕西省	1 347.97	3.66
	天津市	4 817	3.56	辽宁省	1 219.70	3.31
	山西省	4 263	3.15	河南省	872.18	2.37

（续）

序号	分类	出口金额（万美元）	占出口总金额的比重（%）	分类	进口金额（万美元）	占进口总金额的比重（%）
3	陕西省	4 198	3.10	湖北省	750.85	2.04
	河南省	3 840	2.84	重庆市	683.68	1.86
	安徽省	1 954	1.44	北京市	449.67	1.22
	湖北省	1 944	1.44	安徽省	430.61	1.17
	重庆市	1 859	1.37	黑龙江省	389.23	1.06
	北京市	1 581	1.17	四川省	343.32	0.93
	湖南省	1 278	0.94	江西省	274.62	0.75
	黑龙江省	891	0.66	吉林省	168.76	0.46
	广西壮族自治区	401	0.30	甘肃省	97.00	0.26
	其他	1 049	0.77	其他	354.00	0.96

注：由于四舍五入，表中数据有微小出入。

〔撰稿人：中国重型机械工业协会严祥文〕

2017 年冶金设备进出口排名前 30 位的国家（地区）

序号	国家（地区）	出口金额（万美元）	占出口总金额的比重（%）	国家（地区）	进口金额（万美元）	占进口总金额的比重（%）
1	印度	17 293	12.78	德国	11 351	30.81
2	印度尼西亚	13 080	9.66	日本	9 368	25.43
3	日本	9 389	6.94	美国	4 148	11.26
4	越南	8 763	6.47	意大利	2 747	7.46
5	美国	6 955	5.14	挪威	1 700	4.61
6	中国台湾	5 851	4.32	法国	1 540	4.18
7	伊朗	5 156	3.81	韩国	1 278	3.47
8	马来西亚	4 958	3.66	瑞士	1 130	3.07
9	俄罗斯	4 547	3.36	奥地利	965	2.62
10	阿尔及利亚	4 194	3.10	中国台湾	766	2.08
11	韩国	3 963	2.93	瑞典	454	1.23
12	泰国	3 443	2.54	巴西	311	0.85
13	墨西哥	3 313	2.45	斯洛文尼亚	232	0.63
14	土耳其	3 202	2.37	英国	185	0.50

（续）

序号	国家（地区）	出口金额（万美元）	占出口总金额的比重（%）	国家（地区）	进口金额（万美元）	占进口总金额的比重（%）
15	德国	3 120	2.30	西班牙	138	0.37
16	巴基斯坦	2 209	1.63	比利时	89	0.24
17	哈萨克斯坦	2 048	1.51	芬兰	87	0.24
18	菲律宾	1 722	1.27	加拿大	90	0.24
19	孟加拉国	1 647	1.22	泰国	62	0.17
20	意大利	1 490	1.10	中华人民共和国	33	0.09
21	沙特阿拉伯	1 321	0.98	澳大利亚	28	0.08
22	巴西	1 272	0.94	荷兰	17	0.05
23	西班牙	1 260	0.93	捷克	19	0.05
24	加拿大	1 203	0.89	卢森堡	15	0.04
25	南非	1 189	0.88	乌克兰	15	0.04
26	埃及	1 106	0.82	印度	12	0.03
27	乌克兰	1 046	0.77	土耳其	10	0.03
28	埃塞俄比亚	1 003	0.74	塞拉利昂	8	0.02
29	英国	970	0.72	墨西哥	8	0.02
30	罗马尼亚	949	0.70	新西兰	6	0.02

〔撰稿人：中国重型机械工业协会严祥文〕

2017年矿山设备进出口分类统计

序号	分类	出口金额（万美元）	占出口总金额的比重（%）	分类	进口金额（万美元）	占进口总金额的比重（%）
	合计	**143 848**	**100**	**合计**	**21 206**	**100**
1	**按企业性质分类**			**按企业性质分类**		
	私人企业	59 778	41.56	外商独资企业	8 626	40.67
	国有企业	58 410	40.61	私人企业	5 746	27.09
	外商独资企业	16 411	11.41	国有企业	5 704	26.90
	中外合资企业	6 378	4.43	中外合资企业	1 004	4.74
	集体企业	2 644	1.84	集体企业	109	0.51
	个体工商户	223	0.15	中外合作企业	18	0.08
	中外合作企业	3.78	0.00			

（续）

序号	分类	出口金额（万美元）	占出口总金额的比重（%）	分类	进口金额（万美元）	占进口总金额的比重（%）
2	**按贸易方式分类**			**按贸易方式分类**		
	一般贸易	106 991	74.38	一般贸易	19 423	91.59
	对外承包工程出口货物	16 986	11.81	进料加工贸易	585	2.76
	进料加工贸易	14 978	10.41	保税仓储进出境货物	460	2.17
	边境小额贸易	3 988	2.77	外商投资企业作为投资进口的设备、物资	429	2.02
	其他	568	0.39	保税区仓储转口货物	282	1.33
	保税仓储进出境货物	188	0.13	出口加工区进口设备	19	0.09
	保税区仓储转口货物	105	0.07	其他	8	0.04
	国家间、国际组织无偿援助和赠送的物资	43	0.03			
	租赁贸易	0	0			
3	**按行政区分类**			**按行政区分类**		
	河南省	23 998	16.68	上海市	3 720	17.54
	上海市	20 943	14.56	河北省	2 139	10.09
	广东省	16 939	11.78	安徽省	1 936	9.13
	江苏省	10 163	7.06	江苏省	1 858	8.76
	山东省	10 115	7.03	北京市	1 743	8.22
	山西省	9 591	6.67	陕西省	1 445	6.81
	北京市	8 335	5.79	内蒙古自治区	1 281	6.04
	辽宁省	7 609	5.29	广东省	1 149	5.42
	湖南省	6 869	4.78	天津市	1 014	4.78
	天津市	6 729	4.68	山东省	942	4.44
	湖北省	3 680	2.56	山西省	904	4.26
	河北省	3 480	2.42	浙江省	515	2.43
	浙江省	3 153	2.19	辽宁省	427	2.01
	安徽省	1 956	1.36	湖北省	390	1.84
	广西壮族自治区	1 918	1.33	四川省	352	1.66
	云南省	1 901	1.32	江西省	280	1.32
	江西省	1 574	1.09	河南省	174	0.82
	福建省	1 505	1.05	云南省	168	0.79
	四川省	960	0.67	福建省	141	0.67
	新疆维吾尔自治区	498	0.35	黑龙江省	132	0.62
	其他	1 931	1.34	其他	497	2.34

注：由于四舍五入，表中数据有微小出入。

〔撰稿人：中国重型机械工业协会严祥文〕

2017年矿山设备进出口排名前30位的国家（地区）

序号	国家（地区）	出口金额（万美元）	占出口总金额的比重（%）	国家（地区）	进口金额（万美元）	占进口总金额的比重（%）
1	俄罗斯	12 768	8.88	德国	6 904	32.56
2	印度	10 780	7.49	英国	1 965	9.27
3	伊朗	10 632	7.39	美国	1 805	8.51
4	越南	7 063	4.91	日本	1 712	8.07
5	印度尼西亚	6 514	4.53	法国	1 214	5.73
6	新加坡	6 441	4.48	韩国	1 073	5.06
7	美国	4 756	3.31	瑞典	1 015	4.79
8	马来西亚	4 683	3.26	中国台湾	965	4.55
9	巴基斯坦	4 435	3.08	芬兰	751	3.54
10	澳大利亚	4 383	3.05	意大利	712	3.36
11	土耳其	3 503	2.44	加拿大	528	2.49
12	秘鲁	3 492	2.43	印度	415	1.96
13	泰国	3 257	2.26	澳大利亚	396	1.87
14	厄瓜多尔	3 075	2.14	捷克	327	1.54
15	以色列	2 744	1.91	丹麦	246	1.16
16	南非	2 711	1.88	荷兰	226	1.07
17	老挝	2 328	1.62	瑞士	195	0.92
18	缅甸	2 311	1.61	波兰	136	0.64
19	日本	2 286	1.59	马来西亚	121	0.57
20	菲律宾	2 007	1.40	中华人民共和国	105	0.50
21	苏丹	1 752	1.22	南非	82	0.39
22	柬埔寨	1 618	1.12	克罗地亚	72	0.34
23	加拿大	1 482	1.03	奥地利	63	0.30
24	尼泊尔	1 452	1.01	西班牙	59	0.28
25	民主刚果	1 456	1.01	挪威	32	0.15
26	孟加拉国	1 359	0.94	巴西	26	0.12
27	阿尔及利亚	1 344	0.93	斯洛伐克	22	0.10
28	加纳	1 292	0.90	新西兰	15	0.07
29	肯尼亚	1 302	0.90	罗马尼亚	9	0.04
30	尼日利亚	1 258	0.87	比利时	6	0.03

〔撰稿人：中国重型机械工业协会严祥文〕

2017 年物料搬运机械进出口分类统计

序号	分类	出口金额（万美元）	占出口总金额的比重（%）	分类	进口金额（万美元）	占进口总金额的比重（%）
	合计	**1 467 801**	**100**	**合计**	**409 314**	**100**
1	**按企业性质分类**			**按企业性质分类**		
	私人企业	562 454	38.32	外商独资企业	164 167	40.11
	外商独资企业	333 906	22.75	中外合资企业	90 705	22.16
	中外合资企业	322 275	21.96	私人企业	77 019	18.82
	国有企业	157 079	10.70	国有企业	67 378	16.46
	中外合作企业	63 579	4.33	中外合作企业	9 139	2.23
	集体企业	28 076	1.91	集体企业	902	0.22
	个体工商户	423	0.03	个体工商户	0	0
	其他企业	10	0.00	其他企业	4	0
2	**按贸易方式分类**			**按贸易方式分类**		
	一般贸易	977 780	66.62	一般贸易	300 186	73.34
	进料加工贸易	383 621	26.14	进料加工贸易	37 958	9.27
	对外承包工程出口货物	73 413	5.00	保税区仓储转口货物	30 519	7.46
	保税区仓储转口货物	8 511	0.58	外商投资企业作为投资进口的设备、物资	23 233	5.68
	边境小额贸易	7 518	0.51	出口加工区进口设备	8 340	2.04
	来料加工装配贸易	7 217	0.49	保税仓储进出境货物	5 195	1.27
	其他	4 570	0.31	加工贸易进口设备	2 032	0.50
	保税仓储进出境货物	4 029	0.27	其他	1 373	0.34
	国家间、国际组织无偿援助和赠送的物资	787	0.05	来料加工装配贸易	391	0.10
				租赁贸易	86	0.02
	租赁贸易	356	0.02	边境小额贸易	1	0.00
3	**按行政区分类**			**按行政区分类**		
	江苏省	398 047	27.12	上海市	94 525	23.09
	上海市	267 626	18.23	江苏省	64 570	15.78
	浙江省	245 666	16.74	广东省	52 516	12.83
	广东省	112 897	7.69	天津市	27 209	6.65
	山东省	73 004	4.97	山东省	24 653	6.02
	辽宁省	66 229	4.51	北京市	20 024	4.89
	安徽省	45 131	3.07	浙江省	19 052	4.65

（续）

序号	分类	出口金额（万美元）	占出口总金额的比重（%）	分类	进口金额（万美元）	占进口总金额的比重（%）
	天津市	43 251	2.95	福建省	17 967	4.39
	福建省	42 191	2.87	辽宁省	15 417	3.77
	湖南省	40 831	2.78	重庆市	9 913	2.42
	河北省	38 119	2.60	安徽省	8 553	2.09
	北京市	26 923	1.83	湖北省	8 146	1.99
	河南省	16 592	1.13	山西省	7 075	1.73
	湖北省	9 305	0.63	湖南省	6 923	1.69
	山西省	8 135	0.55	河北省	5 552	1.36
	四川省	7 645	0.52	河南省	4 182	1.02
	重庆市	6 378	0.43	陕西省	4 067	0.99
	广西壮族自治区	4 656	0.32	吉林省	3 334	0.81
	陕西省	2 988	0.20	广西壮族自治区	2 692	0.66
	新疆维吾尔自治区	2 749	0.19	四川省	2 711	0.66
	其他	9 438	0.64	其他	10 234	2.50

注：由于四舍五入，表中数据有微小出入。

〔供稿单位：中国重型机械工业协会〕

2017 年物料搬运机械进出口排名前 30 位的国家（地区）

序号	国家（地区）	出口金额（万美元）	占出口总金额的比重（%）	国家（地区）	进口金额（万美元）	占进口总金额的比重（%）
1	美国	192 359	13.11	德国	91 391	22.33
2	印度	61 373	4.18	日本	79 914	19.52
3	越南	55 193	3.76	韩国	46 010	11.24
4	韩国	54 730	3.73	中国台湾	29 683	7.25
5	新加坡	54 050	3.68	美国	27 327	6.68
6	澳大利亚	53 442	3.64	意大利	22 366	5.46
7	印度尼西亚	53 344	3.63	奥地利	12 803	3.13
8	阿拉伯联合酋长国	49 576	3.38	瑞典	11 080	2.71
9	马来西亚	49 139	3.35	瑞士	9 980	2.44
10	日本	48 325	3.29	法国	8 898	2.17
11	泰国	38 537	2.63	荷兰	8 791	2.15

（续）

序号	国家（地区）	出口金额（万美元）	占出口总金额的比重（%）	国家（地区）	进口金额（万美元）	占进口总金额的比重（%）
12	俄罗斯	36 919	2.52	新加坡	6 718	1.64
13	德国	34 332	2.34	西班牙	6 602	1.61
14	中国香港	31 486	2.15	芬兰	6 608	1.61
15	土耳其	31 332	2.13	英国	5 638	1.38
16	荷兰	29 684	2.02	丹麦	4 985	1.22
17	加拿大	26 095	1.78	中华人民共和国	4 660	1.14
18	菲律宾	25 460	1.73	加拿大	3 932	0.96
19	英国	22 973	1.57	马来西亚	3 176	0.78
20	巴基斯坦	22 914	1.56	波兰	3 109	0.76
21	沙特阿拉伯	22 622	1.54	挪威	2 934	0.72
22	伊朗	22 479	1.53	捷克	1 864	0.46
23	墨西哥	21 018	1.43	比利时	1 809	0.44
24	中国台湾	18 574	1.27	匈牙利	1 331	0.33
25	比利时	18 128	1.24	泰国	987	0.24
26	阿尔及利亚	17 383	1.18	爱沙尼亚	690	0.17
27	南非	15 465	1.05	罗马尼亚	557	0.14
28	孟加拉国	15 062	1.03	澳大利亚	574	0.14
29	巴拿马	15 134	1.03	越南	504	0.12
30	法国	14 587	0.99	卢森堡	494	0.12

〔供稿单位：中国重型机械工业协会〕

2017 年轻小型起重设备进出口分类统计

序号	分类	出口金额（万美元）	占出口总金额的比重（%）	分类	进口金额（万美元）	占进口总金额的比重（%）
	合计	**213 772 .14**	**100**	**合计**	**41 138**	**100**
1	**按企业性质分类**			**按企业性质分类**		
	私人企业	131 046	61.30	外商独资企业	12 221	29.71
	外商独资企业	30 520	14.28	中外合资企业	10 137	24.64
	中外合资企业	30 303	14.18	国有企业	8 690	21.12
	国有企业	15 348	7.18	私人企业	7 206	17.52
	中外合作企业	4 624	2.16	中外合作企业	2 582	6.28

（续）

序号	分类	出口金额（万美元）	占出口总金额的比重（%）	分类	进口金额（万美元）	占进口总金额的比重（%）
	集体企业	1 761	0.82	集体企业	298	0.72
	个体工商户	164	0.08	其他企业	4	0.01
	其他企业	6	0.00	个体工商户	0	0
2	**按贸易方式分类**			**按贸易方式分类**		
	一般贸易	190 945	89.32	一般贸易	27 592	67.07
	进料加工贸易	11 187	5.23	进料加工贸易	10 415	25.32
	对外承包工程出口货物	4 884	2.28	保税区仓储转口货物	2 333	5.67
	其他	2 466	1.15	保税仓储进出境货物	327	0.79
	边境小额贸易	1 320	0.62	来料加工装配贸易	233	0.57
	保税区仓储转口货物	1 314	0.61	其他	146	0.36
	来料加工装配贸易	1 104	0.52	出口加工区进口设备	77	0.19
	保税仓储进出境货物	510	0.24	外商投资企业作为投资进口的设备、物资	15	0.04
	国家间、国际组织无偿援助和赠送的物资	12	0.01			
	租赁贸易	30	0.01			
3	**按行政区分类**			**按行政区分类**		
	浙江省	75 690	35.41	上海市	14 574	35.43
	江苏省	55 030	25.74	广东省	6 415	15.59
	上海市	21 241	9.94	江苏省	6 029	14.65
	广东省	12 576	5.88	山东省	2 816	6.85
	山东省	11 399	5.33	天津市	2 328	5.66
	辽宁省	10 673	4.99	福建省	2 248	5.47
	河北省	5 402	2.53	浙江省	1 998	4.86
	安徽省	5 389	2.52	北京市	1 575	3.83
	北京市	3 989	1.87	辽宁省	899	2.19
	天津市	2 906	1.36	河南省	596	1.45
	福建省	2 345	1.10	湖北省	274	0.67
	重庆市	1 743	0.82	海南省	241	0.59
	四川省	1 356	0.63	河北省	238	0.58
	河南省	1 203	0.56	山西省	167	0.41
	湖北省	760	0.36	陕西省	160	0.39
	新疆维吾尔自治区	636	0.30	吉林省	125	0.30
	广西壮族自治区	424	0.20	湖南省	108	0.26
	湖南省	294	0.14	重庆市	90	0.22
	吉林省	261	0.12	安徽省	68	0.17
	江西省	134	0.06	黑龙江省	56	0.14
	其他	322	0.15	其他	133	0.32

注：由于四舍五入，表中数据有微小出入。

〔撰稿人：中国重型机械工业协会严祥文〕

2017 年轻小型起重设备进出口排名前 30 位的国家（地区）

序号	国家（地区）	出口金额（万美元）	占出口总金额的比重（%）	国家（地区）	进口金额（万美元）	占进口总金额的比重（%）
1	美国	73 610	34.43	德国	9 476	23.03
2	德国	11 325	5.30	日本	6 146	14.94
3	日本	10 166	4.76	美国	3 456	8.40
4	韩国	8 986	4.20	芬兰	3 122	7.59
5	印度	6 823	3.19	意大利	2 658	6.46
6	澳大利亚	6 486	3.03	新加坡	2 279	5.54
7	加拿大	5 889	2.75	韩国	1 994	4.85
8	俄罗斯	5 836	2.73	西班牙	1 846	4.49
9	英国	5 002	2.34	英国	1 616	3.93
10	泰国	4 719	2.21	法国	1 448	3.52
11	越南	4 601	2.15	丹麦	1 296	3.15
12	荷兰	4 328	2.02	瑞士	1 234	3.00
13	印度尼西亚	3 691	1.73	挪威	975	2.37
14	法国	3 210	1.50	荷兰	555	1.35
15	土耳其	2 774	1.30	比利时	501	1.22
16	波兰	2 723	1.27	中国台湾	459	1.12
17	墨西哥	2 688	1.26	捷克	315	0.76
18	巴西	2 678	1.25	瑞典	290	0.71
19	马来西亚	2 567	1.20	罗马尼亚	248	0.60
20	伊朗	2 106	0.99	塞尔维亚	247	0.60
21	中国台湾	2 019	0.94	中华人民共和国	177	0.43
22	西班牙	1 939	0.91	加拿大	138	0.34
23	南非	1 901	0.89	奥地利	125	0.31
24	阿拉伯联合酋长国	1 816	0.85	波兰	126	0.31
25	巴基斯坦	1 721	0.81	马来西亚	86	0.21
26	新加坡	1 634	0.76	澳大利亚	66	0.16
27	意大利	1 570	0.73	新西兰	57	0.14
28	瑞典	1 458	0.68	克罗地亚	45	0.11
29	阿根廷	1 317	0.62	巴西	43	0.10
30	智利	1 196	0.56	土耳其	38	0.09

〔撰稿人：中国重型机械工业协会严祥文〕

2017年起重机进出口分类统计

序号	分类	出口金额（万美元）	占出口总金额的比重（%）	分类	进口金额（万美元）	占进口总金额的比重（%）
	合计	**362 351**	**100**	**合计**	**15 942**	**100**
1	**按企业性质分类**			**按企业性质分类**		
	中外合资企业	181 684	50.14	中外合资企业	5 183	32.51
	私人企业	83 829	23.13	国有企业	4 810	30.17
	国有企业	60 060	16.58	外商独资企业	3 204	20.10
	外商独资企业	34 389	9.49	私人企业	2 733	17.15
	集体企业	2 246	0.62	集体企业	12	0.08
	中外合作企业	58	0.02			
	个体工商户	80	0.02			
2	**按贸易方式分类**			**按贸易方式分类**		
	进料加工贸易	209 643	57.86	一般贸易	7 938	49.79
	一般贸易	118 049	32.58	进料加工贸易	6 521	40.90
	对外承包工程出口货物	25 867	7.14	保税区仓储转口货物	1 144	7.18
	来料加工装配贸易	4 903	1.35	出口加工区进口设备	120	0.75
	边境小额贸易	2 627	0.73	外商投资企业作为投资进口的设备、物资	80	0.50
	国家间、国际组织无偿援助和赠送的物资	337	0.09	保税仓储进出境货物	80	0.50
	保税仓储进出境货物	308	0.09	来料加工装配贸易	25	0.16
	租赁贸易	288	0.08	租赁贸易	25	0.16
	保税区仓储转口货物	276	0.08	其他	9	0.06
	其他	53	0.01			
3	**按行政区分类**			**按行政区分类**		
	上海市	142 914	39.44	上海市	4 285	26.88
	江苏省	79 615	21.97	广东省	2 381	14.93
	湖南省	32 567	8.99	江苏省	2 180	13.67
	福建省	15 890	4.39	辽宁省	1 496	9.38
	辽宁省	15 524	4.28	湖南省	1 471	9.22
	山东省	15 170	4.19	福建省	1 055	6.62
	广东省	11 692	3.23	湖北省	824	5.17
	浙江省	10 104	2.79	浙江省	631	3.96
	河南省	7 626	2.10	山东省	577	3.62
	北京市	7 390	2.04	天津市	233	1.46

（续）

序号	分类	出口金额（万美元）	占出口总金额的比重（%）	分类	进口金额（万美元）	占进口总金额的比重（%）
	天津市	5 015	1.38	新疆维吾尔自治区	196	1.23
	河北省	3 334	0.92	北京市	184	1.15
	四川省	2 614	0.72	云南省	183	1.15
	湖北省	2 029	0.56	山西省	74	0.46
	广西壮族自治区	1 959	0.54	江西省	56	0.35
	重庆市	1 695	0.47	广西壮族自治区	49	0.31
	安徽省	1 389	0.38	安徽省	21	0.13
	新疆维吾尔自治区	1 356	0.37	重庆市	17	0.11
	陕西省	1 151	0.32	四川省	16	0.10
	黑龙江省	907	0.25	吉林省	4	0.03
	其他	2 409	0.66	其他	11	0.07

注：由于四舍五入，表中数据有微小出入。

〔撰稿人：中国重型机械工业协会严祥文〕

2017年起重机进出口排名前30位的国家（地区）

序号	国家（地区）	出口金额（万美元）	占出口总金额的比重（%）	国家（地区）	进口金额（万美元）	占进口总金额的比重（%）
1	新加坡	36 096	9.96	德国	2 907	18.24
2	阿拉伯联合酋长国	29 659	8.19	奥地利	2 345	14.71
3	美国	19 799	5.46	荷兰	1 675	10.51
4	印度	19 081	5.27	波兰	1 324	8.30
5	印度尼西亚	18 885	5.21	挪威	955	5.99
6	马来西亚	13 420	3.70	意大利	838	5.26
7	巴拿马	12 557	3.47	马来西亚	788	4.94
8	韩国	11 904	3.29	日本	780	4.89
9	越南	11 410	3.15	韩国	751	4.71
10	俄罗斯	9 422	2.60	西班牙	437	2.74
11	巴基斯坦	8 786	2.42	新加坡	415	2.60
12	沙特阿拉伯	8 452	2.33	泰国	376	2.36
13	菲律宾	8 365	2.31	中华人民共和国	359	2.25
14	加拿大	7 866	2.17	捷克	303	1.90

（续）

序号	国家（地区）	出口金额（万美元）	占出口总金额的比重（%）	国家（地区）	进口金额（万美元）	占进口总金额的比重（%）
15	泰国	7 652	2.11	美国	304	1.90
16	比利时	7 487	2.07	丹麦	269	1.69
17	中国香港	7 004	1.93	斯洛文尼亚	247	1.55
18	黎巴嫩	6 198	1.71	芬兰	215	1.35
19	哥斯达黎加	5 466	1.51	卢森堡	165	1.03
20	哥伦比亚	5 296	1.46	土耳其	117	0.73
21	科威特	5 019	1.39	巴西	93	0.58
22	孟加拉国	4 849	1.34	法国	50	0.31
23	阿尔及利亚	4 626	1.28	英国	48	0.30
24	澳大利亚	4 577	1.26	中国台湾	41	0.26
25	摩洛哥	4 305	1.19	比利时	40	0.25
26	荷兰	4 321	1.19	阿拉伯联合酋长国	24	0.15
27	缅甸	4 287	1.18	新西兰	23	0.15
28	中国台湾	3 953	1.09	加拿大	19	0.12
29	毛里求斯	3 317	0.92	越南	12	0.07
30	卡塔尔	3 048	0.84	澳大利亚	8	0.05

〔撰稿人：中国重型机械工业协会严祥文〕

2017 年工业车辆进出口分类统计

序号	分类	出口金额（万美元）	占出口总金额的比重（%）	分类	进口金额（万美元）	占进口总金额的比重（%）
	合计	**304 397**	**100**	**合计**	**39 712**	**100**
1	**按企业性质分类**			**按企业性质分类**		
	私人企业	121 942	40.06	外商独资企业	20 899	52.63
	外商独资企业	117 166	38.49	私人企业	9 387	23.64
	中外合资企业	21 974	7.22	中外合作企业	4 770	12.01
	集体企业	18 685	6.14	国有企业	2 770	6.97
	中外合作企业	13 349	4.39	中外合资企业	1 857	4.68
	国有企业	11 250	3.70	集体企业	30	0.08
	个体工商户	31	0.01			

（续）

序号	分类	出口金额（万美元）	占出口总金额的比重（%）	分类	进口金额（万美元）	占进口总金额的比重（%）
2	**按贸易方式分类**			**按贸易方式分类**		
	一般贸易	179 702	59.04	一般贸易	22 216	55.94
	进料加工贸易	120 107	39.46	保税区仓储转口货物	8 374	21.09
	对外承包工程出口货物	1 287	0.42	进料加工贸易	7 839	19.74
	保税区仓储转口货物	1 255	0.41	保税仓储进出境货物	695	1.75
	边境小额贸易	692	0.23	出口加工区进口设备	455	1.15
	保税仓储进出境货物	389	0.13	其他	74	0.19
	其他	393	0.13	外商投资企业作为投资进口的设备、物资	46	0.11
	来料加工装配贸易	306	0.10	来料加工装配贸易	13	0.03
	国家间、国际组织无偿援助和赠送的物资	264	0.09	边境小额贸易	1	0
	租赁贸易	1	0.00			
3	**按行政区分类**			**按行政区分类**		
	浙江省	85 158	27.98	上海市	15 577	39.23
	江苏省	68 109	22.37	福建省	5 542	13.96
	安徽省	31 364	10.30	江苏省	4 247	10.70
	山东省	24 121	7.92	山东省	3 624	9.13
	辽宁省	18 091	5.94	广东省	2 182	5.50
	福建省	17 257	5.67	辽宁省	1 895	4.77
	上海市	14 195	4.66	天津市	1 409	3.55
	天津市	12 050	3.96	陕西省	1 125	2.83
	河北省	10 545	3.46	浙江省	1 092	2.75
	广东省	9 171	3.01	北京市	885	2.23
	山西省	6 903	2.27	山西省	472	1.19
	湖南省	1 755	0.58	湖北省	271	0.68
	北京市	1 622	0.53	湖南省	254	0.64
	广西壮族自治区	1 012	0.33	河南省	217	0.55
	陕西省	783	0.26	安徽省	197	0.50
	河南省	737	0.24	河北省	187	0.47
	湖北省	492	0.16	吉林省	129	0.33
	重庆市	249	0.08	内蒙古自治区	100	0.25
	新疆维吾尔自治区	248	0.08	黑龙江省	67	0.17
	云南省	181	0.06	海南省	60	0.15
	其他	353	0.12	其他	178	0.45

注：由于四舍五入，表中数据有微小出入。

〔撰稿人：中国重型机械工业协会严祥文〕

2017 年工业车辆进出口排名前 30 位的国家（地区）

序号	国家（地区）	出口金额（万美元）	占出口总金额的比重（%）	国家（地区）	进口金额（万美元）	占进口总金额的比重（%）
1	美国	56 012	18.40	德国	10 280	25.89
2	澳大利亚	17 476	5.74	日本	7 393	18.62
3	荷兰	16 505	5.42	美国	5 828	14.67
4	韩国	12 735	4.18	韩国	4 092	10.30
5	德国	12 417	4.08	意大利	2 769	6.97
6	日本	11 436	3.76	瑞典	1 857	4.68
7	法国	8 766	2.88	加拿大	1 594	4.01
8	比利时	8 268	2.72	法国	1 227	3.09
9	俄罗斯	8 215	2.70	英国	520	1.31
10	泰国	7 947	2.61	马来西亚	481	1.21
11	土耳其	7 315	2.40	芬兰	472	1.19
12	印度尼西亚	7 260	2.39	澳大利亚	359	0.91
13	英国	7 005	2.30	越南	358	0.90
14	阿根廷	6 733	2.21	捷克	346	0.87
15	印度	5 552	1.82	西班牙	283	0.71
16	马来西亚	5 273	1.73	爱尔兰	261	0.66
17	南非	5 255	1.73	荷兰	234	0.59
18	菲律宾	5 102	1.68	丹麦	232	0.58
19	越南	5 053	1.66	中华人民共和国	180	0.45
20	意大利	4 967	1.63	波兰	177	0.45
21	阿尔及利亚	4 403	1.45	罗马尼亚	177	0.44
22	新加坡	4 250	1.40	中国台湾	160	0.40
23	巴西	4 216	1.39	土耳其	73	0.18
24	中国香港	3 842	1.26	印度尼西亚	66	0.17
25	瑞典	3 526	1.16	比利时	53	0.13
26	加拿大	3 223	1.06	斯里兰卡	48	0.12
27	阿拉伯联合酋长国	3 171	1.04	斯洛伐克	46	0.12
28	波兰	3 173	1.04	奥地利	29	0.07
29	墨西哥	3 010	0.99	瑞士	25	0.06
30	中国台湾	2 977	0.98	爱沙尼亚	26	0.06

〔撰稿人：中国重型机械工业协会严祥文〕

2017 年电梯、自动扶梯及升降机进出口分类统计

序号	分类	出口金额（万美元）	占出口总金额的比重（%）	分类	进口金额（万美元）	占进口总金额的比重（%）
	合计	**292 609**	**100**	**合计**	**29 373**	**100**
1	**按企业性质分类**			**按企业性质分类**		
	外商独资企业	92 145	31.49	中外合资企业	13 390	45.59
	私人企业	84 804	28.98	外商独资企业	8 030	27.34
	中外合资企业	58 024	19.83	私人企业	3 915	13.33
	中外合作企业	45 384	15.51	国有企业	2 872	9.78
	国有企业	9 954	3.40	中外合作企业	1 163	3.96
	集体企业	2 270	0.78	集体企业	2	0.01
	个体工商户	27	0.01			
2	**按贸易方式分类**			**按贸易方式分类**		
	一般贸易	277 501	94.84	一般贸易	25 011	85.15
	进料加工贸易	6 691	2.29	进料加工贸易	3 542	12.06
	对外承包工程出口货物	4 037	1.38	保税区仓储转口货物	522	1.78
	保税区仓储转口货物	2 849	0.97	外商投资企业作为投资进口的设备、物资	107	0.36
	边境小额贸易	588	0.20	出口加工区进口设备	92	0.31
	其他	493	0.17	其他	62	0.21
	保税仓储进出境货物	216	0.07	保税仓储进出境货物	32	0.11
	国家间、国际组织无偿援助和赠送的物资	110	0.04	租赁贸易	5	0.02
	来料加工装配贸易	120	0.04	来料加工装配贸易	0	0.00
	租赁贸易	4	0.00			
3	**按行政区分类**			**按行政区分类**		
	江苏省	118 712	40.57	上海市	14 367	48.91
	上海市	54 975	18.79	广东省	5 991	20.40
	浙江省	43 892	15.00	江苏省	3 797	12.93
	广东省	32 766	11.20	天津市	1 373	4.67
	天津市	11 935	4.08	山东省	1 046	3.56
	辽宁省	9 526	3.26	北京市	583	1.98
	河北省	7 535	2.58	浙江省	488	1.66
	山东省	6 336	2.17	广西壮族自治区	476	1.62
	北京市	1 893	0.65	福建省	323	1.10
	福建省	1 314	0.45	河北省	258	0.88

（续）

序号	分类	出口金额（万美元）	占出口总金额的比重（%）	分类	进口金额（万美元）	占进口总金额的比重（%）
	重庆市	613	0.21	辽宁省	226	0.77
	河南省	483	0.17	新疆维吾尔自治区	167	0.57
	安徽省	380	0.13	四川省	92	0.31
	湖南省	347	0.12	黑龙江省	52	0.18
	新疆维吾尔自治区	261	0.09	湖南省	30	0.10
	江西省	240	0.08	湖北省	28	0.09
	四川省	241	0.08	海南省	22	0.08
	陕西省	245	0.08	吉林省	15	0.05
	湖北省	163	0.06	河南省	15	0.05
	山西省	110	0.04	安徽省	13	0.04
	其他	641	0.22	其他	10	0.03

注：由于四舍五入，表中数据有微小出入。

〔撰稿人：中国重型机械工业协会严祥文〕

2017年电梯、自动扶梯及升降机进出口排名前30位的国家（地区）

序号	国家（地区）	出口金额（万美元）	占出口总金额的比重（%）	国家（地区）	进口金额（万美元）	占进口总金额的比重（%）
	合计	**292 609**	**100**	**合计**	**29 373**	**100**
1	印度	19 315	6.60	日本	13 591	46.27
2	韩国	16 293	5.57	瑞典	2 730	9.30
3	马来西亚	15 784	5.39	德国	2 104	7.16
4	美国	15 328	5.24	荷兰	2 073	7.06
5	越南	11 498	3.93	奥地利	1 978	6.73
6	土耳其	11 411	3.90	韩国	1 513	5.15
7	阿拉伯联合酋长国	11 342	3.88	意大利	1 015	3.46
8	澳大利亚	10 577	3.61	西班牙	741	2.52
9	印度尼西亚	10 028	3.43	美国	658	2.24
10	中国香港	9 485	3.24	英国	501	1.71
11	日本	8 436	2.88	瑞士	320	1.09
12	沙特阿拉伯	8 298	2.84	加拿大	295	1.00
13	墨西哥	7 979	2.73	芬兰	278	0.95

（续）

序号	国家（地区）	出口金额（万美元）	占出口总金额的比重（%）	国家（地区）	进口金额（万美元）	占进口总金额的比重（%）
14	新加坡	7 598	2.60	卢森堡	265	0.90
15	伊朗	7 402	2.53	中华人民共和国	229	0.78
16	泰国	7 397	2.53	泰国	211	0.72
17	俄罗斯	5 997	2.05	中国台湾	185	0.63
18	卡塔尔	5 782	1.98	丹麦	150	0.51
19	菲律宾	5 528	1.89	斯洛伐克	120	0.41
20	巴基斯坦	5 494	1.88	立陶宛	109	0.37
21	中国台湾	5 206	1.78	法国	84	0.29
22	加拿大	5 028	1.72	捷克	45	0.15
23	德国	4 582	1.57	希腊	42	0.14
24	孟加拉国	4 460	1.52	土耳其	32	0.11
25	哥伦比亚	4 106	1.40	比利时	19	0.06
26	南非	3 627	1.24	斯洛文尼亚	14	0.05
27	英国	3 487	1.19	中国香港	12	0.04
28	西班牙	3 209	1.10	澳大利亚	13	0.04
29	巴西	3 060	1.05	马来西亚	10	0.03
30	意大利	2 741	0.94	阿拉伯联合酋长国	10	0.03

〔撰稿人：中国重型机械工业协会严祥文〕

2017 年连续搬运设备进出口分类统计

序号	分类	出口金额（万美元）	占出口总金额的比重（%）	分类	进口金额（万美元）	占进口总金额的比重（%）
	合计	**154 905.59**	**100**	**合计**	**115 341.99**	**100**
1	**按企业性质分类**			**按企业性质分类**		
	私人企业	71 085	45.89	外商独资企业	50 415	43.71
	国有企业	37 855	24.44	私人企业	24 286	21.06
	外商独资企业	29 634	19.13	国有企业	22 104	19.16
	中外合资企业	14 170	9.15	中外合资企业	17 805	15.44
	集体企业	2 012	1.30	中外合作企业	581	0.50
	中外合作企业	122	0.08	集体企业	152	0.13
	个体工商户	28	0.02			
2	**按贸易方式分类**			**按贸易方式分类**		
	一般贸易	103 011	66.50	一般贸易	95 019	82.38
	对外承包工程出口货物	26 352	17.01	外商投资企业作为投资进口的设备、物资	8 471	7.34
	进料加工贸易	21 488	13.87			
	边境小额贸易	1 441	0.93	保税区仓储转口货物	7 820	6.78
	保税区仓储转口货物	1 312	0.85	进料加工贸易	1 516	1.31

（续）

序号	分类	出口金额（万美元）	占出口总金额的比重（%）	分类	进口金额（万美元）	占进口总金额的比重（%）
	保税仓储进出境货物	555	0.36	出口加工区进口设备	1 156	1.00
	其他	507	0.33	保税仓储进出境货物	953	0.83
	来料加工装配贸易	183	0.12	其他	272	0.24
	国家间、国际组织无偿援助和赠送的物资	51	0.03	加工贸易进口设备	81	0.07
				来料加工装配贸易	36	0.03
	租赁贸易	7	0.00	租赁贸易	17	0.01
3	**按行政区分类**			**按行政区分类**		
	江苏省	40 532	26.17	江苏省	19 194	16.64
	广东省	25 734	16.61	上海市	18 302	15.87
	上海市	17 903	11.56	广东省	12 393	10.74
	浙江省	11 545	7.45	山东省	7 971	6.91
	北京市	7 480	4.83	天津市	7 859	6.81
	辽宁省	7 482	4.83	浙江省	6 993	6.06
	河北省	6 467	4.17	辽宁省	6 796	5.89
	天津市	6 213	4.01	山西省	5 717	4.96
	山东省	5 092	3.29	北京市	5 596	4.85
	河南省	4 994	3.22	福建省	4 717	4.09
	湖北省	4 329	2.79	安徽省	3 083	2.67
	安徽省	4 292	2.77	重庆市	2 137	1.85
	湖南省	2 993	1.93	湖北省	1 913	1.66
	四川省	2 101	1.36	河北省	1 659	1.44
	福建省	1 824	1.18	陕西省	1 335	1.16
	云南省	1 377	0.89	吉林省	1 285	1.11
	重庆市	1 179	0.76	内蒙古自治区	1 202	1.04
	广西壮族自治区	925	0.60	四川省	1 117	0.97
	黑龙江省	702	0.45	湖南省	1 099	0.95
	宁夏回族自治区	518	0.33	河南省	949	0.82
	其他	25 869 .05	16.71	其他	363.91	0.32

注：由于四舍五入，表中数据有微小出入。

〔撰稿人：中国重型机械工业协会严祥文〕

2017 年连续搬运设备进出口排名前 30 位的国家（地区）

序号	国家（地区）	出口金额（万美元）	占出口总金额的比重（%）	国家（地区）	进口金额（万美元）	占进口总金额的比重（%）
1	越南	14 571	9.41	德国	28 118	24.38
2	印度尼西亚	8 858	5.72	日本	15 976	13.85
3	马来西亚	7 689	4.96	中国台湾	15 048	13.05
4	美国	7 566	4.88	韩国	13 463	11.67

（续）

序号	国家（地区）	出口金额（万美元）	占出口总金额的比重（%）	国家（地区）	进口金额（万美元）	占进口总金额的比重（%）
5	印度	7 133	4.60	美国	7 788	6.75
6	日本	6 938	4.48	意大利	7 732	6.70
7	泰国	6 789	4.38	瑞典	4 001	3.47
8	伊朗	6 458	4.17	奥地利	2 960	2.57
9	中国香港	6 174	3.99	荷兰	2 482	2.15
10	澳大利亚	5 162	3.33	法国	2 038	1.77
11	巴基斯坦	4 494	2.90	新加坡	1 806	1.57
12	土耳其	4 465	2.88	瑞士	1 603	1.39
13	俄罗斯	4 016	2.59	芬兰	1 560	1.35
14	阿尔及利亚	3 771	2.43	西班牙	1 488	1.29
15	菲律宾	3 084	1.99	英国	1 337	1.16
16	孟加拉国	2 823	1.82	中华人民共和国	1 290	1.12
17	南非	2 721	1.76	丹麦	1 014	0.88
18	缅甸	2 696	1.74	匈牙利	937	0.81
19	中国台湾	2 523	1.63	比利时	888	0.77
20	埃塞俄比亚	2 363	1.53	加拿大	758	0.66
21	智利	2 243	1.45	波兰	694	0.60
22	埃及	2 179	1.41	马来西亚	651	0.56
23	韩国	2 165	1.40	捷克	442	0.38
24	新加坡	2 121	1.37	墨西哥	239	0.21
25	加拿大	1 967	1.27	泰国	159	0.14
26	墨西哥	1 947	1.26	土耳其	131	0.11
27	老挝	1 634	1.05	斯洛伐克	116	0.10
28	德国	1 521	0.98	挪威	104	0.09
29	尼日利亚	1 492	0.96	爱沙尼亚	83	0.07
30	阿拉伯联合酋长国	1 475	0.95	以色列	73	0.06

〔撰稿人：中国重型机械工业协会严祥文〕

2017年其他物料搬运设备进出口分类统计

序号	分类	出口金额（万美元）	占出口总金额的比重（%）	分类	进口金额（万美元）	占进口总金额的比重（%）
	合计	**139 766**	**100**	**合计**	**167 806**	**100**
1	**按企业性质分类**			**按企业性质分类**		
	私人企业	69 748	49.90	外商独资企业	69 398	41.36
	外商独资企业	30 051	21.50	中外合资企业	42 334	25.23

（续）

序号	分类	出口金额（万美元）	占出口总金额的比重（%）	分类	进口金额（万美元）	占进口总金额的比重（%）
	国有企业	22 613	16.18	私人企业	29 492	17.57
	中外合资企业	16 120	11.53	国有企业	26 132	15.57
	集体企业	1 101	0.79	集体企业	408	0.24
	个体工商户	92	0.07	中外合作企业	43	0.03
	中外合作企业	41	0.03			
2	**按贸易方式分类**			**按贸易方式分类**		
	一般贸易	108 572	77.68	一般贸易	122 409	72.95
	进料加工贸易	14 505	10.38	外商投资企业作为投资进口的设备、物资	14 515	8.65
	对外承包工程出口货物	10 986	7.86	保税区仓储转口货物	10 326	6.15
	保税仓储进出境货物	2 050	1.47	进料加工贸易	8 126	4.84
	保税区仓储转口货物	1 505	1.08	出口加工区进口设备	6 441	3.84
	边境小额贸易	850	0.61	保税仓储进出境货物	3 109	1.85
	其他	657	0.47	加工贸易进口设备	1 950	1.16
	来料加工装配贸易	601	0.43	其他	809	0.48
	租赁贸易	27	0.02	来料加工装配贸易	83	0.05
	国家间、国际组织无偿援助和赠送的物资	13	0.01	租赁贸易	39	0.02
3	**按行政区分类**			**按行政区分类**		
	江苏省	36 050	25.79	江苏省	29 123	17.36
	广东省	20 959	15.00	上海市	27 419	16.34
	浙江省	19 276	13.79	广东省	23 154	13.80
	上海市	16 398	11.73	天津市	14 007	8.35
	山东省	10 885	7.79	北京市	11 202	6.68
	天津市	5 132	3.67	山东省	8 619	5.14
	辽宁省	4 933	3.53	浙江省	7 850	4.68
	河北省	4 834	3.46	重庆市	7 654	4.56
	北京市	4 548	3.25	安徽省	5 171	3.08
	福建省	3 561	2.55	湖北省	4 835	2.88
	湖南省	2 876	2.06	辽宁省	4 106	2.45
	安徽省	2 317	1.66	福建省	4 083	2.43
	河南省	1 548	1.11	湖南省	3 961	2.36
	湖北省	1 533	1.10	河北省	3 207	1.91
	四川省	1 252	0.90	河南省	2 405	1.43
	重庆市	900	0.64	吉林省	1 775	1.06
	黑龙江省	617	0.44	广西壮族自治区	1 446	0.86
	陕西省	473	0.34	陕西省	1 444	0.86
	江西省	425	0.30	四川省	1 428	0.85
	山西省	337	0.24	贵州省	1 042	0.62
	其他	915	0.65	其他	3 877	2.31

注：由于四舍五入，表中数据有微小出入。

〔撰稿人：中国重型机械工业协会严祥文〕

2017 年其他物料搬运设备进出口排名前 30 位的国家（地区）

序号	国家（地区）	出口金额（万美元）	占出口总金额的比重（%）	国家（地区）	进口金额（万美元）	占进口总金额的比重（%）
1	美国	20 044	14.34	德国	38 505	22.95
2	日本	9 791	7.01	日本	36 027	21.47
3	澳大利亚	9 164	6.56	韩国	24 196	14.42
4	越南	8 061	5.77	中国台湾	13 791	8.22
5	英国	5 058	3.62	美国	9 293	5.54
6	印度尼西亚	4 624	3.31	意大利	7 353	4.38
7	马来西亚	4 408	3.15	瑞士	6 799	4.05
8	德国	4 147	2.97	奥地利	5 366	3.20
9	泰国	4 033	2.89	法国	4 051	2.41
10	中国香港	3 921	2.81	中华人民共和国	2 425	1.45
11	印度	3 470	2.48	新加坡	2 213	1.32
12	俄罗斯	3 433	2.46	瑞典	2 194	1.31
13	荷兰	3 103	2.22	丹麦	2 024	1.21
14	土耳其	2 793	2.00	西班牙	1 807	1.08
15	韩国	2 648	1.89	荷兰	1 773	1.06
16	墨西哥	2 458	1.76	英国	1 616	0.96
17	新加坡	2 351	1.68	马来西亚	1 160	0.69
18	阿尔及利亚	2 267	1.62	加拿大	1 127	0.67
19	菲律宾	2 230	1.60	芬兰	961	0.57
20	伊朗	2 121	1.52	挪威	896	0.53
21	加拿大	2 122	1.52	波兰	784	0.47
22	阿拉伯联合酋长国	2 114	1.51	爱沙尼亚	581	0.35
23	中国台湾	1 896	1.36	捷克	412	0.25
24	尼日利亚	1 499	1.07	匈牙利	365	0.22
25	沙特阿拉伯	1 418	1.01	比利时	307	0.18
26	意大利	1 415	1.01	俄罗斯	300	0.18
27	巴西	1 369	0.98	泰国	239	0.14
28	法国	1 362	0.97	纳米比亚	143	0.09
29	哈萨克斯坦	1 252	0.90	越南	129	0.08
30	巴基斯坦	1 166	0.83	以色列	111	0.07

〔撰稿人：中国重型机械工业协会严祥文〕

标准与质量

介绍重型机械行业标准化及质量工作情况

Introduce progress of industry-wide standardization and quality work for the heavy machinery industry

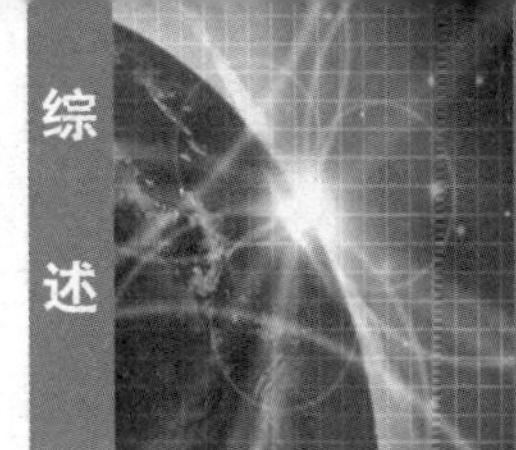

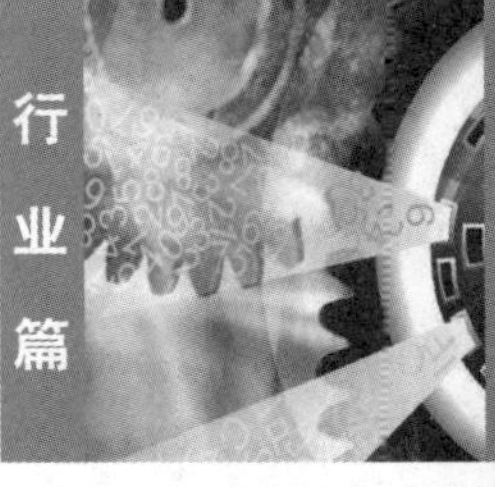

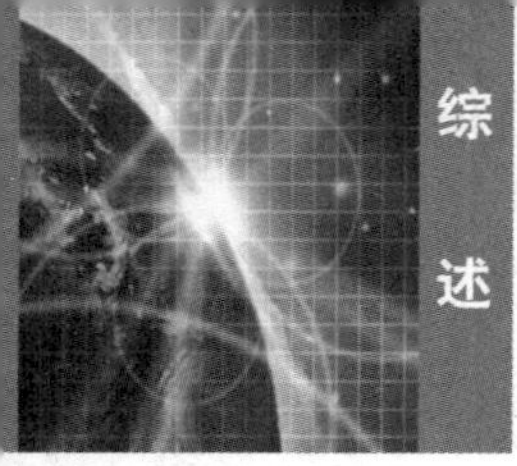

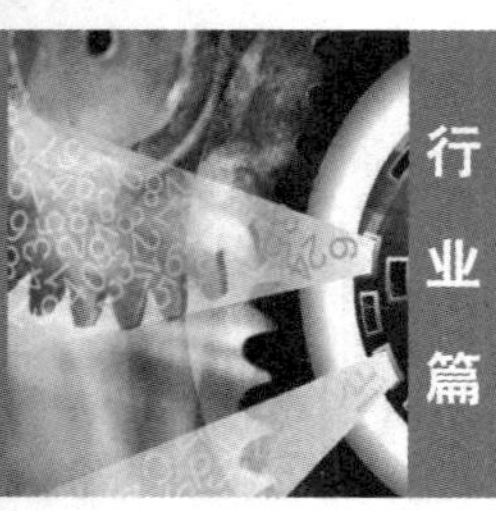

标准与质量

我国冶金设备行业标准化工作情况

截至2017年年底，全国冶金设备标准化技术委员会（SAC/TC409，简称冶金标委会）归口管理国家标准11项，行业标准312项；正在执行的国家标准计划17项，行业标准计划35项。

1．标准制（修）订工作

2017年，国家标准委批准立项的，由冶金标委会归口管理的国家标准有19项，冶金标委会向国家标准委报批国家标准4项，向工业和信息化部报批行业标准44项；审查国家标准17项，行业标准8项。国家标准委批准发布的，SAC/TC409归口管理的国家标准2项，工业和信息化部批准发布行业标准30项。2017年冶金标委会批准发布的2项国家标准见表1，2017年冶金标委会批准发布的30项行业标准见表2。

表1　2017年冶金标委会批准发布的2项国家标准

序号	标准号	标准名称	标准级别	制定/修订
1	GB/T 34901—2017	冷轧带材板形闭环测控系统	国家标准	制定
2	GB/T 34902—2017	冷轧带材接触式板形仪	国家标准	制定

表2　2017年冶金标委会批准发布的30项行业标准

序号	标准号	标准名称	标准级别	制定/修订
1	JB/T 13121—2017	铝型材辊式矫正机	行业标准	制定
2	JB/T 9048—2017	冷轧管机　噪声测量与限值	行业标准	修订
3	JB/T 13114—2017	单双动反向卧式铝挤压机	行业标准	制定
4	JB/T 13115—2017	钢球式限扭矩联轴器	行业标准	制定
5	JB/T 13116—2017	钢丝缠绕式热等静压机	行业标准	制定
6	JB/T 13117—2017	贯穿型整体叉头十字轴式万向联轴器	行业标准	制定
7	JB/T 13118—2017	铝熔铸用交流电磁搅拌器	行业标准	制定
8	JB/T 13119—2017	铝熔铸用永磁搅拌器	行业标准	制定
9	JB/T 13120—2017	铝熔铸用直流电磁搅拌器	行业标准	制定
10	JB/T 13122—2017	铝型材挤压后部精整系统	行业标准	制定
11	JB/T 13123—2017	铝型材拉伸矫直机	行业标准	制定
12	JB/T 13124—2017	斜轧穿孔机、斜轧管轧机主传动十字万向联轴器	行业标准	制定
13	JB/T 13125—2017	重型起重运输轨道用固定联结件	行业标准	制定
14	JB/T 13313—2017	油气混合器	行业标准	制定
15	JB/T 13316—2017	电动润滑泵装置	行业标准	制定
16	JB/T 13318—2017	机动多点润滑泵	行业标准	制定
17	JB/T 13315—2017	电动加油泵（1MPa、3MPa）	行业标准	制定
18	JB/T 13317—2017	多点油脂泵（10MPa）	行业标准	制定
19	JB/T 13314—2017	QHZ型油气润滑装置	行业标准	制定
20	JB/T 3711.1—2017	集中润滑系统　第1部分：术语和分类	行业标准	修订
21	JB/T 3711.2—2017	集中润滑系统　第2部分：图形符号	行业标准	修订

（续）

序号	标准号	标准名称	标准级别	制定 / 修订
22	JB/T 3711.3—2017	集中润滑系统　第 3 部分：技术量和单位	行业标准	修订
23	JB/T 13319—2017	润滑系统 压力操纵阀（20MPa）	行业标准	制定
24	JB/T 8463—2017	润滑系统 二位四通换向阀（40MPa）	行业标准	修订
25	JB/T 7943.1—2017	润滑系统及元件　第 1 部分：基本参数	行业标准	修订
26	JB/T 7943.2—2017	润滑装置及元件　第 2 部分：检查验收规则	行业标准	修订
27	JB/T 13320—2017	润滑系统 液压换向阀（20MPa、1.5MPa）	行业标准	制定
28	JB/T 13321—2017	手动润滑泵装置（10MPa、20MPa）	行业标准	制定
29	JB/T 13322—2017	双列式电动润滑脂泵（20MPa）	行业标准	制定
30	JB/T 13323—2017	移动式电动润滑装置（20MPa）	行业标准	制定

2017 年 4 月 20 日，根据 2017 年冶金标委会归口管理标准制定工作计划的安排，保证切实有效地完成标准编写工作，冶金标委会在安吉县组织召开了系列国家标准《重型机械通用技术条件》及其英文翻译版的项目计划落实和编写工作会议，会上，通报了《重型机械通用技术条件》标准计划立项情况，确定了各项标准编写和翻译工作的牵头起草单位和参加单位，明确各单位职责，讨论确定了标准编制的原则和工作方案以及进度安排事宜。

2017 年 6 月 14—16 日，为了保证切实有效的完成标准编写工作，在成都市召开了《润滑系统　检验规范》等系列国家标准编制研讨会议，讨论确定了《润滑系统》系列国家标准编制工作要点。会上，再次强调了《重型机械通用技术条件》（共 16 部分）各项标准的重点技术内容和指标要求，对各单位起草的各项标准术语，参数指标等进行统一，确定标准编制过程中所需要采纳的参考资料。

2017 年，冶金标委会完成了系列国家标准《重型机械通用技术条件》（中、英文版）审查工作，该系列标准是重型装备制造行业内指导设计、制造、采购等的基础通用标准，其技术指标与国外先进的装备制造企业对标。目前，该系列标准已经进入报批阶段。

2. 标准化科研

冶金标委会按照行业主管部门的要求，组织有关单位对标准体系现状进行分析，依据冶金设备产业发展的重点，编制完成《机械工业冶金设备专业领域“十三五”技术标准体系建设方案》。冶金设备标准体系建设从行业实际需求出发，围绕转型升级、结构调整等产业政策调整方向，在原体系基础上，增加了冶金自动化控制设备大类中的检测设备，补充了轧制设备炉卷轧机、重锻压设备的精密压力机和挤压机精整设备的项目。

冶金标委会加强装备创新项目的标准预研工作，启动了《纯净钢真空精炼　高效可调节蒸汽喷射设备》《航空铝合金厚板拉伸机》的相关标准研究工作。

2017 年 11 月 14—17 日，冶金标委会在福州市召开 2017 年度年会暨标准审查会，到会委员 48 人，委员出席率 82.75%。会上，主任委员总结了 2017 年度工作，并结合冶金行业发展情况提出 2018 年技术委员会的主要工作内容。会议主要内容如下：①传达国家标准化工作政策，通报行业标准化动态；②总结 2017 年度标委会工作；③讨论并确定 2018 年需要立项的重点标准计划项目；④组织审查《重型机械通用技术条件　第 1 部分：产品检验》系列国家标准 16 项和行业标准 8 项；⑤向委员报告 2017 年标委会的经费使用情况；⑥通报本年度批准发布标准并进行重点标准介绍。

〔撰稿人：中国重型机械研究院股份公司夏娟　审稿人：中国重型机械研究院股份公司苏静〕

我国矿山机械行业标准化工作情况

全国矿山机械标准化技术委员会（SAC/TC88，简称全国矿机标委会）是全国性矿山机械（固体矿物的开采与选别加工处理设备）行业标准化工作的技术组织，负责全国矿山机械行业标准化工作的技术归口管理，并与相应的国际标准化组织建立联系和开展交流活动。2014 年国家标准化管理委员会批复成立第五届全国矿机标委会，第五届标委会由1名顾问和63名委员组成，秘书处仍设在洛阳矿山机械工程设计研究院有限责任公司；2017年度内全国矿机标委会机构和委员未做调整，保持了原有的规模和发展态势。

2017年全国矿机标委会主要组织完成多项标准制（修）订、推荐性国家标准复审、“十三五”标准体系建设方案修订完善、全国专业标委会考核评估、SAC/TC88/SC3石料矿山开采设备分委会协调组建、参与国际标准化活动等重点工作，圆满完成了各项工作任务，继续保持了稳步发展的良好态势，取得了丰硕成果，为我国矿山机械行业和标准化事业的发展做出了重要贡献。截至2017年年底，全国矿机标委会下设电气设备、液压传动与控制设备、石料矿山开采设备3个分委会和筒式磨机工作组。归口标准总数378项，其中，国家标准83项、机械行业标准295项；在研国家标准计划项目7项，在研行业标准计划项目66项。

1．标准制（修）订工作完成情况

2017年，矿山机械行业共列入国家标准计划项目3项、行业标准计划项目31项；全国矿机标委会2017年完成审查和报批国家标准计划项目2项、行业标准计划项目31项。国家质监总局和国家标准委共同批准发布全国矿机标委会归口的国家标准19项，工业和信息化部批准发布全国矿机标委会归口的机械行业标准46项。

为落实2017年国家标准和行业标准制（修）订项目计划，协调标准起草工作中的有关问题，全国矿机标委会于2017年4月在湖南省怀化市召开了矿山机械行业2017年度国家标准和行业标准起草协调工作会议，逐项对2017年度标准计划项目进行了协调落实，明确了标准项目的负责起草单位、参加起草单位和标准主要技术内容及总体要求、分工和进度安排，为2017年标准项目计划的正常实施和顺利完成奠定了基础。

2017年8月，全国矿机标委会在甘肃兰州市组织召开了矿山机械标准技术审查会，完成了对《双护盾硬岩掘进机》等15项机械行业标准计划项目的技术审查。在2017年11月份召开的全国矿机标委会五届四次年会上，完成《矿山机械　图形符号　第1部分：矿物开采设备》等2项国家标准和19项机械行业标准计划项目的审查；同时归口的2项推荐性国家标准进行复审，得出复审结论上报。2017年全国矿机标委会完成审查和报批的标准计划项目见表1。

表1　2017年全国矿机标委会完成审查上报的标准计划项目

序号	项目计划编号	项目名称	标准级别	标准属性	制定／修订
1	20151434-T-604	矿山机械　图形符号　第1部分：矿物开采设备	国家标准	推荐	制定
2	20151433-T-604	矿山机械　图形符号　第2部分：矿物选别加工处理设备	国家标准	推荐	制定
3	2016-0728T-JB	潜孔钻机　第1部分：露天矿用型	行业标准	推荐	修订
4	2016-0532T-JB	双护盾硬岩掘进机	行业标准	推荐	制定
5	2016-1236T-AH	井下矿用轮胎式潜孔钻机	行业标准	推荐	制定
6	2017-0651T-JB	矿用单体液压支柱用测压仪	行业标准	推荐	制定
7	2017-0652T-JB	矿用单体液压支柱用注液装置	行业标准	推荐	制定
8	2017-0515T-JB	楼式骨料制备成套设备	行业标准	推荐	制定
9	2017-0512T-JB	多出口碗式磨煤机	行业标准	推荐	制定
10	2017-0514T-JB	立式搅拌磨	行业标准	推荐	制定
11	2017-0648T-JB	可逆反击锤式破碎机	行业标准	推荐	修订
12	2017-0658T-JB	立轴反击破碎机	行业标准	推荐	修订
13	2017-0660T-JB	内冷式高梯度磁选机	行业标准	推荐	制定
14	2017-0659T-JB	轮斗式洗砂机	行业标准	推荐	制定
15	2017-0663T-JB	水煤浆用过滤器	行业标准	推荐	制定
16	2017-0650T-JB	块偏心式自同步水平筛	行业标准	推荐	修订
17	2017-0649T-JB	块偏心式倾斜筛	行业标准	推荐	修订
18	2016-1581-AH	地下轮胎式运人车辆	行业标准	推荐	制定
19	2017-0657T-JB	矿用湿式复合集尘机	行业标准	推荐	制定
20	2017-0654T-JB	矿用坑道钻探钻杆　扭矩试验方法	行业标准	推荐	制定
21	2017-0667T-JB	筒式磨机　铸造衬板　技术条件	行业标准	推荐	制定

（续）

序号	项目计划编号	项目名称	标准级别	标准属性	制定 / 修订
22	2017-0664T-JB	双辊刀盘式剪切破碎机	行业标准	推荐	制定
23	2017-0513T-JB	矿用单驱动高压辊磨机	行业标准	推荐	制定
24	2017-0643T-JB	锤式破碎机　铸造锤头　技术条件	行业标准	推荐	制定
25	2017-0645T-JB	反击式破碎机　铸造板锤　技术条件	行业标准	推荐	制定
26	2017-0647T-JB	滚轴筛	行业标准	推荐	制定
27	2017-0655T-JB	矿用设备钢包铜轴套　技术条件	行业标准	推荐	制定
28	2017-0656T-JB	矿用设备铜包钢轴轮　技术条件	行业标准	推荐	制定
29	2017-0653T-JB	矿用高压辊磨机　行星齿轮减速器	行业标准	推荐	制定
30	2017-0661T-JB	破岩滚刀	行业标准	推荐	修订
31	2017-0644T-JB	多缸液压圆锥破碎机	行业标准	推荐	修订
32	2017-0662T-JB	球磨机用磁性衬板　技术条件	行业标准	推荐	修订
33	2016-0730T-JB	双轴复摆颚式破碎机	行业标准	推荐	制定
34	2014-0522T-JB	现场混装炸药车及其辅助设施大修与销毁规程	行业标准	推荐	制定
35	2017-0666T-JB	天然石开采设备　圆盘式锯切机	行业标准	推荐	修订
36		轨道式移动转载机	行业标准	推荐	制定

2．修订完善《机械工业“十三五”技术标准体系建设方案——矿山机械专业领域》

根据工业和信息化部、中国机械工业联合会“关于开展机械工业“十三五”技术标准体系建设方案编制工作的通知”的文件要求，全国矿机标委会秘书处组织有关人员，按照文件明确的标准体系编制原则，在广泛了解矿山机械行业产品和技术发展状况的基础上，结合前期组织完成的矿山机械标准体系研究、国家标准体系建设工程、“十三五”行业发展规划等相关工作成果，组织完成了《机械工业“十三五”技术标准体系建设方案——矿山机械专业领域》的修订完善工作。

3．全国专业标准化技术委员会考核评估工作

根据标委办综合〔2017〕51号“国家标准委办公室关于印发《2017年全国专业标准化技术委员会考核评估工作方案》的通知”要求，全国矿机标委会启动了全国矿机标委会考核评估材料的编写与自评工作，经对2014—2016年全国矿机标委会开展的工作进行梳理、分析和汇总，形成了自评材料上报。在自评材料中，按“全国专业标准化技术委员会考核指标体系”“全国专业标准化技术委员会考核评估指标说明”的要求，对全国矿机标委会在2014—2016年中的项目完成率、年度报告、标准体系建设和维护、项目申报与标准审查、经费管理、委员管理、标准复审与实施、宣贯培训、标准制（修）订过程、国际标准化情况等10个考核指标进行了认真的总结、检查和分析，根据实际工作情况比对考核指标，逐项进行自评打分，最终得出全国矿机标委会的自评结果。

4．SAC/TC88/SC3石料矿山开采设备分技术委员会协调组建

2016年全国矿机标委会协助地方质监局完成“SC3天然石矿山开采设备”分技术委员会筹建的申报、答辩、筹建公示及协调等多项工作；2017年2月，国家标准委以标委办综合〔2017〕8号文下发了《国家标准委办公室关于批准筹建全国矿山机械标准化技术委员会石料矿山开采设备分技术委员会等10个分技术委员会的通知》的文件，正式批准筹建相关的分技术委员会，并确定了筹建工作程序和有关要求。其中全国矿山机械标委会石料矿山开采设备分会（SAC/TC88/SC3，与ISO/TC82相关联）由福建省质量技术监督局负责筹建，秘书处承担单位为福建省华隆机械有限公司，主要负责天然石矿山开采设备（不包括石材加工设备）领域国家标准制（修）订工作。经过征集委员、起草相关文件、协商等工作，秘书处承担单位于2017年4月中旬将组成方案上报福建省质量技术监督局，福建省质量技术监督局于5月中旬上报国标委，国标委经公示于2017年11月27日以标委办综合〔2017〕213号文《国家标准委办公室关于成立全国矿山机械标准化技术委员会石料矿山开采设备分技术委员会的批复》批复了组成方案，SAC/TC88/SC3石料矿山开采设备分技术委员会设主任委员1名，副主任委员2名，共27名委员组成。

5．参与国际标准化活动

近年来，全国矿机标委会根据国家标准化管理委员会有关我国实质性参与国际标准化活动为产品出口提供强有力技术支持的要求，按照积极寻找突破口，先参与相关国际标准制定、条件成熟后再承接秘书处为目标的工作计划。全国矿机标委会秘书处已与国际标准化组织ISO/TC 82（矿业）和ISO/TC 127（土方机械）/WG 14建立了正常的工作渠道，积极参与国际标准相关活动。

我国参与ISO/TC 127/WG 14制定的《地下轮胎式采矿机械　安全要求》国际标准标准经工作组会议讨论已由

DIS（国际标准草案）阶段到FDIS（最终国际标准草案）阶段，2017年已进入最终投票阶段；ISO/TC 82组织制定的《采矿和土方机械　凿岩机和岩石加固钻机　第1部分：术语》和《采矿和土方机械　凿岩机和岩石加固钻机　第2部分：安全要求》两项国际标准经工作组会议讨论已由CD（委员会草案）阶段到DIS（国际标准草案）阶段。2017年，伊朗提出了新的标准项目ISO/NP 22932《采矿　术语》，共有11个部分，目前《采矿　术语　第1部分：规划和测量》标准草案已出台。2017年，ISO/TC 82拟成立新的分技术委员会TC 82/SC 8 Advanced automated mining systems（先进的自动采矿系统），秘书处设在加拿大，全国矿机标委会将积极参与该分委会的工作。

2017年ISO/TC 82年会及相关工作组会议于2017年9月25—29日在智利圣地亚哥召开，由于种种原因，我国未派人参加此次系列会议。总体上，我国参与国际标准化活动目前参与程度还很低，需要经过建立渠道参与、听会、发言建议、参与制定和主导工作等过程，才能最终实现国际化。

6．加大行业技术服务力度，引导企业积极参与标准制定工作

2017年是全国矿机标委会成立30周年，标委会秘书处通过编辑出版全国矿机标委会成立三十周年纪念画册——《往事不随风》，评选矿山机械行业标准化工作杰出贡献奖、行业标准化工作先进集体和行业标准化先进工作者等一系列庆祝活动，回顾、总结和记录了矿山机械行业标准化工作的发展历程，展示委员风采，提高标委会的凝聚力。

全国矿机标委会继续组织编辑《矿山机械标准化》和《标准出版快讯》等内部刊物，同时与相关行业组织举办研讨会议和培训班，广泛宣传国家标准化相关政策，社会各界通过标委会门户网站全面了解标委会工作动态、国家的标准化政策、行业技术发展等多方面信息，企业可以快速查阅、购买所需的标准资料，为行业发展提供了交流平台，收到了很好效果。

行业标准化工作只有与市场经济紧密结合，与企业发展需求紧密结合，才能充满新的活力，具有大的发展。多年以来，全国矿机标委会十分重视依靠企业的力量促进行业标准化工作的开展，标委会通过公开征集标准项目，吸引了大量关心标准化工作的单位和个人加入到矿山机械行业标准化工作中，使企业真正成为标准化工作的主体，调动了企业参与标准化工作的积极性，同时也使标准密切结合了工作实际，实用性更强。

〔撰稿人：洛阳矿山机械工程设计研究院有限责任公司杨现利　审稿人：洛阳矿山机械工程设计研究院有限责任公司邹声勇〕

我国起重运输机械行业标准化工作情况

近几年，国家对标准化工作越来越重视，2015年3月11日，国务院印发了《深化标准化工作改革方案》；2017年11月4日，第十二届全国人大常委会第三十次会议表决通过了新修订的《中华人民共和国标准化法》。2016年，习近平总书记在致第39届国际标准化组织大会的贺信中指出，“标准已成为世界‘通用语言’，世界需要标准协同发展，标准促进世界互联互通。标准助推创新发展，标准引领时代进步”。李克强总理也提出“以先进标准引领消费品质量提升，倒逼装备制造业升级”的要求。习近平总书记、李克强总理的讲话，深刻阐述了标准及标准化工作的重要性，使我们深刻认识到从事标准化工作责任重大，任务艰巨。

2017年起重运输机械标准化工作紧密围绕全国标准化工作会议精神及国家标准化工作重点，在国家标准化管理委员会、工业和信息化部、中国机械工业联合会的领导下，在标委会秘书处挂靠单位北京起重运输机械设计研究院有限公司的大力支持下，在行业各有关单位的共同努力下，不断深入实施标准化发展战略，逐项落实标准化工作改革的各项举措，不断提升标准化服务水平，以稳步推进标准制（修）订为抓手，以改革创新为动力，以标准助力质量提升为方向，凝心聚力，砥砺奋进，圆满完成了各项标准化工作，为起重运输机械行业的科技进步、技术发展及质量提升等方面做出了应有的贡献。

截至2017年12月31日，起重运输机械行业已制定标准455项，其中：国家标准262项（包括强制性国家标准5项，推荐性国家标准252项），机械行业标准193项。这些标准对于提高起重运输机械产品质量、规范市场秩序、保障健康和安全及促进贸易发展发挥了重要作用。下面将2017年起重运输机械的标准化工作情况介绍如下：

一、2017年起重运输机械的国内标准化工作情况

（一）起重机械标准化工作情况

全国起重机械标准化技术委员会（SAC/TC227）是我国从事起重机械专业技术标准制（修）订的最高技术机构，主要负责我国各类起重机、轻小型起重设备、机械式停车设备、起重吊钩、圆环链及附件、起重机械用电气设备等专业领域的标准化技术归口工作，截至2017年12月31日，

我国起重机械行业共有现行有效标准 295 项，其中国家标准 199 项（包括 5 项强制性标准、194 项推荐性标准），机械行业标准 96 项。

2017 年，全国起重机械标准化技术委员会（以下简称“起重机标委会”）共组织完成了 6 项国家标准和 3 项机械行业标准的制（修）订工作，详见表 1，并重点完成了以下重要标准的制（修）订工作及其他标准化工作。

表 1　2017 年已完成的起重机械标准计划项目

序号	标准项目名称	标准级别	标准性质	制定或修订	代替标准
1	起重机械安全规程　第 3 部分：塔式起重机	国标	强制	修订	GB 5144—2006
2	起重机　载荷和载荷组合设计原则　第 1 部分：总则	国标	推荐	修订	GB/T 22437.1—2008
3	起重机　车轮及大车和小车轨道公差　第 1 部分：总则	国标	推荐	修订	GB/T 10183.1—2010
4	铸造起重机报废条件	国标	推荐	制定	
5	起重机　设计工作周期的监控	国标	推荐	修订	GB/T 25196.1—2010
6	8 级钢制锻造环眼吊钩	国标	推荐	修订	GB/T 24813—2009
7	起重滑车	行标	推荐	修订	JB/T 9007.1—1999；JB/T 9007.2—1999
8	升船机验收规范	行标	推荐	制定	
9	机械式停车设备三合一减速器	行标	推荐	制定	

1. 完成世界首项起重机报废标准——国家标准《铸造起重机报废条件》的制定

铸造起重机具有满载率高、使用频繁、工作环境温度高，粉尘多等特点，是事故易发的设备，事故造成的危害非常大。如 2007 年 4 月 18 日，辽宁省铁岭市清河特殊钢有限责任公司发生钢水包倾覆的特别重大事故，造成现场 32 名工人死亡。其中，使用年限久远、“带病”运行等原因是造成铸造起重机安全事故的重要原因之一。因此，做好该国家标准的制定工作，意义重大。该国家标准的立项和制定，得到了国家质检总局特种设备安全监察局的高度重视和支持指导。在标准起草过程中，起草工作组调研了大量在用铸造起重机的使用情况，开展了大车轨道接头缺陷对寿命的影响、设计寿命计算方法、剩余寿命评估方法等难度极大、前瞻性强的课题研究，并经标准制定工作启动会、标准初稿讨论会、标准送审稿审查会等会议的细致审议，汇集了全国制造单位、检验机构、使用单位等单位的意见，历时三年时间终于完成了标准制定的整体工作。该标准内容操作性强、丰富完善，达到了国际先进水平。上述国家标准的制定，填补了国内外铸造起重机报废标准的空白，为建立健全起重机械报废标准体系奠定了基础，并为铸造起重机的剩余寿命评估、整机报废及零部件报废提供了技术依据，对减少因设备老化造成的铸造起重机安全事故，将发挥积极的推动作用。

2. 继续深化落实改革方案，规划一批市场急需项目

为深入推进“强制性标准整合精简和推荐性标准集中复审结论”的执行，充分发挥“标准”是“牛鼻子”的作用，助力起重机械产品质量提升，起重机标委会按时完成了《起重机械“十三五”技术标准体系建设方案》的编制工作，并纳入了 GB/T 3811—2008《起重机设计规范》、GB/T 26470—2011《架桥机通用技术条件》、GB/T 26475—2011《桥式抓斗卸船机》以及《气动桥式起重机》《气动平衡器》等一批影响巨大、市场急需的标准制（修）订计划项目，为今后的标准制（修）订工作提供了操作性强、全面合理的指导方向。

3. 强化标准宣贯，扩大标准宣传

为推动重要标准的贯彻实施，落实国家的“标准化 +”战略行动，组织对 GB/T 31051.1—2014《起重机械　检查与维护规程　第 1 部分：总则》、GB/T 31051.5—2015《起重机械　检查与维护规程　第 5 部分：桥式和门式起重机》、GB/T 31051.10—2016《起重机械　检查与维护规程　第 10 部分：轻小型起重设备》、GB/T 33082—2016《机械式停车设备　使用与操作安全要求》、GB/T 31052.11—2015《起重机械　检查与维护规程　第 11 部分：机械式停车设备》、JB/T 10545—2016《平面移动类机械式停车设备》、JB/T 10474—2015《巷道堆垛类机械式停车设备》、JB/T 10475—2015《垂直升降类机械式停车设备》共 8 项标准召开了两期标准宣贯会，培训人数达到 280 余人。宣贯会的召开，使有关人员系统地掌握了标准的制定背景、制定依据和主要技术内容，为其更好地从事技术工作奠定了基础。

4. 认真完成国标委的工作部署，充分发挥起重机标委会的抓手作用

2017 年起重机标委会配合国家标准化管理委员会（简称“国标委”）较好地完成了如下工作：①配合国标委完成国际交流的中英文材料，内容包括起重机标委会的归口标准情况、参与国际标准化活动情况、国际标准转化情况等。②配合中国工程机械工业协会完成国标委课题《中国工程机械“走出去”标准白皮书》中关于塔式起重机和流动式起重机部分的编制工作。该白皮书介绍了中国企业和中国装备走出去的成功案例，总结了工程机械走出去标准应用的现状和取得的成绩，提出了中国工程机械走出去（包

括产品出口和产能合作两个层面）的标准名录，是企业了解进入国外工程机械市场准入门槛的重要参考资料。③配合中国标准化研究院完成国标委课题《强制性国家标准实施情况统计分析报告》《国家标准档案管理问卷调查》的有关工作。

5. 积极配合特种设备开展工作，做好特种设备的技术支撑

根据《特种设备目录》的规定，部分起重机械属于特种设备。因此，标准化工作与特种设备密不可分、相互衔接。2017 年配合特种设备开展的主要标准化工作如下：①按时完成国家质检总局部署的《起重机械安全生产标准体系发展三年行动计划》的编制工作以及起重机械强制性国家标准优化清理工作。②受国家建筑城建机械质量监督检验中心委托，组织开展了“一种”机械式停车设备归类问题的技术论证工作。③受上海振华重工（集团）股份有限公司的委托，完成该公司为中海工业（江苏）有限公司制造的两台 900t 造船门式起重机主梁上表面 U 形肋起鼓现象的安全技术论证工作。④受企业委托，组织开展了“一种”机械式停车设备（俗称“无避让式机械式停车设备”）归类问题的技术论证。⑤受上海市质量技术监督局委托，组织完成“一种”臂架型起重机型式归类的意见征询工作，并予以答复。⑥受广州市安全生产监督管理局委托，针对《广州市“7.22”较大事故调查组关于塔式起重机爬升装置防脱钩功能咨询问题的函》，结合 GB 5144—2006《塔式起重机安全规程》和 GB/T 5031—2008《塔式起重机》的技术内容给予了答复。⑦受武桥重工集团股份有限公司、中铁工程机械研究设计院有限公司委托，对其生产的用于架设桥梁的架桥设备是否属于 GB/T 26470—2011《架桥机通用技术条件》中定义的架桥机给予了答复。

6. 充分发挥标准化战略支撑作用，助力长垣县起重机械产业质量提升

为贯彻落实党中央国务院关于加强全面质量管理，广泛开展质量提升行动的工作部署，根据国家质检总局特种设备安全监察局、河南省质量技术监督局、长垣县人民政府制定的《河南长垣起重机械产业质量提升活动总体方案》的要求，起重机标委会在河南长垣产业聚集区组织举办了“标准化知识培训班”和“桥门式起重机检查与维护规程国家标准宣贯会”，充分发挥了标准化助力质量提升的战略支撑作用。

7.2017 年批准发布的起重机械标准情况

2017 年，起重机械专业领域批准发布了 10 项国家标准和 3 项机械行业标准，详见表 2。

表 2　2017 年批准发布的起重机械标准

序号	标准编号	标准名称	代替标准	实施日期
1	GB/T 13752—2017	塔式起重机设计规范	GB/T 13752—1992	2017-09-01
2	GB/T 25852—2017	8 级钢制锻造起重部件	GB/T 25852—2010	2017-09-01
3	GB/T 31052.4—2017	起重机械　检查与维护规程　第 4 部分：臂架起重机		2017-12-01
4	GB/T 31052.12—2017	起重机械　检查与维护规程　第 12 部分：浮式起重机		2017-12-01
5	GB/T 24816—2017	一般起重用钢制短环链吊链用 8 级中等精度链条	GB/T 24816—2009	2018-04-01
6	GB/T 24818.4—2017	起重机　通道及安全防护设施　第 4 部分：臂架起重机		2018-05-01
7	GB/T 28264—2017	起重机械安全监控管理系统	GB/T 28264—2012	2018-05-01
8	GB/T 34529—2017	起重机和葫芦钢丝绳、卷筒和滑轮的选择		2018-05-01
9	GB/T 6974.2—2017	起重机　术语　第 2 部分：流动式起重机	GB/T 6974.2—2010	2018-05-01
10	GB/T 20062—2017	流动式起重机　作业噪声限值及测量方法	GB/T 20062—2006	2018-07-01
11	JB/T 5315—2017	卧式油压千斤顶	JB/T 5315—2008	2018-04-01
12	JB/T 2592—2017	螺旋千斤顶	JB/T 2592—2008	2018-04-01
13	JB/T 10833—2017	起重机用聚氨酯缓冲器	JB/T 10833—2008	2018-04-01

（二）连续搬运机械标准化工作情况

全国连续搬运机械标准化技术委员会（SAC/TC331）负责连续搬运机械（包括输送机械、给料机械、装卸机械和液力偶合器等液力传动机械）国家标准和行业标准的归口管理工作。截至 2017 年 12 月 31 日，我国连续搬运机械行业共有现行有效标准 80 项，其中：国家标准 11 项，机械行业标准 69 项。

2017 年，全国连续搬运机械标准化技术委员会（以下简称“连续搬运机械标委会”）共组织完成了 3 项国家标准《带式输送机设计计算方法》《连续搬运设备　散状物料分类、符号、性能及测试方法》《连续搬运机械　装卸机械　安全规范》以及机械行业标准《带式输送机　液压拉紧装置》的制定工作。并重点完成了以下重要标准的制定及其他标准化工作。

1. 制定国家标准《带式输送机设计计算方法》

带式输送机是重要的散状物料搬运设备，广泛应用于煤矿、冶金、建材、化工及电力等领域。长期以来，我国带式输送机产品的设计主要采用基于 ISO 5048:1989 的设

计计算方法，而 ISO 5048:1989 的核心内容仅适用于简单类型的带式输送机。随着我国带式输送机行业的高速发展，大运量、长距离、大角度、高带速带式输送机以及多条长距离带式输送机搭接系统的应用越来越广泛，原有的设计计算方法已经远远不能适合当前带式输送机产品技术的发展，急需制定适合复杂类型带式输送机设计的计算方法。该国家标准的制定，填补了我国无带式输送机设计计算方法标准的空白，对提高我国带式输送机的设计水平，增强我国带式输送机产品在国际上的竞争力，起到了积极的促进作用。

2. 积极组织申报标准制（修）订项目

根据连续搬运机械行业市场需求以及连续搬运机械行业标准复审结论，连续搬运机械标委会组织申报了 4 项机械行业标准计划项目和 1 项国家标准计划项目，机械行业标准项目名称分别为《滚筒式混匀取料机》《链斗式连续卸船机》《散料连续装船机》《臂式斗轮堆取料机技术条件》；国家标准项目名称为《臂式斗轮堆取料机 型式和基本参数》。

3. 积极完成上级单位下达的各项任务

1）按照国家标准化管理委员会的要求，按时完成全国连续搬运机械标准化技术委员会 2016 年度工作年报的上报工作。

2）完成国标委下达的“全国连续搬运机械标准化技术委员会”中英文版简介以及重要标准介绍。

3）根据中国机械工业联合会秘书处文件机联秘标〔2016〕138 号《关于开展机械工业“十三五”技术标准体系建设方案编制工作的通知》的要求，按时完成了机械工业“十三五”技术标准体系建设方案 —— 连续搬运机械专业领域的编写。

4. 持续加强标委会组织建设

第二届全国连续搬运机械标准化技术委员会自 2013 年 8 月成立至 2017 年已有 4 年，根据工作需要，全国连续搬运机械标准化技术委员会依据国家标准化管理委员会发布的《全国专业标准化技术委员会管理规定》的有关规定对委员进行了调整。

5. 圆满完成国标委对连续搬运标委会的考核评估工作

根据国家标准化管理委员会办公室文件标委办综合〔2017〕51 号文的相关要求，为加强全国专业标准化技术委员会管理，促进技术委员会规范运行，提升技术委员会工作能力和管理水平，依据《全国专业标准化技术委员会考核评估办法》，2017 年国家标准化管理委员会对 200 家技术委员会开展了考核评估工作，考核评估主要围绕技术委员会承担的标准制（修）订任务、日常管理和组织参与国际标准化工作等三方面的内容，对技术委员会 2014—2016 年三年来的运行管理情况进行考核。经过两个多月紧张的资料整理汇总以及报告编写，按时提交了近三年来的项目完成率、年度报告情况、标准体系建设和维护情况、项目申报、经费管理、委员管理、标准复审与实施、宣贯培训、标准制（修）订过程公开和透明度、国际标准化情况等 10 方面的自评情况，圆满完成了国家标准委对标委的考核评估工作。

6. 行业服务

1）积极配合全国工业产品生产许可证办公室的工作在“轻小型起重运输设备生产许可证实施细则”起草过程中的工作，组织征询连续搬运机械标委会委员对细则草案的修改意见，使细则的制定既科学合理，又符合行业实际。

2）为使连续搬运机械行业的生产企业、用户及科研院所能及时了解连续搬运机械国内标准及国外标准的信息，整理出版了 2017 版的《物料搬运机械国内标准目录》及《物料搬运机械国外先进工业国家标准目录》。

7.2017 年批准发布的连续搬运机械标准情况

2017 年，连续搬运机械专业领域批准发布了 1 项国家标准，详见表 3。

表 3　2017 年批准发布的连续搬运机械标准

序号	标准号	标准名称	代替标准号	实施日期
1	GB/T 10595—2017	带式输送机	GB/T 10595—2009	2018-07-01

（三）工业车辆标准化工作情况

全国工业车辆标准化技术委员会（SAC/TC332）负责我国工业车辆领域的国家标准和机械行业标准归口管理工作。截至 2017 年 12 月 31 日，我国工业车辆行业已有现行有效标准 62 项，其中：国家标准 46 项，机械行业标准 16 项，均为推荐性标准。

2017 年，全国工业车辆标准化技术委员会（以下简称“工业车辆标委会”）共组织完成了 4 项国家标准和 6 项机械行业标准的制（修）订工作，详见表 4，并重点完成了以下重要标准的修订工作及其他标准化工作。

表 4　2017 年已完成的工业车辆标准计划项目

序号	标准项目名称	标准类别	标准性质	制定或修订	代替标准
1	工业车辆　稳定性验证　第 3 部分：前移式和插腿式叉车	国标	推荐	修订	GB/T 26949.3—2013
2	工业车辆　稳定性验证　第 5 部分：侧面式叉车	国标	推荐	修订	GB/T 26946.1—2011
3	工业车辆　稳定性验证　第 9 部分：搬运 6m 及其以上长度货运集装箱的平衡重式叉车	国标	推荐	修订	GB/T 26561—2011

（续）

序号	标准项目名称	标准类别	标准性质	制定或修订	代替标准
4	工业车辆　稳定性验证　第 16 部分：步行式车辆	国标	推荐	制定	
5	内燃平衡重式叉车能效限定额	行标	推荐	制定	
6	工业车辆　制动器	行标	推荐	制定	
7	无人驾驶工业车辆	行标	推荐	制定	
8	叉车属具　推拉器	行标	推荐	制定	
9	工业车辆　司机座椅	行标	推荐	制定	
10	工业车辆　消音器	行标	推荐	制定	

1. 制定机械行业标准《无人驾驶工业车辆》

随着现代物流运输业智能化程度的提高，市场对无人驾驶工业车辆的需求不断增加，对其性能要求越来越高。各制造商按照自己的需求去开发产品，没有统一的技术要求，因此迫切需要制定无人驾驶工业车辆的产品标准，对其术语和定义、技术要求和试验方法等进行规范。该标准的制定，解决了无人驾驶工业车辆无统一标准的现状，填补了标准体系的空白；对提高产品质量和技术水平，规范国内市场秩序，促进产品出口，将打下良好的基础。

2. 强制性标准整合精简工作情况

根据国家标准化管理委员会文件国标委综合函〔2017〕4 号文“关于印发强制性标准整合精简结论的通知”的要求，原工业车辆标委会归口的 2 项强制性标准 GB 10827.1—2014《工业车辆　安全要求和验证　第 1 部分：自行式工业车辆（除无人驾驶车辆、伸缩臂式叉车和载运车）》和 GB 10827.5—2013《工业车辆　安全要求和验证　第 5 部分：步行式车辆》已转化为推荐性标准；原两项强制性标准制（修）订计划项目《机动工业车辆　使用、操作与维护安全规范》和《越野型叉车 安全要求及验证　第 1 部分：伸缩臂式叉车》转化为推荐性标准制（修）订计划项目。

3. 团体标准制定情况

为推动社会团体制定一批引领产业发展、促进产业升级的团体标准，工业车辆标委会配合中国工程机械工业协会工业车辆分会组织对团体标准《牵引蓄电池电源装置用箱体》（计划编号：2017009）进行了征求意见和审查，该标准已完成报批。

4. 积极完成上级单位下达的各项任务

1）按照国家标准化管理委员会的要求，按时完成全国工业车辆标准化技术委员会 2016 年度工作年报的上报工作。

2）完成国标委下达的“全国工业车辆标准化技术委员会”中英文版简介以及重要标准介绍。

3）根据中国机械工业联合会秘书处文件机联秘标〔2016〕138 号《关于开展机械工业“十三五”技术标准体系建设方案编制工作的通知》的要求，按时完成了机械工业“十三五”技术标准体系建设方案——工业车辆专业领域的编写。

4）配合中国工程机械工业协会完成国标委课题“中国工程机械标准走出去白皮书”中关于叉车部分的编制工作。

5）根据国家标准化管理委员会和国家安全生产监督管理总局文件标委办工一联〔2017〕67 号“国家标准委国家安全监督管理总局办公厅关于编制《安全生产标准体系三年行动计划》的通知”的要求，完成了工业车辆安全生产标准体系三年行动计划的编制。

5. 圆满完成国标委对工业车辆标委会的考核评估工作

根据国家标准化管理委员会办公室文件标委办综合〔2017〕51 号文“2017 全国专业标准化技术委员会考核评估工作方案”的相关要求，为加强全国专业标准化技术委员会管理，促进技术委员会规范运行，提升技术委员会工作能力和管理水平，依据《全国专业标准化技术委员会考核评估办法》，2017 年国家标准化管理委员会对 200 家技术委员会开展了考核评估工作，考核评估主要围绕技术委员会承担的标准制（修）订任务、日常管理和组织参与国际标准化工作等三方面的内容，对技术委员会 2014—2016 年三年来的运行管理情况进行考核。秘书处经过两个多月紧张的资料整理汇总以及报告编写，按时提交了标委会近三年来的项目完成率、年度报告情况、标准体系建设和维护情况、项目申报、经费管理、委员管理、标准复审与实施、宣贯培训、标准制（修）订情况、国际标准化情况等 10 个方面的自评情况，圆满完成了国家标准委对标委会的考核评估工作。

6.2017 年批准发布的工业车辆标准情况

2017 年度工业车辆专业领域批准发布了 3 项国家标准和 1 项行业标准，详见表 5。

表 5　2017 年批准发布的工业车辆标准

序号	标准号	标准名称	代替标准	实施日期
1	GB/T 26949.13—2017	工业车辆　稳定性验证　第 13 部分：带门架的越野型叉车		2017-12-01
2	GB/T 26949.15—2017	工业车辆　稳定性验证　第 15 部分：带铰接转向的平衡重式叉车		2018-02-01
3	GB/T 35205.1—2017	越野叉车　安全要求及验证　第 1 部分：伸缩臂式叉车		2018-07-01
4	JB/T 2391—2017	500 ～ 10 000 kg 乘驾式平衡重式叉车	JB/T 2390—2005 JB/T 2391—2007	2017-07-01

（四）物流仓储设备标准化工作情况

全国物流仓储设备标准化技术委员会（SAC/TC499）负责物流仓储设备领域国家标准和机械行业标准的归口管理工作。截至 2017 年 12 月 31 日，物流仓储设备行业已经制定标准 18 项，其中国家标准 6 项（均为推荐性标准），机械行业标准 12 项。

2017 年，全国物流仓储设备标准化技术委员会（以下简称“物流仓储设备标委会”）组织完成了国家标准《立体仓库货架系统设计规范》的制定工作，正在组织制（修）订的国家标准计划项目 1 项，行业标准计划项目 8 项，详见表 6，并完成了如下标准化工作。

表 6　标准计划项目汇总表及完成情况

序号	项目编号	项目名称	标准级别	制定或修订	备　注
1	20140861-T-604	立体仓库货架系统设计规范	国标	制定	完成报批
2	20153347-T-604	立体仓库钢结构货架抗震设计规范	国标	制定	初稿阶段
3	2015-0483T-JB	工业称重式充填机	行标	修订	初稿阶段
4	2015-0484T-JB	码包机	行标	修订	初稿阶段
5	2015-1478T-JB	钢制货架载荷试验方法	行标	制定	审查阶段
6	2015-1481T-JB	流利式货架	行标	制定	审查阶段
7	2015-1477T-JB	穿梭车货架	行标	制定	审查阶段
8	2015-1480T-JB	交叉带式分拣机	行标	制定	初稿阶段
9	2015-1479T-JB	滑块式分拣机	行标	制定	初稿阶段
10	2015-1476T-JB	仓储塑料周转箱	行标	制定	初稿阶段

1. 制定国家保准《立体仓库货架系统设计规范》

立体仓库货架是现代物流仓储设备行业的重要设备之一，为适应新时期钢结构货架的设计需求，提高整个行业的技术水平，提高钢结构货架的安全性、易用性，加快立体仓库货架强度和刚度的标准化，亟需制定本标准。本设计规范将确立由钢构件制成并主要承受静载的立体仓库货架系统设计原则，主要用于组合托盘式货架的设计、材料选用、构件计算、试验验证等。本设计规范主要技术内容计划包括：立体仓库货架系统的术语、材料、荷载和荷载组合、货架设计及测试方法等内容。

2. 积极完成上级单位下达的各项任务

1）根据国家标准化管理委员会的要求，结合专业现状以及 2017 年度实际工作情况，认真编制了《全国物流仓储设备标准化技术委员会工作报告》和《全国物流仓储设备标准化技术委员会工作报表》。

2）根据中国机械工业联合会秘书处文件机联秘标〔2016〕138 号《关于开展机械工业“十三五”技术标准体系建设方案编制工作的通知》的要求，按时完成了机械工业“十三五”技术标准体系建设方案——物流仓储设备专业领域的编写。

3. 圆满完成国标委对物流仓储设备标委会的考核评估工作

根据国家标准化管理委员会文件标委办〔2017〕51 号文“国家标准委办公室关于印发《2017 年全国专业标准化技术委员会考核评估工作方案》的通知”的要求，全国物流仓储设备标委会被列为 2017 年度技术委员会考核评估对象之一。标委会秘书处认真学习了考评方案的要求；并派出 2 人参加了 2017 年 5 月 16 日审评中心组织的“2017 年全国专业标准化技术委员会考核评估工作宣贯会”，进一步了解了如何开展考评工作。经过一个月紧张的资料整理汇总以及报告编写，按时提交了近三年来的项目完成率、年度报告情况、标准体系建设和维护情况、项目申报与标准审查、经费管理、委员管理、标准复审与实施、宣贯培训、标准制（修）订过程、国际标准化情况共 10 个方面的自评情况。

4.2017 年批准发布的物流仓储设备标准情况

2017 年度物流仓储设备专业领域批准发布了 4 项国家标准和 2 项机械行业标准，详见表 7。

表 7　2017 年批准发布的物流仓储设备标准

序号	标准号	标准名称	代替标准	实施日期
1	GB/T 35485—2017	导轮式分拣机技术规范		2018-07-01
2	GB/T 35486—2017	物流仓储配送中心螺旋箱式输送机技术规范		2018-07-01
3	GB/T 35738—2017	物流仓储配送中心输送、分拣及辅助设备分类和术语		2018-07-01
4	GB/T 35739—2017	物流仓储配送中心成件物品连续垂直输送机		2018-07-01
5	JB/T 5323—2017	立体仓库焊接式钢结构货架技术条件	JB/T 5323—1991	2017-07-01
6	JB/T 7016—2017	巷道堆垛起重机	JB/T 2960—1999 JB/T 7016—1993	2017-07-01

二、2017 年起重运输机械国际标准化工作情况

起重运输机械行业对口的国际标准化组织分别为 ISO/TC96“起重机技术委员会”、TC101“连续机械搬运设备技术委员会”、TC110“工业车辆技术委员会”、TC111“钢制圆环连、吊链、部件及附件技术委员会”。2017 年，我国积极组织参与了起重机械和工业车辆领域的国际标准化活动，并完成了以下重要工作。

1. 国际标准文件投票达到 100%

2017 年，共收到 ISO/TC96 国际标准投票文件 26 个，实际投票 26 个；收到 ISO/TC110 国际标准投票文件 26 个，实际投票 26 个；收到 ISO/TC111 国际标准投票文件 14 个，实际投票 14 个。

2. 我国主导制定国际标准情况

截至 2017 年 12 月 31 日，由我国提出的起重机械和工业车辆国际标准提案已有 4 项正式立项，这 4 项国际标准包括 ISO 4306-4《起重机　术语　第 4 部分：臂架起重机》、ISO10245-3《起重机　限制器和指示器　第 3 部分：塔式起重》、ISO 12480-1《起重机　安全使用　第 1 部分：总则》及 ISO 21262《工业车辆　使用、操作和维护安全规范》。

3. 组团参加 2017 年 ISO/TC96 起重机技术委员会系列会议

国际标准化组织起重机技术委员会（ISO/TC96）2017 年系列会议于 2017 年 9 月 25—30 日在日本东京召开，会议由日本工业标准委员会（JISC）和日本起重机协会（JCA）共同主办。来自澳大利亚、中国、法国、芬兰、德国、印度、日本、韩国、波兰、俄罗斯、英国及美国共 12 个国家的 70 余名代表出席了会议。北京起重运输机械设计研究院作为 ISO/TC96 主席承担单位及国内技术对口单位，组织了由 12 名行业专家组成的代表团代表国家标准化管理委员会（SAC）参加了系列会议。此次系列会议包括 5 个工作组（WG）会议、8 个分技术委员会（SC）会议和 ISO/TC96 大会，中国代表团成员参加了为期 6 天的全部会议。

在此次会议上，召开了由我国牵头制定的国际标准“ISO 4306-4《起重机　术语　第 4 部分：臂架起重机》”第二次工作组会议，会议由我国的赵春晖女士主持，美国、德国、日本、俄罗斯、中国共 5 个国家的 16 名专家出席了会议。会上逐条讨论了工作草案（WD）征求意见期间收到的来自美国、俄罗斯和日本的意见，最后，工作组全体成员一致通过了该工作草案，并建议 ISO/TC96/SC8 秘书将该工作草案（WD）注册为委员会草案（CD）。此次工作组会议为按时完成该国际标准的制定打下了坚实的基础。

此次会议，中国代表团取得了多项工作成果。在 SC6（流动式起重机分技术委员会）会议上，我国又提出了一项新的国际标准提案 ISO12480-2《起重机　安全使用　第 2 部分：流动式起重机》，会议一致同意会后对新工作项目建议进行 NWIP 投票。另外，在 SC5（使用、操作和维护分技术委员会）会议上，针对 2015 年我国提出的国际标准提案《起重机　遥控操作安全要求》，会议同意将有关遥控的要求纳入 ISO 12480-1《起重机　安全使用　第 1 部分：总则》中，由中国牵头修订 ISO12480-1:1997《起重机　安全使用　第 1 部分：总则》。此外，在此次系列会议上，我国还分别派专家参与了《起重机　由用户进行风的安全管理　第 1 部分：总则》、ISO 4301-2：2009《起重机　分级　第 2 部分：流动式起重机》、ISO 7296-2:1996《起重机　图形符号　第 2 部分：流动式起重机》、ISO 11661:1998《流动式起重机　额定起重量图表》、ISO 10245-1《起重机　限制器和指示器　第 1 部分：总则》共 5 项国际标准的修订。上述成绩的取得，标志着我国在起重机国际标准领域拥有了更多的话语权，是深入贯彻落实国务院《深化标准化工作改革方案》取得的重大成果。

4. 组团参加 ISO/TC111 钢制圆环链、吊链、部件及附件技术委员会系列会议

国际标准化组织 ISO/TC111 钢制圆环链、吊链、部件及附件技术委员会 2017 年系列会议于 2017 年 10 月 17—19 日在日本东京召开，会议由日本工业机械制造商协会（JSIM）主办。来自中国、日本、法国、德国、南非、荷兰、瑞典、英国、美国及澳大利亚共 10 个国家的代表出席了会议。北京起重运输机械设计研究院作为 ISO/TC111 国内技术对口单位，组织了由 3 名行业专家组成的代表团代表国家标准化管理委员会（SAC）参加了系列会议。本次系列会议包括各分技术委员会 SC1（链条及吊链分技术委员会）、SC3（部件及附件分技术委员会）会议及 ISO/TC111 会议。10 月 17 日召开了 SC1 会议，会期为 1 天。10 月 18 日全天及 19 日上午召开了 SC3 会议和 ISO/TC111 大会，中国代表团成员参加了为期 3 天的全部会议。

此次是我国第三次组团参加 ISO/TC111 国际会议，通过参加国际会议，进一步了解了钢制圆环链、吊链、部件及附件技术委员会在国际标准方面的最新动向，并通过与

世界上从事链条及附件制造商的代表交流，了解了国际上链条及附件生产方面的最新技术和动态，从而为我国今后主导和参与 ISO/TC111 国际标准的制（修）订，提高我国葫芦用链条及链条附件的产品质量和技术水平，使我国有更多的产品进入和占领国际市场打下了基础。

5. 组团参加 ISO/TC110 工业车辆技术委员会系列会议

国际标准化组织工业车辆技术委员会（ISO/TC110）2017 年系列会议于 2017 年 11 月 6—10 日在美国洛杉矶召开，会议由 ISO/TC110 工业车辆技术委员会主办，由美国工业车辆协会（ITA）承办。来自澳大利亚、中国、德国、法国、意大利、日本、瑞典、韩国、英国、美国共 10 个国家的 30 余名代表出席了会议。北京起重运输机械设计研究院作为 ISO/TC110 国内技术对口单位及 ISO/TC110/SC5 主席承担单位，组织了由 8 名行业专家组成的代表团代表国家标准化管理委员会（SAC）参加了系列会议。此次系列会议包括 4 个工作组（WG）会议、3 个分技术委员会（SC）会议和 ISO/TC110 大会，中国代表团成员参加了为期 5 天的全部会议。

在此次 SC1“通用术语”分技术委员会及 WG2“属具术语”工作组会议上，重点对 ISO/DIS 5053-2《工业车辆术语和分类　第 2 部分：货叉及属具》投票期间收到的反馈意见汇总表进行了逐条讨论，我国代表积极参与会上的讨论，代表我国发表了很多的意见，在由中国、德国、意大利、日本、英国、澳大利亚和美国提出的 133 条反馈意见中，我国作为起草工作组主要成员提出的 66 条意见全部被采纳。

SC5“可持续性”分技术委员会会议，由 SC5 主席德国的 Anderas Kuehn 博士和 SC5 副主席赵春晖教授级高工共同主持。在此次会议上，我国提出了 3 项国际标准提案，包括《工业车辆　可持续性　术语、因素和报告》、《工业车辆　再使用、再利用、再回收利用　第 1 部分：再制造》及《工业车辆　再使用、再利用、再回收利用　第 2 部分：二手机械》，并介绍了 3 个新工作项目提案的立项背景、必要性及主要内容等信息。考虑到由于时间原因无法同时立项 3 个国际标准，会议决定先对新工作项目提案“工业车辆　可持续性　术语、因素和报告”发起新工作项目立项投票，该项目是 SC5 分技术委员会提出的第一个国际标准新工作项目；其他两个新工作项目提案将在后续逐年立项。上述项目的提出，为 SC5 分技术委员会今后制定再使用、再利用及再回收利用方面的国际标准奠定了基础。另外，在此次会上，德国和中国进行了主席和秘书处交接，德国自 2015 年开始承担 SC5 主席和秘书处，到 2017 年年底，SC5 秘书处和主席将由德国 DIN 换成中国的 SAC。会议取得了圆满成功。

在此次 ISO/TC110/SC2 会议上，我国的赵春晖女士代表中国在会上做了题为“中国工业车辆标准情况”的报告，介绍了近两年已出版的工业车辆标准、正在制（修）订的工业车辆标准、工业车辆国家标准英文版及特种设备安全技术规范 TSG N0001—2017《场（厂）内专用机动车辆安全技术监察规程》的主要内容，获得了与会代表的高度赞扬。另外，2015 年由我国提出的国际标准提案《工业车辆　使用、操作和维护　安全规范》已于 2016 年 3 月 7 日正式立项，此次会上，工作组召集人介绍了该项目的进展情况，会议决定于 2018 年 3 月在德国柏林召开该标准项目的工作组会议。

6. 中国标准英文版翻译工作

为落实国家标准委下达的 2015 年国家标准外文版翻译出版计划，进一步满足我国起重运输机械国际贸易的需要，推动起重运输机械产品、技术、服务走出去参与国际竞争，组织完成了如下 8 项国家标准英文版（详见表 8）的翻译工作：

表 8　国家标准外文版翻译项目

序号	标准编号	标准名称	备注
1	GB/T 17907—2010	机械式停车设备　通用安全要求	起重机械
2	GB 26469—2011	架桥机安全规程	
3	GB/T 26470—2011	架桥机通用技术条件	
4	GB/T 26474—2011	集装箱正面吊运起重机　技术条件	
5	GB/T 29560—2013	门座起重机	
6	GB/T 26945—2011	集装箱空箱堆高机	工业车辆
7	GB/T 26947—2011	手动托盘搬运车	
8	GB/T 27543—2011	手推升降平台搬运车	

三、2018 年起重运输机械标准化工作的重点任务

1. 重点加强标准制（修）订工作，加大筹集标准制（修）订经费力度

组织开展 10 项国家标准及 33 项机械行业标准的制（修）订工作，并重点组织开展对国家标准《机械式停车设备　设计规范》、GB/T 12602《起重机械超载保护装置》等重要标准的制（修）订工作。同时积极组织申报 2018 年标准制（修）订计划项目。

2. 继续实质性参与国际标准化活动

1）继续做好对 3 个国际标准化组织 ISO/TC96、ISO/TC110、ISO/TC111 的国际标准文件的投票，使国际标准的投票率达到 100%。

2）组团参加 2018 年 6 月 25—30 日在芬兰赫尔辛基召开的 ISO/TC96 起重机技术委员会系列会议，以及 2018 年 9 月 17—21 日在德国不来梅召开的 ISO/TC110 工业车辆技术委员会系列会议。

3）按照 ISO 导则中规定的程序要求，继续组织完成由我国主导制定的 ISO4306-4《起重机　术语　第 4 部分：臂架起重机》等 3 项起重机械国际标准及 1 项工业车辆国际标准 ISO21262《工业车辆　使用、操作与维护安全要求》的制定工作。

4）作为 ISO/TC96 起重机技术委员会和 ISO/TC110/SC5 工业车辆技术委员会可持续性分技术委员会的主席承担单位，继续做好相应的工作。

5）继续做好国家标准英文版的翻译工作，组织完成国家标准化管理委员会 2015 年下达的《防爆工业车辆　第 1 部分：蓄电池工业车辆》等 7 项国家标准英文版的翻译工作。

3. 继续加强重要标准的宣贯

为推动重要标准的贯彻实施，计划在全国范围内开展对 GB/T 28264—2017《起重机械 安全监控管理系统》、国家标准《带式输送机设计计算》、JB/T 7332—2016《手动单轨小车》、JB/T 7334—2016《手拉葫芦》、JB/T 7335—2016《环链手扳葫芦》等标准的宣贯。

4. 重点完成 3 个标委会的换届工作

认真贯彻执行新的《全国专业标准化技术委员会管理办法》，组织完成对全国工业车辆标准化技术委员会（SAC/TC332）、全国连续搬运机械标准化技术委员会（SAC/TC331）、全国起重机械标准化技术委员会桥式和门式起重机分技术委员会（SAC/TC227/SC3）的换届工作，组织召开成立大会。

5. 积极配合相关的协会、学会等社会组织完成团体标准的制定工作

积极贯彻落实国务院印发的《深化标准化工作改革方案》以及《中华人民共和国标准化法》的要求，配合中国工程机械工业协会工业车辆分会完成团体标准《叉车非车载式充电机与电池管理系统之间的通讯协议》（计划编号为 2017010）的制定工作，起动中国重型机械工业协会桥式起重机专业委员会立项的团体标准《起重机永磁直驱机构》及《竖井专用吊运设备》的制定工作。

6. 做好全国起重机械标准化技术委员会成立二十周年纪念活动

为扩大宣传，提高起重机标委会的影响力和凝聚力，结合全国起重机械标准化技术委员会四届五次会议，举办标委会成立二十周年纪念活动，并印刷出版《全国起重机械标准化技术委员会成立二十周年纪念册》。

〔撰稿人：赵春晖〕

2017 年全国特种设备安全状况

一、特种设备基本情况

（一）特种设备登记数量情况

截至 2017 年年底，全国特种设备总数量达到 1 296.52 万台，比 2016 年年底增长了 8.31%。其中：锅炉 44.56 万台、压力容器 381.96 万台、电梯 562.7 万台、起重机械 223.75 万台、客运索道 1 020 条、大型游乐设施 2.42 万台（套）、场（厂）内机动车辆 81.01 万台。另有：气瓶 14 265 万只、压力管道 45.09 万 km。2017 年特种设备数量分类比例见图 1。

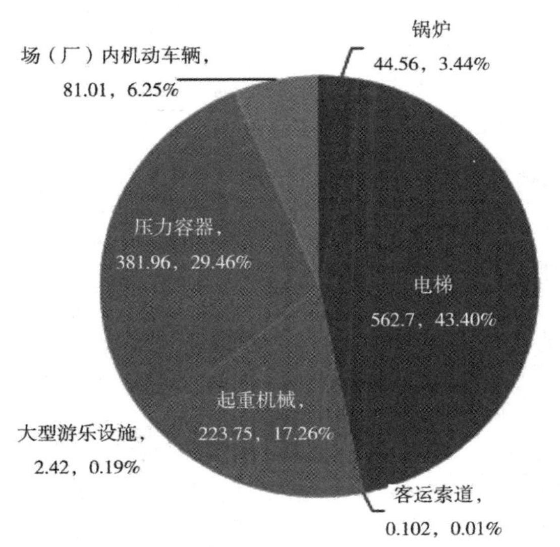

图 1　2017 年特种设备数量分类比例

（二）特种设备生产和作业人员情况

截至 2017 年年底，全国共有特种设备生产（含设计、制造、安装、改造、修理、气体充装）单位 72 960 家，持有许可证 73 846 张，其中：设计单位 3 664 家，制造单位 18 223 家，安装、改造、修理单位 26 621 家，移动式压力容器及气瓶充装单位 24 452 家。2017 年特种设备生产单位数量分布见图 2。

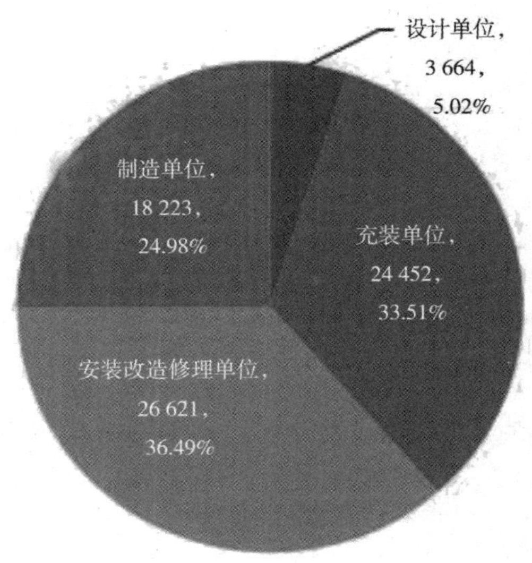

图 2　2017 年特种设备生产单位数量分布

截至 2017 年年底，全国特种设备作业人员持证 1 145.36 万张。

（三）特种设备安全监察和检验检测情况

截至 2017 年年底，全国共设置特种设备安全监察机构 3 206 个，其中国家级 1 个、省级 34 个、市级 477 个、县级 2 370 个、区县派出机构 324 个。全国特种设备安全监察人员共计 58 339 人。

截至 2017 年年底，全国共有特种设备综合性检验机构 481 个，其中系统内检验机构 289 个，行业检验机构和企业自检机构 192 个。另有：型式试验机构 42 个，无损检测机构 487 个，气瓶检验机构 1 951 个，安全阀校验机构 519 个，房屋建筑工地和市政工程工地起重机械检验机构 263 个。

2017 年，全国各级特种设备安全监管部门开展特种设备执法监督检查 170.34 万人次，发出安全监察指令书 13.56 万份。特种设备检验机构对 121.14 万台特种设备及部件的制造过程进行了监督检验，发现并督促企业处理质量安全问题 2.56 万个；对 146.11 万台特种设备的安装、改造、修理过程进行了监督检验，发现并督促企业处理质量安全问题 44.72 万个；对 693.25 万台在用特种设备进行了定期检验，发现并督促使用单位处理质量安全问题 161.12 万个。

二、特种设备安全状况

（一）事故总体情况

2017 年，全国发生了特种设备事故和相关事故 238 起，死亡 251 人，受伤 145 人。与 2016 年相比，事故起数增加了 5 起、增幅 2.15%，死亡人数减少了 18 人、降幅 6.69%，受伤人数增加了 5 人、增幅 3.57%。2017 年特种设备万台死亡率为 0.30，同比下降 9.09%；全年未发生重特大事故，特种设备安全形势总体平稳。2011—2017 年万台设备死亡率曲线见图 3。

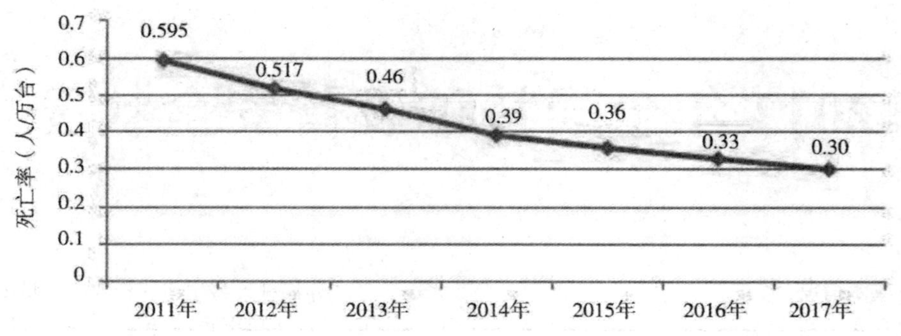

图 3　2011—2017 年万台设备死亡率曲线

（二）事故特点

按设备类别划分，锅炉事故 11 起，压力容器事故 11 起，气瓶事故 7 起，压力管道事故 4 起，电梯事故 56 起，起重机械事故 93 起，场（厂）内机动车辆事故 52 起，客运索道事故 1 起，大型游乐设施事故 3 起。其中，电梯、起重机械和场（厂）内机动车辆事故起数和死亡人数所占比重较大，事故起数分别占 23.53%、39.08%、21.85%，死亡人数分别占 16.33%、47.41%、19.12%。

按发生环节划分，发生在使用环节的事故 187 起，占 78.57%；维修检修环节的事故 29 起，占 12.18%；安装拆卸环节的事故 17 起，占 7.14%；充装运输环节的事故 4 起，占 1.68%；制造环节的事故 1 起，占 0.42%。

按涉事行业划分，发生在制造业的事故 53 起，占 22.27%；发生在建设工地和建筑业的事故 59 起，占 24.79%；发生在社会及公共服务业的事故 80 起，占 33.61%；发生在冶金石化业的事故 21 起，占 8.82%；发生在交通运输与物流业的事故 6 起，占 2.52%；其他行业和领域的事故 19 起，占 7.98%。

按损坏形式划分，承压类设备（锅炉、压力容器、气瓶及压力管道）事故的主要特征是爆炸、泄漏着火等；机电类设备（起重机械、电梯、大型游乐设施及场（厂）内专用机动车辆）事故的主要特征是倒塌、坠落、撞击和剪切等。

（三）事故原因

根据已经调查结案并上报的事故调查报告，事故原因主要包括：

（1）锅炉事故。违章作业或操作不当原因引起的事故 3 起，设备缺陷和安全附件失效原因引起的事故 3 起。

（2）压力容器事故。违章作业或操作不当原因引起的事故 1 起，设备缺陷和安全附件失效原因引起的事故 4 起，其他次生原因引起的事故 1 起。

（3）气瓶事故。违章作业或操作不当原因引起的事故 3 起，设备缺陷和安全附件失效原因引起的事故 1 起，非法经营原因引起的事故 1 起，其他次生原因引起的事故 1 起。

（4）压力管道事故。设备缺陷和安全附件失效原因引起的事故 1 起，安全管理不到位原因引起的事故 1 起，其他次生原因引起的事故 1 起。

（5）电梯事故。违章作业或操作不当原因引起的事故 28 起，设备缺陷和安全附件失效或保护装置失灵等原因引起的事故 7 起，应急救援（自救）不当原因引起的事故 7 起，安全管理、维护保养不到位原因引起的事故 5 起，儿童监护缺失及乘客自身原因引起的事故1起。

（6）起重机械事故。违章作业或操作不当原因引起的事故21起，设备缺陷和安全附件失效或保护装置失灵等原因引起的事故3起，安全管理、维护保养不到位原因引起的事故3起。

（7）场（厂）内专用机动车辆事故。无证驾驶、违章作业或操作不当原因引起的事故46起。

（8）客运索道事故。安全管理不到位原因引起的事故1起。

（9）大型游乐设施事故。操作不当原因引起的事故1起，其他次生原因引起的事故1起。

三、2017年特种设备安全监察与节能主要工作情况

（一）隐患排查治理成效显著

巩固“电梯会战、攻坚成果”，深入开展电梯隐患整治“回头看”，新发现问题电梯共3.9万台，完成整改3.7万台，整改完成率94.9%，其他隐患正有序推进整改中。全面推进大型游乐设施、客运索道隐患整治，由国家质检总局统一部署，检验机构和行业协会共同成立隐患排查治理协调小组，明确排查整治重点，督促企业落实安全主体责任。持续推动油气管道法定检验，法定检验覆盖率超过90%。2017年，全国共组织开展现场监督检查23.7万次，检查设备153.85万台（套），发现隐患20.01万处，完成隐患治理19.19万处，有力地保障了特种设备的安全运行。

（二）改革创新持续深化

将鉴定评审和检验检测人员考试转为技术性服务，协调将相关经费纳入部门预算，降低企业制度性交易成本。启动制订《机电类特种设备生产许可规则》，进一步整合精简特种设备生产许可项目和作业人员资格认定项目，简化许可程序，不断优化特种设备准入模式。配合中国特种设备检测研究院完成对组建特检集团方案的论证。推动宁波、南京的电梯监管综合改革试点，进一步发挥市场的激励作用，为各地总结提炼可复制、可推广的成功经验。报请国务院办公厅印发了《关于加强电梯质量安全工作的意见》，在强化安全监管的同时，重点提出促进产业发展、提升质量水平、创新管理模式等内容，进一步加强电梯质量安全工作，保障人民群众乘用安全和出行便利。

（三）民生服务效果凸显

圆满完成了“一带一路”高峰论坛、“厦门会晤”、第十三届全国运动会、广州《财富》全球论坛等重大活动的特种设备服务安全保障工作。举全系统之力，以最高标准、最严要求、下最大气力保障党的十九大胜利召开，北京市核心区特种设备零故障、外围区零事故，天津、河北、山西、内蒙古等周边省市未发生特种设备较大事故，全国其他各地未发生特种设备重特大事故及重大影响事件。继续推进燃煤锅炉节能减排攻坚战，与相关部门研究强化锅炉节能环保监管的措施，京津冀及周边地区的锅炉节能环保水平显著提高。联合河南省质量技术监督局、长垣县人民政府开展产业聚集区起重机械质量提升活动，促进区域质量提升。继续推动“96333”等电梯应急处置平台建设，覆盖城市已经达到176个，应急处置能力持续提高。组织开展既有住宅加装电梯的前期论证和调研工作，以解决多层住宅居民出行的难题。

（四）基层基础建设扎实推进

完善法规标准，条例、规章和安全技术规范等制（修）订工作稳步推进。加强风险防控和应急能力建设，举办大型游乐设施、客运索道应急处置综合演练。完成特种设备信息化总体建设方案，在全国推广应用移动式压力容器公共服务信息追溯平台。指导中国特种设备安全与节能促进会出版并免费提供《特种设备安全监察ABC》培训视频，进一步加大人员培训力度。开展援青援疆援藏特种设备检验大会战，有效地解决了特种设备安全工作不平衡不充分的问题。开展“非常游学团——了不起的‘特种兵’”等一系列卓有成效的宣传活动，形成了社会共治的安全氛围。

四、2018年特种设备安全监察与节能监管工作重点

（一）狠抓特种设备质量提升，以质量促安全

（1）宣传贯彻《国务院办公厅关于加强电梯质量安全工作的意见》。牵头制定学习宣传和贯彻落实的总体方案，协调相关部门制定工作计划、贯彻落实的职责分工。各地迅速组织学习，开展专题宣贯活动，结合质量提升行动，制定贯彻落实的具体实施方案，细化分解任务，明确责任分工；及时向当地党委、政府汇报，推动地方政府加强组织领导，落实组织机构和经费保障到位，建立健全工作机制，形成工作合力。

（2）提升设备本质安全水平。以压力容器、电梯等设备为重点，狠抓规范标准的引领作用，综合运用行政许可、检验检测、监督检查及科技攻关等手段，充分发挥企业、技术机构等相关方的作用，推动设备制造质量、维保质量等全面提升。

（3）促进检验检测服务质量提升。部署开展型式试验、无损检测等工作质量专项抽查活动。各地要督促当地检验机构优化报检流程，改善检验服务态度，提升检验服务质量。

（4）促进区域特种设备质量提升。鼓励各省在锅炉、电梯、起重机械和大型游乐设施等典型产业聚集区加大相关政策支持的力度，构建质量提升长效机制。

（5）促进节能环保质量提升。继续开展燃煤锅炉节能减排攻坚战，联合有关部门发布《高效节能锅炉推广目录》。加快完善相关法规标准，按照部门职责分工，依法落实国家相关重要政策，促进锅炉节能环保质量水平提升。

（二）强化特种设备风险防控机制，落实企业主体责任

（1）构建双预防长效工作机制。研究梳理影响特种设备安全的关键因素，提出预防和减少事故的方法措施，推动制定特种设备安全风险分级和隐患排查治理指导性文件。各地要以落实企业安全主体责任为目标，督促企业开展特种设备安全风险辨识、评估、防控和隐患排查治理活动。

（2）有针对性进行隐患排查和专项整治。巩固近年来电梯会战攻坚和特种设备隐患排查治理的工作成果，根据近年来特种设备排查整治案例和事故原因的分析，对电梯层门、制动器和自动扶梯附加制动器等电梯部件风险，锅炉范围内管道等承压部件风险以及“煤改气”等锅炉改造风险，储运危险化学品的相关特种设备风险，客运索道和大型游乐设施风险等，督促企业加大风险排查和隐患整治力度。

（3）加强应急体系建设。组织开展电梯与压力容器典型事故案例分析，通过事故案例分析，查找出原因，以便从源头防控设备风险。继续以多种模式全面推进“96333”电梯应急处置平台建设，进一步提升平台建设的覆盖范围，加强数据汇总分析。

（4）开展重大活动安全保障工作。进一步完善重大活动安全保障长效机制，认真做好上合组织峰会等重大活动、重要会议特种设备的安全保障。筹备部署2022年北京冬奥会有关客运索道等特种设备建设的安全保障工作。

（三）落实顶层设计方案，推进安全监管的改革创新

（1）深化行政许可改革。制定《特种设备行政许可目录》，进一步精简行政许可子项目，优化行政许可程序。推动落实鉴定评审和人员考试的财政经费保障工作，加强对鉴定评审工作的监督和抽查。强化持证单位的监督抽查。

（2）推进检验工作改革。修订《特种设备检验机构和无损检测机构核准规则》，启动特种设备检验检测机构管理规范的制定，引领推动检验检测机构整合。合理划分电梯检验和检测工作的内容，优化电梯定期检验工作项目、周期。在电站锅炉、大型起重机械、石化成套装置特种设备等领域推行由使用单位自主选择检验机构开展定期检验的工作。

（3）推进电梯监管综合改革。推广电梯“保险＋服务”试点工作。推动维保模式转变，试点推进按需维保、“物联网＋维保”等新模式。探索建立电梯维保、检验和事故等信息公示机制，倒逼制造和维保单位落实安全主体责任。

（四）理清责任边界，强化监管基础建设

（1）健全特种设备责任体系。推动落实地方党委政府的领导责任、属地管理责任和相关部门的行业监管责任。制定“特种设备局权力和责任清单”，各地要结合本地工作实际，制定完善“地方权力和责任清单”。进一步厘清监管职责，制定“失职追责，尽职免责”的指导意见。

（2）优化法规标准。全面贯彻落实《特种设备安全法》，推动修订《特种设备安全监察条例》，加快《电梯安全条例》的起草工作。启动《特种设备事故报告和调查处理规定》等规章的修订工作。积极推进气瓶、移动式压力容器和电梯等的综合性大规范建设，开展安全技术规范后评估试点。全面开展政策性文件清理工作，发布有效政策性文件目录。以压力容器、电梯为试点，研究制定法规标准的协调机制。

（3）加强信息化建设。统一信息化建设数据标准要求，充实完善全国特种设备信息公示服务平台。继续推进电梯、气瓶、移动式压力容器的质量安全追溯系统建设。在完成全国特种设备从业人员数据库与公示平台建设的基础上，各省要积极整合省内特种设备单位数据库和设备数据库，适时与全国特种设备信息数据库实现互联互通。

（4）完善科技支撑体系。引导技术机构和科研院所、企业等加强特种设备领域的研发、技改，加大科研资金和人员投入。鼓励全国特种设备科技协作平台成员单位在科研方面实现资源共享与协同攻关，利用各自优势广泛开展合作，提升综合科研能力。

（5）提升基层的监管能力。加快组织编写特种设备安全监察培训系列教材、题库及视频教学培训材料。积极开展对地市局长、基层安全监察骨干的培训工作。各地要有针对性地开展市、县安全监察人员培训，注重培训实效，提升专业水平，推动安全监察工作进一步规范化、标准化。

（五）落实全面从严治党，加强队伍作风建设

（1）发挥党建统领作用。深入学习贯彻党的十九大精神，以习近平新时代中国特色社会主义思想为指引，推进“两学一做”学习教育常态化、制度化，认真开展“不忘初心、牢记使命”主题教育活动，全面推进党的政治建设、思想建设、组织建设、作风建设、纪律建设，以党建统领工作全局。

（2）强化队伍作风建设。继续弘扬“四特”精神，按照抓业务抓队伍“两手抓”、管行业管行风“一岗双责”的要求，坚定不移地推进党风廉政建设和反腐败斗争，深化廉政风险防控。

〔撰稿人：国家起重运输机械质量监督检验中心王顺亭　审稿人：中国重型机械工业协会王继生〕

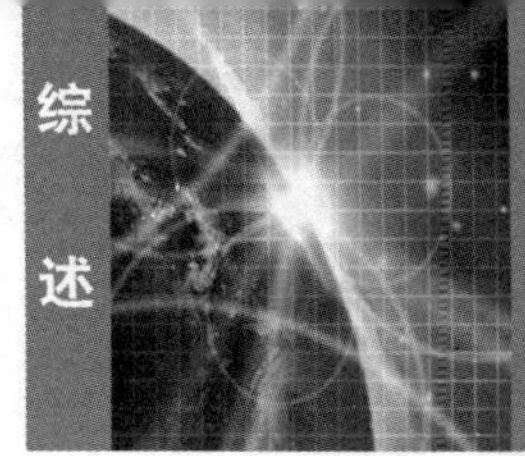

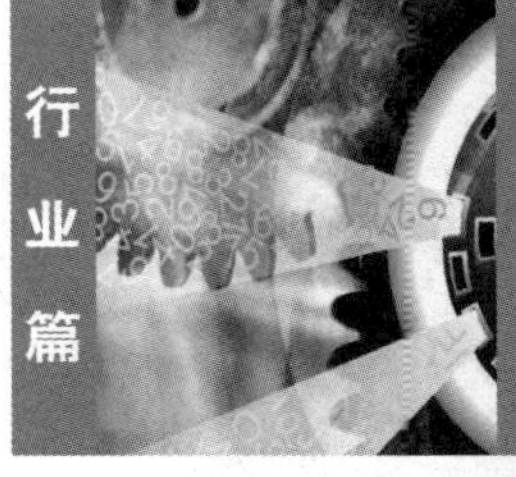

中国重型机械工业协会第七届组织机构，理事会、监事会名单，分会会员名录

Publicize organization structure of China Heavy Machinery Industry Association (CHMIA), name list of its council and board of supervisors, and list of members in its branches

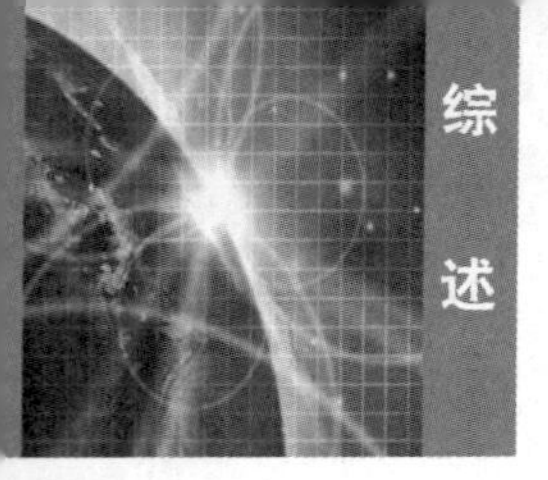

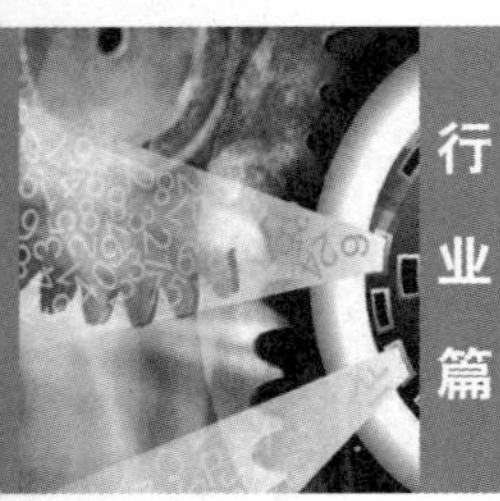

附录

中国重型机械工业协会组织机构

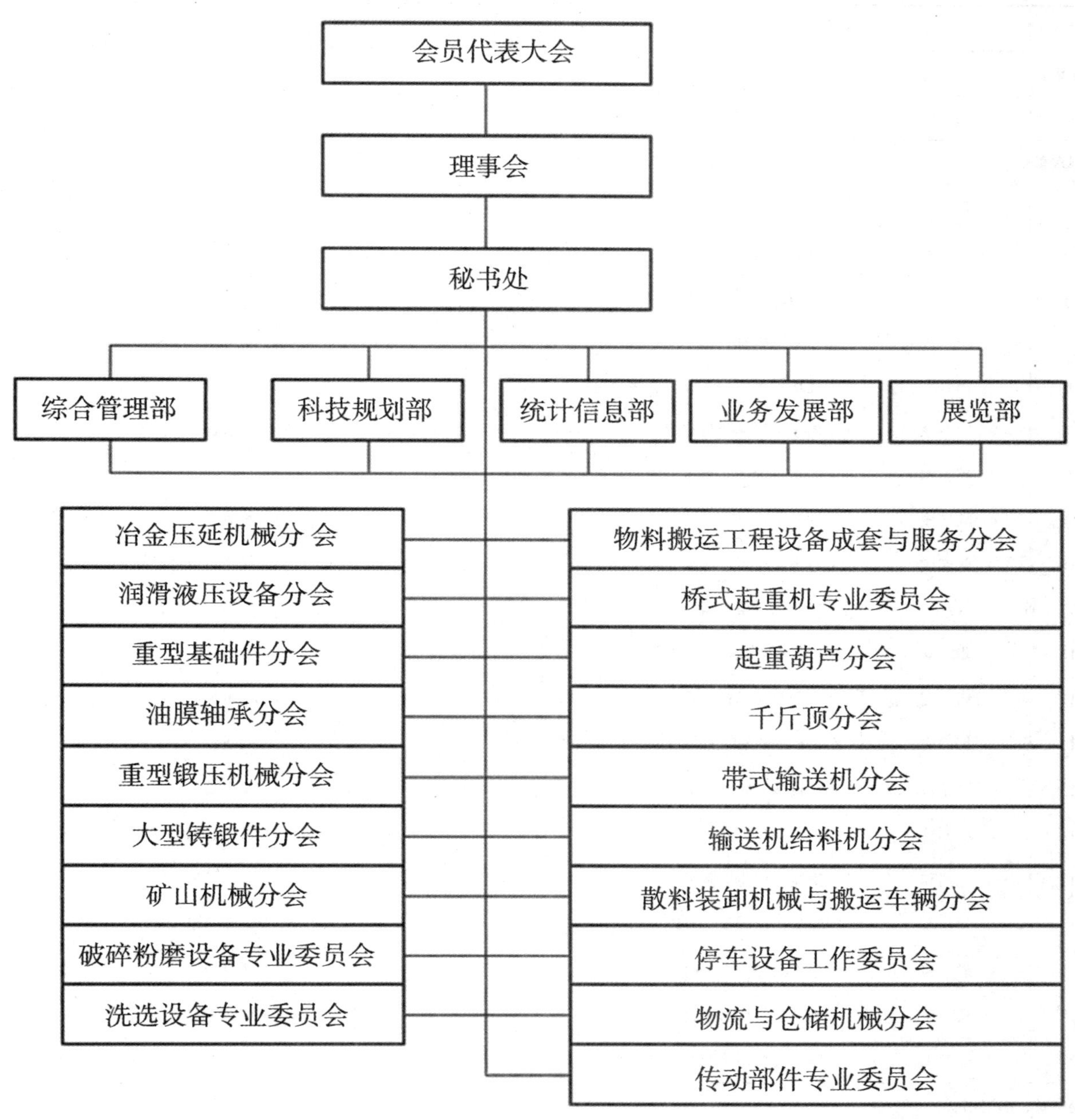

〔供稿人：中国重型机械工业协会张艳君〕

中国重型机械工业协会
第七届理事会正副理事长、正副秘书长

序号	姓 名	单位名称	职 务
理事长			
1	刘鹤群	北方重工集团有限公司	董事长
副理事长			
2	李　镜	中国重型机械工业协会	常务副理事长
3	孙　敏	中国一重集团有限公司	副总裁、党委常委
4	王　平	中国第二重型机械集团公司	董事、党委副书记
5	王创民	太原重型机械集团有限公司	董事长、党委书记
6	田长军	大连华锐重工集团股份有限公司	总裁
7	俞章法	中信重工机械股份有限公司	董事长、党委书记
8	严云福	上海振华重工（集团）股份有限公司	总工程师
9	陆文俊	中国重型机械有限公司	董事长
10	张安频	上海重型机器厂有限公司	执行董事兼总经理
11	韩红安	卫华集团有限公司	董事长
12	张江安	中国重型机械研究院股份公司	董事长
13	唐　超	北京起重运输机械设计研究院有限公司	董事长、总经理
14	邹声勇	洛阳矿山机械工程设计研究院有限责任公司	院 长
15	陆鹏程	中钢设备有限公司	董事长
16	彭明德	中材装备集团有限公司	常务副总经理
17	王清和	华电重工股份有限公司	副总经理
18	崔培军	河南省矿山起重机有限公司	党委书记
19	彭　勇	云南冶金昆明重工有限公司	董事长
20	黄乐亭	天地科技股份有限公司	副总经理
21	王继生	中国重型机械工业协会	秘书长
秘书长、副秘书长			
1	王继生	中国重型机械工业协会	秘书长
2	张维新	中国重型机械工业协会	副秘书长
3	张艳君	中国重型机械工业协会	副秘书长

〔供稿人：中国重型机械工业协会张艳君〕

中国重型机械工业协会
第七届理事会常务理事、理事

序号	姓名	单位名称	职 务
常务理事			
1	刘宏民	燕山大学	校长
2	徐格宁	太原科技大学	国家特色 / 工程教育认证专业负责人；国家机械实验教学示范中心主任
3	朱 庆	江苏通润机电集团有限公司	总经理
4	梁敏志	上海起重运输机械厂有限公司	总经理
5	黄珑琳	凯澄起重机械有限公司	总经理
6	张满苍	北京首钢机电有限公司	总经理
7	孙善金	山东山矿机械有限公司	董事长
8	郭映宏	四川矿山机器（集团）有限责任公司	总经理
9	廖纯德	衡阳运输机械有限公司	董事长
10	肖建平	株洲天桥起重机股份有限公司	董事长
11	徐新民	山起重型机械股份公司	董事长、总经理
12	李 静	芜湖起重运输机器股份有限公司	董事长
13	刘木南	三一海洋重工有限公司	院长
14	宋太俊	河南长垣起重工业园区管理委员会	管委会主任
15	明艳华	中国重型机械工业协会停车设备工作委员会	理事长
16	周水妹	杭州西子智能停车股份有限公司	总经理
17	汪诚	北京中冶设备研究设计总院有限公司	董事长
18	贺石中	广州机械科学研究院有限公司	总经理助理
19	李 平	上海科大重工集团有限公司	董事长
20	龚欣荣	四川省自贡运输机械集团股份有限公司	总经理、总工
21	郭章先	豫飞重工集团有限公司	党委书记、董事长兼总裁
22	辜宁生	江苏三马起重机械制造有限公司	总裁
23	段京丽	焦作金箍制动器股份有限公司	董事长、总经理
24	杨永柱	鞍山重型矿山机器股份有限公司	董事长
25	苗体魁	河南圣起机械集团有限公司	董事长
26	黄海珊	广州起重机械有限公司	董事长
27	张志华	郑州新大方重工科技有限公司	董事长
28	张明荣	泰星减速机股份有限公司	董事长
29	殷爱国	江苏泰隆减速机股份有限公司	总经理
30	郑才刚	宁波东力股份有限公司	副总经理
31	张文忠	浙江双鸟机械有限公司	董事长

（续）

序号	姓名	单位名称	职　务
32	翁耀根	无锡华东重型机械股份有限公司	董事长
33	许　强	中机第一设计研究院有限公司	总工程师
34	聂仲毅	中钢集团西安重机有限公司	董事长、总经理、党委书记
35	孟凡波	焦作科瑞森重装股份有限公司	副总经理
36	罗永忠	四川川润股份有限公司	董事长
37	张承臣	沈阳隆基电磁科技股份有限公司	董事长
38	王兆连	山东华特磁电科技股份有限公司	董事长
39	汪碧远	SEW-传动设备（天津）有限公司	总经理助理
40	刘文军	北京约基工业股份有限公司	总工程师
41	韩红静	北京斯诺堡轴承有限公司	总经理
42	郭继保	太原通泽重工有限公司	总工程师
43	唐　波	上海重型装备制造行业协会	副会长、秘书长
44	汪　玉	安徽盛运重工机械有限责任公司	董事长
45	王红华	浙江冠林机械有限公司	董事长
46	喻连生	江西工埠机械有限责任公司	董事长
47	黄庆学	太原理工大学	校长
48	龚友良	南昌矿山机械有限公司	总经理
理事			
1	张　勇	中国煤炭机械工业协会	理事长
2	王建梅	重型机械教育部工程研究中心	常务副主任
3	葛文亮	象王重工股份有限公司	董事长
4	肖富凯	中冶京诚（湘潭）矿山装备有限公司	副总经理
5	杨方祥	重庆起重机厂有限责任公司	党委书记、执行董事
6	宁凡辉	济南重工股份有限公司	董事长
7	宋伟刚	东北大学机械工程与自动化学院	教授
8	朱真才	中国矿业大学科学技术研究院	常务副院长
9	孙　波	湖北宜都机电集团有限责任公司	董事长
10	罗向阳	湖南长重机器股份有限公司	董事长
11	秦春林	南宁广发重工集团有限公司	董事长
12	黄立军	北京起重工具厂	法人代表
13	李亚慧	哈尔滨重型机器有限责任公司	总经理
14	段春红	唐山市矿山机械厂	总经理
15	胡善宏	淮北矿山机器制造有限公司	董事长
16	杨　斌	南昌凯马有限公司	总经理
17	秦英奕	江西起重机械总厂	总经理
18	陈永忠	广西百色矿山机械厂有限公司	董事长
19	马卫国	新疆通用机械有限公司	总经理
20	钱立华	铜陵天奇蓝天机械设备有限公司	总经理

（续）

序号	姓名	单位名称	职　务
21	宋彦东	郑起重工有限公司	董事长
22	任会江	河南省新乡市矿山起重机有限公司	董事长
23	胡鹏辉	河南重工起重机集团有限公司	总经理
24	韩永章	河南宝起华东起重机有限公司	总经理
25	韩宜增	河南豫中起重集团有限公司	董事长
26	阮曙峰	浙江众擎起重机械制造有限公司	董事长
27	李子木	宁夏天地奔牛银起设备有限公司	总经理
28	张佳林	辽宁恒泰重机有限公司	董事长
29	王孙同	浙江东海减速机有限公司	总经理
30	孙文田	鞍钢重型机械有限责任公司	总经理
31	吴　潇	柳州起重机器有限公司	董事长
32	詹玉巍	天水长城控制电器有限责任公司	总经理助理
33	陶　楠	长春发电设备总厂	厂　长
34	梁　旭	洛阳起重机厂有限公司	常务副总经理
35	卢梦龙	上海电力环保设备总厂有限公司	党委书记、副总经理
36	张树辉	光明起重集团有限公司	总经理
37	项建忠	浙江通力重型齿轮股份有限公司	董事长
38	徐正兴	江阴齿轮箱制造有限公司	副总经理
39	施　凡	湖州双力自动化科技装备有限公司	总经理
40	徐　敏	无锡新大力电机有限公司	董事长
41	杜　勇	武汉电力设备厂	副总经理
42	朱天合	河南焦矿机器有限公司	总经理
43	吴建一	湖北银轮起重机械股份有限公司	总经理
44	李　坤	天津重钢机械装备股份有限公司	董事长兼总经理
45	李祥啟	大洋泊车股份有限公司	董事长
46	陆永生	山东莱钢泰达车库有限公司	部门经理
47	江　鹏	湖北鄂重重型机械有限公司	董事长
48	张彦五	上海嘉庆轴承制造有限公司	董事长
49	李伟敏	河南省东风起重机械有限公司	董事长
50	何国胜	八达机电有限公司	董事长
51	张瑞庆	无锡宏达重工股份有限公司	董事长
52	操文章	安徽攀登重工股份有限公司	董事长、总经理
53	丁加新	吉林省佳信通用机械股份有限公司	董事长
54	许彦科	山西新富升机器制造有限公司	总工程师
55	纪振昌	河北同力滑车有限公司	总经理
56	姚雨轩	佳力机械股份有限公司	市场总监
57	王东升	北京中冶华润科技发展有限公司	董事长
58	刘新代	河南天隆输送装备有限公司	副董事长

（续）

序号	姓名	单位名称	职　务
59	曹明生	江西华伍制动器股份有限公司	总经理
60	单激文	盐城市大丰区重型装备产业园管理委员会	主任
61	冀慎珠	新泰市羊流起重机械协会	常务副会长
62	崔天雄	济南永固重型机械制造有限公司	副总经理
63	李　涛	四平维克斯换热设备有限公司	总经理
64	万名炎	湖北咸宁三合机电股份有限公司	董事长
65	陈敏兆	浙江合建重工科技股份有限公司	董事长
66	付小邗	浙江矿山机械有限公司	董事长
67	胡建明	浙江双金机械集团股份有限公司	董事长
68	李海通	河南奔宇电机科技有限公司	总经理
69	韩景轩	河南华北起重吊钩有限公司	董事长
70	高　海	安徽铜冠机械股份有限公司	副总经理
71	金红萍	法兰泰克重工股份有限公司	董事长
72	刘存德	《重型机械》编辑部	主编
73	于伟涛	《矿山机械》杂志社	主编
74	黄　平	《起重运输机械》编辑部	主编
75	李国俊	《大型铸锻件》杂志	主编
76	林善灿	宝山钢铁股份有限公司	副部长
77	承　勇	常州市华立液压润滑设备有限公司	总经理
78	李传林	中钢集团衡阳重机有限公司	总经理
79	时文泊	河南太行振动机械股份有限公司	董事长
80	陈清波	科尼起重机设备（上海）有限公司	中国区总监
81	刘仰南	德马格起重机械（上海）有限公司	总经理
82	龙宏欣	纽科伦（新乡）起重机有限公司	董事长
83	苏光耀	浙江五一机械有限公司	董事长
84	谈育星	常熟中材装备重型机械有限公司	总经理
85	薛文峰	韶关市韶瑞重工有限公司	总经理
86	刁明霞	淄博大力矿山机械有限公司	董事长
87	王宏玉	沈阳新松机器人自动化股份有限公司	副总裁
88	尹军琪	北京伍强科技有限公司	总经理
89	朱剑君	宁波市凹凸重工有限公司	董事长
90	杨小军	宁夏天地西北煤机有限公司	总经理、高级工程师
91	汪东华	江苏省特种设备安全监督检验研究院	院长
92	金　斌	湘电重型装备有限公司	副总经理
93	陈利华	浙江浙矿重工股份有限公司	董事长
94	杨　钢	镇江磁电设备有限责任公司	董事长
95	魏德洲	东北大学资源与土木工程学院	院长
96	王思民	河南威猛振动设备股份有限公司	总经理

（续）

序号	姓名	单位名称	职　务
97	黄小伟	奥力通起重机（北京）有限公司	董事长
98	叶宏洪	广东永通起重机械实业有限公司	董事长
99	罗清华	江西特种电机股份有限公司	常务副总经理
100	田　振	辽宁国远科技有限公司	董事长
101	张树文	山东德鲁克起重机有限公司	总经理
102	韩秉文	长春一汽四环随车工具有限公司	董事长
103	王　斌	湖北博尔德科技股份有限公司	董事长
104	徐建人	绍兴华运输送设备有限公司	总经理
105	李继东	沈阳泰丰胶带制造有限公司	总经理助理
106	张　斌	广东中兴液力传动有限公司	董事长
107	王东成	东莞大马输送设备有限公司	办公室主任
108	赵红平	湖南鸿韵传送科技发展有限公司	总经理
109	肖阳东	四川东林矿山运输机械有限公司	总经理
110	周冬青	湖北三六重工有限公司	董事长
111	张　标	启东润滑设备有限公司	总经理
112	张　超	启东市南方润滑液压设备有限公司	总经理
113	郎正彪	泰尔重工股份有限公司	总裁
114	陈德木	杭州杰牌传动科技有限公司	董事长、总经理
115	任汉友	江苏省金象传动设备股份有限公司	董事长
116	肖北平	荆州市巨鲸传动机械有限公司	董事长
117	高铁英	浙江恒星科技控股集团有限公司	集团副总经理
118	禹兴胜	洛阳中重铸锻有限责任公司	总经理
119	张　军	深圳怡丰自动化科技有限公司	副总经理
120	苗庆华	河南中继威尔停车系统股份有限公司	总经理
121	马景山	北京航天汇信科技有限公司	副总经理
122	洪伟泉	浙江子华停车设备科技股份有限公司	董事长
123	王牧轩	唐山通宝停车设备有限公司	总经理
124	侯玉鹏	山东天辰智能停车设备有限公司	总经理
125	蒋玲华	上海赐宝停车设备制造有限公司	总经理
126	崔　维	昆明昆船物流信息产业有限公司	副总经理
127	谭延斌	沈阳飞机工业集团物流装备有限公司	总经理
128	岳秀江	北京机械工业自动化研究所	副总经理
129	付龙根	上海沪南千斤顶厂	厂长
130	王世光	中航工程集成设备有限公司	董事长
131	何安瑞	北京科技大学工程技术研究院	院长
132	梁新文	山西省平遥减速器有限责任公司	董事长
133	张俊国	中信机电制造公司	总经理
134	徐国忠	江苏国茂减速机股份有限公司	董事长

（续）

序号	姓名	单位名称	职　务
135	苏建涛	北京中科凯思科技有限公司	董事长
136	吉富华	苏州吉人高新材料股份有限公司	董事长
137	赵　兵	中国机械工业集团有限公司	原总裁助理、教授级高级工程师
138	须　雷	德马格起重机械（上海）有限公司	总监、教授级高级工程师
139	王　鹰	太原科技大学	原副校长
140	李国杰	苏州大学应用技术学院	工学院副院长

〔供稿人：中国重型机械工业协会张艳君〕

中国重型机械工业协会 第七届理事会监事长、监事

序号	姓名	单位名称	职 务
监事长			
1	王顺亭	国家起重运输机械质量监督检验中心	中心主任
监事			
2	王国强	吉林大学机械科学与工程学院	党委书记
3	王玉敏	中国建材机械工业协会	常务副会长
4	孙　超	哈尔滨国海星轮传动有限公司法定代表人	原总经理

〔供稿人：中国重型机械工业协会张艳君〕

中国重型机械工业协会会员名录

矿山机械

单位名称	联系地址	邮编	电话	传真
中信重工机械股份有限公司	河南省洛阳市涧西区建设路206号	471039	0379-64088001	0379-64214680
鞍山重型矿山机器股份有限公司	辽宁省鞍山市鞍千路294号	114042	0412-6215364	0412-6216900
大连光阳轴承制造有限公司	辽宁省瓦房店市北共济街北段17号	116300	0411-85518888	
北京金煤创业科技股份有限公司	北京市石景山区古城西街19号古城基地D座南楼2层	100043	010-88909291	
长沙正忠科技发展有限公司	湖南省长沙市雨花区环保科技园职教城路32号	410006	0731-85350116	
徐州徐工矿山机械有限公司	江苏省徐州市经济技术开发区高新路39号	221004	0516-83111663	

（续）

单位名称	联系地址	邮编	电话	传真
山东硕园工业机械设备有限公司	山东省淄博市沂源县城沂河东路北侧	256100	0533-3438899	
云南凯瑞特重工科技有限公司	云南省昆明市彩云北路星都国际总部 37 栋	651701	0871-65936037	
河北省邢台县长江矿山机械制造厂	河北省邢台市桥东区白塔市场	054000	0319-3221853	
湘潭市恒欣实业公司	湖南省韶山市永泉科技园	411300	0731-55672100	
济南重工股份有限公司	山东省济南市东郊机场路	250109	0531-86139298	0531-88287286
吉林大学机械科学与工程学院	吉林省长春市人民大街 5988 号	130025	0431-85094404	0431-85095288
太原科技大学交通与物流学院	山西省太原市万柏林区窊流路 66 号	030024	0351-6998056	0351-6863369
淄博大力矿山机械有限公司	山东省淄博市周村区恒通路 887 号	255300	0533-6181501	0533-6181392
山东泰山天盾矿山机械有限公司	山东省新泰市开发区新兴路	271200	0538-7069810-8603	0538-7069332
湘电重型装备股份有限公司	湖南省湘潭市岳塘区下摄司街 302 号	411100	0731-58595647	0731-58595267
四川矿山机器(集团)有限责任公司	四川省江油市建设北路 888 号	621701	0816-3696018	0816-3698888
浙江双金机械集团有限公司	浙江省杭州市余杭区瓶窑镇	311115	0571-28057991	0571-28057991
浙江浙矿重工股份有限公司	浙江省湖州市长兴县和平镇工业园区	313103	0572-6955888	0572-6959977
洛阳矿山机械工程设计研究院有限责任公司	河南省洛阳市涧西区建设路 206 号	471039	0379-64087719	0379-64221800
哈尔滨国海星轮传动有限公司	黑龙江省哈尔滨市哈平路工业区烟台三路 8 号	150060	0451-86522278	0451-86530858
安徽盛运重工机械有限责任公司	安徽省桐城市同安路 265 号	231400	0556-6213999	0556-6205280
洛阳大华重工科技有限公司	河南省洛阳市洛龙区关林路 280 号	471023	0379-65520221	0379-65511602
河南黎明重工科技股份有限公司	河南省郑州市高新区科学大道 169 号	450001	0371-67988906	0371-67988906
科威瑞（广东）矿机装备有限公司	广东省韶关市高新开发区莞韶双创（装备）中心	512026	0751-8721999	18918339999
贵阳高原矿山机械有限公司	贵州省贵阳市花溪区航天路路尾	550025	0851-83636103	0851-83636113
重庆泰丰矿山机器有限公司	重庆市九龙坡区石坪桥横街 66 号	400051	023-68822731	023-68822731
郑州鸿源重型机械有限公司	河南省郑州市郑上路石砦	450100	0371-64629998	0371-64602334
洛阳百克特摩擦材料有限公司	河南省洛阳市高新开发区孙辛辅路 4 号	471003	0379-65112136	0379-64183328
中实洛阳工程塑料有限公司	河南省洛阳市涧西区建设路 206 号	471039	0379-64088063	0379-64214823
太原重型机械集团有限公司	山西省太原市万柏林区玉河街 53 号	030024	0351-6365768	0351-6361133
湘煤立达矿山装备股份有限公司	湖南省株洲市新华东路 699 号	412003	0731-22493253	0731-28780421
浙江武精机器制造有限公司	浙江省金华市武义县青年路 108 号	321200	0579-87641326	0579-87647558
广东省韶铸企业集团	广东省韶关市浈江区十里亭镇	512031	0751-8832578	0751-8853784
湖州恒通机械设备有限公司	浙江省湖州市吴兴区埭溪镇工业开发区（104 国道路 8 号）	313000	0572-2367341	0572-2367343
鹤壁市豫兴煤机有限公司	河南省鹤壁市山城区豫兴工业园	458007	0392-2560169	0392-2566177
鹤壁市万丰矿山机械制造有限公司	河南省鹤壁市山城区石林乡东石林村	458000	0392-2566777	0392-2560777
鹤壁市四达矿山设备有限公司	河南省鹤壁市山城区汤鹤路中段	458000	0392-2560391	0392-2560800
鹤壁市通达矿山设备有限公司	河南省鹤壁市山城区汤鹤路中段山城工业区	458000	0392-2560354	0392-2568096
鹤壁市星光矿山机械制造有限公司	河南省鹤壁市山城区石林乡东石林村	458000	0392-2563669	0392-2566433
鹤壁市双信矿山机械有限公司	河南省鹤壁市山城区汤鹤路中段路北	458000	0392-2560366	0392-2568366
太重煤机有限公司	山西省太原市经济技术开发区电子街 25 号	030009	0351-3040108	0351-3041942
重庆四丰矿山建筑机械有限公司	重庆市大渡口区八桥镇互助工业园	400084	023-68953208	023-68953258

（续）

单位名称	联系地址	邮编	电 话	传 真
河南太行振动机械股份有限公司	河南省新乡市经济开发区西区中央大道北段66号	453731	0373-5590168	0373-5586881
郑州一帆机械设备有限公司	河南省荥阳市开发区郑源路中段	450100	0371-64606406	0371-64606468
山东升金矿山机械有限公司	山东省新泰市新安路53号	271200	13805487285	0538-2200111
宁夏天地西北煤机有限公司	宁夏回族自治区石嘴山市大武口工业园区长安路1号	753001	0952-2175328	0952-2175329
山东东平开元机械制造有限公司	山东省泰安市东平县工业园区	271500	0538-2821052	0538-6356808
浙江镇南精工机械有限公司	浙江省诸暨市店口镇解放路259号	311835	0575-87655388	0575-87655618
南昌矿山机械研究所	江西省南昌市下罗枫林东大街168号	330001	0791-83806998	0791-83805987
南昌矿山机械有限公司	江西省南昌市湾里区盘龙路23号	330004	0791-83798611	0791-83761006
山东华特磁电科技股份有限公司	山东省潍坊市临朐县经济技术开发区华特路6999号	262600	0536-3158808	0536-3158801
山东山矿机械有限公司	山东省济宁市济安桥北路11号	272014	0537-2226931	0537-2228529
沈阳隆基电磁科技股份有限公司	辽宁省抚顺市经济开发区文华路6号	113122	024-56605765	024-56605768
浙江东海减速机有限公司	浙江省温州市平阳经济开发区（鳌江镇）	325401	0577-63675933	0577-63635393
石家庄油漆厂	河北省石家庄市中山西路433号	050000	0311-85233768	0311-83013681
鸡西永益煤矿机械制造有限公司	黑龙江省鸡西市鸡冠区南星街47号	158100	0467-2725068	0467-2725068
大连骅洋液力偶合器有限公司	辽宁省大连市甘井子区营城子街道对门沟村	116036	0411-84444529	0411-84444509
遵化市禹铭矿山机械厂	河北省遵化市黎河桥路西	064200	0315-6883926	0315-6603658
河北宣化工程机械股份有限公司	河北省张家口市宣化区东升路21号	075105	0313-3186001	0313-3186026
洛阳百力克矿山机械有限公司	河南省洛阳市洛新工业园双湘路12号	471822	0379-65190660	0379-67312866
江苏三羊开泰煤矿电机制造有限公司	江苏省丹阳市开发区胡桥乡大贡村	212313	0511-86981555	0511-86967626
青岛胶六橡特胶带有限公司	山东省青岛市市北区市场二路36号	266011	0532-82825527	
南昌凯马有限公司	江西省南昌市国家经济技术开发区丁香路凯马机电工业园	330101	0791-83951398	0791-83951350
山西电机制造有限公司	山西省太原市并州南路68号	030012	0351-7081088	
广州机械科学研究院	广东省广州市黄埔区茅岗路828号	510700	020-32389630	
芜湖众发中运机械有限公司	安徽省芜湖市鸠江经济开发区二期永昌路67号	241100	0553-5716423	
湖南山拓机械制造有限公司	湖南省岳阳市华容县工业园	414200	0730-4108893	
中实洛阳重型机械有限公司	河南省洛阳市涧西区建设路206号	471039	0379-64088063	
四川川润液压润滑设备有限公司	四川省成都市郫都区现代工业港北区港北六路85号	611743	028-61836518	
上海辛格林纳新时达电机有限公司	上海市嘉定区思义路1560号	201801	021-69896275	021-69926011
江苏太兴隆减速机有限公司	江苏省泰兴市城区科技工业园	225400	0523-87996888	0523-87996999
河南省荥阳市矿山机械制造厂	河南省荥阳市荥密路三里庄	450100	0371-64696896	
荆州市康海传动机械制造有限公司	湖北省荆州市沙市区锣场工业园二号路20号	434000	0716-8377491	0716-8377493
中国矿业大学科学技术研究院	江苏省徐州市三环南路	221116	0516-83590758	0516-83590289
重庆忠惠机械有限责任公司	重庆市九龙坡区西彭镇长安村	401326	13808300938	023-65805411
安徽铜冠机械股份有限公司	安徽省铜陵经济技术开发区翠湖三路西段998号	244061	0562-5864504	0562-5861106
四川俊江机械有限公司	四川省内江市隆昌县三道桥工业园区	642150	0832-3950899	0832-3965222
浙江双飞无油轴承股份有限公司	浙江省嘉兴市嘉善县干窑工业区宏伟北路18号	314115	0573-84519568	
臣桀（上海）橡胶工业技术有限公司	上海市金山区吕巷镇溪南路86号	214107	021-61841222	021-61842333
唐山拓新电器有限公司	河北省唐山市高新区西昌路（创业中心）	063000	13932554266	0315-3851766

（续）

单位名称	联系地址	邮编	电话	传真
遵化市一超盛方重型机械厂	河北省遵化市苏家洼镇苏家洼村	064200	13931583670	
郑州中意矿山机械有限公司	河南省荥阳市荥密路三里庄	450100	13838055736	0371-64793555
鄂州市恒基矿山机械制造有限公司	湖北省鄂州市经济开发区	436001	13677117578	0711-3619268
洛阳力为机械科技有限公司	河南省洛阳市西工区洛阳工业园区经十路 16 号	471041	0379-62189698	0379-62189698
山西新富升机器制造有限公司	山西省太原市经济技术开发区十四号线 68 号	030013	0351-3075217	0351-2664710
天津市立鑫晟精细铸造有限公司	天津市静海区良王庄乡良二村	301601	022-68122819	022-68122819
德力西（杭州）变频器有限公司	浙江省杭州市西湖区转塘街道科技经济区块 8 号	310023	0571-85362042	0571-85225972
沈阳市永达有色铸造厂	辽宁省沈阳市皇姑区鸭绿江北街 168 号	110033	024-86671086	024-86671086
江阴齿轮箱制造有限公司	江苏省江阴市山观工业园澄山路 601 号	214437	0510-86993113	0510-86993519
卫华集团有限公司	河南省新乡市长垣县卫华大道西段	453400	0373-8888761	0373-8888761
中冶京诚（湘潭）矿山装备有限公司	湖南省湘潭市九华江南大道 8 号	411200	0731-58276200	0731-58276200
新乡市通用电机有限公司	河南省新乡市小店工业区经九路纬六路西南	453000	13937303339	0373-3686333
矿山机械杂志社	河南省洛阳市涧西区建设路 206 号	471039	0379-64087786	0379-64087868
全国矿山机械标准化技术委员会	河南省洛阳市涧西区建设路 206 号	471039	0379-64087746	0379-64087746
国家矿山机械质量监督检测中心	河南省洛阳市涧西区建设路 206 号	471039	0379-64087842	0379-64215427
浙江矿山机械有限公司	浙江省义乌市义亭镇矿机一路 96 号	322005	0579-85817891	0579-85815387
义乌黑白矿山机械有限公司	浙江省义乌市上溪镇四通西路 36 号	322000	0579-85861866	0579-85866118
河南蒲瑞精密机械有限公司	河南省新乡市长垣县巨人大道南段路西	453000	0373-8621889	0373-8621889
泰星减速机股份有限公司	江苏省泰兴市姚王镇泰姚北路 10 号	225402	0523-87635681	
广州华宝矿山设备有限公司	广东省广州市天河区广汕路凤凰软件园首层 B2 区	510520	020-87026100	020-87026465
定襄县佳敏机械锻造有限公司	山西省忻州市定襄县九龙湾工业区	035400	0350-6090909	0350-6090911
河南红星矿山机器有限公司	河南省郑州市高新技术产业开发区檀香路 8 号	450100	0371-86670277	
山西平遥减速器有限责任公司	山西省晋中市平遥县科技工业区	031100	0354-5650091	
湖州电动滚筒有限公司	浙江省湖州市经济技术开发区西风路 888 号	313000	0572-2059480	
河南省华宏重型机械制造有限公司	河南省新乡市凤泉区宝山中路	453011	13598717955	
洛阳诚创耐磨材料有限公司	河南省洛阳市涧西区先进制造业集聚区三西路	471003	0379-64721868	

破碎粉磨设备

单位名称	联系地址	邮编	电话	传真
四川矿山机器（集团）有限责任公司	四川省江油市建设北路 888 号	621701	0816-3696025	0816-3698888
河北金马矿山机械集团公司	河北省遵化市东新庄镇	064209	0315-6999117	0315-6999117
河南省群英机械制造有限责任公司	河南省焦作市解放路 397 号	454002	0391-3906898	0391-3933430
上海嘉庆轴承制造有限公司	上海市闸北区民德路 158 号铭德国际广场 1802 室	200071	021-56559515	021-56639899
江苏鹏胜重工股份有限公司	江苏省淮安市盱眙经济开发区玉兰大道	211700	0517-88293993	0517-88293883
松滋市金津矿山机械有限责任公司	湖北省松滋市城东工业园永兴路 3 号	434200	0716-6210381	0716-6222339
广西壮族自治区桂林矿山机械厂	广西壮族自治区桂林市灵川县桂矿路 1 号	541200	0773-6825032	0773-6812096
哈尔滨国海星轮传动有限公司	黑龙江省哈尔滨市哈平路工业园烟台三路 8 号	150060	0451-86530858	0451-86523288
广西南宁金宇破碎设备有限责任公司	广西壮族自治区南宁市秀安路 15 号	530001	0771-3130687	0771-3123361

（续）

单位名称	联系地址	邮编	电话	传真
山东大通机械科技有限公司	山东省淄博市博山区东良庄北首	255200	0533-4200699	0533-4200699
洛阳矿山机械工程设计研究院有限责任公司	河南省洛阳市涧西区建设路 206 号	471039	0379-64087722	0379-64221800
山东山矿机械有限公司	山东省济宁市济安桥北路 11 号	272041	0537-2225292	0537-2228529
上海龙阳机械厂	上海市浦东新区龙东支路 98 号	201201	021-68915989-835	021-58970007
湖北枝江峡江矿山机械有限责任公司	湖北省宜昌市白洋镇沿江街 1 号	443208	0717-4400029	0717-4402299
成都大宏立机器制造有限公司	四川省成都市大邑县工业大道 128 号	611330	028-88201030	028-88201030
溧阳中材重型机器有限公司	江苏省溧阳市天目湖工业园区滨河路 11 号	213332	0519-80895001	0519-80895018
河北万矿机械厂	河北省张家口市西山产业集聚区（万全县）矿机路 6 号	076250	0313-4881100	0313-4811166
上海山美重型矿山机械有限公司	上海市奉贤区青村镇奉村路 258 号	201414	021-57566188	021-57566188
山东黑山路桥机械科技有限公司	山东省淄博市博山区八陡镇黑山前 165 号	255203	0533-4518240	0533-4518147
北京斯诺堡轴承有限公司	北京市西城区广安门外三义东里 20 号	100055	010-63427566	010-63479753
海门市重型矿山机械厂	江苏省海门市三厂镇厂洪路 28 号	226121	0513-82602392	0513-82608081
北京锋必达矿山机械有限公司	北京市门头沟区中门寺街 69 号	102300	010-61890942	010-61891117
北方重工集团有限公司矿山冶金设备分公司	辽宁省沈阳市经济技术开发区开发大路 16 号	110860	024-25802282	024-25802858
上海恒源冶金设备有限公司	上海市浦东新区老芦公路 938 号	201304	021-58975926	021-58975926
遵化市宏宇矿山机械有限公司	河北省遵化市西留村乡学汉坨村	064200	0315-6601688	0315-6603666
昆山多灵重型设备科技有限公司	江苏省昆山市锦溪镇锦荣路 550 号	471700	0512-54083495	0512-83639697
山东益杰重工机械有限公司	山东省淄博市博山区博莱高速路口	255200	0533-4658626	0533-4658727
包头市冶金矿山机械制造有限公司	内蒙古自治区包头市铝业产业园区长征路 2 号	014040	0472-4111538	0472-4172310
遵化新保益达重型机械制造有限公司	河北省遵化市黎河桥西行 4km 路南	064200	0315-6989111	0315-6989222
成都市双流金石机械制造有限公司	四川省成都市双流区金桥镇永和村三组	610200	028-85851618	028-85851618
山东华力电机集团股份有限公司	山东省荣成市明珠路 89 号	264300	0631-7551153	0631-7553744
中南大学机电工程学院	湖南省长沙市岳麓山南路 105 号	454002	0731-88877025	0731-88851136
荆州市巨鲸传动机械有限公司	湖北省荆州市经济技术开发区东方大道 58 号	434000	0716-8303999	0716-8303886
河南焦矿机器有限公司	河南省焦作市焦东中路 28 号	454002	0391-3976001	0391-3929939
河北省邯郸市邯山冶金机械备件厂	河北省邯郸市马庄收费站东 200m	056001	0310-5503398	0310-5276955
山东华特磁电科技股份有限公司	山东省潍坊市临朐县经济技术开发区华特路 6999 号	262600	0536-3158808	0536-3158801
启东市南方润滑液压设备有限公司	江苏省启东市惠萍镇工业园区	226255	0513-83792888	0513-83795028
浙江镇南精工机械有限公司	浙江省诸暨市店口镇解放路 259 号	311835	0575-87655388	0575-87655618
朝阳华亿重工机械制造有限责任公司	辽宁省朝阳市中山大街一段 35 号	122000	0421-3724900	0421-3724900
章丘市东风水泥机械有限公司	山东省济南市章丘区相公庄镇四村	250203	0531-83831130	0531-83821626
洛阳市豫跃矿业设备有限公司	河南省洛阳市涧西区建设路 133 号	471039	0379-64250589	0379-64250589
定襄县佳敏机械锻造有限公司	山西省忻州市定襄县九龙湾工业区	035400	0350-3329586	0350-6090911
宁波市实立矿山机械制造有限公司	浙江省宁波市象山县石浦镇兴港路 100 号	315731	0574-65912665	0574-65912665
邯郸四达电机股份有限公司	河北省邯郸市中华北大街 680 号	056004	0310-3178286	0310-3178506
南昌矿山机械有限公司	江西省南昌市湾里区盘龙路 23 号	330004	0791-83782882	0791-83961006

（续）

单位名称	联系地址	邮编	电话	传真
陕西蒲城秦星建设机械有限公司	陕西省渭南市蒲城县苏坊镇东大街	715514	0913-7325552	0913-7325552
唐山鑫虎重型矿山机械有限公司	河北省遵化市团瓢庄乡山里各庄村	064209	0315-6986988	0315-6986868
遵化市宏盛大诚矿山机械厂	河北省遵化市黎河桥西 1km	064200	0315-6601589	0315-6601489
遵化市大明矿山机械有限公司	河北省遵化市团瓢庄乡兴隆店村	064200	0315-6991888	0315-6991788
山东省东平县开元机械制造有限公司	山东省泰安市东平县工业园	271500	0538-6356808	0538-6356808
吉林大学(吉林大学南岭校区)	吉林省长春市人民大街 5988 号	130025	0431-85095288	0431-85095288
山东睿能机械有限公司	山东省济南市蓝翔路 15 号 -6 区 -2 号	250023	0531-85980518	0531-85980518
固安百滤得机械制造有限公司	河北省廊坊市固安县温泉园区	065501	0316-6228358	0316-6228358
淄博市博山万雷机械设备厂	山东省淄博市博山区颜北路 192 路	255200	0533-4231525	0533-4235111
巢湖诺信建材机械设备有限公司	安徽省巢湖市烔炀工业区	238072	0511-88515783	0511-88512652
浙江矿山机械有限公司	浙江省义乌市义亭镇矿机一路 96 号	322005	0579-85815385	0579-85815387
国茂减速机集团有限公司	江苏省常州市武进高新技术产业开发区西湖路 111 号	213164	0519-86568898	0519-86581901
天津赛瑞机器设备有限公司齿轮制造分公司	天津市东丽区滨海重机工业园重工路 3 号	300350	022-24362086	022-24355100
山西东皇风电法兰制造有限公司	山西省忻州市定襄县崔家庄工业园	035400	021-66092407	021-66093403
广东磊蒙重型机械制造有限公司	广东省韶关市浈江区产业转移工业园	512000	0751-6528888	
山东九昌重工科技有限公司	山东省潍坊临朐县东城工业区朐阳路 368 号	262600	0536-3157532	0536-3157006
济南永固重型机械制造有限公司	山东省济南市堤口路 177 号	250203	0531-85994678	0531-85994678
上海创申重型装备制造有限公司	上海市奉贤区塘外工业园地 8 号	201411	021-53011861-8001	021-53011873
杭州山虎机械有限公司	浙江省杭州市余杭区仁和镇	311107	0571-86391375	0571-86390372
浙江双金机械集团股份有限公司	浙江省杭州市余杭区瓶窑镇南山村	311115	0571-88537288	0571-88503532
臣桀（上海）橡胶工业技术有限公司	上海市金山区吕巷镇溪南路 86 号	214107	021-88733929	021-88733929
常熟中材装备重型机械有限公司	江苏省常熟市北三环 276 号	215500	0512-52858639	0512-52850414
新乡市鼎力矿山设备有限公司	河南省卫辉市唐庄镇工业园区	453100	0373-4222222	0373-4222222
山东金宝山机械有限公司	山东省临沂市金宝山路 1 号	276000	0539-8529300	0539-8529099
哈尔滨和泰电力设备有限公司	黑龙江省哈尔滨市南岗区长江路 380 号	150090	0451-82314958	0451-82314178
沈阳远大科技电工有限公司	辽宁省沈阳市经济技术开发区十六号街 6 号	110027	024-25273535	024-25273535
新乡市通用电机有限公司	河南省新乡市国家经济技术开发区丰收路	453000	0373-3686333	0373-3686333
天津市立鑫晟精细铸造有限公司	天津市静海区良王庄乡良二村	301601	022-68120451	022-68120451
江阴兴澄特种钢铁有限公司	江苏省江阴市滨江东路 297 号	214400	0510-86191400	0510-86191400
莒州集团有限公司	山东省日照市莒县浮来工业园	276511	0633-7882278	0633-6269678
长沙矿冶研究院有限责任公司	湖南省长沙市麓山南路 966 号	410012	13808462653	0731-88657306
沈阳罕王精密轴承有限公司	辽宁省沈阳市经济技术开发区沈西三东路 9 号	110027	024-25991863	024-25991863
上海电气上重碾磨特装设备有限公司	上海市闵行区江川路 1880 号	200245	021-54721753	021-54721753
瓦房店金峰轴承制造有限公司	辽宁省瓦房店市西安北街 28 号	116300	0411-85658333	0411-85658333
韶关市韶瑞重工有限公司	广东省韶关市武江区西郊六公里武江科技工业园	512000	0751-8136871	0751-8136871
福建宏大特钢有限公司	福建省福鼎市太姥山镇文渡工业区文渡路 1 号	355200	0593-7276488	0593-7276488
山东邦德重工科技有限公司	山东省淄博市博山经济开发区工业园	255200	0533-4526666	0533-4526666

（续）

单位名称	联系地址	邮编	电话	传真
无锡江溪弹簧制造有限公司	江苏省无锡市新吴区鸿山街道鸿祥路 67 号	214000	0510-88550199	0510-88550199
广州市光泽齿轮机械有限公司	广东省广州市荔湾区海龙街道东联路 40 号	510378	020-81419878	020-81419733
广州市孟维矿山机械设备有限公司	广东省广州市天河区龙洞广汕一路 685 号	510000	020-37360100	020-37360100
哈尔滨贵友科技开发有限公司	黑龙江省哈尔滨市呼兰区双井镇勤劳村	510378	0451-55234800	0451-55234700
武汉正通传动技术有限公司	湖北省武汉市黄陂区横店街正通大道 99 号	430301	027-61768899	027-61768899
云南冶金昆明重工有限公司	云南省昆明市五华区龙泉路 871 号	650203	0871-66085302	0871-66085303

洗选设备

单位名称	联系地址	邮编	电话	传真
北方重工集团有限公司矿业装备分公司	辽宁省沈阳市经济技术开发区开发大路 16 号	110860	024-25802477	024-25197493
海安县万力振动机械有限公司	江苏省南通市海安县江海西路 168 号	226600	13706277726	0513-88814780
北京矿冶研究总院机械研究所	北京市丰台区南四环西路 188 号总部基地 18 区 23 号楼	100044	13701325849	010-68336186
煤炭科学研究总院唐山设计研究院	河北省唐山市新华西道 21 号	063012	13703348985	0315-2829275
上海盾牌矿筛有限公司	上海市闸北区天目中路 383 号海文大楼 1503 室	200070	18930850700	021-23010291
唐山汇力科技有限公司	河北省唐山市路南区唐古街 3 号	063001	13503152229	0315-2876709
河南威猛振动设备股份有限公司	河南省新乡市新乡县工业路 1 号	453700	13837359259	0373-5590098
江阴齿轮箱制造有限公司	江苏省江阴市山观工业园澄山路 601 号	214437	13656165722	0510-86993196
上海山美重型矿山机械有限公司	上海市奉贤区青村镇奉村路 258 号	453731	13700863691	021-58200089
钟祥市新宇机电制造有限公司	湖北省钟祥市经济开发区西环二路 8 号	431900	13707264888	0724-4223279
沈阳鸿翔复合弹性设备有限公司	辽宁省沈阳市大东区大什字街 80-1 号	110014	13604904882	024-88472546
中信重工机械股份有限公司矿山机器厂	河南省洛阳市涧西区建设路 206 号	471039	15690660259	0379-64088626
上海嘉庆轴承制造有限公司	上海市闸北区民德路 158 号铭德国际广场 1802 室	200071	13564241799	021-56559515
河南太行振动机械股份有限公司	河南省新乡市经济开发区西区中央大道北段 66 号	453731	13803738509	0373-5586811
辽源通工机械有限公司	吉林省辽源市工业开发区向阳工业园福兴路 1 号	136200	13604375653	0437-3170955
郑州一帆机械设备有限公司	河南省荥阳市开发区郑源路中段	450131	13849040105	0371-88380880
河南师大振动机械有限公司	河南省新乡市建设东路 46 号	543007	13603737789	0373-3326999
江苏保龙机电制造有限公司	江苏省溧阳市昆仑开发区昆仑北路 75 号	213300	13906143181	0519-87301886
泰州市白塔橡胶厂	江苏省泰州市姜堰区民营经济产业中心	225500	13705268229	0523-88286079
柳州中特高压电器有限公司	广西壮族自治区柳州市柳东路 222 号	545006	13707726048	0772-2615882
河南省群英机械制造有限责任公司	河南省焦作市解放路 397 号	454002	13782713789	0391-3911397
辽阳市望水橡胶制品厂	辽宁省辽阳市振兴路下王家 256 号	111004	13704196882	0419-3306825
沈阳隆基电磁科技股份有限公司	辽宁省抚顺市抚顺经济开发区文华路 6 号	113122	13904930842	024-56605768
扬州市金马矿机配件有限公司	江苏省扬州市江都区通江路 43 号	225200	13705250833	0514-86893833
淮北市协力重型机器有限责任公司	安徽省淮北市濉溪经济开发区工业园金桂西路 2 号	235000	13905612169	0561-4080808
淮北市一环矿山机械有限公司	安徽省淮北市南黎路西段	235000	13909615455	0561-3015222
淮北科源矿山机器有限公司	安徽省淮北市杜集经济开发区滂汪工业园	235037	13905610939	0561-3038516
北京有色冶金设计研究总院选矿室	北京市海淀区复兴路戊 12 号	100038	13641233600	010-63963662

（续）

单位名称	联系地址	邮编	电话	传真
沈阳永翔科技有限公司	辽宁省沈阳市和平区十三纬路 39 号	110002	13804077264	024-22722669
镇江市鸿兴磁选设备有限公司	江苏省镇江市润州区润兴路 33 号	212002	13705283961	0511-85287677
松滋市金津矿山机械有限责任公司	湖北省松滋市城东工业园永兴路 3 号	434200	13972364370	0716-5951166
抚顺沃尔普机电设备有限公司	辽宁省抚顺市望花区铁岭街 12-1 号	113001	13904934942	024-56380540
辽宁志远筛子王制造有限公司	辽宁省鞍山市达到湾工业园区 C05-6 号	114044	13204233336	0412-5210599
山东华特磁电科技股份有限公司	山东省潍坊市临朐县经济技术开发区华特路 6999 号	262600	13791661888	0536-3158801
江苏磁谷科技股份有限公司	江苏省镇江市丁卯开发区南纬四路 10 号	212009	13906104105	0511-88893966
淮北中芬矿山机器有限公司	安徽省淮北市杜集区孙谢庄工业园腾飞路 1 号	235000	13905610503	0561-3091224
河南省平原矿山机械有限公司	河南省新乡市黄河大道 289 号	453700	13803802825	0373-5071699
河北金马矿山机械集团公司	河北省遵化市新东庄镇	064209	13933336380	0315-6998918
唐山陆凯科技有限公司	河北省唐山市高新技术产业园区火炬路 208 号	063020	18733371027	0315-3859960
扬州市亚业筛网厂	江苏省扬州市江都区城南工业园刘桥路	225200	13905258171	0514-86545138
柳州市远健磁力设备制造有限责任公司	广西壮族自治区柳州市柳江县新兴工业园兴福路 12 号	545112	13807722327	0772-3269178
中煤国际工程集团南京设计研究院	江苏省南京市浦口区浦东路 20 号	210031	025-85046362	025-85046441
河南省金特振动机械有限公司	河南省新乡市经济开发区太行北路西段	453731	13803734948	0373-5597320
江苏科行环境工程技术有限公司	江苏省盐城市新洋经济区新洋路 9 号	224003	13705103032	0515-88566200
鞍山重型矿山机器股份有限公司	辽宁省鞍山市鞍千路 294 号	114051	13904120312	0412-5239900
黑旋风工程机械开发有限公司	湖北省宜昌市大连路 8 号	443005	13607200788	0717-6467192
浙江镇南精工机械有限公司	浙江省诸暨市店口镇解放路 259 号	311835	13395758888	0575-87655618
淄博九州润滑科技有限公司	山东省淄博市高新区万杰路 108 号 1208 室	255086	13355281819	0533-3588387
太重煤机有限公司	山西省太原市经济技术开发区电子街 25 号	030032	18935128282	0351-3035236
江苏金基特钢有限公司	江苏省句容市宝华镇和平村汤龙公路旁	212415	13705183558	025-85818226
济南中燃科技发展有限公司	山东省济南市高新区开拓路 1251 号	250101	0531-81212379	0531-81212387
赣州金环磁选设备有限公司	江西省赣州市章贡区沙河工业园	325000	13970765025	0797-8325798
威海市润泽矿山洗选设备有限公司	山东省威海市环翠区桥头镇临港科技创业园	264212	13863138508	0631-5800797
新乡市高科机械设备有限公司	河南省新乡市新乡县小冀镇 21 号桥西 800m 路北	453731	13903734412	0373-5593617
山东科力华电磁设备有限公司	山东省潍坊市临朐县城南工业园	262600	13953602126	0536-3181099
淮北矿山机器制造有限公司	安徽省淮北市濉溪经济开发区工业园白杨路 15 号	235005	13965876158	0561-6063318
岳阳科德科技有限责任公司	湖南省岳阳市经济开发区 188 号科德工业园	414000	13332509188	0730-8729288
辽宁翔宇压滤机有限公司	辽宁省沈阳市于洪区太湖街 1-3-1 号	110141	024-25835556	024-25300270
东阳市天力磁电有限公司	浙江省东阳市经济开发区八华南路 18 号	322100	13605727760	0579-86816587
上海恒源冶金设备有限公司	上海市浦东新区东胜路 1001 号	201201	13701688151	021-58975926
凤城市矿冶齿轮有限责任公司	辽宁省凤城市边门镇边门街	118119	13941542271	0415-8072666
西安船舶工程研究院有限公司	陕西省西安市雁塔区团结南路 35 号航海科技园 3 层	710077	15991797102	029-88891530
沈阳博众重型机械制造有限公司	辽宁省沈阳市皇姑区三台子经济开发区方溪湖村	110034	13909838049	024-89340303
四川高德特科技有限公司	四川省攀枝花市仁和区攀枝花大道南段 234 号	617000	13508236601	0812-2512388
昆明华扬机械制造有限公司	云南省昆明市晋宁区晋宁工业园区上蒜基地	620215	13312589333	0871-67822912

（续）

单位名称	联系地址	邮编	电话	传真
淮北市金牛源矿山机器有限公司	安徽省淮北市濉溪乾隆湖工业园	235100	13966112959	0561-7518061
东北大学资源与土木工程学院	辽宁省沈阳市和平区文化路 265 号信箱	110006	15904051956	024-23890448
烟台龙腾机械设备有限公司	山东省招远市初山东路 99 号	265400	13853511669	0535-8113099
扬州宝飞优斯特振动器制造有限公司	江苏省扬州市宝应县安宜创业园 22 幢	225800	13901440380	0514-88279611
朝阳市宏晟机械制造有限公司	辽宁省北票市下府经济开发区	122113	13841306326	024-58345885
沈阳斯瑞重型机械制造有限公司	辽宁省沈阳市辽中区满都户镇满东村	110000	13504043811	024-87901804
河南省荥阳市矿山机械制造厂	河南省荥阳市荥密路三里庄	450100	15890055500	0371-64696720
天津市立鑫晟精细铸造有限公司	天津市静海区良王庄乡良二村	301600	13920890723	022-68122819
中国矿业大学化工学院	江苏省徐州市大学路 1 号	022116	0516-83985486	0516-83591056
福州大学紫金矿业学院	福建省福州市福州地区大学新区学园路 2 号	350108	15806038882	0591-22865213
沈阳永达有色铸造厂	辽宁省沈阳市皇姑区鸭绿江北街 168 号	110033	024-86671638	024-86673763
沈阳有色金属研究院	辽宁省沈阳市经济技术开发区七号路 7 甲 6 号	110141	024-25813463	024-25375511
镇江电磁设备厂有限责任公司	江苏省镇江市丹徒区新城谷阳大道东延 99 号	212004	13805282608	0511-85622591
韶关市韶瑞重工有限公司	广东省韶关市武江区西郊六公里武江科技工业园	512029	18948839999	0751-8136871
无锡久申诺科技有限公司	江苏省无锡市锡山区羊尖镇工业园区	214107	0510-88733929	0510-88733929
兴东不锈钢制件厂	福建省晋江市西园街道仕头社区	362200	13505975666	0595-85602756
河北亚恒橡胶科技有限公司	河北省衡水市深州大屯乡张屯工业区	053800	13785836738	
南昌矿山机械有限公司	江西省南昌市湾里区盘龙路 23 号	330004	13807085540	0791-83761006

物料搬运机械

单位名称	联系地址	邮编	电话	传真
华电重工股份有限公司	北京市丰台区汽车博物馆东路 6 号华电产业园 B 座 10 层	100070	010-63919213	010-63919230
衡阳运输机械有限公司	湖南省衡阳市珠晖区狮山路 1 号	421002	0734-3172006	0734-3172066
双鸟集团有限公司	浙江省嵊州市黄泽镇工业功能区玉龙路 16 号	312455	0575-83503801	0575-83503801
中煤西安设计工程有限责任公司	陕西省西安市雁塔路北段 66 号	710054	029-87858161	029-87855534
中煤科工集团沈阳设计研究院有限公司	辽宁省沈阳市沈河区先农坛路 12 号	110015	024-24156292	024-24156292
中冶南方武汉钢铁设计院有限公司	湖北省武汉市青山区红钢城 15 街坊	430080	027-51319084	027-86805606
中国电力工程顾问集团西北电力设计院	陕西省西安市高新区团结南路 22 号	710075	13572422558	
中国电力工程顾问集团西南电力设计院	四川省成都市东风路 18 号	610016	028-81724493	028-81724242
中交一航局安装工程有限公司	天津市经济技术开发区滨海金融街广场东 20 号 E3ABC 座 5 层	300457	022-66283176	022-66282879
上海工业自动化仪表研究院	上海市徐汇区漕宝路 193 号	200233	021-64368180-346	021-64845510
交通运输部水运科学研究院港口工艺与装备技术研究中心	北京市海淀区西土城路 8 号	100088	010-62079013	010-62046559
北京起重运输机械设计研究院有限公司	北京市东城区雍和宫大街 52 号	100007	010-64031452	010-64052584
河北港口集团有限公司信息与技术中心	河北省秦皇岛市海滨路 35 号	066002	0335-3097232	0335-3097232
同济大学机械与能源工程学院	上海市杨浦区四平路 1239 号	200092	021-69589750	
北京科技大学国家板带生产先进装备工程技术研究中心	北京市海淀区学院路 30 号	100083	010-62332598-6405	010-62334255

（续）

单位名称	联系地址	邮编	电话	传真
上海海事大学物流工程学院	上海市浦东新区临港新城海港大道 1550 号	201306	021-38282600	
吉林大学机械科学与工程学院	吉林省长春市人民大街 5988 号	130025	0431-85094404	0431-85095288
东北大学机械工程与自动化学院	辽宁省沈阳市和平区文化路 3 号信箱 11 号	110819	13940324923	
太原科技大学机械工程学院	山西省太原市万柏林区窊流路 66 号	030024	0351-6998032	0351-6998032
上海理工大学机械工程学院	上海市杨浦区军工路 516 号	200093	021-55270456	021-55270456
《起重运输机械》杂志社	北京市东城区雍和宫大街 52 号	100007	010-64031987	010-64031987
广州起重机械有限公司	广东省广州市广园中路 283 号	510405	020-86798728	020-86796828
大连华锐重工集团股份有限公司	辽宁省大连市西岗区八一路 169 号	116013	0411-86852736	0411-86852013
浙江东海减速机有限公司	浙江省温州市平阳经济开发区鸽巢路（鳌江镇）	325401	0577-63631862	0577-63635393
四川省自贡运输机械集团股份有限公司	四川省自贡市高新工业园区富川路 3 号	643000	0813-8233607	0813-8233588
力博重工科技股份有限公司	山东省泰安市宁阳经济开发区	271411	0538-2133862	0538-6962086
河南恒达机电设备有限公司	河南省新乡市长垣县魏庄工业园区纬十路与巨人大道交叉口向东 150m 路南	453424	0373-2156199	0373-2156189
宁夏天地西北煤机有限公司	宁夏回族自治区石嘴山市大武口工业园区长安路 1 号	753001	0952-2175329	0952-2175357
上海科大重工集团有限公司	上海市青浦区青浦工业园华青路 815 号	201707	021-69211568	021-69210321
杭州华新机电工程有限公司	浙江省杭州市西湖科技园区西园路 2 号	310030	0571-89905122	0571-89905117
山东山矿机械有限公司	山东省济宁市济安桥北路 11 号	272041	0537-2783813	0537-2228529
焦作市科瑞森机械制造有限公司	河南省焦作市山阳区神州路 2878 号	454000	0391-3683685	0391-3683672
SEW-传动设备（天津）有限公司	天津市经济技术开发区第七大街 46 号	300457	13901352871	
太原重型机械集团有限公司	山西省太原市万柏林区玉河街 53 号	030024	0351-6361327	0351-6361133
上海贯博起重设备有限公司	上海市浦东新区周浦镇 3736 号 2 幢 2 层	201318	021-50880140	
江苏兴洲工矿设备有限公司	江苏省泰州市高港区许庄科技创业园许南	225323	0523-86161162	0523-86112111
江阴齿轮箱制造有限公司	江苏省江阴市山观工业园澄山路 601 号	214437	0510-86993519	0510-86993519
宁波探索机械制造有限公司	浙江省宁波市象山县丹城镇白鹤路 206 号	315700	0574-65782295	0574-65751946
哈尔滨和泰电力设备有限公司	黑龙江省哈尔滨市南岗区长江路 380 号	150090	0451-82279918	0451-82314178
唐山德伯特机械有限公司	河北省唐山市缸窑路 2 号	063027	0315-8090500	0315-3203438
中国大唐集团科技工程有限公司	北京市海淀区紫竹院路 120 号	100097	13817696152	
上海博强机械制造工程有限公司	上海市普陀区交通路 4621 弄 4 号 1401 室	200331	021-52926332	021-52956605
江苏鼎阳机电科技实业有限公司	江苏省南京市山西路 68 号颐和商厦 10 层 A-D 座	210009	025-83696880	025-83696871
常州市潞城常东塑料五金厂	江苏省常州市武进区潞城街道李家塘村	213025	0519-88402188	0519-88400668
上海振华重工（集团）股份有限公司	上海市浦东新区东方路 3261 号	200125	021-31191929	021-31191955
湖州电动滚筒有限公司	浙江省湖州市经济技术开发区西凤路 888 号	313000	0572-2111325	0572-2174376
中国能源建设集团山西电力设备厂	山西省太原市北营南路 30 号	030031	0351-7662041	0351-7662246
武汉新华源电力设备有限公司	湖北省武汉市武昌区中北路 148 号东沙大厦 A 座 8 层	430077	027-87260868	027-87260858
宁波华臣输送设备制造有限公司	浙江省宁波市象山县经济开发区滨海工业园金商路 20 号	315712	13906601166	0574-65803687
吴江市麒麟起重机械有限公司	江苏省苏州市吴江区铜罗镇人民街 20 号	215237	0512-63881241	0512-63881774
江西华伍制动器股份有限公司	江西省丰城市高新技术产业园区火炬大道 26 号	331100	0795-6242073	0795-6241080
启东金利润滑设备有限公司	江苏省启东市中央大道东首	226200	0513-83655222	0513-83655222

（续）

单位名称	联系地址	邮编	电话	传真
无锡市安能滑触电器有限公司	江苏省无锡市锡山区东北塘镇农坝工业园	214191	0510-83776272	0510-83776126
哈尔滨国海星轮传动有限公司	黑龙江省哈尔滨市哈平路工业园烟台三路 8 号	150060	0451-86530858	0451-86530858
天津三岛输送机械有限公司	天津市塘沽区新北路创新创业园 21-B 号 401 室	300451	022-25213279	022-25213279
中国重型机械有限公司	北京市海淀区复兴路甲 23 号	100036	010-68211861	010-68296106
沈阳皆爱喜输送设备有限责任公司	辽宁省沈阳市经济技术开发区五号路 19 号	110141	024-25370291-8032	024-25370290
卫华集团有限公司	河南省新乡市长垣县卫华大道西段	453400	0373-8887646	0373-8887665
三一港口机械有限公司	广东省珠海市金湾区三一科技大厦	519090	0756-7266931	0756-84031999-1162
株洲天桥起重机股份有限公司	湖南省株洲市石峰区新民路 266 号	412004	0731-22337000-8001	0731-22337798

桥式起重机

单位名称	通讯地址	邮编	电话	传真
北京起重运输机械设计研究院有限公司	北京市东城区雍和宫大街 52 号	100007	010-64032298	010-84037436
象王重工股份有限公司	江苏省盐城市建湖县经济开发区明珠东路 1 号	224700	0515-86317221	0515-86317221
中国有色（沈阳）冶金机械有限公司	辽宁省沈阳市经济技术开发区细河十北街 26 号	110027	024-31228033	024-31228088
上海嘉庆轴承制造有限公司	上海市静安区普善路 239 弄 19 号 101 室	200070	021-56559515	021-56559517
河南省力源重型起重机有限公司	河南省新乡市长垣县魏庄工业园区 纬七路 15 号	453424	0373-8710919	0373-8710919
江苏锦友减速机制造有限公司	江苏省泰兴市城东工业园戴王路 1 号	225400	0523-87692335	0523-87694775
上海宝松重型机械工程有限公司	上海市宝山区盘古路 732 号	201900	021-56698880	021-56690455
无锡大力起重机械有限公司	江苏省无锡市华清路 148 号	214124	0510-85628988	0510-85627005
山东益杰重工机械有限公司	山东省淄博市博山区博莱高速路口	255213	0533-4658626	0533-4658727
江西飞达电气设备有限公司	江西省宜春市经济技术开发区宜工大道	336000	0795-2192198	0795-3245060
山东泰峰起重设备制造有限公司	山东省新泰市羊流工业区	271208	0538-7442272	0538-7442858
山东德鲁克起重机有限公司	山东省新泰市开发区新区	271208	0538-7442429	0538-7442118
宁夏天地奔牛银起设备有限公司	宁夏回族自治区银川市西夏区金波南街 160 号	750021	0951-5615026	0951-3067126
山东泰山起重机械有限公司	山东省新泰市羊流工业区	271208	0538-7442312	0538-7442366
江苏格雷特起重机械有限公司	江苏省南通市通州区平潮镇沿江工业园蛟龙路 18 号	226361	0513-86725777	0513-86725777
山东柳杭减速机有限公司	山东省淄博市博山区水河路中段	255200	0533-4266859	0533-4182198
淄博市博山起重机器厂	山东省淄博市博山区白塔镇小庄村 17 号	255202	0533-4680509	0533-4680509
南京特种电机厂有限公司	江苏省南京市六合区雄州东路 289 号	211500	025-57512565	025-57512565
湖北鄂南起重运输机械有限公司	湖北省赤壁市经济开发区发展大道 159 号	437300	0715-5250777	0715-5250326
江苏宏达起重电机有限公司	江苏省无锡市惠山区前州镇开发区惠和路 3 号	214181	0510-83396666	0510-83396666
山东华通机械有限公司	山东省新泰市羊流工业区	271208	0538-7442393	0538-7442003
山东开元重型机械有限公司	山东省新泰市羊流工业区	271208	0538-7443936	0538-7443936
上海海希工业通讯股份有限公司	上海市松江区新桥镇莘砖公路 518 号 15 幢	201612	021-54902525	021-54902626
法兰泰克重工股份有限公司	江苏省苏州市吴江区汾湖高新技术产业开发区汾越路 288 号	215211	0512-82072999	0512-82072999
无锡市安特防爆机电制造有限公司	江苏省无锡市惠山区长安街道长东工业园	214177	0510-83620477	0510-83622120

（续）

单位名称	联系地址	邮编	电话	传真
赤壁市蒲圻起重运输机械有限责任公司	湖北省赤壁市经济开发区凤凰山路	437300	0715-5250377	0715-5250489
重庆金象起重设备制造有限公司	重庆市江津区德感工业园 18 号	402284	023-87063693	023-87063693
焦作市长控液压制动器有限公司	河南省焦作市修武县集聚产业区	454950	0391-7260558	0391-7260558
湖北省咸宁三合机电制造有限责任公司	湖北省咸宁市咸安区同心路 138 号	437000	0715-8322725	0715-8322725
无锡市安能滑触电器有限公司	江苏省无锡市锡山区东北塘镇农坝工业园	214191	0510-83776272	0510-83776272
河南华豫起重集团有限公司	河南省新乡市长垣县起重工业园区华豫大道	453400	0373-8717666	0373-8717555
四平市海格起重机器制造有限公司	吉林省四平市红嘴经济技术开发区兴红路 1515 号	136000	0434-5016806	0434-5016816
武汉正通传动技术有限公司	湖北省武汉市黄陂区横店街正通大道 99 号	430301	027-61879999	027-61768899
上海共久电气有限公司	上海市松江区石湖荡镇育新路 88 号	201617	021-57841571	021-57841775
武汉钢铁重工集团冶金重工有限公司	湖北省武汉市青山区厂前街青王路 10 号	430083	027-86303703	027-86865751
上海美绿起重设备有限公司	上海市崇明区港沿镇富强路 807 号	202158	021-59465126	021-6620b651
南通力威机械有限公司	江苏省如皋市如城镇东部工业园区兴源大道 6 号	226522	0513-87268999	0513-87268999
江苏省泰宇减速机有限公司	江苏省泰兴市姚王镇石桥村工业园	225402	0523-87540099	0523-87540099
天津重钢机械装备股份有限公司	天津市滨海新区塘沽厦门路 139 号	300459	022-25211535	022-25211535
天府重工有限公司	山东省烟台市福山区上庄路 81 号	265500	0535-6331648	0535-6331648
诸暨劼力起重吊索具有限公司	浙江省诸暨市人民中路 75 号	311800	0575-88791616	0575-88791616
浙江赛诺起重机械有限公司	浙江省杭州市拱墅区工业园区康惠路 1 号	310015	0535-6331468	0535-6331468
象山万邦电器有限公司	浙江省宁波市象山县产业区城东工业园望海路 5 号	315700	0574-65626626	0574-65626626
新乡市志远起重配件厂	河南省新乡市长垣县起重工业园区	453400	0373-8615167	0373-8615167
河南新起腾升起重设备有限公司	河南省新乡市延津县榆东产业聚集区	453000	0373-7722088	0373-7722088
重庆起重机厂有限责任公司	重庆市九龙坡区中梁山街道人和场	400052	023-65269394	023-65258916
绍兴起重机总厂	浙江省绍兴市越城区袍江新区洋江东路 38 号	312000	0575-88265977	0575-88265977
江阴市起重运输机械有限公司	江苏省江阴市申港街道申新路 33 号	214443	0510-86621524	0510-86621524
成都三江起重机制造有限公司	四川省成都市金堂县三中园区钢城路西段	610400	028-84934393	028-84934393
江西华伍制动器股份有限公司	江西省丰城市高新技术产业园区火炬大道 26 号	331100	0795-6203200	0795-6203200
郑州市华中路桥设备有限公司	河南省郑州市上街区洛宁路 88 号	450041	0371-68117266	0371-68117258
唐山沧达电缆有限公司	河北省唐山市路南区复兴路 54 号	063011	0315-2863232	0315-2866206
长沙起重机厂有限公司	湖南省长沙市韶山南路 123 号	410004	0731-85590525	0731-85011565
江苏金长城减速机有限公司	江苏省泰兴市经济开发区城东工业园	225400	0523-87700018	0523-87552788
四川成启起重机制造有限公司	四川省什邡市经济开发区北区海淀路	610083	028-82572910	028-82572910
湖北创新电气有限公司	湖北省宜昌市伍家岗临江坪科技园	443000	022-84893995 （天津办事处）	022-6572412 （天津办事处）
洛阳起重机厂	河南省洛阳市老城区唐宫东路 10 号	471009	0379-63415918	0379-63415999
无锡文鼎线缆有限公司	江苏省宜兴市官林镇工业集中区张来路	214251	0510-87206210	0510-87209409
银川银重(集团)起重机有限公司	宁夏回族自治区银川市金凤区贺兰山中路 533 号	750011	0951-3073729	0951-3072981
伟肯（中国）电气传动有限公司	北京市朝阳区光华路甲 8 号和乔大厦 A 座 528 室	100026	010-51280006	010-51280006
宁波市鄞州中久电子有限公司	浙江省宁波市鄞州区横溪镇上畈 58 号	315000	0574-88136553	0574-88239555
宜昌市微特电子设备有限责任公司	湖北省宜昌市发展大道 28 号	443005	0717-6922999	0717-6906018

（续）

单位名称	联系地址	邮编	电话	传真
无锡宏达特种电机厂	江苏省无锡市惠山区前州镇工业区兴州路 23 号	214181	0510-83393888	0510-83393188
南京高锐特起重机械有限公司	江苏省南京市六合区东沟镇前街	211514	025-68902298	025-68902298
云南昆钢重型装备制造集团有限公司	云南省安宁市昆钢物流园区	650302	0871-8602490	0871-8602490
上海君睿起重设备安装工程有限公司	上海市闸北区永和路 398 号 315 室	200072	021-56652336	021-56652336
河南省恒远起重机械集团有限公司	河南省新乡市长垣县起重工业园区巨人大道 6 号	453400	0373-8622265	0373-8726666
常州市常欣电子衡器有限公司	江苏省常州市中凉亭夏雷路 68 号	213001	0519-86643942	0519-86640473
岳阳科德科技有限责任公司	湖南省岳阳市经济开发区 188 号科德工业园	414000	0730-8729888	0730-8729288
浙江三港起重电器有限公司	浙江省台州市三门县滨海新城永盛路 8 号	317100	0576-83351555	0576-83351555
南京神天起重机械设备有限公司	江苏省南京市江宁区禄口街道石埝社区	211156	025-87191633	025-87191633
宜昌三思科技有限公司	湖北省宜昌市高新区大连路 33 号清华科技园	443000	0717-6341110	0717-6342020
无锡市西塘宏达机电有限公司	江苏省无锡市惠山区前洲镇西塘村	214181	0510-83396588	0510-83396588
上海乐派特机电科技有限公司	上海市普陀区中山北路 2130 号万千大厦 23 层	200063	021-52911319	021-32010097
新起起重机有限公司	河南省新乡市长垣县魏庄工业园区	453424	0373-8672222	0373-8672222
意凯希通信设备（北京）有限公司	北京市朝阳区望京阜通东大街 6 号方恒国际中心 C 座 902 室	100102	010-84674921	010-84674931
索肯和平（上海）电气有限公司	上海市宝山区沪太路 8017 号	201908	021-36659997	021-36659997
上海辛格林纳新时达电机有限公司	上海市嘉定区思义路 1560 号	201801	021-69926036	021-69926011
杭州起重机械有限公司	浙江省杭州市余杭区勾运路 19 号	311112	0571-88747563	0571-88747388
宁波新大通电机有限公司	浙江省宁波市象山县产业区城东工业园万隆路 587 号	315706	0574-65626009	0574-65626009
象山亿佳电器有限公司	浙江省宁波市象山县滨海工业园金开路 80 号	315712	0574-65626626	0574-65803535
湖北神力起重机械有限公司	湖北省赤壁市经济开发区起重机工业园发展大道 93 号	437300	0715-5251589	0715-5251589
湖北重工蒲圻机械有限公司	湖北省赤壁市经济开发区赤马港工业园 11 号路	437300	0715-5362978	0715-5362978
江苏上上电缆集团有限公司	江苏省溧阳市上上路 68 号	213300	0519-87308866	0519-87308866
山东天源重型起重机械有限公司	山东省新泰市羊流工业园	271208	0538-7443456	0538-7443456
河南省龙祥电力电缆有限公司	河南省新乡市长垣县人民路西段路南	453400	0373-8881932	0373-8881932
武汉金地球起重设备有限责任公司	湖北省武汉市中南路 14 号世纪广场 802 室	430071	027-85981426	027-85981426
上海辽清缓实业有限公司	上海市宝山区爱辉路 27 弄 4 号 102	200431	021-66207428	021-66207428
广东日丰电缆股份有限公司	广东省中山市西区广丰工业园	528401	0760-88166388	0760-88166388
黑龙江富锦富华起重机有限公司	黑龙江省富锦市富福路西段	156101	0454-2347124	0454-2349210
丹东万达电缆卷筒有限公司	辽宁省丹东市元宝区八道街 165 号	118000	0415-3128544	0415-3131002
河南江河重工集团有限公司	河南省郑州市嵩山北路 83 号	450000	0371-55173989	0371-55173989
鞍山市起重机械有限公司	辽宁省鞍山市立山区羊草庄工业园区强工路 369 号	114031	0412-6612568	0412-6600118
开原市起重机总厂	辽宁省开原市工业区铁西北街 86 号	112300	024-73715036	024-73715036
开原星都起重设备有限公司	辽宁省开原市工业区北区北环路 4 号	112000	024-73115556	024-73115559
山东益统重工机械有限公司	山东省新泰市羊流工业园	271208	0538-7446888	0538-7446777
山东鲁新起重设备有限公司	山东省新泰市羊流工业园	271208	0538-7442439	0538-7442439
深圳市英威腾电气股份有限公司	广东省深圳市南山区龙井路高发科技园 4 号楼英威腾大厦	518055	0755-86312603	0755-86312603
石家庄铁道大学 国防交通研究所	河北省石家庄市北二环东路 17 号	050043	0311-87935570	0311-87935570

（续）

单位名称	联系地址	邮编	电 话	传 真
西安宝德自动化股份有限公司	陕西省西安市高新区草堂科技产业基地秦岭大道西 4 号	710034	029-88323387-8231	029-88323336
柳州起重机器有限公司	广西壮族自治区柳州市阳和工业新区雒容工业园 2 号	545616	0772-3117615	0772-3117615
浙江麒龙起重机械有限公司	浙江省绍兴市兰亭镇工业园区	312043	0575-84608897	0575-84608897
浙江天正电气股份有限公司	上海市浦东新区康桥东路 388 号	201319	021-31167247	021-31198729
上海佩纳沙士吉打机械有限公司	上海市青浦区朱家角镇沪清平公路 6098 号	201713	021-59232408	021-33864157
江阴市三叶机械有限公司	江苏省江阴市申港街道申港路 259 号	214443	0510-86629737	0510-86682877
乐清市东方胶塑电器开关有限公司	浙江省乐清市柳市镇苏吕村苏太路 418 号	325604	0577-62790993	0577-62790784
德马科起重机械有限公司	河南省新乡市长垣县起重工业园区纬四路 1 号	453400	0373-8614789	0373-8614455
浙江协成起重机械有限公司	浙江省嘉兴市嘉善县惠民街道成功路 101 号	314100	4008041010-810	0573-84648605
北起院装备制造（北京）有限公司	北京市通州区永乐经济开发区	101115	010-80513958	010-80513958
承德市开发区盛方电子有限公司	河北省承德市高新区科技大厦附楼 8 层	067000	0314-2067073	0314-2067073
上海宏欣电线电缆有限公司	上海市浦东新区新场镇祝桥一灶 240 号	201314	021-68158306	021-68158268
大连重工·起重集团有限公司	辽宁省大连市西岗区八一路 169 号	116013	0411-86852166	0411-86852222
德马格起重机械（上海）有限公司	上海市闵行区沪闵路 6088 号 18 层	201199	021-37182205	021-57464558
北京北起新创起重设备有限公司	北京市大兴区西红门嘉悦广场 5 号楼 907 室	102609	010-63518521	010-83511775
北京和欣运达科技有限公司	北京市昌平区回龙观镇定福黄庄宾宾集团和欣控制楼 2 层	102208	010-62719109-8009	010-62718559
辽宁三洋重工起重机装备有限公司	辽宁省开原市解放路 578 号	112300	024-73609128	024-73357999
上海龙合电子商务有限公司	上海市浦东新区秀浦路 2500 弄 13 号	201319	021-68133305	021-68067644
深圳市益尔智控技术有限公司	广东省深圳市南山区公园南路蛇口联合工业村 G 栋南山区电子商务创新服务基地 B602-1 室	518067	0755-26433905	0755-26641880
安徽多杰电气有限公司	安徽省黄山市歙县经济技术开发区潭石路 6 号	245200	0559-6913999	0559-6833333
斯泰尔起重设备（上海）有限公司	上海市普陀区绥德路 128 号	200331	021-66083737-13	021-66083015
浙江箭环电气开关有限公司	浙江省义乌市稠城街道城中北路 37-1 号	322000	0579-85555715	0579-85555726
无锡市安全滑触线有限公司	江苏省无锡市滨湖区雪浪街道南泉赵祖浜路北	214128	0510-85062656	0510-85418311
泉州市恒力起重机制造有限公司	福建省泉州市鲤城区江南高新技术园区紫山路 30 号	362000	0595-28829999	0595-28896889
河南豫飞重工集团有限公司	河南省新乡市新飞大道北段 81 号	453002	0373-3321000	0373-3321906
东莞市台冠起重机械设备有限公司	广东省东莞市大朗镇杨涌金朗南路 229 号	523770	0769-83019666-881	0769-83019666
河南蒲瑞精密机械有限公司	河南省新乡市长垣县巨人大道南段路西	453400	0373-8619999	0373-8625688
湖北圣河金起重设备有限公司	湖北省襄阳市樊城区柿铺杨湖	441000	0710-3113198	0710-3113178
江阴市金达传动机械有限公司	江苏省江阴市云亭街道那巷路 9 号	214400	0510-86022317	0510-86022092
凯道起重设备（上海）有限公司	上海市徐汇区中山西路 1800 号兆丰环球大厦 11J 室	200235	021-54488935	021-54488937
石家庄五龙制动器股份有限公司	河北省石家庄市桥西区新石中路 375 号金石大厦 C 座 501 室	050091	0311-83805606	0311-83826381
武汉港迪电气传动技术有限公司	湖北省武汉市东湖新技术开发区理工大科技园理工园路 6 号	430223	010-84340251	010-84340251
义乌恒邦建筑智能科技有限公司	浙江省义乌市雪峰西路 968 号（义乌科技创业园）8 幢 6 层	322000	0579-85232071	0579-85232073

（续）

单位名称	联系地址	邮编	电话	传真
浙江众磊起重设备制造有限公司	浙江省诸暨市江龙工业开发区	311800	0575-87398028	0575-87398028
定襄县佳敏机械锻造有限公司	山西省忻州市定襄县九龙湾工业区	035400	0350-6090911	0350-6090911
辽宁清原第一缓冲器制造有限公司	辽宁省抚顺市 146 信箱	113103	024-54077398	024-53020828
江阴市正盛机械制造有限公司	江苏省江阴市申港街道于门工业园 68 号	214443	0510-86688868	0510-86623128
浙江欧迈特减速机械有限公司	浙江省温州市平阳县宋桥镇工业园	325409	0577-63770881	0577-63775678
天津市百业机械制造有限公司	天津市东丽区民族路 2 号	300300	022-84893995	022-84893985
河南省盛华起重机有限公司	河南省新乡市长垣县起重工业园区	453400	0373-8712503	0373-8710509
江西省宜春市建达安全装置设备有限公司	江西省宜春市明月南路 267 号	336000	0795-7040312	0795-7040312
江西冠华重工机械有限公司	江西省宜春市经济技术开发区	336000	0795-3248111 3241888	0795-3241288
河南省新科起重机有限公司	河南省新乡市长垣县起重工业园区纬七路	453400	0373-8622113	0373-8622900
无锡市新宏达电机有限公司	江苏省无锡市惠山区玉祁民主新桥	214183	0510-80226838	0510-80226978
江苏沃得起重机有限公司	江苏省镇江市丹徒区勤政南路	212143	0511-85935166	0511-85935226
河南振强起重机械有限公司	河南省新乡市长垣县恼里镇碱场工业区	453400	0373-8639293	0373-8639288
云南冶金昆明重工有限公司	云南省昆明市五华区龙泉路 871 号	650203	0871-66085085	0871-66085285
江阴市兴科起重机械有限公司	江苏省江阴市申港街道东徐路 9 号	214443	0510-86621891	0510-86621891
河南省宏业起重设备有限公司	河南省新乡市长垣县长恼工业区	453423	0373-8639350	0373-8639059
咸宁起重机械有限公司	湖北省咸宁市巨宁大道 56 号	437000	0715-8343666	0715-8312668
常州达卡重工机械制造有限公司	江苏省常州市新北区薛冶路 20 号	213000	0519-85135677	0519-85135627
河北金马矿山机械集团公司	河北省遵化市东新庄镇	064209	0315-6999117	0315-6999117
河南省中威金属制品有限公司	河南省新乡市长垣县长城大道 199 号	543400	0373-8885868	0373-8885868
云南劲力重型机器有限公司	云南省安宁市昆钢物流园区	650238	0871-8712750	0871-87122749
淄博九州润滑科技有限公司	山东省淄博市高新区万杰路 121 号	255086	0533-4548567	0533-4546336
河南省盛达起重机械有限公司	河南省新乡市长垣县长恼工业区	453423	0373-8731356	0373-8731355
河南省远征起重机械有限公司	河南省新乡市长垣县魏庄工业园区南	453400	0373-8611999	0373-8611997
江苏泰隆减速机股份有限公司	江苏省泰兴市大庆东路 88 号	225400	0523-87668088	0523-87665426
上海神安起重运输机械制造有限公司	上海市青浦区西岑镇莲西路 4398 号	201721	0391-59294306	0391-59295355
新乡市广增起重设备有限公司	河南省新乡市长垣县长恼工业区	453423	0373-8639183	0373-8639488
浙江凯岛起重机械有限公司	浙江省台州市椒江区启航路 998 号	318014	0576-88165522	0576-88165522
浙江浩全电器科技有限公司	浙江省乐清市柳市镇苏吕村苏太路 418 号	325604	0577-62790993	0577-62790993
北京辰极国泰科技有限公司	北京市海淀区学院路 30 号	100083	010-62330876	010-62330876
江苏金泰新减速机有限公司	江苏省泰兴市高新区文昌东路	225400	0523-87830888	0523-87839888
江阴帕沃特起重机械有限公司	江苏省江阴市城东街道金石路 228 号	214432	0510-86299187	0510-86299187
山东贝特起重机有限公司	山东省青州市高柳镇天桥宋	262500	0536-3289186	0536-3289186
阿尔法起重机有限公司	河南省新乡市长垣县国贸中心 B 座 18 层	453400	0373-8992558	0373-8927810
常州基腾电气有限公司	江苏省常州市钟楼区飞龙西路 76 号	213000	0519-86764962	0519-86764962
湖北银轮起重机械股份有限公司	湖北省赤壁市河北大道 170 号	437300	0715-5337928	0715-5337966
播驰工业通讯设备（上海）有限公司	上海市松江区赵家泾路 389 号	201106	021-67629680	21-67629680

（续）

单位名称	联系地址	邮编	电话	传真
河南省大方重型机器有限公司	河南省新乡市长垣县上脑工业园	453400	0373-2157000	0373-2157000
山东龙辉起重机械有限公司	山东省新泰市羊流工业园	271208	0538-7442599	0538-7442599
上海技景自动化科技有限公司	上海市松江区车墩镇泖亭路188弄29号	201611	021-5855148	021-50761002
浦江召日电气有限公司	浙江省金华市浦江县黄宅镇岳塘村	322204	0579-84300200	0579-84300200
诺德（中国）传动设备有限公司	江苏省苏州市工业园长阳街510号	215000	0512-87170666	0512-87170666
焦作工业制动器制造有限公司	河南省焦作市太行西路（煤校北侧）	454001	0391-2312585	0391-3414996
辽宁恒泰重机有限公司	辽宁省本溪市明山区文化路14号	117022	0414-4845903	0414-4829202
郑起重工有限公司	河南省郑州市高新区化工路158号	450066	0371-67848168	0371-67848299
新乡市中原起重电器厂有限公司	河南省新乡市长垣县东关工业区工业路	453400	0373-8810889	0373-8812882
河南省东风起重机械有限公司	河南省新乡市长垣县起重工业园区纬二路1号	453400	0373-2156668	0373-2156886
卫华集团有限公司	河南省新乡市长垣县卫华大道西段	453400	0373-8887699	0373-8887646
广东永通起重机械股份有限公司	广东省佛山市顺德区陈村镇潭村工业区三路	528313	0757-23329912	0757-23833832
河南重工集团起重机科技有限公司	河南省新乡市长垣县魏庄工业园区6号	453424	0373-8927999	0373-8927999
河南宝起华东起重机有限公司	河南省新乡市长垣县起重工业园区巨人大道河	453400	0373-8619880	0373-8619880
江西起重机械总厂	江西省樟树市共和东路82号	331200	0795-7364266	0795-7364566
浙江众擎起重机械制造有限公司	浙江省诸暨市城西工业区千禧路1号	311800	0575-87385688	0575-87387610
无锡新大力电机有限公司	江苏省无锡市惠山区惠畅路19号	214177	0510-83761037	0510-83621022
丹东振安建工机械有限公司	辽宁省丹东市振安区果园路30号	118001	0415-4188608	0415-4188606
江苏三马起重机械制造有限公司	江苏省靖江市开发区城南园区江防西路3号	214500	0523-84866933	0523-56778610
新乡市起重设备厂有限责任公司	河南省新乡市经济开发区新长北线北侧经11路东2门	453003	0373-3054082	0373-3058094
河南圣起机械集团有限公司	河南省新乡市长垣县魏庄工业园区1号	453424	0373-8710562	0373-8711808
太原重工股份有限公司	山西省太原市万柏林区玉河街53号	030024	0351-6362824	0351-6362554
河南豫中起重集团有限公司	河南省新乡市长垣县城南工业区	453424	0373-8791368	0373-8791898
新乡市中原起重机械厂有限公司	河南省新乡市长垣县东关工业区工业路	453400	0373-8814682	0373-8810258
新疆通用机械有限公司	新疆维吾尔自治区乌鲁木齐市米东区九沟北路2446号	830019	0991-6868164	0991-6868363
河南省新乡市矿山起重机有限公司	河南省新乡市长垣县长恼工业区	453423	0373-8732008	0373-8732014
浙江通力重型齿轮股份有限公司	浙江省瑞安市林垟工业区通力大道	325207	0577-65599838	0577-65598888
上海豪力起重机械有限公司	上海市浦东新区凌白公路1128号	201201	021-58971138	021-58971159
浙江合建重工科技有限公司	浙江省温州市平阳县鳌江镇墨城临港工业小区4号路	325401	0577-58126288	0577-63191160
宁波市凹凸重工有限公司	浙江省宁波市鄞州区机场路3998号	315176	0574-88008778	0574-88008779
焦作金箍制动器股份有限公司	河南省焦作市博爱县发展大道1688号	454450	0391-2931288	0391-2924446
宁波东力传动设备股份有限公司	浙江省宁波市江北工业区银海路1号	315033	0574-87587777	0574-88388889
河南省矿山起重机有限公司	河南省新乡市长垣县长恼工业区矿山路与纬三路交汇处	453400	0373-8735555	0373-8735555
河南华北起重吊钩有限公司	河南省新乡市长垣县魏庄工业园区	453424	0373-8791377	0373-8710503
奔宇电机集团有限公司	河南省新乡市长垣县起重工业园区纬二路西段	453400	0373-8622311	0373-8622313
郑州凯澄起重设备有限公司	河南省新郑市双湖经济开发区磨河桥南	451191	0371-62579688	0371-62575699
甘肃省定西起重机厂有限责任公司	甘肃省定西市安定区焦家坡新村3号	730050	0932-8216532	0932-8221013
泰星减速机股份有限公司	江苏省泰兴市姚王镇泰姚北路10号	225402	0523-87635681	0523-87635683

（续）

单位名称	联系地址	邮编	电话	传真
江西江特电机有限公司	江西省宜春市环城南路581号	336000	0795-3285285	0795-3263554
大连辽南起重机器有限公司	辽宁省大连市旅顺口区营顺路102号	116050	0411-86233046	0411-86236371
新乡市起重机厂有限公司	河南省新乡市南环路东1号	453003	0373-5795338	0373-5797669
辽宁国远科技有限公司	辽宁省鞍山市千山区通海大道427号	114041	0412-5644999	0412-5644777
奥力通起重机（北京）有限公司	北京市通州区张家湾镇枣林庄南口	101103	010-61509090-809	010-61509780
上海起重运输机械厂有限公司	上海市嘉定区昌吉路28号	201805	021-65564735	021-56639864
江苏太兴隆减速机有限公司	江苏省泰兴市城区科技工业园	225400	0523-87996666	0523-87996999
河南恒达机电设备有限公司	河南省新乡市长垣县魏庄工业园区纬十路与巨人大道交叉口向东150m路南	453424	0373-2156768	0373-2156189
江西工埠机械有限责任公司	江西省樟树市药都北大道223号	331200	0795-7776606	0795-7776268
无锡市宏泰电机股份有限公司	江苏省无锡市惠山区前洲镇工业园区万寿路17号	214181	0510-83392288	0510-83395888
浙江东海减速机有限公司	浙江省温州市平阳经济开发区鸽巢路（鳌江镇）	325401	0577-58111903	0577-63679809
科尼起重机设备（上海）有限公司	上海市普陀区祁连山南路2891弄100号D栋	200331	021-26061051	021-26061182
深圳市汇川技术股份有限公司	广东省深圳市宝安区新安街道留仙二路鸿威工业区E栋	518101	0755-29799595	0755-29799579
四川合能起重设备有限公司	四川省成都市金堂县淮口工业园现代大道999号	610400	028-84901618	028-84903300
辽宁铭鹏防爆起重机有限公司	辽宁省铁岭市清河区工业园区	112003	024-2131180	024-2131180
常州常矿起重机械有限公司	江苏省常州市武进高新技术开发区凤鸣路18-2号	213119	0519-88609206	0519-88609203
株洲天桥起重机股份有限公司	湖南省株洲市田心北门	412001	0731-28462032	0731-28462033
常州市潞城常东塑料五金厂	江苏省常州市武进区潞城街道李家塘村	213025	0519-88402188	0519-88400668
山东省生建重工有限责任公司	山东省淄博市淄川区昆仑镇昆仑路1号	255129	0533-5787381	0533-5780070
西安标准起重机械有限公司	陕西省西安市西郊红光路72号	710077	029-84241163	029-84497216
大连起重矿山机械有限公司	辽宁省大连市甘井子区营日路10号	116036	0411-86704818	0411-86704184
上海伯瑞制动器有限公司	上海市奉贤区奉城镇东街108号	201411	021-57522358	021-57522350
上海雄风起重设备厂有限公司	上海市松江区佘北公路2199号	201602	021-57796242	021-57792656
常州市海之杰港口起重机设备有限公司	江苏省常州市新北区罗溪镇汤庄叶汤公路	213133	0519-83205268	0519-83205568
天津津起起重设备有限公司	天津市津南区葛沽镇	300352	022-28682369	022-28682369
扬戈科技股份有限公司	浙江省台州市三门县滨海新城滨港路16号	317100	0576-83337758	0576-83373755
浙江立新起重开关厂	浙江省乐清市柳市镇西仁宕工业区柳黄路1658号	325604	0577-62718111	0577-62718999
山起重型机械股份公司	山东省青州市昭德北路2198号	262515	0536-3203038	0536-3203037
河南省中原奥起实业有限公司	河南省新乡市长垣县文明路402号	453400	0373-8810848	0373-8813875
常州市武进起重电器有限公司	江苏省常州市武进区横林镇崔桥村横北路169号	213103	0519-88501043	0519-88501298
河南省飞马起重机械有限公司	河南省新乡市长垣县魏庄工业园区纬五东路	453400	0373-8712222	0373-8711976
江阴真良机械有限公司	江苏省江阴市利港镇	214444	0510-86636637	
昌乐县东田聚氨酯厂	山东省潍坊市昌乐县红河镇	262413	0536-69732555	0536-69732555
天水长城控制电器厂起重电气设备厂	甘肃省天水市秦州区南廓路11号	741018	0938-8383411	0938-8383411
新乡克瑞重型机械科技股份有限公司	河南省新乡市长垣县华垣路西段	453400	0373-8887988	0373-8887999
山东烟起起重设备有限公司	山东省烟台市福山区金凤路50号	265500	0535-6362473	0535-6367663
焦作市长江制动器有限公司	河南省武陟县大司马工业区888号	454981	0391-7517888	0391-7515658

（续）

单位名称	联系地址	邮编	电话	传真
焦作市制动器开发有限公司	河南省焦作市武陟县工业园区工业南路 202 号	454950	0391-7268818	0391-7268019
广州起重机械有限公司	广东省广州市广园中路 283 号	510405	020-86798891	020-86796828
南京开关厂有限公司	江苏省南京市江宁滨江开发区秀玉路 2 号	210078	025-68729100	025-68729106
泰兴市华东减速机制造有限公司	江苏省泰兴市鑫泰路 318 号	225400	0523-87694282	0523-87694337
无锡市宏泰电机股份有限公司	江苏省无锡市惠山区前州镇工业园区万寿路 17 号	214181	0510-83392288	0510-83395888
新乡市鹏升起重设备有限公司	河南省新乡市长垣县魏庄工业园区	453424	0373-8719619	0373-8719398
施耐德电气（中国）投资有限公司	上海市普陀区云岭东路 89 号长风国际大厦 8 层	200062	021-62848800	021-62848800
江苏太兴隆减速机有限公司	江苏省泰兴市城区科技工业园	225400	0523-87996888	0523-87996999
江苏泰宏减速机有限公司	江苏省泰兴市姚王镇大庆东路 999 号	225400	0523-87548779	0523-87540655
无锡石油化工起重机有限公司	江苏省无锡市惠山区长安街道张村路 9 号	214178	0510-83592637	0510-83591226
中国长江航运集团电机厂	湖北省武汉市江夏区藏龙岛科技园九凤街 5 号	430205	027-81977307	027-87801309
焦作市虹桥重工科技发展股份有限公司	河南省武陟县云台大道东侧 2 号	454981	0391-7541888	0391-7541666

起重葫芦

单位名称	联系地址	邮编	电话	传真
江苏三马起重机械制造有限公司	江苏省靖江市开发区城南园区江防西路 3 号	214500	0523-84866933	0523-84866284
慈溪起升机械设备有限公司	浙江省慈溪市崇寿镇绿色食品工业园绿园二路 123 号	315326	0574-63297580	0574-63419928
慈溪市慈春机械有限公司	浙江省慈溪市坎墩街道坎中村郑家甲北路	315303	0574-63273105	0574-63273105
慈溪市启力机械有限公司	浙江省慈溪市坎墩街道坎墩西路 428 号	315303	0574-56337822	0574-56338380
慈溪市动力机械配件厂	浙江省慈溪市坎墩街道长白路 9 号	315303	0574-63273010	0574-63273010
慈溪市通发汽车配件有限公司	浙江省慈溪市坎墩街道沈家甲北路 96 号	315303	0574-63287578	0574-63275628
慈溪市兴迪机械配件有限公司	浙江省慈溪市坎墩道镇中路	315303	0574-63288032	0574-63288297
慈溪市庵东镇建兴机械配件厂	浙江省慈溪市庵东镇元祥村	315327	0574-63475790	0574-63475790
慈溪市海锐机械配件厂	浙江省慈溪市坎墩街道坎中村坎中路 118 号	315303	0574-63282081	0574-63289281
常州深兰工程材料有限公司	江苏省常州市新北区河海东路 108 号国宾一号 7 丙 101	213004	0519-89890325	0519-89890326
慈溪益通机械有限公司	浙江省慈溪市坎墩街道坎中村严家路 1 号	315303	0574-63273202	0574-63273223
上海雄风起重设备厂有限公司	上海市松江区佘北公路 2199 号	201602	021-57796432	021-57796450
慈溪市航林机械配件厂	浙江省慈溪市坎墩街道九甲弄	315303	0574-63289316	0574-56337602
广东日丰电缆股份有限公司	广东省中山市西区广丰工业园	528401	0760-88166388-888	0760-88166383
上海鑫斌机械有限公司	上海市嘉定区安亭镇漳翔路 1189 号	201814	021-59508789	021-59505086
宁波吉业机电有限公司	浙江省慈溪市古塘街道天和家园 5 号楼 501 室	315300	0574-63887357	0574-63887357
鞍山起重控制设备有限公司	辽宁省鞍山市千山区通海大道 427 号	114041	0412-5644676	0412-5644676
咸宁三宁机电有限公司	湖北省咸宁市长江产业园（旗鼓大道 12 号）	437000	0715-7200919	0715-8200937
南通合兴铁链股份有限公司	江苏省南通市如东县新店镇工业集中区	226432	0513-84399999	0513-84386666
上海精浦机电有限公司	上海市普陀区新村路 666 号 5 号楼 3 层	200331	021-36320991	021-36320990
临安华龙摩擦材料有限公司	浙江省临安市龙岗镇龙岗街 130 号	311322	0571-63631188	0571-63631988
无锡文鼎线缆有限公司	江苏省宜兴市官林镇工业集中区张来路	214251	0510-87211101	0510-87206210

（续）

单位名称	联系地址	邮编	电话	传真
江西起重机械总厂	江西省樟树市共和东路 82 号	331200	0795-7364266	0795-7364566
上海冠威工具有限公司	上海市宝山区共康路 726 号	200443	021-56405418	021-56405418
江西省宜春市建达安全装置设备有限公司	江西省宜春市明月南路 267 号	336000	0795-7040312	0795-7040312
江苏欧玛机械有限公司	江苏省常熟市碧溪新区迎宾路 19-1 号	215513	0512-52639735	0512-52296322
重庆维大力起重设备有限公司	重庆市渝北区黄山大道中段 77 号	401121	023-88505800	023-88505859
郑州市泰德尔电机厂	河南省郑州市郑上路李克寨	450100	0371-64951411	0371-64951411
华德起重机（天津）有限公司	天津市武清区京滨工业园泰元道 5 号	301712	022-22199090	022-29467189
河北神力索具集团有限公司	河北省保定市清苑区东吕工业区	071100	0312-8156666	0312-8153333
江西工埠机械有限责任公司	江西省樟树市药都北大道 223 号	331200	0795-7776368	0795-7776268
上海宏欣电线电缆有限公司	上海市浦东新区新场镇荷花路 19 号	201316	021-68158066	021-68158268
浙江东海减速机有限公司	浙江省温州市平阳经济开发区鸽巢路（鳌江镇）	325401	0577-63631862	0577-63679809
新乡市起重设备厂有限责任公司	河南省新乡市经济开发区新长北线北侧经 11 路东 2 门	453003	0373-3838082	0373-3058094
无锡市瑞特起重机械有限公司	江苏省无锡市锡山区东港镇	214199	0510-88352279	0510-88763811
重庆美和机电有限公司	重庆市大渡口区建桥工业园 C 区建园路	401325	023-61556906	023-61556907
清苑伟业起重机械制造有限公司	河北省保定市清苑区东吕工业园	071100	0312-8106333	0312-8106222
河南省兴垣电子商务有限公司	河南省新乡市长垣县南蒲起重汇展厅	453400	0373-8712560	0373-8712115
铜陵市神雕机械制造有限公司	安徽省铜陵市经济技术开发区泰山大道南段 618 号	244061	0562-5886768	0562-5886758
河北辰力吊索具制造有限公司	河北省保定市清苑区发展东街 33 号	071100	0312-8036111	0312-8152928
文盛钢绳（昆山）有限公司	江苏省昆山市周市镇金茂路 699 号 5# 厂房	201210	0512-50118457	
湖北华博三六电机有限公司	湖北省咸宁市咸安区凤凰工业园	437000	0715-8341384	0715-8341028
临清天德轴承有限公司	山东省临清市烟店经济开发区许张寨工业园 110 号	252665	0635-2855109	0635-2103777
浙江维大茵特起重设备有限公司	浙江省杭州市下沙经济技术开发区八号坝栋梁路 87 号	314423	0571-88035681	0571-86925638
湖北银轮起重机械股份有限公司	湖北省赤壁市河北大道 170 号	437300	0715-5337938	0715-5337966
丹东市起重机械有限公司	辽宁省丹东市大孤山经济区嵩山街 7 号	118013	0415-6681188	0415-6681166
池州市华安起重机械有限公司	安徽省池州市高新区白浦路	247000	0566-3381969	0566-3381919
温州朗菲电气科技有限公司	浙江省乐清市柳市镇方斗岩工业区	325600	0577-62867767	0577-62867767
慈溪市洲际齿轮厂	浙江省慈溪市坎墩街道严家河路 47 号	315303	0574-63280945	0574-63276818
湖北恒欣传动设备有限公司	湖北省咸宁市长江产业园（旗鼓大道 12 号）	437000	0715-8200935	0715-8200935
东莞市台冠起重机械设备有限公司	广东省东莞市大朗镇杨涌金朗南路 229 号	523790	0769-83019666	0769-83019669
南通瑞金制链科技有限公司	江苏省南通市如东县丰利镇枫发工业区	226408	0513-84582588	0513-84581688
中煤张家口煤矿机械有限责任公司	河北省张家口市产业集聚区煤机路 1 号	076250	0313-2056561	0313-2032388
无锡市欧力特起重设备有限公司	江苏省无锡市东港镇五一园区	214199	0510-88350326	0510-88353672
八达机电有限公司	浙江省瑞安市经济开发区毓蒙路 8 号	325200	0577-65156662	0577-65159998
南阳起重机械厂有限公司	河南省南阳市龙升工业园	473008	0377-63381700	0377-63380410
洛阳汉鼎起重机械有限公司	河南省洛阳市老城区唐宫东路 256 号	471000	0379-63415988	0379-63415999
象王重工股份有限公司	江苏省盐城市建湖县经济开发区明珠东路 1 号	224700	0515-82068988	0515-86312253
《起重运输机械》杂志社	北京市东城区雍和宫大街 52 号	100007	010-64031987	010-64031987

（续）

单位名称	联系地址	邮编	电话	传真
凯澄起重机械有限公司	江苏省江阴市澄江东路 18 号	214429	0510-86199688	0510-86196633
德马格起重机械（上海）有限公司	上海市闵行区沪闵路 6088 号 18 层	201199	021-34702800	021-34702854
科尼起重机设备（上海）有限公司	上海市普陀区祁连山南路 2891 弄 4 号楼 1~3 层	200331	021-26061051	021-26061069
诺威起重设备(苏州)有限公司	江苏省苏州市吴江经济开发区庞金路 1288 号	215211	0512-63120889	0512-63120886
甘肃省定西起重机厂有限责任公司	甘肃省定西市安定区焦家坡新村 3 号	743000	0932-8212961	0932-8227125
西安起重机械总厂	陕西省西安市莲湖区红光路 72 号	710077	029-84253907	029-84236974
江阴市鼎力起重机械有限公司	江苏省江阴市金山路 303 号	214437	0510-86996868	0510-86996666
上海浦东明昌起重机械制造有限公司	上海市浦东新区川沙镇鹿达路 39 号	201202	021-58590038	021-58590038
广东超宇起重设备有限公司	广东省梅州市梅江区城北镇新田村福瑞岗厂区内	514089	0753-2382068	0753-2382063
聊城五环机械有限公司	山东省聊城市经济开发区嫩江路 55 号	252000	0635-8880688	0635-8880699
山东聊城科顺机械有限公司	山东省聊城市东昌府区凤凰工业园	252000	0635-8578888	0635-8579988
纽科伦（新乡）起重机有限公司	河南省新乡市长垣县起重工业园区	453424	0373-8622060	0373-8622060
重庆凯荣机械有限责任公司	重庆市九龙坡区九龙工业园区华龙大道 9 号	400052	023-68466283	023-68466282
杭州电机有限公司	浙江省杭州市西湖区文三路上宁巷 1 号	310012	0571-88833358	0571-88077935
河南省飞马起重机械有限公司	河南省新乡市长垣县魏庄工业区区纬五东路	453400	0373-8712222	0373-8712368
北京北起科瑞起重设备制造有限公司	北京市通州区食品工业园 16 号	102628	010-60214567	
浙江手牌起重葫芦有限公司	浙江省嵊州市黄泽镇工业功能区腾龙路 9 号	312455	0575-83260828	0575-83261266
慈溪捷豹起重机械有限公司	浙江省慈溪市庵东镇沿江路 288 号	315327	0574-63932588	0574-63932599
慈溪市勤丰机械有限公司	浙江省慈溪市庵东镇七二三大街 11 弄 3 号	315300	0574-63477188	0574-63479188
南京宝龙起重机械有限公司	江苏省南京市鼓楼区热河路 50 号	210031	025-58802630	025-58806417
常州市常欣电子衡器有限公司	江苏省常州市中凉亭夏雷路 68 号	213001	0519-86643943	0519-86640473
河南恒达机电设备有限公司	河南省新乡市长垣县魏庄工业园区纬十路与巨人大道交叉口向东 150m 路南	453424	0373-2156199-8008	0373-2156189
北京起重运输机械设计研究院有限公司	北京市东城区雍和宫大街 52 号	100007	010-84037438	010-64079406
南京特种电机厂有限公司	江苏省南京市六合区雄州东路 289 号	211500	025-57512568	025-57107279
南京起重电机总厂	江苏省南京市江宁区东山科宁路 268 号	211100	025-51191919	025-52282652
南京开关厂有限公司	江苏省南京市江宁区滨江开发区绣玉路 2 号	211178	025-86106608	025-86106515
杭州浙起机械有限公司	浙江省杭州市富阳区东洲工业园区 7 号路 9 号	311401	0571-87191600-808	0571-87191609
重庆市飞鹰起重设备有限责任公司	重庆市九龙坡区中梁山起重新村 1 号	400052	023-61771787	023-65263714
江苏佳力起重机械制造有限公司	江苏省淮安市盱眙工业园区工六路	211700	0517-88299039	0517-88298123
湖北三六重工有限公司	湖北省咸宁市巨宁大道 36 号	437000	0715-8343111	0715-8312668
南京禄口起重机械有限公司	江苏省南京市江宁区禄口街道燕湖路	211113	025-52771222	025-52775660
北京双泰气动设备有限公司	北京市通州区张家湾镇枣林庄工业大院	101113	010-61569832	010-61505340
常熟海鸥起重机械有限公司	江苏省常熟市碧溪镇留下村	215512	0512-52631785	0512-52637785
天津起重设备有限公司	天津市滨海新区经济开发区西区中南一街 29 号	300462	022-65382330	022-65382332
四川莱斯特机械制造有限公司	四川省眉山市丹棱县关帝路 69 号	620200	028-37263360	028-37263222
南京神天起重机械设备有限公司	江苏省南京市江宁区禄口街道石埝社区	211156	025-87191633	025-87191633
上海万铂起重机械有限公司	上海市嘉定区丰功路 628 号	201801	021-59158828	021-69151468

（续）

单位名称	联系地址	邮编	电话	传真
浙江凯勋机电有限公司	浙江省瑞安市林垟工业区八达路 35 号	325207	0577-65592888	0577-65590198
上海劲雕起重设备厂有限公司	上海市嘉定区金园六路 396 号	201812	021-56651383	021-56650541
宁波市凹凸重工有限公司	浙江省宁波市鄞州区机场路 3998 号	315176	0574-88008778	0574-88008779
柯迈（杭州）起重机械有限公司	上海市浦东新区张江高科技园区毕升路 289 弄 6 号 501 室	201204	021-38820620	021-38820619
高博（天津）起重设备有限公司	天津市滨海新区经济技术开发区第十三大街 58 号	300457	022-59822285	022-59822286
星都起重设备（辽宁）有限公司	辽宁省沈阳市沈北新区佳阳路 18 号	110164	024-88087557	024-88087007
吴江市麒麟起重机械有限公司	江苏省苏州市吴江区铜锣镇人民街 20 号	215237	0512-63881419	0512-63881774
北京起重工具厂	北京市朝阳区王四营桥南 200m	100026	010-65976750	010-65067014
四川合能起重设备有限公司	四川省成都市金堂县淮口工业园现代大道 999 号	610400	028-84903622	028-84903300
慈溪市金鑫机械有限公司	浙江省慈溪市庵东镇工业园区南侧	315327	0574-63471402	0574-63475858
赤壁市蒲圻起重运输机械有限责任公司	湖北省赤壁市经济开发区凤凰山路	437300	0715-5250338	0715-5250823
江阴市兴科起重机械有限公司	江苏省江阴市申港街道东徐路 9 号	214443	0510-86685317	0510-86621770
无锡市永昌起重机械厂	江苏省无锡市锡山区东港镇	214199	0510-88761399	0510-88760121
安徽九华机械股份有限公司	安徽省池州市经济技术开发区金科路 19 号	247000	0566-2220981	0566-2417707
山东省聊城市隆达实业有限公司	山东省聊城市经济开发区东城工业园九洲路 7 号	252000	0635-6976982	0635-8346011
常州市沪力起重机械有限公司	江苏省常州市青龙镇纺织工业园	213017	0519-85509090	0519-85503356
广州广鸽起重设备有限公司	广东省广州市荔湾区芳村白鹤洞罗冲岗 1 号之十三	510380	020-81502431	020-81515587
浙江双鸟机械有限公司	浙江省嵊州市黄泽镇工业功能区玉龙路 16 号	312455	0575-83503888	0575-83503888
保定怀鸽起重机械制造有限公司	河北省保定市清苑区东吕怀鸽工业园	071100	0312-8498889	0312-8498890
清苑县川岛起重机械制造有限公司	河北省保定市清苑区东吕村	071100	0312-8151230	0312-8152011
杭州恒力机械厂	浙江省杭州市余杭区瓶窑镇凤都工业园区羊城路 8 号	311115	0571-88533080	0571-88533038
天津永恒泰科技有限公司	天津市西青区经济开发区津淄公路天祥工业园祥瑞路 7 号	300385	022-23789800	022-23786763
南京江陵机电制造有限责任公司	江苏省南京市江宁区上坊镇魏村	211103	025-52703728	025-52705288
合康变频科技（武汉）有限公司	湖北省武汉市东湖高新开发区佛祖岭三路 6 号	430205	027-81650223	027-81650200
扬戈科技股份有限公司	浙江省台州市三门县滨海新城滨港路 16 号	317100	0576-83337758	0576-83373755
杭州四达机械电子有限公司	浙江省杭州市余杭区瓶窑镇凤都工业园区	311115	0571-88531361	0571-88531629
常州市武进起重电器有限公司	江苏省常州市武进区横林镇崔桥村横北路 169 号	213103	0519-88503118	0519-88501298
江苏宇泰电器有限公司	江苏省泰兴市分界工业一区	225416	0523-87261026	0523-87265388
浙江冠林机械有限公司	浙江省湖州市安吉县天子湖园区五福路 7 号	313310	0572-5091151	0572-5098786
杭州勤裕昌机械设备制造有限公司	浙江省杭州市余杭区瓶窑镇凤都工业园区	311115	0571-88545633	0571-88545611
泰安金龙起重配件有限公司	山东省泰安市泰山区省庄镇东羊楼工业区	271039	0538-6512088	0538-6551728
乐清市东方胶塑电器开关有限公司	浙江省乐清市柳市镇苏吕村苏太路 418 号	325604	0577-62790993	0577-62790780
浙江中富电气有限公司	浙江省乐清市经济开发区纬十一路 259 号	325600	0577-62998000	0577-62998111
江西飞达电气设备有限公司	江西省宜春市经济技术开发区宜工大道	336000	0795-3245168	0795-3245060
浙江立新起重开关厂	浙江省乐清市柳市镇西仁宕工业区柳黄路 1658 号	325604	0577-62711333	0577-62718999
衡水贝瑞起重机械有限公司	河北省衡水市和平西路肖屯新区 60 号	053000	0318-2328038	0318-2328038

（续）

单位名称	联系地址	邮编	电话	传真
慈溪市锦华机械实业有限公司	浙江省慈溪市古塘街道新潮塘村 368 号	315303	0574-63272222	0574-63272727
慈溪市平浪实业有限公司	浙江省慈溪市古塘街道新潮塘村	315300	0574-63286888	0574-63286888
慈溪市华表五金厂	浙江省慈溪市庵东镇北路 515 号	315327	0574-63474222	0574-63471848
浙江五一机械有限公司	浙江省衢州市衢江区百灵南路 888 号	324022	0570-2295151	0570-2295051
慈溪市腾达滚子有限公司	浙江省慈溪市庵东镇工业园区纬三西路	315327	0574-63472021	0574-63472822
慈溪市通发机械有限公司	浙江省慈溪市坎墩工业开发区 A 区	315303	0574-63288185	0574-63282993
浙江省慈溪市精驰齿轮有限公司	浙江省慈溪市坎墩街道坎中路 75 号	315303	0574-63289280	0574-63288255
慈溪市威宁机械有限公司	浙江省慈溪市坎墩街道五房弄 11 号	315303	0574-63273238	0574-63273237
慈溪市庵东镇勤丰机械厂	浙江省慈溪市庵东镇宏兴路 449 弄 6 号	315327	0574-63471095	0574-63476158
慈溪市神州机电实业有限公司	浙江省慈溪市坎墩街道兴安路 250 号	315303	0574-63286681	0574-63288238
慈溪市朝阳机械有限公司	浙江省慈溪市庵东镇北路 34 号	315327	0574-63471257	0574-63472257
慈溪市庵东镇红光滚柱厂	浙江省慈溪市庵东镇七二三大街	315327	13906745562	0574-63472963
慈溪市文祥机械实业有限公司	浙江省慈溪市坎墩街道坎中路 1 号	315303	0574-63283758	0574-63283488
慈溪市金祥机械配件有限公司	浙江省慈溪市坎墩街道坎墩大道 606 号	315303	0574-63288363	0574-63288011

传动部件

单位名称	联系地址	邮编	电话	传真
焦作金箍制动器股份有限公司	河南省焦作市博爱县发展大道 1688 号	454450	0391-2086231	0391-2080000
云南冶金昆明重工有限公司	云南省昆明市五华区龙泉路 871 号	650203	0871-65150091	0871-65150151
宁波名泰天力机械制造有限公司	浙江省宁波市象山县丹城镇西丹路 18 号	315700	0574-65723430	0574-65723165
青岛星轮实业有限责任公司	山东省青岛市城阳区流亭建材工业园春雨西路 8 号	266108	0532-84909022	0532-84909003
焦作市虹发制动器有限公司	河南省焦作市武陟县虹桥工业区	454981	0391-7541838	0391-7542897
天水长城控制电器有限责任公司制动器分公司	甘肃省天水市秦州区南廓路 11 号	741018	0938-8371588	0938-8371588
宁波华阳起重电器有限公司	浙江省宁波市象山县大徐新凉亭工业园	315706	0574-65625818	0574-65765355
衡水昕龙制动绝缘材料有限公司	河北省衡水市人民西路电厂西侧	053000	0318-2157566	0318-2124019
贵阳天龙摩擦材料有限公司	贵州省贵阳市宝山北路 372 号贵州报业大厦 16 层	550001	0851-86612735	0851-86612763
焦作市长江制动器有限公司	河南省焦作市武陟县大司马工业区 888 号	454981	0391-7515618	0391-7515658
潍坊利达起重电器有限公司	山东省潍坊市经济开发区民主西街 2088 号	261021	0536-8321809	0536-8321809
大连华锐重工集团股份有限公司通用减速机厂	辽宁省大连市甘井子区新水泥路 78 号	116035	13504082136	0411-86426190-801
长沙三占惯性制动有限公司	湖南省长沙市高新技术开发区桐梓坡西路 229 号	410205	0731-88912607	0731-88912691
湖南博云汽车制动材料有限公司	湖南省长沙市高新开发区麓松路 500 号	410205	0731-88122568	0731-88115258
江西华伍制动器股份有限公司	江西省丰城市高新技术产业园区火炬大道 26 号	331100	0795-6203200	0795-6241080
上海伯瑞制动器有限公司	上海市奉贤区奉城镇东街 108 号	201411	021-57522358	021-57522350
晋城江淮工贸有限公司	山西省晋城市凤台东街 2755 号	048026	0356-2191906	0356-2190689
石家庄三元机电有限公司	河北省石家庄市桥西区西二环与新石北路交口西行 100m 拉斐小镇写字楼 14 层	050000	0311-86814291	0311-86814291
焦作市江河制动器有限公司	河南省焦作市虹桥工业区	454981	0391-7541060	0391-7541132

（续）

单位名称	联系地址	邮编	电话	传真
焦作市虹起制动器有限公司	河南省焦作市武陟县虹桥工业区	454981	0391-7541080	0391-7541088
焦作市液压制动器股份有限公司	河南省焦作市武陟县大虹桥乡彭庄村	454981	0391-7545666	0391-7541058
石家庄五龙制动器股份有限公司	河北省石家庄市桥西区新石中路375号金石大厦C座501室	050091	0311-83806381	0311-83826381
北京起重运输机械设计研究院有限公司	北京市东城区雍和宫大街52号	100007	010-64053039	010-64052584
石家庄纽伦制动技术有限公司	河北省石家庄市新石路375号C座501室	050091	0311-83806381	0311-83826381
象山万邦电器有限公司	浙江省宁波市象山县产业区城东工业园望海路5号	315706	0574-65626628	
焦作市制动器开发有限公司	河南省焦作市武陟县工业园区工业南路202号	454950	0391-7230550	0391-7268019
焦作市制动器有限公司	河南省焦作市武陟县工业园朝阳三路999号	454950	0391-7202100	0391-7202555
焦作市虹桥制动器股份有限公司	河南省焦作市武陟县云台大道东侧2号	454981	0391-7541828	0391-7541666
河南省焦作市宏升实业有限公司	河南省焦作市武陟县前牛工业区	454950	0391-7618960	0391-7619888
宁夏天地奔牛实业集团有限公司	宁夏回族自治区银川市上海西路475号	750011	0951-3073858	0951-3067126
西安环力传动机械股份有限公司	陕西省西安市经济技术开发区凤城十一路91号	710018	029-86171905	029-85251911
唐冶减速机制造有限公司	河北省唐山市路北区缸窑路4号	063027	0315-3202616	0315-3202214
包头市起重机械有限公司	内蒙古自治区包头市东河区西脑乡135号	014040	0472-4874100	0472-4862406
太原重工股份有限公司齿轮传动分公司	山西省太原市万柏林区玉河街53号	030024	0351-6366732	0351-6366732
内蒙古兴华机械制造厂	内蒙古自治区呼和浩特市玉泉区昭君路小黑河村	010070	0471-5686313	
石家庄科一重工有限公司	河北省石家庄市和平西路595号	050071	0311-87796242	0311-87756244
山西新富生机器制造有限公司	山西省太原市经济技术开发区十四号线68号	030013	0351-3074892	0351-3074892
山西平遥减速机厂	山西省晋中市平遥县古城南路138号	031100	0354-5622828	
沈阳金龟减速机厂有限公司	辽宁省沈阳市辽中区商业街15号	110200	024-87880508	024-87881361
青岛减速机厂	山东省胶州市铺集镇铺集二村	266326	0532-87737569	0532-86250253——0075
龙口市减速机机械有限公司	山东省龙口市黄城区西市场1号	265701	0535-8519156	0535-8517471
重庆减速机有限责任公司	重庆市璧山区牛角湾	402760	023-41432059	023-41436677
衡阳起重运输机械有限公司	湖南省衡阳市珠晖区狮山路1号	421005	0734-3172069	0734-8290779
宁波誉力冶金矿山机械有限公司	浙江省宁波市鄞州区鄞州镇经济工业园	315151	0574-88431146	0574-88432207
太原科技大学	山西省太原市万柏林区瓦流路66号	030024	0351-6963399	0351-6998027
浙江东海减速机有限公司	浙江省温州市平阳经济开发区鹤巢路（鳌江镇）	325401	0577-63631862	0577-63635393
江西华伍制动器股份有限公司	江西省丰城市高新技术产业园区火炬大道26号	331100	0795-6203200	0795-6241080
嘉兴嘉冶机械制造有限公司	浙江省嘉兴市角里街112号	314000	0573-82820184	0573-82818650
广州劲草减速机机械有限公司	广东省广州市白云区爱国11路1-1号	510450	020-86601532	020-86601532
荆州市巨鲸传动机械有限公司	湖北省荆州市经济技术开发区东方大道58号	434000	0716-8303888	0716-8303905

千斤顶

单位名称	联系地址	邮编	电话	传真
江苏通润集团常熟市千斤顶厂	江苏省常熟市联丰路58-1号	215500	0512-52820788	0512-52822288
承德胜利千斤顶有限公司	河北省承德市承德县孟家院街6号	067411	0314-3056478	0314-3056478
上海宝山千斤顶总厂有限公司	上海市宝山区江杨南路1085号	200434	021-56881711	021-56881711

（续）

单位名称	联系地址	邮编	电话	传真
承德润韩千斤顶有限公司	河北省承德市西大街142号	067000	0314-21185487	0314-21185589
安徽黄山密封件厂	安徽省黄山市屯溪区黎阳街261号	245000	0559-21114736	0559-21114736
安徽黄山市鑫佳橡塑有限责任公司	安徽省黄山市屯溪区新潭东源口8号	245000	18726859856	
抚顺市南山城螺旋千斤顶厂	辽宁省抚顺市清原满族自治县南山城镇中街	113308	024-53555035	024-53555605
杭州临安市橡胶有限公司	浙江省临安市昌化工业园区1号	311321	0572-63668866	0572-63668866
嘉兴市大通机械厂	浙江省嘉兴市南湖区余新镇	314009	0573-83166238	0573-83165918
海盐忠鑫五金机械厂	浙江省嘉兴市海盐县西塘桥街道大宁村	314300	13706835781	
绵阳市金象机械有限公司	四川省绵阳市涪城区塘汛镇群丰东街154号	621000	0816-2212022	0816-2213008
北京起重运输机械设计研究院有限公司	北京市东城区雍和宫大街52号	100007	010-64032277	010-64052584
上海沪南千斤顶厂	上海市南汇区六灶镇东首	201322	021-58162999	021-58162126
上海金星机械实业有限公司	上海市奉贤区庄行镇丁宁路28号	201415	021-57469550	021-57469550
重庆千斤顶厂	重庆市北碚区静宁路44号	400700	13509417295	023-68206405
奉化南方机械制造有限公司	浙江省宁波市奉化区尚田镇	315511	13105588888	0574-56377770
杭州三星机械有限公司	浙江省杭州市丁桥镇	310021	0571-88111937	0571-88111040
上海江南千斤顶厂	上海市奉贤区庄行镇邬桥社区安东路25号	201402	13801704932	021-57401566
长春一汽技术中心	吉林省长春市创业大街35号	130011	13596499516	
杭州天恒机械有限公司	浙江省临安市板桥乡下板桥113号	311301	13868098080	0571-63780362
海盐金鑫机械有限公司	浙江省嘉兴市海盐县西塘桥镇曙光村	314305	0573-86819668	0573-86819668
嘉兴大隆机械有限公司	浙江省嘉兴市海盐县经济开发区杭州湾大桥新区西场路58号	314305	0573-86811151	0573-86811151
一汽四环随车工具总厂	吉林省长春市吉林大路3473号	130031	0431-84842054	0431-84842054
山西太谷县永星铸造有限公司	山西省晋中市太谷县太古胡村镇墩坊村	030800	13903446563	
上海鑫栋钢球轴承有限公司	上海市浦东新区航头镇航业路8号	201319	021-58116922	
承德相一机械有限公司	河北省承德市平泉县红山嘴开发区	067500	13663142639	
嘉兴力托机械有限公司	浙江省平湖市曹桥街道景兴一路158号	314305	13957328571	
南德认证检测（中国）有限公司上海分公司	上海市闸北区恒通路88号	200070	13918815583	
海盐亿达电子科技有限公司	浙江省嘉兴市海盐县武原镇盐北路211号	314305	13666772017	
海盐海顶机械有限公司	浙江省嘉兴市海盐县元通街道真北路586号	314317	13906834159	0573-86813838
嘉兴市舜天机械有限公司	浙江省嘉兴市南湖区余新镇真北路21号	314008	13806737856	
富阳通力机械有限公司	浙江省杭州市富阳区鹿山工业园同辉路8号	311407	13968141718	
嘉兴金腾机械实业有限公司	浙江省嘉兴市海盐县西塘桥中乐路6号	314305	0573-86811167	0573-86811167
上海宝山液压工具有限公司	上海市宝山区宝杨路3055号	201901	021-56801448	021-56801448
上海沪南千斤顶厂	上海市南汇区六灶镇东首	201322	021-5816299	021-5816299
山东临沂启阳工具有限公司	山东省临沂市河东区双桥街东段	276000	0539-8082188	0539-8082929
嘉兴市正发机械厂	浙江省嘉兴市南胡区凤桥镇	314008	18368339238	0573-3131171
上海千斤顶厂	上海市虹口区周家嘴路500号	200080	021-65455036	021-65415171

物流与仓储机械

单位名称	联系地址	邮编	电话	传真
中国机械工程学会	北京市海淀区首体南路9号主语国际4号楼11层	100048	010-68799005	010-68799050

（续）

单位名称	联系地址	邮编	电话	传真
天海欧康科技信息（厦门）有限公司	福建省厦门市火炬高新区软件园创新大厦A区	361005	0592-2521388	0592-2521399
山西东杰智能物流装备股份有限公司	山西省太原市新兰路51号	030008	0351-3633818	0351-3633521
北京博途物流设备有限公司	北京市朝阳区南新园西路6号香榭舍公寓2B1室	100122		010-61552161
浙江德马科技有限公司	上海市徐汇区虹漕路461号软件大厦7层A座	313023	021-64855075-806	021-54260092
北京科技大学	北京市海淀区学院路30号	100083	010-62332914	010-62329145
浙江刚玉智能科技有限公司	浙江省杭州市上城区婺江路217号近江时代大厦B座12层	310016	0571-88223938	0571-89988561
中邮科技有限责任公司	北京市海淀区西三旗建材城西路65号	100096	010-82913059	010-82915761
北京康拓红外技术股份有限公司	北京市海淀区中关村环保科技示范园地锦路7号院2号楼4层	100190	010-62549641 62579141	010-62573969
江苏六维物流设备实业有限公司	江苏省南京市建邺奥林大街118号紫金西城1幢905室	210019	025-86106520	025-86100397
天奇自动化工程股份有限公司	江苏省无锡市惠山区洛社镇洛藕路288号	214187	0510-83311041	0510-83313751
北京机械工业自动化研究所	北京市西城区德胜门外校场口1号	100011	010-62032255	010-62050838
江苏前程工业包装有限公司	江苏省无锡市梅村新泰工业园锡鸿路18号	214112	0510-88551666-8035	0510-88551919
上海天睿物流咨询有限公司	上海市徐汇区虹漕南路718号1号楼9B室	200233	021-54190656	021-54198876
北京邮电大学自动化学院物流工程系	北京市海淀区西土城路10号	100876	010-62283296	010-62283296
同济大学机械与能源工程学院	上海市嘉定区曹安公路4800号	201804	021-69589736	021-69589485
河北滦宝装备制造有限公司	河北省承德市双滦区双塔山镇	067101	0317-4320186	0317-4044797
南京音飞货架制造有限公司	江苏省南京市江宁经济技术开发区殷华街470号	211102	025-52726325	025-52726328
武汉理工大学物流工程学院	湖北省武汉市和平大道1178号	430063	027-86533992	027-86533992
全国物流仓储设备标准化技术委员会	北京市东城区雍和宫大街52号	100007	010-64035247	010-64035403
国家起重运输机械质量监督检验测试中心	北京市东城区雍和宫大街52号	100007	010-64004968	010-64052252
三维通信股份有限公司	浙江省杭州市滨江区火炬大道581号	310053	0571-88866999	0571-88923311
上海精星仓储设备工程有限公司	上海市松江区车墩镇泖亭路398号	201611	021-37620999	021-37837356
浙江德能物流装备科技有限公司	浙江省湖州市八里店镇湖织大道三一重工园区西侧	313000	0572-2282001	0572-2282210
黄石邦柯科技股份有限公司	湖北省黄石市杭州西路194号	435000	0714-3090018-8311	0714-6352817
南京华德仓储设备制造有限公司	江苏省南京市江宁科学园侯焦路111号	211122	025-52641198	025-52643200
机科发展科技股份有限公司	北京市海淀区首体南路2号	100044	010-88301025	010-68343180
苏州市普成机械有限公司	江苏省苏州市吴中区天鹅荡路2555号	215103	0512-65466477	0512-65466577
无锡中鼎物流设备有限公司	江苏省无锡市蠡园开发区鸿桥路801号（无锡现代工业设计大厦12B）	214000	0510-81175555-8007	0510-83318379
湖北三丰智能输送机装备股份公司	湖北省黄石市黄金山工业新区金山大道398号	435000	0714-6359320	0714-6359320
上海睿丰自动化系统有限公司	上海市普陀区中江路889号曹杨商务大厦1303室	200333	021-61170109-203	021-61170109-201
SEW-传动设备（天津）有限公司	天津市滨海新区经济技术开发区第七大街46号	300457	022-25322612	022-25323273
劳易测电子贸易（深圳）有限公司	广东省深圳市南山区桃园路1号西海明珠大厦F501-510室	518059	0755-86264909-811	0755-86294901
昆明昆船物流信息产业有限公司	云南省昆明市人民中路6号昆船大厦	650051	0871-63172565	0871-63173570

（续）

单位名称	联系地址	邮编	电话	传真
永恒力叉车（上海）有限公司	上海市普陀区绥德路 2 弄 12 号	200331	021-26020371	021-26020301
湖州锐格物流科技有限公司	浙江省湖州市南太湖高新区环渚路 518 号	313000	0572-2582598	0572-2293680
沈阳沈飞电子科技发展有限公司	辽宁省沈阳市皇姑区松山路 11 号	110034	024-86500156	024-86545727
哈尔滨龙航仓储设备制造有限公司	黑龙江省哈尔滨市南岗区民建路 18 号	150080	0451-82467705	0451-86655026
湖州双力自动化科技装备有限公司	浙江省湖州市经济技术开发区西凤路 888 号	313000	0572-2053013	0572-2031173
湖州众友物流技术装备有限公司	浙江省湖州市长兴县李家巷工业集中区华锦路	313100	0572-6600801	0572-6600801
杭州厚达自动化系统有限公司	浙江省杭州市天目山西路 58 号	310023	0571-89301096	0571-89301105
吉林省佳信通用机械股份有限公司	吉林省集安市工业园区创业路 3 号	134200	0435-6222011	0435-6222532
浙江管工智能机械设备有限公司	浙江省湖州市南太湖高新技术产业园区工业路 1 号科创园 3 幢 1 层 1 号	313000	0572-2673290	0572-2673290
魏德米勒电联接（上海）有限公司	上海市静安区裕通路 100 号宝矿洲际商务中心 25 层	200070	021-22195132	021-22195060
北京伍强科技有限公司	北京市海淀区上地三街 9 号嘉华大厦 C608 室	100086	010-82783336	010-82782140
苏州希倍优辊轮有限公司	江苏省苏州市工业园区唯亭镇水东港路 20 号怡邻工业坊 B 区 6 号	215121	0512-65078973	0512-65078643
普天物流技术有限公司	北京市海淀区中关村北二街 6 号普天大厦 1001 层	100080	010-62418007	010-62418000
青岛科捷物流科技有限公司	上海市闵行区瓶安路 1358 号 3 号楼 3 层	201100	021-60759888-818	021-61157115
苏州怡丰自动化装备有限公司	江苏省苏州市吴中区河东工业园尹中南路 888 号	215124	0512-65978988	0512-66981179
希望森兰科技股份有限公司	四川省成都市双流区西南航空港经济开发区空港二路 1599 号	610207	028-85960127	028-85962488
中国中元国际工程有限公司	北京市海淀区西三环北路 5 号	100089	010-68732798	010-68478686
沈阳飞机工业集团物流装备有限公司	辽宁省沈阳市皇姑区松山路 11 号	110034	024-86598228 86598225	024-86598218
沈阳新松机器人自动化有限公司	辽宁省沈阳市浑南区金辉街 16 号	110168	024-31699677	024-31699275
北京起重运输机械设计研究院有限公司	北京市东城区雍和宫大街 52 号	100007	010-64033773	010-64002961

输送机、给料机

单位名称	联系地址	邮编	电话	传真
芜湖起重运输机器股份有限公司	安徽省芜湖市三山经济开发区官河路 5 号	241001	0553-3916777	0553-5852711
诸暨链条总厂	浙江省诸暨市牌头镇五一路 1 号	311825	0575-87051296	0575-87056868
芜湖市爱德运输机械有限公司	安徽省芜湖市高新技术开发区纬十路	241001	0553-5682728	
浙江恒丰泰减速机制造有限公司	浙江省温州市瓯海区梅屿工业区 2 ～ 5 号	325016	0577-86113799	0577-86111989
仪征市橡胶制品有限公司	江苏省仪征市陈集镇江淮街 37 号	211400	0514-83870019	0514-83873977
天津减速机股份有限公司	天津市河东区程林庄路 8 号	300160	022-24328922	022-24326558
石家庄科一重工有限公司减速机分公司	河北省石家庄市和平西路 595 号	050071	0311-87731909	0311-87772060
邯郸市红星机械制造有限公司	河北省邯郸市峰峰矿区太行东路 25 号	056200	0310-5167699	0310-5167188
大连理工大学	辽宁省大连市甘井子区凌工路 2 号	116024	0411-84708409	0411-84707507
鹤壁链条有限责任公司	河南省鹤壁市红旗街 150 号	458000	0329-2912392	0329-2891112
焦作市新链条输送设备制造有限公司	河南省焦作市解放西路中段 54 号	454191	0391-2947975	0391-2947487
北京起重运输机械设计研究院有限公司	北京市东城区雍和宫大街 52 号	100007	010-64033564	010-64047537

（续）

单位名称	联系地址	邮编	电话	传真
昆明市输送机械有限公司	云南省昆明市五华区人民西路684号	650106	0871-68184910	0871-68184910
福州提升机厂	福建省福州市仓山公园路5号	050007	0591-83471735	0591-83441278
荆州市巨鲸传动机械有限公司	湖北省荆州市经济技术开发区东方大道58号	434000	0716-8303900	0716-8303809
宜昌三峡输送机械制造总公司	湖北省宜昌市西陵区窑湾乡东山村	443000	0717-6445067	0717-6445067
启东天地机械制造有限公司	江苏省启东市和平南路105号	226200	0513-83312668	0513-83312649
巢湖市工矿配件有限公司	安徽省巢湖市中阜工业区	238074	0565-8531058	0565-8531246
江苏双菱链传动有限公司	江苏省常州市武进区湟里镇卜东路1号	213151	0519-83341135	0519-83341270
扬州市精固链传动机械有限公司	江苏省扬州市朴席工业规划区	211426	0514-83617988	0514-83615003
通化市起重运输机械制造有限责任公司	吉林省通化市保安路2369号	134099	0435-3652137	0435-3617752
宏兴机械制造有限公司	黑龙江省鹤岗市红旗路69号	154101	0468-3342098	0468-3342098
太原科技大学华科学院	山西省太原市万柏林区瓦流路66号	030024	0351-6998039	0351-6998005
沈阳市通用电器研究所	辽宁省沈阳市沈河区乐郊路35甲4号	110011	024-24804947	024-24804947
江阴华东机械有限公司	江苏省江阴市杨官路8号	214429	0510-86195578	0510-86190678
江苏泰兴隆减速机有限公司	江苏省泰兴市城区科技工业园	225400	0523-87996888	0523-87996999
国茂减速机集团有限公司	江苏省常州市武进高新技术产业开发区西湖路111号	213161	0519-86581901	0519-86578002
朝阳东大运输机械有限公司	辽宁省朝阳市中山大街二段38号	122000	0421-3853370	0421-3853370
长沙起重运输机械厂	湖南省长沙市临乡县华夏工业园新康路9号	410005	0731-85555999	0731-85010292
黄山市轴承有限责任公司	安徽省黄山市黟县马道路9号	242700	0559-5522179	0559-5522926
黄山市健力输送机械有限公司	安徽省黄山市黟县马道路	242700	0559-5527927	0559-5527927
常州东吴链传动制造有限公司	江苏省常州市武进区遥观镇东开发区洪庄路	213102	0519-88700518	0519-88700526
滁州市宏伟橡胶制品有限公司	安徽省滁州市南谯区担子理想创业园北区1号	239000	0550-3023152	0550-2133810
广西百色矿山机械厂有限公司	广西壮族自治区百色市右江区（六塘）工业园区	533000	0776-2770823	0776-2770488
湖南中特液力传动机械有限公司	湖南省益阳市泉交河镇万利工业园	413000	0737-4743608	0737-6181199
安徽省无为神力运输机器制造有限公司	安徽省芜湖市无为县赫店镇苏塘村	238366	0565-6285091	0565-6285008
安徽省无为煤矿机械制造有限公司	安徽省芜湖市无为县赫店工业区	238300	0565-6200038	0565-6202198
上虞华运输送设备有限公司	浙江省绍兴市上虞区驿亭镇五夫工业园区	312353	0575-82415928	0575-82415626
杭州临安输送机械链条厂	浙江省临安市青山工业园区	311300	0571-63783450	0571-63783450
湖州电动滚筒有限公司	浙江省湖州市经济技术开发区西凤路888号	313000	0572-2022263	0572-2022202
芜湖市通达成套输送设备有限公司	安徽省芜湖市清水工业园区	241060	0553-8294780	0553-8292361
芜湖中南轴承实业有限公司	安徽省芜湖市五一广场南侧	241002	0553-4110362	0553-4110363
南京起重电器厂	江苏省南京市江宁区淳化七里岗12号	211123	025-52262925	025-52252014
焦作市华武制动器厂	河南省焦作市虹桥工业区	454981	0391-7543668	0391-7543168
湖北博尔德科技股份有限公司	湖北省宜昌市珍珠路69号盈嘉酒店23层	443300	0717-8868868	0717-8868877
盐城康威特橡塑有限公司	江苏省盐城市大丰区大桥镇潘街39号	224000	0515-83384848	0515-83382398
上海交华液力机械有限公司	上海市崇明区绿华镇新建路575号	202151	021-59353159	021-59351202
天津重钢机械装备股份有限公司	天津市滨海新区塘沽厦门路139号	300459	022-25214993	022-25211535
安徽盛运重工机械股份有限公司	安徽省桐城市同安路265号	231400	0556-6206966	0556-6205280
湖北天宜机械股份有限公司	湖北省宜都市陆城十里铺工业园区	443000	0717-4823199	0717-4828111

（续）

单位名称	联系地址	邮编	电 话	传 真
中德（扬州）输送工程技术有限公司	江苏省扬州市开发区鸿扬路 66 号	225009	0514-85881696	0514-85881690
哈尔滨和泰电力设备有限公司	黑龙江省哈尔滨市南岗区长江路 380 号	150090	0451-82314958	0451-82314178
临安格林输送机械有限公司	浙江省临安市青山街道雅观村	311307	0571-63773958	0571-63771566
山东中一橡胶有限公司	山东省东营市大王经济开发区	257355	0546-6890999	0546-6890988
海安县万力振动机械有限公司	江苏省南通市海安县江海西路 168 号	226600	0513-88898572	0513-88814780
上海科大重工集团有限公司	上海市青浦区青浦工业园华青路 815 号	201707	021-69213885	021-69211138
盐城市羽佳有色金属制品有限公司	江苏省盐城市建湖县汇文东路 576 号	224700	0515-86200056	0515-86203388
北京华伍创新科技有限责任公司	北京市东城区建国门南大街 7 号万豪酒店	100005	010-59117400	010-59117413
四川省自贡运输机械集团股份有限公司	四川省自贡市高新工业园区富川路 3 号	643000	0813-8236964	0813-8233608
甘肃二通机械制造有限公司	甘肃省兰州市安宁区安宁中路 148 号	730070	0931-7752255	0931-5786512
江阴齿轮箱制造有限公司	江苏省江阴市山观工业园澄山路 601 号	214437	0510-86993222	0510-86993196

带式输送机

单位名称	联系地址	邮 编	电 话	传 真
北方重工集团有限公司	辽宁省沈阳市经济技术开发区开发大路 16 号	110141	024-25802099	024-24835186
北京约基工业股份有限公司	北京市通州区中关村科技园通州园光机电一体化产业基地嘉创路 10 号 C4 座	101111	010-57601117	010-57601100
上海嘉庆轴承制造有限公司	上海市闸北区民德路 158 号铭德国际广场 1802 室	200071	021-56559515	021-56639899
上海起重运输机械厂有限公司	上海市嘉定区昌吉路 28 号	201805	021-59921261	021-56639864
上海富运运输机械有限公司	上海市虹口区保定路 437 号	200082	021-65590898	021-65418294
江西省萍乡市永固冶金矿山机械有限公司	江西省萍乡市高坑镇铁桥背	337042	0799-6378096	0799-6378096
江西铜业集团（贵溪）冶金机械厂	江西省贵溪市国道 1 号江铜技校院内	335421	0701-3338669	0701-3331861
南京梅山工程技术新产业开发有限公司	江苏省南京市雨花台区梅山街道中兴路	210039	025-86707834	025-86707834
南京三户机械制造有限公司	江苏省南京市沿江工业开发区新华路 148 号	210048	025-57791473	025-57058515
南京夏元机械设备制造有限公司	江苏省南京市六合区冶山镇迎山村 299 号	211523	025-57570017	025-57570570
南京飞达机械有限公司	江苏省南京市沿江工业开发区中山科技园汇鑫路 16 号	210048	025-58399016	025-58395616
无锡迪达钢管有限公司	江苏省无锡市锡山区羊尖镇龙凤巷工业区	214101	0510-88738228	0510-88738218
吉林省佳信通用机械股份有限公司	吉林省集安市工业园区创业路 3 号	134200	0435-6225696	0435-6225918
无锡宝通带业股份有限公司	江苏省无锡市新吴区张公路 19 号	214112	0510-88155778	0510-88157553
江阴市特种运输机械有限公司	江苏省江阴市云亭工业园区松文头路 8 号	214422	0510-86010318	0510-88615981
江苏牧羊集团输送设备分公司	江苏省扬州市邗江工业园牧羊路 1 号	225127	0514-87848801	0514-87848802
国茂减速机集团有限公司	江苏省常州市武进高新技术产业开发区西湖路 111 号	213161	0519-86588878	0519-86583315
江苏环宇起重运输机械有限责任公司	江苏省扬州市宝应县运西工业园区	225825	0514-88356868	0514-88351351
徐州光环皮带机托辊有限公司	江苏省徐州市解放南路矿大南都国际公寓 4 号楼 002 室	221004	0516-83876198	0516-83876098
江苏上齿集团有限公司	江苏省溧阳市溪缘路 6 号	213333	0519-83101153	0519-88301184
响水县寇龙轴承座制造有限公司	江苏省盐城市响水县张集工业园区	224600	0515-86616568	0515-86616586
江苏山鑫重工有限公司	江苏省靖江市生祠镇江平路 21 号	214531	0523-81386620	0523-81389188
常州市传动输送机械有限公司	江苏省常州市武进高新技术产业开发区龙惠路 27 号	213166	0519-86485188	0519-86480737

（续）

单位名称	联系地址	邮编	电话	传真
宁夏天地西北煤机有限公司	宁夏回族自治区石嘴山市大武口工业园区长安路1号	753001	0952-2175329	0952-2175357
台州千里马汽车零部件制造有限公司	浙江省临海市沿江工业区	317022	0576-85695777	0576-85695600
江阴华峰特种运输机械有限公司	江苏省江阴市临港新城璜土工业园区蓝湫路13号	214440	0510-86273273	0510-86272216
江苏泰隆减速机股份有限公司	江苏省泰兴市大庆东路88号	225400	0523-87762233	0523-87668163
广西百色矿山机械厂有限公司	广西壮族自治区百色市右江区（六塘）工业园区	533000	0776-2770802	0776-2770802
长沙第三机床厂	湖南省长沙市岳麓区含浦科教园工业职业技术学院	410208	0731-82946288	0731-82946290
昆明运输机械有限公司	云南省昆明市五华区人民西路684号	650106	0871-68184208	0871-68184910
武汉武钢北湖机械制造有限公司	湖北省武汉市青山区武钢北湖农场39号	430085	027-86469165	027-86469165
武汉泛达机电有限公司	湖北省武汉市青山区前龚家岭	430083	027-86465086	027-86465872
武汉洪源机械制造有限公司	湖北省武汉市洪山区狮子山街南湖汽校7011工厂	430064	027-88035450	027-88035450
武汉丰凡科技开发有限责任公司	湖北省武汉市青山区冶金大道12号	430080	027-86879863	027-86866860
力博重工科技股份有限公司	山东省泰安市宁阳经济开发区	271044	0538-2133993	0538-6962086
福州鑫广盛机电有限公司	福建省福州市五一南路186号和平大厦	350009	0591-83284295	0591-83284295
江门市振达机械制造有限公司	广东省江门市江海区外海东升路187号1座	529000	0750-3065012	0750-3869690
广州液力传动设备有限公司	广东省广州市花都区炭步镇茶塘工业区	510820	020-86735308	020-86735228
中联重科物料输送设备有限公司	湖南省长沙市芙蓉中路三段613号	410007	0731-88998380	0731-88998333
许昌煤机制造有限公司	河南省许昌市五一路17号	461000	0374-3328666	0374-3314613
河南鹤壁市起重运输机械厂	河南省鹤壁市长风路北段	458020	0392-2897342	0392-2897342
郑州同力重型机械有限公司	河南省郑州市高新区瑞达路华夏村18号	450001	0371-63657050	0371-63657050
焦作市正洁机械制造有限公司	河南省焦作市高新区中纬路	454003	0391-8865566	0391-8865511
焦作市中和通用机械有限责任公司	河南省焦作市焦西矿西200m铁路北	454000	0391-2933380	0391-2916939
鑫恒重工机械有限公司	河南省焦作市解放东路827号	454003	0391-3955009	0391-3958123
东北大学机械工程学院	辽宁省沈阳市和平区文化路3号巷11号	110819	024-83670898	024-83679731
焦作市虹发制动器有限公司	河南省焦作市武陟县虹桥工业区	454981	0391-7541838	0391-7542897
焦作金箍制动器股份有限公司	河南省焦作市博爱县发展大道1688号	454450	0391-2086210	0391-2086210
洛阳豫新工程技术有限公司	河南省洛阳市文新科技开发区	471000	13526902740	0379-64122126
新乡中新环保输送设备有限责任公司	河南省新乡市辖区4281信箱	453000	0373-2682193	0373-5466125
长治市潞安合力机械有限责任公司	山西省长治市城区南环东街138号	046000	0355-3137324	0355-3137324
原平凯世达机械制造有限公司	山西省原平市大牛店镇中神山村	034100	0350-8352588	0350-8352580
原平市宝丰机械制造有限公司	山西省原平市城西大运路	034100	0350-8273788	0350-8373360
原平市丰峰起重运输机械有限公司	山西省原平市永康南路42号	034100	0350-8234366	0350-8277010
原平市宇峰起重运输机械有限公司	山西省原平市原五路南（东营）	034100	0350-8341112	0350-8341115
原平市兴胜机械制造有限公司	山西省原平市东原南路538号	034100	0350-8258123	0350-8258123
大连液力机械有限公司	辽宁省大连市甘井子区营城子工业园营辉路5号	116036	0411-85993888	0411-86642765
原平维达机械制造有限公司	山西省原平市城南大运路西东泥河	034100	0350-8256588	0350-8586588
长治市潞安飞虹煤机有限公司	山西省长治市郊区老顶山镇南垂村	046011	0355-2131119	0355-2130560
焦作宏德重型机器制造有限公司	河南省焦作市太行街北侧61号	454000	0391-2858229	0391-3519129
焦作三岛输送机械有限公司	河南省焦作市高新区神州路东段	454003	0391-3683692	0391-3683690

（续）

单位名称	联系地址	邮编	电话	传真
义马永兴矿山机械设备修造有限公司	河南省义马市毛沟开发区	472300	0398-5637130	0398-5637112
山东淄博电动滚筒厂有限公司	山东省淄博市博山岭西	255213	0533-4140168	0533-4140088
天津中外建输送机械有限公司	天津市津南区双港工业园发港路 27 号	300350	022-88822043	022-88822043
天津市电动滚筒厂	天津市东丽区津塘公路 7 号桥	300300	022-24991119	022-24995599
泰州市运达电动滚筒制造有限公司	江苏省泰州市东花园路 11 号(钢厂大院内)	225300	0523-86231268	0523-86214599
福伊特驱动技术系统(上海)有限公司北京销售分公司	北京市朝阳区曙光西里甲 5 号凤凰置地广场 F 座 1801 室	100028	010-56653388	010-56653333
SEW-传动设备（天津）有限公司	天津市滨海新区经济技术开发区第七大街 46 号	300457	022-25322612	022-25348795
南宁市劲源电机有限责任公司	广西壮族自治区南宁市北湖南路 30 号	530001	0771-3323116	0771-3323116
桐乡市梧桐东方齿轮厂	浙江省桐乡市梧桐街道文华路 519 号	314500	0573-88119699	0573-88112774
阜阳轴承有限公司	安徽省阜阳市阜埠路 58 号	236023	0558-2323393	0558-2323368
山西凤凰胶带有限公司	山西省长治市太行西街 168 号	046011	0355-2085924	0355-2085924
中交第三航务工程勘察设计院有限公司	上海市徐汇区肇嘉浜路 831 号	200032	021-64381730-3226	021-64335958
安徽芜湖市宝丰输送机械有限公司	安徽省芜湖市无为县无城工业园	238300	0553-6316855	0553-6316728
孚乐率传输设备制造（上海）有限公司	上海市松江区新润路 388 号 17 幢	201612	021-33528388	021-33528058
山东华城中德传动设备有限公司	山东省淄博市博山经济开发区	255200	0533-4662478	0533-4661009
通化建新科技有限公司	吉林省通化市二道江路 2326 号	134001	0435-3656911	0435-3942661
安徽省巢湖运输机械制造有限公司	安徽省芜湖市无为县无城无开路 9 号	238300	0565-6311696	0565-6311616
包头市万里机械有限责任公司	内蒙古自治区包头市东河区南二里半	014040	0472-4604508	0472-4604234
湖南鸿韵传送科技发展有限公司	湖南省长沙市雨花区人民中路 568 号融圣国际公寓 3 栋 1703 室	421001	0731-89787996	0731-89787559
比塞洛斯（淮南）机械有限公司	安徽省淮南市经济技术开发区	232008	0554-3609708	0554-3660921
山东祥通橡塑集团有限公司	山东省济宁市高新区凯旋路 1 号(祥通工业园)	272073	0537-2078989	0537-2935111
萧爱矿业设备（天津）有限公司	天津市西青区赛达汇亚工业园 13A 区	300385	022-23889075	022-23889071
瑞安市康泰机械制造有限公司	浙江省瑞安市塘下镇海安凤山村凤凰西路 6 号	325205	0577-65272511	0577-65273956
浙江宝科机械有限公司	浙江省台州市天台县洪畴镇洪三工业园区	317200	0576-83018858	0576-83018898
沧州国峰精密钢管有限公司	河北省沧州市南皮县冯家口开发区（南冯路西）	061504	0317-8781199	0317-8783155
山西晋煤集团金鼎公司皮带机分公司	山西省晋城市城区北石店镇	048006	0356-3667597	0356-3667597
北京雨润华科技开发有限公司	北京市东城区草园胡同 76 号聚才大厦 A-308 室	100007	010-84001165	010-64063037
铜陵百瑞豪科技股份有限公司	安徽省铜陵市经济开发区石桥路 288 号	244000	0562-5859007	0562-5859009
青岛华夏橡胶工业有限公司	山东省即墨市通济区城马路 146 号	266228	0532-82519338	0532-82519876
自贡市倍特逆止器制造有限公司	四川省成都市新都区工业园东区创业路 189 号	616500	028-83939059	028-83939059
唐山东亚重工装备集团有限公司	河北省唐山市玉田县玉泰工业区	064100	0315-5053344	0315-6136126
广州飞旋橡胶有限公司	广东省广州市花都区赤坭镇橡胶路 3 号	510828	020-86748413	020-86748418
河北鲁梅卡机械制造股份有限公司	河北省沧州市盐山县正港工业园 18 号	061300	0317-6193011	0317-6193922
四川自贡红光输送机械制造有限公司	四川省自贡市火车站东侧（原高阀总厂）大楼内	643000	0813-2701219	0813-2701219
衡水金太阳输送机械工程有限公司	河北省衡水市桃城区北方工业基地橡塑路 6 号	053020	0318-2257600	0318-2892988
霍州煤电集团辛置多种经营公司	山西省霍州市辛置矿区	031412	0357-5632096	0357-5633132

（续）

单位名称	联系地址	邮编	电 话	传 真
湖南中特液力传动机械有限公司	湖南省益阳市泉交河镇万利工业园	413043	0737-6181876	0737-6181199
重庆市九龙橡胶制品制造有限公司	重庆市长寿区经济技术开发区齐心大道 46 号	401221	023-85330687	023-85330695
山东横滨橡胶工业制品有限公司	山东省潍坊市临朐县辛寨镇	262610	0536-3440237	0536-3342597
唐山重型装备集团有限责任公司	河北省唐山市路北区缸窑路 4 号	063027	0315-3100968	0315-3100968
西安重装韩城煤矿机械有限公司	陕西省韩城市新城区苏山路	715401	0913-5265031	0913-5290676
阳煤集团奥伦胶带公司	山西省阳泉市开发区大连东路 99 号	045000	0353-7088466	0353-7088466
山东胶六橡特胶带有限公司	山东省高密市胶河疏港物流园区胶平路 1 号	261503	0536-82825527	0536-83809013
浙江龙圣华橡胶有限公司	浙江省台州市天台县洪畴镇洪三工业园区	317200	0576-83013082	0576-83013099
江阴华东机械有限公司	江苏省江阴市杨宦路 8 号	214400	13961617793	0510-86190678
艾克玛（惠州）输送设备有限公司	广东省惠州市惠阳区新圩镇红卫村	516225	0752-6516777	0752-6516777
江苏泰来减速机有限公司	江苏省泰兴市江平南路 588 号	225400	0523-87565988	0523-87566000
江苏鼎阳机电科技实业有限公司	江苏省南京市栖霞区紫东路 2 号紫东创意园区 A2 栋	210046	025-83696880	025-83696880
福建龙净环保股份有限公司	福建省龙岩市新罗区陵园路 81 号	364000	0597-2886020	0597-2988512
阳泉煤业集团华越机械有限公司	山西省阳泉市矿区桃南中路 112 号	045008	0353-7024666	0353-7024666
北京起重运输机械设计研究院有限公司	北京市东城区雍和宫大街 52 号	100007	010-64032598	010-64032570
唐山开元自动焊接装备有限公司	河北省唐山市高新区火炬路 189 号	063000	0315-3855257	0315-3859644
湖州恒通机械设备有限公司	浙江省湖州市吴兴区埭溪镇工业开发区（104 国道路 8 号）	031300	0572-3827830	0572-3827036
日照港机工程有限公司	山东省日照市黄海一路 126 号	276826	0633-8380632	0633-8380167
苏州大力神起重运输机械制造有限公司	江苏省苏州市吴江区汾湖镇芦墟梗田路 183 号	215211	0512-63263288	0512-63263166
山东泰丰钢业有限公司	山东省新泰市经济技术开发区	271200	0538-7059589	0538-7059915
献县通利达机械设备制造有限公司	河北省沧州市献县南河头乡抛庄工业区	062250	0317-6010168	0317-6010160
山东省莱州市金桥实业总公司	山东省莱州市虎头崖镇后桥工业园	261415	0535-2329191	0535-2329134
大连长盛海华输送设备制造有限公司	辽宁省大连市金州区亮甲店镇石城村	116104	0411-87275188	0411-87275757
山西东昌实业有限公司	山西省原平市 108 国道薛孤站	034100	0350-8552158	0350-8552158
开封铁塔橡胶（集团）有限公司	河南省开封市金明区汴西新区周天路 109 号	475000	0371-23978341	0371-23978341
江苏凯博传动设备有限公司	江苏省常州市武进国家高新区南夏墅	213166	0519-86483908	0519-86487355
华电重工股份有限公司	北京市丰台区汽车博物馆东路 6 号华电产业园 B 座 7 层	100077	010-51966621	010-68710552
南通世邦机器有限公司	江苏省启东市海滨工业园区北海路 78 号	226200	0513-68958325	0513-68958325
东莞大马输送设备有限公司	广东省东莞市企石镇莫屋村远鑫工业园区五街 1 号	523502	0769-82216389	0769-82216029
安徽华运机械有限公司	安徽省桐城市经济开发区	231400	0556-6219679	0556-6567629
河北奋进矿山机械有限公司	河北省衡水市枣强县崔庄工业区	053100	0318-8435636	0318-8438910
沈阳皆爱喜输送设备有限责任公司	辽宁省沈阳市经济技术开发区五号路 19 号	110141	024-25370292	024-25370293
山东能源重装集团巨力装备有限公司	山东省新泰市东都镇	271400	0538-7861103	0538-7861103
天津博宇钢管有限公司	天津市静海区大邱庄镇太平村工业园区	301606	022-68558955	022-68558977
希望森兰科技股份有限公司	四川省成都市双流区西南航空港经济开发区空港二路 1599 号	610207	028-85964751	028-85962488
南京世嘉机械制造有限公司	江苏省南京市江宁区横溪街道陶吴工业集中区	210000	025-86700058	025-86738226
泰星减速机股份有限公司	江苏省泰兴市姚王镇泰姚北路 10 号	225402	0523-87086618	0523-87096617

（续）

单位名称	联系地址	邮编	电话	传真
芜湖起重运输机器股份有限公司	安徽省芜湖市三山经济开发区官河路5号	241080	0553-5859945	0553-5852711
中发电气（铜陵）海德精密工业有限公司	安徽省铜陵经济技术开发区西湖一路中发产业园区内	244000	0562-2627644	0562-2627501
徐州光环钢管（集团）有限公司	江苏省徐州市经济技术开发区三环东路19号	221004	0516-87779220	0516-87779220
江阴齿轮箱制造有限公司	江苏省江阴市山观工业园澄山路601号	214437	0510-86991225	0510-86993196
安徽盛运环保（集团）股份有限公司	安徽省桐城市经济开发区东环路1号	231400	0556-6191666	0556-6205898
安徽攀登重工股份有限公司	安徽省桐城市南岛日华广场	231400	0556-6131226	0556-6127222
江阴市鹏锦机械制造有限公司	江苏省江阴市南闸观山东盟科技园10号	214405	13706168197	0510-86271878
安徽马钢输送设备制造有限公司	安徽省马鞍山市经济技术开发区阳湖路499号	243000	0555-2109765	0555-2109765
山东山矿机械有限公司	山东省济宁市济安桥北路11号	272041	0537-2783800	0537-2228529
浙江双箭橡胶股份有限公司	浙江省桐乡市洲泉镇工业园区	314513	0573-88533806	0573-88531385
东莞市奥能实业有限公司	广东省东莞市望牛墩镇洲涡工业区	523206	0769-88560099	0769-88563508
东莞市隆泰实业有限公司	广东省东莞市石碣镇民丰路421号	523291	0769-86347218	0769-86623390
湖州电动滚筒有限公司	浙江省湖州市经济技术开发区西凤路888号	313000	0572-2022263	0572-2111316
桐乡机械厂有限公司	浙江省桐乡市崇福镇锦绣路1082号	314511	0573-88381709	0573-88381709
宝鸡杭叉工程机械有限责任公司	陕西省宝鸡市金台区十里铺纺西村111号	721004	0917-3454663	0917-3415180
太原向明机械制造有限公司	山西省太原市高新技术开发区中心街晨雨大厦6层	030006	0351-2533227	0351-2533227
河南天隆输送装备有限公司	河南省新乡市高新技术开发区新一街	453000	18790518089	0373-7763882
中平能化集团机械制造有限公司	河南省平顶山市卫东区矿工路东段11号院	467021	18637559196	0375-2743018
国家起重运输机械质量监督检验中心	北京市东城区雍和宫大街52号	100007	010-64004968	010-64052252
衡阳运输机械有限公司	湖南省衡阳市珠晖区狮山路1号	421002	0734-3172006	0734-3172066
沈阳泰丰胶带制造有限公司	辽宁省新民市大河沟村88号	110000	024-24363002	024-24363002
四川东林矿山运输机械有限公司	四川省内江市市中区工业集中发展区乐贤大道398号	641005	0832-2190099	0832-2112500
四川自贡起重输送机械制造有限公司	四川省自贡市高新工业园区金川路33号	643000	0813-2703285	0813-2703183
广东中兴液力传动有限公司	广东省云浮市郁南县都城镇河堤路45号	527100	0766-7592180	0766-7596216
国家安全生产北京矿用起重运输设备检测检验中心	北京市东城区雍和宫大街52号	100007	010-64065522	010-64032570
佳信通用机械泰州有限公司	江苏省泰州市海陵工业园区泰安路46号	225300	0523-86650182	0523-86558037
本溪市运输机械配件厂	辽宁省本溪市平山区生源街7号	117021	0414-2372156	0414-2372594
本溪华隆清扫器制造有限公司	辽宁省本溪市明山区大峪	117022	024-44592675	024-44592676
鞍钢附企炼铁建筑安装工程公司	辽宁省鞍山市铁东区团结街38号甲	114002	0412-6318878	0412-6318878
鞍钢附属企业公司烧结安装公司	辽宁省鞍山市鞍钢南门内100m	114021	0412-6724579	0412-6728698
四川省自贡运输机械集团股份有限公司	四川省自贡市高新工业园区富川路3号	643000	0813-8233678	0813-8233588
鞍钢矿建建设工业公司	辽宁省鞍山市立山区鞍千路143号	114031	13050038165	0412-6961145
沈阳市煤机配件厂	辽宁省沈阳市于洪区长江北街58号	110034	024-86808449	024-86808506
沈阳市通用电器研究所	辽宁省沈阳市沈河区乐郊路35甲4号	110011	024-24804947	024-62465178
沈阳万捷重工机械有限公司	辽宁省沈阳市经济技术开发区8号路8甲6号	110127	024-23814646	024-23814545
沈阳德蒙福特电力设备制造有限公司	辽宁省沈阳市沈北新区沈北路160甲	110146	024-88260201	024-88260069
沈阳沈起技术工程有限责任公司	辽宁省沈阳市于洪区造化镇永强工业园206-600号	110034	024-86000177	024-86000155

（续）

单位名称	联系地址	邮编	电话	传真
沈阳制动电磁铁厂（有限公司）	辽宁省沈阳市铁西区路官一街 31 号	110023	024-25369240	024-25295198
沈阳市三原电器研究所	辽宁省沈阳市大东区珠林路 71 号	110042	024-88738001	024-88738002
辽宁起重机械有限公司	辽宁省沈阳市和平区十三纬路格林大厦 2302 室	110000	024-62669688	024-23253200
朝阳宏达机械有限公司	辽宁省朝阳市龙城区工业园区文化路 5 段 108 号	122005	0421-3931700	0421-3931590
上海科大重工集团有限公司	上海市青浦区青浦工业园华青路 815 号	201707	021-69213885	021-69211138
大连营城液力偶合器厂	辽宁省大连市甘井子区营城子工业园区	116036	0411-86690271	0411-86690273
大连骅洋液力偶合器有限公司	辽宁省大连市甘井子区营城子街道对门沟村	116036	0411-84444529	0411-84444509
黑龙江鹤岗斯达机电公司	黑龙江省鹤岗市南山区跃进路 87 号	154103	0468-3731415	0468-3382480
青岛银龙特种胶带有限公司	山东省胶州市胶东纺织工业园	266317	0532-88268130	0532-88268288
青岛港（集团）公司机械维修中心	山东省青岛市黄岛区黄河东路 114 号	266500	0532-82988639	0532-82988190
山东省生建重工有限责任公司	山东省淄博市淄川区昆仑镇昆仑路 1 号	255129	18053324001	0533-7910977
山东益杰重工机械有限公司	山东省淄博市博山区博莱高速路口	255200	0533-4658626	0533-4658727
北京新兴超越离合器有限公司	北京市昌平区沙河镇踩河新村南 500m	102206	010-80712591	010-80712591
天津减速机股份有限公司	天津市河东区程林庄路 8 号	300160	022-24419736	022-24326558
河北港口集团港口机械有限公司	河北省秦皇岛市海港区开滦路 5 号	066000	0335-3093143	0335-3094743
太原科技大学机械工程学院	山西省太原市万柏林区瓦流路 66 号	030024	0351-6998032	0351-6998032
唐山市协力胶带输送设备公司	河北省唐山市路南工业园区北小街 2 号	063000	0315-2867507	0315-3187508
保定华月胶带有限公司	河北省保定市博野县橡胶工业区	071300	0312-8349877	0312-8349877
玉田县金利冷拔钢有限责任公司	河北省唐山市玉田县东关	064100	0315-5052666	0315-6114075
包头钢建新科机械设备制造有限公司	内蒙古自治区包头市昆都仑区包钢厂区北门外三角地	010070	0472-2186528	0472-2188139
呼和浩特市强力煤矿机械有限责任公司	内蒙古自治区呼和浩特市回民区攸攸板镇西侧	010070	0471-3682479	0471-3682146
天津宝来工贸有限公司	天津市静海区大邱庄	301606	022-68588001	022-68587681
天津成科传动机电技术股份有限公司	天津市西青区华苑产业区（环外）海泰发展一路 6 号	300384	022-83711199	022-83711200
山东华特磁电科技股份有限公司	山东省潍坊市临朐县经济技术开发区华特路 6999 号	262600	0536-3158808	
内蒙古神华皮带机有限公司	内蒙古自治区鄂尔多斯市伊金霍洛旗	017209	0477-8284692	0477-8284692
兖矿集团大陆机械有限公司	山东省济宁市兖州区经济技术开发区	272109	0537-3472966	0537-3472482
焦作市科瑞森机械制造有限公司	河南省焦作市高新区神州路 2878 号	454000	0391-3663601	0391-3683672
海汇集团有限公司	山东省日照市莒县工业园	276500	0633-6269999	0633-6269678
安徽扬帆机电设备制造有限公司	安徽省桐城市西环线西南工业园	231404	0556-6138888	0556-6127788
安徽永生机械股份有限公司	安徽省桐城市龙眠街道同安北路 245 号	231400	0556-6968699	0556-6968699
凯盛重工有限公司	安徽省淮南市谢家集区蔡新路	232058	0554-5727529	0554-5717376
铜陵飞特运输机械厂	安徽省铜陵市西湖经济开发区	244000	0562-6865379	0562-6866021
滁州市宏伟橡胶制品有限公司	安徽省滁州市南谯区担子理想创业园北区 1 号	239000	0550-3023965	0550-3034157
安徽省无为神力运输机器制造有限公司	安徽省芜湖市无为县赫店镇苏塘村	238366	0565-6285091	0565-6285008
安徽省无为煤矿机械制造有限公司	安徽省芜湖市无为县赫店工业区	238367	0553-6600038	0553-6602198
芜湖市爱德运输机械有限公司	安徽省芜湖市高薪技术开发区珩琅山路 8 号	241002	0553-5682700	0553-5687666
黄山市轴承有限责任公司	安徽省黄山市黟县马道路 9 号	245500	0559-5522179	0559-5522926
铜陵天奇蓝天机械设备有限公司	安徽省铜陵经济技术开发区翠湖三路 1355 号	244061	0562-2686168	0562-2686167

（续）

单位名称	联系地址	邮编	电话	传真
绍兴华运输送设备有限公司	浙江省绍兴市上虞区驿亭镇五夫工业园区驿五东路 55 号	312353	0575-82415818	0575-82415626
宁波甬港起重运输设备有限公司	浙江省宁波市鄞州区潘火街道王家弄村	315105	0574-88235492	0574-88546211
象山光明输送机有限公司	浙江省宁波市象山县石浦镇光明路	315731	0574-65983991	0574-65977491
宁波华臣输送设备制造有限公司	浙江省宁波市象山县经济开发区滨海工业园金商路 20 号	315712	0574-65803687	0574-65803687
杭州雄鹰机械有限公司	浙江省杭州市萧山区南阳街道南兴路	311227	0571-82188686	0571-82180111
浙江宇龙机械有限公司	浙江省瑞安市塘下镇鲍四工业区	325204	0577-65205101	0577-65211889
浙江通力重型齿轮股份有限公司	浙江省瑞安市林垟工业区通力大道	325207	0577-65592000	0577-86559888
浙江鑫隆机械制造有限公司	浙江省瑞安市塘下镇前进工业区	325205	0577-65275038	0577-65279868
湖州新天翔橡胶厂	浙江省湖州市杨家埠镇九九桥北	313000	0572-2351969	0572-2361386
上海一钢南翔传动设备厂	上海市嘉定区于湾路 469 号	201808	021-59123997	021-59129910

散料装卸机械与搬运车辆

单位名称	联系地址	邮编	电话	传真
大连重工·起重集团有限公司	辽宁省大连市西岗区八一路 169 号	116013	0411-86852166	0411-86852222
上海电力环保设备总厂有限公司	上海市宝山区山链路 358 号	200444	021-56650088	021-56657888
丹东振安建工机械有限公司	辽宁省丹东市振安区果园路 30 号	118003	0415-4188609	0415-4188606
武汉电力设备厂	湖北省武汉市武昌区白沙洲特 1 号	430064	027-68888403	027-88113825
岳阳强力电磁设备有限公司	湖南省岳阳市京珠连线 5km 处	414000	0730-8799598	0730-8799009
江阴市万事达液压机械有限公司	江苏省江阴市周庄镇周西工业园区高僧桥	214423	0510-86221271	0510-86903068
浙江特种电机股份有限公司	浙江省嵊州市经济开发区加佳路 18 号	312400	0575-83000258	0575-83000566
上海公茂起重设备有限公司	上海市浦东新区云台路 145 号 2803 室	200126	021-50871759	021-50871665
常熟市亿安电动平车有限公司	江苏省常熟市董浜镇徐市徐吴公路 2 幢	215535	0512-52496081	0512-52496082
浙江双鸟机械有限公司	浙江省嵊州市黄泽镇工业功能区玉龙路 16 号	312455	0575-83503888	0575-83503801
上海特国斯传动设备有限公司	上海市闸北区曲阜西路 268 号恒安大厦 1302 室	200122	021-63812226	021-63810571
哈尔滨重型机器有限责任公司	黑龙江省哈尔滨市经济技术开发区镜泊路 10 号	150060	0451-87091585	0451-87091617
哈尔滨龙鑫重型机械有限公司	黑龙江省哈尔滨市香坊区珠江路 29 号 807 室	150040	13503618096	0451-55195730
大连长盛海华输送设备制造有限公司	辽宁省大连市金州区亮甲店镇石城村	116104	0411-87275136	0411-87275757
大连通达矿冶机械有限公司	辽宁省大连市普湾新区三十里堡街道	116103	0411-87362498	0411-87350008
大连重工机电动力有限公司	辽宁省大连市沙河口区河川街 21 号	116021	0411-39757578	0411-39757528
常熟市凯龙电动平车有限公司	江苏省常熟市梅李镇珍南路 18 号	215514	0512-52664298	0512-52262798
无锡巨力电动平车有限公司	江苏省无锡市新吴区新光工业园 5 号地块	214028	0510-82255086	0510-85210217
哈尔滨国海星轮传动有限公司	黑龙江省哈尔滨市哈平路工业区烟台三路 8 号	150000	0451-86530858	0451-86523288
秦皇岛秦冶重工有限公司	河北省秦皇岛市经济技术开发区鄱阳湖路 2 号	066318	0335-8358085	0335-8586258
湖北三六重工有限公司	湖北省咸宁市巨宁大道 36 号	437000	0715-8343111	0715-8312668
哈尔滨和泰电力设备有限公司	黑龙江省哈尔滨市南岗区长江路 380 号	150090	0451-82314958	0451-82314178
湖南长重机器股份有限公司	湖南省长沙市开福区湘江北路一段 12 号	410201	0731-85318081	0731-85318081
大连天重散装机械设备有限公司	辽宁省大连沙河口区会展路 33 号环球金融中心 7A	116023	0411-62631977	0411-62631978
南京三埃工控有限公司	江苏省南京市江宁经济开发区胜利路 12 号	211100	025-52078957	025-52124028

（续）

单位名称	联系地址	邮编	电话	传真
泰富重装集团有限公司	湖南省湘潭市九华经济技术开发区奔驰路 6 号	430107	0731-52837017	0731-52837255
湖南省映宏新材料股份有限公司	湖南省娄底市新化经济开发区向红工业园	417600	0738-3537338	0738-3537909
康稳移动供电设备（上海）有限公司	上海市浦东新区世纪大道 1500 号东方大厦 925 室	200122	021-68407060	021-68407060
上海振华重工港机通用装备有限公司	上海市浦东新区东方路 3261 号	200125	021-31195630	021-31195918
北京起重运输机械设计研究院有限公司	北京市东城区雍和宫大街 52 号	100007	010-64023392	010-64052252
华电重工股份有限公司上海分公司	上海市浦东新区国展路 839 号华电大厦 15 层	200122	021-60126207	021-60126207
北方重工装备（沈阳）有限公司散料装备事业部	辽宁省沈阳市经济技术开发区开发大路 16 号	110027	13609820458	024-25802527
常熟市电动平车厂	江苏省常熟市梅李镇聚沙路 5 号	215511	0512-52661892	0512-52661886
中国电建集团长春发电设备有限公司	吉林省长春市经济技术开发区世纪大街 3388 号	130033	0431-81966709	0431-85868500

润滑液压设备

单位名称	联系地址	邮编	电话	传真
太原矿山机器润滑液压设备有限公司	山西省太原市经济技术开发区电子街 25 号	030032	0351-3045918	0351-3045918
燕山大学	河北省秦皇岛市海港区河北大街西段 438 号	066004	0335-8051166	0335-8074498
上海润滑设备厂有限公司	上海市奉贤区平港路 655 号	201413	021-65430543	021-65431871
黄山工业泵制造有限公司	安徽省黄山市屯溪区九龙工业园区九龙大道 5 号	245021	0559-2553898	0559-2568248
北方重工集团有限公司设计研究院	辽宁省沈阳市经济技术开发区开发大路 16 号	110141	024-25802407	024-25802416
辽宁省机械研究院有限公司	辽宁省沈阳市皇姑区北陵大街 56 号	110032	024-86890291	024-86890291
中冶京诚工程技术有限公司技术研究院	北京市大兴区北京经济技术开发区建安街 7 号	100176	010-67835821	010-67835154
中色科技股份有限公司装备所	河南省洛阳市西苑路 1 号	471039	0379-64872373	0379-64872352
二重集团重型机械设计研究院	四川省德阳市珠江路 1 号	618013	0838-2342292	0838-2204416
北京冶金设备研究设计总院	北京市朝阳区安定门外胜古庄 2 号	100029	010-64428432	010-64418694
北京科技大学	北京市海淀区学院路 30 号	100083	010-62332916	010-62332916
中国重型机械研究院股份公司	陕西省西安市辛家庙	710032	029-86322543	029-86322431
大连华锐重工集团股份有限公司液压装备厂	辽宁省大连市甘井子区新水泥路 78-7 号	116035	0411-86426269	0411-86427852
宁波盛发液压有限公司	浙江省宁波市鄞州区高桥镇宋家漕村	315175	0574-88449050	0574-88055152
江苏澳瑞思液压润滑设备有限公司	江苏省启东市城北工业园经济开发区杨沙路 2 号	226200	0513-83637418	0513-83637448
沈阳市北方润滑设备制造有限公司	辽宁省沈阳市沈河区文化东路 99 号	110015	024-24824187	024-24206028
淄博九洲润滑科技有限公司	山东省淄博市博山区北博山	255207	0533-4548567	0533-4546336
温州中合润滑设备制造有限公司	浙江省温州市双屿街道屿头工业区 3 号 -2	325007	0577-88781219	0577-88781270
温州市龙湾润滑液压设备厂	浙江省温州市飞鹏巷 6 号（新 14 号）	325000	0577-88290271	0577-88295568
温州市三丰润滑设备制造有限公司	浙江省温州市双屿街道嵇师新街 11 号	325007	0577-88763177	0577-88766885
沈阳市大金润滑设备厂	辽宁省沈阳市沈河区沈洲路 185-2 号	110014	024-22907338	024-22940938
上海澳瑞特润滑设备有限公司	上海市虹口区丰镇路 788 号	200434	021-65288155	021-65288155
四川川润液压润滑设备有限公司	四川省成都市郫都区现代工业港北区港北六路 85 号	611743	028-61836200	028-61777787
启东安升润液设备有限公司	江苏省启东市久隆新巷工业集中区 118 号	226222	0513-83852668	0513-83852108
苏州宝宇液压设备制造有限公司	江苏省太仓市浏河镇听海路 106 号	215431	0512-53601818	0512-53601155

（续）

单位名称	联系地址	邮编	电 话	传 真
沈阳市北方润华冷却设备有限公司	辽宁省沈阳市东陵区泉园二路 15-4 号	110015	024-86670917	024-86670451
启东中冶润滑设备有限公司	江苏省启东市台角工业园区跃龙路 16 号	226200	0513-83250190	0513-83250310
四平市隆百洲机电科技有限公司	吉林省四平市铁东区山门镇	136002	0434-3301333	0434-3301598
启东丰汇润滑设备有限公司	江苏省启东市南苑西路 999 号	226200	0513-83113685	0513-83349800
沈阳三丰液压润滑设备有限公司	辽宁省沈阳市于洪区平罗镇陆家村	110147	024-89286088	024-89286893
江苏恒泰自动化润滑设备有限公司	江苏省启东市南苑工业园区恒丰路 28 号	226200	0513-80286900	0513-83307018
北京中冶华润科技发展有限公司	北京市丰台区南四环西路 188 号三区 21 号楼	100070	010-63964536	010-63964534
美润思（北京）科技有限公司	河北省秦皇岛市北戴河区海宁路 225 号	066102	0335-4289066	0335-4289066
常州市华立液压润滑设备有限公司	江苏省常州市武进区郑陆镇三河口	213115	0519-88675056	0519-88675343
浙江镇南精工机械有限公司	浙江省诸暨市店口镇解放路 259 号	311835	0575-87655388	0575-87655618
陕西中润液压设备有限公司	陕西省西安市经济技术开发区泾渭工业园泾高南路中段 22 号	710201	029-86963180	029-86963166
吉林四平维克斯换热设备有限公司	吉林省四平市铁东区南一经街 5665 号	136001	0434-3335589	0434-3335515
淄博市博山润丰油泵厂	山东省淄博市博山区博山镇博沂路	255207	0533-4544888	0533-4548198
南通博南润滑液压设备有限公司	江苏省启东市开发区精工路 7 号（一区）	226200	0513-83122033	0513-83228811
泰州市远望换热设备有限公司	江苏省泰州市姜堰市娄庄镇	225300	0523-88691628	0523-88696288
重庆安特瑞润滑设备有限公司	重庆市万州区经济技术开发区化工园内	404130	023-58325121	023-58325121
启东润滑设备有限公司	江苏省启东市和平中路 306 号	226200	0513-83356668	0513-83312646
太原科技大学机电工程学院	山西省太原市万柏林区窊流路 66 号	030024	0351-6963399	0351-6963399
一重集团大连设计研究院有限公司	辽宁省大连市经济技术开发区东北大街 96 号	116600	0411-39243635	0411-39243366
南通市南方润滑液压设备有限公司	江苏省启东市开发区纬二路 236 ～ 238 号	226200	0513-83110190	0513-83110290
启东市南方润滑液压设备有限公司	江苏省启东市惠萍镇工业园区	226255	0513-83792888	0513-83795028

重型基础件

单位名称	联系地址	邮编	电 话	传 真
中国重型机械研究院股份公司	陕西省西安市未央区东元路 209 号	710032	029-86322583	029-86322583
浙江长城减速机有限公司	浙江省温州市鹿城区轻工产业园成浦江路 28 号	325019	0577-88628620	0577-88628622
浙江东海减速机有限公司	浙江省温州市平阳经济开发区鸽巢路（鳌江镇）	325401	13906669365	0577-63635393
意宁液压股份有限公司	浙江省宁波市北仑区坝头西路 288 号	315806	0574-86115072	0574-86115070
昆山荣星动力传动有限公司	江苏省昆山市高新区中华园西路 1869 号	215347	0512-57781849	0512-57797398
中信重工机械股份有限公司	河南省洛阳市涧西区建设路 206 号	471039	0379-64088608	0379-64211297
大连重工・起重集团公司减速机厂	辽宁省大连市甘井子区新水泥路 78-11 号	116035	0411-86426178	0411-86426041
天津市万新减速机有限公司	天津市东丽区经济开发区一经路 31 号	300300	022-24830967	022-24374550
重庆齿轮箱有限责任公司	重庆市江津区东方红厂区	402263	023-47211757	023-47211161
燕山大学机械工程学院	河北省秦皇岛市海港区河北大街西段 438 号	066004	13081889632	
西安理工大学	陕西省西安市金花南路	710048	029-82319700	029-83230026
宁波东力传动设备股份有限公司	浙江省宁波市江北工业区银海路 1 号	315000	0574-88398990	0574-88398840
江阴齿轮箱制造有限公司	江苏省江阴市山观工业园澄山路 601 号	214437	0510-86993103	0510-86993196

（续）

单位名称	联系地址	邮编	电 话	传 真
安徽省湖滨机械厂	安徽省巢湖市居巢区巢湖北路369号	238013	0565-2393587	0565-2317765
上海茂德企业集团	上海市南汇区南汇工业园区沪南公路9408号茂德工业园	201300	021-68016659	021-68016458
南京高精齿轮集团有限公司	江苏省南京市江宁科学园莱茵达路299号	211100	025-52172828	025-52172700
哈尔滨国海星轮传动有限公司	黑龙江省哈尔滨市哈平路工业区烟台三路8号	150060	0451-86530788	0451-86530858
内蒙古兴华机械制造厂	内蒙古自治区呼和浩特市玉泉区昭君路小黑河村	010070	0471-2397262	0471-5686313
二重集团（德阳）精衡传动设备公司	四川省德阳市珠江西路460号	618000	0838-2341179	0838-2341179
北方重工集团有限公司传动设备分公司	辽宁省沈阳市经济技术开发区开发大路16号	110142	024-85834628	024-85834325
太原重工股份有限公司技术中心	山西省太原市万柏林区玉河街53号	030024	13513638123	
上海尔华杰机电装备制造有限公司	上海市宝山区宝安公路1785号	201907	021-66028006	021-56022054
浙江通力重型齿轮股份有限公司	浙江省瑞安市林垟工业区通力大道	325207	0577-65590088	0577-65598888
江苏上齿集团有限公司	江苏省溧阳市天目湖工业园溪缘路6号	213333	0519-88301181	0519-88301197
宁波中意液压马达有限公司	浙江省宁波市镇海经济开发区中意路88号	315200	0574-86264491	0574-86378310
石家庄科一重工有限公司	河北省石家庄市和平西路595号	050071	0311-87796242	0311-87783772
德阳立达基础件有限公司	四川省德阳市庐山南路3段32号	618000	0838-2903951	0838-2903848
山东省德州市金宇机械有限公司	山东省德州市德城区胡滨北路888号	253015	0534-2745001	0534-2745033
冀州市联轴器厂	河北省冀州市刘杨工业区	053200	0318-8693695	0318-8691484
乐清重型机械配件厂	浙江省乐清市城关镇宁康西路157号	325600	0577-62522038	0577-61527608
宁波市实立矿山机械制造有限公司	浙江省宁波市象山县石铺镇兴港路100号	315731	0574-65982886	0574-65982886
宁波市东钱湖旅游度假区华实传动机械厂	浙江省宁波市东钱湖工业园区莫高公路58号	315121	0574-88370903	0574-88373598
乐清市联轴器厂	浙江省乐清市柳市镇翔金垟村	325604	0577-62722326	0577-62728326
安徽泰尔重工股份有限公司	安徽省马鞍山市经济技术开发区红旗南路18号	243000	0555-2229329	0555-2229287
乐清虹桥万向轴有限公司	浙江省乐清市虹桥镇西工业区E2-1	325608	0577-62311811	0577-62322180
常州市二传机械有限公司	江苏省常州市武进区漕桥镇运村	213175	0519-86131020	0519-86133108
陕西博特齿轮集团有限公司	陕西省咸阳市西咸新区泾河新城泾阳县工业密集区	713702	029-36386088	029-36386092
盐城华兴液压机械有限公司	江苏省盐城市建湖县近湖镇严桥村	224700	13921851333	
中钢西重传动机械公司	陕西省西安市汉城北路99号	710077	029-88461974	029-84619371
西安环力传动机械股份有限公司	陕西省西安市经济技术开发区凤城十一路91号	710018	029-86171905	029-85251460
乐清机械厂有限公司	浙江省乐清市城西路55号	325600	0577-62522885	0577-62522885
上海合纵重工机械有限公司	上海市金山区金山工业区金流路879号	201506	021-67276715	021-67277700
扬中市金星联轴器制造有限公司	江苏省扬中市新坝科技园区	212212	0511-88433602	0511-88436976
陕西秦川机械发展股份有限公司	陕西省宝鸡市姜谭路22号	721009	0917-3670640	0917-3393841
荆州市巨鲸传动机械有限公司	湖北省荆州市高新技术开发区东方大道58号	434000	0716-8303805	0716-8303886
青海华鼎齿轮箱有限公司	青海省西宁市南川东路75号	810021	0971-4310385	0971-4310004
山东博山减速机厂	山东省淄博市博山区水河路中段	255200	0533-4264888	0533-4184888
镇江通宇传动机械有限公司	江苏省镇江市矿机路5号	212003	0511-84421221	0511-84422078
江苏新瑞戴维布朗齿轮系统有限公司	江苏省常州市武进高新技术产业开发区西太湖大道1号	213149	0519-83163480	0519-86361355
江苏东方万向重型机械有限公司	江苏省镇江市辛丰镇	212141	0511-83321074	0511-83322338

（续）

单位名称	联系地址	邮编	电话	传真
太原科技大学机械学院	山西省太原市万柏林区苊流路66号	030024	0351-2503969	
西安帆力机电技术有限公司	陕西省西安市碑林区曹家巷44号	710000	029-82497223	
西安航盛机械制造有限公司	陕西省咸阳市泾阳县永乐镇	713702	029-36395066	
西安润风风电设备有限公司	陕西省西安市未央区徐家湾街道渭滨街55号	710021	029-89616159	
陕西旭日机电设备有限公司	陕西省西安市新城区西五路物资大厦76号	710004	029-87384188	
恒星科技控股集团有限公司	浙江省杭州市萧山经济技术开发区鸿达路66号	311215	0571-22892908	0571-82605888
宁波镇海减变速机有限公司	浙江省宁波市镇海经济开发区青青路168号	315200	0574-86300305	0574-86302358
泰星减速机股份有限公司	江苏省泰兴市姚王镇泰姚北路10号	225402	0523-87541669	0523-87635683
山西平遥减速器有限责任公司	山西省晋中市平遥县科技工业区	031100	0354-5650091	0354-5650268

油膜轴承

单位名称	联系地址	邮编	电话	传真
太原重工油膜轴承分公司	山西省太原市万柏林区玉河街53号	030024	0351-6367118	0351-6360514
首秦金属材料有限公司轧钢部	河北省秦皇岛市海港区杜庄乡	066326	0335-6086238	0335-6089252
南钢股份有限公司宽厚板厂	江苏省南京市六合区大厂	210035	025-57074699	025-57072545
首钢京唐钢铁公司热轧部	河北省唐山市曹妃甸工业区	100043	0315-88292051	0315-8871641
安钢股份有限公司第二炼轧厂	河南省安阳市殷都区梅园庄	455004	0372-3120928	0372-3120909
武汉钢铁集团公司热轧总厂	湖北省武汉市青山区厂前街	430083	027-86891525	027-86891525
攀枝花钢铁集团公司热连轧厂	四川省攀枝花市市东区向阳村街道	617062	0812-3393260	0812-3396573
太钢热连轧厂	山西省太原市尖草坪区尖草坪	030003	0351-3014802	0351-3016105
包钢钢联股份有限公司	内蒙古自治区包头市河西工业区	014010	0472-2181236	0472-2181236
宝钢集团宝钢分公司设备部	上海市宝山区富锦路800弄路5号	201900	021-26646629	021-26648830
宝钢热轧厂	上海市宝山区宝钢纬三路	200941	021-26645174	021-26649677
宝钢湛江钢铁有限公司	上海市宝山区富锦路	201900	021-56780055	021-26648046
鞍钢第二冷轧厂	辽宁省鞍山市铁东区鞍千路298甲	114021	0412-6752596	0412-6751512
上海大学机自学院	上海市闸北区延长路149号	200072	021-82669152	021-56331937
铁岭五星油膜橡胶研究所	辽宁省铁岭市辽海北路15号	112000	024-74564226	024-74501500
太原科技大学机械工程学院	山西省太原市万柏林区窊流路66号	030024	0351-6998313	0351-6963332
鞍钢中板厂	辽宁省鞍山市鞍钢厂区北部	114021	0412-6762355	0412-6761293
沙钢集团有限公司	江苏省张家港市锦丰镇	215625	13951139955	0512-58550681
唐山中厚板有限公司	河北省唐山市乐亭县玉滩镇	063610	0315-4959566	0315-4959336
唐山港陆钢铁有限公司	河北省遵化市镇海东街198号	064200	0315-6075518	0315-6075518
唐山不锈钢有限公司热轧厂	河北省唐山市古冶区唐家庄	063105	0315-3765888	0315-3768802
唐山钢铁集团公司第一轧钢厂	河北省唐山市滨河路9号	063013	0315-3707227	0315-3707227
本钢板材采购中心	辽宁省本溪市平山区6号	117000	0414-7839809	0414-2842074
安钢股份有限公司第二轧钢厂	河南省安阳市殷都区梅园庄	455004	0372-3123012	0372-3123613
武汉钢铁集团公司冷轧厂	湖北省武汉市青山区厂前街	430083	027-86894638	027-86891470
涟源钢铁集团公司热轧板厂	湖南省娄底市轧钢东路	417009	0738-8663655	0738-8663726

（续）

单位名称	联系地址	邮编	电 话	传 真
攀枝花钢铁集团公司冷轧厂	四川省攀枝花市市东区向阳村街道	617062	0812-3380118	0812-3380137
首钢迁钢股份有限公司	河北省迁安市扬店子镇滨河村	064404	0315-7703962	0315-7703011
宁波钢铁有限公司热轧厂	浙江省宁波市北仑区霞浦临港二路 168 号	315800	0574-86859108	0574-86859126
南京钢铁有限公司中板厂	江苏省南京市六合区卸甲店	210035	025-57074699	025-57072545
宝钢不锈钢分公司热轧厂	上海市宝山区长江路 735 号	200431	021-26033369	021-26034661
广西柳钢热轧板带厂	广西壮族自治区柳州市北雀路 117 号	545002	0772-2596358	0772-2596355
新余钢铁有限责任公司	江西省新余市新钢冶金路	338001	0790-6293328	0790-6294999
鞍钢设备资材采购中心	辽宁省鞍山市南中华路 396 号	114021	0412-6734511	0412-6753575
五矿营口中板有限责任公司设备部	辽宁省营口市老边区	115005	0417-3256655	0417-3256063
吉林通化钢铁股份公司热轧厂	吉林省通化市二道江区	134003	13304422311	0435-3775652
舞阳钢铁有限责任公司一轧厂	河南省舞钢市湖滨大道西段	462400	13937566928	0395-8112802
邯郸钢铁有限责任公司中板厂	河北省邯郸市复兴路 232 号	056015	0310-6075426	0310-4959971
河钢承钢板带事业部	河北省承德市双滦区滦河镇	067002	0314-4079789	0314-4314947
马钢股份有限公司第四钢轧总厂	安徽省马鞍山市三台路	243051	13805551364	0555-2890805
江阴兴澄特种钢铁有限公司钢板厂	江苏省江阴市滨江东路 297 号	214429	13961672702	0510-86190970
河北敬业集团中厚板厂	河北省石家庄市平山县南甸镇	050400	13230135485	0310-82878888
冀南钢铁有限公司	河北省武安市上团城乡	056300	0310-5179100	0310-5179100
沧州中铁装备制造材料有限公司轧钢厂	河北省沧州市渤海新区	061113	0317-5761614	0317-5761614
太钢不锈股份有限公司	山西省太原市尖草坪区尖草坪	030003	0351-3011010	0351-3134170
山西百一机械制造有限公司	山西省太原市尖草坪区尖草坪 2 号	030003	0351-3016342	0351-3016803
优必胜（大连）轴承制造有限公司	辽宁省瓦房店市北三家瓦窝工业园	116300	0411-85508388	0411-85545658
广州机械科学研究院密封研究所	广东省广州市黄埔区茅岗路 828 号	510700	020-32388050	020-32389624
中国石化润滑油公司北京研发中心	北京市海淀区安宁庄西路 6 号	100085	010-62949743	010-62949751
中国一重集团大连设计研究院	辽宁省大连市经济技术开发区	116600	0411-39243245	0411-39243388
上海重型机器厂有限公司	上海市闵行区江川路 1388 号	200245	021-64632262	021-54722933
中钢设备公司机电部	北京市朝阳区芳园街 1 号	100016	010-62688018	010-62688098
宝钢八钢热轧厂	新疆维吾尔自治区乌鲁木齐市头屯河区新钢路	830022	0991-3886408	0991-3886458
燕山钢铁公司 1780 热轧厂	河北省迁安市迁安火车站旁	063000	18903380259	0315-5359666
燕山钢铁公司 1580 热轧厂	河北省迁安市迁安火车站旁	063000	18931537633	0315-5359666
太原理工大学	山西省太原市迎泽西大街 73 号	030024	0351-6010290	0351-6220233
安丰钢铁公司 1780 热轧厂	河北省秦皇岛市昌黎县靖安镇	063000	18031658999	0315-2092111
北海诚德金属压延有限公司	广西壮族自治区北海市铁山港区 4 号路与 7 号路交汇处	536082	0779-8527463	0779-8527464
莱芜钢铁集团银山板带厂	山东省莱芜市钢城区	271100	13156347978	0634-6921887
舞阳钢铁有限责任公司二轧厂	河南省舞钢市湖滨大道西段	462400	13837510808	0395-8112802
南阳汉冶特钢有限公司轧钢厂	河南省南阳市西峡县回车镇	473000	18695968869	0377-69693555
太原嘉明科技有限公司	山西省晋中市榆次区工业园区中央大道	030600	13934156424	0354-3966970
瓦房店轴承股份有限公司	辽宁省瓦房店市北共济街	116300	0351-2390981	0351-6827588
济钢中厚板厂	山东省济南市工业北路 21 号	250101	0531-88847758	0531-88847461

（续）

单位名称	联系地址	邮编	电话	传真
太原重工油膜轴承分公司	山西省太原市万柏林区玉河街53号	030024	0351-6367206	0351-6367206
鞍钢热连轧厂	辽宁省鞍山市鞍钢厂区北部	114021	0412-6751589	0412-6752915
本钢集团有限公司热连轧厂	辽宁省本溪市平山区轧钢路	117021	18041406000	024-7825049

停车设备

单位名称	联系地址	邮编	电话	传真
中国重型机械工业协会停车设备工作委员会	北京市西城区月坛南街26号院1号楼2002室	100825	010-68584668	010-68584667
大洋泊车股份有限公司	山东省潍坊市潍城区拥军路3777号	261041	4008080536	0536-8662694
石家庄舒玛停车设备有限公司	河北省石家庄正定县南牛村	050800	0311-88257270	0311-88257270
石家庄宝地停车机械有限公司	河北省石家庄市平山县西柏坡工业园区南区199号	050400	0311-89115889	0311-89115885
河北高西宅智能车库工程有限公司	河北省衡水市经济开发区北区新区七路以南滏阳三路以东	053000	15350810900	0318-2331070
河北约基输送机械制造有限公司	河北省廊坊市大厂潮白河工业区福喜路1200号	065300	0316-8961984	0316-8961799
唐山宝乐智能科技有限公司	河北省唐山市滦县装备制造产业园区	063706	13903256868	0315-7410188
河北京驿车屋科技有限责任公司	北京市西城区广安门内大街6号枫桦豪景A座2单元702室	100053	13810695916	0316-63578681
河北建帮立体停车设备有限公司	河北省石家庄市新华区中华北大街27号鑫明商务中心404室	050000	0311-89937699	0311-89937696
衡水奇佳停车设备有限公司	河北省衡水市工业新区北区新区七路以南、滏阳三路以东	053000	0318-2331062	0318-2331062
沧州瑞泰保源泊车设备有限公司	河北省沧州市南皮县乌马营镇工业区正港路南侧	061500	0317-8619558	0317-8619558
河南宏丰停车设备制造有限公司	河南省新乡市经济开发区环城北路	453700	0373-5635559	0373-5636844
山东天辰智能停车股份有限公司	山东省德州市（禹城）国家高新技术产业开发区振兴大道西侧	251200	15020008578	0534-7289960
洛阳龙辇居停车设备有限公司	河南省洛阳市孟津县小浪底镇小浪底街	471100	15038559988	0379-63086309
河南中州起重集团有限公司	河南省新乡市长垣县魏庄工业园区	453400	0373-8611564	0373-8611564
南阳市海鑫智能科技有限公司	河南省南阳市生态工业园区纬十路	473000	18937719988	0377-60876999
河南省中原奥起实业有限公司	河南省新乡市长垣县文明路402号	453400	0373-8615105	0373-8813875
河南华士机械设备科技有限公司	河南省郑州市金水区金水路297号	450000	15936373333	0371-86135600
河南省健泰实业有限公司	河南省商丘市民权县产业集聚区兴业路	476800	13702601164	
哈尔滨龙士达钢结构彩板有限公司	黑龙江省哈尔滨市道里区群力开发区洪湖络7号	150078	0451-84373223	
武汉沃强智能装备有限公司	湖北省武汉市武昌区白鹭街水果湖公共停车场	430050	027-68870658	027-68870658
中国电建集团武汉重工装备有限公司	湖北省武汉市武昌区白沙洲特1号	430064	027-68888714	027-68888714
湖北中筑邦建筑工程有限公司	湖北省武汉市汉阳区瑞地自由度3层	430050	18872230393	
上海赐宝停车设备制造有限公司	上海市黄浦区打浦路1号金玉兰广场906室	200023	021-53960436	021-53960435
湖北新世纪环保设备制造有限公司	湖北省武汉市光谷大道62号光谷总部国际1号楼1105室	430073	027-86397698	027-86550036
湖北华鸿智能化立体停车设备有限公司	湖北省黄石市黄石大道658号	435001	0714-8669999	0714-8380222
湖北勇创智能泊车设备有限公司	湖北省十堰市普林工业园31号	442000	0719-8880005	
湖北天弓智能设备有限公司	湖北省黄冈市红安县经济开发区高新技术产业园	438400	0713-5289666	0713-5319280
湖北省齐星汽车车身股份有限公司	湖北省随州市经济技术开发区十里铺村	441300	13886865569	0722-3587089

（续）

单位名称	联系地址	邮编	电话	传真
创拓建设有限公司	湖北省十堰市茅箭区北京北路82号6幢28层	442000	0719-8897787	0719-8897787
湖南泰安智能立体车库设备有限公司	湖南省郴州市苏仙区良田工业园	423026	0735-2763358	0735-2763316
湖南宇恒立体停车立体停车设备有限公司	湖南省湘潭市九华示范区银盖南路	411100	15874862390	0731-52650708
湖南铭泰智能停车科技有限公司	湖南省长沙市高新开发区林语路158号研发楼6层	410205	0731-89930399	0731-89930399
湖南涟钢建设有限公司	湖南省娄底市涟钢北大桥	417009	0738-8660031	0738-8660031
北京鑫华源机械制造有限责任公司	北京市门头沟区门头沟路47号	102300	010-61814331-32553	010-61815100
吉林省利源机械制造有限公司	吉林省长春市绿园区西新镇开元村4队	130013	18910290024	0431-87089509
辽源市鑫锐机械制造有限公司	吉林省辽源市经济技术开发区友谊工业园区甲六路	136200	18243716619	0437-5017555
四平市金立方停车设备有限公司	吉林省四平市铁西区红嘴经济技术开发区新材街111号	136000	0434-2206666	0434-3252266
苏州江南嘉捷电梯股份有限公司	江苏省苏州市工业园区唯新路28号	215122	0512-62746790-3048	0512-62741517
江苏冠宇机械设备制造有限公司	江苏省溧阳市中关村科技产业园吴潭渡路9号	213300	0519-87033616	0519-87036130
江苏省宏展机械有限公司	江苏省盐城市大丰区经济开发区申丰路（七灶河桥北200m）	224100	18651528888	0515-83532158
昆山华恒焊接股份有限公司	江苏省昆山市巴城镇博士路1588号	215300	0512-81866666	0512-87880400
江苏瑞科停车系统科技有限公司	江苏省常州市金坛区儒林镇府前路68号218室	213225	18752748303	0514-85869366
昆山翔固机械有限公司	江苏省昆山市周市镇长兴路219号	215314	0512-83663988	0512-83663788
江苏精诚电工有限公司	江苏省南京市溧水区和凤镇工业集中区	211218	025-57466288	025-57466222
明椿电气机械股份有限公司	上海市松江区石湖荡镇长塔公路565号3号楼	201617	021-59177921	021-59177920
南京力霸智能停车设备制造有限公司	江苏省南京市江宁滨江开发区绣玉路1号	211178	025-83340638	025-58707353
江苏金三角钢结构有限公司	江苏省淮安市淮安区工业新区吴鞠通路46号	223200	13905230159	0517-85201112
江苏谦益实业有限公司	江苏省盐城市建湖县高新产业园唐桥路66号	224700	0515-86235868	0515-86390680
布兰汀机电工程南通有限公司	江苏省南通市海安县大公科技产业园海古路2号	226623	18862701581	0513-88698611
江苏恒瑞科智能车库有限公司	江苏省盐城市建军东路856号	224001	15189215299	0515-88298358
扬州鑫昊重型机械有限公司	江苏省扬州市江都区宜陵镇工业集中区	225253	0514-86835888	0514-86836555
国信机器人无锡股份有限公司	江苏省无锡市惠山区经济开发区堰新路311号3号楼509室	214000	0510-88150159	0510-88150159
淮安市魔方泊车自动车库有限公司	江苏省淮安市经济开发区白果路10号	223005	0517-89888296	0517-89888296
宏达博能自动化设备（江苏）有限公司	江苏省盐城市经济开发区湘江路12号	224007	18118685999	0515-80500999
江苏升辉装备集团股份有限公司	江苏省南通市海安县白甸镇府前路33号	226682	18012285805	0513-88408655
北京起重运输机械设计研究院有限公司	北京市东城区雍和宫大街52号	100007	010-64032277	010-64052584
苏州鑫丰恒富科技有限公司	江苏省苏州市高新区锦峰路8号5号楼4层	215163	0513-66806798	0513-66806798
江苏一元泊车设备科技有限公司	江苏省无锡市锡山区羊尖镇机械装备产业园A区园丰路36号	214107	0510-88733355	0510-88733355
江苏神通重工集团	江苏省张家港市金港镇长江东路73号	215635	0512-58758888	0512-58758888
江西龙腾工程机械有限公司	江西省宜春市经济技术开发区C1-7号	336000	0795-2197596	0795-2197598
江西中升智能停车设备有限公司	江西省南昌市进贤县工业开发区迎宾大道（新320国道）南侧	331700	0791-86272779	0791-86272779
大连华锐重工集团股份有限公司钢构设备制造厂	辽宁省大连市甘井子区中华东路3号	116031	0411-86855206	0411-86855208

（续）

单位名称	联系地址	邮编	电话	传真
大连誉兴智能设备有限公司	辽宁省大连市保税区亮甲店工业区 B-01-3 亮源路 5 号	116600	0411-87300643	0411-87150505
大连辽南起重机器有限公司	辽宁省大连市旅顺口区营顺路 102 号	116050	0411-86233046	0411-86236371
沈阳华德机械工程安装有限公司	北京市西城区白纸坊东街 2 号 6 号楼经济日报社 A 座综合楼 7 层 702 室	100054	010-57385358	010-57385357
营口天兴机械制造有限公司	辽宁省营口市沿海产业基地新联大街东 1 号	115003	0417-3443311	
杭州友佳精密机械有限公司	浙江省杭州市萧山经济技术开发区市心北路 120 号	311215	13817071008	0571-82832353
盘锦智人科技有限公司	辽宁省盘锦市大洼临港经济区榆树镇梧桐苑小区对面	124000	18742389666	0427-8620999
鞍山千钢机械制造有限公司	辽宁省鞍山市铁西区鞍刘路 460 号	114000	13942272350	0412-8435858
沈阳建伟智能立体停车系统有限公司	辽宁省沈阳市沈河区西滨河路 62 号滨湖俪园大厦 18B2	110014	024-22906641	024-22906641
宁夏鑫华源智能立体停车设备制造有限公司	宁夏回族自治区银川市金凤区正源南街 534 号天乐苑大厦 3 层	750002	0951-5113155	0951-5055260
青岛昊悦机械有限公司	山东省青岛市李沧区遵义路 3 号	266043	0532-84829888	0532-84816885
烟台华安智能停车设备制造有限公司	山东省烟台市开发区华山路 7 号	265304	13002741420	0535-6393888
青岛车的家车库有限公司	山东省青岛市城阳区玉皇岭工业园	266107	13605427666	0532-66736769
德州科博智能仓储物流设备限公司	山东省德州市经济开发区高速东路（凯元热电西北侧）	253000	13905342560	0534-2722667
山东华亿钢机股份有限公司	山东省曲阜市王庄主体功能区华亿路 1 号	273100	13021781586	0537-4653666
山东天宇结构工程有限公司	山东省曲阜市经济开发区（东区）发展大道西首路北	273100	0537-4483999	0537-4438558
江苏启良停车设备有限公司	江苏省江阴市锡澄路 886 号	214405	0510-80667788	0510-80667733
山东恒运自动化泊车设备股份有限公司	山东省淄博市张店区华光路玉龙大厦 B 座 2017 号	256406	0533-8789397	0533-8788878
山东克瑞斯立体车库有限公司	山东省泰安市岱岳区石膏工业园	271000	13805484085	0538-8160795
山东瑞莱堡立体停车设备有限公司	山东省菏泽市定陶经济开发区北外环北侧、京九铁路东侧	274100	18953018166	0530-7396177
山起重型机械股份公司	山东省青州市昭德北路 2198 号	262500	0536-3295377	0536-3203037
山东博创智能停车设备有限公司	山东省淄博市临淄区经七路 18 号	255400	4006652313	0533-7217210
济南可瑞思数控科技有限公司	山东省济南市科院路 19 号院内自动化所	250012	0531-67897136	0531-67897136
青州市莱保彩钢立体车库有限公司	山东省青州市 309 国道立交桥东路北	262500	0536-3528619	0536-3528619
凯尔菱电（山东）电梯有限公司	山东省济宁市汶上县城区南二环以南	272500	0537-7193999	0537-7193999
太原市大强伟业机械制造有限公司	山西省太原市晋源区姚村镇南峪村村南	030025	13835128887	0351-6932222
山西森尔科技有限公司	山西省太原市小店区农科南路 76 号	030031	13834201239	0351-7128772
江苏金冠停车产业股份有限公司	江苏省南通市港闸区兴盛路 6 号	226003	0513-81552626	0513-81552626
山西德奥电梯股份有限公司	山西省忻州市五台县豆村镇开发区工业园区德奥大道	035502	0350-8754360	0350-8754360
陕西吉亨自动化科技有限公司	陕西省咸阳市渭城区周陵镇西兰路北段苏家寨村咸阳空压机厂院内	712000	029-89238089	029-89238318
陕西仑堡工程科技有限公司	陕西省咸阳市人民东路鼎城花园 1 号楼 601 室	712000	18691981553	029-33215560
陕西双力智能机械发展有限公司	陕西省宝鸡市陈仓区科技工业园西虢大道 1 号	721400	0917-6213488	0917-6213488
陕西上通泊车设备有限公司	陕西省宝鸡市扶风县机械加工园立体车库	722200	13335376602	0917-5231502
陕西天驹静态交通科技有限公司	陕西省西安市雁塔区雁翔路 99 号	710054	13335383718	
西安航天动力机械厂	陕西省西安市灞桥区田王街特字一号 14 号	710025	029-83605360	029-83602276
上海人本旭川自动化机械有限公司	上海市闵行区顾戴路 3009 号 902 室	201101	021-54152892	021-54152892
上海爱登堡电梯股份有限公司	上海市闵行区浦星公路 1601 号	201114	021-54331601	021-64970181

（续）

单位名称	联系地址	邮编	电话	传真
上海沈中停车设备有限公司	上海市浦东新区浦建路 729 号 804 室	200127	021-61460158	021-61460108
广东三浦车库股份有限公司	广东省广州市海珠区新港西路 1 号银华大厦 20 层	510260	020-34112922	020-34061599
上海泊鼎停车设备有限公司	上海市宝山区湄星路 1933 号	201906	021-66788790	021-66787981
上海萨逸检测设备制造股份有限公司	上海市嘉定区外冈镇恒冠路 120 号	201816	13321819329	021-39537132
上海新泊乐停车设备有限公司	上海市长宁区仙霞路 137 号盛高国际大厦 2F201 室	200131	13916589247	021-33550173
上海腾库智能科技有限公司	上海市闵行区恒西路 189 号 507 室	201114	15000128187	021-34786970
上海轼泊停车场管理有限公司	上海市浦东新区张杨路 188 号汤臣商务中心 B 座 1401 室	200122	18616743561	
上海彭浦机器厂有限公司	上海市浦东新区沧海路 288 号	201306	021-38584602	021-38584770
上海赛迪停车设备有限公司	上海市浦东新区沪南路 2419 弄 30 号复地万科活力城 B 座 902 室	200120	021-61106032	021-61106033
上海畅悦自动化机械有限公司	上海市普陀区武宁路 423 号 18 号楼 405 室	200063	021-33608902	021-33608902
上海上汽安悦充电充电科技有限公司	上海市虹口区中山北一路 121 号 A8 幢（上汽安悦大楼）	200083	021-36606022	021-36606022
成都东风停车设备制造有限公司	四川省成都市新都区工业园东区高东路	610500	13908047636	028-83939176
中国重型机械工业协会停车设备工作委员会	北京市西城区月坛南街 26 号院 1 号楼 2002 室	100825	010-68584668	010-68584667
上海万强自动化设备有限公司	上海市金山区张堰镇松金公路 2502 号	201514	021-57210128	021-57213723
四川五新智能设备有限公司	四川省成都市双流区西南航空工业港空港二路二段 1399 号	610200	15828158212	028-85744258
四川志泰立体车库有限公司	四川省成都市锦江区东大街东方广场 A 座 2210 室	620000	13696084999	028-84442325
四川金牛智能机械有限公司	四川省自贡市沿滩工业集中区	643030	13990076857	0813-3808020
四川金石东方新材料设备股份有限公司	四川省成都市双流区九江街道万家社区 3 组 203	610000	18710143336	
天津鑫基机械停车设备有限公司	天津市东丽区幺六桥乡三合庄北赤海路 6499 号	300402	022-60409228	022-60409228
天津通广集团专用设备有限公司	天津市河北区新大路 185 号	300140	022-26237315	022-26270462
天津市中环富士智能设备有限公司	天津市西青区李七庄街天祥工业区祥遵路 10 号	300385	13602190505	022-23962205
天津赛瑞机器设备有限公司	天津市东丽区滨海重机工业园重工路 3 号	300301	022-24943116	022-24355100
天津知时捷科技发展有限公司	天津市东丽区华明高新技术产业区华兴路 10 号 2 号院	300300	15692259126	022-60126488
新疆神洲汇和重工有限公司	新疆维吾尔自治区昌吉市三工镇八钢工业园	831113	13899991032	0994-2717667
上海浦东新区远东立体停车装备有限公司	上海市浦东新区东川公路 7447 号	201201	021-68903740	021-68901921
昆明松骋汽修设备有限公司	云南省昆明市关雨路东聚小车汽配城 B 区 11 幢	650214	13187443209	0871-67369448
云南名家智能设备股份有限公司	云南省昆明市经开区顺通大道世纪浩鸿商业广场 3 幢 11 层	650217	13518765786	0871-68135189
云南中建博能工程技术有限公司	云南省曲靖市经济技术开发区西城工业园区	655011	0874-3925688	0874-3925688
宁波邦达智能停车设备股份有限公司	浙江省宁波市国家高新区剑兰路 1369 号	315013	13906611118	0574-88411233
宁波祥云停车设备有限公司	浙江省余姚市泗门镇光明北路	315470	13757488877	0574-62165172
森赫电梯股份有限公司	浙江省湖州市练市工业园区森赫大道 1 号	313013	0572-2923378	0572-2923397
浙江越宫钢结构有限公司	浙江省绍兴市袍中南路 166 号	312017	13777339769	0575-89103789
浙江双金机械集团股份有限公司	浙江省杭州市余杭区瓶窑镇南山村	311115	0571-88566829	0571-88560827
浙江巨人控股有限公司	浙江省湖州市南浔镇胜利路 698 号	313009	0572-3912111	0572-3912112
浙江天马停车设备有限公司	浙江省杭州市石祥路 208 号	311215	18858297778	0571-86479153

（续）

单位名称	联系地址	邮编	电话	传真
北京天宏恩机电科技有限公司	北京市海淀区复兴路12号	100038	010-63963040	010-63962898
浙江正立钢结构有限公司	浙江省温州市火车站广场瓯江大厦主楼1607室	325014	0577-86788201	0577-86788061
浙江嘉联电梯有限公司	浙江省海宁市硖川路399号	314400	13968101431	0573-87251685
浙江诺力车库设备制造有限公司	浙江省湖州市长兴县太湖街道长城路358号	313100	13757257771	0572-6210097
绍兴市中立钢业建筑工程有限公司	浙江省绍兴市越城区袍江新区袍渎路15号-3	312000	13819583778	0575-88331447
杭州专用汽车有限公司	浙江省杭州市经济技术开发区M20-15-1地块	310018	13606557439	0571-86721839
浙江先锋机械股份有限公司	浙江省桐乡市梧桐街道石门路10号	314500	0573-88108133	0573-88103866
重庆桥瑞工程机械制造有限公司	重庆市九龙坡区巴国公馆6号楼13-7室	400039	023-68193631	023-68193301
重庆钢铁集团三峰工业有限公司	重庆市长寿区晏家工业园区D区	401221	13608313471	023-40713306
重庆伊士顿电梯有限责任公司	重庆市南岸区茶园新区	401336	023-62489680	023-62489679
重庆大江本大工程机械有限责任公司	重庆市巴南区鱼洞镇大江工业园	401321	13908388120	023-66456629
敬稳（北京）机电设备有限公司	北京市东城区建外大街19号国际大厦B座202室	100004	010-85261141	010-85261145
重庆复融科技有限公司	重庆市长寿区经济技术开发区齐心大道19号	401221	023-40767569	023-40767569
上海亚敖机电科技有限公司	上海市青浦区金泽镇沪青平公路9188号	201718	021-59266855	021-69232222-601
浙江康明斯机械有限公司	浙江省温岭市新河镇中厢工业园	317502	0576-86578602	0576-86578336
昆山达嘉传动设备有限公司	江苏省昆山市周市镇横长泾路515号	215300	0512-57938806	0512-57938801
江西特种电机股份有限公司	江西省宜春市环城南路581号	336000	13879533689	0795-3512060
上海东元德高电机有限公司	上海市长宁区中山西路1279弄6号3层321室	200051	021-51168255	021-32098761
上海至宝电机制造有限公司	上海市嘉定区黄渡镇曹联路19号	201804	13391020398	021-69597848
南京特种电机厂有限公司	江苏省南京市六合区雄州东路289号	211500	025-57512569	025-57107279
苏州乔力以机械设备有限公司	江苏省苏州市相城区太平街道聚金路11号	215100	13405048618	0512-65719022
广东星光传动股份有限公司	广东省佛山市三水区白坭镇汇金工业城10号	528100	13172378877	0757-66639837
广州广日智能停车设备有限公司	广东省广州市番禺区石楼镇国贸大道南636号之一	511447	13560178302	020-39965877
万鑫精工（湖南）有限公司	湖南省长沙市宁乡县金州新区金沙东路158号	410600	13809275632	0731-87074866
苏州金有冠电机有限公司	江苏省昆山市张浦镇垌坵路88号B栋3层-凤冠工业园	215321	0512-82190808	0512-82177558
厦门东炜庭电机工业有限公司	福建省厦门市同安区五显镇西洋路79号	361100	0592-7016977	0592-7016977
大连日牵电机有限公司	辽宁省大连市甘井子区营城子街道前牧村	116036	0411-86742167	0411-86742167
山东汉隆液压机械有限公司	山东省济南市历城区工业北路161-1号	250100	0531-83130517	0531-68820518
南京英沃斯汶智控集团有限公司	江苏省南京市六合区八百金牛工业集中区一区	210000	025-83750297	025-83750297
杭州海康机器人技术有限公司	浙江省杭州市滨江区东流路700号	310052	0571-4007005998	0571-88075998
欧姆龙自动化（中国）有限公司	上海市浦东新区银城中路200号中银大厦2211室	200431	021-50372222	021-50373300
北京第一机床电器厂有限公司	北京市海淀区知春路114号华源写字楼	100086	13601286747	010-61233595
上海兰宝传感科技股份有限公司	上海市奉贤区金汇工业园区金碧路228号	201404	021-57486188	021-57486188
上海天地岛川停车设备制造有限公司	上海市虹口区东宝兴路157号	200080	021-63563092	021-63243035
上海佐逸电器有限公司	上海市浦东新区川南奉公路5131号天竹新村6号楼102室	201206		021-58100927
上海宝舟电器有限公司	上海市普陀区西康路1068号A幢15层	200060	021-62274842	021-62661382

（续）

单位名称	联系地址	邮编	电话	传真
中山市希福特曼电子科技有限公司	广东省中山市东区利和国际公馆 1 座 3106 室	528403	0760-89818710	0760-89818710
汉立威尔（东莞）电子科技有限公司	广东省东莞市道滘镇南丫村南丫组南阁东三路	523170	0769-82255016	0769-82255016
深圳市汇川技术股份有限公司	广东省深圳市宝安区新安街道留仙二路鸿威工业园 E 栋	518101	0755-29619876	0755-29799579
北京亚博瑞思科技开发有限责任公司	北京市海淀区祁家豁子甲 2 号健德商务楼 107A 室	100000	010-82076094	010-62740309
施瑞克（北京）电气自动化技术有限公司	北京市石景山区八大处高科技园 1906 室	100041	15901102719	010-62568906
杭州赛翔科技有限公司	浙江省杭州市西湖区文三路 408 号综合楼 218 室	310012	0571-89738802	0571-87357542
北京京溪友联科技有限公司	北京市海淀区阜石路甲 69 号 10-423 室	100043	13511075086	010-56531337
河南翰森智能科技有限公司	河南省郑州市高新区莲花街 100 号 6 号楼	450000	0371-61738377	0371-61738377
杭州福瑞科技有限公司	浙江省杭州市塘苗路 18 号华星现代产业园 B 座 5F	310013	0571-85023846	0571-85123228
中船重工海为郑州高科技有限公司	河南省郑州市高新区金梭路 29 号	450000	18537121918	0371-67132366
北京昌立达科技有限公司	北京市房山区拱辰街道天星街 1 号院 4-615 室	102488	010-60388376	
郑州纬达自动化科技有限公司	河南省郑州市二七区京广路与长江路交叉口仁恒上元小区	450000	0371-63302468	0371-60972076
中瑞丸达机电科技（北京）有限公司	北京市顺义区顺平路 580 号航城广场 G 座 402 室	101309	010-89477167	010-89477167
杭州神光电器有限公司	浙江省杭州市萧山区新湾街道三新村	311228	0571-57182941	0571-57182944
北京蓝卡科技股份有限公司	北京市海淀区上地西路 8 号院上地科技大厦 4 号楼 801 室	100085	010-58859090-851	010-58859191
无锡市三爱电器有限公司	江苏省无锡市苏锡路 553 号	214121	0510-85072580	0510-85072581
无锡市明达电器有限公司	江苏省无锡市滨湖经济技术开发区立业路 7 号	214124	0510-85629938	0510-85627663
射阳县达金电气有限公司	江苏省盐城市射阳县经济开发区西区北环西路 66 号	224300	0515-82391680	0515-82391080
合肥汉德贝尔属具科技有限公司	安徽省合肥市肥东县经济开发区金阳北路 16 号	230011	0551-64328418	0551-64328665
深圳市伟创自动化设备有限公司	广东省深圳市福田区上梅林卓悦汇 A 座南区 701 室	518000	0755-82445970	0755-82439670
瑞安市科达电子电器制造有限公司	浙江省瑞安市沿江西路 163 号	325200	0577-65675177	0577-65675177
罗巴鲁（上海）商贸有限公司	上海市嘉定区马陆镇丰功路 393 号	201801	021-69156584	021-69152081
山东神宇机械制造有限公司	山东省东营市广饶县广明路	257300	18766476793	0543-7793898
莱芜市耀辉金属制品有限公司	山东省莱芜市钢城区颜庄镇颜庄创业园	271107	13906342436	0634-6464969
浙江澳琪同济停车配件制造有限公司	浙江省湖州市长兴县吕山工业集中区 38 号	310004	0572-6219899	0572-6219388
宣城市华菱精工科技股份有限公司	安徽省宣城市郎溪县梅渚镇郎梅路	242115	0563-7793336	0563-7793336
上海正盟精密传动有限公司	上海市浦东新区老港工业园区良欣路 265 号	201302	021-60273626-888	021-60273620
杭州东华链条集团有限公司	浙江省杭州市余杭经济开发区昌达路 1 号	311101	0571-85042765	0571-85040765
诸暨链条总厂	浙江省诸暨市牌头镇五一路 1 号	311525	0575-87051296	0575-87056868
浙江神牛机械制造有限公司	浙江省诸暨市丰南路 8 号	311800	0575-89096982	0575-87185255
镭蒙机电股份有限公司	浙江省诸暨市城西工业区千禧路 8-1 号	311800	0575-87380088	0575-87399282
浙江恒久机械集团有限公司	浙江省诸暨市迎宾路 8 号	311800	0575-87389767	0575-87214388
浙江力璇链传动有限公司	浙江省金华市武义县黄龙工业园区二路 9 号	321200	0579-87988090	0579-87698070
北京双马飞腾传动机械设备有限公司	北京市大兴区旧宫工业区北西区甲 5 号	100076	13910992566	010-59751579
杭州东毅链传动有限公司	浙江省杭州市萧山区衙前镇新林周工业园	311200	0571-82921882	0571-82921882
青岛征和工业股份有限公司	山东省平度市香港路 112 号	266700	18053223933	0532-83305918

（续）

单位名称	联系地址	邮编	电话	传真
常州明瑞链传动有限公司	江苏省常州市新北区春江镇百丈创业东路20号	213034	13606124818	0519-85860171
桂盟链条（太仓）有限公司	江苏省太仓市陆渡镇郑和中路165号	215412	0512-82783067	0512-53453112
杭州东腾实业有限公司	浙江省杭州市萧山区靖江镇靖东村	311200	0571-82973496	0571-82978729
杭州盾牌链条有限公司	浙江省杭州市余杭经济开发区宏达路10号	311000	0571-85140164	0571-85140164
浙江川益机械有限公司	浙江省嵊州市三界镇振兴北路245号	312452	0575-83831189	0575-83083988
车立方（北京）新能源科技有限公司	北京市海淀区昆明湖南路甲72号院3号楼西厅	100097	13311566888	010-88462779-8866
淮安市东方油尼龙有限公司	江苏省淮安市淮安区博里镇工业集中区	223200	15950355233	0517-85681234
丹东振安建工机械有限公司	辽宁省丹东市振安区果园路30号	118003	0415-4188608	0415-4188606
杭州台创实业有限公司	浙江省杭州市余杭区瓶窑镇窑北村	311115	0571-86771291	0571-86778253
潍坊奥腾冷弯机械有限公司	山东省潍坊市坊子区北海路翠坊街交叉口西700m路北	261200	13355368018	0536-7658855
金城集团进出口有限公司	江苏省南京市龙蟠中路216号金城大厦26层	210002	025-51815963	025-51815379
厦门正黎明冶金机械有限公司	福建省厦门市同安区圳南二路187号	361000	13806005679	0592-6385810
济南燎原数控机械有限公司	山东省济南市高新区舜华东路666号A座5层	250012	13969197379	0531-55585077
山东法因数控机械股份有限公司	山东省济南市高新区天辰大街389号	250101	0531-88875517	
济南光先数控机械有限公司	山东省济南市吴家堡龙腾工业园18号	250118	13305317659	0531-85986889
济南天辰铝机股份有限公司	山东省济南市高新区天辰路1571号	250101	18660196303	0531-88882995
杭州西子智能停车股份有限公司	浙江省杭州市余杭经济技术开发区宏达路181号	311199	0571-88136666	0571-88139678
江苏普腾停车设备有限公司	江苏省南通市经济技术开发区通盛南路32-9号	226017	0513-80770518	0513-80770077
山东拓维数控设备有限公司	山东省济南市槐荫区小李庄工业园南首	250000	0531-85981057	0531-85985911
潍坊银河泊车设备有限公司	山东省潍坊市潍城区乐埠山工业园银河街8号	261055	15953686228	0536-5603509
国家建筑城建机械质量监督检验中心	湖南省长沙市银盆南路361号	410013	0731-88923872	0731-88910912
天津滨新科技贸易发展有限公司	天津市河北区胜利路与新开路交口北斗花园8-2804室	300000	022-24388662	022-24127208
河北睿众机械停车设备销售有限公司	河北省石家庄市裕华区翟营南大街43号金马国际大厦A2座7层	050800	13831108727	
山西华博科技有限公司	山西省太原市长治路249号523室	030006	0351-7024989	0351-7024987
深圳市快易停立体车库销售有限公司	广东省深圳市南山区粤海街道高新南一道创维大厦A座901室	518057	0755-86959387	0755-86959386
都市（北京）智能停车设备集团股份有限公司	北京市怀柔区迎宾中路1号508室	101400	010-69685415	010-69685415
安恒国际停车设备科技有限公司	北京市丰台区富丰路2号星火科技大厦1612室	100070	010-83618636	010-83618636
西安怡丰停车设备有限公司	陕西省西安市高新区科技六路中段数字空间20802室	710065	029-87429909	029-87429909
江苏中泰停车产业有限公司	江苏省南京市建邺区云龙山路88号烽火科技大厦B座11层	210019	025-86658965	025-86658965
北京东合南泊车科技有限公司	北京市西城区马连道路中基大厦7层	100055	010-63260560	010-63260560
深圳市易停车库科技有限公司	广东省深圳市龙岗区中心城黄阁北路天安数码城2栋B座403B室	518172	15818737980	0755-88609800
西安博铭智能科技有限公司	陕西省西安市高新区锦业一路56号研祥城市广场B座2127室	710065	18192380999	029-81108061
云鼎智慧城（北京）科技有限公司	北京市大兴区经济技术开发区科创十三街锋创科技园9号楼四层	100176	010-67862306	
平安国际融资租赁有限公司	上海市浦东新区世纪大道8号上海国金中心办公楼二期18层	200120	13602628750	021-50338427

（续）

单位名称	联系地址	邮编	电 话	传 真
安吉仓储（上海）有限公司	上海市青浦区徐泾涞港路 181 号国展中心办公楼 B 栋 520 室	201702	021-31653992	021-31653992
北京中安国机停车设备检测有限公司	北京市大兴区经济技术开发区地盛南街甲 1 号 2 号楼 4 层	100176	010-67899779	010-67899779
北京京能千方智慧城市科技有限公司	北京市丰台区丽泽路 5 号金泰地产大厦 11 层	100173	18810308105	
南京海轩企业管理咨询有限公司	江苏省南京市建邺区万达广场西地 E 座 1503 室	210017	025-87716968	025-87716878
南京一招人力资源有限公司	江苏省南京市鼓楼区中央路 417 号先锋广场 1033、1034 室	210012	4008841004	025-66639971
青岛齐星车库有限公司	山东省胶州市九龙工业园新东路 17 号	266300	0532-58651778	0532-58651778
日立产机系统（中国）有限公司	上海市卢湾区茂名南路 205 号瑞金大厦 1207 室	200020	021-54892378-2002	021-33565070
苏州东力机电工业有限公司	北京市朝阳区朝外大街乙 12 号昆泰国际公寓 2204 室	100020	010-58790418	010-58790065
苏州仲益电机设备有限公司	江苏省苏州市相城区太平街道聚金路 28 号	215000	0512-66830093	0512-66830315
河南省盛茂永代机械制造有限责任公司	河南省郑州市惠济区绿源路与丰硕街交叉口北	450000	13838009289	0371-63770651
杭州永利百合实业有限公司	浙江省杭州市萧山区义桥工业园区	311256	13758137728	0571-82409363
安徽马钢智能立体停车设备有限公司	安徽省马鞍山市经济技术开发区红旗南路 19 号	243071	0555-2960018	0555-2960021
安徽乐库智能停车设备有限公司	安徽省合肥市肥东县经济开发区金阳北路 16 号	231600	0551-62533979	0551-62533977
山东莱钢泰达车库有限公司	山东省莱芜市钢城区泰达工业园	271129	0634-5879939	0634-5879911
深圳中集天达空港设备有限公司	广东省深圳市宝安区福永福园二路 9 号	518103	4006007756	0755-26685815
湖南地生工业设备有限公司	湖南省长沙市雨花区芙蓉中路三段 489 号鑫融国际 25 层	410000	17775810190	0731-85781519
江苏润邦智能停车设备有限公司	江苏省南京市浦口区星甸工业园	211803	025-58465657	025-58265566
陕西隆翔停车设备集团有限公司	陕西省西安市高新区锦业路 38 号粤汉国际 D 座 18 层	710077	029-88865536	029-88865382
上海剑峰停车设备工程有限公司	上海市黄浦区南京东路 61 号新黄浦金融大厦 607 室	200002	021-63392097	021-63391924
杭州大中泊奥科技有限公司	浙江省杭州市萧山经济技术开发区桥南区高新五路 58 号	311231	0571-22867610	0571-82695083
苏州联发电机有限公司	江苏省苏州市相城经济开发区富元路 402 号	215131	0512-65793566	0512-65793569
苏州环球集团科技股份有限公司	江苏省苏州市吴中区胥口镇石中路 188 号	215156	0512-65333805	0512-66235388-0
上海山电电机有限公司	上海市普陀区祁连山南路 2888 弄 B 座 507 室	200331	021-62841028	021-52841755
青岛茂源停车设备制造有限公司	山东省青岛市黄岛区临港路 1319 号	266400	18366262658	0532-83196318
深圳怡丰自动化科技有限公司	广东省深圳龙岗区龙城大道龙西路口龙岗高科技园	518116	0755-84879829	0755-84879397
上海禾通涌源停车设备有限公司	上海市闵行区莲花路 1555 号 318 室	200233	13020217116	021-33677096
安徽华星智能停车设备有限公司	安徽省合肥市循环经济示范园天工路 1 号	231602	0551-67758520	0551-67601802
浙江东海减速机有限公司	浙江省温州市平阳县鳌江镇鸽巢路（鳌江镇）	200070	021-63812226	021-63810571
无锡许继富通达车库装备有限公司	江苏省无锡市滨湖区梁青路 58 号华邸国际大厦 B 座 6 层	214062	0510-85881881-208、203	0510-85868947
山西东杰智能物流装备股份有限公司	山西省太原市新兰路 51 号	030008	13935163396	0351-3633521
天马华源停车设备（北京）有限公司	北京市大兴区经济技术开发区科创二街 3 号	100176	010-87952557	010-87952559
江苏聚力智能机械股份有限公司	江苏省苏州市吴江区汾湖高新技术产业开发区新黎路 300 号	215211	0512-82880000	0512-82855666
山东九路泊车设备股份有限公司	山东省聊城市高唐县人和街道办事处卢田楼村北段	252800	13801184460	0635-3673899
安徽鸿路钢结构（集团）股份有限公司	安徽省合肥市双凤工业区鸿路大厦	231131	0551-6391971	0551-6391793

（续）

单位名称	联系地址	邮编	电话	传真
安徽凯旋智能停车设备有限公司	安徽省合肥市高新区黄山路601号科技创新公共服务中心104室	230088	0551-63475498	0551-63475418
河南中继威尔停车系统股份有限公司	河南省许昌市城乡一体化示范区魏武大道与尚德路交汇处东南角	461000	0374-3219098	
合肥巍华智能停车设备有限公司	安徽省合肥市肥东经济开发区公园路12号	231600	0551-67266669	0551-67799556
安徽鸿杰威尔停车设备有限公司	安徽省六安市裕安区平桥工业园	237000	13625711830	0564-3351677
宿州方圆安全设备有限公司	安徽省宿州市经济开发区金海六路西外环一路南	234000	13655577233	0557-3318065
中国电子科技集团公司第三十八研究所	安徽省合肥市高新区香樟大道199号	230088	0551-65391748	0551-65391748
安徽双骏智能科技有限公司	安徽省合肥市包河区青年电子商务产业园二期8号楼3层301室	230051	0551-66165515	0551-66165515
安徽朗停停车科技有限公司	安徽省合肥市庐阳区汲桥路52号	231110	0551-66688963	0551-66688963
北京大兆新元停车设备有限公司	北京市海淀区北小马厂6号华天大厦12层13-16室	100038	010-51916680	010-63319786
北京宏地车港科技有限公司	河北省石家庄市建设北大街228号东海国际19层B2区	050000	0311-86692826	0311-68022622
北京博锐奥盛科技发展有限公司	北京市大兴区经济技术开发区地盛北街1号院40号楼701室	100176	010-67886088	
北京安祥通机电设备有限公司	北京市通州区台湖镇府东苑34栋01号	101111	010-81507019	010-81507019
北京航天汇信科技有限公司	北京市大兴区经济技术开发区中和街20号	100176	010-67886600	010-67874871
北京首钢机电有限公司	北京市石景山区老山西里甲8号	100049	010-88297133	010-88297135
北京首钢城运控股有限公司	北京市石景山区石景山路首钢厂东门内	100043	010-88292668	
北京东星立达立体停车设备有限公司	北京市通州区西集工业区	101106	13901257287	010-61557469
北京韩建河山科技有限公司	北京市房山区韩村河镇	102423	15699829360	010-80389041
北京康拓红外技术股份有限公司	北京市海淀区中关村环保科技示范园地锦路7号院2号楼4层	100095	13466778367	010-82493674
北京四季快安科技有限公司	北京市海淀区恩济花园13号楼2层210室	100036	010-88112178	010-88112178
福建敏捷机械有限公司	福建省南安市官桥镇洪邦工业区	362341	13505013675	0595-86881520
厦门炜城智能停车科技有限公司	福建省厦门市湖里区五缘湾海富中心B座17层C区	362342	0592-5795913	0592-5793912
厦门市华尔曼泊车设备有限公司	福建省厦门市湖里区安岭路1001号	361015	0592-8808989	0592-2612566
福建金三洋控股有限公司	福建省福州市鼓楼区西江滨大道66号融侨锦江B区	350000	15280083002	0591-83300344
浙江子华停车设备科技股份有限公司	浙江省绍兴市柯桥区滨海工业区思源路782号	312073	0575-81199858	0575-81199877
福建省闽亿钢构铁塔有限公司	福建省南安市康美镇团结工业园	363233	0595-26532999	0595-26532999
厦门市鑫创达科技有限公司	福建省厦门市湖里区五缘湾宝拓大厦写字楼5层01单元	361000	0592-5552009	0592-5552009
兰州远达停车产业有限公司	甘肃省兰州市西固区西固西路35号	730060	0931-8585511	
兰州亚太澳泊智能设备有限公司	甘肃省兰州市城关区庆阳路75号中科银座21层	730030	0931-8622296	0931-8622296
佛山市南海高达建筑机械有限公司	广东省佛山市南海区平洲工业园胜利西路6号	528251	0757-86795321	0757-86778582
深圳市中科利亨车库设备有限公司	广东省深圳市宝安区西乡街道桃花源科技创新园主楼513室	518102	0755-29981555	0755-29981777
广东溢隆实业有限公司	广东省广州市越秀区东风东路天誉大厦东塔109室	510000	020-37615036	020-37885775
深圳精智机器有限公司	广东省深圳市南山区科技园科研路9号比克科技大厦11层B座	518057	0755-86017789	0755-86017528
深圳市金正方科技股份有限公司	广东省深圳市龙岗区南湾街道南岭村社区黄金北路7号厂房	518000	0755-28324399-8038	0755-25501937
韶关市磊信机械制造有限公司	广东省韶关市浈江区产业转移工业园狮塘路47号	512000	0751-8838236	0751-8838231

（续）

单位名称	联系地址	邮编	电话	传真
唐山通宝停车设备有限公司	河北省唐山市丰润区公园道 162 号	064000	18631576606	0315-3081781
广州建德机电有限公司	广东省广州市花都区新华街九塘 1404 号	510800	020-62321784	020-62321791
深圳市华智联科技有限公司	广东省深圳市龙华新区清湖新侨工业园第 4 栋 3 层	518000	4008939885	0755-29476689
中建钢构有限公司	广东省深圳市南山区高新园高新南一道富诚科技大厦 6 层	518000	18787025852	
广东明和智能设备有限公司	广东省广州市南沙区东涌镇石排村市南公路南侧	511455	022-29855018	022-29855018
广州福倍至机械设备有限公司	广东省广州市白云区增槎路富力半岛花园 A22-203 房	510080	020-81780988	020-81780988
广西景和停车设备有限责任公司	广西壮族自治区南宁市民族大道 115-1 号现代国际 905-908 室	530028	0771-5595654	0771-5596031
桂林市中天机械有限公司	广西壮族自治区桂林市雁山区柘木镇奇峰创业园	541001	13317737778	0773-2561698
南宁市宏涛机械设备有限责任公司	广西壮族自治区南宁市五一中路南五里 10 号	530022	0771-4855196	0771-4848255
贵州高矿重工（长顺）有限公司	贵州省黔南布依族苗族自治州长顺县威远工业园区	550704	13885819500	0854-6644666
贵州海悦科技立体停车设备有限公司	贵州省毕节市黔西县经济开发区甘棠工业园	557500	0857-4669000	0857-4668000

大型铸锻件

单位名称	联系地址	邮编	电话	传真
二重集团（德阳）重型装备股份有限公司	四川省德阳市珠江西路 460 号	618013	0838-2341181	0838-2201998
天津市天重江天重工有限公司	天津市北辰区西堤头镇津榆公路 609 号	300408	022-86885999	022-86885999
中车资阳机车有限公司	四川省资阳市雁江区晨风路 6 号	641301	028-26282650	028-26653416
中钢集团邢台机械轧辊有限公司	河北省邢台市新兴西大街 1 号	054025	0319-2022061	0319-2022061
北京科技大学材料科学与工程学院	北京市海淀区学院路 30 号主楼 201 室	100083	010-62332572	010-62397463
清华大学材料学院	北京市海淀区双清路 30 号	100084	010-62789922	010-62773637
燕山大学教务处	河北省秦皇岛市海港区河北大街西段 438 号	066004	0335-8074036	0335-8387472
东方汽轮机有限公司	四川省德阳市高新技术产业园金沙江西路 666 号	618000	0838-2687289	0838-2687253
上海电气电站设备有限公司上海汽轮机厂	上海市闵行区江川路 333 号	200240	021-64358331-2100	021-64355046
哈尔滨汽轮机厂有限责任公司	黑龙江省哈尔滨市香坊区三大动力路 345 号	150046	0451-82953194	0451-82681364
石钢京诚装备技术有限公司	辽宁省营口市老边区柳树镇	115004	0417-3257899	0417-3257777
中国第一重型机械股份公司	黑龙江省齐齐哈尔市富拉尔基区厂前路 9 号	161042	0452-6810488	0452-6810111
沈阳铸锻工业有限公司锻造分公司	辽宁省沈阳市经济技术开发区沈辽西路 188 号	110142	024-25336760	024-25336788
烟台台海马努尔核电设备股份有限公司	山东省烟台市莱山经济开发区恒源路 6 号	264003	0535-3725658	0535-3725699
二重集团（德阳）重型装备股份有限公司铸锻公司	四川省德阳市珠江西路 460 号	618013	0838-2341631	0838-2201742
天津重型装备工程研究有限公司	天津市滨河新区经济技术开发区宏达街 21 号 B 座 11 层	300457	022-58808555	022-58808000
中国第一重型机械股份公司铸锻钢事业部	黑龙江省齐齐哈尔市富拉尔基区厂前路 9 号	161042	0452-6811237	0452-6810030
内蒙古北方重工业集团有限公司	内蒙古自治区包头市青山区兵工路	014030	13947285732	0472-3335641
大连华锐重工集团股份有限公司	辽宁省大连市甘井子区新水泥路 78 号	116035	0411-86427062	0411-86428210
武汉重工铸锻有限责任公司技术中心	湖北省武汉市青山区武东路 1 号	430084	027-68861955	027-68861955
云南冶金昆明重工有限公司锻造分公司	云南省昆明市五华区龙泉路 871 号	650203	13700685245	0871-66085054

（续）

单位名称	联系地址	邮编	电话	传真
沈阳铸造研究所	辽宁省沈阳市铁西区云峰南街 17 号	110025	13332430936	024-25851306
上海电气上重铸锻有限公司	上海市闵行区江川路 1800 号	200245	021-34098018	021-54721132
中国第二重型机械集团德阳万航模锻有限责任公司	四川省德阳市珠江西路 460 号	618013	0838-2342304	0838-2201552
太原重工股份有限公司	山西省太原市万柏林区玉河街 53 号	030024	0351-6366750	0351-6366750
大连理工大学材料学院	辽宁省大连市高新园区凌工路 2 号	116024	0411-84706183	0411-84709284
上海电气上重铸锻有限公司大锻所	上海市闵行区江川路 1800 号	200245	021-34098189	021-34098188
鞍钢重型机械有限责任公司锻造厂	辽宁省鞍山市立山区灵山红旗路 28 号	114042	0412-6762398	0412-6763038
中冶陕压重工设备有限公司铸锻厂	陕西省渭南市富平县庄里镇北新街 19 号	711711	0913-8622622	0913-8622708
中山市广重铸轧钢有限公司	广东省中山市黄圃镇鲤鱼嘴工业开发区	528429	0760-23213333	0760-23212227
无锡宏达重工股份有限公司	江苏省无锡市滨湖区南泉镇壬港村	214128	0510-85952557	0510-85953536
重庆焱炼重型机械设备有限公司	重庆市江津区德感工业园	400084	023-47840718	023-47840718
天津天重车轴制造有限公司	天津市北辰区天穆镇马庄村	300400	022-26626168	022-26341806
洛阳中重铸锻有限责任公司	河南省洛阳市涧西区建设路 206 号	471039	0379-64088816	0379-64088394
上海申模计算机系统集成有限公司	上海市徐汇区华山路 1954 号	200030	021-62813430-8026	021-62946388
德阳万鑫电站产品开发有限公司	四川省广汉市高坪镇龙潭村八社	618306	0838-5603545	0838-5603545
中国长江动力集团有限公司	湖北省武汉市东湖新技术开发区佛祖岭一路 6 号	430074	027-59704989	027-59704989
太原重工股份有限公司锻造分公司	山西省太原市万柏林区玉河街 53 号	030024	0351-6365304	0351-6365304
武汉迈特炉业科技有限公司	湖北省武汉市东湖高新区光谷大道 303 号光谷芯中心 2-1-503 号	430223	027-87806707	027-87677372
天津市中达电热设备有限公司	天津市西青区南河工业园	300382	022-23811661	022-23811991
中国联合工程公司工业装备分公司	浙江省杭州市石桥路 338 号	310022	0571-88155018	0571-88155018
中航卓越锻造（无锡）有限公司	江苏省无锡市玉祁工业集中区祁北路 8 号	214183	0510-83896535	0510-83896512
内蒙古北方重工业集团有限公司特钢事业部	内蒙古自治区包头市青山区兵工路	014030	13500627867	0472-3335641
德阳天元重工股份有限公司	四川省德阳市庐山南路 3 段 20 号	618000	0838-2902987	0838-2904108
太原科技大学材料科学与工程学院	山西省太原市万柏林区窊流路 66 号	030024	0351-2161129	0351-6963369
山东伊莱特重工股份有限公司技术研发中心	山东省济南市章丘区济王路 9001 号	250217	0531-83800663	0531-83809527
德阳市产品质量监督检验所	四川省德阳市荷花巷 99 号	618000	0838-2300169	0838-2206507
鞍钢重型机械有限责任公司	辽宁省鞍山市立山区建国东路 40 甲	114042	0412-6613453	0412-6613453
中原特钢股份有限公司	河南省济源市第 9 号信箱	454685	0391-6099019	0391-6099019
内蒙古北方重工业集团有限公司	内蒙古自治区包头市青山区兵工路	014033	0472-3384491	0472-3335641
中国中元国际工程有限公司工业工程设计所	北京市海淀区西三环北路 5 号	100089	010-68732019	010-68715543

重型锻压机械

单位名称	联系地址	邮编	电话	传真
中国第二重型机械集团公司	四川省德阳市珠江西路 460 号	618000	0838-2341181	0838-2341181
清华大学机械系	北京市海淀区双清路 30 号	100084	010-62782448	010-62788675

（续）

单位名称	联系地址	邮编	电话	传真
德阳立达基础件有限公司	四川省德阳市庐山南路3段32号	618099	13981099142	
中国重型机械研究院有限公司	陕西省西安市未央区东元路209号	710032	029-86322430	029-86322430
太原重型机械集团有限公司	山西省太原市万柏林区玉河街53号	030024	0351-6361327	0351-6361327
上海重型机器厂有限公司	上海市闵行区江川路1800号	200245	021-34098005	021-34098005
北方重工集团有限公司	辽宁省沈阳市经济技术开发区开发大路16号	110141	024-25802222	024-25802222
中国第一重型机械集团公司	黑龙江省齐齐哈尔市富拉尔基区厂前路9号	161042	0452-6810123	0452-6810111
西安交通大学	陕西省西安市咸宁路28号	710049	029-82668607	029-82665204
重庆大学	重庆市沙坪坝区沙正街174号	040044	023-6511493	023-6511493
燕山大学	河北省秦皇岛市海港区河北大街西段438号	066004	0335-8052253	0335-8074783

冶金压延机械

单位名称	联系地址	邮编	电话	传真
中国第一重型机械集团公司	黑龙江省齐齐哈尔市富拉尔基区厂前路9号	161042	0452-6810186	0452-6810111
天津天重重型机器有限公司	天津市北辰区高峰路	300400	022-26341079	022-26340718
燕山大学机械学院	河北省秦皇岛市海港区河北大街169号	066044	0335-8057040	0335-8050148
浙江省宁波凯特机械有限公司	浙江省宁波市宁海县越龙街道西郊路55号	315600	0574-65210558	0574-65562620
包头市冶金矿山机械制造有限公司	内蒙古自治区包头市铝业产业园区长征路2号	014040	0472-4111538	0472-4172310
云南冶金昆明重工有限公司拉丝设备分公司	云南省昆明市茨坝路31号	650203	0871-65150091-2241	0871-65150151
一重集团大连设计研究院有限公司冷轧部	辽宁省大连市经济技术开发区东北大街96号	116600	0411-39243366	0411-39243133
中冶京诚工程技术有限公司	北京市大兴区经济技术开发区建安街7号	100176	010-83587839	010-83587998
北京科技大学机械工程学院	北京市海淀区学院路30号	100083	010-62334723	010-62329145
北京有色冶金设计研究院	北京市海淀区复兴路12号	100038	010-63936451	010-63936618
邢台冶金机械轧辊厂	河北省邢台市新兴西大街1号	054025	0319-2116090	0319-2022061
中国重型机械研究院股份公司	陕西省西安市未央区东元路209号	710032	029-86322669	029-86713965
哈尔滨环保制氢设备工业公司	黑龙江省哈尔滨市南岗区哈西大街107号	150080	0451-86662954	0451-86662954
沈阳冶金机械有限公司	辽宁省沈阳市经济技术开发区沈辽路2号	110141	024-25810645	024-25810645
太原重型机械集团有限公司	山西省太原市万柏林区玉河街53号	030024	0351-6362594-8018	0351-6365903
太原矿山机器集团有限公司	山西省太原市解放北路75号	030009	0351-3041086	0351-3041086
太原科技大学冶金机械学院	山西省太原市万柏林区瓦流路66号	030024	0351-6963332	0351-6963332
鞍山矿山机械股份有限公司	辽宁省鞍山市立山区励工街5号	114032	0412-6612676	0412-6612313
矿山机械工程设计研究院有限责任公司	河南省洛阳市涧西区建设路206号	471039	0379-64087777	0379-64087818
杭州拉丝机制造厂	浙江省杭州市桐庐县富春江镇子陵路10号	311504	0571-64653908	0571-64653411
西安忠义金属制品设备总厂	陕西省西安市未央宫乡小白杨路20号	710016	029-86312404	029-86312404
锡山大象机械制造有限公司	江苏省无锡市锡山区荡口镇人民路63号	214116	0510-88741471	0510-88741471
中国重型机械有限公司	北京市海淀区复兴路甲23号	100036	010-68221576	010-68296106
大连重工·起重集团有限公司设计研究院	辽宁省大连市西岗区八一路169号	116013	0411-86852288	0411-86852283
云南冶金昆明重工有限公司	云南省昆明市五华区龙泉路871号	650203	0871-66085233	0871-66085085
上海市机电设计研究院有限公司	上海市静安区北京西路1287号	200040	021-62479741	021-62479741
中国第二重型机械集团公司	四川省德阳市珠江路1号	618013	0838-2341817	0838-2201998
上海重型机器厂有限公司	上海市闵行区江川路1800号	200245	021-54721141-2110	021-54722933
北方重工集团有限公司	辽宁省沈阳市经济技术开发区开发大路16号	110025	024-25802406	024-25802416